HANS-JOACHIM SCHULZ

DIE APOSTOLISCHE HERKUNFT DER EVANGELIEN

QUAESTIONES DISPUTATAE

Begründet von
KARL RAHNER UND HEINRICH SCHLIER

Herausgegeben von
HEINRICH FRIES UND RUDOLF SCHNACKENBURG

145

DIE APOSTOLISCHE HERKUNFT DER EVANGELIEN

HANS-JOACHIM SCHULZ

DIE APOSTOLISCHE HERKUNFT DER EVANGELIEN

MIT EINEM VORWORT
VON
RUDOLF SCHNACKENBURG

Zweite, durchgesehene und aktualisierte
Auflage

HERDER

FREIBURG · BASEL · WIEN

Die Deutsche Bibliothek – CIP-Einheitsaufnahme

Schulz, Hans-Joachim:
Die apostolische Herkunft der Evangelien / Hans-Joachim Schulz. – Freiburg im Breisgau; Basel; Wien: Herder, 2. Aufl. 1995
(Quaestiones disputatae; 145)
ISBN 3-451-02145-5
NE: GT

Herstellung: Weihert-Druck, Darmstadt 1995
ISBN 3-451-02145-5

Vorwort des Herausgebers

Zu dieser Quaestio disputata, die aus der Reihe etwas herausfällt, sei ein Vorwort gestattet. Für gewöhnlich behandeln die Arbeiten dieser Reihe, seien es Tagungsberichte oder Beiträge einzelner Autoren, stärker diskutierte Themen in einer progressiven, zu neuen Erkenntnissen vorstoßenden Weise. An traditionell verfestigten Ansichten wird meistens Kritik geübt und im theologischen Diskurs ein Aufbruch zu neuen Erkenntnissen gesucht. Gegenüber einem solchen "fortschrittlichen" Bemühen wird die hier vorliegende Quaestio von einem mit ostkirchlicher Theologie befaßten, besonders durch Liturgieforschung ausgewiesenen Theologen eher als ein Zurückfallen in überkommene Bahnen erscheinen. Sie nimmt von traditionellen Positionen in der römisch-katholischen Kirche und besonders in der Orthodoxie ihren Ausgangspunkt und ist in einer geschlossenen Glaubenssicht beheimatet. Dadurch entsteht eine zum Teil scharfe Spannung zu protestantischen Positionen, und zwar besonders zu jener in der evangelischen Kirche, doch auch im katholischen Bereich gepflegten Bibelauslegung, die sich an die historisch-kritische Methode hält. Obwohl ich selbst solchem Bibelstudium verpflichtet bin, halte ich es aus Gründen der Fairneß, aber auch aufgrund des Gewichts der beigebrachten Argumente für wünschenswert, diese dezidierte Stellungnahme einem kritischen Publikum vorzulegen. Dem Eindruck, daß dadurch dem ökumenischen Anliegen, das in allen Kirchen gesucht und gepflegt wird, Abbruch geschieht, wird durch das Werk selbst gewehrt, da auch neuere evangelische Auffassungen berücksichtigt und auf den Leuchter erhoben werden.

Gegenüber der altkirchlichen Tradition über die Entstehung der Evangelien, ihre Abfassungszeit und ihre Verfasser habe ich Vorbehalte, ja erhebliche Einwände. Aber das darf nicht hindern, auch eine konträre Auffassung, die nie aufgegeben, zum Teil verschüttet war und heute neu entfacht wurde, zur Sprache kommen zu lassen. In einer Quaestio disputata kann auch einmal mit verkehrter Frontstellung gekämpft werden. Nur aus einem engagierten Pro und Contra kann sich in der Theologie manches bewegen. So hoffe ich, daß diese Quaestio das Gespräch befruchtet.

Rudolf Schnackenburg

Inhalt

Einführung

Die Apostolizität der Evangelien und der katholisch-orthodoxen Kirchenstruktur: von der "historisch-kritischen" Exegese als Fiktion entlarvt?

1. Die Frage nach der apostolischen Herkunft der Evangelien ist komplex und brisant. Die säuberliche Scheidung zwischen dem historischen und dem theologisch-systematischen Aspekt der Frage und deren jeweils monologische Erörterung in verschiedenen theologischen Disziplinen mit eigenständiger Methodik täuschen eine Harmonie vor, die trügerisch ist. Gewiß sind Fragen der *Datierung* und der *Authentizität der Verfasserschaft* für die Evangelien nach *historischen* Kriterien zu entscheiden. Aber historische Positionen zur christlichen Überlieferung haben ihre Konsequenzen für das *Gesamt* der Theologie und des kirchlichen Lebens.

Im Fächerspektrum der klassischen katholischen Theologie teilte die Neutestamentliche Wissenschaft in Fragen der urkirchlichen Überlieferung ihre Verantwortung mit der *Kirchengeschichte* und der *Fundamentaltheologie,* die ihrerseits historische und systematische Methoden miteinander verband und zugleich die wichtigste Brücke zur *Dogmatik* darstellte.

Der seit den 60er Jahren vollzogene Anschluß der katholischen deutschen Exegese an die rasanten Entwicklungen der protestantischen Bibelwissenschaft, das forcierte Selbstverständnis der Einleitungswissenschaft und der Exegese als "historisch-kritische Methode" und das innerhalb der Exegese besonders ausgeprägte Spezialistentum haben seitdem dazu geführt, daß sich Kirchengeschichte und Fundamentaltheologie meist aus ihrer angestammten Mitzuständigkeit für Fragen der urkirchlichen Entwicklung zurückzogen oder aber die einschlägigen Ergebnisse der Neutestamentlichen Wissenschaft übernahmen.

Die im Zuge dessen eingetretene Neueinschätzung des überlieferungsgeschichtlichen Ortes der Evangelien, die sich in deren *durch-*

gängiger Spätdatierung in die drei letzten Jahrzehnte des 1. Jahrhunderts, der fast allgemeinen *Bestreitung der überlieferten Verfassernamen* und einer Kritik der in den Evangelien selbst enthaltenen *Überlieferung* auswirkte, schien längere Zeit die katholische Dogmatik nicht besonders zu irritieren. Der Verbindlichkeit des Neutestamentlichen Kanons schien genüge getan, wenn als Kriterium der Zugehörigkeit einer Schrift zum Kanon deren "Apostolizität" als "Urkirchlichkeit"[1] umschrieben werden konnte.

2. Nur ungenügend wurde berücksichtigt, daß die Konstitution des II. Vatikanischen Konzils "Über die göttliche Offenbarung" den *Vorrang der Evangelien* unter den neutestamentlichen Schriften betonte und "Apostel und Apostolische Männer" nicht nur in der Funktion von Urzeugen der christlichen Botschaft und der Jesusüberlieferung statuierte, sondern auch ihre Rolle als menschliche *Urheber* der *Schriftwerdung* und ihre enge Beziehung zur konkreten *Abfassung der vier Evangelien* nach Matthäus, Markus, Lukas und Johannes einschärfte. Die Bezeichnung "Apostel und Apostolische Männer" ist vom Konzil treffend gewählt. Sie ist ebenso wie der ganze entscheidende Satz des Art. 18, der auf das Wort des *Irenäus* vom "viergestaltigen Evangelium" hin-

---

[1] So bevorzugt K.-H. OHLIG in seiner Untersuchung *"Die theologische Begründung des neutestamentlichen Kanons in der alten Kirche"*, Düsseldorf 1972, 56 (die dem historischen Teil der gleichnamigen von K. Rahner betreuten Theologischen Dissertation Münster 1969 entspricht) den Ausdruck *"apostolische Kirchlichkeit oder Urkirchlichkeit"* einer Schrift (als Zusammenfassung der äußeren Kriterien der Kanonzugehörigkeit) gegenüber dem als mißverständlich erachteten Begriff der *"Apostolizität"*. Allerdings sei auch ersterer Ausdruck "nicht ganz zutreffend", weil bei ihm die "Dimension der literarischen Echtheit wie auch der direkte Bezug zu (dem die Apostel sendenden) Jesus Christus etwas zu kurz kommen" (ebd., Anm. 3).

Wenig glücklich spielt OHLIG, *Woher nimmt die Bibel ihre Autorität?* (Zusammenfassung des systematischen Teils der genannten Dissertation), Düsseldorf 1970, 157, "Urkirchlichkeit" gegen "authentische Apostolizität" mit dem Argument aus, daß nicht die "individuelle Rückerinnerung der Apostel" echte Kontinuität der Tradition begründe, weil diese "eines sozialen Kontinuums, einer Kontinuität der Jüngerkreise" bedürfe (- als ob der Begriff des Apostels je individualistisch hätte verstanden werden können).

Y.M.-J. Congar hatte bereits 1961 gegen K. Rahners Verständnis der Schriftinterpretation (siehe unten, Anm. 11) den Vorwurf erhoben, die Bedeutung der Apostel werde "in die Anonymität der Urkirche aufgelöst" (ebd. 156, Anm. 36).

führt, auch selbst im Sinne der Traditionskonzeption des *Irenäus* formuliert[2].

Dieser große Gewährsmann und Theologe der christlichen Überlieferung und ihrer geschichtlichen Konkretisierung und Bewahrung durch die Apostolische Sukzession in Lehre und Kirchenleitung betont in besonderer Weise auch die Rolle derer, die als Schüler und Helfer der Apostel oder als solche, die noch mit den Aposteln "Umgang pflegten", zu Garanten aller *weiteren Überlieferung*, oder auch zu den ersten Trägern der *bischöflichen Sukzession* wurden und das apostolische Erbe unrevidierbar der nachapostolischen Zeit vermittelten. Zu solchen "Apostolischen Männern" der zweiten Generation gehören Apostelschüler und Missionshelfer wie *Markus* und *Lukas*, aber auch die "Ältesten" der johanneischen Tradition Kleinasiens wie *Polykarp*, dessen Umgang mit dem Apostel *Johannes* Irenäus immer wieder bestätigt und der von Irenäus als der "selige und apostolische Älteste"[3] und vom authentischen Martyriumsbericht als der "apostolische Lehrer"[4] gerühmt wird. Das Wirken der "Apostel und Apostolischen Männer" umspannt insgesamt also eine lange Zeit, die aber *strukturiert* zu sehen und jeweils auf die *Apostel des betreffenden Kirchengebietes* zu beziehen ist. Der Ausdruck "Urkirchlichkeit" trägt dem nur unvollkommen Rechnung.

Das Konzil setzt also mit Irenäus präzise Traditionsprozesse für die Evangelienentstehung voraus, die von *bestimmten Aposteln* in *angebbaren Kirchengebieten* ausgehen, sowie eine Schriftwerdung der apostolischen Verkündigung, die in einem Bezug zu konkreten Gemeindestrukturen steht, wie sie in apostolischer und unmittelbar nachapostolischer Zeit sich herausbilden.

Der Verzicht des Konzils auf eine formelle Einschärfung[5] der seit den ältesten Zeiten bekannten und im Gottesdienst genannten Evange-

---

[2] Der betreffende Kernsatz des Art. 18 von *Dei Verbum* lautet: "Was die Apostel nach Christi Gebot gepredigt haben, das haben später unter dem Anhauch des Heiligen Geistes sie selbst und Apostolische Männer uns als Fundament des Glaubens schriftlich überliefert: 'das viergestaltige Evangelium' nach Matthäus, Markus, Lukas und Johannes." - Vgl. Adv. haer. III,1,1 und III,11,8.

[3] Brief des IRENÄUS an den römischen *Presbyter Florinus* (Eusebius, H.E. V, 20, 5ff.).

[4] *Martyrium Polycarpi* 16,2.

[5] Eine solche war zunächst vorgesehen. Vgl. O. SEMMELROTH - M. ZERWICK, *Vaticanum II über das Wort Gottes*, Stuttgart 1966, 44.

listen als der jeweils authentischen literarischen Verfasser der Evangelien bedeutet also kein Desinteresse des Konzils an Verfasserschafts- und Datierungsfragen, und schon garnicht eine Aufweichung des Begriffs der *apostolischen Überlieferung*, der vielmehr im Sinne *strikter Kontinuität* hinsichtlich der *Entstehung*, *Tradierung* und der für den Glauben der Kirche *verbindlichen Interpretation* der Evangelien zu verstehen ist. Der Verzicht auf Festlegung in Verfasserschafts- und Datierungsfragen kann wegen der Konsequenzen derselben für das dogmatische Verständnis der apostolischen Überlieferung weder Indifferenz des Lehramtes gegenüber beliebigen Verfasserschaftsumschreibungen und Datierungspositionen bedeuten, die heute in der exegetischen Fachliteratur in immer extremer auseinanderdriftenden Variationen vorgeschlagen werden, noch eine Neutralität gegenüber Theorien der Evangelienentstehung, die von jeder Überlieferungskontinuität mit dem Wirken Jesu, vom direkten Einfluß apostolischer Verkündigung oder von apostolisch begründeten Gemeindestrukturen im Prozeß der Evangelienformulierung absehen oder diese leugnen.

3. Dennoch fühlten sich seit Erscheinen der (an sich strenge Maßstäbe setzenden) *Evangelien-Instruktion der Päpstlichen Bibelkommission* vom 21.4.1964 und der Konzilskonstitution "Über die göttliche Offenbarung" zahlreiche katholische Exegeten ermuntert, die *"formgeschichtlichen" Theorien der Traditionskritik und der Evangelienentstehung*, sowie Verfasserschafts- und Datierungspositionen so zu übernehmen, wie sie in der damals vorherrschenden protestantischen Exegese im Bannkreis der Namen *Bultmann* und *Käsemann* als angeblich unanfechtbare Resultate "historisch-kritisch" arbeitender Bibelwissenschaft vertreten wurden.

Die von der Evangelien-Instruktion monierten weltanschaulich-philosophischen Voraussetzungen der "formgeschichtlichen Methode", deren Welt- und Geschichtsverständnis bei ihren prominentesten Verfechtern dem geschlossenen Weltbild der mechanischen Physik entstammt, wurden von den Fachgelehrten der neutestamentlichen Exegese oft nicht durchschaut, so daß die "mit dem Anschein einer quasinaturwissenschaftlichen Gewißheit vorgetragenen Ergebnisse"[6] der

---

[6] J. RATZINGER, *Schriftauslegung im Widerstreit* (QuaestDisp 117), Freiburg 1989, 22. Vgl. unten die in Anm. 25 und 26 belegten Aussagen.

Methode gerade auch bei katholischen Exegeten bereitwillige Annahme fanden.

Laut der einst von *K.L. Schmidt* (1919), *M. Dibelius* (1919) und *R. Bultmann* (1921) entwickelten "Formgeschichte der Evangelien" wären sogar die *Urelemente* der späteren Evangelien als *anonyme Hervorbringung der Gemeinde* zum größeren Teil in einer Zeit entstanden, als die Erinnerung an den "historischen Jesus" nahezu abgerissen und das paulinische Kerygma bereits weitgehend hellenistisch synkretistisch verfremdet war (siehe Kapitel II). Und es bedeutete keine Annäherung der herrschenden protestantischen Exegese in den 50er und 60er Jahren an eine Sicht der inhaltlichen Kontinuität der Evangelien mit der apostolischen Lehre, als die "klassische Formgeschichte" im Stile von Dibelius und Bultmann durch eine "redaktionsgeschichtliche" Variante bereichert wurde. Diese sah in den Evangelisten nun zwar nicht mehr nur "Sammler, Tradenten, Redaktoren" (Dibelius), sondern schrieb ihnen eine beachtliche theologische Individualität, ja, bisweilen sogar eine extreme Eigenwilligkeit der Konzeption zu. Doch wurde die *Diskontinuität* der Überlieferung zur Person und zur Lehre *Jesu*, wie auch zum *apostolischen Kerygma*, meist noch verschärft[7].

4. Im Blick auf die normierenden Aussagen des Konzils über die "Apostel und Apostolischen Männer" als Urheber der Evangelien (im umschriebenen Sinne) und von der Überlieferungskonzeption des Irenäus her, an die das Konzil sich in der zitierten Aussage anschließt, ist zu fragen, ob die dogmatischen Begriffe der *kanonischen Verbindlichkeit* und des *Inspirationscharakters* der Evangelien in der heutigen Theologie so quasi-metahistorisch auslegbar sind, daß die konkreten Traditionsbeziehungen der einzelnen Evangelien zu bestimmten Aposteln und tatsächlichen Bereichen ihres Wirkens außer acht bleiben können.

Die Urheberschaftsbezeichnung des Konzils "Apostel und Apostolische Männer" verweist auf eine zwar positiv gegebene, aber nicht zu

---

[7] Es trifft deshalb nicht den Kern der Sache, wenn F. MUSSNER in seiner Rezension zur kritischen Stellungnahme *Ratzingers* deren Treffsicherheit und Aktualität bezüglich der falschen Alternativen und Diskontinuitätsannahmen der "Formgeschichte" (siehe oben, Anm. 6) mit der Bemerkung einschränkt: "Was m.E. nur z.T. stimmt, da es unterdessen doch die 'redaktionsgeschichtliche' Methode gibt, die uns die Physiognomie der Einzelevangelien viel mehr in den Blick rückte" (TheolRev 85, 1989, Sp. 265-272; 268).

überdehnende Spannweite der "Apostolizität" als Kriterium der kanonischen Verbindlichkeit. Dieses umfaßt, so wie es seit den frühesten Anzeichen einer Umgrenzung des Kanons in Geltung stand, außer den *Aposteln selbst* (z.B. für das schon Ende des 1. Jahrhunderts sich abzeichnende Corpus Paulinum) freilich auch *Apostelschüler* (wie Markus und Lukas) und *Beauftragte* der Apostel (wie z.B für Hebr und 1 Petr von jeher angenommen). Es umschloß auch stets *Ergänzungen* zu einer Schrift (wie z.B. den *kanonischen Mk-Schluß*), insofern in solchen Stücken vollinhaltlich eine Entsprechung zu kanonischen Parallelschriften vorliegt und die Ergänzungen in literarischer und inhaltlicher Einheit mit dem Corpus der betreffenden Schrift kirchlich rezipiert waren[8].

Der Sicht der Alten Kirche und des Konzils dürfte in einzelnen Fällen auch noch ein Begriff von "Apostolizität" entsprechen, der vergleichbar wäre mit der grundlegenden Konstituierung der *Apostolischen Sukzession* am *Ausgang der apostolischen Zeit* und den man zu sehen hätte in Relation zu Leben und Wirken der im betreffenden Kirchengebiet tätig gewesenen Apostel. So könnte wenigstens teilweise erklärt werden, daß z.B. der 1. Clemensbrief, der in einer *relativ* späten Stellung in der apostolischen Sukzession der *römischen* Kirche steht, als nicht kanonfähig galt, während aus denselben 90er Jahren (sofern die Datierung zutreffend ist) Apk und 2 und 3 Joh trotz gelegentlicher Bestreitung der Verfasserschaft des Apostels Johannes[9] aufgrund der dann immerhin ersatzweise vermuteten *direkten* johanneischen Sukzession definitiv in den Kanon gelangen konnten.

Läßt sich aber ohne Widerspruch zu entscheidenden Voraussetzungen des Neutestamentlichen Kanons die Entstehung eines Evangeliums nach Zeit, Ort und Umständen so umschreiben, daß ein Traditions- und Legitimationsprozeß, der auf konkrete apostolische Verkündigung und apostolische Kirchenleitung zurückgeht, faktisch geleugnet wird? Und

---

[8] Wenn armenische Tradition den *Mk-Schluß* dem von Papias (siehe unten. I, b) genannten "Herrenjünger" *Aristion* zuschreibt, der in den 90er Jahren mit dem Apostel Johannes als wichtiger Traditionszeuge der kleinasiatischen Kirchen galt, so dürfte sich darin Treffsicherheit zumindest bezüglich der Abfassungszeit und einer eindeutig "apostolisch" strukturierten Tradition bekunden (Dokumentation des betreffenden Evangeliars von Eschmiadsin aus dem Jahre 989 durch F. SIEGERT: NewTestStud 27, 1981, 614).

[9] Die Apk sowie 2-3 Joh werden z.B. von EUSEBIUS als umstritten kanonisch betrachtet (H.E. III, 39f.; vgl. unten I, Anm. 27), 2 und 3 Joh werden jedoch erst von HIERONYMUS mit dem von Eusebius angenommenen *zweiten* ephesinischen Johannes in Verbindung gebracht (De vir. illustr. 18).

weiterhin erhebt sich die Frage, ob mit dem Kanonkriterium der Apostolizität in der Alten Kirche und der Annahme der kanonischen Verbindlichkeit für heute auch exegetische Auffassungen noch vereinbar sind, die für weitläufige Schichten der Evangelien auf bedeutende *Verzerrungen des apostolischen Kerygmas* erkennen (wie dies z.B. hinsichtlich der Berichte über Wunder Jesu zu geschehen pflegt) oder die ein Evangelium als einseitiges und spätes nachapostolisches Produkt einer esoterischen "Schule" qualifizieren (wie dies heute allzu oft auch katholischerseits dem Joh-Ev widerfährt).

Die neuere dogmengeschichtliche Erforschung der Kanonentstehung hat zwar gezeigt, daß nicht unbedingt Apostolizität im Sinne der Verfasserschaft eines Apostels oder Apostelschülers oder die direkte Beauftragung durch einen Apostel als erwiesene Voraussetzung für die Aufnahme einer Schrift in den Kanon gefordert war[10]. Als entscheidend galt vor allem die *inhaltliche* Affinität der Schrift zum *Glaubensbewußtsein der Kirche*[11], das sich seinerseits freilich vom apostolischen Kerygma geprägt erkannte. Aber die Anfänge der Kanonumgrenzung setzen für eben dieses Glaubensbewußtsein doch wiederum die ältesten und unzweifelhaft echten *apostolischen Schriften* als ein die Gemeinden bereits bestimmendes Moment und als ein insofern sehr ursprüngliches Kriterium voraus.

5. Die "formgeschichtliche" Traditionskritik ging demgegenüber von der *Ungeschichtlichkeit* der Kontinuität Apostolischer Sukzession der Lehre und des Amtes aus, sah das apostolische Kerygma in den Evangelien *synkretistisch verfremdet*[12] und eine wirkliche Erinnerung an den "historischen Jesus" als weitgehend verloren an[13]. Die Evangelien wur-

---

[10] Vgl. jetzt besonders: A. ZIEGENAUS, *Kanon. Von der Väterzeit bis zur Gegenwart* (Hb. der Dogmengeschichte, hrsg. v. M. Schmaus u.a.), Freiburg 1990, 182-189.

[11] Insofern ist auch der *Inspirationsbegriff* nicht nur von einer göttlichen Einwirkung auf den *Verfasser* einer Schrift her zu umschreiben (wobei auch von dieser Seite her jegliche Urheberschaft an der definitiv rezipierten Textgestalt zu berücksichtigen wäre), sondern muß die "Gelehrigkeit" (docibilitas) der *rezipierenden Kirche* miteinbeziehen. Dieser letztere Aspekt ist von K. RAHNER *(Über die Schriftinspiration,* Freiburg 1958) verdienstvoll ins Licht gesetzt worden.

[12] Vgl. die Zitate aus R. BULTMANN, *Die Geschichte der synoptischen Tradition*: unten, II, zu Anm. 42-44.

[13] Mit Recht fühlte sich der namhafte englische Exeget V. TAYLOR *(The Formation of the Gospel Tradition*, ^{3}1935, 41) durch diese merkwürdige Voraussetzung der

den dieser Sicht gemäß möglichst weit aus der Lebenszeit und dem Wirken der Apostel entfernt und die Verfasserüberschriften der Texttradition "nach Matthäus, Markus, Lukas und Johannes" als legendär betrachtet.

Nicht zufällig zeitigte die Entwicklung der protestantischen Bibelwissenschaft im Gefolge der Hochblüte der "Formgeschichte" zwei modellhafte Konsequenzen, deren erste das *Glaubensverständnis* radikal veränderte und deren zweite, weit maßvollere, immerhin der *Verbindlichkeit des Kanons* ihre historischen Voraussetzungen entzog.

R. Bultmann wurde durch sein formgeschichtliches Programm, das radikaler angelegt war und weit stärker nachwirkte als die Parallelentwürfe von K.L. Schmidt und M. Dibelius, vom Einfluß der rationalistischen Religionsgeschichte zu einem Glaubensbegriff geführt, der sich *analogielos* und radikal *dialektisch* zu seinem Welt- und Geschichtsverständnis verhielt. Das von ihm seit den 20er Jahren unter den Anstößen der dialektischen Theologie Karl Barths und in Übernahme von Denkkategorien Heideggers konzipierte existentiale Glaubensverständnis[14] weiß sich einerseits vollständig an das neuzeitliche Weltbild der mechanischen Physik gebunden, das Eingriffe Gottes in die Geschichte nicht zuläßt[15], bestimmt aber andererseits völlig willkürlich den Gegenstand des Glaubens als beziehungslos zu dieser Vorentscheidung. Ein solches Glaubensverständnis verbleibt außerhalb der offenbarungs- und heilsgeschichtlichen Sicht der gemeinsamen jüdisch-christlichen Überlieferung[16] und versteht sich erst recht im Gegensatz zu dem der

---

Formgeschichte zu der Bemerkung provoziert: "Wenn die Formgeschichtler Recht hätten, dann müßten die Jünger unmittelbar nach der Auferstehung in den Himmel entrückt worden sein."

[14] Vgl. zum Einfluß von K. Barth auf Bultmann (der Barths Anliegen jedoch verfälschte) P. STUHLMACHER, *Vom Verstehen des Neuen Testaments. Eine Hermeneutik,* Göttingen 1986 (*künftig zitiert: Stuhlmacher*), 187ff.; zur Kritik *Barths* ebd. 197f; zur Umdeutung der dialektischen Theologie durch Bultmann im Sinne *Heideggers* ebd. 189f.

[15] Laut Bultmann kann die "Vorstellung einer Welt, die in drei Stockwerke Himmel, Erde und Hölle eingeteilt ist, die Vorstellung, daß übernatürliche Kräfte in den Lauf der Dinge eingreifen" nur mythologisch sein und im Widerspruch zum naturwissenschaftlichen Weltbild stehen (R. BULTMANN, *Jesus Christus und die Mythologie*, in: DERS. *Glauben und Verstehen. Gesammelte Aufsätze IV*, Tübingen 1965, 141-189; 143).

[16] Vom Ansatz des alttestamentlichen Offenbarungsverständnisses her bezogen innerhalb der evangelischen Theologie die direkteste Gegenposition zu einem metahistorischen "existentialen" Offenbarungsverständnis: W. Pannenberg, R. Rendtorff,

Kirche als der integrierenden Glaubensgemeinschaft in apostolischer Sukzession unter dem Beistand des Heiligen Geistes.

Besonders scharf hat deshalb auch die östlich-orthodoxe Theologie gegenüber Bultmanns Dialektik reagiert und diese als den "Selbstmord" der abendländischen kritischen Bibelwissenschaft bezeichnet[17].

Die mildere Konsequenz aus der historischen Kritik der Evangelien und ihrer urkirchlichen Tradition kommt in der Stellungnahme von *W.G. Kümmel* zum Neutestamentlichen Kanon zum Ausdruck. Kümmels Position ist besonders bezeichnend, da er als der Altmeister der Methodologie der Neutestamentlichen Einleitungswissenschaft gilt[18] und sich besonders bemüht, die historische Kritik reflektiert und ohne die ideologischen Vorurteile der rationalistischen Väter der Einleitungswissenschaft des 18. und 19. Jahrhunderts anzuwenden, ja, den hegelianischen Geschichtskonstruktionen eines D.F. Strauß und F.C. Baur ausdrücklich entsagt. Kümmel betont, daß es der Einleitungswissenschaft als historischer Methode nicht obliege, über "die sachliche Notwendigkeit der Kanonsbildung und die Richtigkeit seiner Abgrenzung ein Urteil" abzugeben, was die Aufgabe der Systematischen Theologie sei. Der Einleitungswissenschaft komme es nur zu, "die geschichtlichen Bedingungen und die Motive der Entstehung und der Festlegung des Kanons aufzuzeigen"[19]. Tatsächlich entzieht Kümmel jedoch der Verbindlichkeit des Kanons den Boden der historischen Voraussetzungen, indem er als Ergebnis der geschichtlichen Analyse der Kanonentstehung feststellt: "Das Kriterium der Apostolizität", welches das entscheidende für die Alte Kirche gewesen sei, "hat sich als historisch und dogmatisch unbrauchbar erwiesen"[20].

Die formgeschichtliche Traditionskritik, die apostolisches Kerygma in den Evangelien nur verfremdet wahrnimmt und die historische Apo-

---

U. Wilckens und T. Rendtorff, in: W. PANNENBERG (Hrsg.), *Offenbarung als Geschichte*, Göttingen 1961.

17 Siehe unten, Anm. 33.

18 Vgl. die Standardwerke von W.G. KÜMMEL, *Das Neue Testament. Geschichte der Erforschung seiner Probleme*, Freiburg-München 1958 (*künftig zitiert: Kümmel, Erforschung*); sowie: *Einleitung in das Neue Testament*, Heidelberg [19]1978 (*künftig zitiert: Kümmel*).

19 KÜMMEL 447.

20 Ebd. 449, wo überdies in Anm. 15 gegen K.-H. OHLIG (siehe oben, Anm. 1) festgestellt wird, er löse den altkirchlichen Begriff der Apostolizität auf und seine Umschreibung der historischen Kanonkriterien "entspreche nicht der ausschlaggebenden Argumentation des 4. Jh.".

stolizität der Evangelien leugnet, führt zwangsläufig weiter zur Sachkritik auch der als authentisch apostolisch erachteten Schriften selbst[21] und schließlich zur Absage an jede Verbindlichkeit, die aus der Tatsache apostolischer Authentizität als solcher für den Glauben abgeleitet werden könnte.

Auch wenn W.G. Kümmel sich in seinem Urteil auf Luther beruft[22], so zeigt doch der Vergleich mit der von Luther nur punktuell vollzogenen Kritik z.B. an dem (von der Rechtfertigungslehre in Röm und Gal her beurteilten) Jakobusbrief, daß die betreffenden Grundsätze der Kritik nicht aus Luthers Werkstatt stammen, sondern tatsächlich jenem Instrumentarium zugehören, das zunächst zur Scheidung der zur Evangelienbildung führenden Traditionsstoffe bestimmt war.

6. Die katholische Theologie wird sich Kümmels Konsequenz aus der (angeblichen) Unbrauchbarkeit des Kriteriums der Apostolizität für die Schriften des Kanons nicht mit der Feststellung entziehen können, daß katholischerseits eben der Kanon als *Setzung der Kirche* seine Verbindlichkeit behalte. Denn woher nimmt die Kirche ihre Autorität, wenn weder ihre Lehre in inhaltlicher Kontinuität mit der Tradition der Apostel steht (falls ihre kanonischen Schriften der Apostolizität ermangeln und das apostolische Kerygma verfremden), noch ihre Amtsautorität als solche aus apostolischer Sukzession resultieren kann, wenn sie nicht zugleich mit der apostolischen *Lehr*sukzession verbunden ist.

Apostolische Lehr- und Leitungssukzession sind nicht voneinander abtrennbar; und beide entfallen, wenn ihre Rückführbarkeit auf die Apostel zur Fiktion wird. Dies aber geschieht, wenn die Lehrsukzession, die inhaltlich in besonderer Weise auf der Auslegung der apostolischen Schriften beruht, gegenstandslos wird, insofern diese Schriften als der inhaltlichen und urheberschaftlichen Apostolizität ermangelnd erkannt werden.

Was die 1964 in der Reihe "Konfessionskundliche und kontroverstheologische Studien" veröffentlichte Untersuchung von N. Appel

[21] Laut KÜMMEL gibt es auch in den authentischen Paulusbriefen "Teile, die mit der zentralen nt. Verkündigung im Widerspruch stehen" und deshalb für den Glauben nicht verbindlich sein können (ebd. 450).

[22] So zitiert KÜMMEL Luthers Wort: "Darum siehe nur darauf, daß du nicht aus Christo ein Mosen machest, noch aus dem Evangelio ein Gesetz oder Lehrebuch." Als Kriterium der Verbindlichkeit und Maßstab der Interpretation sei allein zu beachten "was im NT 'Christum predigt und treibt'" (ebd.).

"Kanon und Kirche" als "kontroverstheologisches Problem" diagnostizierte, nämlich die "Kanonkrise des heutigen Protestantismus"[23], droht vom "kontroverstheologischen Problem" zur Frage nach der Identität der katholischen Theologie und der katholischen Kirche zu werden. Denn der Protestantismus kann als System mit einer Krise des Kanons leben. Die katholische und die orthodoxe Kirche aber bedürfen zur Wahrung ihrer Lehrautorität der strikt verstandenen Lehr- und Leitungssukzession. Bibel- und Traditionskritik der herrschenden protestantischen Exegese sind deshalb im wesentlichen katholischerseits und orthodoxerseits nicht assimilierbar und, wie sich zeigen wird, mit ihren massiven rationalistischen Vorverständnissen auch nicht als Ergebnisse einer wirklich exakt arbeitenden historischen Methode zu betrachten.

Protestantisches Glaubensverständnis kann sich, wie bei Bultmann sichtbar wird, selbst dann, wenn sich die Gestalt Jesu entgegen dem Eindruck der Evangelien und der kirchlichen Tradition als unerreichbar fern erweist und sich allem Verlangen nach konkreter Erinnerung und erfahrbarer Nähe entzieht, dann eben immer noch auf ein trotziges Dennoch gegenüber einer rein weltlichen Welt und einer aller Zeichen des Handelns Gottes baren Geschichte zurückziehen. Ja, solches läßt sich, wie von Bultmann propagiert, geradezu als konsequentes Zu-sich-selbst-Kommen der eigentlichen Prinzipien des Protestantismus deuten. - Für das katholische und das östlich-orthodoxe Glaubensbewußsein aber sind ein solches Selbstverständnis und eine solche Welt- und Geschichtsdeutung keine Möglichkeit[24].

---

[23] N. APPEL, *Kanon und Kirche. Die Kanonkrise im heutigen Protestantismus als kontroverstheologisches Problem*, Paderborn 1964.

[24] Die vom I. Vaticanum festgestellte Konvergenz von natürlicher und übernatürlicher Gotteserkenntnis (DENZINGER 3004f.; 3026) hat ihre Parallele in einer *für Gottes Handeln offenen Geschichte*. Die heutige Geschichtswissenschaft nimmt Spuren solcher Offenheit ernst (ohne sie von sich aus deuten zu können), im Gegensatz zum geschlossenen Weltbild der mechanischen Physik, bzw. der aus diesem resultierenden Geschichtsauffassung, die für Gottes Handeln keine Ansatzpunkte wahrnimmt.
Zum grundlegenden Wandel im *heutigen* Weltbild (gegenüber dem "neuzeitlichen") vgl. H. STAUDINGER - J. SCHLÜTER, *Die Glaubwürdigkeit der Offenbarung und die Krise der modernen Welt*, Stuttgart 1987; zur Auffassung der heutigen Geschichtswissenschaft, die auf Unmöglichkeitsurteile gegenüber Offenbarung, Wundern und Weissagungen grundsätzlich verzichtet: H. STAUDINGER, *Die historische Glaubwürdigkeit der Evangelien*, Wuppertal [5]1988 (*künftig zitiert: Staudinger*).

7. Auf die Gefahren der Übernahme *protestantischer Bibel- und Traditionskritik* als einer vermeintlich rein historischen Methode, sowie des *dialektisch-protestantischen Glaubensverständnisses*, hat jüngst mit besonderem Nachdruck Kardinal Ratzinger hingewiesen. In seiner New Yorker Erasmus-Lecture, die er 1989 in der Reihe "Quaestiones Disputatae" veröffentlichte[25], weist er auf die verschiedenen Formen rationalistischen Vorverständnisses hin, die bei einer diachronen Analyse der Denkstrukturen moderner Bibelkritik zu Tage treten. Sein besonderes Augenmerk gilt der formgeschichtlichen Methode von M. Dibelius und R. Bultmann, deren *aprioristische Prinzipien* auch viele *Ergebnisse* der Methode stark in Frage stellen.

Vor der Bischofssynode 1990 beschwor der Kardinal die inzwischen unverkennbar gewordenen Auswirkungen eines protestantischen Glaubensverständnisses, dessen kritisches Potential nun auch gegen das katholische Verständnis vom *Priestertum* durch Vermittlung der interkonfessionell sich gebenden modernen Exegese innerhalb der katholischen Theologie Wirkung zeitige[26].

Wir beschränken uns hier auf die Folgen, die eine Bestreitung der Apostolizität der Evangelien (so wie diese vom Konzil verstanden wird) zwangsläufig für die apostolische Lehr- und Leitungssukzession haben muß. Mag ein *protestantisches* Verständnis von *Lehrsukzession und Predigtamt* gegenüber einer partiellen Bestreitung kanonischer Verbindlichkeit von Teilen der Schrift noch annehmen können, in der Verkündigung neutestamentlicher Spitzensätze hinreichende Begründung und Verwirklichung zu finden, so muß jeder Anspruch auf *Apostolische Sukzession* des *Hirtenamtes* (in Verbindung mit der Lehrsukzession) dahinschwinden, wenn deren spezifische Verankerung in Teilen des Neuen Testaments (bzw. in den entsprechenden Phasen der apostolischen Zeit) mit eben diesen zusammen der Traditionskritik an den neutestamentlichen Schriften und dem Verdikt angeblicher *Projektion nach*apostolischer Kirchenverhältnisse in die *apostolische* Kirche hinein zum Opfer fällt.

Vollends sieht sich einer Bestreitung seiner Verankerung in der apostolischen Tradition ein *Hirtenamt* ausgesetzt, das in *sakramentaler Ordination* übertragen wird. Es gründet sich ja vor allem auf Zeugnisse

---

[25] RATZINGER (siehe oben, Anm. 6) 15-44, mit Vorwort:7-14.

[26] DERS., *Vom Wesen des Priestertums*: Osservatore Romano. Wochenausgabe in deutscher Sprache, Nr. 45 vom 9.11.1990, 7-9.

der Apg und der Pastoralbriefe, die ihrerseits von der Bibelkritik weit in die nachapostolische Zeit abgedrängt und als Beispiele des Verfalls eines authentisch paulinischen Denkens abgewertet wurden[27].

Gewiß hat sich die *Dreistufigkeit* des Amtes von Bischof, Presbyter und Diakonen erst in *nach*apostolischer Zeit gebildet. Doch wenn eben dieses Amt mit seiner Vorrangigkeit des bischöflichen Dienstes sich als Konkretgestalt der *apostolischen* Leitungssukzession versteht[28], so ist dies geschichtlich und im Blick auf die konkrete Bedeutung der Bischofsweihe nur nachvollziehbar, wenn dieses Amt zugleich die konsequente und verbindliche Umsetzung der apostolischen Gemeindestruktur mit ihren Aposteln, Presbytern bzw. Episkopen, sowie den Diakonen, in die *unmittelbar* nachapostolische Zeit hinein darstellt. Die Konstituierung des Bischofsamtes in früher nachapostolischer Zeit wird katholischer- und orthodoxerseits verstanden als eine bleibend verbindliche und nur so die apostolische Leitungsautorität auf Zukunft garantierende[29], weil sie das direkte Vermächtnis der apostolischen Zeit an einem nicht mehr wiederholbaren Angelpunkt der Überlieferungsgeschichte verwirklichte. Die solchermaßen konkret verstandene apostolische Sukzession und die konstitutive Bedeutung der Ordination hat zur geschichtlichen Voraussetzung, daß schon die Apostel in den Gemeinden Anteil an ihrem Leitungsamt geben konnten und gaben und daß hierbei auch die liturgische Gestalt der Ordination bereits Bedeutung

---

[27] In extremem Gegensatz zu den authentischen Briefen des Paulus, insbesondere zu Gal, sah schon der Vater der modernen Bibelkritik, der Hegelianer *F.Chr. Baur*, die *Apg* und beeinflußte damit die Sicht der späteren Einleitungswissenschaft bis heute. Ihm zufolge "fällt ungünstiges Licht" auf die Apg, "deren Darstellung nur als eine absichtliche Abweichung von der geschichtlichen Wahrheit im Interesse der besonderen Tendenz, die sie hat, angesehen werden kann" (KÜMMEL, *Erforschung* 166f.).

[28] So lautet die Konsensaussage des KATHOLISCH-ORTHODOXEN DIALOGS auf Weltebene (beschlossen in Valamo/Finnland 1988): "Der Bischof wird, nachdem er ordiniert ist, in seiner Kirche der Gewährsmann der Apostolizität, ihr Vertreter in der Gemeinschaft der Kirchen, ihr Band zu den anderen Kirchen. Deswegen kann in seiner Kirche Eucharistie in Wahrheit nur unter seinem Vorsitz oder dem eines mit ihm in Gemeinschaft stehenden Priesters gefeiert werden" (§ 47: Una Sancta 4, 1988, 349).

[29] Das Bischofsweihegebet des HIPPOLYT, das im erneuerten *Pontificale Romanum* als normatives Gebet zur Handauflegung übernommen wurde, erfleht für den Bischof "den Geist, den Christus seinen Aposteln geschenkt hat" und stellt damit das Bischofsamt in die strenge Kontinuität und eine geistgewirkte wesensmäßige Identität mit der Kirchenleitung durch die Apostel selbst.

gewann. Würden diese Voraussetzungen widerlegt, so müßte der Begriff der Apostolischen Sukzession verblassen und zugleich die bleibende Verbindlichkeit der bischöflichen Kirchenstruktur in Frage gestellt werden. - Die katholische und die orthodoxe Exegese werden kaum leugnen können, an neutestamentlichen Belegen für ihre Sicht Interesse zu haben. Gegenteiliges Interesse wird bei einer Exegese im Spiel sein, für die die katholisch-orthodoxe Kirchenstruktur, sei es aus konfessionellen Gründen, sei es aufgrund des Zeitgeistes oder weltanschaulicher Vorurteile, ein Stein des Anstoßes ist.

Wie die neuere philosophische und biblische Hermeneutik klarstellt, ist nicht die völlige Vorurteilsfreiheit, sondern die Reflexion der jeweils vorhandenen "Vor-Urteile" und Interessen die sachgemäße Voraussetzung auch jeder historisch-kritischen Methode der Schriftauslegung[30]. Von daher ist es aufschlußreich, daß gerade die Apg mit ihren Zeugnissen von der Bedeutung der Augenzeugenschaft für das apostolische Amt, sowie von frühen Amtseinsetzungen durch die Apostel und vom apostolischen Wirken unter dem Beistand des Heiligen Geistes, schon von der radikalen Bibelkritik der Hegelianer D.F. Strauß und F.Chr. Baur an den Pranger angeblicher Geschichtsklitterung gestellt wurde und sich solches zur Zeit der Hochblüte der Formgeschichte und der existentialen Schriftinterpretation wiederholte, so daß sich W.G. Kümmel veranlaßt sah, gegen die eklatanten Auswüchse der antilukanischen Polemik seiner Fachgenossen den Beitrag zu verfassen: "Lukas in der Anklage der heutigen Theologie"[31].

Wegen der ekklesiologischen und traditionsgeschichtlichen Aspekte, die naturgemäß gerade von der Apg her in den Blick kommen, ist die (allmählich auslaufende?) Lust an der Kritik dieser Schrift besonders aufschlußreich, wie umgekehrt gerade deren sachgemäßte traditionsgeschichtliche Einordnung von großer Bedeutung.

8. Die vorliegende Arbeit könnte nach den vorausgehenden Ansätzen zu einer Kritik der Evangelienkritik den Anschein erwecken, allzu "kontroverstheologisch" konzipiert zu sein und die ökumenische Aufgabe heutiger Theologie zu unterschätzen. Die mehrfachen Hinweise

[30] Vgl. z.B. STUHLMACHER 242f.

[31] W.G. KÜMMEL, *Lukas in der Anklage der heutigen Theologie:* ZNW 63 (1972) 149-165 (*künftig zitiert: Kümmel, Lukas*); = DERS., *Heilsgeschehen und Geschichte, Bd. II: Ges. Aufs. 1965-1977*, hrsg. von E. Grässer und O. Merk, Marburg 1978, 87-100.

auf Positionen orthodoxer Theologie und Kirchenauffassung waren jedoch bereits sehr dezidiert im Sinne des *ökumenischen Anliegens* verstanden und sind diesbezüglich zu ergänzen. Wenn sich diese Arbeit mit "protestantischen" Positionen der Bibelkritik und der Exegese auseinandersetzt, so sind als Adressat gerade *nicht* die evangelischen Kirchen oder ihre Theologien als solche gemeint. Vielmehr soll die Auseinandersetzung mit theologie- und glaubensgeschichtlichen Phänomenen erfolgen, die "protestantisch" im Sinne dialektischer Polarisierung und bestimmter Denkstrukturen des Glaubens- und Kirchenverständnisses sind, ohne für evangelisches Kirchentum als ganzes repräsentativ zu sein. Obwohl diese Phänomene außerkatholischen Ursprungs sind und in der von jeher größeren Bandbreite der evangelischen Theologie ihren angestammten Ort haben, sind ihre negativen Auswirkungen derzeit gerade im katholischen Bereich zu beklagen, wo sie zudem kaum jenen Widerspruch fanden, der ihnen innerhalb der evangelischen Theologie längst angesagt wurde.

So verweist denn auch Kardinal Ratzinger vor der Bischofssynode 1990 auf eine überlieferungstreue evangelische Theologie, die er den "'katholischen' Strang protestantischer Theologie" nennt[32]. Wir möchten ihn als "ökumenischen" im ursprünglichsten Sinn verbindlicher Einheit der katholikè ekklesía bezeichnen. Er leistet - wie der Kardinal rühmt - den derzeit entschiedensten Beitrag Zunge Überwindung der Einseitigkeiten moderner Exegese. Und von ihm gehen die stärksten Impulse dafür aus, daß die Kirchen sich wiederfinden auf der Basis der gemeinsamen Schrift und der gemeinsamen altkirchlichen Überlieferung.

Zudem ist heute Ökumene ohne Beteiligung der *Orthodoxie* nicht mehr denkbar. Das gilt auch für die Neutestamentliche Exegese und Einleitungswissenschaft. Begreiflicherweise hat sich in dem von den Regeln der westlichen (und oft auch nur einer sich verabsolutierenden deutschen) Geistesgeschichte bestimmten Konzert der exegetischen Schulen die orthodoxe Schriftauslegung bislang noch wenig Gehör verschafft und wurde oft vorschnell eines starren Befangenseins in der Patristik geziehen. Doch einige hörbar gewordene Stimmen verdienen bereits jetzt Beachtung. So hat *Nikos Nissiotis*, der wie kaum ein anderer orthodoxer Theologe in der multilateralen Ökumene versiert war, schon in den Jahren des II. Vatikanischen Konzils nicht nur verengte Fragestellungen zum Verhältnis Schrift und Tradition in der nachtridentini-

[32] Siehe oben, Anm. 26.

schen Theologie aufgewiesen, sondern auch der "Formgeschichte" und der "existentialen Hermeneutik" ins Stammbuch geschrieben, sie seien allzu deutlich von der "post-schismatischen Situation"[33] der kirchlichen Entwicklung im Westen gezeichnet, trügen Diskontinuität und Inkohärenz in alle kirchlichen Lebensbereiche und fänden solche ebenso widergespiegelt in allen kirchlichen Epochen.

Ein aufklärerisches Welt- und Geschichtsverständnis ohne heilsgeschichtliche Kontinuität und ohne die Transparenz der Schöpfung für das Wirken Gottes durch seinen Logos im Heiligen Geist bedeutet für orthodoxes Glaubensverständnis Häresie (im Sinne des Herausnehmens und Zerreißens des Zusammengehörigen und der geistigen Reduktion) schlechthin.

Im Zusammenhang des jüngsten Katholisch-Orthodoxen Dialogs haben wir an anderer Stelle aufgezeigt[34], wie sich für die erstrebte Findung der *Glaubens- und Kirchengemeinschaft* im Sinne der altkirchlichen Koinonia immer mehr als entscheidendes Kriterium das der *Kontinuität* apostolischer Überlieferung herausstellt. Einen ähnlichen Weg ist die multilaterale Ökumene in der Erarbeitung der "Lima-Erklärungen" über Taufe, Eucharistie und Amt, wie auch in der Textkomposition der Lima-Liturgie, gegangen[35]. Gleiches ist von dem Studiendokument "Gemeinsam den einen Glauben bekennen" zu sagen, das in bemerkenswerter Weise der Fundierung der multilateralen Ökumene in der Überlieferung durch Aktualisierung des nicaeno-konstantinopolitanischen Glaubensbekenntnisses dient.

9. Unsere Arbeit möchte ganz auf der Linie einer solchen qualifizierten Ökumene dazu beitragen, das *gemeinsame Erbe* der apostolischen Überlieferung in der Gestalt der Evangelien unter den drei Aspekten, erstens der Kontinuität und Stichhaltigkeit der Zuweisungstradition, zweitens der historischen Transparenz der Darstellung des jeweiligen Evangeliums für die Auferbauung der Kirche in apostolischer Zeit, so-

---

[33] N. NISSIOTIS, *Die Einheit von Schrift und Tradition von einem östlich-orthodoxen Standpunkt aus*: Ökumen. Rundschau 14 (965) 271-292; 291.

[34] H.-J. SCHULZ, *Überlieferungskontinuität aus apostolischer Tradition als Kriterium der kirchlichen Koinonia im Katholisch-Orthodoxen Dialog*, in: *Lebendige Überlieferung. Festschrift H.-J. Vogt*, hrsg. v. N. el-Khoury und R. Reinhardt, Stuttgart 1992.

[35] Vgl. zur Würdigung der paradigmatischen Bedeutung dieser Texte durch den Vf.: Der Christliche Osten 34 (1979) 10-15; Gottesdienst 18 (1984) 1-4.

wie drittens der Konvergenz der ältesten Schichten des Mk-Ev und des Joh-Ev mit der sakramentalen Christusbegegnung in der urkirchlichen Passafeier, der Taufe und der Eucharistie, deutlicher erkennen zu lassen und von den formgeschichtlichen Verdikten der Diskontinuität und Widersprüchlichkeit zum apostolischen Kerygma, ja, der synkretistischen Verfremdung desselben, zu befreien.

Dabei wird sich zunächst die Zuweisungstradition (Kap I) in Form der Evangelienüberschriften als viel älter, denn üblicherweise angenommen, erweisen (a) und sich zugleich viel reichhaltiger darbieten, als es die gängige Fehlbeurteilung im Sinne einer Kolportage von Nachrichten des rätselhaften *Papias* (b) voraussetzt. Papias wird sich als ein durchaus ernst zu nehmender Repräsentant der ephesinischen und kleinasiatischen Tradition am Ausgang der apostolischen Zeit (nicht erst der Mitte des 2. Jahrhunderts) zu erkennen geben. Und seine Nachrichten, die bezüglich des Mk-Ev wahrscheinlich letztlich aus *römischer* Quelle stammen, werden nicht nur von *Irenäus* (c) unabhängig bestätigt, sondern auch durch Informationen des sehr direkten und frequentierten *römisch-alexandrinischen* Kommunikationssystems flankiert (d).

Die Vorurteile der *"Formgeschichte der Evangelien"* in ihrer "traditionsgeschichtlichen" und "redaktionsgeschichtlichen" Variante finden inzwischen gerade auf evangelischer Seite immer deutlicher und vielfältiger durchschlagenden Widerspruch[36]. Ihre entstehungsgeschichtliche Analyse (Kap. II) nach rationalistischen Denkvoraussetzungen des 19. Jahrhunderts (a) und innerprotestantisch bedingten Geburtsfehlern der formgeschichtlichen Entwürfe selbst (b) bedarf ihrer eigenen Darstellung, da nur so der Blick frei wird auf eine wirkliche *"Traditionsgeschichte"* der Evangelien aus ihren ursprünglichen Quellen und zugleich auf eine *"Gattungsgeschichte"*, die nicht nur mit fiktiven Predigtschemata und historisch unrealistischen literarischen Vorstellungen arbeitet, sondern auf die tatsächlichen kerygmatischen, katechetischen und liturgischen Vorgänge im urkirchlichen Gemeindeleben rekurriert.

Grundlage der Analyse der Formgeschichte hat die *Instructio der Päpstlichen Bibelkommission* vom 21.4.1964 "Über die historische Wahrheit der Evangelien" zu sein (Kap. III), die hellsichtig die

---

[36] Diesbezüglich besonders aufschlußreich sind die Beiträge des Tübinger Symposions von 1982: P. STUHLMACHER, Hrsg., *Das Evangelium und die Evangelien*, Tübingen 1983 *(künftig zitiert: Stuhlmacher, Evangelien)*.

"rationalistischen Vorentscheidungen" und "historischen Irrtümer" der "Methode" durchleuchtet.

Zur Falsifizierung "formgeschichtlicher" Grundsätze (Kap. IV) hat insbesondere auch die *neuere Volkskunde* (a) und die zeitgeschichtliche Erforschung des *Urchristentums* (b) beigetragen.

Entgegen dem formgeschichtlichen Vorurteil, die Zeit der apostolischen Mission und der Naherwartung hätte "kein Interesse" an Jesuserinnerungen gehabt, wofür angeblich auch die Paulusbriefe sprächen, haben *H. Riesenfeld, B. Gerhardsson, B. Reicke, M. Hengel, R. Riesner* und andere[37] gezeigt, daß die Jesusüberlieferung nicht nur im Hintergrund der paulinischen Briefe steht, sondern als *formeller Tradierungsprozeß* in diesen vorausgesetzt wird.

So gewähren denn auch die "vorpaulinische" Bekenntnistradition von 1 Kor 15,3-5 und die Herrenmahltradition von 1 Kor 11,23-25, beide letztlich Jerusalemer Herkunft, tiefe Einblicke in eine von den betreffenden kerygmatischen, katechetischen und anamnetischen Vollzügen im Leben der Urgemeinde schon vorausgesetzte weitläufige Evangelientradition, deren haggadische Schicht eine weit ausholende Passionsgeschichte und Auferstehungsbezeugung, einschließlich der Berichte vom Letzten Mahl, der Grablegung und der Auffindung des Leeren Grabes beinhaltet (Kap. V).

Die Forschungsergebnisse von R. Pesch zugunsten eines breit angelegten "Evangeliums der Urgemeinde"[38] konnten auf *methodologisch eigenen Wegen*, nämlich vom liturgiegeschichtlichen Nachweis der Notwendigkeit einer bereits ganz frühen passahaggadischen Ausdeutung von Leben, Sterben und Auferweckung Jesu als Erfüllung der Exodusgeschehnisse (vgl. 1 Kor 5,7), weitgehend bestätigt werden.

10. Die Evangelien nach Markus (Kap. VI) und Lukas (Kap. VIII, a-b) und die Apostelgeschichte (Kap. VIII, b-f) erweisen sich nach Darstellungsperspektive und Abfassungszeitpunkt als direkt durch die letzte Phase der apostolischen Mission (seit 58: Gefangenschaft Pauli in Cäsa-

---

[37] Vgl. die Titel der betreffenden Werke: unten, IV, Anm. 27; 28 und 30; 10 und 19; 14 und II, Anm. 46; sowie IV, 29.

[38] Vgl. das unten, V, Anm. 3, genannte Werk, sowie die Bilanz der durch dieses und den Mk-Kommentar von Pesch (R. PESCH, *Das Markusevangelium,* 2 Bde., Freiburg [5]1989 und [4]1991; *künftig zitiert: Pesch, Markus I bzw. II)* ausgelösten Diskussion: DERS., *Das Evangelium in Jerusalem. Mk 14, 12-26 als ältestes Überlieferungsgut der Urgemeinde*: STUHLMACHER, *Evangelien* 113-156.

rea und danach in Rom) bestimmt. Die Erforschung des *Mk-Ev* ist durch R. Pesch, M. Hengel[39] und P. Dschulnigg[40] in besonderer Weise intensiviert worden. Gerade M. Hengel ist auch die dezidierte Herausarbeitung der *petrinisch-römischen* Tradition des Vollevangeliums nach Markus, wie auch der *Verfasserschaft des Markus* selbst, sowie der des *Lukas* am Lk-Ev und der Apg, zu danken.

Wenigstens für das Mk-Ev plädieren Hengel und Dschulnigg auch für eine Abfassung *vor* 70, dem ehedem vermeintlich unumstößlichen terminus post quem aller Evangeliendatierung. Hengel nimmt aus zeitgeschichtlichen Gründen das Jahr 69, Dschulnigg aufgrund kirchengeschichtlicher Indizien die Zeit kurz nach 64, an. Doch wird das Mk-Ev inzwischen auch auf 66 (W. Marxsen) und von Altphilologen sogar auf 40 (G. Zuntz) datiert, während *J.A.T. Robinson* mit *Ende der 50er Jahre* (bei längerer vorausgehender Entstehungszeit) wohl die besten Gründe für sich hat[41].

Das einstige Tabu des Jahres 70 als terminus post quem muß inzwischen auch für *Lk* und *Mt* als gebrochen gelten. Eine *Rückschau* auf die Zerstörung Jerusalems im Jahre 70 findet sich in keinem der Evangelien. Die von W.G. Kümmel zu Mt und Lk, von neueren katholischen Kommentaren auch zu Mk angenommenen Stellen erweisen sich diesbezüglich als nicht stichhaltig[42].

---

[39] M. HENGEL, *Probleme des Markusevangeliums (künftig zitiert: Hengel, Markusevangelium I)* in: STUHLMACHER, *Evangelien* 221-265; DERS., *Entstehungszeit und Situation des Markusevangeliums,* in H. CANCIK (Hrsg.), *Markus-Philologie. Historische, literargeschichtliche und stilistische Untersuchungen zum zweiten Evangelium*, Tübingen 1984, 1-45 *(künftig zitiert: Hengel, Markusevangelium II).*

[40] P. DSCHULNIGG, *Sprache, Redaktion und Intention des Markus-Evangeliums. Eigentümlichkeiten der Sprache des Markus-Evangeliums und ihre Bedeutung für die Redaktionskritik*, Stuttgart 1984 *(künftig zitiert: Dschulnigg).*

[41] Vgl. zu den Frühdatierungsgründen für Mk und die übrigen Evangelien (wie insgesamt für alle Schriften des Neuen Testaments): J.A.T. ROBINSON, *Redating the New Testament,* London 1976; 1981; deutsch: *Wann entstand das Neue Testament?*, Paderborn-Wuppertal 1986 *(künftig zitiert: Robinson).*

[42] Die von der herrschenden Exegese als ex-eventu-Formulierungen nach 70 gedeuteten Vorhersagen Jesu über den Untergang des Tempels und Jerusalems in der *eschatologischen Rede* waren wegen der engen zeitlichen Verknüpfung mit apokalyptisch-kosmischen Erscheinungen, die nach 70 nicht eintrafen, nur *vor 70* möglich.-So *Robinson* und die Historiker *H. Staudinger* und *G.A. Lehmann* auf dem Paderborner SYMPOSION 1982 *"Die Datierung der Evangelien"* (Tonbandnachschrift, hrsg. vom Deutschen Institut für Bildung und Wissen, Busdorfwall 16, 4790 Paderborn, durch R. Wegner; *künftig zitiert: Symposion).*

Am schärfsten an der Genze des Jahres 70 liegt die Abfassung des Mt-Ev (Kap. VII), das zeitgeschichtlich besonders transparent ist auf zelotische Exzesse und Beeinträchtigungen der christlichen Gemeinde, jedoch auf das Martyrium Petri bereits zurückschaut.

Allen Kredit hat die ehedem für das Mt-Ev, vor allem aber für das Joh-Ev strapazierte traditionsgeschichtliche These verloren, als "Wasserscheide" der Entwicklungen im nachapostolischen Gemeindeleben sei jene Verfluchung der Christen zu betrachten, die im Rabbinat Gamaliels II. um 90 in die Gebetsordnung des Schemone Esre eingefügt worden wäre. - Wie von jüdischen Gelehrten nachgewiesen und von neuester exegetischer Forschung bestätigt wurde, bündeln sich in dieser These historische Mißverständnisse und Fehlinterpretationen der jüdischen Religion. Die vermeintliche Stoßrichtung gegen die "Anhänger des Jesus von Nazareth" ist eine solche des in dieser Form weit jüngeren Textes gegen die halbjüdische Sekte der "Nazaräer" im 4. Jahrhundert. Verurteilungen des Rabbinats hatten als Kriterium überdies stets *halachische*, nicht *dogmatische* Verfehlungen und waren für *heidenchristliche* Gemeinden von vornerein gegenstandslos und für *große Missionskirchen* wie Antiochien und Ephesus um 90 auch insgesamt schon ohne Bedeutung[43].

Sehr dringlich ist der gegenwärtigen (gerade auch katholischen) Exegese ein Umdenken bezüglich des *Joh-Ev* aufgegeben (Kap. IX). Die Behauptung, der Verfasser des 4. Evangeliums könne schon wegen seiner Wiedergabe bestimmter Offenbarungsreden Jesu kein Augenzeuge des Lebens Jesu (und erst recht kein Apostel) gewesen sein und auch seine Selbsteinführung unter den Bezeichnungen "der andere Jünger" und "der Jünger, den Jesus liebte" sei undenkbar, gehen an der Darstellungsperspektive des Joh-Ev vorbei. Die Form der Offenbarungsrede erweist sich als kontrahierende Anamneseform des *einst und jetzt* zur Gemeindeversammlung redenden Christus, veranlaßt durch eine weitläufige Schicht des Joh-Ev im Stil passahaggadischer Ausdeutung des Heilswerkes Christi, analog zur Jerusalemer Form in der ältesten Schicht des Mk-Ev, aber stärker von den Weisheitsbüchern des Alten Testaments her geformt und der ephesinischen Kirchensituation nach 62 gemäß. Wieder konnte die liturgiegeschichtliche Erforschung

---

[43] Vgl. das ausführliche Referat zur "Ketzerverfluchung" unter Gamaliel II.: J.A.T. ROBINSON, *The Priority of John* (Ed. by J.F. Coakley), London 1985, 73-80; sowie unten IX, g 8-9.

der quartadecimanischen Passapraxis auch bis zur frühen traditionsbildenden ephesinischen Sprachgestalt derselben zurückverfolgt werden und diese selbst (das Joh-Ev) entstehungsgeschichtlich erhellen.

Von gleich großer Bedeutsamkeit wie die haggadische Struktur ist für das Verständnis des Joh-Ev der Strang *zeitgeschichtlicher* Transparenzen hinsichtlich der Verbindung zwischen Jesus und Johannes dem Täufer, der Frühphase des öffentlichen Wirkens Jesu, wie auch der Chronologie des Wirkens Jesu und insbesondere der Passion. Die Priorität des Joh-Ev in allen *chronologischen* und *topographischen* Angaben hat evangelische kirchengeschichtliche Forschung (zuletzt A. Strobel) deutlich bestätigt; und das nachgelassene Werk des anglikanischen Bischofs und Exegeten J.A.T. Robinson erhebt mit seinem Titel zu Recht für das Joh-Ev den Anspruch: "The Priority of John".

Besonders an der Sichtweise und Kompositionsstruktur des Joh-Ev erweist sich, wie eine exegetische Wissenschaft in die Irre zu gehen droht, die den Kontakt zur alttestamentlichen Wissenschaft (man denke an die Forschungen zum Joh-Ev von H. Gese), zur Kirchengeschichte und insbesondere zur Liturgiegeschichte (A. Strobel) wie auch zu den "Gestalt- und Sinngesetzen" der Liturgie[44] (Anamnese-Forschungen seit O. Casel) verliert.

11. Was *H. Schürmann* in einem interdisziplinären Gespräch an der Katholisch-Theologischen Fakultät der Ruhr-Universität Bochum[45] mit der Dringlichkeit eines Vermächtnisses angemahnt hat, nämlich die enge und intensive Kooperation der theologischen Disziplinen, da die "wissenschaftsorganisatorische Beschränkung der Exegese auf die Auslegung und Darlegung historischer Texte" eine "Schriftaussage noch nicht füllig als Wort Gottes deutlich machen kann", bleibt im Wissenschaftsbetrieb vieler theologischer Universitätsfakultäten heute mehr denn je ein frommer Wunsch.

Angesichts dieser Situation hat Schürmann selbst programmatisch den Ort der Exegese im Kontext der theologischen Disziplinen und der kirchlichen Schriftauslegung und -verkündigung aufgezeigt[46] und die

---

[44] II. VATIKANISCHES KONZIL, *Konstitution über die heilige Liturgie*, Art. 23.

[45] H. SCHÜRMANN, *Die neuzeitliche Bibelwissenschaft als theologische Disziplin. Ein interdisziplinärer Gesprächsbeitrag*, in: Vom Urchristentum zu Jesus. Für J. Gnilka, hrsg. von H. Frankemölle und K. Kertelge, Freiburg 1989, 527-533.

[46] Vgl. insbesondere die Exposition der in dem angeführten "Gespräch" (Anm. 45) enthaltenen Thesen in: DERS., *Bibelwissenschaft unter dem Wort Gottes. Eine*

"regulative"[47] Funktion des kirchlichen Glaubens auch für die Anwendung der linguistisch-historischen Methodik der Exegese umschrieben (wobei die Vorgaben des Glaubens freilich nicht methodenintern verrechnet werden könnten). Er hat darüber hinaus klargestellt und angemahnt, daß der theologische Lehrer der Exegese "zuerst Theologe, nicht Fachexeget ist, und daß die Arbeit der Schriftauslegung und -darbietung dogmatische, fundamentaltheologische und pastoraltheologische Aspekte hat, die vom Exegeten als Lehrer nicht gänzlich an diese (oder andere) Fachdisziplinen 'delegiert' werden können"[48].

Weit stärker noch fruchtbar zu werden versprechen der in diesem Zusammenhang herangezogene Vergleich zwischen "urkirchlich ('apostolischer') Real- und Verbalverkündigung", der von der Eucharistiefeier her auf höchste Sensibilisierung für das Vernehmen des sich zusprechenden Logos Gottes in Offenbarung und Schriftwort abzielt[49], zum anderen die Umschreibung der "historisch" arbeitenden Exegese als "anamnestischer"[50] Prozeß, der sich sowohl in der spezifischen Handhabung der Methode, wie auch im kirchlichen Gesamtvollzug der Schriftauslegung vielschichtig realisiert.

Wir betrachten Schürmanns Durchleuchtung der anamnetischen[51] Struktur des Wesens der historisch arbeitenden Exegese (und der kirchlichen Schriftauslegung) als Hoffnungssymbol für eine künftige methodologische und praktische Selbstreinigung dieser Wissenschaft, deren (von katholischen Fachvertretern oft unbemerkt) mitgeschleppte Altlasten rationalistischen Vorverständnisses und hegelianischer

---

selbstkritische Besinnung, in: Christus bezeugen. Festschrift für W. Trilling, hrsg. v. K. Kertelge u.a., Leipzig 1989, 11-42.

[47] Ebd. 16f., mit Anm. 16, wo (in Anknüpfung an Kant) zwischen den "regulativen Ideen", die vom Gesamthorizont der Theologie her vorgegeben sind, und den "konstitutiven Prinzipien" unterschieden wird, welch letztere der linguistisch-historischen Methode selbst innewohnen.

[48] Ebd. 31.

[49] Ebd. 13f., 34ff., 40.

[50] Ebd. 27 u.ö. Vgl. hierzu insbesondere: DERS. *Anamnese als kirchlicher Basisvorgang. Eine theologische Besinnung,* in: Communio Sanctorum. Einheit der Christen-Einheit der Kirche. Festschrift für Bischof Paul-Werner Scheele, hrsg. v. J. Schreiner und K. Wittstadt, Würzburg 1988, 97-102.

[51] In unseren eigenen Darlegungen wird die durch die Liturgiewissenschaft eingebürgerte, vom eingedeutscht empfundenen Substantiv her gebildete Form "anamnetisch" bevorzugt.

Geschichtsdialektik[52] sich derzeit allzu oft in geschichtswissenschaftlich überholten einleitungswissenschaftlichen Positionen zu den Evangelien niederschlagen und mittelbar auch die exegetische Auslegung selbst beeinträchtigen. Eine als anamnetischer Prozeß reflektierte Schriftauslegung hat sich in besonders beispielhafter Weise am Joh-Ev und dessen überlieferungsgeschichtlicher Einordnung zu bewähren.

Wir erachten eine sowohl historisch-akribisch erinnernde, wie auch liturgisch-anamnetische Struktur, als die besonderen Merkmale des Joh-Ev, denen nur eine auch entsprechend strukturierte Exegese gerecht werden kann. - Ein neues Maß-Nehmen der Exegese am Joh-Ev und seinem Zeugnis tut not[53]. Nicht zufällig gilt in den der *apostolischen Überlieferung,* wie insbesondere dem *patristischen Erbe,* besonders verpflichteten *Ostkirchen* der Evangelist des Göttlichen Logos auch als *"der Theologe"* schlechthin.

---

[52] Gegenüber rationalistischer Geschichtsverkürzung bringt die Kategorie der *Anamnese* Offenheit auf *ganzheitliche Erfahrungshorizonte* hin zum Ausdruck, gegenüber der Verfälschung der Überlieferungsgeschichte speziell durch Diskontinuitätspostulate dagegen die *innere Einheit von Vergangenheit, Gegenwart und Zukunft* in menschlicher *Lebenserfahrung*, wie insbesondere in der *Heilsteilhabe*. - Zum entsprechenden hermeneutischen Konzept von P. Stuhlmacher, der in seiner Hermeneutik des "Einverständnisses mit den biblischen Texten" (STUHLMACHER 222-256), ohne die historische Methode zu sprengen, für eine historische Textanalyse in Verbindung mit einer dogmatisch reflektierten Interpretation vor dem Horizont der "biblischen Textwelt" insgesamt plädiert, vgl. unten III, 6 (mit Anm. 18); zu Konsequenzen für eine katholische Hermeneutik: den "Ausblick" nach Kap. IX.

[53] Vgl. zu einer *historischen* und zugleich *theologisch ganzheitlichen* Schriftauslegung auch die Anregungen von W. Kasper, der das "Mehr" der patristischen Schriftauslegung gegenüber der modernen "historischen Kritik" als eine wiederzugewinnende Dimension anmahnt und diese als "typologische Methode" (die schon in der Schriftwerdung selbst impliziert ist) und als eine gemäß der "Analogie des Glaubens" zu entfaltende umschreibt: W. KASPER, *Prolegomena zur geistlichen Schriftauslegung,* in: Vom Urchristentum zu Jesus (siehe Anm. 45), 508-526.

I. Die überlieferten Verfasser und Datierungen der Evangelien: Einhelligkeit seit dem ausgehenden 1. Jahrhundert

Die Zuweisung der Evangelien an "Apostel und Apostolische Männer", die das II. Vatikanische Konzil vornimmt und für deren differenzierte Sicht das Konzil mit seinem Wort vom "viergestaltigen Evangelium[1] nach Matthäus, Markus, Lukas und Johannes" in Art. 18 sich auf den hl. Irenäus beruft, entspricht der einhelligen Zuweisungstradition der Evangelienüberschriften und der patristischen Zeugnisse seit dem ausgehenden 1. Jahrhundert.

1. Der älteste patristische Zeuge dieser Zuweisungstradition ist Bischof Papias von Hierapolis, der sein Buch "Auslegungen von Herrenworten" vor 110 schreibt[2], für das *Mk-Ev* bereits von einer Entstehung im engsten Umkreis des Petrus weiß und zusätzlich auch Kunde vom *Mt-Ev* hat. Seine etwas weitschweifigen Aussagen über das Mk-Ev[3] werden zu

---

[1] Irenäus, Adv. haer. III,11,8. - Eine bündige Zusammenstellung der ältesten Zuweisungstraditionen: ebd. III,1,1.

[2] Der frühe Zeitansatz für das Werk des Papias, den bereits E. GUTWENGER *(Papias. Eine chronologische Studie*: ZkTh 60, 1947, 385-416; *künftig zitiert: Gutwenger)* aufgrund der zeitlichen Einordnung der Person und des schriftstellerischen Werkes bei Eusebius vertreten hat, ist hinsichtlich des Eckpfeilers "nicht nach 110" jüngst in eingehenden Untersuchungen bestätigt worden durch: U.H.J. KÖRTNER, *Papias von Hierapolis. Ein Beitrag zur Geschichte des frühen Christentums*, Göttingen 1983 (*künftig zitiert: Körtner*), 89-94; 225f. Der Grundlinie der Datierung Gutwengers folgten vor Körtner auch schon Riesner (siehe unten, IV, Anm. 29) 21; und Kürzinger (Bibl.Zs. 23, 1979, 185). - Zu Recht gibt Körtner (93f.) vor allem der Tatsache Gewicht, daß Eusebius (H.E. III,36,2) Papias als Schriftsteller zeitlich an die Seite des Ignatius von Antiochien stellt. - Zur Hinfälligkeit des Gegenkriteriums (der vermeintlichen Echtheit eines "Papias"-Fragments, das eine Datierung in die Zeit Hadrians fordern würde) siehe unten, Anm. 30.

[3] Siehe unten, Anm. 32. - Alle überhaupt erhaltenen Fragmente aus dem fünfbändigen Werk des Papias "logîon kyriakôn exêgéseis" hat (mit einer umfassenden Bibliographie zu Papias und vier eigenen Aufsätzen zur Deutung der auf die Evangelien bezogenen Zeugnisse) zusammengestellt: J. KÜRZINGER, *Papias von Hierapolis und die Evangelien des Neuen Testaments* (Eichstätter Materialien, 4), Re-

analysieren sein, nachdem größere Klarheit gewonnen ist über das Verhältnis des Papias zur Generation der Apostel und über seine Verbindungen zur "johanneischen" Tradition der kleinasiatischen Kirchen.

Offensichtlich kannte Papias auch das *Joh-Ev*, obwohl uns Eusebius keine direkten diesbezüglichen Auskünfte des Bischofs von Hierapolis hinterlassen hat. Seine Sprache ist verschiedentlich *johanneisch geprägt*[4]; und die Liste seiner Traditionszeugen mit sieben namentlich genannten Aposteln (die wie im Joh-Ev als "Jünger des Herrn" bezeichnet werden), sowie weiteren "Jüngern", ist mit ihrer Reihung der ersten vier Namen "Andreas, Petrus, Philippus, Thomas"[5] in auffälliger Weise von der Berufungsgeschichte Joh 1,35ff. abhängig[6]. Mehr noch: Papias

---

gensburg 1983 (*künftig zitiert: Kürzinger*). - Den Text der Fragmente bietet auch: KÖRTNER 54-71. - Zum Begriff "logía" siehe unten, Anm. 41.

[4] Wenn KÖRTNER (siehe oben, Anm. 2) die sprachliche Beeinflussung allein auf die (von Eusebius, H.E. III,39,17 bezeugte) Nutzung von *1 Joh* zurückführt und die Kenntnis des *Joh-Ev* (wie auch des *Lk-Ev*) für Papias bestreitet (174) so übersieht er die im folgenden genannten Indizien und unterschätzt überhaupt das Traditionskontinuum für die kleinasiatischen Kirchen, was mit seiner immer noch grundsätzlich an F.Chr. Baur orientierten These der Diskontinuität für das Frühchristentum (232) zusammenhängt. - Vgl. auch Anm. 9.

[5] Der Text aus dem Vorwort des Papias lautet nach KÜRZINGER, S. 99: Fragment 4: Eusebius, H.E. III,39,4): "Kam irgendwo einer, der sich den Presbytern angeschlossen hatte (toîs presbytérois), dann erkundigte ich mich nach den Aussagen der Presbyter (toùs tôn presbytérôn anékrinon lógous). Was sagte Andreas oder was Petrus oder was Philippus oder was Thomas oder Jakobus oder was Johannes oder Matthäus oder irgend ein anderer von den Jüngern des Herrn; dazu kommt auch, was Aristion und der Presbyter Johannes, Jünger des Herrn, sagen. Denn ich war überzeugt, daß mir das aus Büchern Genommene nicht so viel nütze wie die lebende, bleibende Stimme." - Der griechische Text bedarf hinsichtlich der Angabe "Jünger des Herrn" für das letztgenannte Zeugenpaar (Aristion und Johannes, der Älteste) *keiner* Korrektur (obwohl die Angabe in altsyrischen Übersetzungen fehlt), sondern hat als *lectio difficilior* Bestand.

Die *"presbýteroi"* sind "Älteste" im Sinne jener normgebenden Zeugen halachischer Überlieferung, die auch in Mt 15,2; Mk 7,3 so genannt werden. Auch der letztzitierte Satz zeigt an, daß Papias noch *halachischer Traditionsauffassung* folgt, die am liebsten auf Verschriftungen als Mittel der Tradierung ganz verzichten würde. Die Bezeichnung "Jünger des Herrn" geht bei Papias (wie im Joh-Ev) über den Zwölferkreis hinaus. Sie bezieht auch andere Personen *direkter Jesusnachfolge* zur Zeit des öffentlichen Wirkens Jesu mit ein (vergleichbar den "Siebzig" von Lk 10,1.17), - ob auch Personen, die nur in irgendeiner Weise noch *Umgang mit Jesus* hatten und damals zum Glauben gelangt waren, muß zunächst offen bleiben.

[6] Die unverwechselbare Abhängigkeit gerade von Joh 1,35ff. (und Joh 21,2) stellt - unter Vergleich mit allen einschlägigen Apostellisten - heraus: M. HENGEL, *Die*

kannte das Joh-Ev und *schrieb es dem Apostel und Zebedäussohn Johannes zu.* Denn in der Apostelliste des Papias erhalten *Johannes und Matthäus* ganz unüblich den *vorletzten* und den *letzten* Platz, was - in seiner eklatanten Abweichung von allen Aufzählungen innerhalb der Evangelien - ein Zeichen dafür ist, daß Papias beide *als Evangelisten* kannte und die Reihung gemäß dem Gefälle auf seinen *eigenen* Traditionsstand hin vornahm[7].

Leider sind nur jene Aussagen des Papias über die Evangelien der Nachwelt erhalten geblieben, die Eusebius als Fragmente in seine Kirchengeschichte aufgenommen hat. Da nun Eusebius seinen Vorsatz, die ihm zugekommenen Aussagen älterer Kirchenschriftsteller zu den umstritten-kanonischen und den unumstritten-kanonischen Büchern des Neuen Testaments möglichst vollständig wiederzugeben, gerade in bezug auf die letzteren nicht konsequent durchgeführt hat[8], läßt sich nicht

---

Johanneische Frage. Ein Lösungsversuch, Tübingen 1993 *(künftig zitiert: Hengel, Joh. Frage)*, 80ff.

[7] HENGEL, der die Schlußpositionen: "Jakobus, Johannes, Matthäus" ausführlich erörtert (80ff.), kann diese Deutung deshalb *nicht* in Erwägung ziehen, da er - einer singulären byzantinischen Hs (siehe unten, Anm. 30) folgend - ein relativ frühes *Martyrium des Apostels Johannes* annimmt, welches schon von daher dessen Verfasserschaft am 4. Evangelium ausschließt (siehe unten, IX, a 2-3).
Die Schlußposition des *Matthäus* ist laut Hengel bedingt durch die Vorbehalte, die Papias dem *griechischen* Text des Mt-Ev entgegengebracht hätte, das für ihn ein Produkt *willkürlicher* Übersetzungen sei (84). Ein solcher Vorbehalt geht jedoch nicht aus den Worten des Papias (siehe unten, Anm. 32) hervor und könnte vor allem die Schlußposition des Matthäus nicht begründen, da Papias eindeutig den *Apostel* Matthäus als den frühesten Verfasser von "lógia" (Worte Jesu und Kurzberichte über Jesus) im *"hebräischen diálektos"* im Auge hat. - Erst recht kann die Nennung der *Zebedäussöhne* Jakobus und Johannes *erst nach* Philippus und Thomas (an drittletzter und vorletzter Stelle) nicht allein aus Joh 21,2 resultieren (so Hengel 80ff.), denn Papias orientiert sich vor allem an der *mündlichen* Überlieferung Kleinasiens und ihrer Wertschätzung für die Zebedäussöhne. Deren Position in Joh 21,2 ist *Ausdruck der Bescheidenheit* aus der Perspektive des Apostels Johannes (was derjenige, der die verfasserschaftliche Authentizität des 4. Evangeliums ablehnt, dann eben als *gewollten Eindruck der Redaktion*, die sich in die Situation des "geliebten Jüngers" versetzt, diagnostizieren muß).

[8] Vgl. zum betreffenden Vorhaben des Eusebius: H.E. III,3,3. - GUTWENGER (407f.) möchte dem entgegen an einschlägigen Beispielen ein pragmatisches Vorgehen des Eusebius der Art ablesen, daß neben besonders aufschlußreichen Nachrichten über *kanonische* Bücher vorwiegend solche bevorzugt würden, die Kriterien im Streit um *zweifelhaft kanonische* Bücher bieten konnten. - Doch erwähnt Eusebius gerade die Kenntnis der Apk bei Papias nicht, die aus einer Stelle des Irenäus (KÜRZINGER, Fragment 1, S. 94f.) erschlossen werden kann und vor allem durch einen Hinweis auf Papias und ein Papias-Zitat bei *Andreas von Cäsarea*

mit Sicherheit entscheiden, ob das Werk des Papias noch *direkte* Auskünfte über das Joh-Ev enthielt, die Eusebius aber nicht als aufschlußreich wertete.

Nach dem bereits zitierten Grundsatz des Papias, daß die Übermittlung der lebenden "Stimme" apostolischer Lehrer ihm mehr nütze, als die ihrer *schriftgewordenen Verkündigung*, hat Papias offenbar gerade von seiten *kleinasiatischer* Zeugen Traditionsgut erkundet, das noch nicht verschriftet war, und wiederum verschriftetes *so* in seine Anschauungen eingehen lassen, daß die Bezugnahmen auf dieses nicht deutlich hervortreten. In diesem Sinne ist Papias besonders der kleinasiatischen *apokalyptischen* Tradition und speziell dem Gedankengut der *Apk* verpflichtet, was Eusebius nicht zur Kennzeichnung dieser Beziehungen auf der Linie seiner Zeugnisse über umstritten-kanonische Bücher nutzt, sondern dazu, Papias wegen seiner chiliastischen Tendenzen als "klein an Geist" zu verspotten[9].

Erst recht läßt sich aus den Fragmenten bei Eusebius nicht sicherstellen, ob das Werk des Papias Mitteilungen über das *Lk-Ev* enthielt und ob Papias dieses kannte. Doch machen es das dichte kleinasiatische Kommunikationsnetz für kirchliche Nachrichten (das sich sogar in Apk 2f. spiegelt) und die Verflechtungen des Lk-Ev mit der "johanneischen Tradition" wahrscheinlich, daß das Lk-Ev im Umkreis der Metropole Ephesus um 110 keine unbekannte Größe mehr war. - Daß Papias jedenfalls 1 Petr und 1 Joh kannte und benutzt hat, teilt Eusebius ausdrücklich mit, weil ihm dies offenbar in der Frage der Kanonizität von 2 Petr und 2-3 Joh von Interesse war.

2. Für seine ausführlichen Mitteilungen über die Entstehung des *Mk-Ev* (und gleiches gilt wohl auch für die angeschlossene kurze Notiz über das Mt-Ev) beruft sich Papias auf seinen Hauptgewährsmann, "den Jünger des Herrn Johannes den Ältesten". Diesen nennt Papias - zusammen mit dem "Jünger des Herrn Aristion" - im Anschluß an seine Aufzählung der sieben Apostel, deren normatives Traditionszeugnis er jeweils durch "einen, der ihnen nachgefolgt" war ("parêkolouthékôs

(KÜRZINGER, Fragment 12 und 13, S. 110f.; 112f.) sichergestellt ist und die nach dem von Gutwenger umrissenen Prinzip höchst mitteilenswert gewesen wäre.

[9] H.E. III,39,13. - Zu der im folgenden erörterten Frage nach einer Kenntnis des *Lk-Ev* bei Papias, die Körtner seinerseits negativ beantwortet, siehe jedoch auch die von ihm angeführten positiv urteilenden Autoren: KÖRTNER 316, Anm. 6. - Die Nutzung von *1 Petr* und *1 Joh* ist durch Papias bezeugt: Eusebius H.E. III,39,17.

tis"), erkunden konnte, während *Johannes* und *Aristion* ihm zur Zeit seiner frühen Traditionserkundungen[10] noch *direkt* zugänglich waren[11].

Was das Verhältnis des zweitgenannten Johannes zum Zebedäussohn Johannes der apostolischen Zeugenreihe des vorausgegangenen Verses, bzw. die Möglichkeit der Identität beider, betrifft, so soll dieses Verhältnis erst im Lichte der Aussagen des *Irenäus* über Papias, unter Berücksichtigung auch der Deutung derselben durch *Eusebius*, näher bestimmt werden. An dieser Stelle ist immerhin festzuhalten, daß in *beiden Nennungen* des Johannes dieser als "Herrenjünger" erscheint und daß - in Abhebung vom "Herrenjünger" Aristion - Johannes als Zeuge der apostolischen Überlieferung zusätzlich eben jenen Titel "der Älteste" erhält, der im vorausgehenden Vers auch ein Charakteristikum jener Herrenjünger ist[12], die an ihren Namen (Andreas, Petrus usw.) als Apostel *aus den Zwölf* erkennbar sind.

---

[10] Da Papias gemäß der Einordnung durch Eusebius in die Epoche der zwölf ersten Jahre des Trajan (98-110), und näherhin an der Seite des Ignatius von Antiochien und seiner Briefe, bereits um 110 ein als *Bischof und Kirchenschriftsteller* zu Ansehen gelangter Mann war (der das Alter von 50 Jahren überschritten haben wird), dürften die ersten Nachforschungen des an apostolischen Traditionen früh interessierten Autors beträchtlich über das Jahr 90 zurückreichen. In dieser Zeit war nach einhelliger patristischer Tradition der *Apostel Johannes* noch am Leben. Er starb dieser Tradition zufolge erst zu Beginn der Jahre des Trajan, im Jahre 98 (siehe unten, Anm. 23).

[11] Aristion und Johannes werden nämlich in der (in Anm. 5 zitierten) Aussage des Papias als solche, die *"sagen"* (légousin), also als Zeugen, die in die Epoche des Papias hineinreichen und die dieser noch direkt ausforschen konnte, angeführt, während Papias von den *zuvor* Genannten *über Mittelsmänner* in Erfahrung bringt, was ein jeder von ihnen (Andreas, Petrus usw.) *"sagte"* (eîpen). Damit ist offenbar nicht nur auf die selbstverständliche Zeitdifferenz zwischen dem Wissenserwerb der Apostelschüler und deren Mitteilungen an Papias angespielt, sondern - wegen der Abhebung beider Traditionswege voneinander - auf den Umstand, daß die apostolische Generation als solche, global betrachtet, der *Vergangenheit* angehört, weil zumindest die meisten ihrer Mitglieder schon verstorben sind. Doch schließen sich die Traditionswege von *indirekt* und *direkt* zu Papias gelangten Mitteilungen natürlich nicht aus; vielmehr legt sich eine Überschneidung für den Fall nahe, daß wenigstens *einer* aus dem Kreis der Apostel noch am Leben wäre.

[12] Es ist nicht nur grammatisch korrekt (KÖRTNER 115), sondern auch die syntaktisch *nächstliegende* Textauffassung, die Satzteile "ich erkundete die Worte der Ältesten" (toùs tôn presbytérôn lógous anékrinon) und "was sagte Andreas, was sagte Petrus usw." (tí Andréas ê ti Pétros... eîpen) als parallel, bzw. letztere Reihe in Apposition zur Wendung "Worte der Ältesten", zu verstehen (so auch HENGEL, *Joh Frage* 105, Anm. 33). - Zu den syntaktischen Möglichkeiten der Interpretation insgesamt: KÖRTNER 72-78; 253-257. - Tatsächlich können angesichts des Tradi-

Auch in der ersten der beiden Aussagen über die Traditionszeugen des Papias figuriert also ein "Herrenjünger" und "Ältester" Johannes; und es zeigt sich, daß die in der heutigen Exegese favorisierte Meinung, es handle sich um *zwei* Männer *gleichen Namens*, vom Zeugnis des Papias her alles andere als selbstverständlich ist. - Würde denn Papias zwei verschiedene Männer jeweils als "Herrenjünger Johannes der Älteste" bezeichnen?

3. Die Unklarheit der Auskünfte des Papias für uns Heutige berechtigt nicht dazu, diese Zeugnisse - wie in der derzeitigen exegetischen Literatur üblich - als abstrus, oder als fiktiv, oder - speziell im Blick auf seine Aussagen über die Entstehung des Mk-Ev als *apologetisch* zu disqualifizieren. Vielmehr gilt, daß der zu seiner Zeit durchaus angesehene Bischof von Hierapolis noch beste und älteste Informationsquellen der ausgehenden apostolischen Zeit nutzen konnte und daß seine Traditionssicht, wie auch seine chiliastisch-apokalyptischen Tendenzen, im ältesten Judenchristentum wurzeln. Der Vorwurf eines *apologetischen* Interesses an der petrinischen Herkunft des Mk-Ev, oder an einer besonderen Herausstreichung der Evangelien überhaupt, geht völlig fehl[13] da es im Gegenteil der Vorstellung des Papias von einer lebendigen Überlieferung entspricht, möglichst noch *mündliche* Traditionen am schriftlich fixierten Traditionsgut vorbei von den Aposteln und Augenzeugen her zu erkunden. Gerade wegen seines archaischen Überlieferungsverständnisses, das sich noch weitgehend an der *ungeschriebenen* jüdischen Halacha-Tradition orientiert[14], kommt dem, was Papias notgedrungen nun doch den Evangelien[15], und speziell dem Mk-Ev als dem

---

tionsstandes des Papias nicht Männer der *Verbindungs*generation zu den Aposteln als "Älteste" gelten, wie dies bei dem um eine Generation jüngeren Irenäus der Fall ist, sondern nur die Vertreter der *apostolischen Generation* selbst.

[13] Dies zeigt M. Hengel gegen *R. Pesch*, *P. Vielhauer* u.a.: HENGEL, *Markusevangelium I*, 247 mit Anm. 58 u. 66.

[14] Vgl. G.G. BLUM, *Tradition und Sukzession. Studien zum Normbegriff des Apostolischen von Paulus bis Irenäus*, Berlin-Hamburg 1963 (*künftig zitiert: Blum*), 76f.; 90-97.

[15] Wenn Papias selbst den Begriff "Evangelium" als Gattungsbezeichnung nicht gebraucht, sondern Umschreibungen verwendet (siehe unten, Anm. 32), mag auch dies mit seiner von der Halacha-Tradition geprägten Bevorzugung *mündlicher* Überlieferung zusammenhängen. Der Gedanke an eine schlechthin normgebende Funktion und an ein festes Corpus der Evangelien liegt ihm noch fern. Der Begriff "Evangelium" als Gattungsbezeichnung im Rahmen einer *Titulatur* (wie er unter

Niederschlag der inzwischen nicht mehr durch lebendiges Verhör zu erschließenden petrinischen Tradition - fern aller Apologetik für Geschriebenes - konzedieren muß, größte Bedeutung zu.

Das geographische Umfeld der Erkundung apostolischer Traditionen war für Papias - entsprechend der Lage seines Bischofssitzes - naturgemäß Kleinasien mit der Metropole Ephesus. In dieses Umfeld gehört offenbar, was an Einflüssen von seiten des Joh-Ev und der Apk bei Papias spürbar wird; und die kleinasiatische Tradition ist es auch, der die späteren Nachrichten *über* Papias zu verdanken sind. Die Dichte der Kommunikationsverbindungen, die Kleinasien schon zur Zeit des Paulus und der Abfassung der Apk auszeichnet, muß auch zugunsten der Zuverlässigkeitschancen der Erkundungen und Mitteilungen des Papias berücksichtigt werden, auch wenn es sich um Mitteilungen über Vorgänge in entfernten Kirchen handelt, wie die Abfassung des Mk-Ev in Rom. Es bedeutet ein Verkennen des Traditionsmilieus, wenn behauptet wird, Papias habe die Verbindung zwischen Petrus und Markus aus 1 Petr 5,13 *erschlossen*. Papias selbst bevorzugt *mündliche* Traditionen, und diese sind Teil eines zu dieser Zeit dichten Kommunikationsnetzes. Sie werden durch Augen- und Ohrenzeugen auf vielen Wegen vermittelt und unterliegen der Gedächtniskontrolle der Zeitzeugen.

Angesichts der wachsenden Bedeutung der verschrifteten Überlieferung, der sich Papias freilich nicht mehr entziehen kann, ist nun zu fragen, ob und in welcher Weise der Name "Evangelium" für die betreffenden Schriften des Markus, Matthäus, Lukas und Johannes auch schon zu der Zeit, da Papias seine 5 Bücher verfaßte, geläufig war und gar die traditionellen Titel "Evangelium nach Markus (Matthäus, Lukas, Johannes)" in diese Zeit zurückreichen.

a) Die Evangelienüberschriften: Gegenstand liturgischer Verkündigung und historischer Verifikation

1. Die Evangelienüberschriften gehören (wie die Titel der neutestamentlichen Schriften überhaupt) zu den besonders *stabilen* und am

---

Übertragung von Mk 1,1 her nahegelegt wird), ist aber zur Zeit des Papias bereits anzunehmen (siehe I, a).

häufigsten *aktualisierten* Traditionselementen. Jeder Gottesdienstbesucher hört sie nicht nur vor der Eingangsperikope der betreffenden Schrift, sondern vor jeder Lesung überhaupt; und jedem Bibelleser sind sie ebenso vertraut. Im Unterschied zur Selbstbezeichnung Pauli als Verfasser in den paulinischen Briefen gehören die Namen der Evangelisten *nicht* zur Textgestalt der Evangelien selbst[16], sind jedoch schon in der ältesten erreichbaren handschriftlichen Überlieferung dem Text *zugeordnet*; und es ist zu fragen, ob die Evangelienüberschriften der Tradition auch die ursprünglichen sind und ob sie sich in die Entstehungszeit der Evangelien selbst zurückführen lassen.

Die Frage ist von *M. Hengel* untersucht und einer Klärung zugeführt worden. Hengel stellt fest, daß nicht etwa - wie früher oft angenommen - die im 4. Jahrhundert gelegentlich bevorzugte Titelform "nach Matthäus (Markus, Lukas, Johannes)" (statt "Evangelium nach Matthäus" usw.) die ursprüngliche ist. Vielmehr findet sich die heute geläufige schon in den ältesten mit Titel erhaltenen Papyri des 2./3. Jahrhunderts[17]. Die für Buchtitel ungewöhnliche Form (Verfasserangabe im Akkusativ) erklärt sich sehr einfach aus der sachlichen und formalen Vorgabe von Mk 1,1, derzufolge "Evangelium" gleichbedeutend mit "Evangelium Jesu Christi" (im genitivus objectivus: "von Jesus Christus") ist. Das jeweilige "Evangelium" ist also mittels des Titels nicht schlechthin dem betreffenden Verfasser zugeeignet, sondern als das "*eine* Evangelium Jesu Christi" *nach der Darstellung* des jeweiligen Verfassers ausgewiesen. Dennoch ist echte *Verfasserschaft* gemeint, keineswegs etwa eine schriftliche Tradition, die nur auf Markus, Matthäus, Lukas, Johannes als jeweils ersten Ausgangspunkt zurückginge. *Ausgangspunkt* der Tradition des Markus ist nach den kirchlichen Zeugnissen vielmehr *Petrus*. Alle vier Evangelien gründen in der Verkündigung der Apostel selbst (25).

---

[16] Das lukanische Doppelwerk verlangt diesbezüglich jedoch eine Differenzierung, da es anstelle des üblichen *Titels* für das Lk-Ev zunächst eine *Widmung* des Verfassers aufwies, die also zum Text selbst gehört und außer dem Namen des *Theophilus* auch den Namen dessen, *der widmet* (Lukas) enthielt (siehe unten, VIII, Anm. 89f.).

[17] M. HENGEL, *Die Evangelienüberschriften (Sitzungsberichte der Heidelberger Akad. d. Wiss.),* Heidelberg 1984, Bericht 3 (1-51). - Vgl. ebd. 11f. die Auflistung und Besprechung der betreffenden Papyri P 66; P 75; P 64 und 67, betreffend Joh; Lk und Joh; sowie Mt. Vgl. zu den frühesten Textzeugnissen des Joh-Ev jetzt auch: HENGEL, *Joh Frage* 31f. - Die Seitenzahlbelege im Text beziehen sich auf den *Heidelberger* Bericht von Hengel.

2. Wie Hengel aus Vergleichen mit der antiken Literatur um die Wende des 1. Jahrhunderts und dem überwiegenden Brauch der neutestamentlichen Briefe zeigt, ist *anonyme* oder *pseudepigraphische* Schriftenüberlieferung, wie sie im Judentum bis zum 2. Jahrhundert vor Christus herrschte, *keineswegs* mehr für die neutestamentliche Zeit vorauszusetzen (25; 43ff.), wenngleich gegen Ende des Jahrhunderts pseudepigraphische Schriften unter Apostelnamen neu aufkommen. Beim lukanischen Doppelwerk beugt die *namentliche Widmung* auch jeder Anonymisierung des Verfassers vor. Speziell bei Markus und Lukas ist schwerlich an eine anonyme Überlieferungszeit mit sekundär aufkommender Zuweisungstradition zu denken, vielmehr die Verfasserangabe schon der *frühesten* Phase der Verbreitung zuzuordnen. In Joh 21,24f. hat die Tätigkeit von Herausgebern ihren direkten textlichen Niederschlag am Ende des Werkes gefunden. Und da es keine andere Textversion des Joh-Ev gibt als die mit eben diesen Versen beschlossene und eine Herausgeberschaft und Verbreitung in andere Gemeinden nicht ohne Werkstitel denkbar ist, wird man für das Joh-Ev den Titel als ein bereits zur Erstausgabe des Werkes gehörendes Element erachten müssen[18]. Auch in anderen Fällen wird die Hinzufügung des Titels bereits durch die ersten Herausgeber und Versender eines Evangelientextes in andere Gemeinden geschehen sein.

Auch für das Vorlesen neutestamentlicher Schriften im Gottesdienst, wie es seit 1 Thess (gemäß 5,27) bezeugt ist, muß namentliche Bekanntheit einer Schrift und die gottesdienstliche Verwendung auch des entsprechenden Titels vorausgesetzt werden. Die gottesdienstliche Versammlung wirkt zusätzlich als *Organ kontrollierender Erinnerung* und wehrt der Beliebigkeit bzw. einem Wechsel der Zuweisungstradition. Hengel resümiert: "Daß die Evangelien als titellose Schriften in den Gemeinden verbreitet und gottesdienstlich verwendet wurden, ist extrem unwahrscheinlich. Gerade wenn eine *neue* Schrift im Gottesdienst verlesen wurde, mußte man ankündigen, um was für eine Schrift es sich handelte. Dies geschah, wie die Evangelientitel zeigen, mit Hilfe des Stichworts 'Evangelium' und durch den Hinweis auf den Autor. Spätestens nachdem in den Gemeinden zwei *verschiedene Evangelienschriften* vorlagen, mußten sie im Titel unterschieden werden, damit es nicht zu Verwechselungen kam. War der Verfasser der Gemeinde am Ort wohlbekannt, genügte ein mündlicher Hinweis; sobald jedoch sein

[18] HENGEL, *Joh Frage* 31f.; 100 (mit Anm. 13); 204ff.

Werk vervielfältigt, an andere Gemeinden versandt und dort im Archiv deponiert wurde, war ein Titel unbedingt zur Unterscheidung von anderen Schriften notwendig..." (47).

b) Papias: Traditionszeuge am Ausgang der apostolischen Zeit

1. Obwohl Papias bei seinen Erkundungen über Worte und Taten des Herrn noch meinte, die *mündliche* Traditionsform - entsprechend der exklusiv mündlich übermittelten jüdischen Halacha-Tradition - bevorzugen zu können, zeigen doch die tatsächlich brauchbaren Nachrichten, der er zu bieten hat, zur Genüge, wie entscheidend wichtig inzwischen die Rolle der Evangelien und wie gering der Ertrag dessen ist, was Papias an den Evangelien vorbei der apostolischen Überlieferung vom Leben Jesu zusätzlich zu entlocken vermochte. Die Bevorzugung der mündlichen Tradition ist längst anachronistisch geworden. Die *schriftlich* niedergelegte apostolische Verkündigung wird fortan mehr und mehr das kirchliche Bewußtsein und mittels der *Evangelien* vor allem das Bild *Jesu* in der Kirche bestimmen. Und als wichtigste Nachrichten, die Papias seinerseits hinterließ, gelten der Nachwelt seine Mitteilungen über die Evangelien. Von diesen ist diejenige über das Mk-Ev[19] die ausführlichste und - angesichts der im Mk-Ev fortlebenden petrinischen Tradition - die wichtigste.

Da Papias unter dem Einfluß der johanneischen Schriften und mitten im kleinasiatischen Kommunikationsgeflecht steht, lassen seine Worte dementsprechend auch besonderen Aufschluß über das Joh-Ev und dessen Verfasser erwarten, und dies, obwohl *direkte* Mitteilungen darüber in seinem Werk fehlen. Tatsächlich verriet die Plazierung des Apostels Johannes in der ungewohnten Nähe zu Matthäus bereits, daß Papias den Apostel Johannes als den Urheber des 4. Evangeliums kannte. Erhielt Papias nun durch die *direkt* (ohne Mittelsmänner) vom ihm kontaktierten Zeugen Artistion und Johannes auch unmittelbar Einblick in die Entstehung des Joh-Ev? Ist "Johannes der Älteste" in diesem Zeugenpaar gar derselbe schon zuvor erwähnte *Apostel und Evangelist*, den Papias deshalb ein zweites Mal nennen mußte, weil seine Lehre nicht wie die der bereits *verstorbenen* Apostel ausschließlich über Mit-

[19] Siehe unten, Anm. 32.

telsmänner, sondern in diesem Fall auch direkt zu erfahren war (eben so wie das, was Aristion zu sagen hatte)?

Diese Möglichkeit wird zur Sicherheit, da - wie erinnerlich - von Papias auch die Apostel der ersten Zeugenreihe als "Herrenjünger" und "Älteste" gekennzeichnet werden[20]. Und es wäre nun doch mehr als absonderlich, hätte Papias zwei verschiedene Traditionszeugen desselben Namens nicht auch unterschiedlich zu benennen gewußt[21], sondern jeden von ihnen als "Herrenjünger Johannes der Älteste" bezeichnet.

2. Daß Papias noch direkt Kontakt zum Apostel Johannes hatte, bezeugt uns *Irenäus*, der nicht nur das ganze Werk des Papias kannte, sondern auch von seinem Lehrer *Polykarp* wußte, wer Papias war. Und *Eusebius* übernimmt von Irenäus sowohl die Nachrichten über den späten Tod des Apostels Johannes in Ephesus, der die Voraussetzung solcher Kontakte ist, als auch die Kennzeichnung der Tradentenfunktion des Papias, der zusammen mit dem Apostelschüler Polykarp für Irenäus einer der "Ältesten" Kleinasiens, d.h. einer der maßgebenden Traditionszeugen der vorausgegangenen Generation in dieser Provinz ist.

Für Irenäus und Eusebius steht fest, daß der Apostel Johannes nach dem Tode des Domitian (96) "von seiner Verbannung auf der Insel zurückgekehrt war" und auch danach noch in Ephesus die kleinasia-

---

[20] Siehe oben, Anm. 5 und 12. Gegen diese Interpretation spricht nicht, daß die "Ältesten" des *Irenäus* und die "Ältesten" des *Klemens von Alexandrien* natürlich nicht der *apostolischen* Generation angehören. Denn die "Ältesten" sind stets die normgebenden Traditionszeugen der *jeweils vorausgehenden Generation*. In diesem Sinne sind die "Ältesten" des Papias *die Apostel*, während zu den "Ältesten" des Irenäus besonders Papias und Polykarp gehören. Vgl. zu diesem Sprachgebrauch BLUM 95; sowie: TH. ZAHN, *Forschungen zur Geschichte des neutestamentlichen Kanons und der altkirchlichen Literatur, VI (I. Teilband: Apostel und Apostelschüler in der Provinz Asien)*, Leipzig 1900 *(künftig zitiert: Zahn)*, 53-94; 109-157. Vgl. zu den "Ältesten" des Irenäus und des Klemens auch: unten, Anm. 53 und 70.

Auch HENGEL (*Joh. Frage* 107) wird der Zuordnung des "Ältesten"-Titels bei Papias zur apostolischen Generation für seinen (vom Apostel Johannes unterschiedenen) *ephesinischen Alten Johannes* insofern gerecht, als er diesen immerhin als einen "Herrenjünger" kennzeichnet, der in seiner Jugend Jesus begegnete und zum Glauben kam. Gegenüber der "Ältesten"-Würde der *Apostel* bei Papias trage jedoch der ephesinische "Alte" seinen Titel aufgrund ganz besonderer Lehrautorität, ähnlich wie Hillel, Schammai und Gamaliel I.

[21] Man denke z.B. an die jeweils deutlich unterscheidende Kennzeichnung der beiden Jakobus, der beiden Simon und der beiden Judas in den Apostellisten der Evangelien.

tische Kirche leitete[22]; des weiteren, daß Johannes "gemäß dem Zeugnis aller Ältesten, die mit Johannes, dem Jünger des Herrn, Umgang hatten", bis in "die Zeiten Trajans lebte" und daß "die Kirche von Ephesus, welche von Paulus gegründet wurde und in welcher Johannes bis in die Zeiten Trajans weilte, eine wahrhafte Zeugin für die apostolische Überlieferung ist"[23]. Und mit Irenäus sieht auch *Eusebius* Papias ideell an der Seite des Apostelschülers Polykarp und merkt dies ausdrücklich in der Einleitung zu Ignatius und seinen Briefen an[24].

3. Umso mehr überrascht es, wenn Eusebius, nachdem er zu Beginn seines Papias-Referates ein ganz diesen Nachrichten entsprechendes Irenäus-Zitat angeführt hat, dieses anschließend bekrittelt. War Papias wirklich, wie Irenäus bezeugt, "Hörer des (Apostels) Johannes, Gefährte (bzw. Amtsbruder) des Polykarp und ein Mann aus alter Zeit"[25]? Eusebius findet, dies gehe aus dem Vorwort zu den Büchern des Papias nicht hervor, welches zum Beweis sogleich zitiert wird. Eusebius erörtert sodann die zweimalige Nennung des Namens Johannes: mit der ersten meine Papias eindeutig den Evangelisten. - Ob für Eusebius

---

[22] Die patristische Tradition sieht Johannes schon vor dem Jüdischen Krieg nicht mehr in Jerusalem. Wahrscheinlichster Zeitpunkt der Übersiedlung nach Ephesus dürfte das Jahr des Todes des Herrenbruders Jakobus (62) sein, das von der alexandrinischen Tradition auch für die Entstehung des Joh-Ev angenommen wird. Über den Tod des Herrenbruders Jakobus berichten Flavius Josephus (Antiq. 20,9,1) und Hegesipp (Eusebius, H.E. II,23,3-19). Vgl. die Zusammenstellung des einschlägigen patristischen Materials: ZAHN 229-235. - Für die Zeit unmittelbar vor Ausbruch des Jüdischen Krieges (66) bezeugt Eusebius, daß damals keiner der Apostel mehr in Jerusalem weilte, sondern alle in den Missionskirchen tätig waren (H.E. III,5,3). Damals floh die Jerusalemer Restgemeinde nach Pella (vgl. ebd.; sowie ROBINSON 26, Anm. 12-15).

[23] H.E. III,23,3f. (gemäß Adv.haer. II,22,5 und III,3,4). - Entsprechend gibt HIERONYMUS (De vir. ill. 9) für den Tod des Johannes "das 68. Jahr nach den Leiden unseres Herrn" an, wobei er zutreffend als das Todesjahr Jesu das Jahr 30 annimmt und Irenäus auf das 1. Jahr des Trajan hin auslegt. - Vgl. zu den kalendarischen Fragen: A. STROBEL (siehe unten, V, Anm. 54) 109ff. (ebd. speziell auch zur Schlüsselrolle der Lebenszeit des Apostels Johannes für patristische Chronologien).

[24] H.E. III,36,1-2: "Zur damaligen Zeit war in Asien der Apostelschüler Polykarp berühmt. Er hatte von denjenigen Jüngern, die den Herrn selbst noch gesehen hatten, den bischöflichen Stuhl der Kirche von Smyrna erhalten. Auch Papias war damals als Bischof der Gemeinde in Hierapolis bekannt." - Zur Interpretation der Verbindung des Polykarp zu "Herrenjüngern" bzw. "Aposteln" (im Plural!) siehe unten, Anm. 49f.

[25] Adv.haer. V,33,4 = Eusebius H.E. III,39,1.

Apostel und Evangelist bei Papias nur deshalb identisch sind, weil dies einhellige Tradition ist, oder ob Eusebius dabei mit auswertet, daß Papias speziell auch durch seine Nennung *neben Matthäus* den Apostel Johannes als Evangelisten kennzeichnet, ist schwer zu sagen. Jedenfalls versteht Eusebius die *zweite* Nennung des Namens Johannes als Zuordnung zu einer von der ersten *strikt getrennten Gruppe* und assoziiert für diesen Johannes zugleich, "daß der zweite, wenn man nicht an den ersten denken will, die unter dem Namen Johannes überlieferte Offenbarung geschaut habe"[26].

Ein *zweiter Johannes* kommt Eusebius überaus gelegen, will er doch sowohl die ungeliebte Apk als auch den wegen seines chiliastischen Denkens als "klein an Geist" verspotteten Papias aus dem Umfeld der Apostel ausschließen. Damit aber bringt sich Eusebius in Widerspruch zu der Auffassung, die er offenbar noch in seinem (im Originaltext ungesicherten und vor allem durch Hieronymus überlieferten) Chronikon vertreten hat, wie auch in Widerspruch zu seinen erwähnten von Irenäus übernommenen Charakterisierungen des Papias als eines "Ältesten" in Kleinasien neben Polykarp.

Die verklausulierte Formulierung über den möglichen Autor der Apk zeigt überdies, daß sich Eusebius für diese Zuweisung an einen zweiten ephesinischen Johannes weder auf Papias noch irgendeine sonstige Tradition berufen kann und daß er auch sein einziges Indiz dafür, nämlich, daß zwei Gräber in Ephesus beide "Grab des Johannes" genannt werden, nur einem Ondit verdankt[27].

---

[26] Ebd. 39,6. - Daß Papias zumindest nicht von einem *solchen* zweiten Johannes redet, gibt Eusebius mit dieser Formulierung notgedrungen zu, indirekt auch, daß *überhaupt ein zweiter* Johannes in allen fünf Büchern des Papias *nicht* identifizierbar wird (denn Eusebius sucht Indizien für einen solchen und muß zu dem in Anm. 27 genannten Zuflucht nehmen). Deshalb haben viele Forscher - angesichts dieser gewundenen Erklärung des Eusebius - Papias im Sinne einer *zweimaligen Nennung* des Apostels und Evangelisten Johannes als "Herrenjünger" und "Ältester" interpretiert: so auch *Zahn*, *Gutwenger* und *G. Maier* (Anm. 27).

[27] "So bestätigt sich die Geschichte, nach der zwei in Asien den gleichen Namen geführt hätten und es in Ephesus zwei Gräber gebe, von denen jedes bis heute noch den Namen des Johannes trage" (H.E. III,39,6). Doch weiß Eusebius nicht einmal zu sagen, daß es sich um die Gräber *zweier* Johannes (geschweige denn: zweier Johannes aus *apostolischer* Zeit), und nicht etwa um *rivalisiernde* Grabtraditionen für das Grab des *Apostels* Johannes, handelt. - Eusebius weiß nicht mehr als Dionysios von Alexandrien (über den er in H.E. VII,25 referiert), der - der Apk ebenfalls abhold - vom Verfasser der Apk nur sagen konnte: "Was aber dies für ein Johannes ist, ist unbekannt" (VII,25,12). Auch von den Gräbern spricht Dionysios nur als Vermutung (vgl. 25,16). - Zur Tradition der beiden Gräber F.M. BRAUN, *Jean le Théologien I*, Paris 1959 *(künftig zitiert: Braun)*, 365-374; sowie ZAHN

4. Die Fehldeutung des Papias-Fragments durch Eusebius hat Schule gemacht. Die liberale protestantische Kirchengeschichtsschreibung und die Bibelkritik nutzten die *Vermutung* des Eusebius über einen (zweiten) *ephesinischen* Johannes, um Irenäus der Phantasterei zu bezichtigen und *gegen Eusebius* auch das Joh-Ev und die Briefe dem Apostel abzusprechen. Man stempelte Papias zum späten Kontaktmann eines Johannes, der kein Herrenjünger mehr sein konnte und setzte den Tod des Apostels um Jahrzehnte früher an.

Die Traditionskontinuität des Irenäus wurde so zur Diskontinuität umgeschmiedet; und zwischen dem *Apostel Johannes*, als dem Hauptgewährsmann der apostolischen Überlieferung in Kleinasien, und *Papias*, als dem mit Polykarp zusammen ältesten Kontaktmann zu dieser Überlieferung, eine Kluft von 4 bis 12 Jahrzehnten aufgerissen. Dabei ließ die extremste These zum Tod des Johannes, aufgestellt von *E. Schwartz*, den Apostel bereits mit seinem Bruder Jakobus in den Jahren 41 bis 44 unter Herodes Agrippa in Jerusalem das Martyrium erleiden[28], während die extremste Spätdatierung für Papias (durch A. von Harnack) dessen Werk in die Jahre zwischen 140 und 160 versetzte[29].

Zum Anlaß dafür wurden zwei singuläre späte byzantinische Handschriften, von denen die eine fälschlich Papias ein Martyrium des Apostels Johannes zusammen mit seinem Bruder Jakobus bezeugen läßt und zu allem Überfluß auch noch eine Bezugnahme auf die Zeit des Kaisers Hadrian (117-138) dem Bischof von Hierapolis zuschreibt[30],

---

119f. - Zur Willkürlichkeit der Papias-Deutung durch Eusebius: G. MAIER, *Die Johannesoffenbarung und die Kirche*, Tübingen 1991, 50-62 und 100ff.

28 SCHWARTZ berief sich dabei vor allem auf den (angeblichen) ex-eventu-Charakter von Mk 10,38f. (wonach die Zebedäussöhne "den Kelch trinken werden") und auf das in Anm. 30 zitierte (angebliche) Fragement des Papias. - Ein so *frühes* Martyrium *beider* Zebedäussöhne wird jedoch schon durch Gal 2,9 widerlegt und ist duch die Behauptung eines sekundären Charakters von Apg 12,2 nicht zu retten. Vgl. zur historischen Kontroverse die Beiträge von Schwartz und Spitta, in: K.H. RENGSTORF, *Johannes und sein Evangelium*, Darmstadt 1973, 202-272: 271-291.

29 A. V. HARNACK, *Die Chronologie der altchristlichen Literatur I*, Leipzig 1897, 357. - Jede Spätdatierung der Bücher des Papias (gegen den von Eusebius vorgenommenen Ansatz auf 110) auf die Zeit des Hadrian (oder eine noch spätere Zeit) *unter Berufung auf das in Anm. 30 zitierte Fragment* scheitert an dessen historischer Wertlosigkeit.

30 "Papias sagt in seinem zweiten Buch, daß Johannes, der Theologe, und Jakobus, sein Bruder, von den Juden ums Leben gebracht worden seien... Er erzählt auch noch andere wunderbare Geschehnisse; ...von den durch Christus von den Toten

während die andere, wiederum unter falscher Berufung auf Papias und im Widerspruch zum vorgenannten Fragment, zwar das traditionelle Datum des Todes des Johannes (um 98) festhält, diesen Tod aber als sein Martyrium ausgibt[31].

Beide Fragmente werden nochmals im IX. Kapitel im Rahmen einer speziellen Überprüfung der Zuweisungstradition für das Joh-Ev in ihrer historischen Wertlosigkeit zu beleuchten sein. Weit davon entfernt, eine Gegeninstanz zu sein gegen die Tradition vom langen Leben des Apostels Johannes in Ephesus und die Rolle des Papias als "Ältester" Kleinasiens an der Seite des Polykarp (in der Perspektive des Irenäus),

---

Erstandenen sagt er, daß sie bis Hadrian am Leben blieben" (KÜRZINGER, Fragment Nr. 16, S. 116f.; KÖRTNER, Fragment Nr. 10, S. 63f.).
Laut G. ZUNTZ, *Papiana*: ZNW 82 (1991) 242-263; 249ff. gehört das singuläre Fragment im Codex Barocci 142 der Bodleian Library, Oxford, zu einer Materialsammlung des Nikephoros Kallistos Xantopoulos (um 1320) und stellt ein Exzerpt dar, das wahrscheinlich einer Epitome des 7./8. Jahrhunderts auf der Basis der Kichengeschichte des Philippos von Side (um 430) entstammt. Nikephoros Kallistos hielt die fragwürdigen Inhalte jedoch aus seiner eigenen Kirchengeschichte heraus. Die beiden angeblichen Aussagen des Papias erscheinen in einer centoartigen Aneinanderreihung von Exzerpten verschiedener Kirchenhistoriker. Beide sind Fehlzuweisungen (ebd. 249). Titel und Einteilung des Werkes des Papias werden unkorrekt wiedergegeben (252). Natürlich ist auch der Beiname "der Theologe" für Johannes in seinem Bezug zu Papias anachronistisch (wenngleich schon bei Origenes auffindbar und im 4. Jahrhundert üblich). ZUNTZ urteilt über das angebliche Papias-Fragment: "Das Zitat ist wertlos" (254). - Hinsichtlich der Bezugnahme auf die Zeit Hadrians verwechselt das Fragment Papias mit *Quadratus* (der zur Zeit Hadrians lebte): KÖRTNER 81f.; 91ff.; 259; sowie BRAUN 408.

[31] "Nach Domitian regierte Nero ein Jahr; er rief Johannes von der Insel zurück und ließ ihn Aufenthalt nehmen in Ephesus. Als einziger war dieser damals von den zwölf Jüngern noch am Leben und wurde nach Verfassen des nach ihm benannten Evangeliums des Martyriums gewürdigt. Papias nämlich, Bischof von Hierapolis, der ihn noch persönlich gesehen hatte, berichtete im 2. Buch der Worte über den Herrn, daß er von den Juden umgebracht worden sei." (KÜRZINGER, Fragment Nr. 17, S. 118f.; KÖRTNER, Fragment Nr. 17, S. 67f.). - Der betreffende Satz über das Martyrium des Johannes im Chronikon des Georgios Monachos (Hamartôlós), der um die Mitte des 9. Jahrhunderts lebte, geht auf dieselbe (nicht mehr direkt verifizierbare) Quelle zwischen dem 5. und 8. Jahrhundert zurück, die auch dem in Anm. 30 zitierten Exzerpt zugrunde liegt. Der betreffende Codex des Chronikon (Coislinianus 305) scheint auf Georgios selbst zurückzugehen. Da keine der späteren Hss des Chronikon mehr die Martyriumsaussage enthält, dürfte sie von Georgios selbst wieder ausgemerzt worden sein: ZUNTZ, *Papiana* 253f. - Die betreffende Hs wurde wegen dieser Ungereimtheiten von C. de Boor für die kritische Ausgabe des Chronikon nicht berücksichtigt. Zur Kritik des Fragments vgl. auch KÖRTNER 78ff.; 257ff.

illustrieren beide Fragmente ganz im Gegenteil je auf ihre Weise, in welcher Nähe zu anderen historischen Verwechselungen und Mißverständnissen die singulären Stimmen über ein Martyrium des Apostels Johannes und die angebliche Bezugnahme des Papias auf die Zeit des Kaisers Hadrian angesiedelt sind. Das zweite der beiden Fragmente zeigt überdies den sekundären kosmetischen Charakter, mit dem auf der Basis der Tradition vom Tode des Apostels Johannes im Jahre 98 nachträglich dieser Tod als Martyrium verschönt werden soll.

5. Vom einzigartigen Traditionsstand des Papias als "Hörer" des (Apostels) Johannes erhalten nun auch seine Angaben über das Mk-Ev[32] besonderes Interesse und erhöhte Zuverlässigkeitschancen. Und wenn es nicht der Apostel Johannes selbst wäre, der als hochkarätiger Tradent für Papias hinter den Nachrichten über das Mk-Ev stünde, wären diese jedenfalls als solche gekennzeichnet, die schon am Ende der apostolischen Zeit in der paulinisch-johanneisch geprägten Metropole Ephesus zirkulierten. Diese Tradition über das Vermächtnis der petrinischen Unterweisungen in Gestalt des Mk-Ev aber, die hinfort einhellig - und speziell auch von jenen Interpreten, denen noch das Gesamtwerk des Papias vorlag - stets von *Rom* als Ort des Wirkens Petri und der Abfassung des Mk-Ev verstanden wird, konnte in Ephesus kaum ohne direkten Kontakt mit Rom entstanden sein. Dies entspricht nicht nur den zumindest für die 30er und 40er Jahre in Apg 3-8 und Gal

[32] H.E. III,39,15. In Kürzingers Übersetzung (KÜRZINGER, Fragment 4, S. 103) lautet der Text:".. Auch das sagte der Presbyter: Markus hat alles, was er als Hermeneut des Petrus aufzeichnete, mit Sorgfalt niedergeschrieben - allerdings nicht in literarischer Form (ou méntoi táxei) - sowohl das, was vom Herrn gesagt, als auch das, was von ihm getan wurde. Denn er hatte den Herrn weder gesehen noch war er ihm gefolgt, später aber, wie ich sagte, dem Petrus, der nach Art der Chreiai (pròs tàs chreías) seine Unterweisungen zu machen pflegte, nicht aber so, als habe er in literarischer Form (ouch hôsper sýntaxin) die Worte über den Herrn mitteilen wollen. Daher hat er keinen Fehler begangen, wenn er einiges so niederschrieb, wie er es aufgezeichnet hat. Denn nur auf eines war er bedacht: nichts von dem auszulassen, was er gehört hatte, oder dabei etwas Unwahres zu sagen." - Dies also ist von Papias berichtet über Markus. Über Matthäus ist folgendes gesagt: "Matthäus nun hat in hebräischem Stil (hebraídi dialéktô) die Worte (über den Herrn) in literarische Form gebracht (synetáxato). Es stellte sie ein jeder so dar, wie er dazu in der Lage war." - Die Wiedergabe von "táxis" bzw. "sýntaxis" mit "literarische Form"; und "pròs tás chreías" mit "nach Art der Chreiai" (jeweils zu Mk), wie auch die Deutung der Aussage zu Mt im Sinne des hebräischen Stils, und wiederum der "literarischen Form", sind freilich umstritten.

2,9 bezeugten engen Kontakten zwischen den Aposteln Petrus und Johannes, sondern auch den üblichen Kommunikationsverbindungen der apostolischen und nachapostolischen Zeit, deren frequentierteste Achsen von Rom nach *Ephesus* und von Rom nach *Alexandrien* verlaufen. Tatsächlich findet sich denn auch im 2. Jahrhundert die konzentrierteste Bezeugung für die petrinische Tradition im Mk-Ev bei *Irenäus*, der seine Informationen sowohl seiner *kleinasiatischen Herkunft* und speziell seinen Kontakten mit Polykarp von Smyrna, als auch der Einsicht in *römische Quellen* verdankt, andererseits bei *Klemens von Alexandrien*, der wiederum durch das besonders gute Nachrichtennetz begünstigt ist, das *Rom* und *Alexandrien* verbindet.

6. Den Kern der Nachricht über die Entstehung des Mk-Ev aus den Unterweisungen Petri, die Papias aus der ephesinischen Kirche der 80er oder 90er Jahre übernahm, wird dieser freilich aus eigenen Vorstellungen angereichert haben, die ihrerseits als die eines in seiner Zeit angesehenen Bischofs, der sich in der Unterweisungs- und Verkündigungspraxis der damaligen Kirche auskannte, von Interesse sind.

Einigermaßen transparent für katechetische Vorgänge in der römischen Gemeinde des Petrus wurde das Papias-Fragment durch *J. Kürzinger* und vor allem durch *R. Riesner*. J. Kürzinger sieht die von Papias verwendeten Begriffe "hermeneútes" (Dolmetscher)", táxis" (Ordnung), sowie "chreíai" (Nutzanwendungen) im "literartechnischen Bereich" angesiedelt[33]. Diese erhalten dadurch neues Profil, bedürfen jedoch der zusätzlichen katechetisch-pastoralen Erschließung[34].

Mit Markus als "Hermeneut des Petrus" dürfte jedenfalls mehr gemeint sein als nur ein "Dolmetscher". Petrus stammte aus dem weitgehend gräzisierten Bethsaida und wird ein zumindest für den Alltagsgebrauch ausreichendes Griechisch gesprochen haben. Markus ist "darstellender Mittelsmann" der Unterweisungen Petri. Man darf über

---

[33] Vgl. J. KÜRZINGER, *Die Aussage des Papias von Hierapolis zur literarischen Form des Markusevangeliums* (erstmals veröffentlicht: Bibl. Zs. NF 21, 1977, 245-264): Kürzinger 43-67.

[34] Die katechetische Transparenz der Ausdrucksweise des Papias stellt treffend R. RIESNER (siehe unten, IV, Anm. 29), 60ff. heraus, der in den "Chrien" (gemäß der ursprünglichen literarischen Bedeutung von "Sinnsprüchen" zur Nutzanwendung) auch einen Hinweis auf *mnemotechnische Methoden* der rabbinischen und frühchristlichen Unterweisung (in Entsprechung zum gesamten jüdischen und hellenistischen Lehr- und Lernsystem) sieht.

Kürzinger hinaus den tatsächlichen Dienst des Markus als den eines *katechetischen Helfers* bezeichnen. Dies ist auch im Dienst des *Missionshelfers* impliziert, den Markus laut Apg 13 und Kol 4,10 ausübte. Papias aber wird vor allem aufgrund *mündlicher* Nachrichten - und auch *nicht nur* durch "Johannes den Ältesten" - gewußt haben, wer *Markus* war.

Wenn Papias allerdings meint, daß Markus nicht "der Ordnung nach (ou méntoi táxei) die Worte und Taten des Herrn aufschrieb", so vermißt er sicher nicht so sehr die "literarische Form" (so Kürzinger). Denn Papias, der noch die mündliche Tradition bevorzugte, wünschte sich gerade nicht ein literarisch und chronologisch perfektes Werk, oder gar eine definitv traditionsnormierende Zusammenfassung des Lebens und der Botschaft Jesu. Wohl aber wird er - da er das Joh-Ev kannte - den (einjährigen "synoptischen") Erzählrahmen des Mk-Ev als Mangel an "Ordnung" gegenüber der rechten chronologischen Darstellung des Lebens Jesu, mit drei Passafesten und mit dem Kreuzestod am 14. Nisan, empfunden haben[35]. Wieder erweisen sich hier die vom Tradenten "Johannes dem Ältesten" und vom Joh-Ev vermittelten Normen als identisch. Weit weniger wahrscheinlich ist, daß Papias die rechte "táxis" vom Lk-Ev (oder gar von der lukanischen Kindheitsgeschichte) vorgegeben sah[36]. Denn es bleibt ungewiß, ob Papias dieses kannte; und es gibt zu denken, daß noch Irenäus und Klemens von Alexandrien für Aufbau und Ursprünglichkeit des Lk-Ev mehr die Genealogie von Lk 3,23ff. als die lukanische Kindheitsgeschichte heranziehen.

Literartechnisch versteht Kürzinger auch die Lehren des Petrus "pròs tàs chreías"[37]; und *E.E. Ellis* sieht näherhin die rhetorische Bedeutung des Wortes "chreíai" = "kurze Erzählungen", die auf ein Wort und/oder Handeln einer Person zurückgehen"[38], von Papias auf die

---

[35] So auch HENGEL, *Markusevangelium I*, 247; DERS., *Joh. Frage* 86f.

[36] R. PESCH (*Markus I*, 7) sieht aufgrund von Lk 1,1-4, und zwar wegen der lukanischen Berufung auf *Augenzeugenschaft*, im Lk-Ev den Maßstab, mit welchem verglichen das Mk-Ev nicht die rechte Ordnung wahrt.

[37] Vgl. zur Bandbreite des in der antiken Literaturwissenschaft gebrauchten Begriffs der "Chreiai": KÜRZINGER 54.

[38] Vgl. E.E. ELLIS, *Entstehungszeit und Herkunft des Markus-Evangeliums*, in: B. MAYER (Hrsg.), *Christen und Christliches in Qumran?*, Regensburg 1992, 195-212; 196 (mit weiterer Literatur in Anm. 6).

überlieferten Jesus-Ereignisse der Evangelientradition bezogen[39]. Petrus hätte demnach Worte und Taten Jesu in seinen Unterweisungen als einprägsame Erzählungen und Lerneinheiten seinen Katechumenen und Hörern dargeboten, wobei es aber nicht auf biographische Vollständigkeit oder kontinuierliche Anordnung der betreffenden katechetischen Einheiten ankam. - Die darstellerische Struktur des Mk-Ev (mit Ausnahme der Passionsgeschichte und Auferstehungsbezeugung) rechtfertigt in etwa diese Sichtweise.

7. Die Entstehung des Mk-Ev *in Rom* wird im *erhaltenen* Papias-Fragment zwar nicht *direkt* ausgesagt, auch nicht, daß Markus *zu Lebzeiten Petri* sein Evangelium aufgezeichnet habe. Ja, die Betonung des Umstands, daß Markus "nichts auslassen" wollte, also auf lückenlose Erinnerung bedacht war, wird von manchen Interpreten des Textes im Sinne einer Niederschrift gedeutet, für die sich Markus keiner zusätzlichen Auskünfte Petri mehr versichern konnte.

Als klarer Zeuge für die Entstehung des Mk-Ev *in Rom* wird sich jedenfalls Irenäus erweisen, der das Werk des Papias kannte und es diesbezüglich offenbar mit seinen sonstigen Quellen in Übereinstimmung sah. Und noch eindeutiger werden *Rom* und auch die Abfassung des Mk-Ev *zu Lebzeiten Petri* von Klemens und der reichhaltigen alexandrinischen Tradition bezeugt, deren diesbezügliche Nachrichten aufgrund der besonders intensiven Kommunikationsverbindungen zwischen Rom und Alexandrien als solche zu gelten haben, die aus *römischen* Quellen geschöpft sind oder im Wissen um deren Inhalte formuliert wurden. - Für *Eusebius* sind beide Momente (Abfassung in *Rom* und zu *Lebzeiten* Petri) längst eine einhellige Überlieferung.

8. Weniger ergiebig als die Nachrichten über das *Mk-Ev* bei Papias sind die über das *Mt-Ev*. Dies verwundert nicht, denn die Entstehung des

---

[39] Die sogenannten "kleinen Einheiten" der Formgeschichtler, besonders "Paradigmen" (Dibelius) bzw. "Apophthegmata" (Bultmann), aber auch andere, aus denen die Formgeschichtler die Evangelien entstanden sein lassen, sind tatsächlich Grundelemente der Evangelientradition für den *Erfahrungs-* und *Lernprozeß*. Die Formgeschichtler irrten jedoch, wenn sie diese Elemente für frei gestaltet oder erfunden hielten und außerhalb einer kohärenten, auf die lebendige Konkretgestalt Jesu bezogenen Überlieferung tradiert sein ließen, wobei sie die Dichte, Vielfalt und wechselseitige Zuordnung der kerygmatischen, katechetischen und anametisch-liturgischen Lebensvollzüge der Gemeinde und deren Vollzugsstrukturen verkannten.

Mt-Ev geschieht in einem Gebiet (Antiochien bzw. Syrien), dessen Kommunikationsfrequenz hinter der zwischen Rom und Ephesus zurücksteht, und ist in einer Weise verlaufen, die auch für Zeugen der apostolischen Zeit nicht ohne weiteres das direkt *apostolische* Gut, für das der Name Matthäus stand, und das Werk des späteren *Evangelisten* in der richtigen Zuordnung erkennen ließ. Laut Kürzinger (57ff.) ist für das rechte Verständnis der Notiz zu berücksichtigen, daß diese ursprünglich direkt an die über das Mk-Ev angeschlossen war; ferner, daß die Aussage "es stellte sie dar/übertrug sie (die "logía") ein jeder, wie er fähig war" sich auf die unterschiedlichen literarischen "Darstellungen" des Markus und des Matthäus (und damit auf "einen jeden" von diesen beiden) bezieht und nicht etwa mehrere konkurrierende "Übersetzungen" meint, die in unterschiedlicher Weise und parallel zueinander vom "hebräischen Urtext" ins Griechische vorgenommen worden wären. "Hebräischer diálektos" bedeute hier nicht "hebräische Sprache", sondern "hebräische Stilart"[40]. Was das ist, erklärt Kürzinger nicht. Seine Interpretation würde tatsächlich weiterführen, wenn man unter dem hebräischen *"diálektos"* einen hebräischen *"Rede- und Denkstil"* im Sinne von Schriftgelehrsamkeit, halachisch orientierter Gesetzeswiedergabe oder einer Schriftnutzung im Dienste von Erfüllungsbeweisen verstehen dürfte. Doch ist unsicher, ob Papias als "logía" des Matthäus überhaupt den Text des definitiven Mt-Ev vor Augen hat oder nur weiß, daß Matthäus als erster Jesus-Erinnerungen verschriftete, wie dies auch schon durch die "Logienquelle Q" geschah[41].

---

[40] Papias wurde allerdings von Irenäus, Klemens und Eusebius so verstanden, und es verfestigte sich überhaupt die Tradition in dem Sinne, daß Matthäus sein Werk zunächst in *hebräischer Sprache* verfaßt hätte und daß dieses dann übersetzt worden wäre. Und sie identifizieren seine "lógia" (so der Ausdruck des Papias) mit dem Volltext des Mt-Ev. Andererseits setzen sie die Tätigkeit des Matthäus so früh an (siehe die Texte zu Anm. 56 u. 78), wie dies für jene erste Verschriftung von Jesus-Erinnerungen wahrscheinlich ist, die durch das Ausgreifen der christlichen Botschaft auf eine griechischsprachige Missionskirche wie Antiochien (deren Gründung ohne unmittelbare Beteiligung der Zwölf geschah) notwendig wurde. Diese Erstverschriftung wird als eine der "Logienquelle Q" verwandte oder gar mit ihr identische Größe zu denken sein.

[41] Das Wort "lógia" bedeutet keine Beschränkung auf *Worte* und *Reden* Jesu, sondern berücksichtigt auch erzählende Stücke (entsprechend dem Werk des Papias selbst). Es kann sowohl eine Sammlung wie die "Logienquelle" als auch das definitive Mt-Ev bezeichnen. - Mit Hengel wird man den Namen Matthäus *historisch* zunächst nur mit der "Logienquelle" in Verbindung setzen dürfen (*Joh. Frage* 207, wo auch Schleiermacher für diese Auffassung angeführt wird). Daß sich jedoch

Papias, der sich für seine Nachrichten über das *Mk-Ev* ausdrücklich auf den "Herrenjünger Johannes den Ältesten" beruft, wird damit wohl auch die Quelle der kurzen *Mt-Notiz* kennzeichnen wollen. Aber er hat diese Quelle nicht zum Sprudeln gebracht. Zweifellos wußte der "Älteste", den Papias in den 90er Jahren kontaktiert hatte (der mit dem Verfasser des Joh-Ev und u.E. auch mit dem Apostel Johannes zu identisch ist), wesentlich mehr. Daß diesem das Mt-Ev in seiner *definitiven* Textgestalt bekannt war, ist sowohl von unserer Kenntnis der Verbreitungsgeschichte des Mt-Ev als auch von der patristischen Sicht der Abfassungsmotivation für das Joh-Ev her anzunehmen (die von *Klemens von Alexandrien* und *Eusebius* als durch das Bekanntwerden der drei älteren Evangelien mitbedingt gesehen wird).

Unter den vier Evangelien stehen besonders das 1. und das 4. in einem starken Kontrast der Denkweise und Spiritualität. Vielleicht hängt damit zusammen, daß der "Älteste" in diesem Punkte nicht mitteilungsfreudig war und daß Papias aus seiner Erinnerung so gut wie nichts über die Entstehungsgeschichte des Mt-Ev mitteilen konnte. Auch Irenäus bleibt diesbezüglich undeutlich und erst aus der alexandrinischen Tradition werden zusätzliche Hinweise zu gewinnen sein.

Papias der Differenz des Werkes des *Apostels* zum (griechischen) *Mt-Ev* so bewußt war, wie Hengel (82ff.) dies darstellt, darf angesichts des nicht sehr präzisen Denkens des Papias bezweifelt werden. - Allerdings tut ZUNTZ, *Papiana* (B: 254-263) dem Bischof von Hierapolis Unrecht, wenn er ihn als Schwätzer betrachtet, was Zuntz zu gewaltsamen Textkorrekturen und einer entsprechend unsachgemäßen Auslegung (257ff.) des Fragments über die Tradenten des Papias veranlaßt.

c) Irenäus: Die Rolle der Evangelien in Tradition und Heilsgeschichte

1. Wichtigster Zeuge für die apostolische Herkunft der Evangelien in frühpatristischer Zeit ist Irenäus. Im Unterschied zu Papias spricht er nicht nur von den *einzelnen* Evangelien, die inzwischen längst unter dieser Bezeichnung bekannt sind und deren Zuweisungstradition als eine schon althergebrachte erscheint. Die *vier Evangelien* sind ihm, wie zu skizzieren sein wird, eine einzige große von Gottes Vorsehung vorgegebene Einheit, eben das "viergestaltige Evangelium", neben welchem jedes weitere Evangelium undenkbar wäre. Die apostolische Überlieferung vom Leben und Wirken des Herrn existiert also bereits in definitiver Schriftgestalt und ist gegenüber sekundären Traditionen, die sich als geheim überlieferte auf die Apostel berufen, abgeschlossen und versiegelt. Irenäus kennt und schätzt Papias, wie schon seine von Eusebius zitierte Auskunft über den "Hörer des (Apostels) Johannes und Gefährten (bzw. Amtsbruder) des Polykarp" zeigt. Hauptgewährsmann und "Ältester" schlechthin aber ist für ihn *Polykarp von Smyrna*.

So beschwört Irenäus im Brief an den römischen Presbyter Florinus[42], der in die Häresie abgeglitten ist, diesen, doch von seinen verderblichen Lehren abzulassen: "Denn solche haben dir die Ältesten vor uns, welche mit den Aposteln Umgang hatten, nicht überliefert". In Konkretisierung dieser Ermahnung erinnert Irenäus den Florinus daran, wie sie beide vor langer Zeit, Irenäus als Jugendlicher (puer), Florinus schon als ein junger Mann am kaiserlichen Hofe[43], Polykarp predigen hörten, wie dieser auch "von seinem Umgang mit Johannes und den übrigen, welche den Herrn gesehen hatten, erzählte..., wie er über Jesu Wundertaten und seine Lehren predigte, als einer, dem es von solchen, die das Wort des Lebens mit eigenen Augen gesehen hatten, zugekommen war".

Die betreffenden "Ältesten" sind für Irenäus und seine Generation die Verbindungsmänner zu den Aposteln, d.h. für Kleinasien zum

---

[42] Eusebius, H.E. V,20,5f.

[43] Ein solches Zusammentreffen von Mitgliedern des kaiserlichen Hofes mit Polykarp kam innerhalb der fraglichen Zeitspanne nur beim Besuch Hadrians in Kleinasien im Jahre 128/129 in Frage. Vgl. GUTWENGER 389f. Damit ist zugleich ein Grundpfeiler für die Chronologie des Irenäus gegeben. Wenn dieser im Jahre 128/129 ein Jugendlicher (puer) von etwa 14 Jahren war, dann ist das Geburtsjahr des Irenäus auf etwa 115 anzusetzen.

Apostel Johannes. Zu diesen gehören Polykarp und Papias. Irenäus ist sich über den Umgang des Polykarp mit dem Apostel Johannes völlig sicher. Denn er führt diese Verbindung auch in brisanten Situationen und gegenüber Männern ins Feld, die einer Mystifizierung der Autorität Polykarps als Apostelschüler durch Irenäus entgegengetreten wären. Dies trifft für den Presbyter Florinus zu, der auch zur Zeit seiner häretischen Neigungen in der römischen Gemeinde noch einflußreich war und den Mahnungen des Irenäus kein leichtes Spiel gelassen hätte. Es trifft noch eindeutiger zu für die Intervention des Irenäus bei Papst Victor. Bei dieser Gelegenheit, aus Anlaß des Osterfeststreites, redet Irenäus dem römischen Bischof ins Gewissen, die Paschapraxis der kleinasiatischen Kirchen zu respektieren. Und er beruft sich auf das Ansehen, das Polykarp bei Papst Aniket genoß, als Polykarp Aniket gegenüber in Rom (im Jahre 155) die kleinasiatische Tradition als einen Brauch verteidigte, den schon der Apostel Johannes gepflegt hatte. Denn Polykarp hatte "mit Johannes, dem Jünger des Herrn, und mit den übrigen Aposteln, mit denen er Umgang pflegte, es schon immer so gehalten"[44].

2. Konnte die Bemerkung des Irenäus über *Papias* als "Hörer des (Apostels) Johannes" von der Kritik noch relativ leicht als beiläufige und vielleicht irrtümliche Meinung mißverstanden werden, so nehmen die entsprechenden Ausführungen über *Polykarp* geradezu den Charakter einer Bürgschaft dafür an, daß dessen authentische apostolische Lehrverkündigung in der direkten Verbindung mit dem noch zu Lebzeiten kontaktierten Apostel Johannes wurzelt.

Irenäus hatte lange genug Umgang mit Polykarp, nicht nur als Jugendlicher, sondern auch in der "ersten Hälfte des Mannesalters"[45], daß sein Informationsstand es ihm erlaubte, sich in dieser Weise auf die Autorität des Polykarp gegenüber Florinus und Papst Victor zu berufen. Es ist völlig abwegig zu meinen, entweder Irenäus, oder gar schon Polykarp selbst, hätten sich über die Identität des apostolischen Gewährsmannes Johannes täuschen und diesen mit jenem "Presbyter Johannes" verwechseln können, den Eusebius aus den unklaren Worten

---

[44] H.E. V,24,12-18; 16.

[45] Adv.haer. III,3,3. - Die "prima aetas" steht für ein Alter von etwa 30-40 Jahren. Damit waren Kontakte mit Polykarp angezeigt, die dem Rombesuch Polykarps (155) vorausgingen bzw. diesen einschlossen. Vgl. GUTWENGER 400f.

des Papias herausdeutet, ohne zu wissen, ob das einzige Realindiz für seine Existenz, ein zweites Johannesgrab in Ephesus[46], wirklich mit ihm zu tun hat. Eine solche Verwechselung kann man Irenäus auch nicht mit Hinweis darauf unterstellen, daß Polykrates von Ephesus im Brief an Papst Victor ein Grab in Hierapolis mit dem *Apostel* Philippus in Verbindung bringt[47], obwohl die angeführten Charakteristika für den dort Bestatteten auf den *"Diakon"* Philippus (von Apg 21, 8f.) weisen. Denn ob im Grab in Hierapolis der Apostel oder der "Diakon" Philippus begraben ist, hat weder als Inhalt, noch als Sukzessionssicherung der apostolischen Überlieferung Bedeutung, sondern dient Polykrates nur zur Illustration der Vielzahl apostolischer Männer, die in Kleinasien gewirkt haben. Jede Verwechselungshypothese, die zu Lasten des Polykarp und des Irenäus aufgestellt wird, scheitert zudem an der Hinfälligkeit der Ausgangshypothese vom frühen Tod des Apostels Johannes und an der Chronologie der Lebenszeit des Polykarp und des Irenäus.

Für Polykarp ist das Jahr seiner Taufe gut bezeugt, da der greise Bischof angesichts seines Martyriums im Jahre 156 sagen kann, er habe "Christus 86 Jahre gedient"[48]. Die Taufe geschah also 69/70. Und selbst wenn man annehmen wollte, Polykarp sei im jüngsten Kindesalter getauft worden[49] (was damals freilich seltene Ausnahme war), so mußte er auch in diesem Falle längst vor dem (nicht nur von Irenäus und den "Ältesten Kleinasiens", sondern auch von Eusebius und Hieronymus überlieferten) Todesjahr des Apostels Johannes, d.h. vor dem Jahre 98, schon ein untrügliches Bewußtsein davon gehabt haben, wer der apostolische Zeuge und Herrenjünger war, und zugleich davon, wie unverwechselbar *der* war, auf den er sich in dieser Weise berief. Der Apostel

---

[46] Wie erinnerlich wird die mögliche Verfasserschaft des "Presbyters" an der Apk von Eusebius selbst nur als Vermutung gekennzeichnet: und 2-3 Joh werden erst von Hieronymus (De vir. ill. 18) mit dem "Presbyter" in Verbindung gebracht. Vgl. oben, Einf., Anm. 9.

[47] H.E.V,24,1-8; 2.

[48] *Martyrium Polycarpi* 9,3.

[49] Die Aussage in Adv.haer. III,3,4: "Polykarp hat nicht nur Unterricht von Aposteln empfangen (hypò apostólon matheteutheís) und mit vielen, die Christus gesehen hatten, Umgang gepflegt..." könnte sprachlich auf eine katechumenale Unterweisung des (in jugendlichem Alter bekehrten) Polykarp hindeuten, an der Apostel mitwirkten. So ZAHN 72f.; 96f. Diesem Verständnis dürfte jedoch der im weiteren Verlauf des Satzes und des Abschnitts betonte Aspekt entgegenstehen (siehe Anm. 50).

Johannes, Orientierungsfigur in der Jerusalemer Urgemeinde schon für Paulus (Gal 2,9) und später der apostolische Gewährsmann für die Kirchen Kleinasiens schlechthin[50], konnte von keiner kirchlichen Persönlichkeit dieses Gebietes, die die Zeit des Apostels noch bewußt erlebt hatte, mit irgend jemandem verwechselt werden. Und Irenäus wiederum, der Polykarp gut kannte, konnte diesen in einer für ihn selbst so wichtigen und aller Nachforschung würdigen Angelegenheit nicht mißverstehen und hätte selbst im ganz unrealistischen Falle eines Mißverständnisses, angesichts seiner späteren Traditionserkundungen gerade auch in Rom, darin nicht lebenslänglich verharren können.

3. Auch für das Zeugnis, das Irenäus über die Entstehung der vier Evangelien gibt, ist zu bedenken, daß sich bei ihm die Traditionen Kleinasiens und Roms, sowie die der frühchristlichen Metropole Galliens, verbinden. Irenäus zeigt sich in seinem Werk "Gegen die Häresien" besonders auch mit *römischen* Verhältnissen vertraut. Er kennt die römischen Bischofslisten, die römischen Spielarten der Gnosis und ältere römische Schriftsteller wie Clemens, Hermas und Justin. Er hat Kontakte zu den römischen Bischöfen, weiß genau Bescheid über die Intervention des Polykarp bei Aniket im Jahre 155 (vielleicht sogar als Begleiter Polykarps), ist Abgesandter der Kirche von Lyon bei Papst Eleutherius und kann es sich leisten, unter Berufung auf Polykarp und

---

[50] Dieser Aspekt der Verbindung zu den *Aposteln insgesamt*, und zu ihrer *gemeinsamen* Lehre mittels des Apostels *Johannes*, ist auch an den Stellen im Spiel, die vom direkten und historischen Umgang des Polykarp mit Johannes sprechen, und wird nicht immer streng von letzteren abgehoben. In diesem Sinne wird die in Anm. 49 zitierte Aussage zu verstehen sein, wie auch ihre Fortsetzung: "Er wurde auch von Aposteln als Bischof der Gemeinde von Smyrna in Asien aufgestellt." Dies geschah jedenfalls in communio mit Aposteln, sei es zu Lebzeiten des Apostels Johannes, sei es in Sukzession der Apostel Kleinasiens, jedoch kaum unter historischer Mitwirkung mehrerer Apostel. Eben dieser Aspekt klingt mit an, wenn in den Aussagen von Anm. 42 und 44 der Umgang mit Johannes als ein solcher "mit Johannes und den übrigen, die den Herrn gesehen hatten" umschrieben wird. Die Verbindung beider Aspekte mindert nicht die Realität des historischen Umgangs mit dem Apostel Johannes, sondern läßt diesen im Gegenteil als Bedingung der unmittelbaren Sukzession erscheinen, in der Polykarp zu "Johannes und den übrigen Aposteln" steht. Natürlich ist auch die *apostolische Lehre* nicht die vorwiegend bei direkten Begegnungen empfangene, welch letztere aber ein Zuverlässigkeitssiegel darstellen. Inhaltlich schöpft Polykarp (wie de facto auch Papias trotz dessen Vorliebe für mündliche Überlieferungen) überwiegend bereits aus der schriftgewordenen Überlieferung.

Aniket Papst Victor ins Gewissen zu reden. Ja, er führt Victor ganz konkret das irenische Verhalten der einzelnen römischen Bischöfe "vor Soter" vor Augen[51]: von Aniket, zurück über Pius, Hyginus, Telesphorus, bis auf Xystus (c. 115 - c. 125), die eine quartadecimanische Paschapraxis bekanntermaßen geduldet hätten.

So konnte nur ein Bischof sprechen, der über die Kenntnis von Quellen verfügte, die in Rom selbst über jeden Zweifel erhaben waren, d.h. konkret: über Quellen des päpstlichen Archivs[52]. Diese hatte Irenäus für eben jenes zweite Drittel des 2. Jahrhunderts durchforscht, in welchem auch die gnostischen Irrlehren eines Valentin, Kerdon und Markion in Rom grassierten. Daß Irenäus, der das Scheitern dieser Häresien an der apostolischen Lehre der Evangelien aufzeigt, ebenso auf präzises Wissen über die Entstehung und Tradierung der Evangelien bedacht war, liegt auf der Hand. Auch für dieses Wissen machte er sich zugänglich, was aus römischen Quellen der Zeit von Xystus bis Aniket zu erheben war. Eben dies wird sich auch an der gedanklichen Struktur der geographischen Perspektive und der Diktion des Hauptzeugnisses des Irenäus über die vier Evangelien erweisen.

Angesichts dessen bedeutet es ein eklatantes Verkennen der Überlieferungsstruktur, in der Irenäus steht, wenn die gängige exegetische Literatur ihn hinsichtlich der Verfasserschaftszuweisungen für die Evangelien, und speziell hinsichtlich der "Presbytertraditionen", zum *Tradenten allein des Papias* macht[53]. Grotesk wird dies, wenn man Irenäus, den hervorragenden Kenner römischer Traditionen, auch hinsichtlich seines Wissens über die Entstehung des römischen Mk-Ev, zum Kolporteur des Provinzbischofs von Hierapolis degradiert, wie dies derzeit mit Vorliebe in Kommentaren zum Mk-Ev geschieht[54].

---

[51] Brief an Victor: H.E. V, 24,12-18; 14 (vgl. Text zur Anm. 44). Parallel zu dieser Aufzählung steht die Liste der Bischöfe von Linus bis Eleutherius in Adv. haer. III,3,3.

[52] Vgl. hierzu die von M. Hengel angeregte und betreute Dissertation von C.-J. THORNTON, *Der Zeuge des Zeugen*, Tübingen 1991, 8-69; zum traditionsgeschichtlichen Kontext des Irenäus insgesamt: BLUM 161f.

[53] Auch im Hinblick auf die eindeutige Generationenverschiebung, die die "Ältesten" des *Irenäus* von denen des *Papias* unterscheidet, erklärt BLUM (190) mit Recht: "Irenäus hat das Werk des Papias benutzt; es besteht aber kein Anlaß, sämtliche in Adversus Haereses angeführte Presbytertraditionen auf Papias zurückzuführen". Haupttraditionsbürge für Irenäus ist vielmehr *Polykarp*.

[54] So behauptet J. GNILKA (siehe unten, V, Anm. 7), Bd. I, 33. "Einig ist man sich auch darin, daß alle anderen Zeugnisse über die Entstehung des ältesten Evangeli-

4. Von seiner Herkunft her ist Irenäus mit den kleinasiatischen Traditionen, die in vorrangiger Beziehung zum Joh-Ev und zu 1 Joh stehen, schon durch *Polykarp* vertraut. Wenn Irenäus die Christusbotschaft des Polykarp als Kunde von denen, die "das Wort des Lebens mit eigenen Augen gesehen hatten", qualifiziert, so ist 1 Joh unmittelbar präsent; und in den Wundern und Reden des Herrn, über die Polykarp predigt, in besonderer Weise das Joh-Ev.

Für das *Mk-Ev* aber konnte Irenäus vor allem *in Rom* im wesentlichen das bestätigt erhalten, was schon der Gewährsmann des Papias letztlich *aus Rom* erfahren hatte. Geprägt durch seine Kenntnis der johanneischen Tradition Kleinasiens und der petrinischen Tradition Roms konnte Irenäus zum Theologen der apostolischen Lehr- und Leitungssukzession schlechthin werden. Als solcher entwickelt er auch seine *Theologie der Evangelien*. Und das II. Vatikanische Konzil faßte die eigene Lehre über den Vorrang der Evangelien unter den neutestamentlichen Schriften und über die Verfasserschaft der "Apostel und Apostolischen Männer" in das von Irenäus übernommene Wort vom "viergestaltigen Evangelium nach Matthäus, Markus, Lukas und Johannes" zusammen.

Immer wieder erweist sich Irenäus in seinem Werk Adv. haer. als ein Zeuge und Theologe der apostolischen Überlieferung, der insbesondere mit der *kleinasiatischen* und der *römischen* Tradition vertraut ist. In der Dichte der kleinasiatischen Kirchen johanneischer Tradition seiner Heimat, und stärker noch in der führenden Rolle der von Petrus und Paulus gegründeten Kirche der Stadt Rom, bündeln sich gleichsam die Stränge apostolischer Überlieferung und können sich andere Kirchen apostolischer oder späterer Gründung durch die *Übereinstimmung mit diesen* des eigenen unverfälschten Besitzes des apostolischen Erbes versichern. Diese Orientierungsfunktion für andere Kirchen kommt Rom so sehr zu, daß Irenäus sich die Aufzählung der Vielzahl von Sukzessionen "der Bischöfe, die von den Aposteln eingesetzt sind, und ihrer Nachfolger bis heute"[55] ersparen kann, da er in der von Petrus und

ums aus der patristischen Zeit (Eirenaios von Lyon, Tertullian, Justin, Klemens von Alexandreia, Kanon Muratori, Hieronymus) von Papias abhängig sind, so daß dieser letztlich der einzige selbständige Zeuge ist." Ähnlich PESCH, *Markus I*, 4: "Die altkirchliche Überlieferung... setzt mit dem Zeugnis des Papias von Hierapolis ein und ist in der Folge davon abhängig."

[55] Siehe Adv. haer. III, 3, 1; für die folgenden Zitate: ebd. III, 3, 2.

Paulus gegründeten Kirche Roms diejenige sieht, mit der "wegen der höheren Ursprünglichkeit" (bzw. wegen ihres Vorranges: "principalitas") "eine jede andere Kirche in Übereinstimmung stehen muß", insofern sich in ihr "die apostolische Überlieferung als eine von Gläubigen aus aller Welt bewahrte" erweist.

5. In einzigartiger Weise hat die von den Aposteln ausgehende Überlieferung in den *vier Evangelien* Gestalt gewonnen. Die Entstehung dieser Evangelien sieht Irenäus in *personaler*, *zeitlicher* und *geographischer* Zuordnung zu den Hauptsträngen apostolischen Wirkens selbst und formuliert seine Traditionskenntnis in konzentrierter Weise folgendermaßen:

> "Matthäus hat in der den Hebräern eigenen Sprache (bzw. Redeweise: diálektos) die Schrift des Evangeliums herausgegeben (exênegken), als Petrus und Paulus in Rom das Evangelium verkündeten und die Kirche gründeten. Nach ihrem Exodus hat Markus, der Schüler und Hermeneut des Petrus, auch selbst das von Petrus Verkündete schriftlich uns überliefert (paradédôke). Auch Lukas, der Gefährte des Paulus, hat das von Paulus verkündete Evangelium in einem Buche niedergelegt (katétheto). Danach hat Johannes, der Jünger des Herrn, der an der Brust des Herrn ruhte, auch selbst das Evangelium herausgegeben (exédôke), als er in Ephesus in Asien weilte"[56].

Im Unterschied zu seinen Ausführungen über die Rolle der Evangelien bei der *Widerlegung der Häresien* und über ihre *heilsgeschichtliche Bedeutung* als Instrument des Wirkens des Heiligen Geistes faßt sich Irenäus in der zitierten *traditionsgeschichtlichen* Notiz auffällig kurz. In einer *konzentrat*ähnlichen Form, die Fragen nach textlichen Vorprägungen und deren Ursprungsfunktion nahelegt, werden die vier Evangelien als Niederschlag und Bündelung apostolischer Verkündigung dargetan, in welcher Perspektive die auf *Rom* bezogene Verkündi-

---

[56] Adv. haer. III, 1,1. - Die weiteren auf die Evangelien bzw. das Leben der Evangelisten bezogenen Aussagen dieses Buches sind zusammengestellt in: K. ALAND, *Synopsis Quattuor Evangeliorum*, Stuttgart [13]1988 (531-548: Testimonia Patrum Veterum), 533-537. - Besonders aufschlußreich für die Kraft der Evangelien, die gnostischen Häresien des frühen und mittleren 2. Jahrhunderts zu widerlegen, ist III, 11, 1-7. Die zentrale heilsgeschichtlich-theologische Würdigung der Evangelien bietet III, 11, 8f. (vgl. dazu unten, c 10).

gung *Petri und Pauli* als strukturelles Rückgrat und inhaltlicher Mittelpunkt der Notiz erscheint.

Besonders bei der Erwähnung des Mt-Ev überrascht es, daß kein geographischer Bezug zu Jerusalem, Palästina oder dem missionsgeschichtlich so bedeutsamen Antiochien hergestellt wird, vielmehr die Korrespondenz zu der petrinisch-paulinischen Verkündigung in Rom in den Vordergrund tritt. Die Notiz will offenbar nicht Detailnachrichten über die *Entstehung bzw. Abfassung* des Mt-Ev bieten, sondern bereits für das erstgenannte Evangelium hervorheben, daß die ihm zugrundeliegende apostolische Verkündigung und deren im *ersten* Evangelium geschehene Verschriftung nicht getrennt von der petrinisch-paulinischen Verkündigung und deren Niederschlag im Mk-Ev (und Lk-Ev) zu sehen ist.

Vor allem für die nicht von *Aposteln selbst*, sondern von *Apostelschülern* stammenden Evangelien kommt es darauf an, daß sie in engster Verbindung mit den Aposteln entstanden sind, vor allem aber, daß der Prozeß apostolischer Überlieferung, dem sie entstammen, mit dem *Tod* der Apostel weder abgebrochen ist noch Lücken erlitten hat. Vielmehr steht durch das Mk-Ev die petrinische Verkündigung weiterhin in einem authentischen und lebendigen Überlieferungsprozeß, ebenso die paulinische durch das Lk-Ev.

Dies gilt unabhängig davon, ob Petrus oder Paulus das betreffende Evangelium hinsichtlich der Niederschrift selbst veranlaßt, inhaltlich gekannt oder approbiert haben. Ähnlich wie die Sukzessionslisten der römischen Bischöfe authentische apostolische Sukzession *unabhängig* vom Nachweis einer Einsetzung des Linus durch Petrus verbürgen, so verbürgen auch die nach dem Tod des Petrus und des Paulus von Markus und Lukas überlieferten Evangelien die Aufrechterhaltung der apostolischen Lehre.

6. Schon rein terminologisch ist die Evangeliennotiz durch die Umschreibungen der Prozesse und Akte der "Traditio"[57] geprägt. Über die genaue Zeit und die näheren Umstände der Abfassung wird nichts ge-

---

[57] E.E. ELLIS (siehe oben, Anm. 38, 198ff.; 203f.) stellt die Nichtbeachtung dieser Tatsache als den entscheidenden Grund für das *gängige Fehlurteil* heraus, daß die älteste Tradition nichts von der Entstehung des Mk-Ev *zu Lebzeiten des Petrus* gewußt habe, insofern Irenäus direkt dagegen spreche und das Zeugnis des Papias diesbezüglich so unklar sei, daß es als Gegeninstanz nicht in Frage komme (obwohl Eusebius es im Sinne der Abfassung *zu Lebzeiten* des Petrus interpretiert).

sagt. Nur die Notiz über das *Joh-Ev* kennzeichnet mit der Angabe über das Wirken des Apostels in Ephesus diese Zeit auch als die der *Herausgabe* (und freilich, besonders durch die Anspielung auf Joh 13,23) auch der *Abfassung* durch Johannes selbst.

Da die Notiz speziell bei den Evangelien *nach Markus und nach Lukas* nicht vom Vorgang der *Abfassung*, sondern der Tradierung und Geltung als *petrinisch-paulinische Verkündigung* spricht und dies zusätzlich durch Parallelisierung beider Evangelien, gemäß der untrennbaren petrinisch-paulinischen Verkündigung selbst, hervorhebt, stellt es ein eklatantes Mißverständnis des Textes dar, wenn immer wieder behauptet wird, Irenäus bezeuge, daß das Mk-Ev erst nach dem Tod des Petrus *abgefaßt* worden sei. Irenäus, der Papias kenne und vor allem von *ihm* seine Kenntnis habe, beweise damit, daß auch Papias als Zeuge einer Entstehung des Mk-Ev erst *nach dem Tod des Petrus* zu werten sei.

Die alleinige Abhängigkeit des Irenäus von Papias wurde bereits als Unkenntnis des Traditionsstandes des Irenäus und der Grundgesetzlichkeiten der kleinasiatisch-römischen Traditionskommunikation zurückgewiesen (wofür der Text der Evangeliennotiz noch weitere Argumente liefern wird). Darüber hinaus beruht das Mißverständnis der Notiz im Sinne einer späten Abfassung des Mk-Ev auf einer metábasis eis állo génos. Was tatsächlich die Evangeliennotiz mit Papias verbindet, ist die Betonung der (freilich auch sonst in Kleinasien, Rom und Alexandrien bekannten) Hermeneutes-Funktion des Markus. Gerade durch diese aber wird die *Entstehung* des Mk-Ev (zumindest im Sinne der *Erfahrung* und der *Verinnerlichung* der Inhalte dieses Evangeliums in der Konzeption des Verfassers) auf die *Lebenszeit des Petrus*, näherhin die Zeit des Wirkens Petri in Rom, ja, die Phase der petrinisch-paulinischen Gründung der römischen Kirche, zurückgeführt.

7. Verschiedene Charakteristika dieser Evangeliennotiz, so die besondere Rückbeziehung der Aussagen über das erste, zweite und dritte Evangelium auf die Gründung der *römischen* Kirche, die auffällige Parallelisierung der Rolle des Petrus *und* Paulus sogar für die Paradosis-Geltung des *Mk-Ev*, die sprachliche Umschreibung des Todes Petri und Pauli mit dem für Irenäus diesbezüglich ganz untypischen Wort

"Éxodos"[58], schließlich die Analogie der durch die Evangelien-Paradosis garantierten apostolischen *Lehrsukzession* zu der durch die römischen und kleinasiatischen Bischöfe nach Petrus und Johannes garantierten apostolischen *Leitungssukzession*, sowie speziell zu deren präziser sprachlicher Dokumentation in Form der römischen Bischofslisten, - alles das deutet darauf hin, daß Irenäus (wie bei den Bischofslisten und deren Bedeutung für die Wahrung der apostolischen Überlieferung) auch in der Evangeliennotiz die *offizielle Traditionsauffassung der römischen Kirche* und ihrer Bischöfe vertritt.

Wie bei den Bischofslisten und den im zweiten Drittel des 2. Jahrhunderts in Rom grassierenden Häresien hat Irenäus auch bei der Frage der Wertschätzung der Evangelien als apostolische Paradosis die offizielle römische Auffassung erforscht und an Dokumenten des päpstlichen Archivs verifiziert.

Und gerade so, wie bei der Umschreibung der römischen Sukzession, fällt auch in der Evangeliennotiz bei der Herausstellung der durch "Petrus und Paulus" *gegründeten* und durch das Martyrium beider Apostel *geheiligten* römischen Kirche die gleiche stereotype Formulierung auf, während Irenäus sonst, wenn er eigene Theologie betreibt, über die Evangelien lange und differenzierte Gedankengänge entwikkelt. Die zusammenfassende Evangeliennotiz von Adv. haer. III, 1,1 hat demgegenüber die *Form eines Konzentrats*, das römische Traditionssicht zusammenfaßt und sich in seiner lapidaren Diktion wahrscheinlich an römische Evangelienkataloge anlehnt[59].

---

[58] Vgl. C.-J. THORNTON (siehe oben, Anm. 52) 19, sowie E.E. ELLIS, a.a.O., 199f. - Wir können Ellis jedoch nicht darin folgen, daß aufgrund der bei Irenäus nicht vorkommenden Bedeutung von "Éxodos" im Sinne von "Tod" deshalb "Abreise", "Weggang" (aus Rom) zu lesen sei. Dies widerspricht dem von Ellis (siehe oben, Anm. 57) gerade angemahnten konsequenten Verständnis der Notiz von Schlüsselsituationen der apostolischen Paradosis her. Eine *missionsgeschichtlich* und zugleich *traditionsgeschichtlich* vermächtnishafte Bedeutung läßt sich schwerlich in die "Abreise" des Petrus (zusammen mit Markus) im Anschluß an die von Ellis angenommene Verkündigungsphase beider in den Jahren 52-54 hineinlegen und scheitert vor allem für den von Irenäus ausgesagten Exodus Petri *und Pauli* als Schwelle für die bleibende Stellung des Mk-Ev als apostolische Paradosis.

[59] Vgl. C.-J. THORNTON, a.a.O., 45, der aufgrund eingehender Untersuchungen (ebd. 45-68) die These vertritt, die Evangeliennotiz sei "in direktem Zusammenhang mit der römischen Gemeindebibliothek zu sehen". In Abhebung der *offiziellen* Mitteilungen der Evangeliennotiz von den *persönlichen* Gedankengängen des Irenäus und dessen *speziellen Traditionsanschauungen* kleinasiatischer oder sonstiger Herkunft rechnet THORNTON (12ff.) zu letzteren auch die im Zusammenhang

Daß gerade auch der Topos von der in "Petrus und Paulus" konzentrierten Apostolizität der römischen Kirche nicht der kleinasiatischen Traditionssicht oder der persönlichen Theologie des Irenäus entstammt, wird besonders durch das noch Jahrhunderte fortwirkende Vorkommen dieses Topos in Texten der *stadtrömischen Liturgie* an Todes- und Gedenktagen *römischer Bischöfe*[60] ins Licht gestellt. Diese Bischöfe werden noch lange Zeit als "Nachfolger des Petrus und des Paulus" (hinsichtlich der Verkündigung und der Auferbauung der römischen Kirche) bezeichnet. Die einseitige Hervorhebung allein der Nachfolge *Petri* ist späteren Datums und entspricht *rechtlicher* Sichtweise. Sie setzt sich in der stadtrömischen Liturgie an bischöflichen Todes- und Gedenktagen erst mit jahrhundertelanger Verzögerung durch.

8. Gesonderte Beachtung verlangt der letzte Teil der Evangeliennotiz, die Aussage über das Joh-Ev. Hat Irenäus hier - im Unterschied zu den "römisch" anmutenden Mitteilungen über die drei ersten Evangelien - doch vielleicht nur die kleinasiatische *Lokaltradition* bzw. deren besondere Form seiner persönlichen Verinnerlichung wiedergegeben? - Selbst wenn dem so wäre, und die Joh-Notiz des Irenäus "nur" die Tradition der an apostolischen Grundlagen so reichen kleinasiatischen Kirchen enthielte, müßte sie als Quelle ersten Ranges gelten. Denn als Gewährsmänner dieser Tradition lernten wir Papias *und Polykarp* kennen, deren Zeiten des Lebens und kirchlichen Wirkens sich beachtlich mit der des Apostels Johannes überschneiden, welcher, wie man in den kleinasiatischen Kirchen - laut Irenäus - weiß, bis 98 in Ephesus lebte und wirkte. Papias seinerseits wußte, daß Johannes Jesustraditionen verschriftet hatte, vergleichbar denjenigen, die in Palästina und Syrien mit dem Namen des *Matthäus* verbunden wurden; er ließ johanneische Sprache und Terminologie in seinen eigenen Schriften anklingen und gab Johannes in auffälliger Position mit Matthäus zusammen den Platz

der Widerlegung der Häresien mehrfach anzutreffende (anscheinend chronologisch gemeinte) *Erwähnung des Lk-Ev* (aufgrund bestimmter urgemeindlicher Traditionsschichten desselben?) *vor dem Mk-Ev* (auch dann, wenn dies nicht durch die Logik des systematischen Gedankengangs oder durch die Chronologie der Häresien bedingt ist). Eine solche Einstufung des Lk-Ev als des ältesten nach dem Mt-Ev kommt später durch Klemens von Alexandrien zu direkter Aussprache (siehe unten, d).

[60] Vgl. K. GAMBER, *Der Bischof von Rom in frühen Zeugnissen der römischen Liturgie,* in: A. RAUCH - P. IMHOF (Hrsg.), *Das Dienstamt der Einen Kirche*, St. Ottilien 1991, 73-84.

in seiner Apostelliste. Vor allem aber hatte Irenäus bei *Polykarp* erfahren, wie dieser fasziniert war von dem, was ihm durch den Apostel Johannes und aus dessen Erlebnissen vom Wort des Lebens kundgetan worden war.

Irenäus spielt in seiner Joh-Notiz mit Worten aus Joh 13,23 auf den Inhalt des vierten Evangeliums an, das für ihn (wie schon für Papias und Polykarp) das des Apostels Johannes ist, der als der "geliebte Jünger" beim Letzten Mahl den Platz an der Seite des Herr einnehmen durfte. - Nur ein eindeutiger Beweis aus den inneren Kriterien des 4. Evangeliums (der aber, wie Kap. IX zeigen wird, nicht zu erbringen ist) könnte die kleinasiatische Tradition in Frage stellen, deren lückenlose Weitergabe mit ihren werk- und verfasserbezogenen Inhalten von sich aus keinerlei Anhaltspunkte für die Annahme falscher Identifizierungen und Generationsverwechselungen bietet (so daß der "geliebte Jünger", der Apostel, der Evangelist und der von Eusebius angenommene ephesinische "Presbyter" miteinander hätten verschmelzen können).

Nun ist aber offensichtlich auch die Joh-Notiz des Irenäus nicht eine isolierte Wiedergabe ephesinischer *Lokal*tradition. Selbst wenn hier keine eigenständige römische Quelle verarbeitet wäre, hätte Irenäus bei der definitiven Abfassung von Adv. haer. seine eigene Sicht bereits der Überprüfung an der *römischen* und auch der *gallischen* Traditionssicht ausgesetzt gehabt. Und diese können keineswegs so punktuell und stereotyp gedacht werden, daß Irenäus in ihnen immer wieder nur der einen und selben Kolportage aus Kleinasien begegnet wäre (die man von der Quelle her als Fehlverständnis anzunehmen hätte).

Wie differenziert die Einschätzungen zumindest des Traditionsmilieus und der Entstehungschronologie eines Evangeliums sogar im Spiegel des Werkes eines einzigen Theologen sein konnten, lehrte bei Irenäus bereits der Vergleich der zitierten Lk-Notiz mit den übrigen Lk-Erwähnungen in Adv. haer., die in besonderer Affinität zu Traditionen stehen, die dann in Alexandrien bei Klemens zur Aussprache kommen. - Alexandrien, die Hochburg antiker Wissenschaft, ist auch schon in der römischen und gallischen Zeit des Irenäus präsent, lange bevor die Katechetenschule dieser Stadt beginnt, mit ihrem Lehrer Pantänus und dessen Nachfolgern Theologiegeschichte zu machen.

9. Doch als weit *mehr* denn als eine bloße Wiedergabe kleinasiatischer Lokaltradition (die Irenäus auch in Rom und Gallien nicht zu verleugnen hatte) erweist sich die Aussage über das Joh-Ev, sobald man zu-

sätzlich erkennt, daß die *römisch-ephesinische Gesamtstruktur* der Evangeliennotiz in starker Affinität zu eben jener offiziellen Synthese der Traditionen zu sehen ist, die Irenäus gewinnt, indem er die durch die römischen Bischofslisten dokumentierte petrinische Sukzession (III, 3,3) mit der johanneischen verbindet (III, 3,4).

Zu bedenken ist überdies der zeitgeschichtliche Hintergrund, der für Irenäus, ebenso wie für die römischen Bischöfe von Aniket bis Victor, mit der stets virulenten Frage der römisch-ephesinischen Beziehungen vorgegeben war, die bekanntlich in der unterschiedlichen Praxis der Paschafeier ihren neuralgischen Punkt hatten. Für Irenäus ist es überaus wichtig, den von Polykarp und Aniket erzielten Ausgleich als modellhaft auch für *seine Generation* dem Denken der Zeitgenossen einzuprägen, wie er dies mit Nachdruck ja auch Papst Victor gegenüber tut.

Wenn nun Irenäus seine Evangeliennotiz in den Aussagen über das erste, zweite und dritte Evangelium - wie sich zeigte - in besonderer Weise der römischen Sicht konform gestaltet hatte, so wird er auch die Joh-Notiz zumindest nicht als ein in römischer Sicht *heterogenes* Element abgefaßt haben. Er wird vielmehr darauf bedacht gewesen sein, das Bewußtsein der Größe und Eigenständigkeit kleinasiatischer apostolischer Tradition auch für das Joh-Ev *so* auszudrücken, daß die Evangeliennotiz insgesamt als Dokument eines römisch-kleinasiatischen Ausgleichs beider Überlieferungen und der beiderseitigen kirchlichen Interessen akzeptiert werden konnte.

Hatte Irenäus bei der Grundfrage der legitimen Sukzessionen, speziell auch deren Bedeutung im zeitgeschichtlichen Kontext des Kampfes gegen die gnostischen Häresien des Valentin, Kerdon und Markion auf römische Dokumentationen für das zweite Drittel des 2. Jahrhunderts zurückgegriffen, so legte sich in der Frage der römisch-ephesinischen Kirchenbeziehungen und speziell im Hinblick auf eine römisch-ephesinisch strukturierte Evangeliennotiz, die im Geiste des Ausgleichs dieser Beziehungen und gemäß der Harmonie der ältesten Traditionen zu formulieren war, die Anlehnung an *Dokumente der Zeit der Päpste Aniket und Soter* nahe. Da die Erinnerung des Irenäus selbst an den zwischen Polykarp und Aniket erzielten Ausgleich uns nur im Kontext des von Eusebius bewahrten Briefes an Victor zugänglich ist, läßt sich ein sprachlicher Zusammenhang der Joh-Aussage der Evangeliennotiz mit Dokumenten zur Zeit des Aniket bzw. Soter natürlich nicht *beweisen*. Für den Zusammenhang mit der virulenten Frage der römisch-kleinasiatischen Kirchenbeziehungen selbst spricht jedenfalls in der Joh-Notiz die eigentümlich pleonastische Formulierung "en Ephésô tês Asías". Geographisch ist dieser Zusatz zu "Ephesus" unüblich, da für diese Stadt keine Verwechselungsmöglichkeit mit einer anderen gleichnamigen besteht. Es geht im Wortlaut des Irenäus also nicht bloß um eine identifizierbare Ortsangabe. Vielmehr liegt eine emphatische Betonung vor, die besagt: durch Ephesus und die Lehr- und Leitungssukzession dieser Kirche ist für Kleinasien eine apostolische Überlieferung gewährleistet, die neben der römischen bestehen kann[61].

Der apostolische Urheber dieser Überlieferung ist für Irenäus eindeutig der neben Petrus besonders herausgehobene Zwölferapostel Johannes, der für die von Paulus gegründete Kirche von Ephesus deren Apostolizität weiterhin bewahrt und bis zu seinem eigenen Lebensende selbst verkörpert hat[62].

Entgegen der in viel späterer Zeit als nahezu selbstverständlich verbreiteten Auffassung, Johannes habe sein Evangelium in seinen *letzten* Lebensjahren verfaßt, gibt Irenäus auf eine solche Tradition keinen Hinweis. Explizite Zeugnisse solcher Art sind spät und sekundär[63]. Die Prägekraft der johanneischen Tradition in Kleinasien läßt vielmehr daran denken, daß die Abfassung und die Wirkung des Joh-Ev zeitlich in etwa mit der Bedeutung des Johannes für den Aufschwung der Kirche in Kleinasien konvergieren und also in der intensivsten Aufbau-

---

[61] Zur Wendung "en Ephésô tês Asías", ihrer Unüblichkeit als geographische Bezeichnung und ihrem die Würde und Eigenständigkeit der kleinasiatischen Tradition betonenden Charakter vgl. C.-J. THORNTON (18f.; 35), der auch in *dieser* Wendung einen Rückgriff des Irenäus auf eine Art römisch-kleinasiatischer Sprachregelung zur Zeit des Aniket oder Soter sieht.

[62] Zur Tradition der Kirche von Ephesus als Verkörperung paulinischer *und* johanneischer Apostolizität siehe die (von Eusebius zitierte) Stelle Adv. haer. III, 3,4 (oben, Anm. 23), sowie für das Wirken des Johannes in Ephesus zwischen 62 und 98 auch die übrigen Belege in Anm. 22 und 23, zu den archäologischen und theologiegeschichtlichen Indizien des johanneischen Wirkens in Ephesus: ZAHN 175-217. - Die forcierte Argumentation von J. REGUL (*Die antimarcionitischen Evangelienprologe*, Freiburg 1969, 104ff.) gegen die johanneische Tradition Kleinasiens nennt M. HENGEL (*Markusevangelium I*, 246, Anm. 56) "rabulistisch" und "in die Irre führend".

[63] Sie finden sich mit vielen Irrtümern vermischt in den altlateinischen Joh-Prologen des 4. Jahrhunderts (siehe unten, VIII, Anm. 5-7), bei Victorinus (+304) und Ephiphanius, nicht aber bei Irenäus oder Eusebius (vgl. zur Sichtung der Zeugnisse ROBINSON 267ff.). - Keine Verwendbarkeit für die Datierung kommt der Aussage des Irenäus (Adv.haer. III,11,1) zu, daß im Joh-Ev die Irrlehre des Kerinth ihre Widerlegung findet (vgl. unten, IX, g 9).

phase der dortigen Tätigkeit des Apostels anzusiedeln sind. Indizien der Abfassungszeit werden aus dem Text des Evangeliums selbst zu erheben sein.

10. Gegenüber den verschiedenen Häresien, die die Ursprünglichkeit und Verbindlichkeit einzelner oder mehrerer Evangelien leugnen, verteidigt Irenäus die Zusammengehörigkeit aller vier Evangelien[64] als der *vier Säulen einer unteilbaren Wahrheit.* Aus diesem Kontext zitiert das Konzil das Wort vom "viergestaltigen Evangelium", das die Evangelien geradezu in einer *inkarnationstheologisch* begründeten Rolle innerhalb der Heilsgeschichte erscheinen läßt.

Irenäus vergleicht im Kontext dieser Stelle die Vierzahl der Evangelien mit den vier Weltgegenden. Sie sind zu sehen als die vier Säulen der über die ganze Erde verbreiteten Kirche und ihrer alles belebenden Verkündigung, erbaut vom Göttlichen Worte selbst und überwölbt vom Heiligen Geist, der alles zusammenhält und durch die Evangelien allem Geschöpflichen seinen Lebenshauch spendet. In diesem Sinne kann gesagt werden, daß das Göttliche Wort seiner Kirche "das viergestaltige Evangelium" gewährte. Die Symbole der vier Evangelisten, Löwe, Stier, Mensch und Adler erscheinen bei Irenäus als Bilder der Offenbarung des Gottessohnes, näherhin als Sinnbilder seines Propheten- und Königtums, seines Priestertums, seiner Inkarnation, sowie der über seine Kirche dem Adler gleich herabgekommenen Gnade.

Diese doppelte christologisch-soteriologische und ekklesiologische Symbolik des Irenäus bedeutet weit mehr als nur ein Gedankenspiel. Sie macht eindringlich deutlich, daß Christusverkündigung und Christusanamnese in den vier Evangelien unüberholbar Gestalt angenommen haben und daß der Geist durch eben die konkrete Verkündigungsgestalt der vier Evangelien die Kirche mit Christus verbindet und sie belebt. In diesem Sinne bekennt sich das Konzil in seiner Konstitution "Über die göttliche Offenbarung" (Art. 18) zum Wort des hl. Irenäus vom "viergestaltigen Evangelium" und spricht unzweideutig vom "Vorrang" der Evangelien innerhalb der Schrift, "denn diese sind das Hauptzeugnis für Leben und Lehre des fleischgewordenen Wortes, unseres Erlösers".

---

[64] Adv.haer. III,11,8.

Ganz entsprechend verhält sich die kirchliche Liturgie, wenn sie seit dem 3./4. Jahrhundert[65] der Evangelienverkündigung im Gottesdienst den Vorrang vor der Verkündigung aus "Gesetz und Propheten" und den Briefen der Apostel einräumt. Dieser Vorrang findet vielgestaltigen Ausdruck im Vorbehalt der Evangelienlesung an die priesterliche bzw. diakonale Funktion und bald auch in doxologischen Rufen, einer Prozession mit Kerzen und Weihrauch[66] sowie in einer Verkündigung aus einem eigens für die Evangelien gefertigten Codex und von einem erhabeneren Orte aus. So kommt zum Ausdruck, daß die Evangelien durch ihren Verkündigungsinhalt anamnetische Begegnung mit der Konkretgestalt der Person und des Heilswerkes Christi vermitteln, ähnlich wie dies im Eucharistischen Hochgebet geschieht. Demgegenüber mag manche Lesung aus einem Apostelbrief einen theologisch stärker reflektierten Inhalt haben, das Kerygma auf seine Sinnspitze konzentrieren und sonstige spirituelle oder pastorale Vorzüge besitzen. Sie tritt gleichwohl in der Dramaturgie der Verkündigung zurück hinter dem Evangelium oder besser: hinter Demjenigen, der der im Inhalt der Evangelien anamnetisch *Bezeugte* und der (durch die quasi sakramental vollzogene Verkündigung) in seiner Person und in seinem Werk *Vergegenwärtigte* ist.

d) Die alexandrinische Datierungstradition: Klemens, Eusebius und die Evangeliumssubskriptionen

1. Das Werk des Irenäus bietet die vollkommenste Synthese der kleinasiatischen und römischen Zeugnisse einer traditions- und heilsge-

[65] Die *Apostolischen Konstitutionen II* und *VIII* (um 380) geben eine längst herrschende Ordnung wieder, wenn sie eine Evangelienperikope als krönenden Abschluß einer mehrteiligen Leseordnung und den Vortrag des Evangeliums durch den Priester (II,57,7) oder durch den Diakon (so zunächst in Alexandrien und im Westen vorherrschend) voraussetzen. - Vgl. hierzu und zu den folgenden Anmerkungen: J.A. JUNGMANN, *Missarum Sollemnia. Eine genetische Erklärung der römischen Messe*, 2 Bde., Freiburg - Wien [5]1962 (mit reichhaltigen Registern).

[66] Doxologische Rufe begegnen zunächst vor allem in den orientalischen Liturgien, seit dem 6. Jahrhundert auch im gallikanischen Liturgiegebiet. - Lichter zum Evangelium (auch bei hellem Tageslicht) werden für den Orient schon durch Hieronymus bezeugt. - Weihrauch kennt der stadtrömische Ritus spätestens seit dem *Ordo Romanus I* (8. Jahrhundert).

schichtlichen Gesamtdeutung der Schlüsselstellung der Evangelien im Kontext der Offenbarung und des kirchlichen Lebens. Unter den großen ortskirchlichen Traditionen aber kommt gerade auch hinsichtlich der Wertschätzung der Evangelien und der Schriftauslegung eine besondere Bedeutung der *alexandrinischen* zu. Das Erbe alexandrinischer Wissenschaft prägt die dortige Katechetenschule seit Pantänus und Klemens. Und Origenes verpflanzt dieses Erbe nach Cäsarea, wo er und später Pamphilus jene Bibliothek schaffen, aus der Eusebius seine Gelehrsamkeit schöpft. Hier dürfte auch der Ursprung liegen für jene Evangeliumssubskriptionen, die später in großer Zahl als Zugabe zur handschriftlichen Textüberlieferung auftauchen[67] und die in kürzester Form verblüffend genau die Entstehungszeit der einzelnen Evangelien anzugeben beanspruchen.

Eine deutlich sichtbare Spur verläuft zunächst hinsichtlich der *petrinischen Herkunft* des Mk-Ev vom Zeugnis des Klemens von Alexandrien zu dem des Eusebius. Klemens weiß mitzuteilen, daß Markus sein Evangelium auf den Wunsch der Hörer des Petrus verfaßte. Als aber Petrus selbst dies erfuhr, hat er dieses "weder verhindert, noch dazu angetrieben"[68]. Eusebius verschönt diese Nachricht durch eine Paraphrase an anderer Stelle: "Wie es heißt, habe Petrus, nachdem der Heilige Geist ihm das Bemühen des Markus kundgetan hatte, sich über den Eifer der Gläubigen gefreut und das Werk für die Unterweisung (in der Gemeinde) bestätigt"[69].

Verschiedene Angaben in dem von Eusebius zitierten Zeugnis des Klemens erinnern an Papias, so der Hinweis, daß Markus sich das von

[67] Zum alexandrinischen Ursprung der Evangeliumssubskriptionen: G. ZUNTZ, *Wann wurde das Evangelium Marci geschrieben?:* CANCIK (siehe oben, Einf., Anm. 39), 47-71 *(künftig zitiert: Zuntz)*.

[68] *VI. Buch der Hypotyposen* (Eusebius, H.E. VI,14,6f.). Die Stelle lautet im Zusammenhang: "Diejenigen Evangelien, welche die Genealogien enthalten seien zuerst geschrieben worden. Das Evangelium nach Markus habe folgende Veranlassung gehabt. Nachdem Petrus in Rom öffentlich das Wort gepredigt und im Geiste das Evangelium verkündet hatte, sollen seine zahlreichen Zuhörer Markus gebeten haben, er möge, da er schon seit langem Petrus begleitet und seine Worte im Gedächtnis habe, seine Predigten niederschreiben. Markus habe dem entsprochen und ihnen das Evangelium übergeben. Als Petrus davon erfuhr, habe er dies weder durch ein mahnendes Wort verhindert, noch dazu angetrieben." - Vgl. die angeschlossene Joh-Notiz im Zitat zur Anm. 74. - Originaltext des Klemenszitats und der Paraphrase des Eusebius, sowie einer Parallelstelle aus den "Adumbrationes" zu 1 Petr: ALAND (siehe oben, Anm. 56) 539.

[69] H.E. II,15.

Petrus Gehörte genau eingeprägt hatte; ähnlich auch die Berufung auf die Überlieferung "der Alten". Doch würde es allen bekannten Gesetzlichkeiten der urkirchlichen und frühchristlichen Kommunikationswege widersprechen, wollte man annehmen, der *Alexandriner* Klemens sei für eine Nachricht aus der ältesten *römischen* Gemeinde allein auf die *ephesinische* Tradition des Papias von Hierapolis angewiesen gewesen[70]. Wie allein die älteste *Liturgie*geschichte vielfältig beweist, gab es für den Austausch von kirchlichen Bräuchen (und Nachrichten) zwischen Rom und den Metropolen des östlichen Mittelmeers kaum eine Verbindung, die so intensiv genutzt wurde, wie die zwischen Rom und Alexandrien. Schon gar nicht sind "die Alten" des Klemens von Alexandrien mit ephesinischen "Presbytern" zu identifizieren. Vielmehr sind es wieder die in der Tradition des betreffenden Kirchengebiets *unmittelbar vorausgegangenen* Zeugen der apostolischen Überlieferung. Die letzte Quelle für die Nachrichten, die über Ephesus zu Papias in Hierapolis, wie auch nach Alexandrien gelangten, muß - wie für Irenäus bereits gezeigt - *in Rom* gesucht werden[71]; und diese Nachrichten müssen auch unabhängig von Papias weite Verbreitung in verschiedenen Kirchengebieten gefunden haben.

Da Eusebius behauptet, das in seiner Paraphrase über die Approbation des Mk-Ev durch Petrus Gesagte stehe auch bei Klemens und Papias, wurde er gelegentlich der reinsten Windbeutelei oder aber der Schludrigkeit geziehen[72]. Aber Eusebius hatte kein so schlechtes Gedächtnis, daß ihm die unterschiedliche Wiedergabe (in Buch II,15 und

---

[70] Wie sich bereits bei Irenäus zeigte (siehe oben, Anm. 53), sind die "Ältesten" jeweils die Haupttraditionszeugen der *vorausgehenden* Generation (die des *Irenäus* bzw. die des *Klemens* also *nicht* die des *Papias*), so daß es irreführend ist, bei Klemens von einer Ubernahme der "Presbytertradition des Papias" zu reden. Die herrschende Exegese verkennt die Breite der Tradition und Weitläufigkeit ihrer geographischen Verwirklichungen in der spezifischen *Befangenheit* literarkritisch arbeitender (und heute grundsätzlich traditionskritisch eingestellter) Wissenschaft. Vgl. zum (verfehlten) Postulat der alleinigen Abhängigkeit des Klemens von Papias in katholischen Mk-Kommentaren: oben, Anm. 54, sowie die Korrektur von Hengel in Anm. 71.

[71] Vgl. HENGEL, *Markusevangelium I*, 247, Anm. 58, der mit W. Bauer bekennt, "daß ich kaum zweifeln kann, daß man hier (d.h. in Rom) zuerst von der Entstehung des Markusevangeliums unter dem Einfluß des Petrus gesprochen hat, und daß der 'Älteste' aus dieser Quelle schöpfte, was er an Papias weitergegeben hat", und Hengel fügt hinzu: "Die Frage ist, ob diese mündliche 'Quelle' zuverlässig war. Dies würde ich bejahen. "

[72] So ZUNTZ 68.

VI,14) nicht zum Bewußtsein gekommen wäre. Auch strickt Eusebius nicht einfach an einer Legende weiter, sondern bringt nur seine Sicht von der Apostolizität und Kanonizität eines authentischen Evangeliums zum Ausdruck.

Schon für Klemens und Papias ist das Mk-Ev ein *petrinisches* Evangelium, denn nicht ein isolierter Willensakt des Petrus läßt es dazu werden, sondern die *inhaltliche* Entsprechung zum Kerygma Petri, für die freilich von der Teilhabe des Markus am Wirken Petri nicht zu abstrahieren ist. Letzteres Moment nun wird von Eusebius als einer förmlichen Approbation gleichwertig gedeutet und in deren Kategorien umschrieben. Der *Historiker* Eusebius hat dabei freilich zugunsten des *Theologen* Eusebius ein Auge zugedrückt.

2. Als Sondertradition des Klemens gegenüber Papias, der "offiziellen" Evangeliennotiz des Irenäus, sowie allen von Eusebius sonst verarbeiteten Quellen, fällt die zeitliche Vorwegnahme derjenigen beiden Evangelien auf, "welche die Genealogien enthalten", also der Evangelien nach Matthäus *und* Lukas (wegen 3,23-38) *vor* den Evangelien nach Markus und Johannes. Klemens interpretiert seine Quelle hinsichtlich Mt wohl zu Recht vor allem im Sinne einer Wiedergabe ältester *judenchristlicher Tradition*, die zur Grundstruktur des Mt-Ev gehört. Auch das Lk-Ev wird (aufgrund von Lk 3,23ff. und vielleicht auch von Lk 1-2) von Klemens, und einer ihm schon vorausgehenden Traditionslinie[73], als Zugang zu einer ganz ursprünglichen Überlieferung der Urgemeinde gewertet.

In der Einschätzung des Joh-Ev befindet sich Klemens in bester Harmonie sowohl mit der Joh-Aussage der "offiziellen" Evangeliennotiz des Irenäus als auch der theologischen Charakterisierung desselben im Rahmen des viergestaltigen Evangeliums, wenn er als Tradition anführt: "Johannes hat, als er sah, daß in den übrigen Evangelien das dem Leiblichen Zugehörige offengelegt sei, von den höherstehenden Dingen angetrieben, ein vom Göttlichen Geiste getragenes geistiges Evangelium geschrieben."[74]

Die *nach* Klemens gemäß dem *Hauptstrom* der Überlieferung *modifizierte* alexandrinische Tradition bringt, hinsichtlich der historischen Entstehung, das *Mk-Ev* gegenüber dem Lk-Ev wieder in die Vorhand.

---

[73] Vgl. zu deren Anzeichen bei Irenäus: oben, Anm. 59.

[74] H.E. VI,14,8.

Diese Tradition wird am deutlichsten greifbar im *Chronikon des Hieronymus*, das seinerseits eine Bearbeitung des *eusebianischen* Chronikons darstellt, das der Kirchengeschichte des Eusebius vorausgeht, dessen griechische Textgestalt jedoch vielfach zweifelhaft ist. Im Chronikon des Hieronymus heißt es zum 3. Jahr des Kaisers Claudius (43): "Marcus evangelista interpres Petri Aegypto et Alexandriae Christum annuntiat."[75]

Diese Nachricht ist so sehr an einem frühen Zeitpunkt der *alexandrinischen Missiontätigkeit des Markus* interessiert, daß sie kaum einen anderen Herkunftsort haben kann, als eben *Alexandrien*; und sie dürfte auf dem bereits bezeichneten Traditionsweg der dortigen Katechetenschule nach *Cäsarea* und so zu Eusebius und Hieronymus gelangt sein.

Die Zeitangabe setzt offenbar voraus, daß Markus als "Hermeneutes" des Petrus schon unmittelbar nach dessen Fortgang aus Jerusalem (Apg 12,17) Petrus beim Missionswerk zur Seite gestanden hat. Er wäre demnach mit Petrus zunächst nach *Rom* gegangen und hätte sein Evangelium schon ganz früh in Missionserfolge in Alexandrien und Ägypten umsetzen können, - so, wie dies auch in der Kirchengeschichte des Eusebius für die Jahre des Claudius berichtet wird (II, 15ff.).

Die Frühdatierung des *Lk-Ev* wird bei Eusebius zwar nicht mehr gegenüber dem Mk-Ev ins Spiel gebracht, findet aber - wie dies gelegentlich bei Irenäus anklang und auch in dessen "offizieller" Evangeliennotiz zum Ausdruck kommt - ihre Entsprechung in einer Wertung, die das Lk-Ev als direkte Umsetzung der paulinischen Verkündigung und als bleibende Norm apostolischer Überlieferung insgesamt sieht, denn dieser Überlieferung konnte sich Lukas vergewissern "durch seine Gemeinschaft und seinen Verkehr mit Paulus und seinen Umgang mit den übrigen Aposteln"[76].

3. Die *Verfasserschaftszeugnisse* bei Eusebius stellen freilich nur *einen* Aspekt innerhalb einer komplexen Überlieferung und Entfaltung der *alexandrinischen Schriftgelehrsamkeit* (einschließlich des systematischen Textvergleichs der Evangelien) dar, die sich mehr noch in den "*Kanones* des Eusebius" widerspiegelt. Diese sind Eusebius schon

---

[75] Die Chronik des Hieronymus, ed. R. HELM (Eusebius Werke, 7. Bd., GCS 47, Berlin ²1956), 179. - Zu den Varianten und zur Herkunft der Nachricht: ZUNTZ 66.
[76] H.E. III, 24.

durch Ammonios zugekommen. Bestimmte Besonderheiten dieser "Kanones", die als Beigaben zu Texteditionen der Evangelien entwickelt worden waren und außer *Kapitel- und Verseinteilung* und *synoptischen Bezügen* speziell auch Angaben der *Gesamtzahl* der Verse bzw. Stichoi eines Evangeliums enthalten, finden sich später in einer Vielzahl von *Subskriptionen* unter handschriftlichen Evangelientexten. Obwohl die ältesten erhaltenen Subskriptionen dieser Art erst aus dem 9. Jahrhundert stammen, kann über ihre Altertümlichkeit und ihre Herkunft aus der Schule des Eusebius, bzw. aus der bereits Eusebius zugekommenen Tradition, kein Zweifel sein[77].

Hinsichtlich der Zeitangabe für das Mk-Ev zeigen diese Subskriptionen eine starke Entsprechung zur zitierten Markus-Notiz im Chronikon des Eusebius bzw. in dessen Fassung durch Hieronymus, während die Datierungen der übrigen Evangelien sich anscheinend an dieser Zeitangabe orientieren und jedenfalls zu ihr in einem plausiblen Verhältnis stehen.

In fast vollständiger Übereinstimmung untereinander geben die Subskriptionen folgende Datierung jeweils "nach der Himmelfahrt des Herrn" an: für Mt "8 Jahre"; für Mk "10 Jahre"[78]; für Lk "15 Jahre"; für Joh "30 Jahre" bzw. "32 Jahre"[79].

Das Mt-Ev erscheint in dieser Chronologie der frühesten *antiochenischen Mission* zugeordnet, das Joh-Ev den Jahren zwischen dem Jerusalemer Martyrium des Herrenbruders Jakobus und dem römischen Martyrium des Petrus und des Paulus, also der Zeit, in der sich der Apostel Johannes nach Ephesus begab und bereits dort weilte. Es wäre voreilig, diese Nachrichten, die so etwas wie ein Gerippe früh- und hochpatristischer neutestamentlicher Einleitungswissenschaft darstellen, als bloße Fiktion oder Legende abzutun. Sie geben der Verankerung der

---

[77] Vgl. die Auflistung der Subskriptionstexte und die Analyse ihrer Inhalte: ZUNTZ 58-66.

[78] Für die scheinbare Abweichung der "10 Jahre" von der absoluten Zeitangabe 43 bei *Hieronymus* (oben, Anm. 75) ist die Annahme des Jahres 33 als Todesjahr Jesu bei *Eusebius* zu berücksichtiqen, während Eusebius und Hieronymus für Petrus in Rom (vgl. H.E. II,14f.), ebenso wie für die Tätigkeit des Markus, von den Regierungsjahren des *Claudius* ausgehen (durch den auch Herodes Agrippa an die Macht kam, dessen Verfolgung der Apostel den Weggang Petri aus Jerusalem veranlaßte: Apg 12,17). - Zur (unzutreffenden) Berechnung des Todesjahres Jesu bei *Eusebius* vgl. STROBEL (siehe unten, V, Anm. 54), 109.

[79] ZUNTZ 66f.

Evangelien in der großen apostolischen Mission Ausdruck, was durchaus eine angemessene Erhellung der neutestamentlich-definitiven Bedeutung von "euaggelion" und "euaggelizein" darstellt. Die in ihnen vorausgesetzte Missionsgeographie ist (von einer alexandrinischen Mission des Markus abgesehen) die der Apostelgeschichte. Was aber die Chronologie angeht, so interessiert die patristische Tradition nicht so sehr das jeweils späteste Indiz der textlichen *Endgestalt* eines Evangeliums, als vielmehr *die* Phase der kirchlichen Überlieferung, von der her es *veranlaßt* und *konzipiert* ist.

4. Gerade die jüngsten Forschungen zum Mk-Ev haben gezeigt, daß die Verankerung (nicht die Abfassung der *Endgestalt!*) des Mk-Ev, hinsichtlich der ältesten Schicht und der Motivation zu deren Verschriftung, in den frühen 40er Jahren, die von den Subskriptionen vorausgesetzt wird, keineswegs anachronistisch ist. Man darf anscheinend - wie später (in Kapitel V) zu zeigen sein wird - in jener weitläufigen Schicht des Mk-Ev, die von R. Pesch als "Evangelium der Urgemeinde" umrissen wurde, so etwas wie ein *Vermächtnis aus der ersten Phase der Jerusalemer Tätigkeit* des Petrus sehen. Diese Phase endete mit der Verfolgung des Herodes Agrippa im Jahre 41/42, unter deren Einwirkung Petrus Jerusalem verließ (Apg 12,17). Die Nachrichten der Tradition für eine erste Phase der Wirksamkeit Petri *in Rom* zwischen 42 und 46[80] korrespondieren der in *Röm 1,8* aufscheinenden Bedeutung der römischen Christengemeinde, die auf eine offenbar schon längere und ruhmvolle Gründungsphase zurückblicken kann. Klammert man eine Nutzung des Mk-Ev *in Alexandrien* durch Markus selbst im Jahre 43 (und in den anschließenden Jahren) zunächst einmal aus, so bleibt eine gute Chance, daß ein im Mk-Ev erhaltenes sprachlich schon früh und weitläufig geformtes Traditionsgut tatsächlich mit der Zeit des Weggangs Petri von Jerusalem zu tun hat, das dann in Alexandrien zugleich als frühe Frucht der ersten Wirksamkeit Petri in Rom und als Urfundus einer Evangelienverkündigung in Alexandrien gesehen wird.

---

[80] EUSEBIUS, H.E. II,9,4.14; HIERONYMUS, De vir. ill. 1. - Petrus dürfte jedoch im Jahre 46 wieder in Jerusalem gewesen sein. 46 ist das Jahr der in Apg 11,28 erwähnten Hungersnot, der Besuch Pauli in eben diesem Jahre zur Überbringung der Hungersnotkollekte (Apg 11,30 und 12,25) wohl zugleich der in Gal 2,1-10 erwähnte (siehe unten, VIII, d 2) zweite Besuch in Jerusalem, bei dem laut Gal 2,9 das "Apostelabkommen" mit Kephas, Jakobus und Johannes zustande kam.

Die Zeit um 40, welche die Subskriptionen als Hauptimpulsphase für das Mk-Ev voraussetzen, wird gelegentlich in der Forschung (wenngleich nicht in den Disziplinen der Einleitungswissenschaft und Exegese) auch von den *inneren Kriterien des Mk-Ev* her sogar für die *Vollgestalt* des Mk-Ev als diskutabel erachtet. Dies mag der 1984 in Tübingen herausgegebene Sammelband altphilologischer und exegetischer Untersuchungen zum Mk-Ev illustrieren. Hier vertritt *G. Zuntz*, Cambridge, ein Altmeister klassischer Philologie, mit Humor gegenüber wissenschaftlichen Dogmen, entschieden die These der *Abfassung des Mk-Ev im Jahre 40* und zwar aufgrund innerer Kriterien[81]. Er überbietet damit sogar den Frühansatz der Evangeliensubskriptionen und ebenso den revolutionierenden Vorschlag zur Frühdatierung der Evangelien und aller neutestamentlichen Schriften des anglikanischen Bischofs J.A.T. Robinson[82].

Zusammenfassend läßt sich zur altkirchlichen Zuweisungstradition sagen: Diese sieht, traditionsgeschichtlich sehr berechtigt, die Entstehung der vier Evangelien in engster Verbindung mit der apostolischen Verkündigung und der Ausbreitung der Kirche durch die apostolische Mission. Sie konzipiert demgemäß die Entstehung der Evangelien entsprechend den Schlüsselsituationen der apostolischen Kirche selbst und ist nicht so sehr an einem *terminus post quem* interessiert, der sich aus bestimmten Einzelformulierungen oder aus der Erwähnung bzw. Widerspiegelung des jeweils letzten Ereignisses der Abfassungszeit erkennen läßt.

5. Ganz im Gegensatz zu einer so einheitlichen Konzeption von der zentralen Verankerung der Evangelien in der apostolischen Zeit, im Wirkungsbereich *bestimmter Apostel* und in *bestimmten Kirchengebieten*, erscheinen in der Sicht der *"Formgeschichte"* die Evangelien als *späte Sammlungen heterogener Elemente* ("kleiner Einheiten") verschiedendster Herkunft und Entstehungszeit, von denen nur die *ältesten*

---

[81] Laut ZUNTZ (47-71; 47ff.; 71)) ist Mk 13,14 nur aus der Situation des Vorhabens des Kaisers *Caligula* im Jahre 40 zu verstehen, im Tempel seine Statue aufstellen zu lassen.

[82] ROBINSON (27) sieht ähnlich in Mk 13,14 ein Durchscheinen der im Jahre 40 veranlaßten Furcht, jedoch eher deren Nachwirken und verweist auf deren Fortbestehen auch in 2 Thess 2,4 (von Robinson in Übereinstimmung mit Kümmel auf 50/51 datiert) und denkt demgemäß an eine Entstehung des Mk-Ev zwischen 45 und 60 (ROBINSON 363).

(der Grundstock der Passionsgeschichte; kurze Beispielerzählungen und einzelne Logien) der apostolischen Zeit zugestanden werden. Die Evangelisten erscheinen in dieser Sicht als "Sammler, Tradenten, Redaktoren"[83].

Eine solche Konzeption spottet nicht nur der kirchlichen Tradition, sondern auch den Denkgesetzen der Erforschung antiker Literatur- und Geistesgeschichte. So haben denn auch Historiker und Klassische Philologen die Sichtweise und die Ergebnisse der "Formgeschichte" niemals rezipiert (wie die Thesen von G. Zuntz illustrieren), sondern sich teilweise vehement gegen deren Voraussetzungen ausgesprochen. Der berühmte Homer-Forscher *W. Schadewaldt* bescheinigte der formgeschichtlichen Vivisektion der Evangelien, bis in die Worte und Gleichnisse Jesu hinein, die Wiederholung jener elementaren Fehler, in die sich einst eine inzwischen längst überwundene Klassische Philologie bei der Behandlung der Werke Homers verstrickt hatte[84].

Der bedeutende Historiker *E. Meyer* widmete seinerzeit dem Mk-Ev eine gegenüber den Thesen der Formgeschichtler äußerst distanzierte Darstellung[85], was ihm von deren Seite eine "überscharfe" und "teilweise irreführende" Kritik[86] einbrachte. - Die Vertreter der nach dem Zweiten Weltkrieg entwickelten "redaktionsgeschichtlichen Methode" korrigierten zwar die den Evangelisten zugeschriebene konzeptionslose Rolle als "Sammler", koppelten aber, aufs ganze gesehen, die Evangelien durch Übertreibung der Eigenwilligkeit der Verfasser und durch Mißachtung der ältesten Traditionsverankerung nur noch stärker von der apostolischen Verkündigung und der apostolischen Zeit insgesamt ab.

So bedeutet die Formgeschichte (einschließlich der Redaktionsgeschichte) eine fundamentale Umwertung der Evangelien hinsichtlich ihrer Einschätzung als Schriftgestalt der apostolischen Verkündigung. - Die Genese dieser Theorie der Evangelienentstehung und deren Thesen sind deshalb im folgenden zu skizzieren.

---

[83] DIBELIUS (siehe unten, II, Anm. 5) 2.

[84] W. SCHADEWALDT, *Die Zuverlässigkeit der synoptischen Tradition*: Theol. Beiträge, Heft 5, 1982, 201-223 (= Sonderdruck aus ibw-Journal 1983 des Deutschen Instituts für Bildung und Wissen, Busdorfwall 16, 4790 Paderborn, 1-26; bes. 17ff.).

[85] *Ursprung und Anfänge des Christentums*, 1. Bd., $^{4-5}$1924.

[86] HENGEL. *Markusevangelium I*, 246f., Anm. 57.

II. Die Evangelienentstehung in "formgeschichtlicher" Sicht: Rekonstruktion oder Destruktion der Überlieferung?

1. Die *Formgeschichte der Evangelien* wurde in den Jahren nach dem Ersten Weltkrieg von K.L. Schmidt (1919), M. Dibelius (1919) und R. Bultmann (1921) inauguriert[1]. Den Namen der neuen Forschungsrichtung lieferte *M. Dibelius*, der sich dafür durch das Wort von F. Overbeck inspirieren ließ, "daß jede wirkliche Literaturgeschichte eine 'Formengeschichte' sein werde; denn 'ihre Geschichte hat die Literatur in ihren Formen'"[2].

Die genannten Werke gehen von der Beobachtung aus, daß die Perikopen der *synoptischen Evangelien* (nur diese machte die Formgeschichte zum Gegenstand ihrer Forschung) oft locker aneinandergefügt sind, was den Gedanken nahelegt, es werde in ihnen ein in "kleinen Einheiten" überkommenes Traditionsgut gesammelt und redigiert, das nach inhaltlicher Herkunft und nach seiner Veranlassung der betreffenden Formgebung im einzelnen zu erforschen sei.

Als Methode war die "Formgeschichte" von den *gattungsgeschichtlichen* Arbeiten des Alttestamentlers *H. Gunkel* bestimmt, dessen Vorlesungen alle drei Initiatoren der neuen Forschungsrichtung in Berlin gehört hatten[3].

Eine methodische Innovation in der Neutestamentlichen Wissenschaft legte sich insbesondere auch nahe angesichts der damals hypertrophisch entwickelten Quellenkritik, die sich in immer neuen Rekonstruktionsversuchen *postulierter* Quellen, wie der Logienquelle Q und Urmarkus, erging und deren Ergebnisse mangels tatsächlichen Nach-

---

[1] K.L. SCHMIDT, *Der Rahmen der Geschichte Jesu. Literarkritische Untersuchung zur ältesten Jesusüberlieferung*, Berlin 1919; M. DIBELIUS, *Die Formgeschichte des Evangeliums*, Tübingen [1]1919 (erweitert: [2]1933; - [3]1959; *künftig zitiert: Dibelius*); R. BULTMANN, *Die Geschichte der synoptischen Tradition*, Göttingen [1]1921 (erweitert: [2]1931; - [8]1970; *künftig zitiert: Bultmann*).

[2] DIBELIUS 5, Anm. 1.

[3] Vgl. W. KLATT, *Hermann Gunkel. Zu seiner Theologie der Religionsgeschichte und zur Entstehung der formgeschichtlichen Methode*, Göttingen 1969.

weises von schriftlichen Quellen solcher Art gewissermaßen in der Luft hingen[4]. Wollte man hinter die Endgestalt der Evangelien und ihre nur sehr begrenzt zu erschließenden schriftlichen Quellen zurückgelangen in den *sprudelfrischen Ursprungs*bereich der späteren synoptischen Evangelien, so mußte sich das Augenmerk vor allem auf die *mündliche Vorstufe* der schriftlichen Evangelientradition richten und war die Entstehung der Evangelien *nach ihren Ursprungselementen* zu erforschen.

Das ursprüngliche Anliegen und das Programm der Methode schienen überaus berechtigt, insofern man die Gesetzmäßigkeiten des frühen Gemeindelebens zu ergründen suchte, die den Anlaß gaben, überlieferte Erinnungen an Jesus und Elemente der apostolischen Verkündigung in eine feste *schriftliche Form* zu bringen. Für solche stereotypen Veranlassungen im Gemeindeleben (Predigt, Gottesdienst usw.) wurde das von *H. Gunkel* stammende Wort *"Sitz im Leben"* übernommen. Es war das Ziel, den Zusammenhang zwischen dem jeweiligen "Sitz im Leben" und dem Interesse an der Tradierung der als Urelemente der Evangelien betrachteten "kleinen Einheiten" nach Inhalt und Form herauszustellen.

2. Doch kamen Anliegen und Programm der Formgeschichte von Anfang an weder *methodologisch* sauber noch *weltanschaulich* voraussetzungslos (oder auch nur hinsichtlich der Voraussetzungen hinreichend reflektiert) zur Ausführung. Gerade die beiden epochemachenden Werke unter den drei ersten Entwürfen, die von *M. Dibelius* und *R. Bultmann*, die ihre Stoßkraft mit eklatanten Einseitigkeiten erkauften, zeigen fast auf den ersten Blick methodologische Zusatzhypothesen und rationalistisch bedingte *überlieferungsskeptische Blickverengungen*.

Methodologisch bedenklich war es bereits, wenn die drei Protagonisten der Formgeschichte die relativ lockere Fügung der Perikopen in den synoptischen Evangelien als Indiz dafür werteten, daß die Verfasser der Evangelien (deren *überlieferte* Identität und Rolle innerhalb des urkirchlichen Lebens man, ohne ein Wort darüber zu verlieren, von vorneherein als anachronistisch und legendär ausschloß) keinerlei übergreifendes literarisches und theologisches Konzept zur Geltung bringen wollten. So formulierte M. Dibelius als ersten Grundsatz aller formgeschichtlichen Methodik apodiktisch: "Das literarische Verständnis der Synoptiker beginnt mit der Erkenntnis, daß sie *Sammelgut* enthalten.

[4] Vgl. zum Wirrwarr der Forschungsgeschichte bezüglich Q und Ur-Mk: H.H. STOLDT, *Geschichte und Kritik der Markushypothese,* Göttingen 1977.

Die Verfasser sind nur zum geringsten Teil Schriftsteller, in der Hauptsache Sammler, Tradenten, Redaktoren."[5]

Gegen diesen Grundsatz ging später die *"redaktionsgeschichtliche Methode"* an, die nun ihrerseits allzu eigenwillige literarische und theologische Konzepte hinter den einzelnen Evangelien entdecken wollte[6]. Sie vollzog damit aber nur noch radikaler die *Abkoppelung* der Evangelien vom *apostolischen Kerygma* und den apostolisch geprägten *personalen Strukturen der Urgemeinde*.

Auch bedeutete die Ausgrenzung der *johanneischen* Tradition in der gesamten Formgeschichte letztlich den Verzicht auf eine der *ganzen* Spannweite der urchristlichen Überlieferungsgeschichte gerecht werdende Entstehungstheorie der Evangelien. Denn diese Ausgrenzung verstand sich nicht als eine nur vorläufige methodische Beschränkung, sondern hypostasierte unausgesprochen das seit D.F. Strauß und F.Chr. Baur herrschende Vorurteil, daß dem 4. Evangelium ein zur Erkenntnis der urchristlichen Geschichte beitragender Wert nicht zukomme[7].

Hier zeigt sich bereits jene Voreingenommenheit und ideologische Befrachtung der konkreten "formgeschichtlichen Methode", die, wie zu zeigen sein wird, in dieser Ausprägung von der Evangelieninstruktion der Päpstlichen Bibelkommission vom 21.4.1964 zurückgewiesen wird, nichtsdestoweniger jedoch in den Folgejahren die katholischen Evangelienkommentare zunehmend stärker bestimmte. Um die Weisungen der Instructio und die (freilich aus einer noch umfassenderen theologischen Perspektive formulierten) Aussagen der Offenbarungskonstitution über die Evangelien recht zu verstehen, ist ein Rückgriff auf die Vorge-

---

[5] DIBELIUS 2.

[6] Als erste programmatische Werke der Redaktionsgeschichte gelten: W. MARXSEN, *Der Evangelist Markus. Studien zur Redaktionsgeschichte des Evangeliums,* Göttingen 1956 (*künftig zitiert: Marxsen, Evangelist*); und: H. CONZELMANN, *Die Mitte der Zeit. Studien zur Theologie des Lukas*, Tübingen 1954. - Zum Weg der Redaktionsgeschichte vgl. J. ROHDE, *Die redaktionsgeschichtliche Methode*, Berlin - Hamburg 1966.

[7] Vgl. KÜMMEL, *Erforschung* 152: Strauß hat "als erster die Alternative 'Synoptiker *oder* Johannes' für die Jesusforschung aufgestellt, der die neutestamentliche Wissenschaft von da an nicht mehr ausweichen konnte". Zu Baur: ebd. 158. - R. BULTMANN revolutionierte später freilich auch die Auslegungsgeschichte des Joh-Ev *(Das Evangelium des Johannes*, Göttingen 1941; mit neubearbeitetem Ergänzungsheft 1957: [8]1963), aber die formgeschichtliche Betrachtungsweise bestand darauf, daß die Auslegung der synoptischen Evangelien nicht johanneisches Quellengut als historisches mit heranziehen dürfe, und umgekehrt. Siehe zur tatsächlichen historischen Transparenz gerade des Joh-Ev: unten IX, b und d.

schichte und die geistesgeschichtlichen Voraussetzungen der "formgeschichtlichen Methode" unerläßlich.

a) Die Vorgeschichte der "Methode": die Evangelienkritik des 19. Jahrhunderts

1. Die "formgeschichtliche Methode", wie sie seit 1919 entwickelt wurde, verstand sich als eine zur Erforschung der synoptischen Traditionsstoffe differenzierte "historisch-kritische Methode". Aus *deren* Vorgeschichte im 19. Jahrhundert integrierte sie die *methodischen Vorgaben dieser selbst* nicht einfach in Analogie zur Erforschung antiker Literatur (und schon gar nicht im Sinne eines gläubigen Hörens auf das Wort der Evangelien als Schriftgestalt der Offenbarung), sondern entsprechend jenen Gesetzen, welche die Methode speziell als *"kritisch"* qualifizieren sollten.

Als Kriterien solcher Qualifikation galten die 1898 von *E. Troeltsch* herausgestellten Einzelmomente[8]:

(1.) *Die Kritik*, im Sinne des allumfassenden *methodischen Zweifels* und der strikten Unterwerfung aller Geschichtsabläufe unter das Vernunfturteil;

(2.) *Die Analogie*, die das Urteil über Wahrscheinlichkeit und Unwahrscheinlichkeit berichteter Begebenheiten ermöglicht, indem von dem *im eigenen Erfahrungsbereich des Forschers Vorkommenden* auf die Erfahrbarkeit des Berichteten und dessen Glaubwürdigkeit geschlossen wird;

(3.) *Die Korrelation*, die einsichtig macht, daß Erfahrung und Vernunfturteil des Forschers und das beurteilte historische Geschehen in den Zusammenhang der *Gesamtgeschichte* eingeordnet sind und ausschließlich aus diesem heraus gedeutet werden können.

Aus diesem Zusammenhang einer dem *Vernunfturteil* offenliegenden Geschichte gewinnen die bisher angewandten Vorstellungen und Kategorien von "Offenbarung", "Heilsgeschichte", "Wunder" ihren eigentlichen Sinn. So wird die "Offenbarung", in der alle menschliche Religion wurzelt, erkennbar als die "religiöse Intuition", "die in spezifisch reli-

---

[8] Vgl. STUHLMACHER 24 f.

giösen Persönlichkeiten gemeinschaftsbildende Kraft gewinnt und von den Gläubigen mit geringerer Originalität nacherlebt wird".

Für die Einschätzung der Evangelienberichte gilt aufgrund der Analogie: "Täuschungen, Verschiebungen, Mythenbildungen, Betrug, Parteisucht, die wir vor unseren Augen sehen, sind die Mittel, derartiges auch in dem Überlieferten zu erkennen." - Solche Kritik an dem in den Evangelien Überlieferten war *keineswegs neu* in der protestantischen Theologie des 19. Jahrhunderts. Neu war nur, daß mit E. Troeltsch, "dem führenden protestantischen Systematiker des sogenannten Liberalismus und Historismus"[9], die betreffenden Positionen einer seit D.F. Strauß und F.Chr. Baur, und also an den Theologischen Fakultäten bereits der Jahrhundertmitte hoffähig gewordenen Evangelienkritik, nun auch *von der Systematik* übernommen worden waren und in dieser Form die Theologie des frühen 20. Jahrhunderts bestimmten.

2. Die Zwischenphase der dialektischen Theologie in Deutschland hat die katholischen Exegeten bisweilen vergessen lassen, welcher Art der Gütestempel war, durch den die historische Bibelkritik den Glanz "der historisch-kritischen Methode" innerhalb der Theologie erhielt. - Laut *P. Stuhlmacher* "wird der gegenwärtige Kampf um die sachgemäße Schriftauslegung nach wie vor *im Schatten von Troeltsch* ausgefochten"[10], auch wenn die Exegeten allmählich ihre historischen Methoden modifizierten und von einer "Allmacht der Analogie" nicht mehr zu sprechen pflegen. Daß die Rede von "*der* historisch-kritischen Methode" ihrer Logik nach mit den systematischen Vorentscheidungen von E. Troeltsch befrachtet ist, hat *M. Hengel* aufgezeigt[11] und nachdrücklich ein *Abgehen* von dieser heute unreflektiert mitgeschleppten Ausdrucksweise angemahnt. Denn "*die* historisch-kritische Methode" kann es als einheitliche Methode nicht geben und das Wort bezeichnet deshalb allenfalls einen Sammelbegriff für eine *Vielzahl* von Methoden. Da zudem *historische* Methoden eo ipso als kritisch zu verstehen sind, beweist die Rede von "*der* historisch-kritischen Methode" nur eine der sachgemäßen historischen Arbeitsweise *unangemessene Emphatik.*

---

9 Ebd. 24.

10 Ebd. 25.

11 M. HENGEL, *Historische Methoden und theologische Auslegung des Neuen Testaments. Thesen*: KuD 19, 1973, 85-90 (auch als Anhang zu: M. HENGEL, *Zur urchristlichen Geschichtsschreibung*, Stuttgart 1979, 107-113).

Wie zu erläutern sein wird, hat die Evangelien-Instruktion der Päpstlichen Bibelkommission vom 21.4.1964 weder "die historisch-kritische Methode" noch die "formgeschichtliche Methode" für die katholische Evangelienforschung freigegeben oder gar empfohlen. Die Instructio spricht sehr absichtlich von "umsichtig angewandter historischer Methode" bzw. (gemäß der meistverbreiteten Übersetzung) von "historischer Methode im allgemeinen Sinne des Wortes"[12]. Darüber hinaus sieht sie unter den Ergebnissen der "formgeschichtlichen Methode" nur teilweise "Richtiges", zählt demgegenüber jedoch eine ganze Liste von falschen "rationalistischen Vorentscheidungen" und Irrtümern auf, die in den formgeschichtlichen Programmen sowohl gegen den *katholischen Glauben* als auch gegen die *historische Wahrheit* verstoßen[13].

3. Die rationalistischen Vorentscheidungen, welche "die historisch-kritische Methode" seit E. Troeltsch entscheidend prägten, haben *ältere Ursprünge*. Die von Troeltsch aufgelisteten angeblichen Mängel der Tradition in den Evangelien weisen die Spur. "Betrug", auf die Evangelien bezogen, führt hin zu *Reimarus*, der in seinem 7. (1778 von G.E. Lessing edierten) Fragment "Vom Zwecke Jesu und seiner Jünger" nachzuweisen versucht, daß Jesus selbst ganz der Geschichte des *Judentums* angehörte und seine Auferweckung keinen Ansatz in einer besonderen Messiaswürde oder Gottessohnschaft Jesu haben konnte. Die Jünger Jesu jedoch, voll "Absicht auf weltliche Hoheit und Vorteil" haben den Leichnam Jesu gestohlen, um mit der von ihnen erdichteten Auferweckung Geschichte zu machen[14]. Reimarus, der "Entlarver der Apostel" wurde dann durch D.F. Strauß (dessen grundsätzliche Einschätzung der christlichen Überlieferung als "Sage" wiederum Bultmann als Prinzip seiner Formgeschichte übernahm) als der "wackerste und würdigste Vertreter" jener Aufgabe hingestellt, vor der sich die Bibelwissenschaft und das Christentum des 18. Jahrhunderts sahen[15]. Und nicht zuletzt hat *A. Schweitzer*, der in seiner Leben-Jesu-Forschung die

---

[12] Siehe unten, III, Anm. 2

[13] Siehe ebd., Anm. 3.

[14] KÜMMEL, *Erforschung* 105.

[15] Ebd.

Schrift des Reimarus als "grandiose historische Leistung"[16] rühmte, auch dazu beigetragen, daß Reimarus seitdem immer wieder geradezu als der Begründer der geschichtlichen Jesus-Forschung betrachtet wurde[17].

Unter den Entstellungen der Evangelientradition, wie sie mittels "Kritik" und "Analogie" in den Evangelien verifizierbar werden, figuriert neben dem "Betrug" bei Troeltsch die "Mythenbildung". Der Begriff des Mythos war von *D.F. Strauß* auf das Ganze der Christusgestalt und des Christuskultes sowohl in den paulinischen Briefen, als erst recht in den Evangelien, angewandt worden[18]. Auch diese Sichtweise bleibt nicht ein *beliebiges Motiv* in der Vorgeschichte "der historisch-kritischen Methode" und der "Formgeschichte", sondern wird von M. Dibelius und R. Bultmann zum *Erklärungsprinzip* der Evangelienentstehung erhoben. Laut *Dibelius* sind Entstehung und Gestaltung des ältesten Evangeliums vor allem im Sinne einer Illustrierung des von Paulus geschaffenen "Christusmythos"[19] zu verstehen. Laut *Bultmann* ist die religionsgeschichtliche Funktion des ältesten Evangeliums "die Verbindung des hellenistischen Kerygmas von Christus, dessen wesentlicher Inhalt der Christusmythos ist, wie wir ihn aus Paulus kennen.., mit der Tradition über die Geschichte Jesu"[20].

---

[16] "Es ist an der Zeit, daß dem Reimarus sein Recht werde, und daß man die grandiose historische Leistung in der deistischen Streitschrift anerkenne. Sein Werk ist vielleicht die großartigste Leistung in der Leben-Jesu-Forschung überhaupt, denn er hat zuerst die Vorstellungswelt Jesu historisch, d.h. als eschatologische Weltanschauung erfaßt... An der elementaren Erkenntnis des Reimarus gemessen, ist die ganze Theologie bis Johannes Weiß Rückschritt, denn sie arbeitete mit der Ignorierung oder Verdunklung des Satzes, daß Jesus, als historische Persönlichkeit, nicht als der Anfänger eines neuen, sondern als die Enderscheinung des eschatologisch apokalyptischen Spätjudentums zu betrachten sei" *(Von Reimarus zu Wrede. Eine Geschichte der Leben-Jesu-Forschung,* Tübingen 1906; Belege: KÜMMEL, *Erforschung* 303f.).

[17] Wie KÜMMEL (*Erforschung* 106) klarstellt, bedeutet dies "zweifellos eine Überschätzung der Kritik des Reimarus, die weitgehend Gedanken der englischen Deisten aufnimmt und die beiden entscheidenden Motive der geschichtlichen Konstruktion, den politischen Charakter der Predigt Jesu und den aus materiellen Gründen geschehenen Betrug der Jünger nach dem Tode Jesu, völlig frei erfindet".

[18] KÜMMEL, *Erforschung* 147ff.

[19] DIBELIUS 267; vgl. 279.

[20] BULTMANN 372.

4. Neben "Betrug" und "Mythenbildung" vermag der kritische Erforscher der neutestamentlichen Schriften laut Troeltsch mittels der Analogie auch *"Parteisucht"* im Urchristentum zu erkennen. Dies galt als *Grundeinsicht* in die urkirchliche Entwicklung seit D.F. Strauß und F.Chr. Baur. Wie diese Einsicht, die ihm von *Hegel* zukam, für seine ganze spätere exegetische und einleitungswissenschaftliche Arbeit bestimmend wurde, bekennt F.Chr. Baur mit aller Offenheit[21]. Von diesem Kriterium (Schärfe oder sekundäre Abschwächungen des judenchristlich-heidenchristlichen und petrinisch-paulinischen Grundgegensatzes) versuchte Baur systematisch die *Entstehungszeiten* neutestamentlicher Schriften zu bestimmen. Wie sehr Strauß und Baur dabei unter dem Einfluß Hegels standen, charakterisiert W.G. Kümmel folgendermaßen:

"So gewinnt in den gleichen Jahren (seit 1833) die Philosophie Hegels auf Baur beherrschenden Einfluß. Hegels Auffassung der Geschichte als des dialektischen Prozesses der Aufhebung des 'An-sich-Seins' und 'Für-sich-Seins' im 'An-und-für-sich-Sein' verband sich bei Baur mit dem auf geschichtlichem Wege erkannten Gegensatz von petrinischem und paulinischem Christentum, die im nachapostolischen Christentum zum Ausgleich kommen, und dieser Dreitakt von Thesis, Antithesis und Synthesis wird nun zum Leitfaden für die Erkenntnis der Geschichte des frühen Christentums. Und die Geschichte wird ihm zur Selbstentfaltung des Geistes, bei der das Einzelne hinter dem Allgemeinen zurückzutreten hat; '*kritische* Methode heißt positiv: *spekulative* Methode, Erkenntnis der *Geschichte* als Prozeß der *Idee* der Geschichte'"[22].

Es wird zu zeigen sein, wie sehr hegelianische Antithesen seitdem die gesamte Deutung und Datierung der urchristlichen Schriften bestimmen. Zunächst fanden die hegelianischen Denkstrukturen nur im "petrinisch-paulinischen Grundgegensatz" ihr Anwendungsfeld und ließen von daher die Apostelgeschichte und die Pastoralbriefe als Ausdruck einer späten kraftlosen Synthese und einer Verfälschung des paulinischen Denkens beurteilen. Sehr bald geriet zur weiteren Alternative das Verhältnis Synoptiker - Johannesevangelium. Sah Baur von ersteren her einen gewissen Zugang zu *historischen* Entwicklungen im Urchristentum eröffnet, so wurde solches dem Joh-Ev schlechthin *abgespro-*

---

[21] KÜMMEL, *Erforschung* 156ff.

[22] Ebd. 162; mit Übernahme der Schlußaussage aus K. BARTH, *Die protestantische Theologie im 19. Jahrhundert*, 1947, 454 (Hervorhebungen von K. Barth).

chen[23]. Doch schlug das Denken in Alternativen auch auf die Einschätzung der *Evangelien insgesamt* durch und ließ sie als *Spätprodukt* der Schriftbildung ganz aus Perspektive und Zeitraum der paulinischen Theologie und Mission heraustreten.

5. Weiterhin wirkten auf die Formgeschichte neben den skizzierten Vorgaben der historischen Kritik, die durch E. Troeltsch ihren systematischen Schliff erhalten hatten, - wenngleich in unterschiedlicher Weise - noch spezielle hermeneutische Grundsätze ein, die in exegetisch revolutionierenden Werken um die Jahrhundertwende, wie denen von *W. Wrede*, *J. Weiß*, *M. Kähler* und *A. Schweitzer* entwickelt worden waren.

Auf *Wredes "Messiasgeheimnis"*[24] beruft sich R. Bultmann schon auf der ersten Seite seiner "Geschichte der synoptischen Tradition". Wrede habe verdienstvollerweise jeden falschen Optimismus hinsichtlich eines von Jesus selbst gehegten Bewußtseins, der Messias Gottes zu sein, unwiderruflich zerstört. - Wrede hatte die Verbote Jesu im Mk-Ev, ihn öffentlich als Messias zu bekennen, als *markinische Theorie* und Kompositionsstruktur erklärt, darin ganz Vorläufer redaktionsgeschichtlicher Übertreibungen der *theologischen Eigenwilligkeit* der Evangelisten. Markus habe diese Theorie entwickelt, um den Zwiespalt zwischen *historischer Wirklichkeit* und *Gemeindechristologie* zu verschleiern und der Frage ihre Brisanz zu nehmen, warum Jesus seine messianische Würde und Macht so zurückhaltend ins Spiel brachte.

J. Weiß hatte die Verkündigung Jesu auf den Nenner der "konsequenten Eschatologie" gebracht[25], die wiederum von *A. Schweitzer*[26] als entscheidendes Kriterium der Leben-Jesu-Forschung definiert worden war. Insgesamt aber wirkte sich A. Schweitzers kritische Würdigung der geschichtlichen Wege und der Auswüchse der historisierenden und psychologisierenden Leben-Jesu-Darstellungen in der Folge

---

[23] KÜMMEL, *Erforschung* 157f. (vgl. oben, Anm. 7).

[24] W. WREDE, *Das Messiasgeheimnis in den Evangelien*, Göttingen 1901 (^{3}1963).

[25] J. WEISS, *Die Predigt vom Reiche Gottes*, Göttingen 1892.

[26] Von Reimarus zu Wrede (siehe oben, Anm. 16). Schweitzer sieht sich im Gefolge von J. Weiß als Vollstrecker des dritten großen "Entweder - Oder" in der Leben-Jesu-Forschung. Nach dem "entweder rein geschichtlich oder rein übernatürlich" bei Strauß, und dem "entweder synoptisch oder johanneisch" der Tübinger, heiße es nun: "entweder eschatologisch oder uneschatologisch" (vgl. KÜMMEL, *Erforschung* 305).

als Überdruß an dieser ganzen Forschungsrichtung aus. Damit aber erhielt nun eine vom Historismus und Liberalismus fortdrängende Strömung protestantischer Theologie neue Stoßkraft, für die als Symbol der Vortrag von *M. Kähler* stand: "Der sogenannte historische Jesus und der geschichtliche biblische Christus"[27]. Die Tendenz dieses Vorstoßes ging dahin, die historisierende und psychologisierende Leben-Jesu-Forschung als für den Glauben belanglos sich selbst zu überlassen und statt dessen den Quellen der wahren *Christusverkündigung* sich zuzuwenden, die uns besonders im paulinischen Kerygma zugänglich seien.

6. Trotz dieser an sich heilsamen Stoßrichtung waren Diktion und Darstellung der Problematik nicht unbedenklich. Der Christusglaube sollte die Historie *ignorieren* können, deren Erforschung für das irdische Leben Jesu man dem *Rationalismus* überließ. Auf eine solche *Dialektik* zwischen historischer Wahrheit und Glaubenswahrheit hatte sich bereits *J.S. Semler* zurückgezogen. Dieser hatte als erster eine konsequent historische Sichtweise gegenüber Religion, Offenbarung und Bibel zur Geltung gebracht und seinen versuchten Nachweis mangelnder historischer Voraussetzungen für einen verbindlichen Neutestamentlichen Kanon dann den kirchlichen Angriffen mit der Behauptung entzogen, daß seine rein historischen Aufstellungen "die wahre Religion gar nicht beträfen"[28]. Semler war ein Kind der *Aufklärung* und stand in besonderer Weise unter dem Einfluß englischer *Deisten*[29]. Es war kein gutes Omen für die Formgeschichte der Evangelien, daß die *Gegenreaktion gegen den Rationalismus* der historischen Leben-Jesu-Forschung sich nicht imstande sah, die *rationalistische Deutung der Historie als solche zu überwinden*, sondern dem Glauben den Weg an der Geschichte *vorbei* und *ins Jenseits derselben* wies.

Auf M. Kähler berief sich Bultmann in der 2. Auflage seiner Geschichte der synoptischen Tradition von 1931, nach seiner Zuwendung zur dialektischen Theologie[30]. Deren Umsetzung in ein Programm existentialer Schriftinterpretation wird hier jedoch noch nicht mit der Formgeschichte selbst verbunden, sondern Kähler nur dafür in Anspruch genommen, daß die von D.F. Strauß herkommende Qualifikation

---

[27] Leipzig 1892.

[28] KÜMMEL, *Erforschung* 81.

[29] Ebd. 73.

[30] BULTMANN 6, Anm. 2.

der Jesus-Überlieferung als *"Sage"* unbedenklich sei (weil sie den *wahren* Christusglauben nicht beeinträchtige). Mehr als in den anderen formgeschichtlichen Entwürfen zeigt sich bei Bultmann, daß seine Kritik und *religionsgeschichtliche* Einordnung der synoptischen Traditionselemente ganz und gar vom *Rationalismus* der damals herrschenden religionsgeschichtlichen Schule bestimmt sind, was in der "Geschichte der synoptischen Tradition" nirgendwo als Problem für den Glauben empfunden wird, während Bultmann im *späteren* Ausbau der "*existentialen*" Exegese und des *Entmythologisierungsprogramms* die Überlassung der Historie und der Welt an eine absolut *immanentistische* Deutung geradezu als *Voraussetzung* und *Befreiungstat* für einen erst *so zu sich selbst* kommenden Glauben preist.

b) Die Geburtsfehler der "Methode": rationalistische Vorentscheidungen und historische Irrtümer

1. Nicht nur von ihrer Vorgeschichte her ist die "formgeschichtliche Methode" mit "rationalistischen Vorentscheidungen"[31] behaftet. Ihre programmatischen Entwürfe bauten auf zusätzlichen Vorurteilen und historischen Irrtümern auf, deren Fehlerhaftigkeit bereits im Vergleich mit *kirchengeschichtlichen* Forschungsergebnissen der sonst so gegensätzlichen Kirchenhistoriker A. von Harnack und Th. von Zahn deutlich zutage trat.

Eine der wesentlichen Grundvoraussetzungen dieser Art für die ganze spätere Formgeschichte wird von *P. Stuhlmacher* folgendermaßen umschrieben. "Solange die urchristlichen Tradenten und Gemeinden nach Jesu Tod und den Ostereignissen das Weltende mit der Parusie des Menschensohnes unmittelbar nahe glaubten, hatten sie weder Neigung noch Zeit zur Ausbildung einer festen literarischen Jesustradition.

---

[31] So die *Evangelien-Instruktion* der Päpstlichen Bibelkommission (siehe unten, III, Anm. 3). - Zu den rationalistischen Voraussetzungen der Formgeschichte sowie der gesamten neutestamentlichen Einleitungswissenschaft, aus welchen auch deren heutige Positionen in Fragen der Verfasserschaft und der Datierung der Evangelien resultieren, vgl.: H.-J. SCHULZ, *"Historisch-kritische" Evangelieninterpretation und "formgeschichtliche" Überlieferungskritik: Ökumenische Chance oder Rückfall in die Zeit der Aufklärung?:* MThZ 42 (1991) 15-43; 323-349.

Zur Fixierung und Ausgestaltung dieser Tradition ist es erst gekommen, als die Naherwartung nachließ."[32]

Demgegenüber hatte in bezug auf die große apostolische Mission und die Apg schon A. von Harnack klargestellt, daß Paulus bei seinem großen Missionsplan durch die Naherwartung nicht gehindert, sondern aufs äußerste angespornt worden war. So habe er ohne jeden Zeitverlust das Mittelmeergebiet von Ost nach West bis hin nach Spanien (Röm 15,28) durchmessen wollen, ohne weit nach Norden und Süden abzuweichen oder das Netz der Gemeindegründungen in Einzelgebieten weiter zu verdichten. Dies sei genau nach dem von Lukas dargestellten Prinzip geschehen, die Zeugenschaft "bis an die Grenzen der Erde" (Apg 1,8) vor Eintritt der Wiederkunft voranzutreiben, weshalb auch das Darstellungskonzept und die Abfassung der Apg als dem Missionswerk selbst "kongenial" und mit der Naherwartung durchaus vereinbar zu gelten habe[33].

Besonders seit den 50er Jahren wurde die These von einer durch die *Naherwartung* bedingten *notwendigen Verzögerung* evangeliumsähnlicher Schriften geradezu falsifiziert. Denn die Auffindung der überaus reichen, gerade im Klima *höchster eschatologischer Spannung* entstandenen Qumran-Literatur erweist die Annahme als kurzschlüssig, die Urgemeinde habe wegen ihrer Naherwartung kein Interesse an der Bewahrung von Jesuserinnerungen gehabt und sei zu wirklich literarischen Schöpfungen nicht fähig gewesen[34]. Und deshalb dürfe man für diese Zeit nur an Kleinformen, wie Predigt und Briefe denken und könne als frühe Urelemente der späteren Evangelien (außer einem Grundstock der Passionsgeschichte) letztlich nur die "Paradigmen" (Dibelius) bzw. die "Apophthegmata" (Bultmann) annehmen.

2. Zur ebenso tragenden Voraussetzung für die gesamte "formgeschichtliche Methode" wurde die programmatisch wiederum von *Dibelius* formulierte These: Die "kleinen Einheiten", die sich von der lockeren Fügung der Perikopen her als Urelemente der Evangelientradition

---

[32] STUHLMACHER, *Evangelien* 2. - Das ganze Kapitel I des Einführungsvortrags von P. Stuhlmacher zum Tübinger Symposion 1982 (siehe oben, Einf., Anm. 36) ist überschrieben: *Zur Kritik der Formgeschichte* (2-12).

[33] A. VON HARNACK, *Die Mission und Ausbreitung des Christentums in den ersten drei Jahrhunderten*, Berlin ⁴1924, 93ff.; 80f.

[34] Vgl. die Kritik von *P. Stuhlmacher*, *E.E. Ellis* und *P. Gerhardsson*. in: STUHLMACHER, *Evangelien* 6, 40, 98.

erkennen lassen, sind nach ihrer konkreten Verbindung von Inhalt und Form nicht Größen *wirklicher Erinnerung* an Jesus oder Einheiten der *apostolischen Verkündigung*, sondern *anonym-kollektivistische Überformungen* oder *Hervorbringungen* innerhalb der frühen Gemeinde. Es handelt sich nach Dibelius eigenen Worten um "Gestaltungen, die aus Dasein und Betätigung literaturfremder Kreise mit Notwendigkeit hervorgehen"[35]. - Diese These der Formgeschichtler von der *anonymen* und *kollektivistischen* Hervorbringung der Evangelientradition gibt sich als gedankliche Anleihe bei der älteren (inzwischen überholten) Folkloristik zu erkennen. Dibelius bezieht sich diesbezüglich direkt auf *Herder*, den Vater der älteren Folkloristik, und folgt eindeutig deren "rousseauistischem" Vorurteil[36].

Gemäß einer weiteren unbewiesenen Voraussetzung bedurfte es zur *Bewahrung und Weitergabe* auch jener Bruchstücke wirklicher *Erinnerung an Jesus*, wie sie in manchen der "Paradigmen" (bzw. "Apophthegmata") erhalten geblieben seien, besonderer *stereotyper Veranlassungen* in der Gemeinde. Deren wichtigste sei in der *paränetischen Predigt* gegeben gewesen und zwar in dem Bestreben, in dieser auf beispielhafte Worte und Taten Jesu verweisen zu können.

Die Voraussetzung eines an sich *mangelnden Interesses* an Jesuserinnerungen in der Urgemeinde verkennt völlig die *geschichtsbezogene Struktur* des *jüdisch-christlichen Offenbarungsverständnisses* und dessen Prägekraft für Überlieferungen und Frömmigkeitsformen. Sie spricht freilich auch Hohn jeder anthropologischen Bedeutung von Erinnerungen für das menschliche Leben[37].

3. Für die gemeinsame jüdisch-christliche Struktur von Welt- und Geschichtsverständnis, Glauben und Gottesdienst ist insbesondere die Kategorie der *Anamnese* von entscheidender Bedeutung. Diese wurde in der neueren Theologie bemerkenswerterweise zunächst infolge einer *Rückbesinnung auf die griechischen Väter* durch O. Casel zum Schlüsselbegriff für die *Liturgiewissenschaft* und erst viel später von der *alttestamentlichen Bibelwissenschaft* in ihrer noch viel weiterreichenden

---

[35] DIBELIUS 5.

[36] So die Kritik von E. GÜTTGEMANNS, *Offene Fragen zur Formgeschichte des Evangeliums. Eine methodologische Skizze der Grundlagenproblematik der Form- und Redaktionsgeschichte*, München 1970 (*künftig zitiert: Güttgemanns)*, 129f. u.ö.

[37] STAUDINGER 10ff.

Bedeutung herausgearbeitet[38]. Die Formgeschichte geht an ihrer Bedeutung weitgehend vorbei.

Die mit der klassischen Formgeschichte (nicht nur bei Bultmann) verbundene Eigenart eines *protestantisch-dialektischen Glaubensbegriffs* als dem Pendant zum *rationalistisch-deistischen Welt- und Geschichtsverständnis* wurde bereits auf der theologiegeschichtlichen Linie von Semler her, die mit Kähler ihre Umdeutung erfuhr, aufgezeigt. Christlicher Glaube kann sich aber von seinen Wurzeln her nur als ein auf *geschichtliche* Offenbarung[39] bezogener entfalten. Seine Geschichtlichkeit resultiert nicht aus der Betroffenheit einer subjektiven Glaubensbefindlichkeit des Einzelnen, sondern aus der Schöpfung und der Offenbarung Gottes, von dem Welt und Geschichte Ursprung und Sinn haben. Ausgrenzung der Welt und der Geschichte aus der Deutung des Glaubens bedeutet dessen "Entleiblichung" und Auflösung.

Falsifiziert ist auch das zweite Element der skizzierten These, daß die *paränetische Predigt* (abgesehen vom Kern der Passionsgeschichte) der Hauptanlaß zur Bewahrung und Neubildung von Jesuserinnerungen gewesen sei, die so in die Form von "Paradigmen" bzw. "Apophthegmata" eingehen konnten. Denn soweit sich aus den paränetischen Teilen der neutestamentlichen Briefe erschließen läßt, war die Paränese als Appell von Gewissen zu Gewissen gerade *nicht* der Ort, Worte und Weisungen Jesu zu *zitieren* oder, wie die Formgeschichtler annehmen, aus prophetischem Geist neu zu schaffen. Paulus nimmt zwar auf Jesusworte paränetisch Bezug, aber setzt deren feste Form gerade als *bekannt* voraus, *ohne zu zitieren* (vgl. 1 Kor 7,10; 9,14). Die Neubildung von Logien Jesu widerspricht zudem der peniblen Unterscheidung, wie sie Paulus zwischen Weisungen *Jesu* und *eigenen* apostolischen Weisungen vornimmt (so 1 Kor 7,10 gegenüber 7,12). Die Entstehung einer geprägten Form von wirklichen (oder vorgeblichen) Logien Jesu findet also in der Paränese der apostolischen Zeit keinen

---

[38] Vgl. P. BRUNNER, *Zur Lehre vom Gottesdienst der im Namen Jesu versammelten Gemeinde*, in: Leiturgia I, 83-364; 209ff.; 229ff.).

[39] Innerhalb der protestantischen Theologie wurde der (durch die dialektische Theologie und die existentiale Hermeneutik unerträglich gewordene) Mangel eines Verständnisses der göttlichen Offenbarung als *einer selbst Geschichte schaffenden* herausgestellt und korrigiert von W. PANNENBERG und anderen (siehe oben, Einf., Anm. 16).

Anhalt, sondern setzt die Erinnerung an Worte Jesu, wie auch die geprägte Sprachform, bei der Weitergabe bereits voraus[40].

4. Weiterhin ist im Ansatz verfehlt die besonders von Bultmann entwickelte Konzeption, die sich so umschreiben läßt: Jenseits von wirklich überlieferten Erinnerungen an den "historischen Jesus" (welche für den Glauben bedeutungslos waren) haben erst spätere Gemeindebedürfnisse *nachträglich historisierend* gewirkt und ein mit vielen angeblichen Fakten angereichertes Jesusbild geschaffen, wie es dann aus den Evangelien hervortritt[41]. Der literarische Typus Evangelium wird geradezu dem Wesen nach durch *Dekadenz* und durch die doppelte Transposition der synoptischen Traditionsstoffe von der *Urgemeinde* her in ein *synkretistisch-hellenistisches* Milieu und vom historisch ungebundenen *Kerygma* zu *historisierenden Christusmythen* charakterisiert.

Laut *Bultmann* verlief der Prozeß folgendermaßen: "Die Sammlung des Traditionsstoffes begann in der palästinensischen Urgemeinde. Apologetik und Polemik führten zur Sammlung und Produktion apophthegmatischer Stücke. Aus den Bedürfnissen der Erbauung wie aus der Lebendigkeit des prophetischen Geistes in der Gemeinde ergab es sich, daß man prophetische und apokalyptische Herrenworte überlieferte, produzierte und sammelte. Weitere Sammlungen von Herrenworten erwuchsen aus den Bedürfnissen der Paränese und Gemeindedisziplin..."[42]. - Doch der Typus des Evangeliums ist "*eine Schöpfung der hellenistischen Gemeinde*"[43]. Weder die jüdisch-hellenistische noch die heidenchristlich-hellenistische Gemeinde konnten des Rückgriffs auf

---

[40] Vgl. B. GERHARDSSON, *Die Anfänge der Evangelientradition*. Wuppertal 1977 (*künftig zitiert: Gerhardsson*), 26ff.; DERS., *Der Weg der Evangelientradition*: STUHLMACHER, *Evangelien* 79-102, wonach das Interesse an Jesusüberlieferung und dessen Weitergabe als *grundsätzlich unabhängig* von jeder sonstigen gattungsmäßigen Verwendung und als gerade auch von den *jüdischen Denkvoraussetzungen* her schon von sich aus *hochmotiviert* erachtet werden müssen. - Vgl. zur Widerlegung der These von der paränetischen Predigt als Hauptmotiv der Jesusüberlieferung auch: R. BLANK, *Analyse und Kritik der formgeschichtlichen Arbeiten von Martin Dibelius und Rudolf Bultmann*, Basel 1981 (*künftig zitiert: Blank*), 16ff. u.ö.

[41] Vgl. zur Umschreibung dieser Konzeption: STUHLMACHER, *Evangelien* 3; zur Kritik ebd. 8f.

[42] BULTMANN 393.

[43] Ebd. 394.

das Leben Jesu entraten: "Denn wenn der Kyrios auch für die hellenistischen Gemeinden wesentlich Kultgottheit war", so bedurfte man doch in "Analogie hellenistischer Heilandsgestalten" der "Verbindung der Kultgottheit mit der geschichtlichen Person Jesu"[44].

Unhaltbar ist auch die Hilfsthese der Formgeschichte, speziell Bultmannscher Prägung, die voraussetzt, das *paulinische* Christuskerygma sei wesentlich ohne festen Bezug zu Fakten des Lebens Jesu (ausgenommen das Kreuz) zu verstehen und Paulus selbst habe auf diesbezügliche Kenntnisse keinen Wert gelegt. Ja, laut 2 Kor 5,16 distanziere sich Paulus von jeder Kenntnis Jesu "dem Fleische nach". Doch ist eine solche Exegese der Stelle verfehlt, wie der *bekehrungstheologische Kontext* zeigt[45]. Nicht vom Wissen um den konkreten Lebensweg Jesu, der Jesus ans Kreuz geführt hat, distanziert sich Paulus, sondern von seiner früheren fleischlich-haßerfüllten Gesinnung und von jeder Haltung, die sich nicht durch das Kreuz versöhnen läßt und nicht "neue Schöpfung" (5,17) werden will.

Die Bezugnahmen Pauli auf das Leben Jesu sind nicht so selten[46] und sie setzen vor allem eine *durch Paulus* den Gemeinden zuteil gewordene *direkte Übermittlung* von Taten und Worten Jesu voraus[47]. Und bei allem Insistieren Pauli auf dem ihm *nicht durch menschliche Vermittlung* zuteil gewordenen Apostolat stellt Paulus doch seinen Apostolat in *eindeutigen Bezug zu "Kephas"* (1 Kor 15,5; Gal 2,8). Auch spricht er davon, daß er bei seinem Besuch in Jerusalem drei Jahre nach seiner Bekehrung 14 Tage *bei Kephas* blieb. Ja, als Agent des Hohen Rates wußte Paulus bereits, wer Jesus selbst und was der Tenor seiner Predigt war, wenngleich bei ihm *damals* wirklich nur ein Wissen "dem Fleische nach" bestand.

Das Programm eines vermeintlich *rein analytisch* durchgeführten Vergleichs synoptischer Rahmungen von Apophthegmata zur Erkun-

---

[44] Ebd. 395.

[45] Vgl. STUHLMACHER, *Evangelien* 17, und speziell: R. PESCH, *"Christus dem Fleische nach kennen" (2 Kor 5,16)? Zur theologischen Bedeutung der Frage nach dem historischen Jesus*, in: *Kontinuität in Jesus. Zugänge zu Leben, Tod und Auferstehung* (Hrsg. von R. PESCH und H.A. ZWERGEL), Freiburg 1974, 9-34; 125-131.

[46] Vgl. die detaillierte Auflistung der Einzelangaben in den paulinischen Briefen: ebd. 29.

[47] M. HENGEL, *Zur urchristlichen Geschichtsschreibung*, Stuttgart 1979 (*künftig zitiert: Hengel, Geschichtsschreibung)*, 42ff.; GERHARDSSON 25-31.

dung der synoptischen Traditionsgesetzlichkeiten hat Bultmann nicht daran gehindert, die jeweilige Priorität bald diesem, bald jenem Synoptiker zuzuerkennen, bis das Bild sich bestätigt hatte, daß der Traditionsweg von der *abstrakteren* hin zur *konkreteren* Fassung, also von *Pauschalangaben* hinsichtlich des Volkes, der Jünger, der Widersacher Jesu, hin zu *detaillierteren* Bezeichnungen von Gruppen und einzelnen Personen führt[48]. Die dem Mk-Ev zugesprochene Priorität schloß nicht aus, daß die verschiedentlich gerade hier zu beobachtende größere Detailtreue gegenüber vergleichbaren synoptischen Rahmungen dennoch nachträglich sein könnte, da nach der gemeinsamen Voraussetzung der Formgeschichtler die Evangelisten eben nur Sammler und Redaktoren waren. Deshalb bot auch die Priorität des Markus als "Sammler" keinerlei Garantie für einen urtümlichen Zustand des von ihm aufgefundenen Materials bzw. der angeblich nach rein äußerlichen Gesichtspunkten redigierten Rahmungen von Perikopen.

5. Die skizzierten Hypothesen (Evangelienform als *Sammlung*; Verlust und *mangelndes Interesse an wirklichen Jesuserinnerungen*; Konkretisierungen im Dienste *nachträglicher Historisierung*) hatten den Charakter von Dogmen angenommen, so daß auch die offenkundige höchste Urtümlichkeit des Mk-Ev nach Komposition und Einzelberichten (von den Q zugeschriebenen Logien bei Mt und Lk abgesehen) keinen Gedanken an einen kurzen und *konzentrierten Überlieferungsprozeß* schon der *mündlich* zu Mk gelangten Tradition bis hin zu deren *früher schriftlicher Gestaltung* aufkommen ließ. Insbesondere bewirkten die schon von Baur konzipierten hegelianischen Grundgegensätze "judenchristlich - heidenchristlich" und der weitere Grundgegensatz: der reinen christlichen *Idee* gemäß (bzw. bei Bultmannn: dem wahren *Kerygma* entsprechend); und: *historisierend, legendär* und *mythologisch*, daß jeder Konzeption einer frühen, komplexen und zuverlässigen Evangelientradition der Boden entzogen wurde.

Das größte Hindernis aber war der *rationalistische Grundansatz* der historischen Bibelkritik in der zusätzlich von E. Troeltsch systematisierten "historisch-kritischen Methode", der übernatürliche Offenbarung, Wunder und Weissagungen Jesu auschloß und die Evangelien als deren Zeugnisse zu Produkten der Dekadenz und des Mißverstehens der ursprünglichen Form des Kerygmas degradierte. Der lange Prozeß, der für

[48] Vgl. zum willkürlichen Vorgehen Bultmanns hierbei: BLANK 98-108.

ein solches literarisches Genus vorauszusetzen sei - so schien es -, könne erst jenseits des Jahres 70 (und für Mt und Mk noch viel später) zum Ergebnis eines Evangeliums geführt haben, zumal die Weissagungen über den Untergang Jerusalems, die die synoptischen Evangelien Jesus in den Mund legen, nur als vaticinia ex eventu erklärbar seien[49] und ihre Formulierung also die Vorgänge des Jahres 70 bereits als Vergangenheit voraussetze.

49 Vgl. zur Widerlegung der ursprünglich rationalistisch bedingten These unten, IV b 3-4, sowie die in IV, Anm. 17, angezeigten Ausführungen zu den einzelnen Evangelien.

III. Der Einspruch des Lehramtes: die Evangelien-Instruktion der Päpstlichen Bibelkommission

1. Die Instructio "De historica Evangeliorum veritate" vom 21.4.1964[1] gilt vielen katholischen Exegeten heute als Entscheidung zugunsten einer offiziellen Rezeption "der historisch-kritischen Methode" und speziell der "formgeschichtlichen Methode" der Evangelieninterpretation. - Diese Meinung findet im Text der Instruktion *keine* Bestätigung und bedarf einer nachhaltigen *Korrektur*. Die Instruktion spricht erst nach Würdigung der Schriftauslegung der *Kirchenväter* und der *Kirchenlehrer* vom beachtenswerten Nutzen auch umsichtig angewandter *neuerer* Hilfsmittel der Exegese und nennt im Zusammenhang dieser "die historische Methode im *allgemeinen Sinne des Wortes*" (IV)[2]. Der Ausdruck "historisch-kritische" Methode wird mit deutlicher Absicht vermieden.

Gefordert wird allerdings die Beachtung der *literarischen Gattung*, und zwar unter Bezugnahme auf die Bibelenzyklika "Divino afflante Spiritu" Pius' XII. Und wäre die "formgeschichtliche Methode" eine methodenreine *Gattungsgeschichte*, so könnte man ihre Empfehlung aus dem betreffenden Abschnitt folgern. Da sie dies nicht ist, erwähnt auch die Instructio diese Methode nicht im Zusammenhang der literarischen Gattungen, sondern im folgenden Abschnitt. Dort wird in einer sehr kurzen Bemerkung den Exegeten anheimgestellt, das, "was an Richtigem in der formgeschichtlichen Methode enthalten ist", als "Mittel zu einem volleren Verständnis der Evangelien zu nutzen" (V). Gleich darauf aber weist die Instructio in differenzierter Aufzählung auf die

---

[1] Denzinger 3999-3999e. Wir zitieren den deutschen Text nach der Ausgabe von J.A. FITZMYER, *Die Wahrheit der Evangelien. Die "Instructio de historica Evangeliorum veritate" der Päpstlichen Bibelkommission vom 21.4.1964. Einführung, Kommentar, Text, Übersetzung und Bibliographie,* Stuttgart 1965, und bringen die Belege in unserem Text gemäß den Abschnitten (I-XVIII) dieser Ausgabe, bei lat. Zitaten gemäß der Einteilung der *offiziellen* Ausgabe (n. 1-5).

[2] Der lateinische Text lautet: ("Exegeta catholicus... nova exegeseos adiumenta sollerter adhibebit, praesertim) ea, quae historica methodus universim considerata offert", er spricht also von umsichtig angewandten Hilfsmitteln, die "die im allgemeinen bedachte historische Methode beibringt".

"rationalistischen Vorentscheidungen", sowie die Mängel der historischen Grundlegung der Methode hin[3].

Tatsächlich ist die Methode, entgegen ihren Anleihen bei H. Gunkel und ihrem eigenen Anspruch, keine wirkliche Gattungsgeschichte und entfernte sich in ihrer historischen Entwicklung immer mehr von einer solchen. Gattungsgeschichtlich war zunächst die Zuordnung von Paradigmen und paränetischer Predigt bei Dibelius konzipiert; doch läßt sich diese Zuordnung - wie gezeigt - nicht halten und sie wurde von Dibelius selbst durch die "folkloristische" These von der *kollektiven* Gestaltung "kleiner Einheiten" und die freie Erfindung der Gattungen selbst entwertet.

Bei Bultmann traten dann vor allem vage "Gemeindebedürfnisse" an die Stelle eines definierbaren "Sitzes im Leben". Und seine Verhältnisbestimmung von Evangelienbildung und Christuskult blieb (abgesehen von Hinweisen auf die kultische Bezogenheit der Passionsgeschichte) viel zu pauschal im Bann der allgemeinen Religionsgeschichte, ohne die zur Zeit der 2. Auflage seines Werkes längst hochentwickelten Forschungen zur urkirchlichen und frühchristlichen Liturgiegeschichte zu nutzen, die durch klangvolle Namen wie H. Lietzmann, A. Baumstark und F.J. Dölger gekennzeichnet ist.

Gewiß bedeutete die Instructio eine erfreuliche Öffnung für eine *differenziertere* Sichtweise der exegetischen Forschung, zumal wenn man sie mit dem letztergangenen Monitum des Sacrum Officium vom Juni 1961[4] vergleicht, das noch einmal eine einflächige, nur am Genus histo-

---

[3] Die Ausführungen der Instructio, n. 1, 2. Absatz (FITZMYER 41) über die "formgeschichtliche Methode" lauten: "Denn oft sind mit dieser Methode unzulässige philosophische und theologische Prinzipien verbunden, die den Wert der Methode selbst wie auch der durch sie im literarischen Bereich gewonnenen Ergebnisse nicht selten stark herabsetzen. Manche Vertreter dieser Methode lehnen aus rationalistischen Vorentscheidungen heraus die Existenz einer übernatürlichen Ordnung, das durch Offenbarung im strengen Sinn geschehene Eingreifen des persönlichen Gottes in der Welt sowie die Möglichkeit und Tatsächlichkeit von Wundern und Weissagungen ab. Andere gehen von einem falschen Glaubensbegriff aus, nach welchem dem Glauben an historischer Wahrheit nichts liege, er sogar mit ihr unvereinbar sei. Andere leugnen a priori die historische Echtheit und Zuverlässigkeit der Offenbarungsurkunden. Andere schätzen die Autorität der Apostel als Zeugen Christi, ihr Amt und ihren Einfluß in der Urgemeinde gering ein und übertreiben zugleich die schöpferische Kraft der Urgemeinde. Das alles widerspricht der katholischen Lehre, entbehrt überdies aber auch der wissenschaftlichen Grundlage und hat mit den richtigen Prinzipien der historischen Methode nichts zu tun."

[4] FITZMYER 13f.

rischer Berichterstattung orientierte Evangelieninterpretation eingeschärft hatte.

2. Es galt nun das Wort von den "drei Überlieferungsphasen" (VI), in deren *mehrdimensionaler* Perspektive das vom Leben Jesu Berichtete im Lichte *österlichen* Glaubens zu sehen und, wiederum differenziert, nach den vom Heiligen Geist bewirkten dynamischen Umsetzungsprozessen des Glaubens im Leben der *apostolischen Gemeinden*, zu interpretieren sei.

Es trifft andererseits aber keineswegs zu, daß diese Sicht gerade der *Formgeschichte* und *ihrem* Fragen nach dem "Sitz im Leben" zu verdanken sei. Denn die repräsentativsten Formgeschichtler schlossen ausdrücklich die Rede von einem ersten "Sitz im Leben" im Zusammenhang des *Wirkens Jesu* aus[5] und sahen einen solchen nur im anonymkreativen Gemeindeleben. Erst später, unter dem Einfluß der Redaktionsgeschichte, kam es zur Rede von einem *zweiten* "Sitz im Leben", aus dem sich erklären sollte, wie nun als Exponenten einer neuen Kreativität im Gemeindeleben einzelne *individuelle* (wenngleich angeblich wiederum namenlos bleibende) *Verfasser* höchst eigenwillige Kompositionsentwürfe für Evangelienstoffe aus dem Geist ihrer Zeit hervorbrachten. Die Berücksichtigung der *drei Überlieferungsphasen* erscheint in der Instructio nicht als Anleihe bei der *Formgeschichte*, sondern als Konsequenz der Tatsache, daß die *biblischen Schriftsteller* die Christusbotschaft der *apostolischen Augenzeugen und Verkündiger* unverfälscht wiedergeben, wobei freilich auch spürbar wird, wie sie als profilierte und am Aufbau der Gemeinden beteiligte Persönlichkeiten der *kirchlichen Situation* ihrer Zeit entsprechend ihre Aufgabe erfüllen (IX-X).

---

[5] Demgegenüber wies H. SCHÜRMANN (*Die vorösterlichen Anfänge der Logientradition. Versuch eines formgeschichtlichen Zugangs zum Leben Jesu,* in: H. RISTOW - K. MATTHIAE, *Der historische Jesus und der kerygmatische Christus,* Berlin 1960, 342-370) nach, daß die *gattungsmäßigen* Kriterien der Formgeschichte sehr wohl die Anfänge der Logientradition im Leben *Jesu* zu sehen erlauben und daß das "soziologische Phänomen" des vorösterlichen Jüngerkreises dann auch von einem *gemeinschaftsbezogenen "Sitz im Leben"* sprechen lasse - Allerdings überrascht es angesichts der grundsätzlichen Kritik, die schon 1957 *H. Riesenfeld* auf dem Exegetenkongreß in Oxford am Dogmatismus der "Formgeschichte" geübt hatte und angesichts des Schulzwanges, der von den Protagonisten des Systems ausging, daß *Schürmann* und andere katholische Exegeten sich in ihren Beiträgen überhaupt als Formgeschichtler ausweisen wollten.

So wie es die reine Formgeschichte nicht erlaubt, von einem Sitz "im Leben Jesu" oder "im Leben Jesu und seiner Jüngerschaft" zu sprechen, so bedeutet es ein Verkennen der spezifischen Voraussetzungen der Formgeschichte, wenn man in ihrem Sinne von einem Sitz *"im Leben der Kirche"* sprechen wollte. Denn die Gemeinde, aus der fingierte Jesuserinnerungen anonym-kollektivistisch hervorgebracht wurden, um später den Weg in wiederum anonyme *Sammlungen* eines solchen Traditionsgutes, "Evangelium" genannt, zu finden, hat mit der Kirche, die "auferbaut ist auf dem Fundament der Apostel und Propheten", und erst recht mit den Gemeinden paulinischer Gründung, wie sie in den authentischen Paulusbriefen vorausgesetzt werden, und schon gar mit jener Kirche und Mission, wie die Apg sie schildert und wie sie aus der Verkündigung apostolischer Augenzeugen hervorgegangen ist, wenig zu tun.

So ist denn auch die "formgeschichtliche Methode" in ihren zentrale Voraussetzungen getroffen, wenn die Instructio erklärt (V): "Andere schätzen die Autorität der Apostel als Zeugen Christi, ihr Amt und ihren Einfluß in der Urgemeinde gering ein und übertreiben zugleich die schöpferische Kraft der Urgemeinde". Hinsichtlich dieses Mangels und der unmittelbar davor aufgelisteten Irrtümer heißt es: "Das alles widerspricht der katholischen Lehre, entbehrt überdies auch der wissenschaftlichen Grundlage und hat mit den richtigen Prinzipien der historischen Methode nichts zu tun".

Die Instructio nennt die mangelnde Beachtung der apostolischen Struktur der Evangelientradition am Schluß der Aufzählung "rationalistischer Vorentscheidungen" und wissenschaftlicher Irrtümer, um dann gewissermaßen von der "Apostolizität" als einer Schlüsselfrage her ihre *positiven* Darlegungen zu strukturieren (VI-X).

Diese werden den drei Traditionsphasen entsprechend in einem Dreischritt absolviert, dessen Stichworte sind: 1. Christus der Herr und die von ihm erwählten Jünger als die *Zeugen seines Lebens und seiner Lehre von Anfang an*; 2. die Apostel und ihre Verkündigung, zu der das getreuliche Zeugnis über *Leben* und *Werk* des Herrn gehört; 3. die biblischen Schriftsteller, die aus der *apostolischen Verkündigung schöpfen.*

3. Weit von allen Grundsätzen katholischer Theologie und katholischen Glaubensverständnisses entfernen sich jene Positionen, die von der Instructio schon *vorgängig* zur zitierten Anmahnung des Bezuges der

Evangelien zur Botschaft und zum gemeindlichen Einfluß der Apostel folgendermaßen umschrieben werden (V):

> "Manche Vertreter dieser Methode lehnen aus rationalistischen Vorentscheidungen heraus die Existenz einer übernatürlichen Ordnung, das durch Offenbarung im strengen Sinn geschehene Eingreifen des persönlichen Gottes in der Welt sowie die Möglichkeit und Tatsächlichkeit von Wundern und Weissagungen ab. Andere gehen von einem falschen Glaubensbegriff aus, nach welchem dem Glauben an historischer Wahrheit nichts liege, er sogar mit ihr unvereinbar sei. Andere leugnen a priori die historische Echtheit und Zuverlässigkeit der Offenbarungsurkunden."

Wenn die Instructio von "manchen" und von "anderen" spricht, die solche Irrtümer vertreten, so bedeutet dies freilich keinen Hinweis auf wenige *Ausnahmefälle* unter den repräsentativen Formgeschichtlern. Vom Charakter eines kirchlichen Dekrets her, dessen Verurteilungen stets *restriktiv* zu interpretieren sind (also nur den Personenkreis treffend, der dem Urteil keineswegs entgehen kann, und unter Beschränkung des Urteils auf den nicht mehr zu leugnenden Wesenskern der Aussage) ist es selbstverständlich, daß die Instructio sich auf keine Diskussion darüber einläßt, ob zu den von den Urteilen betroffenen Exegeten "die meisten", oder "viele" oder "nicht so viele" Vertreter der Formgeschichte gehören. Zweifellos geht es nicht etwa um einzelne negative *Zufälligkeiten* und seltene *Auswüchse* innerhalb der Methode, sondern um die *Wesenszüge* der Formgeschichte, insofern diese eine *Entstehungstheorie* der Evangelientradition ist und sein will. Es geht nicht um längst überwundene Kinderkrankheiten, sondern um *Geburtsfehler* der Methode.

Die Geschichte der neuzeitlichen Bibelkritik zeigt, daß die Ablehnung der Möglichkeit und Tatsächlichkeit von Wundern und Weissagungen zu den Angelpunkten jener *deistischen Weltanschauung* gehörte, aus deren Logik heraus J.S. Semler und J.D. Michaelis die kritische Bibelwissenschaft und die Einleitungswissenschaft begründeten[6]. Für D.F. Strauß und F.Chr. Baur war es eine Selbstverständlichkeit, daß ein Jesus, der Wunder tat und weissagte, nur das Gebilde eines dekadenten Mythos sein könne. Und das Ausmaß an Dekadenz führt Baur

---

[6] Vgl. KÜMMEL, *Erforschung* 73-81 (zu Semler); 81-87 (zu Michaelis, dem "Begründer der neutestamentlichen Einleitungswissenschaft": 82).

zu späten Zeitansätzen[7], wobei das Jahr 70 ohnehin als absoluter "terminus ante quem non" aller Evangelienentstehung zu figurieren hatte, da Weissagungen Jesu über den Untergang Jerusalems erst "post eventum" entstanden sein konnten. Der sekundäre und späte Charakter der Wunderberichte gehört in den großen Programmentwürfen der Formgeschichte zu den stabilsten Kriterien überhaupt. Es bedurfte nicht erst Bultmanns unerbittlicher Klarstellung, daß niemand, der sich an das Weltbild der neuzeitlichen Physik halte und technische Errungenschaften wie Elektrizität nutze, zugleich noch an übernatürliche Wunder glauben könne[8], um das *weltanschauliche Grundgesetz der historischen Bibelkritik* auch als *Prinzip der formgeschichtlichen Theorie der Evangelienentstehung wieder*zuerkennen.

4. Die optimistische Meinung katholischer Exegeten, trotz des gewachsenen Systems der Formgeschichte, bei Anerkennung ihrer methodischen Spielregeln dennoch von den *weltanschaulichen Implikationen* absehen zu können, erwies sich seit 1964 zunehmend als Illusion. Denn jenes Bild eines Jesus, der entgegen dem Zeugnis der Evangelien seinen Tod weder voherzusehen noch zu deuten vermochte[9], der sich weder als "Messias" noch als "Menschensohn"[10] sah und der an keine künftige

---

[7] Schriften, die den für das Urchristentum angeblich charakteristischen "petrinisch-paulinischen Grundgegensatz" besonders wenig widerspiegeln wie Apg und Pastoralbriefe gehören nach Baur weit ins 2. Jahrhundert hinein, ebenso das Joh-Ev. - Nachdem diese Zeitansätze paläographisch widerlegt sind (so durch den um 125 geschriebenen und in Agypten aufgefundenen Papyrus P 52 des Joh-Ev: siehe unten, IX, Anm.173) und die Jahrhundertwende für das Joh-Ev und die Apg nicht mehr überschritten werden kann, preßt die heutige Einleitungswissenschaft Apg und Past und viele andere neutestamentliche Schriften in die 90er Jahre, so daß laut Robinson diese Zeit als der "große Abladeplatz" für nicht sachgemäß eingeordnete neutestamentliche Literatur erscheint.

[8] Diesbezüglich besonders aufschlußreich: R. BULTMANN, *Jesus Christus und die Mythologie: Glauben und Verstehen. Ges. Aufs. IV*, Tübingen 1965, 141-189.

[9] Vgl. zur Widerlegung solcher Positionen auch innerhalb der katholischen Exegese und sogar der katholischen Fundamentaltheologie, die sich von Bultmann dekretieren ließen, "daß wir nicht wissen können, wie Jesus sein Ende, seinen Tod verstanden hat" und seine These übernahmen: "Ob oder wie Jesus in ihm einen Sinn gefunden hat, können wir nicht wissen" (Abh. d. Heidelberger Akad. d. Wiss., H. 3, 1960): R. PESCH, *Das Abendmahl und Jesu Todesverständnis* (QuaestDisp 80), Freiburg 1978 (*künftig zitiert:* PESCH, *Abendmahl*). Zur deprimierenden diesbezüglichen Diskussion unter katholischen Exegeten in den 60er Jahren: ebd. 13-16 u.ö.

[10] Daß solche Positionen die Geschichte des Urchristentums unverständlich machen und Unfähigkeit zu historischem Denken beweisen, zeigt M. HENGEL, *Die Ur-*

Jüngergemeinde denken konnte, ist nicht das Resultat einer sachgemäßen Evangelieninterpretation, noch das einer geschichtswissenschaftlichen Betrachtungsweise, sondern die Selbstbestätigung der (als Voraussetzung bisweilen nicht mehr wahrgenommenen) *weltanschaulichen* Implikationen der Formgeschichte. Mit Recht spricht die Instructio bei den von ihr aufgelisteten Positionen nicht nur von "Widersprüchen zur katholischen Lehre", sondern auch von falschen bzw. fehlenden wissenschaftlichen Grundlagen.

Tatsächlich hat das geschlossene Weltbild der mechanischen Physik, das für Bultmann noch in den 50er Jahren als unantastbar galt, schon seit den 20er Jahren seine Universalverbindlichkeit verloren. Und die moderne Geschichtswissenschaft betrachtet es als Grenzüberschreitung, hinsichtlich *empirischer* Dimensionen von historischen Phänomenen philosophische bzw. weltanschauliche Unmöglichkeitsurteile abzugeben[11].

Gegenüber einem nach den Gesetzen der mechanischen Physik gedeuteten Universum und einem rein säkularen Geschichtsablauf schien sich der Glaube nur *dialektisch* als ent-leiblichter und geschichtsloser verstehen zu können. Seine "Geschichtlichkeit" und "Bedeutsamkeit" war demgemäß nur im Bezug auf die (*außerhalb* der horizontalen und vertikalen Gemeinschaft von Kirche angesiedelte) *subjektive Individualität* auszusagen. Ein solcher "in die Luft gestellter" Glaube[12] neigt dazu, *offenbarungs-* und *geschichtsbezogenen kirchlichen Glauben* als Selbstversicherung im Sinne historischer Verifikation zu diffamieren. Doch *historische* Wahrheit und *kerygmatische* Wahrheit sind nicht gegeneinander ausgrenzbar[13]. Mit Recht diagnostiziert die Instructio, offenbar im Blick auf die existentiale Exegese Bultmanns, in der konkret gewachsenen Formgeschichte einen "falschen Glaubensbegriff",

---

sprünge der christlichen Mission: NewTestStud 18 (1971/72) 15-38; 34-36. - Vgl. zur geschichtswissenschaftlich transparenten Darstellung des Lebens Jesu in den Evangelien: P. STUHLMACHER, *Jesus von Nazareth - Christus des Glaubens*, Stuttgart 1988; speziell zu den eschatologischen "Menschensohn"-Aussagen Jesu: unten, V, Anm. 21 und 42.

[11] Vgl. oben, Einf., Anm. 24, bes. STAUDINGER (II. Hauptteil: Beispiele für Möglichkeiten und Grenzen historischer Aussagen) 54-106.

[12] So R. BULTMANN, *Zum Problem der Entmythologisierung*, in: Kerygma und Mythos II, hrsg. v. H.W. Bartsch, Hamburg 1960, 179-208; 207.

[13] Vgl. die Gegenposition von W. PANNENBERG, der den *geschichtlichen* Charakter der Offenbarung und des Glaubens stark betont (siehe oben, Einf., Anm. 16; sowie II, Anm. 39).

"nach welchem dem Glauben an der historischen Wahrheit nichts liege, er sogar mit ihr unvereinbar sei"[14].

Katholische Evangelieninterpretation sollte erkennen, daß es bei der Aussage der Instructio über den "Glaubensbegriff" nicht um Subtilitäten etwa der Spezialtraktate "Analysis fidei" und "De virtutibus infusis" geht, sondern um ein fundamental gemeinsames jüdisch-christliches Offenbarungs- und Glaubensverständnis, außerhalb dessen das Christentum zu einer dialektischen Gnosis gerät und die Kirche die Erkenntnis- und Lebensgrundlagen ihrer Existenz verliert.

5. Der Satz der Instructio "Andere leugnen a priori die historische Echtheit und Zuverlässigkeit der Offenbarungsurkunden" ließe sich als bloße Konsequenz aus den beiden vorausgehenden (bereits ebenfalls zitierten) Sätzen verstehen. Doch in der konkreten Haltung zu den *Evangelien als Offenbarungsurkunden* kommt es zum Schwur, was an weltanschaulichen Implikationen den formgeschichtlichen Programmen innewohnt. Die *grundlegende Skepsis* gegenüber der historischen Echtheit und Zuverlässigkeit steht am Ausgangspunkt der Formgeschichte. Denn da es seit Reimarus, Strauß und Baur hoffnungslos erschien, die Evangelien als ernstzunehmende historische Zeugnisse zu betrachten (was sie zumindest *auch* sind) und ihre geschichtlichen Inhalte auf der Linie ihrer direkten Bezeugung (in der Sprache der Bibelkritik: ihrer "tendenziösen" Zielrichtung) zu orten, versuchten die Formgeschichtler, über die Kriterien der Wachstumsgesetze von "kleinen Formen" an die spärlichen Spuren des wirklich historischen Berichtsmaterials heranzukommen, was hauptsächlich über die Urelemente Passionsgeschichte (in Rudimenten) und Paradigmen bzw. Apophthegmata gelingen sollte. Man ging nicht von der Echtheit und der Zuverlässigkeit der Evangelien aus, welche Zuverlässigkeit (über die sogenannte "kerygmatische Wahrheit" hinaus) auch auf die Zeugnisse vom irdischen Leben Jesu zu beziehen wäre, sondern entwickelte das *"Kriterium der doppelten Unähnlichkeit"*, um über die historische Wahrheit der Evangelien *gegen deren Zeugnisstruktur* lediglich aufgrund von *Indizien*, zugunsten von eventuell vorhandenen historisch zutreffenden Berichtselementen zu befinden.

Der prominenteste Bultmann-Schüler und tonangebende Formgeschichtler der Nach-Bultmann-Ära formuliert dies so: "Aufgrund der

---

[14] Vgl. den oben in Anm. 3 zitierten Text der *Instructio*.

formgeschichtlichen Arbeit hat sich unsere Fragestellung derart zugespitzt und erweitert, daß wir nicht mehr die etwaige Unechtheit, sondern gerade umgekehrt die Echtheit des Einzelgutes zu prüfen und glaubhaft zu machen haben. Nicht das Recht der Kritik, sondern deren Grenze ist heute zu beweisen'[15]. Dementsprechend kann als historisch nur *das* in den Evangelien als erhärtet gelten. was sich *weder* aus der christlichen Glaubenstendenz der Evangelien, *noch* aus Reflexen der jüdischen Umwelt erklären läßt[16]. - Dabei war *Käsemann*, anders als sein Lehrer *Bultmann*, durchaus daran interessiert, daß das "Evangelium an den gebunden (ist), der sich vor und nach Ostern den Seinigen als Herr offenbarte, indem er sie vor den nahen Gott und damit in die Freiheit und Verantwortung des Glaubens stellte"[17].

6. Doch der Grundsatz der *historischen Skepsis gegenüber den Evangelien* erwies sich inzwischen konkret nicht nur als Reduktion der Offenbarung in ihrem geschichtsmächtigen Charakter, sondern auch als philosophisch, anthropologisch und geschichtswissenschaftlich verfehlt. Es ist bezeichnend, daß der bedeutendste Schüler Käsemanns, *P. Stuhlmacher*, angeregt durch die philosophische Hermeneutik von *G. Gadamer*, eine *Wende in der evangelischen Hermeneutik* gefordert und selbst umrissen hat, in der das Prinzip der Skepsis durch das einer "Hermeneutik des Einverständnisses mit den biblischen Texten"[18] abgelöst wird. Dies entspricht dem auch anthropologisch und philosophisch geforderten *Vertrauensvorschuß*, ohne den ein Mensch sich weder mit

---

[15] E. KÄSEMANN, *Das Problem des historischen Jesus,* in: DERS., *Exegetische Versuche und Besinnungen I*, Tübingen 1960, 187-214; 203.

[16] Das Kriterium der "doppelten Unähnlichkeit" (inauguriert schon durch BULTMANN in seiner "Geschichte der synoptischen Tradition", 222; 108f.; 133) wurde von KÄSEMANN zum Echtheitskriterium schlechthin erhoben und so formuliert: "Einigermaßen sicheren Boden haben wir nur in einem einzigen Fall unter den Füßen, wenn nämlich Tradition aus irgendwelchen Gründen weder aus dem Judentum abgeleitet noch dem Urchristentum zugeschrieben werden kann.. " (a.a.O., 205). - Zur Kritik dieses Prinzips vgl. z.B. R. RIESNER (siehe unten, IV, Anm. 29) 89.

[17] A.a.O. 213. - Vgl. STUHLMACHER, *Evangelien* 4. Die Zugänglichkeit der historischen Dimensionen des Lebens Jesu, an deren Erkenntnis Käsemann grundsätzlich gegenüber Bultmann festhalten wollte, aber sie nur bruchstückweise in den Blick bekam, wird in diesem Band unter Aufgreifen der Fragestellung Käsemanns durch eine *breit angelegte Kritik an den Thesen der Formgeschichte* ins Licht gestellt.

[18] Vgl. STUHLMACHER, *Hermeneutik* § 14 (222-256).

seiner Welt, die ihn umgibt, auseinandersetzen, noch seine geschichtliche und soziale Integration finden kann.

Eine Geschichtsverifikation nach dem "Prinzip der doppelten Unähnlichkeit", das den biblischen Autor und den von ihm geschilderten Geschichtsablauf gewissermaßen in die Rolle eines Angeklagten versetzt, der seine Wahrhaftigkeit und seine "Unschuld" zu beweisen hat, während eine Präsumptio für das Gegenteil aufgestellt wird, verstößt auch gegen die grundsätzliche Methodik der *Geschichtswissenschaft*, die historischen Zeugnissen, auch wenn sie singulär sind, zunächst einmal Vertrauen schenkt und sich aprioristischer weltanschaulicher Unmöglichkeitsurteile gerade bei Phänomenen von Heilungen, Prophezeiungen u. dgl. in Geschichtsberichten der Antike enthält[19].

Eine Hermeneutik biblischer Zeugnisse nach dem "Prinzip der doppelten Unähnlichkeit" geht am Verständnis des Lebens Jesu und des Urchristentums, wie es sich aus der unauflöslichen Verbindung von *Eigenart* und *zeitgeschichtlicher Eingebundenheit* ergibt, völlig vorbei, da auf diese Weise echt Jesuanisches sowohl *entgegen* der Herkunft des Heils "aus den Juden" (Joh 4,22) als auch *entgegen* "urkirchlicher Tendenz" konzipiert und also als in *doppelter Diskontinuität* stehend vorausgesetzt wird.

7. Wie sehr sich eine solche historische Skepsis und die Vivisektion des lebendigen biblischen Zeugnisses von allen ganzheitlich ausgerichteten philosophischen und anthropologischen hermeneutischen Gesetzlichkeiten und den entsprechenden Bedürfnissen des Schriftverständnisses entfernt haben, läßt als beachtenswertes Symptom der Massenerfolg der tiefenpsychologischen Deutungsmethode von *E. Drewermann* erkennen, der von den archetypischen Bildern der Schrift ausgeht und der "historisch-kritischen Methode" und ihrer oft destruktiven Anwendung den Kampf angesagt hat.

Mit Recht prangert Drewermann die tief *areligiöse* Vorgehensweise an, mit der sich die historisch-kritische Methode und speziell die Formgeschichte der Evangelien darauf konzentriert, die *historischen Sondersituationen* und den jeweils singulären *soziologischen Gruppenbezug* für die Entstehung jener "kleinen Einheiten" zu analysieren, in denen das Jesusbild der Evangelien angeblich *zum Zweck religiöser Propaganda* in einer heidnischen Umwelt literarisch geformt wurde.

---

[19] Vgl. STAUDINGER 54-106; 74.

In geradezu prophetischer Eindringlichkeit spricht Drewermann von der "demonstrativ-monströsen Unbeteiligtheit der Schriftauslegung historisch-kritischer Provenienz", die "außerstande ist, auch nur die psychologischen, geschweige denn die religiösen Wahrheiten der Bibel zu erfassen"[20].

Andererseits ist Drewermann selbst (durch seine theologischen Lehrer?) zum erstaunlich leichtgläubigen *Opfer* der Formgeschichte in allen *historisch bezogenen* Fragen der Person und des Heilswerkes Christi und der biblischen Offenbarung geworden. Immer wieder betont er, daß die Formgeschichte unrevidierbar gezeigt habe[21], daß *nicht* auf dem Weg *geschichtlicher* Kontinuität (sei sie geschichtswissenschaftlich nachvollziehbar oder streng theologisch-heilsgeschichtlich konzipiert) das für jeden Menschen bedeutsame Handeln Jesu, wie es z.B. die Wundererzählungen der Evangelien zur Darstellung bringen, angemessen erkannt und universal partizipiert werden könne. Dem christologischen Dogma, das mittels der Einzigartigkeit und Universalität der Sendung und Gottessohnschaft Jesu die Gleichzeitigkeit mit den Menschen aller Epochen herzustellen suche, sei durch die historisch-kritische Methode und die Unumkehrbarkeit des Weltbildes der modernen Physik, das sich in ihr ausspricht, der historische Boden entzogen.

---

[20] E. DREWERMANN, *Tiefenpsychologie und Exegese*, 2 Bände, Olten-Freiburg 1984-1985, I, 27. - Noch deutlicher trifft Drewermann den neuralgischen Punkt, wenn er sagt: "Die Bibelexegese, das wagen wir nach dem Gesagten unumwunden zu behaupten, ist als historisch-kritische das Symptom der geistigen Krankheit des Christentums, wo nicht das wirksamste Instrument der gewollten oder ungewollten Selbstzerstörung desselben, und jeder, dem am Glauben des Christentums oder am Leben kommender Generationen auch nur das Geringste gelegen ist, kann nur von Herzen wünschen, daß die Überfremdung und Unnatur einer solchen rein 'historischen Wissenschaft' in Gestalt der Exegese möglichst bald selbst der Historie überantwortet wird" (ebd. 60).
Hinsichtlich der verbildenden Auswirkungen auf Studierende der Theologie stellt DREWERMANN fest: "Auf diese Weise werden Menschen, die Gläubige und Theologen sein möchten, unfehlbar zu Schriftgelehrten und Religionswissenschaftlern herangebildet, die im Status ihrer Vollendung eigentlich nur noch aus Traditionsgründen in der Theologie anwohnen und ehrlicherweise besser in der altorientalistischen oder gesellschaftswissenschaftlichen Abteilung untergebracht wären" (ebd. 25).

[21] So heißt es im bilanzierenden Schlußkapitel "Ergebnisse, Antworten und Fragen" (II, 760): "Die vorliegende Arbeit setzt... an jeder Stelle der Argumentation die Ergebnisse der historisch-kritischen Methode, vor allem der Formgeschichte, dankbar voraus...".

Allein die Universalität der archetypischen Strukturen der menschlichen Seele und der aus ihr hervorgehenden (und sie wiederum dem Weltganzen integrierenden) Bilder befähige den Menschen auch unserer Zeit dazu, jenes in den Evangelien traumhaft-symbolisch erzählte Handeln Jesu für sich selbst integrierend und heilend nachzuträumen und wirksam zu partizipieren[22].

Drewermann verwehrt sich allerdings gegen den Vorwurf, die Tiefenpsychologie zum Religionsersatz zu machen und gibt der Hoffnung Ausdruck, daß sich hinter den integrierenden Ansätzen des tiefenpsychologischen Weges eine neue Objektivität des Religiösen auftue, in der die vorerst noch neurotisch verzerrten Träume Kraft gewinnen, eine neue soziale Ordnung zu schaffen und dem Leben die notwendige Gestalthaftigkeit des "Ritus" zurückzugeben[23].

Es kann freilich nicht die Aufgabe dieses durch die Kritik der Formgeschichte bedingten Hinweises auf die im Streit um Drewermann offenkundig werdende *verfahrene exegetisch-hermeneutische Situation* innerhalb der katholischen Theologie sein, über Drewermanns tiefenpsychologisch-hermeneutischen Ansatz das definitive Verdikt einer anthropologischen Reduktion christlichen Glaubens auszusprechen, oder umgekehrt seinen Zugang als einen solchen zu werten, der offensichtlich die Tore zu einer vertieften Wiederentdeckung der genuinen Wirklichkeitsstruktur der christlichen Glaubenswelt aufstößt. Die Abhängigkeit der historischen Positionen Drewermanns von der klassi-

---

[22] Hinsichtlich der katechetisch-pastoralen *Vermittlung* des Jesusbildes der Evangelien hat *Drewermann* freilich darin Recht, daß die Ebene bildhaft-symbolischer Partizipation und Realisation nicht ohne seelischen Schaden von abstrakten Begrifflichkeiten übersprungen werden darf (was auch für die dogmatische Begrifflichkeit einer universalistischen Christologie gilt). Es würde aber eine metábasis eis to állo génos bedeuten, wollte man vom Ausfall einer *empirisch nachweisbar* psychologischen Wirkung eines nur begrifflich korrekten dogmatischen Christusglaubens auf dessen verfehlten Geltungsanspruch an sich schließen; und es brächte eine eklatante anthropologische Verkürzung des Wesens des christlichen Glaubens mit sich, würde man die universale Heilsmittlerschaft Christi nur als die des archetypisch geträumten Therapeuten Jesus sehen, der die integrierenden und heilenden Traumbilder der Seele zum Blühen bringt. - Was die Rolle der symbolhaften Vermittlung betrifft, so erfüllt die kirchliche Liturgie das Desiderat Drewermanns, indem sie die Schrift nicht als Instrument der Schriftgelehrsamkeit vermittelt, sondern das in der Schrift Bezeugte in aktualisiserende Symbolprozesse umsetzt.

[23] Ebd. II, 789f.

schen "Formgeschichte der Evangelien"[24] und die von Drewermann aufgewiesene Aporie des von der historisch-kritischen Schriftexegese allgemein beschrittenen Weges zeigt jedenfalls, daß man gerade Drewermann nicht zum Sündenbock für jene Enthistorisierung und Reduktion der Offenbarung machen sollte[25], die ihm aus der Formgeschichte und deren heroisierender Wertschätzung in der gegenwärtigen katholischen Exegese zugekommen ist und deren einseitige plattrationalistische Konsequenzen und zerstörerische Auswirkungen auf jedes religiös ehrfürchtige Hören des biblischen Wortes Drewermann gerade zu beheben versucht.

---

[24] Modellhaft erwies sich für Drewermann insbesondere die Formgeschichte in der Konzeption von *M. Dibelius*, wie schon die Bevorzugung der von Dibelius stammenden *Gattungsbezeichnungen* (Paradigma, Novelle, Legende usw.) zeigt. Die Attraktivität des gewissermaßen "vorhistorischen" Denkansatzes von Dibelius liegt für Drewermann offensichtlich in dessen *romantisch-folkloristischer* Theorie von der anonymen Gemeindeproduktion literarischer Einheiten. In solcher Abhängigkeit von Dibelius spricht DREWERMANN selbst von der "äußeren Realität" der im Evangelium bezeugten Taten Jesu, die "historisch als *Produkt religiöser Volksphantasie* erscheinen muß" (II, 761).

[25] Vgl. Drewermanns Bemerkung zum Gnosisverdacht gegenüber seinem Ansatz: "*Historisch*, so hat gerade die historisch-kritische Exegese gezeigt, sind die Glaubenssymbole des Christentums eben nicht begründbar und es erscheint nicht sehr gerecht, dieses Ergebnis der historischen Kritik, das wir als Faktum unseren Erörterungen zugrunde legen mußten, unserem Ansatz selbst zur Last zu legen, mit dessen Hilfe wir gerade einen Ausweg aus dem Dilemma der historischen Forschung für die Dogmatik aufzeigen wollen" (II, 770). - Wie sehr DREWERMANN sein Anliegen jedoch *unentwirrbar* mit den ideologischen Positionen der historisch-kritischen Methode verquickt, zeigt wiederum der folgende Satz (der im zweiten Teil allerdings das im ersten Teil Gesagte wieder einschränkt): "Denn sowenig auch die Jesusüberlieferung des Neuen Testaments mit dem historischen Jesus von Nazareth zu tun haben mag (sic!), so zeigt doch gerade die Tiefenpsychologie, daß sich die Symbole und Symbolerzählungen dieser Überlieferung niemals von innen her zu träumen und mitzuteilen vermocht hätten, ohne ein Feld des Vertrauens, wie es nur um das Zentrum einer historischen Person entstehen kann und konnte" (ebd.).

IV. Die Falsifizierung "formgeschichtlicher" Grundsätze: die Erkenntnisse der neueren Volkskunde und die Wiederentdeckung der jüdisch-christlichen Traditionsgesetzlichkeiten

Die Prinzipien der Formgeschichte wurden von Anfang an in der *evangelischen* Theologie keineswegs widerspruchslos hingenommen. Erinnert sei nur an O. Cullmann und an B. Reicke, der seinerzeit Nachfolger ausgerechnet auf dem Baseler Lehrstuhl von K.L. Schmidt wurde. Der Allmacht der Formgeschichte in den Zeiten Bultmanns und Käsemanns leistete dann - mit starker Resonanz in den englischsprachigen Ländern - insbesondere *H. Riesenfeld* in Uppsala Widerstand, in dessen Nachfolge *B. Gerhardsson* an Grundpfeilern der Formgeschichte rüttelte, indem er den Formgeschichtlern ihre Fehleinschätzung der *Traditionsgesetzlichkeiten* in der Geschichte des Judentums und des frühen Christentums nachwies. Mit seinen Erkenntnissen konvergierten in Skandinavien - und anderswo - auch die Ergebnisse der *neueren Volkskunde.*

Von der Falsifizierung entscheidender formgeschichtlicher Voraussetzungen durch die neuere Volkskunde ist im folgenden zu sprechen (a), vor allem aber von der Erhellung der frühesten christlichen Zeit- und Überlieferungsgeschichte durch die bahnbrechenden Arbeiten von M. Hengel, O. Betz, H. Gese, B. Gerhardsson und R. Riesner (b).

a) Die Widerlegung des rousseauistischen Vorurteils der Formgeschichte: Absage an anonyme Gemeindebildungen und Betonung der personalen Strukturen des Traditionsprozesses

1. Hatten die klassischen formgeschichtlichen Entwürfe gemeint, sich bei der Konzeption der anonym entstandenen "kleinen Einheiten" auf sichere Ergebnisse der Volkskunde seit Herder stützen zu können, so wurde im weiteren Verlauf des 20. Jahrhundetts gerade die *Volkskunde*

zur entscheidenden Instanz des *Widerspruchs* gegen die Formgeschichte. Sie wies nämlich nach, daß es keine anonym-kollektivistische Hervorbringung von Kleinliteratur geben kann, wie die Formgeschichtler es für die frühen christlichen Gemeinden voraussetzten. Annahmen solcher Art beruhen auf einem *rousseauistischen Vorurteil*, wie es auf die ältere Volkskunde eingewirkt hatte[1] und von der Märchenforschung der Gebrüder Grimm vermeintlich bestätigt worden war. Volksdichtung, Volkspoesie und Volkslied sind zwar in äußerer und innerer Nähe zum Leben des einfachen Volkes entstanden, jedoch nie kollektivistisch, sondern stets durch ausgeprägte individuelle Begabung. Die Gattungen von "Märchen", "Sage" und "Memorat" (Sage, die von *Augenzeugenerinnerung* ausgeht) sind genau zu unterscheiden und haben je eigene Entstehungsvoraussetzungen, Formprinzipien und Tradierungsgesetze[2]. Es war ein Kunstfehler Bultmanns, wenn er sich für synoptische Traditionsstoffe gelegentlich auf Kompositionsgesetze des dänischen Volkskundlers Olrik berief, die dieser für die *Märchenforschung* erarbeitet hatte. Es war aus heutiger Sicht ebenso ein Kunstfehler, wenn Bultmann sich auf den Begriff der *"Sage"* bei D.F. Strauß stützte und die christologische Tradition der frühen Gemeinden als Sagenbildung und -weitergabe von vorneherein *alternativ* zur geschichtlichen Erinnerung verstand, ohne auf spezifische Traditionsgesetzlichkeiten dieser Gattung und speziell auf das *"Memorat"* zu rekurrieren[3].

Insbesondere wurden auch die je spezifischen Gesetzlichkeiten des *Traditionsprozesses* für die genannten Gattungen von der neueren Volkskunde herausgearbeitet: Tradierung erfolgt niemals kollektivistisch. Sie bedarf eines aktiven *Traditionsträgers*, der ausgeprägte Gedächtnisfähigkeit hat und entsprechendes Ansehen besitzt[4], sowie einer passiven *Trägerschaft*, die ein besonderes Interesse an der Tradition hat, ein *kontinuierliches Traditionsmilieu* unterhält und durch *Gedächtniskontrolle* ihrerseits die inhaltlich unverfälschte und sprachlich konstante Wiedergabe des Traditionsgutes sichert[5].

---

[1] So mit durchschlagenden Argumenten GÜTTGEMANNS (129f. u.ö.); ähnlich BLANK (26f., 138f., 174f., 200f.).

[2] Vgl. TH. BOMAN, *Die Jesusüberlieferung im Licht der neueren Volkskunde*, Göttingen 1967 *(künftig zitiert: Boman)*, 17-25 u.ö.

[3] Zur Geschichtsbezogenheit der Gattung *"Sage"* insgesamt vgl. ebd. 22-25 u.ö.; speziell zum *"Memorat"* 55ff.

[4] Ebd. 11-15; 26; 32; 41ff.; 49.

[5] Ebd. 15f.; 33 u.ö.

Wenn im jüdischen Traditionsmilieu eine besondere Festigkeit der Überlieferungen erzielt werden konnte, für die *Halacha* sogar noch in frühchristlicher Zeit jahrhundertelang durch *rein mündliche Weitergabe*, so war dies einer besonders ausgeprägten Erfüllung der vorgenannten Bedingungen zu danken. Die Sicherung des Traditionsprozesses erfolgte zusätzlich noch durch ein allgemeines *Lehr- und Lernsystem*, das als ein Meister-Jünger-Verhältnis zu charakterisieren ist, in dem ein jeder in der jüdischen Religion erzogene Knabe zum Rabbi und zum rabbinischen Schulsystem stand, für das die wörtliche Einprägung auch umfangreicher Stoffe eine Selbstverständlichkeit war[6].

Für die Urgemeinde und die judenchristlichen Anteile der Missionskirchen waren solche Bedingungen auch für die *neue Gesetzesauslegung Jesu* in seinen Logien und Gleichnissen vorauszusetzen und ebenso für sein unvergleichliches Leben, Wirken, Leiden, Sterben und seine Auferweckung vorgegeben, deren spezifische Inhalte und deren Vermittlung *durch das Wirken der Apostel* an späterer Stelle als *Gestaltung der Evangelientradition* nachzuzeichnen sind. An dieser Stelle ist nur an die Traditionsbedingungen aus *volkskundlicher* Sicht zu erinnern, die im *aramäischen* Judenchristentum herrschten, die aber weitgehend auch das *griechischsprachige* Judenchristentum prägten. An dessen Traditionsbewußtsein fanden auch die Bekehrten aus dem *Heidentum* Anschluß, wobei das *hellenistische* Gemeindelement allerdings in stärkerer Weise der Unterstützung durch Schriftform bedurfte, was einen Zwang zu entsprechend früher *Schriftwerdung von Evangelientradition* schuf.

2. Wie die neuere Volkskunde deutlich herausstellt, hätte aus "kleinen Einheiten", wie die Formgeschichte sie gewissermaßen "naturnotwendig" (Dibelius) entstanden sah, ohne eine *übergreifende* vorgegebene Jesusüberlieferung und ohne ein personell durch starke aktive Traditionsträger *strukturiertes Milieu* niemals Evangelienbildung erfolgen

[6] Bezeichnend ist die Bemerkung des FLAVIUS JOSEPHUS (*c. Apion.* 2,18): "Wen von uns man nach den Gesetzen fragt, der würde sie leichter hersagen als den eigenen Namen; denn da wir sie vom Erwachen des Bewußtseins an erlernen, tragen wir sie in der Seele wie eingraviert. - Zum jüdischen und hellenistischen Lehr- und Lernsystem: RIESNER (siehe unten, Anm. 29) und besonders GERHARDSSON (siehe Anm. 28; 30) Zum Meister-Jünger-Verhältnis in der rabbinischen Unterweisung vgl. B. GERHARDSSON, *Die Anfänge der Evangelientradition,* Wuppertal 1977 *(künftig zitiert: Gerhardsson)* 15ff.

können. Für die volkskundlichen Gattungen "Sage" und "Memorat" gilt gemeinsam, daß kleine Erzählungseinheiten nicht einzeln, sondern nur im größeren Zusammenhang tradierbar sind[7]. Das feste Interesse an der Überlieferungskonstanz der Worte und Taten wird stets von der konkreten "Heldengestalt" und ihrem Werk bestimmt. Die Formgeschichtler verkannten bei ihrem Grundsatz, von "kleinen Einheiten" in der Evangelienkomposition auf deren reine Form und isolierte Tradierung in einer sehr viel früheren Überlieferungsphase zurückzuschließen, die Aporie, daß von *integrierten* "kleinen Einheiten" *dem Traditionsprozeß nach* kein Weg zu einem wesentlich älteren Stand *isolierter Existenz* zurückführt, weil solche Einheiten ohne den größeren Zusammenhang gar nicht traditionsfähig sind und sie also bereits Teil einer evangeliumsähnlichen größeren Komposition sein mußten, wenn für sie überhaupt eine längere Tradierung vorausgesetzt werden soll. Sie verkannten andererseits, daß die in der Evangelienstruktur tatsächlich wahrnehmbaren "kleinen Einheiten" *der Entstehung nach* als *Erlebniseinheiten* zu deuten sind, die letztlich gerade *nicht aus Gemeindebildung* stammen und nicht erst nach längerer *isolierter* Überlieferung in die Evangelien gelangt sein können.

Damit ist der Grundansatz der formgeschichtlichen Methode, Erhellung der frühen Evangelientradition *aus Urelementen*, unter (weitestgehender) Negierung einer aus dem Leben Jesu selbst stammenden Überlieferung, zu erreichen, gescheitert, da von einer solchen Voraussetzung her nichts mehr erklärbar ist, jede die wirklichen Traditionsgesetze beachtende Erklärung aber wieder auf das *Leben Jesu* als primären "Sitz" und auf eine frühe Entstehung evangeliumsähnlicher Kompositionen zurückführt. Die Überlieferungskonstanz kleiner *integrierter* Einheiten setzt also einen *frühen ganzheitlichen Integrationsprozeß* und damit frühe Evangelienentstehung voraus; die eigengeprägten kleinen Kompositionseinheiten aber weisen ihrerseits auf *Erlebnis*einheiten zurück, wie sie für die Gattung "Memorat" charakteristisch sind.

Der speziell von Bultmann angenommene Gestaltungsweg vom ursprünglichen Apophthegma mit *abstrakter* szenischer Rahmung zur *konkretisierenden Anreicherung* erweist sich im Licht der Traditionsgesetze für "Sage" und "Memorat" als eine *auf den Kopf gestellte* Entwicklung. Nur das Interesse an der konkreten *ganzheitlich* geschil-

---

[7] BOMAN 35 ff.

derten "Heldengestalt" und ihrem *konkreten* Tun sichert von vorneherein Tradierungsfestigkeit, nicht die "kleine Form" als *Vehikel abstrakter Bedeutsamkeit* einer *Idee* oder eines *Kultes*.

Ein von Erinnerung und Konkretgestalt Jesu abstrahierendes Interesse am "kerygmatischen Christus" konnte keine Überlieferung von *Jesus, dem Christus*, nachhaltig in Gang setzen und Traditionsfestigkeit erlangen.

3. Zu einem gleichartigen Ergebnis kommt auch die *Geschichtswissenschaft* bei ihrer zeitgeschichtlichen Erhellung der Voraussetzungen frühester Gemeindegründung. Das rasante Anwachsen der christlichen Gemeinde und die schnelle Ausbreitung der Kirche aufgrund der Christusbotschaft sind nicht denkbar ohne die eindrucksvolle Begegnung der Hörer des Wortes mit der *konkreten Person Jesu und seinem Wirken*. Eine eingehende Darstellung des Lebensweges Jesu war gerade in der allerersten Zeit der apostolischen Predigt umso dringender nötig, als Vorurteile gegen Jesus aufgrund des allen Menschen dieser Zeit besonders schimpflich erscheinenden Kreuzestodes nur abgebaut werden konnten durch die konkrete und verinnerlichte Miterfahrung des Unrechts, das gerade *dem* widerfahren war, der ganz aus der Verbindung mit seinem himmlischen Vater und in der Hingabebereitschaft für seine Mitmenschen gelebt hatte. Als wichtigste Anknüpfungsmöglichkeit der Christuspredigt an *alttestamentliches* Gedankengut werden sich die Gestalt des "leidenden Gerechten" und die des sühnenden "Gottesknechtes" (laut Jes 53) erweisen[8], die von der frühesten apostolischen Predigt genutzt wurde und wiederum äußerst konkrete Bezugnahmen auf den Lebensweg Jesu erforderte.

Für die Bezeugung des Christusgeschehens im Urchristentum war gerade zu *Beginn* die *Augenzeugenschaft* gefragt. Dies wird in Apg 1,21 anläßlich der Nachwahl des Matthias unter die Zwölf und Apg 10,40f. anläßlich der ersten Petruspredigt vor Heiden besonders nachdrücklich herausgestellt. Natürlich haben formgeschichtliche Kritik und "Kerygmatheologie" deswegen Lukas einer besonders groben Verfälschung des apostolischen Kerygmas geziehen. Doch die Analyse der historischen Transparenz des lukanischen Berichts über die Bekehrungspredigten Petri in Apg 2-4 wird Quellentreue und Situationsgemäßheit ergeben, wenngleich eine bestimmte Betonung der Augen-

---

[8] Siehe unten, V, Anm. 15 und 16.

zeugenschaft als einer solchen, die "*von Anfang an*" bestand und die wiederum in besonderer Weise durch die *Mahlgemeinschaft* mit dem Auferstandenen besiegelt wurde, eine besondere (noch zu würdigende) Dimension *lukanischer* Theologie widerspiegelt[9]. Quellentreue der Apg gerade für die früheste Phase der apostolischen Predigttätigkeit wird durch verblüffend konkrete *zeitgeschichtliche Indizien* im Bericht von der Nachwahl des Matthias illustriert. Tatsächlich scheinen hier sowohl gemeindeorganisatorische Momente als auch eine bestimmte praktische Schriftverwendung durch, für die von der neueren historischen Forschung deutliche Parallelen auch im *essenischen* Gemeindeleben nachgewiesen werden konnten[10], so daß hierdurch der Zugang des Lukas zu Tatsachen und Quellen der frühesten apostolischen Tätigkeit eine geradezu schlaglichtartige Verdeutlichung erhält.

b) Die jüdisch-christlichen Traditionsgesetzlichkeiten: frühe Evangelientradition im Spiegel der paulinischen Briefe

1. Von größter Bedeutung für die angemessene Zuordnung der Evangelien zur Verkündigung der Apostel und zum apostolischen Zeitalter ist jener Nachweis der jüdisch-christlichen Überlieferungskontinuität, der innerhalb der *neueren evangelischen Exegese* erbracht werden konnte. Die einst durch die hegelianischen Geschichtskonstruktionen Baurs in die Bibelkritik eingeführte und von den Protagonisten der Formge-

---

[9] Siehe unten, VIII, e 10.

[10] Vgl. B. REICKE, *Die Verfassung der Urgemeinde im Lichte jüdischer Dokumente:* TheolZs (Basel) 10 (1954) 95-112 *(= Reicke, Verfassung)*; sowie J. ROLOFF, *Apostolat - Verkündigung - Kirche. Ursprung, Inhalt und Funktion des christlichen Apostelamtes nach Paulus, Lukas und in den Pastoralbriefen*, Gütersloh 1965 *(künftig zitiert: Roloff)*, 173-175. Hier wird auf weitere Parallelen in Apg 1 zur Gemeindeorganisation von Qumran verwiesen und festgestellt, daß "die Nachwahlgeschichte in ihrem Grundbestand alte Jerusalemer Tradition" ist (ebd. 197, Anm. 95). - Weitere Literatur zum Reflex urgemeindlicher Kontakte mit dem Essenertum in Apg 1-6 bietet: R. RIESNER, *Essener und Urkirche in Jerusalem*, in: B. MAYER (Hrsg.), *Christen und Christliches in Qumran*, Regensburg 1992, 139-155; 141f.; 145f. - Zur Affinität essenischen Verhaltens gegenüber Eigentum und Ehe (gemäß neuerschlossenen Qumranfragmenten) mit lukanischen Darstellungen entsprechender Logien Jesu vgl. O. BETZ, *Kontakte zwischen Christen und Essenern*: ebd. 157-175; 164f.

schichte übernommene These vom judenchristlich-heidenchristichen. *petrinisch-paulinischen Grundgegensatz* im Urchristentum[11] erw. sich inzwischen als weitgehend *hinfällig*. Wider die Hypostasierung dieses Grundgegensatzes lehrt die neuere Forschung zum Fragenkreis "Judentum und Hellenismus", wie sie besonders von *M. Hengel* intensiviert wurde[12], daß jüdisches Denken und jüdische Kultur seit dem 3. vorchristlichen Jahrhundert in vielfältigen Wechselbeziehungen mit dem Hellenismus standen. Vieles von dem, was die Religionsgeschichte der Jahrhundertwende, der Dibelius und Bultmann folgten, an Elementen frühchristlicher Literatur wegen vermeintlicher oder tatsächlicher Anzeichen *hellenistisch* beeinflußter Gedanken und Vorstellungen eo ipso im *Heidenchristentum* der Missionskirchen und meist außerhalb der apostolischen Zeit ansiedelten, hat sich inzwischen als durchaus charakteristisch für *ältere Entwicklungen im Judenchristentum selbst*, und gar auf palästinischem Boden, erwiesen.

Zahlreiche kulturgeschichtliche Einflüsse auf neutestamentliche Schriften, die von Vertretern der religionsgeschichtlichen Richtung und der radikalen Formgeschichte als gnostisch etikettiert worden waren, konnten inzwischen schon durch den Vergleich mit der in Qumran gefundenen essenischen Literatur als aus genuin jüdischen Traditionen bzw. deren zwischentestamentlichen Weiterentwicklungen stammend diagnostiziert werden[13]. So hat sich speziell für die Welt des Joh-Ev, wie auch für die Entwicklung der paulinischen Christologie aus schon bei den "Hellenisten" der Jerusalemer Urgemeinde vorhandenen Ansätzen, ein nachhaltiges Umdenken als notwendig erwiesen[14].

---

[11] BULTMANN hatte diesen Grundgegensatz ausdrücklich zum *erkenntnisleitenden Prinzip* seiner "Geschichte der synoptischen Tradition" (ebd. 6) gemacht.

[12] M. HENGEL, *Judentum und Hellenismus,* Tübingen ²1973.

[13] Diesbezüglich besonders aufschlußreich: O. BETZ, *Jesus, der Messias Israels. Aufs. zur bibl. Theol. I,* Tübingen 1987 *(künftig zitiert: Betz, Messias Israels).*

[14] Vgl. zum traditionsgeschichtlichen Hintergrund des Joh-Ev: ebd. 387-438; sowie: DERS., *Jesus, der Herr der Kirche, Aufs. zur bibl. Theol. II,* Tübingen 1990 *(künftig zitiert: Betz, Herr der Kirche),* 447-465 (siehe unten, IX, Anm. 27); ferner: H. GESE, *Der Johannesprolog,* in: DERS., *Zur biblischen Theologie,* Tübingen 1983, 152-201 *(künftig zitiert: Gese, Prolog).* - Zur vorpaulinischen Christologie: M. HENGEL, *Der Sohn Gottes. Die Entstehung der Christologie und die jüdisch-hellenistische Religionsgeschichte,* Tübingen 1975; DERS., *Christologie und neutestamentliche Chronologie,* in: Neues Testament und Geschichte. Festschrift O. Cullmann, hrsg. v. H. Baltensweiler und B. Reicke, Zürich 1972, 43-67.

2. Als für den zeitgeschichtlichen Hintergrund der Evangelien und der Apg besonders aufschlußreich erwies sich die Erforschung des *Zelotentums* durch M. Hengel[15]. Dieses Phänomen, das im Jahre 70 schlagartig seine Bedeutung verlor, erweist als Hintergrund der Leben-Jesu-Darstellung der Evangelien, daß die Evangelisten mit der Zeitgeschichte der Jahrzehnte vor 70 bestens vertraut waren, und vor allem, daß sie zu einer Zeit schrieben, in der die Kenntnis dieser Jahre auch bei den Lesern (bzw. Hörern) des Evangeliums noch vorauszusetzen war.

Das Zelotenwesen spielte in den Jahren Jesu zweifellos schon eine gewisse Rolle, und dies vor allem in Galiläa. Es hatte eine weitere Eskalationsstufe erreicht während der Spätphase der paulinischen Mission, wie die Apg zeitgeschichtlich zutreffend durchblicken läßt; und es trieb seinem Höhepunkt und seinem gewissermaßen kollektiven Selbstmord zu im Jüdischen Krieg und im Endkampf um den Tempel, der das Erscheinen des Messias herbeizwingen sollte.

Als bezeichnend für das *Zelotenwesen im Hintergrund des Wirkens Jesu* sei aus Hengels Werk an Beispielen herausgegriffen: Die Fangfrage nach der Steuer (Mk 12,14ff. par.), die mit einer Reaktion Jesu im Sinne des galiläisch-zelotischen Extremismus und mit der Scheu Jesu, eine Bildmünze des Kaisers zu besitzen, rechnet[16]; weiterhin die in diesem Sinne bei Pilatus provozierte Kreuzesinschrift; wiederum die Charakterisierung des Barrabas und der Ruf nach seiner Freilassung, die auf zelotisches Extremistentum hinweisen; ferner die Erwähnung eines von Pilatus unter Blutvergießen niedergeschlagenen Aufruhrs galiläischer Zeloten im Tempelbezirk (Lk 13,1); schließlich die Tempelreinigung Jesu, insofern sie als Tat eines Zeloten von den Umstehenden aufgefaßt werden konnte (vgl. das Stichwort "Zelos" in Joh 2,17); und nicht zuletzt auch die Zugehörigkeit eines "Zeloten" (Simon, "des Eiferers", laut Lk 6,15 und Apg 1,13) zu den Zwölf, der freilich seinem Zelotentum im Jüngerkreise entsagen mußte. Die Apg spielt ebenfalls auf die betreffende Zeiterscheinung an: beim Hinweis des Gamaliel auf Machenschaften galiläischer Zeloten (Apg 5,34); bei der Verwechselung des Paulus mit einem Anführer von "Sikariern" (bewaffneten Zeloten) laut Apg 21,38; ferner bei der treffenden Schilderung des zelotischen Vorgehens gegen Paulus und der Charakterisierung der Gefährlichkeit desselben (Apg 23,12ff.; 23,23).

---

[15] M. HENGEL, *Die Zeloten*, Leiden ²1976.

[16] Ebd. 198f.

Wenn man nun mit den neueren Forschungen zur neutestamentlichen Zeitgeschichte der getreulichen Tradierung von Leben-Jesu-Erinnerungen sehr viel größere Chancen gibt als die älteren Formgeschichtler es taten, so ist das Interesse, solche Erinnerungen zu bewahren, doch keineswegs ein auf sekundäre Begleitumstände ausgerichtetes oder ein mit der Chronikschreibung vergleichbares. Es steht vielmehr im Dienst des *Kerygmas* und der *liturgischen Anamnese*. Und das keineswegs spektakuläre Durchscheinen eines zelotischen Hintergrundes in bestimmten Phasen des Wirkens Jesu wäre sicherlich nicht über die Jahrzehnte bewahrt worden, wenn die *Evangelisten* es nicht gerade zur Zeit der *Abfassung* ihrer Schrift als *besonders aktuell* empfunden hätten. Solches aber konnte nur vor dem Jahre 70 der Fall sein.

Zu den zeitgeschichtlichen Transparenzen in den Evangelien, die für eine Entstehung nicht nur *kleiner Einheiten*, sondern *breiter Schichten*, ja der ganzheitlichen Evangelienform (und, wie sich zeigen wird, nicht nur der des Mk-Ev) in den Jahren zwischen 40 und 70 sprechen, gehört, außer den Bezugnahmen auf das Zelotenwesen *vor* allem die in den synoptischen Fassungen der eschatologischen Rede des Herrn (Mk 13; Mt 24; Lk 21) sich widerspiegelnde *jüdisch-apokalyptische* Vorstellung, *die Zerstörung des Tempels werde die Eschata heraufführen.* Diese war so nur *vor* 70, und nur im *Judenchristentum* möglich[17]. Ähnlich bezeichnend ist die *Rolle der Sadduzäer* und der *Tempelsteuer* im Mt-Ev, die ebenso nur vor dem Jahre 70 aktuell war und kaum aus einer fernen Erinnerung an die Zeit Jesu so pointierte Darstellung gefunden hätte[18].

Und was weit wichtiger ist und grundsätzlich zu erörtern sein wird; es spiegelt sich in der synoptischen Evangelientradition, besonders bei Mk und auch bei Lk - entgegen allen Prinzipien der Formgeschichte - das *Ethos der paulinischen Mission* mit aller Deutlichkeit wider und spricht zugunsten der Wahrscheinlichkeit, daß beide Evangelien in *dieser* Zeit entstanden, ja, definitiv abgefaßt wurden, was an den Einzelindizien zu überprüfen sein wird.

---

[17] Sie war nur auf den herodianischen Tempel zu beziehen und nur *vor 70* in die Evangelien integrierbar, da ein *Ausbleiben der apokalyptischen Folgen* nach der Tempelzerstörung die Weissagung Jesu (bzw. ihre Ausdeutung durch zusätzliches Vorstellungsmaterial frühchristlicher Prophetie) *falsifiziert* hätte. Vgl. unten, VI, b 3-5; VII, a 5; VIII, a 2-6.

[18] Siehe unten, VII, b.

3. *Gegen* eine solche traditionsgeschichtliche Einordnung steht jener Einwand, der nicht erst von der Formgeschichte, sondern vorgängig dazu schon von der Bibelkritik des 19. Jahrhunderts erhoben wurde und der besagt, daß die synoptischen Evangelien in jedem Fall erst *nach* 70 (das Mt-Ev und das Lk-Ev jedoch erst mit weiteren großen Verzögerungen) entstanden sein könnten, weil sie Jesus *Weissagungen über den Untergang Jerusalems* in den Mund legen, die wissenschaftlich als *vaticinia ex eventu* gewertet werden müßten.

Angesichts dessen kann die zeitliche und inhaltliche Nähe der Evangeliendarstellung zur frühen jüdisch-christlichen Überlieferung nur gesichert werden und die innere Entsprechung zwischen dem Christuszeugnis der Evangelien und dem Christuskerygma der großen apostolischen Mission und der paulinischen Briefe (die in den folgenden Kapiteln zu umreißen sein wird) geschichtlich nur transparent werden, wenn der unzulässige rationalistische Apriorismus der *grundsätzlichen Spätdatierung aller Evangelien nach 70* (bzw. lange nach 70) geklärt und die Datierungsfragen für die kommenden Darlegungen offengehalten werden können (bevor sie dann für die einzelnen Evangelien ihrer endgültigen Lösung zugeführt werden).

Die Versteifung der aprioristischen Positionen hinsichtlich der Evangeliendatierung bis in die neuere Zeit hinein kennzeichnet *B. Reicke* nach Prüfung des ganzen einschlägigen Materials folgendermaßen:

> "Ein erstaunliches Beispiel eines unkritischen Dogmatismus in den Studien zum Neuen Testament ist die Meinung, daß die synoptischen Evangelien nach dem Jüdischen Krieg von 66-70 datiert werden müßten, weil sie Prophezeiungen ex eventu über die Zerstörung Jerusalems durch die Römer im Jahre 70 enthalten."[19]

Die derzeitige Einleitungswissenschaft, als deren prominentester Vertreter *W.G. Kümmel* gelten darf, dessen Angaben auch in der katholischen Theologie heute gerne übernommen werden, vertritt die aprioristischen *Unmöglichkeitsurteile* für vaticinia nicht mehr[20]. Tatsächlich müßten diese der heutigen Geschichtswissenschaft als illegitime *metho-*

---

[19] B. REICKE, *Synoptic Prophecies on the Destruction of Jerusalem*: Novum Testamentum, Suppl. 33, Leiden 1976, 121-134; 121.

[20] Jesuanische Aussagen sieht KÜMMEL in Mk 13,2 parr., sowie Lk 13,34f. gegeben (119).

dologische Grenzüberschreitungen erscheinen[21]. Doch werden fast alle Datierungspositionen der Einleitungswissenschaft für die Evangelien auch *nach* dem Wegfall ihrer einstigen rationalistischen Begründung *weiterhin beibehalten*. Daß die Bezugnahmen auf den Untergang Jerusalems bei *Mt und Lk* vaticinia ex eventu seien, wird von *Kümmel* nun mit deren besonderer *Konkretheit* oder mit der Weise, wie sie innerhalb des *Kontextes* vom Evangelisten eingebracht werden (z.B. Mt 22,7), begründet. Die neueren *katholischen* Kommentare zum Mk-Ev sehen *auch bei Mk* vaticinia ex eventu gegeben - allerdings mit gegensätzlicher Begründung[22] und überbieten somit Kümmel an "kritischer" Einstellung, der seinerseits bezüglich Mk eine solche Argumentation für nicht durchschlagend hält.

4. Die exegetischen Standardargumente für eine Evangeliendatierung nach 70 wurden 1982 auf dem *interdisziplinären ökumenischen Symposion* "Die Datierung der Evangelien"[23] in Paderborn durchgeprüft und gerade auch durch die dort anwesenden *Geschichtswissenschaftler* in ihrer mangelnden Stringenz erwiesen.

Schon 1976 hatte der anglikanische Bischof *J.A.T. Robinson*, dem gewiß nicht das Image des Konservativen anhaftet, die seit dem 19. Jahrhundert mit dem Anspruch wissenschaftlicher Dogmen tradierten Argumente der Einleitungswissenschaft für eine *Spätdatierung der Evangelien*, wie auch für eine späte Entstehung der sogenannten *deuteropaulinischen* und der als *pseudepigraphisch geltenden Briefe* des Neuen Testaments, durchgeprüft und immer wieder die mangelnde Stichhaltigkeit der Argumentation festgestellt[24]. Seine Argumente konnten auf dem Symposion in Paderborn von den Vertretern der Formgeschichte nicht widerlegt werden und fanden vor allem bei den anwesenden Historikern Unterstützung. Nahezu einhellig wurde das Jahr 70 als terminus post quem aller Evangelienentstehung *relativiert* und festgestellt:

---

[21] Vgl. STAUDINGER 73ff.

[22] So wird im großen Mk-Kommentar von *R. Pesch* Mk 13,2 als jesuanisch, Mk 13,14 als ex-eventu formuliert gesehen, der Kommentar von *J. Gnilka* dagegen erachtet 13,2 als ex-eventu-Aussage, dagegen 13,14 als eschatologisch und nicht auf den Tempel bezogen. Siehe unten, VI, b 3-4.

[23] Siehe oben, Einf., Anm. 42.

[24] Siehe oben, Einf., Anm. 41.

Was die synoptischen Evangelien an konkretisierenden Bezugnahmen auf die Zerstörung Jerusalems enthalten, läßt sich - angesichts dessen, daß Jesus jedenfalls auf Folgen der Ablehnung seiner Botschaft hingewiesen hat und eine Tradition *jesuanischer Logien* über den Untergang Jerusalems von den Exegeten meist konzediert wird - *leicht aus Vorstellungsbildern alttestamentlich-prophetischer Drohworte gegen Jerusalem erklären*[25], die mit den Voraussagen Jesu verbunden wurden und die der jeweilige Evangelist auch seinerseits vorausschauend oder aber referierend sich zu eigen machen konnte.

Wie jedoch die Historiker *H. Staudinger* und *G.A. Lehmann darüber hinaus* nachwiesen, sind gerade die *charakteristischen Details* des Untergangs der Stadt Jerusalem mit ihrem besonderen Schockeffekt für das religiöse Judentum, die nach dem Jahre 70 auch für jeden zeitgeschichtlich Interessierten aus Augenzeugenberichten zugänglich waren, den synoptischen Berichten geradezu *fremd*[26], so daß die Behauptung, die betreffenden Stellen *müßten* als vaticinia ex eventu verstanden werden, als eine unhistorische und unkritische Anwendung der historisch-kritischen Methode zu qualifizieren ist.

Auch bei dem noch weitergehenden Schritt konnten *Bischof Robinson* und *H. Staudinger* auf dem Symposion nicht widerlegt werden, als sie darauf hinwiesen, daß für alle drei synoptischen Evangelien eine *Abfassung nach 70 zwingend auszuschließen sei, da in den synoptischen Apokalypsen* (Mk 13; Mt 24; Lk 21) die Eschata, die der Wiederkunft des Herrn vorausgehen, *so* mit dem Tempeluntergang bzw. dem Untergang Jerusalems *zeitlich verknüpft* sind, daß die Form dieser Koppelung der Ereignisse *nach 70 weder formuliert*, noch in eines der Evangelien *integriert* werden konnte, wollte der Evangelist nicht Gefahr laufen, Jesus eine durch die tatsächlichen Ereignisse *falsifizierte Prophezeiung* in den Mund zu legen. Dieses Argument wird in den Kapiteln über die einzelnen synoptischen Evangelien noch sein jeweils be-

---

[25] Diese Auffassung wurde gerade im Bezug auf die mit Vorliebe als vaticinium ex eventu gedeutete Stelle Mt 22,7 bereits vertreten durch: K.H. RENGSTORF, *Die Stadt der Mörder*, in: Festschrift J. Jeremias, hrsg. v. W. Eltester, Berlin 1960, 106-129; sowie: S. PEDERSEN, *Zum Problem der vaticinia ex eventu*: StudTheol 19 (1965) 167-188.

[26] Vgl. die Gegenüberstellung der tatsächlichen Ereignisse des Jahres 70 (in 6 Gruppen charakteristischer Merkmale aufgelistet) mit den generalisierenden Bezugnahmen der Evangelien: SYMPOSION 57-59, sowie 334-338 (Arbeitspapier *Staudinger*).

sonderes Profil erhalten. Zunächst jedoch ist angesichts der Wiederentdeckung des Kontinuums jüdisch-christlicher Überlieferung als Voraussetzung und Hintergrund der Leben-Jesu-Überlieferung und -Darstellung in den Evangelien speziell nach Transparenzen für eine Entstehung (und gegebenenfalls definitive Abfassung) der Evangelien im *Kontext der großen apostolischen Mission* und in innerer Affinität mit dem Kerygma der authentischen *paulinischen Briefe* zu fragen.

5. Kennzeichen der engen jüdisch-christlichen Traditionsverflechtung, die ganz der Lehre vom apostolischen Charakter der Evangelien und von der Urheberschaft der "Apostel und Apostolischen Männer" entspricht, wurden seit dem Zweiten Weltkrieg vor allem von der "*skandinavischen Schule*" herausgearbeitet. So brachte schon 1957 auf dem Exegetenkongreß in Oxford *Harald Riesenfeld*, der in Uppsala lehrte, ungewohnte Töne ins Spiel, die jedoch bald im englischsprachigen Raum und später auch in Deutschland Resonanz fanden.

Sein Grundsatzreferat "The Gospel Tradition and its Beginnings"[27] weckte ein neues Traditionsbewußtsein. Der klassischen Formgeschichte bescheinigte Riesenfeld ihre nicht unbeträchtlichen Ergebnisse, zählte die Methode aber doch zu jenen Erscheinungen, "die in ihrer Einseitigkeit zu wissenschaftlichen Dogmen oder Mythen werden, ihre Zeit haben und dann nach und nach beiseite gelegt werden müssen, um nicht die weitere Entwicklung der Forschung zu behindern" (45). Mit Recht bezeichnet er die *anonyme Kreativität*, welche die Formgeschichtler der Urgemeinde zutrauen, als einen "wirklich mirakulösen und unglaublichen Faktor in der Geschichte der Evangelienüberlieferung" (47).

Er ruft von der Fixierung der Formgeschichtler auf hellenistisch-pagane Umwelteinflüsse in der Deutung der Evangelienberichte vom Handeln Jesu zurück zur Kontinuität mit *alttestamentlich-prophetischen Symbolhandlungen* auf der gemeinsamen Erklärungsbasis des *Judentums*. Bei der Erforschung der Evangelientradition können die *Paulusbriefe* und das *Zeugnis der Apg* nicht übersprungen werden. Paulus setzt in seinen Briefen Jesusworte bei der Gemeinde als bekannt voraus,

---

[27] H. RIESENFELD, *The Gospel Tradition and its Beginnings. A Study in the limits of "Formgeschichte"*, London 1957; auch in: Studia Evangelica I (=TU 73), Berlin 1959, 43-75; und: *The Gospel Tradition*, Philadelphia 1970, 1-29 (unsere Stellenbelege richten sich nach der Berliner Ausgabe).

auf die er als *tradierte* anspielt, ohne wörtlich zu zitieren. Dies bedeutet, daß die Paränese kaum als "Sitz im Leben" für die Evangeliumsüberlieferung in Frage kommt (52). Gleiches gilt für Jak. Die Evangelientradition ist nicht zu verstehen, außer als *Tradition sui generis* mit ihrem *eigenen "Sitz im Leben"*, die nur im Zuge einer neuen Gewichtung der Traditionsgesetzlichkeiten und einer Durchleuchtung des Traditionsmilieus als Kontinuum verstanden werden kann. Die Termini "tradieren" (paradidónai) und "empfangen" (paralambánein) setzen ein strenges Lehrer-Schüler-Verhältnis (54), präzise Aneignungsmethoden und Traditionskontrolle voraus, wie dies beim rabbinischen Lehrverfahren sichtbar wird, das (trotz vorwiegend späterer Quellen) für die Zeit Jesu vorauszusetzen ist.

Auch wenn man den Vergleich der geprägten Tradierung der Worte Jesu mit der Überlieferung "der Schrift" (im ursprünglichen Sinn, welche auch für die frühe Kirche noch lange die des Alten Bundes ist) weniger preßt, als Riesenfeld dies gelegentlich tut, bleiben die Tradierungsbedingungen auf jeden Fall denen der halachischen (und haggadischen) Schriftauslegung vergleichbar; denn die "Schrift" bleibt für die christlichen Gemeinden zwar noch lange buchstabengetreu die "alte", ihre Auslegung aber geschieht radikal im Maßnehmen am Handeln und an den Worten Jesu.

Die mnemotechnisch einprägsame Form vieler Logien und Gleichnisse Jesu in den Evangelien erklärt sich am ehesten, wenn schon Jesus, rabbinischer Lehrart sich anpassend, sie in eben solcher Eindrücklichkeit vortrug (62).

Wie am Beispiel des Abendmahls sichtbar wird, steht das sakramentale Handeln schon der frühesten Kirche in unlösbarer Verbindung mit dem *Tun Jesu selbst*; und eine gleichartige Verbindung ist anzunehmen zwischen Lehre Jesu und apostolischem "Dienst am Worte".

Dies gilt auch für die eigene Traditionslinie der "Meditation" von Worten und Handlungen Jesu, die parallel der synoptischen Tradition zum *Joh-Ev* verläuft (63).

Riesenfeld zweifelt nicht an der Geschichtlichkeit des Messiasbewußtseins Jesu, das sich vor jenem Hintergrund verbreiteter messianischer Hochspannung abzeichnet, wie sie in der Qumran-Literatur greifbar wird. Die *Jesustradition der Evangelien* empfängt in *tradierenden Handlungen Jesu selbst* ihren Ausgangspunkt und ihre Norm.

6. Was von Riesenfeld hier thesenartig, und manchmal eher intuitiv wirkend, vorweggenommen wird, hat in eingehender Forschung seitdem vor allem Riesenfelds Schüler, Kollege und Nachfolger *B. Gerhardsson* durch eingehende Forschungen abgesichert. So fand vor allem das jüdische und das hellenistische Schul- und Lernstem als Basis eines geprägten Traditionsprozesses bei Gerhardsson[28] eine ausführliche Darstellung und, durch Gerhardsson angeregt, auch innerhalb der neuen Tübinger Schule seine Weiterentwicklung bei *R. Riesner*[29].

B. Gerhardsson hat seine Erkenntnisse 1976 in vier Vorlesungen einer Theologischen Ferienakademie eindrucksvoll konkretisiert[30]: Traditionskontinuität und feste Prägung der Traditionsstoffe sind die Kennzeichen der urchristlichen Überlieferung, die sich genau schon bei Paulus feststellen lassen (23ff.). Besonders in 1 Kor 4,14ff.; 11,23ff. und 15,3ff. wird deutlich, daß der Akt der "Überlieferung" der Traditionsinhalte durch Paulus an die Gemeinde von Korinth die Einpflanzung genau zu beachtender Bräuche und präzise erinnerlicher Wortgestalten bedeutet, daß zudem der Überlieferungsakt seinen Rückhalt in einem Vater-Kind bzw. Lehrer-Schüler-Verhältnis Pauli zur Gemeinde (4,14ff.) hat und daß die Einhaltung der Überlieferung durch *feste personale Beziehungen* (von Paulus her durch Timotheus und briefliche Kontakte zur Gemeinde) aufrechterhalten und kontrolliert wird.

Die Überlieferung geht in wesentlichen Grundelementen *auf Jesus* zurück (1 Kor 11,23). Auf Jesusworte beruft sich Paulus in seinen Paränesen (z.B. 1 Kor 7,10ff.; 9,14); er setzt also die Kenntnis geprägter Jesusworte (in 9.14 das in Mt 10,9f. und Lk 10,7 wiedergegebene voraus: 26ff.). Deren "Übergabe" hat Paulus in der Gemeinde vorgenommen. - Doch die Paränese ist gerade nicht der "Sitz im Leben" für die Einprägung und Bewahrung ihrer sprachlichen Form (wie Dibelius meint). Die Jesus-Überlieferung ist eine *durch sich selbst motivierte*, die freilich ihre stereotypen Aktualisierungssituationen in der Gemeinde hat. 1 Kor 15,3ff. setzt *Traditionsstoff der Evangelien* voraus (30);

---

28 B. GERHARDSSON, *Memory and Manuscript. Oral Tradition and Written Tradition in Rabbinic Judaism and Early Christianity*, Uppsala 1961; 1964; DERS., *Tradition and Transmission in Early Christianity*, Lund 1964.

29 R. RIESNER, *Jesus als Lehrer. Eine Untersuchung zum Ursprung der Evangelienüberlieferung*, Tübingen 1981 (*künftig zitiert: Riesner*).

30 GERHARDSSON *(Evangelientradition)* - Die Stellenbelege beziehen wir in den Text ein.

denn nicht die Formel und das Abstrakte stehen am Anfang (wie Bultmann annimmt), sondern die lebens- und ursprungsnahe *Schilderung*, ähnlich wie die Worttradition auf anschaulich einprägsame Bildworte, Gleichnisse usw. zurückgeht.
Die Überlieferungsgesetzlichkeiten, die bei Paulus deutlich werden, sind, aufgrund der jüdischen Lehr- und Lerngesetze und speziell der Tora-, Halacha- und Haggadatradition, auch bei den Altaposteln vorauszusetzen. Die Betonung der *"Augenzeugenschaft"* in Lk 1,1-4 und Apg 1,21 entspricht genau dem jüdischen *Traditionsrealismus*, der sich für halachisch bedeutsame Fakten *genauer Zeugenschaft* versichert. Die Traditionssicherung, die durch feste Lehrer-Schüler-, ja, Meister-Jünger-Bindungen (z.B. *Paulus - Timotheus*) möglich wird, ist auch für die Evangeliumsentstehung vorauszusetzen (42ff.). Die Bindung von *Markus* an Petrus und Paulus, die des *Lukas* an Paulus, wie sie von der Apg bezeugt werden, entsprechen genau dem, was die Überlieferungsgesetzlichkeiten als Bedingung für die Jesus-Überlieferung verlangen: *personale Bindung an die Hauptapostel* und deren *Augenzeugenschaft*, wobei Paulus Augenzeugenkenntnisse schon *vor* seiner Bekehrung besaß und sich danach der vollen *Augenzeugenbürgschaft Petri* versicherte (Gal 1, 18). Für das älteste Evangelium ist die Verfasserschaft des Johannes Markus, für das Lk-Ev und die Apg die des antiochenischen Arztes und Missionshelfers Lukas (Kol 4,14) anzunehmen (46f.).

V. Die Prägung der Evangelientradition durch Petrus und die Urgemeinde: in Entsprechung zur kerygmatischen und liturgischen Tradition nach dem Zeugnis des Paulus

Entgegen der polarisierenden Sicht der Formgeschichtler, wonach Paulus kein "Interesse" an Jesustradition gehabt hätte und bruchstückhafte Elemente einer solchen erst relativ spät und aufgrund besonderer Veranlassungen aufgekommen wären, die noch viel später ihren Weg in die Evangelienform gefunden hätten, ist mit H. Riesenfeld, H. Schürmann, B. Gerhardsson, R. Riesner und anderen anzunehmen, daß es Bewahrung und Tradierung von Jesuserinnerungen in der Gemeinde von Anfang an gab, daß solche auch vorgängig zu jeder besonderen Veranlassung erfolgten und daß ein dem jüdischen Schul- und Lernwesen entsprechendes Traditionsmilieu, wie es speziell auch bei der Gemeindekatechese gepflegt wurde, eine zuverlässige Tradierung gewährleistete.

Die Paulusbriefe sind an einer größeren Zahl von Stellen (z.B. 1 Kor 11,23ff.; 15,3ff.; Röm 1,3; 15,8; Phil 2,8; Gal 4,4) dafür transparent, daß Paulus selbst in seinen Gemeinden Jesustradition nicht nur als eine irgendwie bekannte, sondern sogar als eine von ihm selbst *eingepflanzte* (1 Kor 11,23ff.; 15,3ff.) voraussetzt. Ja, wie gerade diese beiden Stellen erkennen lassen, war der Akt der Gemeindegründung selbst ohne eine solche dezidierte und nach bestimmten Traditionsgesetzlichkeiten vollzogene Traditionsvermittlung gar nicht denkbar.

a) Die vorpaulinische Bekenntnistradition 1 Kor 15,3-5: Verdichtung eines ganzheitlich umfassenden Kerygmas und Indiz für früheste Evangelienbildung

Mehr noch als die Jesusüberlieferung im Spiegel der paulinischen Briefe insgesamt ist die von Paulus in seinen Gemeinden eingepflanzte vorpaulinische "Bekenntnistradition"[1] von 1 Kor 15,3-5[2] zugleich Indiz für eine vor der Abfassung von 1 Kor auch schon vorauszusetzende *Evangelientradition*, deren älteste Schicht (1.) auch ihrerseits *ganzheitlich* Leiden, Sterben und Auferweckung Jesu umfaßt, (2.) *dem Umfang nach* der Passions- und Auferstehungsbotschaft des ältesten Evangeliums entspricht, ja, aus der betreffenden im Mk-Ev zusammenhängend erhaltenen "vormarkinischen" Schicht erhoben werden kann bzw. mit dieser weitgehend identisch ist[3] und (3.) direkt oder indirekt auf die früheste Verkündigungstätigkeit *Petri* zurückgeht. Diese drei Merkmale einer längst vor 1 Kor bestehenden ganzheitlich und weitläufig formulierten Evangelientradition sind aus 1 Kor 15,3-5 in folgender Weise zu erschließen:

1. Die bezeichnete "Bekenntnistradition" läßt Tod und Auferweckung Jesu als eng zusammengehörige Kerninhalte erkennen; und diese sind nicht nur im *Bekenntnis*, in der glaubenserweckenden und gemeindebegründenden Predigt, sowie in der gemeindlichen Katechese untrennbar verbunden, sondern in ganz besonderer Weise auch in der *liturgischen Anamnese* des Herrenmahles und der Taufe, wie aus 1 Kor 11,24ff. und Röm 6,3ff. hervorgeht. Im Kontext dieser tragenden Lebensvollzüge der Gemeinde und in Parallele zu ihnen muß auch die *Evangelientradition* gesehen werden, die im zentralen Bereich der Passionsgeschichte eine stark *anamnetische*[4] Charakteristik aufweist. Diese läßt an einen von

---

[1] Diese Bezeichnung trifft die sprachliche Form von 1 Kor 15,3-5 genauer als die aus 15,11f. abgelesene Bezeichnung 'Kerygma", denn Kerygma im Vollzug setzt eine vollere Sprachgestalt voraus. Gleiches gilt für das Wort "euaggelion" (15,1), das bei Paulus meist für den missionarischen Vollzug transparent ist und geradezu aktualistisch gebraucht werden kann (vgl. z.B. Gal 2,7). Vgl. zur Bezeichnung als "Bekenntnistradition": K. LEHMANN, *Auferweckt am dritten Tag nach der Schrift. Früheste Christologie, Bekenntnisbildung und Schriftauslegung im Licht von 1 Kor 15,3-5*, Freiburg 1968 (*künftig zitiert: Lehmann*), 36ff.

[2] Die Umgrenzung der "Bekenntnistradition" (15,3-5) ist durch sprachlich einheitliche Prägung vorgegeben. Wie weit Paulus auch in 15,6-7 sprachlich vorgeformte Tradition zur Ergänzung herangezogen hat, kann offenbleiben. Jedenfalls sind 15,6b und 15,8ff. paulinische Formulierungen. Vgl. ebd. 68ff.; sowie ROLOFF 46f.

[3] Vgl. zum Rekonstruktionsversuch eines ältesten Evangeliums (R. PESCH, *Das Evangelium der Urgemeinde. Wiederhergestellt und erläutert*, Freiburg 1979; *künftig zitiert: Pesch, Evangelium*): unten, V, c 5.

[4] J. GNILKA (*Jesus Christus nach frühen Zeugnissen des Glaubens*, München 1970, 98f.) hat treffend einen Stil der "Anamnese" (der sich der Repetition der jeweiligen Szene als Mittel bedient) besonders für Mk 15 geltend gemacht und darauf hingewiesen, "daß fast alle Szenen erzählerisch wiederholt werden, als wollten sie sich

Anfang an liturgisch-anamnetischen Vollzug der Passionsgeschichte denken, jedoch keineswegs in der Aktualisierungsform und Begrenzung späterer liturgischer Karfreitagslesung. Denn erst seit dem 4./5. Jahrhundert wird in der Karwoche Lesestoff teilweise mit den historischen Abläufen des Lebens Jesu synchronisiert[5], während die urchristliche Passafeier und auch die spätere Osternachtfeier stets die Anamnesiskonzentration ihrer Lesestoffe bewahrte und für die älteste quartadecimanische Passafeier also eine *umfassende* Passionsmeditation mit Auferstehungsbezeugung als anamnetischer Vollzug vorausgesetzt werden muß[6].

Nimmt man die urkirchliche Liturgie als "Sitz im Leben" für die Formung der Passionsgeschichte an, so bedeutet dies von Anfang an zugleich auch das Transzendieren von Teilstücken (nach Art einer fälschlich als "Urpassion" gedachten Vorstufe nur in der Umgrenzung von Mk 15[7]) und garantiert entsprechende *Weitläufigkeit* der sprachlichen Ausformung und den Einschluß des Auferstehungszeugnisses.

---

dem Hörer in ganz besonderer Weise empfehlen, seinem Gedächtnis einprägen; als käme es sehr darauf an, das Gehörte zu merken, vor dem geistigen Auge zu behalten". Als Hörerkreis sind Glaubende anzunehmen, die "sich ihres Glaubens vergewissern". Dies verweist auf kultischen Vollzug in der Gemeindeversammlung.

5 Die Deutung der "Passionstradition" als "Karfreitagslesung", die einem (dem berichteten Geschehen synchronisierten) dreistündigen Gedenken entstamme (G. SCHILLE, *Das Leiden des Herrn. Die evangelische Passionstradition und ihr "Sitz im Leben":* ZThK 52, 1955, 161-205; 198), ist durch die anamnetische Sicht der frühchristlichen Gebetszeiten zur 3., 6. und 9. Stunde (vgl. z.B. Hippolyt: B. BOTTE, *La Tradition Apostolique de S. Hippolyte,* Münster 1963, 88ff.) nicht gedeckt, die sich nicht für einen öffentlichen Gottesdienst auswerten läßt. Schon gar nicht bietet Did. 8,3 hierfür eine Handhabe. Zudem widersprechen alle frühchristlichen Zeugnisse von der Passafeier (und dem vorausgehenden Fasten als dem liturgischen Kontrapunkt zu dieser) einer solchen Konstruktion. - Das erste Zeugnis von Karfreitagsgottesdiensten, die dem biblischen Geschehen synchronisiert sind (und am Ort des Geschehens stattfinden), stammt von der Pilgerin Aetheria (Egeria) und betrifft die nachkonstantinische Jerusalemer Liturgie am Ausgang des 4. Jahrhunderts.

6 Als eigentliche Schriftlesung der quartadecimanischen Passafeier ist noch bei Meliton von Sardes (um 170) der *alttestamentliche Lesestoff aus Ex* bezeugt. Dieser wird jedoch typologisch differenziert *auf Christus hin* gedeutet, wie dies grundsätzlich schon durch 1 Kor 5,7 und 10,1ff. vorausgesetzt ist (vgl. unten, V c). Solche Deutungsart impliziert eine übergreifende Meditation des Leidens, Sterbens und der Auferweckung Jesu.

7 Im Gegensatz zu PESCH (siehe oben, Anm. 3) vermag z.B. *J. Gnilka* (im Banne der Formgeschichte) die Passionsgeschichte nicht als eine von Anfang an umfassend konzipierte und tradierte, sondern nur als eine zeitlich und motivisch aus unter-

2. Die "Bekenntnistradition" von 1 Kor 3-5 weist eine sprachliche Knappheit auf, die der Erklärung von traditionsgeschichtlich älteren und *vollgestaltlichen* Bezügen her bedarf. Der Charakter einer nach inhaltlicher Ergänzung rufenden Abkürzung ist in 1 Kor 15,3ff. schon durch das zweimalige "gemäß der Schrift" offenkundig, das auf eine Sprachgestalt verweist, in der ein *konkreter Schriftbezug* auch wirklich zur Geltung kommt[8]. 1 Kor 15,3-5 wird von Paulus zwar als "Kerygma" und "Euaggelion" gekennzeichnet (15,1.22), was bedeutet, daß die "Bekenntnistradition" nicht bloß ein Bruchstück von "Kerygma" und "Euaggelion" darstellt, sondern gewissermaßen den Inbegriff desselben. Zugleich wird jedoch deutlich, daß das "Euaggelion" und "Kerygma" von 1 Kor 15,3ff. auf einen ursprünglichen kerygmatischen Vollzug in sprachlicher *Vollgestalt* zurückweist, also eine Verkündigung, die so ganzheitlich und eindringlich war, daß unter den Hörern Glauben geweckt, Gemeinde begründet und das Glaubensbewußtsein schließlich so konsolidiert wurde, daß die zentralen Glaubensinhalte in knapper bekenntnishafter Formulierung verbindlich tradiert werden konnten, die dann (meist eingebunden in gleichgerichtete umfassendere Vollzüge) auch einer je neuen Aktualisierung fähig waren.

Verdichtungen solcher Art führen in dem seit neutestamentlicher Zeit ausgebildeten Katechumenat zu frühen Formen eines Taufsymbols (wie z.B. in Eph 4,4-6 erkennbar) und später zum bekannten Glaubensbekenntnis des *Apostolicums* und seiner förmlichen Übergabe[9] an die

---

schiedlichen Teilelementen zusammengewachsene zu sehen: vgl. J. GNILKA, *Das Evangelium nach Markus, I. Teilband: Mk 1-8,26* (EKK II/1), Zürich - Neukirchen 1978 *(künftig zitiert: Gnilka, Markus I)*, 23; sowie II. Teilband: 8,27-16,20 (EKK II/2), 1979 *(Gnilka, Markus II)*, 349, wonach auch im Rahmen der vormarkinischen Passionsgeschichte noch einmal "mit einem Urbestand" und "zahlreichen alten, aber auch sekundären Traditionen" zu rechnen ist. - Zu der gerade gegenüber der markinischen Passionsgeschichte, und dem Mk-Ev insgesamt, unangemessenen Voraussetzung Gnilkas, daß sich das Eigenzeugnis des Evangelisten als "Redaktion" umschreiben und durch Abzug der (im Sinne einer literarischen Vorlage aufgefaßten) "Tradition" gewinnen lasse, siehe unten VI, Anm. 4.

[8] Willkürlich ist eine Sicht, die (exegesegeschichtlich dem deutschen Idealismus und speziell dem Neukantianismus verhaftet) den Schriftbezug in Form eines auf die *Totalität* der Schrift gerichteten dogmatischen Postulats *vor* der Anknüpfung an *konkrete* alttestamentliche Aussagen und Gegebenheiten entstanden sieht. Dies ist auch angesichts der Situation der ersten Glaubenserweckung im Judentum ganz unrealistisch. Vgl. LEHMANN 205-221.

[9] So steht z.B. das, was später liturgiegeschichtlich als "traditio symboli" greifbar wird, von vorneherein im Kontext eines katechetisch und liturgisch ganzheitlichen

Taufkandidaten, oder innerhalb der frühchristlichen Eucharistiefeier zur Bildung der speziellen Anamnese als Konzentration des anamnetisch-doxologisch ausgreifenden Eucharistiegebets[10] (so schon in 1 Kor 11,26), oder auch zu entsprechenden Akklamationen und Doxologien. Und im speziellen thematischen Zusammenhang von 1 Kor 15,4 darf man sogar in einer Akklamationsform wie der des vielmaligen österlichen Grußes und seiner Antwort in der byzantinischen Osterfeier "Christus ist auferstanden" - "Er ist wahrhaft auferstanden" eine entfernte Parallele erblicken.

In allen diesen Fällen besitzt die knappe Form einen handlungsmäßig und sprachlich umfassenden Kontext, sei es vom allgemeinen Gemeindeleben (z.B. der Liturgie), sei es von der speziellen liturgischen Erfahrung oder gar einem persönlichen Bekehrungsprozeß her. Solche liturgisch-erfahrungsmäßigen Kontexte werden in einer Kurzform kondensiert, die ihrerseits zugleich der Tradition, wie der persönlichen Erinnerung, als Rückgrat dient, die jedoch immer wieder auch in ganzheitliche Vollzüge der gemeindlichen Liturgie und der individuellen Vertiefung einzubinden ist. Im Sonderfall kann die Kurzform des Bekenntnisses auch ganz für sich die volle Intensität ihrer Lebensbezüge realisieren, indem sie z.B. einen Menschen veranlaßt, seine ganze Existenz in das

---

und umfassend geformten Katechumenats; und das "symbolum" ist wiederum auf spätere liturgische Aktualisierungen innerhalb der Gesamtgemeinde ausgerichtet. - Das Kurzbekenntnis in Frage- und Antwortform (wie es aus der römischen Tauffeier zu Beginn des 3. Jahrhunderts durch Hippolyt bezeugt ist: BOTTE; vgl. oben, Anm. 5; 48ff.) stellt den prägnantesten Ausdruck eines Bekenntnisses dar, das in jeder Tauffeier der Gemeinde (in der Osternacht) im *vollen liturgischen Kontext* aktualisiert und in der "eucharistia" jeder Herrenmahlfeier *in Vollgestalt gebetshaft - anamnetisch - doxologisch* verwirklicht wird. Zu Strukturvergleich und Verwirklichungsanalogie von Bekenntnisvollzug und "eucharistia" vgl.: H.-J. SCHULZ, *Ökumenische Glaubenseinheit aus eucharistischer Überlieferung*, Paderborn 1976, 24-45; 37ff.

[10] Schon in der ältesten erhaltenen Textgestalt einer frühchristlichen "eucharistia" (Danksagung, Eucharistisches Hochgebet) faßt die spezielle Anamnese nach dem Einsetzungsbericht deklaratorisch das zusammen, was als *komplex geschildertes göttliches Heilswerk* im ersten Teil der "eucharistia" in Form des Dank- und Lobpreisungsgebetes entfaltet und dann in der Schlußdoxologie in jenen doxologischen Sprachstil transponiert wird, der Gott als den Empfänger des Lobpreises (grammatisch in der Objektivität der 3. Person) proklamiert. (Nach dem Vorbild der eucharistia des Hippolyt wurde insbesondere das Hochgebet II der erneuerten römischen Liturgie gestaltet, während die skizzierte Struktur *allen* Hochgebeten der großen Traditionsströme der antiochenischen und der byzantinischen, wie auch der alexandrinischen und der römischen Liturgiefamilie eigen ist.)

"Zeugnis" (als "Märtyrer") einzubringen, wie dies vor kaiserlichen Tribunalen zur Zeit der ersten Christenverfolgungen durch das Bekenntnis "Kyrios ist Jesus Christus" oder durch das z.B. den Organen stalinistischen Religionsterrors entgegengeschleuderte "Christus ist auferstanden!" geschah.

Die sprachliche Form der "Bekenntnistradition" erweist sich also als Verdichtung kerygmatischer, katechetischer und liturgisch-anamnetischer Vollzüge. Und in einer solchen volleren Sprachgestalt wird von 1 Kor 15,3ff. insbesondere *Evangelientradition* im Bereich der Passionsgeschichte mit Auferstehungsbezeugung vorausgesetzt, die auf anamnetische Aktualisierung ausgerichtet war.

3. Der gegenüber dem kerygmatischen Kerninhalt von 1 Kor 15,3-4 auffällige besondere Rückverweis von 1 Kor 15,5 auf die ersten Erscheinungen des Auferstandenen vor *Petrus und den Zwölf* ist nicht so zu verstehen, als ob hier ein episodisches Element oder ein solches der nur äußerlichen Vergewisserung angeführt würde. Vielmehr wird Gottes Heilstat direkt auf die Empfänger des Kerygmas hin aktualisiert; und der von Petrus und den Zwölf ausgehende Verkündigungs- und Traditionsprozeß wird in seiner *personalen Struktur* transparent[11]. Die "Bekenntnistradition" erscheint an Jerusalem und an das Wirken Petri rückgebunden, was unabhängig davon gilt, ob Paulus die "Bekenntnistradition" in Antiochien (als eine dort von Jerusalem übernommene) oder direkt in Jerusalem empfangen hat, sowie unabhängig auch davon, ob man einen ursprünglich *semitischen* Text annimmt, der übersetzt wurde, oder nur das Durchscheinen semitischer Sprachelemente in einem *griechischen* Originaltext[12]. Der Rückbezug auf *petrinischen Apostolat*, der innerhalb der "Bekenntnistradition" in 1 Kor 15,5 eigens artikuliert ist, muß - wie Paulus in 1 Kor 15,6-8 klarstellt - für jedes bevollmächtigte "Verkünden" und jeden bevollmächtigten Aposteldienst in Rechnung gestellt werden.

---

[11] Durch 1 Kor 15,5 ist jedes Bekenntnis in der Kirche ähnlich auf den *Ursprung* des kerygmatischen Prozesses zurückverwiesen, wie die Bekenntnisformel von Eph 4,4-6 ihrer Struktur nach "die eine Taufe" als Ziel und Ort eines Aktualisierungsprozesses erweist, dessen Ausgangspunkt das göttliche Erlöungswerk selbst ist. Zur Beanstandung von 1 Kor 15,5ff. durch *Bultmann* und die sogenannte "kerygmatische Theologie" siehe unten, Anm. 20.

[12] Vgl. zu diesen Fragen LEHMANN 87-115.

Der von den Vorvätern der Formgeschichte angenommene petrinisch-paulinische Grundgegensatz, der bei den Formgeschichtlern selbst wesentlich zu dem verzerrten Bild einer späten und fragwürdigen Evangelienentstehung beigetragen hat, verwandelt sich angesichts von 1 Kor 15,5 zu einem schlagkräftigen Zeugnis für die petrinisch-paulinische Verkündigungs- und Apostolatsgemeinschaft, welches Zeugnis auch von Gal 1-2 nicht widerlegt, sondern bestätigt wird. Paulus bringt durch die Einbeziehung seiner selbst als des "letzten Apostels" in jene Reihe der Zeugen des Auferstandenen (15,8), an deren Spitze Petrus steht, zum Ausdruck, daß sein Apostolat ihm zwar durch keines Menschen Vermittlung zugekommen ist (vgl. Gal 1,1), jedoch in unauflöslicher Beziehung steht zu dem der Protophanie gewürdigten Erstzeugen und Erstverkündiger der Auferstehung, der kein anderer ist, als der vorrangig Berufene des *vorösterlichen* Jüngerkreises. Auch wenn Paulus eine ureigene und nicht auf Menschen rückführbare Berufung empfangen hat und seine Aufgabe nicht in einer Rekapitulation vorösterlicher Jüngererfahrungen[13] sehen kann, so bedeutet dies weder Ignoranz noch "Desinteresse" hinsichtlich Lebensweg, Prozeß und Todesschicksal Jesu (für welche Paulus immerhin ein bewußt registrierender, freilich fehlorientierter und zur Bekehrung gerufener Zeitzeuge war), noch die Konzeption eines Kerygmas, das sich vom Kerygma Petri und der Urgemeinde hätte abkoppeln können oder wollen.

Die Bevorzugung des Namens "Kephas" durch Paulus ist nicht zu trennen vom Bewußtsein Pauli auch dafür, daß Petrus diesen Namen von Jesus innerhalb der vorösterlichen Jüngergemeinschaft erhalten hatte[14] und daß eben dieser Petrus als der der Protophanie gewürdigte

---

[13] So bedarf Paulus des Jerusalembesuches und der Konsultation Petri laut Gal 1-2 weder zur Legitimation seines Apostolats, noch zur Konzeption dessen, was den Kern "seines Evangeliums" ausmacht; doch wird der 14tägige Aufenthalt bei Petrus in Jerusalem (Gal 1,18) entscheidend wichtig für die Wirksamkeit und die "Koinonia" (Gal 2,9) der Hauptapostel.

[14] Vgl. die akribische Untersuchung von R. PESCH (*Simon Petrus. Geschichte und geschichtliche Bedeutung des ersten Jüngers Jesu Christi,* Stuttgart 1980; *künftig zitiert: Pesch, Petrus*) über den Gebrauch des Namens Simon, Kephas, Petrus in den neutestamentlichen Schriften: Der bei der Konstituierung des Zwölferkreises dem Simon verliehene *Bei*name (der vorösterlich noch nicht als neuer *Eigen*name figuriert, da sich die Anrede Jesu stets noch an "Simon" richtet) wird nachösterlich zum *Amts*namen "Kephas", der jedoch auch in Funktion eines Eigennamens erscheint (so bei Paulus) und im Zuge der großen Heidenmission in gleicher Funktion vorwiegend die griechische Form "Petros" annimmt (25-35). Ebd. auch zur Wort-

erste Apostel (auch des paulinischen Verständnisses) zum Erstverkündiger und zum ersten der gemeindegründenden und -auferbauenden "Baumeister" geworden ist, in welcher Funktion sich Paulus in 1 Kor 3,10ff. erkennt. Wenn Paulus ein für allemal den Grund in Christus gelegt sieht (3,11), andererseits beim Gemeindeaufbau durch die Gnade Gottes selbst den Grund legen durfte (3,10) und andere auf diesem Grund weiterbauen werden, dann spielt er genau auf jenes Verhältnis an, das einerseits durch Christus als Fundament und Grundstein schlechthin und andererseits durch Simon Petrus als berufenen "Kephas" und die übrigen Apostel als Baumeister gekennzeichnet ist. Auch in Gal 1-2 kann Paulus "sein Evangelium" und seinen Aposteldienst nicht deutlicher kennzeichnen als im Bezug zum "Evangelium des Petrus für die Beschnittenen" und zu dessen Apostelдienst (Gal 2,8f.). Kephas wird von Paulus zwar erst drei Jahre nach der Bekehrung aufgesucht, aber doch als erster der Apostel und immerhin für 14 Tage (Gal 1,18), wodurch er keine neue Legitimation empfängt, aber eine Voraussetzung schafft für seine koordinierte und effektive Mitarbeit am großen apostolischen Missionswerk. Jakobus, Kephas und Johannes erscheinen als Orientierungsfiguren in Gal 2,9. Und Gal 2,11 beweist durch die Schwere des Anstoßes, den Paulus nimmt, nur umso mehr, was er von Petri Rolle als Kephas erwartet und durch Kephas garantiert sehen möchte.

4. Entsprechend der Transparenz des paulinischen Zeugnisses für die von Jerusalem und letztlich vom *Wirken Petri* ausgehende Verkündigungs- und Bekenntnistradition ist nun nach jenen *differenzierten* kerygmatischen und anamnetischen Inhalten zu fragen, die im Hintergrund der Bekenntnistradition von 1 Kor 15,3f. stehen und auf bereits geformte *Evangelientradition* zurückschließen lassen. Die Bekenntnisformel selbst mit ihrer Kernaussage "gestorben für unsere Sünden gemäß der Schrift" konnte offenbar nur Gläubigen sinnvoll tradiert werden, denen aus Predigt, Liturgie und Katechese vertraut war, in welcher Vollmacht und Heilsabsicht Jesus seinen Tod tatsächlich so gestorben war, daß dieser wirksam unsere Sündenschuld zu tilgen vermochte. Und zugleich mußte bei der Tradierung der Bekenntnisformel klar sein, was mit der Wendung "gemäß der Schrift" gemeint war. Solche Fragen

---

bedeutung von Kepha, Petra, Petros. - Zum vorösterlichen Kreis der Zwölf vgl. ROLOFF 153-168.

mußten schon von den ersten Erweckungs- und Bekehrungspredigten Petri berücksichtigt werden. Denn wer von den Juden hätte glauben sollen, daß sich Gott durch die Auferweckung Jesu definitiv auf die Seite eines Gekreuzigten gestellt hatte, wenn nicht deutlich wurde, daß ein in einzigartiger Weise Gerechter ungerecht verurteilt worden war? Es durfte kein Zweifel daran bleiben, daß dieser Verurteilte die Züge des aus "der Schrift" vertrauten "leidenden Gerechten"[15] trug und daß er das Schicksal des prophetischen Gottesknechtes nach Jes 53 erlitten hatte, der wissend, willentlich und von Gott dafür erwählt, "die Sünden der vielen" (Jes 53,12) auf sich genommen hatte[16].

5. Eben diese Schriftbezogenheit des ältesten Kerygmas, die in 1 Kor 15,3ff. in der Wendung "gestorben für unsere Sünden" vor allem Jes 53 durchscheinen läßt, wird bestätigt durch die *Herrenmahltradition* von 1 Kor 11,23ff., die Paulus in ihrer Analogie zur "Bekenntnistradition" deutlich herausstellt. Das "für euch" des Brotwortes (11,24) und "der neue Bund in meinem Blut" (11,25) kennzeichnen die Wirklichkeit der Heilsgabe, als die Jesus sich selbst den Jüngern schenkt, und offenbaren Jesus als den "Gottesknecht"[17], der zum "Bund für das Volk" (Jes 42,6;

---

[15] Vgl. zu diesem urbildlichen Topos, der in allen Schichten des AT begegnet: L. RUPPERT, *Passio Iusti. Eine motivgeschichtliche Untersuchung zum Alten Testament und zwischentestamentlichen Judentum,* Würzburg 1972; DERS., *Jesus als der leidende Gerechte. Der Weg Jesu im Lichte eines alt- und zwischentestamentlichen Motivs,* Stuttgart 1972.

[16] Die gängige Auffassung, daß Bezugnahmen auf Jes 53 einer späteren theologischen Entwicklung, bzw. einer späteren Traditionsgeschichte der Formung der Passion angehören, als solche auf Stellen vom "leidenden (und erretteten) Gerechten" in Psalmen (wofür L. Ruppert - siehe vorige Anmerkung - *E. SCHWEIZER, Erniedrigung und Erhöhung bei Jesus und seinen Nachfolgern,* Zürich ²1962, 50 anführt) ist nicht stichhaltig. Allerdings wird die übliche jüdische Deutung von Jes 53 auf den Typos des "leidenden Propheten" christlich transzendiert im Sinne des "leidenden und verherrlichten Messias" (gemäß der Vollendung des sühnenden Gottesknechtes laut Jes 53,10ff.), was letztlich auf Jesu eigenes messianisches Bewußtsein (vgl. die unten, Anm. 73, genannten Arbeiten von O. BETZ und A. STROBEL, sowie die Beiträge von R. PESCH: unten, Anm. 21 und 42) und Jesu ureigene Deutung seines Todes zurückzuführen ist. - Letztere wurde gegen R. Bultmann, A. Vögtle und andere besonders nachdrücklich herausgestellt durch: R. PESCH, *Das Abendmahl und Jesu Todesverständnis,* Freiburg 1978 *(künftig zitiert: Pesch, Abendmahl)*, 69-102; 107-111.

[17] Zahlreiche Aspekte jüdischer Passalamm- und Gottesknechtstypologie (letztere basierend auf Jes 53) werden im Hintergrund der paulinischen Herrenmahltradition und -paränese nachgewiesen durch: O. BETZ, *Das Mahl des Herrn bei Paulus*, in:

49,8) wurde und "sein Leben dem Tod preisgab". Damit ist Jes 53 als Schriftbezug auch des "gestorben für unsere Sünden" in 1 Kor 15,3 bestätigt.

Dem *differenzierten Schriftbezug* von Herrenmahl- *und* Bekenntnistradition entspricht wiederum auch ein *differenzierter Rückbezug* der Tradition auf den *Kontext konkreter Geschehnisse* des Lebens Jesu um Abendmahl und Kreuzestod. Denn auch die "Verkündigung des Todes des Herrn" gemäß 1 Kor 11,26 ist nicht auf die zitierten Elemente der Verba Testamenti beschränkt, sondern setzt ein weiteres Ausgreifen voraus, dessen strukturelle Haftpunkte im Herrenmahl die Segnung des Brotes und die feierliche Danksagung über den Kelch (vgl. 1 Kor 10,16f.) gemäß dem Segnen und Danksagen Jesu (gemäß 11,24f.) sind.

Zwei konkrete Geschehnisse des Mahles wie auch des Todes Jesu zieht Paulus direkt in 1 Kor 11,23ff. mit heran: die "Nacht" des Mahles, die zur Nacht des "Verrats" wurde und die den Tag des schon im Mahle bezeichneten Todes heraufführte. Diese im Kontext des Herrenmahles erwähnten Momente "Nacht" und "Verrat" sind eindeutig primär solche jener *Evangelientradition*, die bereits hinter der Tradition von Bekenntnis und Herrenmahl steht und die ihrerseits außer dem Bericht vom Letzten Mahle und vom Tode des Herrn auch die übrigen *Ereignisse der Nacht des Verrates* umfaßte. Denn schwerlich waren die Traditionselemente "Nacht" (des Letzten Mahles) und "Verrat" Bestandteile ausschließlich der Herrenmahltradition, so daß Paulus und die Christen seiner Zeit außerhalb derselben für diese sonst "kein Interesse" gehabt hätten. Vielmehr spielt Paulus bei den Korinthern auf die Kenntnis einer Leben-Jesu-Überlieferung an, aus der die Verbindung der Elemente: Nacht, Letztes Mahl und Verrat bekannt ist. Wie die

---

DERS., *Herr der Kirche*, 217-251. Mehrfache Bezugnahmen auf Jes 53 eignen dabei den Deuteworten in 1 Kor 11 und bei den Synoptikern (so bezüglich des *sühnenden* Blutvergießens). - Laut R. PESCH, (vgl. *Abendmahl*; DERS., *Evangelium*; DERS., *Das Evangelium in Jerusalem* - siehe unten, Anm. 68 -) bewahrt Mk 14,22ff. die Sprachgestalt der Worte Jesu in ihrer ältest erreichbaren, getreulich erinnerten und schon vor Ende der 30er Jahre im "Evangelium der Urgemeinde" verschrifteten Form. - PESCH *(Abendmahl* 48) sieht das Wort vom "neuen Bund in meinem Blut" (1 Kor 11/Lk 22) gemäß Jer 31,31 und im 2. Teil aus der *Rückschau* auf den Sühnetod Jesu geformt, während die Perspektive von Mk 14,24 den *futurisch bezogenen* Akt des Blutvergießens (historisch transparent für die Situation des Letzten Mahles) offenbart.

spätere liturgische Entwicklung beweist[18], war die Herrenmahltradition als solche gerade kein geeignetes Vehikel zur Bewahrung jener präzisen Verklammerung der Ereignisse, an die Paulus in 1 Kor 11,23 erinnert. Als deren Ort und "Sitz im Leben" ist vielmehr die *Passionsgeschichte* und ihre anamnetische Aktualisierung in der Passanacht anzunehmen (wovon noch zu sprechen sein wird).

b) 1 Kor 15,3-5 und das Kerygma Petri: die inhaltliche Spannweite der ältesten Evangelienüberlieferung von Leben, Sterben und Auferweckung Jesu

1. Lieferte bereits die Herrenmahltradition von 1 Kor 11,23ff. eine präzise Bestätigung jener Indizien, die im Hintergrund von 1 Kor 15,3-5 eine ganzheitlich ausgebildete Evangelientradition im Umfang der Bezeugung von Passion und Auferweckung Jesu erkennen ließen, so ergibt sich eine weitere Bestätigung vom ältesten *Kerygma Petri* her. Auf die Erscheinung des Auferstandenen vor Petrus verweist ja 1 Kor 15,5 ausdrücklich, insofern diese Protophanie der Ursprung aller gemeindebegründenden Auferstehungsbezeugung war. Und da sie dem Erstberufenen des *vorösterlichen* Jüngerkreises zuteil wurde, bedeutet dies zugleich die Verknüpfung der Auferstehungsbezeugung mit dem *vorösterlichen Wirken Jesu*, das in Vollmacht geschah und das Gott nun in der Auferweckung eschatologisch definitiv und in einzigartiger Weise beglaubigt hatte.

So können die Petruspredigten von Apg 1-10, deren gedankliche Grundstrukturen Lukas von seinen Quellen her - wie sich zeigen wird - zutreffend wiederzugeben in der Lage war, hinsichtlich ihrer Transparenz für die ganze inhaltliche Spannweite der im Kerygma von 1 Kor 15,3-5 konzentrierten (zunächst mündlichen) Evangelientradition be-

---

[18] Die späteren liturgischen Einsetzungsberichte greifen oft die "freie Selbstüberlieferung" an das Leiden (Hippolyt), eventuell als die "in der Nacht" geschehene heraus (Basiliusanaphora), oder begnügen sich mit allgemeiner Zeitangabe (Römischer Kanon: "Qui pridie quam pateretur"). Ausführlich formuliert die Chrysostomusanaphora: "in der Nacht, in der er ausgeliefert wurde, tatsächlich aber sich selbst für das Leben der Welt auslieferte". - Demgegenüber ist 1 Kor 11,23 umfassend und präzis auf Zeitangaben und Fakten der Passionsgeschichte bezogen.

fragt werden: insbesondere auch für jene Inhalte, deren Konvergenz mit der Bekenntnistradition sich nicht schon im vorausgehenden auch durch die Herrenmahlüberlieferung (gemäß 1 Kor 11,24ff.) bestätigen ließ. Die vom Kerygma Petri erhoffte Erhellung betrifft speziell auch die Einzelelemente der *Osterbotschaft* der Evangelientradition, die - anders als die *Passionstradition* an 1 Kor 15,3 - ihrerseits an 1 Kor 15,4 nur teilweise zu verifizieren waren.

Vorgängig dazu sei jedoch zunächst noch auf die Stringenz verwiesen, die sich für wichtige Züge des *irdischen Jesus* und seines Wirkens als Moment der Evangelientradition gerade aus jener Situation der frühesten Glaubenserweckungen ergibt, auf die die ersten Bekehrungspredigten Petri vor Juden in Jerusalem ausgerichtet waren. Bezugnahmen dieser Predigten auf das irdische Wirken Jesu waren umso nötiger und mußten umso sorgfältiger geschehen, als es galt, jene psychologische Sperre zu durchbrechen, die der als fluchbeladen geltende Kreuzestod schuf. Und diese Bezugnahmen unterlagen zwangsläufig der Zeitzeugenkontrolle auch solcher Kreise, die allzu gern die Apostel des Betrugs, der Mystifizierung und der Geschichtsklitterung überführt hätten.

In dieser Situation versteht sich die Herausstreichung des Moments apostolischer *Augenzeugenschaft*, die Lukas vornimmt, von selbst; und sie ist weit entfernt von theologischen Konstruktionsabsichten[19].

Wenn Lukas die Augenzeugenqualität der apostolischen Verkündigung betont und Paulus Apostolat und Verkündigung der Altapostel und

---

[19] Zwar hat man oft in jener in Apg 1,21f. umschriebenen Augenzeugenschaft "von der Taufe des Johannes an" und einem davon abhängigen "Zeuge-seiner-Auferstehung-Werden" (ebd.) den schlagenden Beweis für ein lukanisches Mißverständnis sowohl des ursprünglichen Sinns der Existenz des Zwölferkreises, als auch der eigentlichen Konstituierung des Apostolats (gemäß 1 Kor 15,5) und seiner Funktion (im Sinne Pauli) gesehen. Vgl. zur Wiedergabe dieser Positionen ROLOFF 177. - Doch demgegenüber gilt: "Lukas wird der Funktion der Zwölf grundsätzlich gerecht, wenn er in ihnen nicht nur die Gewährsleute für die Auferstehungsbotschaft, sondern zugleich auch die Zeugen für Wort und Lehre des Jesus der Erdentage sieht. - Es entspricht im Grunde auch den älteren synoptischen Zeugnissen, wenn er ihr Verhältnis zum Jesus der Erdentage als Vorbereitung auf ihre spätere Funktion als Leiter der Kirche sieht, insofern als Jesus tatsächlich die Zwölf für ihre Aufgabe als Grundsteine des neuen Gottesvolkes gerüstet haben dürfte. Daß daneben bei Lukas ihre Bedeutung für die 'Zeit der Kirche' stärker in den Mittelpunkt rückt, hängt mit dem heilsgeschichtlichen Aufriß seiner Theologie zusammen" (ROLOFF 199). - Zum traditionsgeschichtlichen Kontext von Apg 1-6 siehe oben, IV, Anm. 10.

seiner selbst an die Erscheinungen des Auferstandenen bindet (1 Kor 15,5-8), so geben beide Rechenschaft über Wege der Gnadenführung Gottes und sind nicht etwa, insofern sie "Interesse am historischen Jesus" zeigen, und zugleich der inkarnatorischen Struktur der Glaubensbegründung entsprechen, der Verfälschung des Kerygmas zu beschuldigen, wie dies von seiten Bultmanns und der "Kerygmatheologie" zu geschehen pflegte[20].

2. Petrus konnte schon in seinen ersten Bekehrungspredigten weder von Ursache und Anlaß des Todes Jesu und den dafür aufschlußreichsten Ereignissen des Lebensweges Jesu, noch von persönlichen Erinnerungen an die vorösterliche Zeit, absehen. Und er konnte ebensowenig die *ihm* widerfahrenen Erscheinungen des Auferstandenen verschweigen, wenngleich die Berufung auf diese offenbar mit großer Zurückhaltung geschah, da die Protophanie des Auferstandenen vor Petrus in den Petruspredigten der Apg und im Zeugnis der vier Evangelien nicht mit der Deutlichkeit von 1 Kor 15,5 hervorgehoben wird.

Jedenfalls war es von Anfang an unumgänglich, Leben und Werk des irdischen Jesus so transparent wie möglich für die urbildliche Gestalt des "leidenden Gerechten" (Weish 2,12-20; 5,1-7) werden zu lassen, wie vor allem für die des Gottesknechtes gemäß Jes 53. Dieser Gestalt sind deutlich prophetische Züge eigen, aber auch *messianische*, die allerdings von den herrschenden Messiasvorstellungen des Judentums zur Zeit Jesu gänzlich abwichen und auf Jesus hin transzendiert werden mußten. Zugleich bot zudem das Urbild des nach seinem Leiden *gerechtfertigten*, ja, nach seinem Ende *verherrlichten* "Gerechten" (Weish 2,18; 5,1ff.) einen wichtigen Anhaltspunkt, um auch einen *Zugang zur Auferweckung Jesu* zu schaffen (auch wenn diese letztlich vorbildlos war). Laut diesen typologischen Zeugnissen steht der Gerechte beim Gottesgericht "herrlich da" (Weish 5,1) und der Gottesknecht "erblickt, nachdem er so vieles ertrug, das Licht" (Jes 53,11). - Daß jedoch das

---

[20] In der "existentialen" Schriftauslegung Bultmanns ist die Alternative zwischen dem eigentlichen Inhalt des "Kerygma" und der "Historie" so verschärft, daß Paulus wegen 1 Kor 15,3-8 der "Inkonsequenz" und einer "fatalen Argumentation" geziehen wird: Paulus will "das Wunder der Auferstehung durch Aufzählung der Augenzeugen als historisches Ereignis sicherstellen" (R. BULTMANN, *Kerygma und Mythos I*, Hamburg ³1954, 44f.). "Freilich kann ich 1 Kor 15,3-8 nicht als Kerygma anerkennen; die Argumentation ist deshalb 'fatal', weil sie einen Beweis für die Glaubwürdigkeit des Kerygmas erbringen will" (ebd. 130).

Auferstehungskerygma nicht auf alttestamentliche Verständniskategorien reduziert werden kann, noch einfach die lineare Verlängerung jener jesuanischen Selbstbezeugungen ins Christuszeugnis der Jünger hinein darstellt, in welchen sich Jesus als der messianisch-eschatologische "Menschensohn" bekannte[21], wird aus dem Kerygma Petri ebenso deutlich, wie aus dem paulinischen Glaubenszeugnis und der österlichen Evangelientradition.

Die bereits genannten und von 1 Kor 15,3-5, wie auch von Apg 2-4 vorausgesetzten *alttestamentlichen Schriftbezüge* des apostolischen Kerygmas lassen eine breit angelegte Erhellung des Lebensweges Jesu von der Schrift her erkennen und sprechen für eine frühe Formung der Evangelientradition, ja, sogar für eine nicht lange verzögerte Entstehung des ersten Vollevangeliums. Denn es liegt in der Perspektive des ältesten apostolischen Schriftbezuges, wenn Markus sein Evangelium als "Euaggelion" des "Freudenboten" von Jes 40,1 einführt: Der Rufer von Jes 40,3 erscheint hier in der Person Johannes des Täufers, um seinerseits zum eigentlichen Verkündiger und Heilsbringer und zur Botschaft desselben überzuleiten (Mk 1,14). Eine solche Schriftverwendung erweist sich als denkbar ursprünglich und gibt keinerlei Anlaß, an "Erfüllungstheologie" von einer Art zu denken, die darauf angewiesen wäre, von den "Typoi" des Alten Testaments her neutestamentliche Geschichte mehr oder weniger gewaltsam zu konstruieren.

3. In Rückverfolgung der Traditionslinie von 1 Kor 15,5 ist nur zur Erhellung frühester Gestaltung von Evangelientradition noch differenzierter auf das Kerygma Petri selbst zurückzugreifen, soweit es in den *Petrusreden von Apg 1-10* durchscheint und teilweise in ihnen sogar deutliche Konturen gewinnt.

---

[21] Dies wurde R. PESCH in Erwiderung auf seine Tübinger Gastvorlesung von 1972 *"Die Entstehung des Glaubens an die Auferstehung. Ein Vorschlag zur Diskussion"* (Theol.Qs. 153, 1973, 201-228) z.B. von P. STUHLMACHER (ebd. 244-251) und M. HENGEL (ebd. 252-259) vorgehalten. R. PESCH konnte sein Anliegen (in der Replik ebd. 270-283) präzisieren und weniger anfechtbar in seiner Freiburger Antrittsvorlesung neu entfalten: *Zur Entstehung des Glaubens an die Auferstehung Jesu. Ein neuer Versuch* (Freib. Zs. f. Phil. u. Theol. 30, 1983, 73-98), wo die *Historizität der eschatologischen Menschensohn-Aussagen Jesu* und die *inhaltliche Kontinuität* der Visionen des Auferstandenen mit der messianischen Selbstoffenbarung Jesu dargetan wird.

Entgegen der besonders in den 50er und 60er Jahren eskalierten Abwertung der lukanischen Theologie[22] und des historischen Zeugniswertes der Apg[23] wird inzwischen nach Forschungen von B. Reicke[24], J. Roloff[25], M. Hengel und C.-J. Thornton[26], sowie auch R. Pesch[27] die Quellentreue der Apg wieder stärker anerkannt. Dementsprechend bieten die in der Apg gekennzeichneten Situationen der Petruspredigten tatsächlich einen zeitgeschichtlich wichtigen Aufschluß und lassen die Struktur der Petruspredigten insgesamt als quellenmäßig begründete und der Situation jeweils angemessene erkennen.

Dies gilt bereits für die Situation der Nachwahl des Matthias unter die Zwölf in Apg 1. Für diese konnten B. Reicke und J. Roloff die zeitgeschichtlich einzigartig aufschlußreiche und unwiederholbare Parallelität zu historisch bezeugten Formen *essenischer Gemeindeorganisation* herausstellen[28].

In dieses Bild paßt die für ähnliche Situationen durch die essenische Literatur dokumentierte Verwendung von Ps 109,8[29], die in Apg 1,20 Petrus zugeschrieben wird und von der aus literarischen Parallelen angenommen werden kann, daß Petrus tatsächlich so argumentiert hat. In Apg 2,14-36 erfolgt sowohl die Darstellung des Kerygmas von dem um unserer Sünden willen Gestorbenen und Auferstandenen[30], als auch die

---

[22] Gegen einige Exzesse derselben wendet sich: KÜMMEL, *Lukas*; und: *"Das Gesetz und die Propheten gehen bis Johannes"*, in: W.G. KÜMMEL, *Heilsgeschehen und Geschichte, Bd. II, Ges. Aufs. 1965-1977*, hrsg. v. E. Grässer und O. Merk, Marburg 1978, 75-86.

[23] Auf dieser Linie liegt der Kommentar von E. HAENCHEN und weitgehend auch der von G. SCHNEIDER (siehe unten, VIII, Anm. 13, 58, 80).

[24] B. REICKE, *Glauben und Leben der Urgemeinde*, Zürich 1957 *(künftig zitiert: Reicke)* sowie: REICKE, *Verfassung*.

[25] ROLOFF (vgl. IV, Anm. 10).

[26] Zu HENGEL und THORNTON siehe unten, VIII, Anm. 12.

[27] R. PESCH, *Die Apostelgeschichte*, 2 Bde. (EKK V,1-2), Zürich - Neukirchen 1986 *(künftig zitiert: Pesch, Apostelgeschichte I bzw. II)*.

[28] REICKE, *Verfassung*; ROLOFF 172ff. - Zu den Beziehungen zwischen Urgemeinde und essenischen Kreisen vgl. auch: R. RIESNER, *Essener und Urkirche in Jerusalem:* BiKi 40 (1985) 64-76, sowie oben, IV, Anm. 10.

[29] ROLOFF 174.

[30] Von der Schriftbegründung des lukanischen Satzes "Mußte nicht der Christos das alles leiden und so in seine Herrlichkeit eingehen" (Lk 26,26.42), der auch hinter Apg 2,22-36; 3,20-26; 4,25-28 steht, als einem "Rückverweis", der in Lk 24,25f. "die Form des Weissagungsbeweises annimmt", sagt ROLOFF (189) im Vergleich mit 1 Kor 15,3f.: "daß es sich bei diesem Motiv um einen sehr alten *untrennbar mit*

Deutung der Naherwartungssituation der frühen Gemeinde gemäß dem Propheten Joel, anscheinend so quellenbegründet und situationsgerecht, daß in keinem Fall von lukanischer Konstruktion gesprochen werden kann.

Dies gilt speziell auch von der *Berufung auf Machttaten, Wunder und Zeichen*, durch die Jesus in seinem Wirken von Gott beglaubigt wurde (Apg 2,22), der sich durch die Tat der *Auferweckung* so definitiv auf die Seite seines Erwählten gestellt hat (2,36), daß diesem eschatologischen Ereignis auch *apokalyptische* Zeichen folgen werden (2,19)[31].

4. B. Reicke betont mit Recht, daß die erste glaubenserweckende Predigttätigkeit Petri größeren Stils, die Petrus in Jerusalem entfaltete (wie auch immer der Rahmen der pfingstlichen Ereignisse näher zu deuten ist), alle Chancen hatte, durch Zeitzeugen wenigstens in den entscheidenden Argumentationspunkten, dem Gottesknechtschicksal Jesu und dem aufgrund des endzeitlichen Eingreifens Gottes bei der Auferweckung Jesu nahen Weltende (Joel 3,3ff.; Apg 2,19ff.), gedächtnismäßig festgehalten und überliefert zu werden[32]. Jedenfalls trifft die Berufung auf Joel die durch die Erwartung der nahen Wiederkunft des Herrn gekennzeichnete Situation der Hörerschaft denkbar genau. Reicke weist zugleich darauf hin, daß die (am Schreibtisch kultivierte) "Naherwartungsidee" in der von J. Weiß, M. Dibelius und R. Bultmann vertretenen Form, die Erinnerungen an den "historischen Jesus" angeblich uninteressant werden ließ, nie eine von der Schrift und der Gemeindesituation her nachvollziehbare Realität in der Weise war, daß wegen des schnellen Endes Gemeindegründungen, Taufe, Herrenmahl,

---

dem Auferstehungskerygma verbundenen Zug handeln muß", den Lukas sachgemäß herausarbeitet.

[31] Die glaubenserweckende Predigt Petri geschieht jedenfalls in Verbindung mit pneumatisch gewirkten Zeichen, die von den Augen- und Ohrenzeugen apokalyptisch gedeutet werden und die Petrus einerseits zurückbezieht auf die Machttaten, Wunder und Zeichen, die Gott durch Jesus wirkte, und die er andererseits auf kosmische Zeichen ausrichtet, die folgen werden. - Zum übergreifenden Phänomen der Zeichen, die das apostolische Wirken auch nach Ausweis von Gal 3,5; 1 Kor 1,22; 12,29f.; 14; 2 Kor 12,12 begleiten, vgl. ROLOFF 79, Anm. 131.

[32] REICKE (40ff.) rechnet mit der Möglichkeit, daß *Johannes Markus*, Mitglied der Urgemeinde und Zeuge der Pfingstgeschehnisse (bzw. Kontaktmann zu Zeugen derselben), zuverlässige Nachrichten an *Lukas*, mit dem er als Missionshelfer zusammenarbeitete (Kol 4,10.14), übermittelt hat.

Kirchenorganisation und Niederschrift der Evangelientradition für überflüssig hätten erachtet werden können.

Die apokalyptische Szene, die in Joel 3,3-5 dramatisch beschworen wird, ist eine solche, daß sie, auf die Jerusalemer Hörer der Petruspredigt bezogen, das Interesse an den Taten und Worten Jesu nicht schwinden, sondern vielmehr aufs höchste aktuell werden läßt. Denn die Hörer wollen wissen, was für Ereignisse der Veranlassung göttlichen Eingreifens es waren, die befürchten lassen, daß Himmel und Erde erschüttert werden und daß das Ende der Zeiten heraufzieht. Entsprechend dieser hochgespannten Erwartung kann Petrus Christus verkündigen, indem er den schon in seinem irdischen Wirken immer wieder "von Gott durch Machttaten, Wunder und Zeichen beglaubigten Jesus" den Hörern vor Augen stellt, der ans Kreuz geschlagen wurde und den Gott auferweckt hat.

Reicke umschreibt als "Argument a" Thematik und Schriftbezug von Apg 2,22f. folgendermaßen: "Die Juden haben Jesus, den Gesandten Gottes, trotz seiner Wundertätigkeit verkannt und dem Tode ausgeliefert, so daß jetzt die Gottesknechtsprophetien erfüllt sind" (44f.).

Der Schriftbezug auf Jes 53 als ein schon mit dem ältesten Kerygma von dem "für unsere Sünden Gestorbenen und Auferweckten" verbundener wird deutlicher noch als in Apg 2,22-36 in der Tempelrede Petri von Apg 3,12-26. Dort findet sich auch in 3,13.26, und ebenso dann in 4,27.30, der archaische "Knecht-Gottes"-Titel auf Jesus angewandt, der zur Zeit der Abfassung der Apg (sei es, daß man diese mit der kirchlichen Tradition, und in diesem Falle auch mit A. von Harnack, in die frühen 60er Jahre, oder erst in die 80er Jahre datiert) längst unüblich war. Durch die Verwendung dieses Titels wird eindeutig sichergestellt, daß Lukas älteste Quellen für die Bekehrungspredigten in Apg 2-3 benutzt[33] bzw. detaillierte Kenntnisse über die früheste Zeit der Urgemeinde erworben hat, die uns deutlicher und weiter zurück in die kerygmatische, katechetische und anamnetische Situation der Urkirche schauen lassen, als dies von den vorpaulinischen Traditionen in 1 Kor 11 und 15 und den paulinischen Briefen her sonst möglich wäre.

---

33 Vgl. REICKE 68-71; sowie zum vorlukanischen Charakter dieser Reden auch: PESCH, *Apostelgeschichte I*, 150f.; zu den Aussagen vom "Knecht Gottes" und vom "Gerechten" als Bezugnahmen auf die "Prophetengeschicktradition", sowie zu deren Ausrichtung auf Verherrlichungsaussagen: ebd. 153, wo auch auf die weisheitliche Tradition vom "Gerechten" (Weish 2,18) hingewiesen wird (vgl. oben, Anm. 15).

5. Was die früheste schriftbezogene apostolische Deutung des Todes und der Auferweckung Jesu angeht, so findet sich in der Wiedergabe des ältesten Jerusalemer Kerygmas Petri für die Auferweckung Jesu *kein gesonderter Schriftbezug*, sondern der für Tod *und* Auferweckung geltend gemachte (gemäß Jes 53 bzw. der weisheitlichen Aktualisierung der Gottesknechtslieder in Weish 2,12-20 und 5,1-7). Auch findet sich in den Bekehrungspredigten vor Juden in Jerusalem kein Hinweis auf die Wortverbindung *"auferweckt am dritten Tag"*, oder auf *Jesu Grab*, insofern es am Ostermorgen leer aufgefunden wurde[34].

Ist dies ein Hinweis darauf, daß beide Aspekte so zusammengehören, daß sie nur gemeinsam auftreten oder gemeinsam fehlen können, - und zugleich ein Indiz dafür, daß ihnen im frühesten Kerygma Petri noch keine Bedeutung zukam[35]?

Hinsichtlich einer ursprünglichen Zusammengehörigkeit des Aussagemoments "am dritten Tag" und des Motivs der Grabauffindung sind die exegetischen Auffassungen geteilt[36]; und tatsächlich stellt sich die Frage neu von der Petruspredigt in Apg 10 her. Hier, vor dem heidnischen Hauptmann Cornelius, in der Situation der nach Antiochien ausgreifenden frühesten kirchlichen Mission (sofern die zeitgeschichtliche Einordnung der "vorlukanischen" Corneliustradition durch Lukas zutrifft) begegnet erstmals in einer Petruspredigt der Apg der Topos "am dritten Tag" (Apg 10,40); und es fragt sich, ob das Motiv der Grabauffindung, auf das der Kontext nicht explizit hinweist, tatsächlich fehlt; oder ob es im Kontext doch mitverarbeitet ist, so daß man seine Be-

---

[34] Wenn in Apg 2,29 auf das Grab Davids angespielt wird, so nur um zu zeigen, daß die Prophezeiung Davids (Ps 16,10: Apg 2,27): "Du gibst meine Seele nicht der Unterwelt (so LXX; TM "Grube", jedoch im Sinne von "Verderben") preis und läßt Deinen Heiligen die Verwesung nicht schauen" *nicht in David* Erfüllung findet, sondern eben in der *Auferweckung Jesu* (2,31). Die Verwirklichungsweise der Erweckung durch Gott (2,32) zielt unmittelbar auf die Erhöhung zur Rechten Gottes (2,23), nicht etwa auf die Disparität des Zeichens "Grab" bei Jesus und David. Lukas hat also die von ihm im Lk-Ev gestaltete Grabauffindungstradition *nicht* in den Gedankengang der Predigt Petri eingetragen, *ebenso auch nicht den Topos "am dritten Tag"*.

[35] Zu einer entsprechenden, auch innerhalb der heutigen katholischen Exegese verbreiteten Auffassung vgl. unten, Anm. 47.

[36] Vgl. die divergierenden Auffassungen von K. LEHMANN, der den Topos unabhängig vom "leeren Grab" entstanden sein läßt (Anm. 39 und 40) einerseits, und J. BLANK (Anm. 45) andererseits.

kanntheit in der für die Predigtsituation angenommenen Zeit in Apg 10,40 insinuiert sehen darf.

6. Trotz lukanischer Überarbeitung gilt die Petruspredigt von Apg 10 der neuesten exegetischen Forschung zur Apg doch so weit als "vorlukanische Tradition"[37] und also als Echo aus der Jerusalemer Wirksamkeit Petri (sei es der späten 30er oder der späten 40er Jahre[38]), daß ihr Text - zumindest versuchsweise und vorbehaltlich zusätzlicher Stimmigkeitserweise für die sich ergebenden Antworten - hinsichtlich dreier überlieferungsgeschichtlicher und inhaltlicher Strukturmomente der apostolischen Auferstehungsbotschaft zur Zeit der noch ungeschriebenen Evangelientradition befragt werden kann, nämlich (1.) ob die innerhalb der Apg erst hier auftretende Kennzeichnung der Auferweckung als der "am dritten Tag" erfolgten hinsichtlich dieses Topos an einen verzögerten Gebrauch gegenüber der frühesten apostolischen Predigt vor Juden denken läßt und die erste Erwähnung in einer späteren Predigt, und zwar vor Heiden (Apg 10), vielleicht nicht nur Zufall oder stilistische Abwechselung darstellt; (2.) ob die Kennzeichnung "am dritten Tag" für die Auferweckung eine innere Bindung an die Auffindung des leeren Grabes durch die Frauen "am ersten Tag der Woche" aufweist, so daß vielleicht die Grabauffindungstradition diesen Topos veranlaßt hätte; (3.) ob sich hinsichtlich des Schriftbezugs ein Hinweis ergibt, daß die Betonung der "Auferweckung am dritten Tag" - über die bereits herangezogenen Topoi des Gottesknechts, "der das Licht erblickt" (Jes 53,11), und des leidenden Gerechten, der am Ende doch "herrlich dasteht" (Weish 5,1), hinaus - vielleicht von noch spezielleren Typologien bzw. Typoi veranlaßt sein könnte, in denen sich das Aussageelement "am dritten Tag" von vorneherein als ursprünglich erweist.

Die Annahme eines solchen gesonderten Schriftbezugs scheint ja innerhalb der vorpaulinischen Bekenntnistradition durch den nochmali-

---

[37] Vgl. zum Rückgriff auf ältere Tradition für den ganzen Kontext der Cornelius-, oder besser der Petruserzählung: PESCH, *Apostelgeschichte I*, 330. Für die Petrusrede nimmt Pesch Anknüpfung an eine in diesem Kontext bereits vorhandene Predigt an, die Lukas jedoch stark überarbeitet hätte.

[38] Wir stimmen jedoch mit Pesch *nicht* überein hinsichtlich seiner Vermutung einer Tradition aus dem zeitgeschichtlichen Kontext des "Apostelkonzils", die Lukas in eine zu frühe Situation gestellt hätte (siehe unten, VIII, c 4-5).

gen Zusatz "gemäß der Schrift" zu 1 Kor 15,4 (gegenüber 15,3) nahegelegt zu werden[39].

7. Bezüglich der Kriterien für einen solchen *gesonderten* Schriftbezug des Auferstehungskerygmas (über die Typologien von Gottesknecht und leidendem Gerechten hinaus) fällt die Antwort - soweit sie aus der Petruspredigt von Apg 10 zu gewinnen ist - eindeutig negativ aus, weshalb Punkt 3 im voraus absolviert werden soll, - unter einstweiliger Zurückstellung der an 2. Stelle und an 1. Stelle formulierten Fragen.

Es ist aufschlußreich, daß die im unmittelbaren Kontext von Apg 10,40 stehende Schriftstelle nicht im Dienst einer Analogie, sondern einer Kontrastierung steht. Denn der, den die Juden "ans Holz hängten" (Dtn 21,22: Apg 10,39), erwies sich entgegen der Insinuation dieser Stelle (Dtn 21,23) nicht als von Gott verflucht (vgl. auch Gal 3,13), sondern als von Menschen vergeblich dem Fluch ausgeliefert, während Gott ihn errettete: "Gott aber hat ihn auferweckt am dritten Tag und ihn sichtbar werden lassen (10,40)... uns den von Gott vorherbestimmten Zeugen..." (10,41). Eine Analogie zu alttestamentlichem Prophetenschicksal steht als Schriftbezug *nicht* im Blick, wohl aber das Ausgreifen der "Auferweckung am dritten Tage" als *Offenbarungsgeschehen* auf die vorherbestimmten Zeugen, denen der Auferweckte erscheint, um ihnen den Auftrag zu geben "dem Volk zu predigen" und ihn als "den von Gott bestimmten Richter über Lebende und Tote zu bezeugen" (10,42). Für dieses eschatologische Richteramt, nicht aber für die Auferweckung selbst, und schon gar nicht für die Auferweckung, insofern sie "am dritten Tage" geschehen ist, wird neuerlich auf das "Zeugnis der Propheten" (10,43) verwiesen.

Der Ausfall eines speziellen Schriftbezuges für die Aussage "auferweckt am dritten Tag" in der Petruspredigt von Apg 10 kann natürlich in keiner Weise ein diesbezügliches Verständnis von 1 Kor 15,4 präjudizieren, zumal das "gemäß der Schrift" in 15,4b zunächst ja an

---

[39] K. Lehmann macht diesbezüglich geltend, daß es gegenüber der Formulierung von 1 Kor 15,4 nicht genüge, das "gemäß der Schrift" nur auf das "auferweckt" zu beziehen, indem man es gewissermaßen über das Aussageelement "am dritten Tage" hinweghebe. - Dieses Argument sticht jedoch dann nicht, wenn das Aussagemoment "am dritten Tage" schon so zum selbstverständlichen Epitheton in der Rede von der Auferweckung geworden war, daß die Differenzierung: Schriftbezug für die Auferweckung, der *zusätzlich* ein solcher auch für das "am dritten Tag" ist, nicht mehr greift.

einen eigenen Bezug denken läßt. So verweist denn K. Lehmann für das "auferweckt" - unter gleichzeitiger Akzentuierung des Topos "am dritten Tag" - auf rabbinische Schriftauslegung und die durch sie artikulierte Überzeugung, daß Gott seine Gerechten nicht länger als drei Tage dem Untergang überläßt[40]. Doch ist schwer nachvollziehbar, daß sich in einer Bekenntnistradition wie 1 Kor 15,3-5, die weit entfernt ist von schulischem Tradieren rabbinischer Schriftgelehrsamkeit, ein so deduktiv gewonnener Schriftbezug verhärtet hätte, und dieser bezeichnenderweise noch dazu vom Tradenten Paulus nie in seinen Briefen explizit artikuliert wurde. Ganz anders ist es mit der paulinischen Entfaltung jener fundamentalen Schriftgemäßheit des Wirkens und Leidens Jesu bestellt, die Jesus in seinem Gottesknechtsschicksal gemäß Jes 53 erweist. Nur dieses wird auch in der synoptischen Abendmahlstradition und im Kerygma Petri laut Apg 2-4 genutzt. Hier aber zeigt sich eine so eindringliche und überzeugende *Konzentration* der Schrifttransparenz des ganzen Lebens und Wirkens Jesu, wie auch des Eingreifens Gottes durch die Auferweckung und die Offenbarung seines eschatologischen Richteramtes, daß schon von daher ein gesonderter Schriftbezug des Topos "am dritten Tages" auch für die "vorpaulinische" Bekennntnistraditionen Jerusalemer Herkunft wenig wahrscheinlich ist.

8. Man wird also das "gemäß der Schrift" von 1 Kor 15,4b auf keinen anderen heilsgeschichtlichen Typus beziehen müssen als das "gemäß der Schrift" von 15,3b.

Ein solcher *doppelter* Bezug auf Jes 53 von 15,3 *und* 15,4 her - aber ohne Anstoß an der Tatsache, daß dann der Topos "am dritten Tag" ohne *eigenen* Schriftbezug bleibt - läßt eine Situation erkennen, in der

---

[40] K. LEHMANN sieht einen (schon von Tertullian und Cyprian bezeugten) Schriftbezug dieser Art in Hos 6,2 insofern gegeben, als sich von diesem Prophetenwort her der fromme Israelit der alt- und zwischentestamentlichen Zeit "zum Ausdruck seiner Heilshoffnung die Erfahrung" gewählt hätte, "daß Gott seine Gerechten (Israel) nicht länger in Not läßt als drei Tage" (343; 263ff.). Doch sind Subjekts- und Prädikatsumschreibung in Hos 6,2 so allgemein gehalten, daß nur mittels heilsgeschichtlich bedeutsamer *Paradigmen* die Anwendung auf Jesus als schriftgemäße schlüssig werden kann. Als Beispiele für die Rettung aus größter Not am dritten Tag nennt der Midrasch Bereschit Rabba (die haggadische Auslegung der Genesis) insbesondere *Abraham* (vor der Opferung Isaaks: Gen 22,4), *Joseph* (der unter seelischem Schmerz seine Brüder heilsam auf die Probe stellt: Gen 42,18), *Mose* (der am dritten Tag sein Volk am Berg Sinai Gott entgegenführt: Gen 19,16), ferner *Jonas* (2,1) und *Mardochai* (Esth 5,3).

die Aussage "auferweckt am dritten Tag" schon als ganz homogen und unteilbar empfunden wird, was wiederum eine seit langem geprägte Tradition[41] voraussetzt (die nicht als tradierte exegetische Deduktion nach Art der gekennzeichneten rabbinischen Schriftauslegung erklärt werden kann).

Die Prägekraft, die hinter dieser Tradition steht, entstammt keinem "unanschaulichen" Kerygma (wie die Kerygmatheologen wollen), sondern der Konkretheit eines vital erinnerten Geschehens, wie es in der Anamnese der Jerusalemer Gemeinde sehr wohl die Auffindung des leeren Grabes und die Verinnerlichung der ersten Auferstehungsbotschaft durch den Engel sein konnten, - oder aber der ebenso vitalen Erinnerung an ein machtvolles Logion Jesu nach Art der eschatologischen "Menschensohn"-Worte[42], oder der Auferstehungsvorhersagen, welche in der Evangelientradition fest verankert sind[43].

Diese Worte Jesu offenbaren nun im Licht der geschehenen Auferstehung ihren ganzen Bedeutungsgehalt und ihre gemeinschaftsformende Kraft.

Der Widerstand eines Großteils der Exegeten gegen einen überlieferungsgeschichtlich frühen Ort der Grabauffindungstradition ist eindeutig vorgegeben von dem durch die Kerygmatheologie kultivierten Verdacht, der österliche Glaube werde pervertiert, wenn er sich auf Erscheinungen des Auferstandenen oder gar auf das "brutum factum" des leeren Grabes

---

[41] Der formelhafte Charakter der Aussage "auferweckt am dritten Tag" nimmt in patristischer Zeit, z.B. in der Anamnese der byzantinischen Chrysostomusanaphora (die in den charakteristischen Teilen tatsächlich auf den großen Erzbischof von Konstantinopel zurückgeht) sogar die Form an: "dreitägige Auferstehung" (memneménoi... tes triemérou anastáseos). - Zum Authentizitätsnachweis für den Danksagungsteil der Anaphora vgl. R.F. TAFT: OrChrPer 56 (1990) 5-51.

[42] Die inhaltliche Konsistenz des Auferstehungskerygmas in Kontinuität mit der Selbstoffenbarung Jesu als *eschatologischer Richter* und *Gottessohn* muß auch für die Visionen der vorherbestimmten Zeugen mit berücksichtigt werden. Dies wird bestätigt durch die Art der dreifach geschilderten Vision Pauli (Apg 9; 22; 26), wie auch der des Stephanus (Apg 7). Vgl. hierzu den in Anm. 21 genannten *"Neuen Versuch"* von R. PESCH (1983).

[43] In der Gewichtung dieser Aussagen ließ sich K. Lehmann vom nahezu einhelligen Negativkonsens in der Exegese der späten 60er Jahre irritieren. So erklärt sich, daß er nur bei einzelnen "Vollendungsaussagen" eine Historizität erwägen will (LEHMANN 181-185). - Ein Durchbruch in der Frage der *Historizität der eschatologischen "Menschensohn"-Worte* wurde (ebenso wie in der Frage der historischen Deutung des Todes Jesu durch Jesus selbst: vgl. oben, Anm. 16) von R. PESCH erzielt (vgl. Anm. 42).

stütze. Da das Urteil der Kerygmatheologen ausdrücklich auch gegen Paulus gerichtet ist, der sich die "fatale" Argumentation von 1 Kor 15, 5-8 geleistet habe[44], darf es getrost als Mißverständnis der apostolischen Zeit beiseite gelassen werden. Doch bleibt wahr, daß sich die Aussage "auferweckt am dritten Tag" schwerlich mit der Grabauffindungstradition in Verbindung bringen ließe, wenn diese es primär mit dem "brutum factum" des leeren Grabes (das bekanntlich vieldeutig ist) zu tun hätte.

9. Auf die Frage, in welcher kerygmatischen und anamnetischen Perspektive die Grabauffindungstradition sich tatsächlich von Anfang an gestaltet hat, soll nun (in Wiederaufnahme der in Absatz 6 unter Punkt 2 an das Kerygma von Apg 10 gerichteten Befragung) die Antwort versucht werden.

Wie festzustellen war, gibt es in Apg 10,40 keinen expliziten Hinweis auf das "leere Grab". Sehr wohl aber erscheint die kerygmatische Aussage "auferweckt am dritten Tag" ausgerichtet auf zeitbezogene *Manifestationen* der Auferweckung, unter denen die *Erscheinungen* nicht isoliert stehen, sondern einen *dynamischen Prozeß* bezeichnen, aus welchem die Momente der apostolischen Beauftragung und der auftragsgemäßen Verkündigung eigens extrapoliert sind und ihrerseits wiederum ausgerichtet erscheinen auf die apostolische Bezeugung und die eschatologische Manifestation "des von Gott bestimmten Richters über Lebende und Tote" (Apg 10,42).

In diesem Prozeß der Auferweckung und ihrer Manifestationen steht nun die Aussage "am dritten Tag" zwischen der undatierbaren Heilstat Gottes selbst ("Gott aber hat ihn auferweckt am dritten Tag...") und den Erscheinungen des Auferstandenen ("... und hat ihn sichtbar werden lassen..., uns, den von Gott vorherbestimmten Zeugen"), die ihrerseits die Aussage "am dritten Tag" aber ebenfalls nicht veranlaßt haben können.

Der ganze Kontext von Apg 1,40ff. erweist mit seiner Ausrichtung auf Erscheinungen, Berufungen, Verkündigungen und schließlich auf das eschatologische Offenbarwerden des "Richters über Lebende und Tote" indirekt auch das Aussagemoment "am dritten Tag" als bezogen auf Offenbarung und Offenbarungsempfänger. Die Angabe "am dritten Tag" kann sich dabei nicht auf die erste Erscheinung vor Kephas und den Zwölf beziehen. Denn die herangezogene *Vielzahl* der Zeugen von

[44] Siehe oben, Anm. 20.

Erscheinungen und die *wiederholt* vom Auferstandenen gewährte Mahlgemeinschaft (10,41) widerspricht der Heraustrennung der Protophanie aus dem Komplex der Erscheinungen insgesamt. Dies würde auch dann gelten, wenn man die Betonung der Mahlgemeinschaft als lukanische Eintragung betrachten wollte.

Und für die frühe apostolische Zeit scheitert ohnehin jede Möglichkeit, die Protophanie des Auferstandenen vor Petrus mittels des Topos "am dritten Tag" innerhalb der Reihe der Erscheinungen zu isolieren, an der Integrierbarkeit der Bekenntnistradition von 1 Kor 15,3-5 in einen Kontext, in dem es gerade darauf ankommt, einen über die Altapostel hinausgehenden Kreis zum Apostolat Berufener, einschließlich Paulus selbst, zu legitimieren.

Wenn also die Aussage "am dritten Tag" wohl nicht einem (einer solchen bekenntnishaften Verfestigung nicht fähigen) sekundärtypologischen Bezug der Auferweckung Jesu zukommen wird, wie ihn K. Lehmann herausgestellt hat, sie aber (wie Lehmann betont) wohl auch nicht primär aus jesuanischen Auferweckungsvorhersagen resultiert, sie insbesondere weder ein inneres Moment der Auferweckungstat Gottes bezeichnen, noch fest mit der Protophanie des Auferstandenen vor Petrus verbunden sein kann, dann empfiehlt es sich, sie mit einem Bezugspunkt der *Manifestation* der Auferweckung zu identifizieren, der einzigartig und einmalig genug ist, daß er in der Bekenntnistradition formelhaft werden konnte und somit geeignet war, auch die jesuanischen Vorhersagen der Auferweckung in ihrer Formulierung durch die Evangelisten mitzuprägen.

10. Als eine solche Manifestation (bzw. Offenbarung) der Auferweckung Jesu, auf deren Geschehenskontext hin die Aussage "am dritten Tag" bekenntnisfähig wurde, läßt sich nur jene Ursituation verstehen, mit der die *Evangelientradition* die erste Auferstehungsbotschaft aus Engelsmund verbunden hat: die Situation der *Auffindung des leeren Grabes* durch die Frauen "am ersten Tag der Woche".

Apg 10,40 setzt nicht nur als von Lukas formulierter Text, sondern auch in seiner Transparenz für die Grundstrukturen der frühesten apostolischen Verkündigung, *eben diese Evangelientradition* voraus, die - im Unterschied zu den stark voneinander abweichenden Bezeugungen der *Erscheinungen* des Auferstandenen in den Evangelien - mit einer nicht nur von Markus her erklärbaren großen *Einhelligkeit* in den synoptischen Evangelien und in zusätzlichen Akzentuierungen auch im Joh-

Ev begegnet. Und die von K. Lehmann vorgeschlagene Interpretation von 1 Kor 15,3-5 bietet - wie sich zeigte - zu diesem Urbezug der Aussage "am dritten Tag"[45] keine bekenntnisfähige Alternative.

Gibt man das Vor-Urteil auf, die Evangelientradition von der Auffindung des leeren Grabes und die (durch Engelsbotschaft) von Gott gewährte Offenbarung der Auferweckung Jesu könne nur eine der frühen apostolischen Zeit nicht würdige (weil fälschlich vergewissernde) Spätbildung sein (welchem Verdikt der "Vergewisserung" seitens der "Kerygmatheologie" aber auch Paulus aufgrund seiner Berufungen auf die österlichen Erscheinungen in 1 Kor 15 verfällt), so erkennt man, wie stark diese Bekenntnistradition und die Evangelientradition von der Grabauffindung hinsichtlich der Bedeutung der Aussage "am dritten Tag" konvergieren und daß auch das Aussageelement "er wurde begraben" in 15,4 nicht einfach nur als neuerliche Unterstreichung der in 15,3 ausgesagten Realität des Todes Jesu nivelliert werden kann.

11. Der Hinweischarakter der Aussage von 1 Kor 15,4 auf die *Grablegungstradition* läßt sich nicht wegdiskutieren, etwa als *antidoketische* Akzentuierung der Bekenntnistradition, welche Annahme gattungsgeschichtlich wie zeitgeschichtlich verfehlt wäre.

Die Grablegungstradition und die Grabauffindungstradition sind unabtrennbar mit der Passionstradition verflochten[46]. Erstere unterliegt zudem der Zeitzeugenkontrolle. Und während das "leere Grab" als Zeichen vieldeutig sein konnte und selbst die Unterstellung des Leichenraubes (vgl. Mt 27,63ff.) nicht ausschloß, ist die Grablegungstradition mit dem Namen des Joseph von Arimathäa und verschiedenen auch politisch öffentlichkeitsrelevanten Faktoren verbunden, die keinerlei Fiktion oder Mystifizierung zuließen. So läßt sich weder die Grab-

---

[45] So ist denn auch J. BLANK (*Paulus und Jesus*, München 1968, 156) hinsichtlich der Deutung von 1 Kor 15,4 zuzustimmen: "Das 'am dritten Tage' ist Datumsangabe in Übereinstimmung mit der urchristlichen Überlieferung in den Evangelien und bezieht sich auf die Entdeckung des leeren Grabes; das 'gemäß der Schrift' bezieht sich, wie in der Sterbensaussage, auf Is 53,10ff.".

[46] Dies wurde sehr nachdrücklich z.B. von P. STUHLMACHER (*Jesus von Nazareth - Christus des Glaubens*, Stuttgart 1988, 15, mit Anm. 21; 36) besonders gegen J. GNILKA (siehe unten, Anm. 47) hervorgehoben. - Den strukturellen Zusammenhang der Berichte von der *Grablegung und der Grabauffindung* betonen auch: H. VON CAMPENHAUSEN (siehe unten, Anm. 48) 41f.; sowie W. PANNENBERG (siehe unten, Anm. 48) 101, der auch 1 Kor 15,4a als Hinweis auf die *Grablegungstradition* versteht.

legungstradition noch die Grabauffindungstradition gegenüber der historisch transparenten Struktur der ältesten Passionstradition als nachträgliche Schicht abwerten, noch als nachträgliches Konstrukt aus der Bekenntnistradition von 1 Kor 15,3ff. deuten[47].

Allen exegetischen Versuchen, sich der Geschichtsmächtigkeit der Auferweckung Jesu durch Bestreitung der Historizität des leeren Grabes zu entziehen, erteilte seinerzeit *W. Pannenberg* eine scharfe Absage. Er betonte, daß diese "Tatsache" nicht trennbar sei vom Geschehen der Auferweckung Jesu als dem entscheidenden, die Geschichte der Endzeit definitiv konstituierenden apokalyptischen Ereignis[48] und sah in der Grabauffindungstradition eine *Urtradition* der Jerusalemer Gemeinde von gleicher Ursprünglichkeit wie die Tradition von den *Erscheinungen* des Auferstandenen (gemäß 1 Kor 15,3ff.).

---

[47] In diesem Sinne erklärt Gnilka die Entstehung des Berichts vom leeren Grab, daß die Perikope Mk 16,1-8 "indem sie auf die Glaubensstruktur von 1 Kor 15,3-5 zurückgriff,... die Auferstehungsbotschaft mit Hilfe des leeren Grabes veranschaulichte" (GNILKA, *Markus II*, 339). Hier werde "apokalyptisches Geschehen vergeschichtlicht" (ebd. 340). - Gegen das Argument, die Botschaft von der Auferweckung habe gemäß biblischer Anthropologie nicht des leeren Grabes entraten können, gebe es das Gegenargument: Die Erzählung vom leeren Grab sei mit Rücksicht auf dieses Menschenbild entstanden (346). - Laut Gnilka bleibt aber dennoch "zu überlegen", ob die Perikope als *Jerusalemer* Tradition nicht ein Wissen um den *Ort* des Grabes voraussetze, wobei man dann doch wohl um das *leere* Grab gewußt habe.

[48] Vgl. W. PANNENBERG (*Grundzüge der Christologie,* Gütersloh 1964, § 3, III-IV, Die historische Problematik der Auferweckung Jesu: 69-103), der mit *P. Althaus* betont: "Das Auferweckungskerygma 'hätte sich keinen Tag, keine Stunde in Jerusalem halten können, wenn das Leersein des Grabes nicht als Tatsache für alle Beteiligten festgestanden hätte'." - Doch werden *Erscheinungstradition* und *Grabauffindungstradition* bis zu Mk 16,1ff. und 1 Kor 15,5ff. hin als *ohne Berührung* zueinander verlaufende Traditionen angenommen (ebd. 103), was kaum gerechtfertigt ist. - Dagegen rechnet H. V. CAMPENHAUSEN (*Der Ablauf der Osterereignisse und das leere Grab,* Sitzungsberichte der Heidelberger Akademie der Wissenschaften 1952, 4. Abh., Heidelberg ³1966; *künftig zitiert: v. Campenhausen)* mit dem Vernehmen der Kunde vom leeren Grab *durch die Jünger*, *bevor* diese gemäß Mk 16,7 (und der angenommenen Priorität der galiläischen Erscheinungsberichte) nach Galiläa zogen und dort der *Erscheinungen* gewürdigt wurden (49ff.), um dann (zum Pfingstfest: 50, Anm. 203) wieder nach Jerusalem zurückzukehren. - Als Kernsatz der historischen Entschlüsselung der Ereignisse kann gelten: "Der entscheidende Anstoß, der alles ins Rollen brachte, war die Entdeckung des leeren Grabes" (50).

12. Für die Historizität des leeren Grabes sprechen speziell auch zeit- und überlieferungsgeschichtliche Indizien, die geschichtswissenschaftlich ernst zu nehmen sind. So sahen sich auch jüdische Traditionen genötigt, dieser Tatsache auf ihre Weise gerecht zu werden, indem sie eine entsprechende *Manipulation* der Apostel dafür verantwortlich machten, oder mit dem Motiv des Gärtners arbeiteten, der den Leichnam Jesu sichergestellt hätte. Beide Motive scheinen in der Evangelientradition durch und können nicht als eine weitere illustrativ-konstruierte Schicht der Evangelienbildung abgetan werden[49].

Dies gilt für die in Form einer Äußerung der Hohenpriester und Schriftgelehrten vor Pilatus artikulierte Unterstellung, die Jünger würden den Leichnam Jesu stehlen, so daß die "zweite Verführung" schlimmer ausfallen werde als die durch Jesus selbst erfolgte "erste", als er prophezeite: "Nach drei Tagen werde ich auferweckt" (Mt 27,63). Es gilt auch für den Reflex des Gärtner-Motivs in Joh 20,15.

Die Verarbeitung dieser Motive in den beiden genannten Evangelien setzt längere jüdisch-christliche Kontroversen voraus, keinesfalls aber eine späte Traditionsbildung für das Zeugnis der Evangelien von der Grabauffindung als solcher. Diese erweist sich vielmehr schon als Voraussetzung für die Bekenntnistradition 1 Kor 15,3-5 hinsichtlich ihrer ausdrücklichen Aussage "er wurde begraben" und des bereits formelhaft verfestigten Topos "am dritten Tag".

13. Von den Petruspredigten in Apg 2-4, die weder einen Hinweis auf das "leere Grab", noch auf den "dritten Tag" enthalten, und der Ersterwähnung des "dritten Tages" in Apg 10,40 her, hatte sich jedoch die Frage gestellt, ob hier eine Zeitspanne signalisiert sein könnte, die beide Motive erst zu Beginn der Phase der Heidenmission (bzw. im Zusammenhang der antiochenischen Gemeindegründung gemäß der lukanischen Einordnung der Predigt vor Cornelius) Traditionsgestalt finden ließ.

Da sich aber die Annahme einer solchen "Inkubationszeit" von 1 Kor 15,3-5 her als unmöglich erwies, muß das "Schweigen" über die Auffindung des leeren Grabes in den frühen petrinischen Bekehrungspredigten vor Juden (welches Schweigen angesichts der Tatsache, daß Lukas selbst an der Grabauffindungstradition sehr interessiert war, wie

---

[49] Vgl. v. CAMPENHAUSEN 32ff., der die Historizität der in Mt 27 mitgeteilten Motive betont.

Lk 24 beweist, kaum eine Zufälligkeit der lukanischen Darstellung sein wird) eine andere Erklärung finden.

Zu einer solchen Erklärung führt die bereits erwähnte in Mt 27,63f. und Joh 20,15 signalisierte *Mißdeutung des leeren Grabes* als Resultat einer Manipulation der Jünger. Es leuchtet ein, daß jene Kreise, die die Botschaft Jesu zurückgewiesen hatten und seine Verurteilung für rechtens hielten, nur allzu leicht auch auf ein Bekanntwerden der Auffindung des leeren Grabes mit einer Beschuldigung der Jünger wegen Leichenraubes reagieren konnten, ja, bei Verharren in der ablehnenden Haltung gegenüber der Botschaft Jesu geradezu so reagieren *mußten*.

So war in dieser Situation aus verschiedensten Gründen eine Betonung des Moments der Auffindung des leeren Grabes wenig angemessen. Als Wiedergabe einer Erfahrung der Frauen hätte sie das provoziert, was Lukas sogar von der ersten Reaktion der *Jünger* berichtet: der Bericht der Frauen erschien ihnen als "leeres Gerede" (Lk 24,11). Ohnehin konnte sich ein öffentliches Zeugnis nicht auf die Aussage von Frauen stützen. Und der Hinweis auf eine Verbindung der Jünger zur Auffindung des leeren Grabes (wie sie sich später, aus "johanneischer Tradition" geschöpft, in Lk 24,12 findet[50] und in Joh 20 artikuliert wird) hätte eine Anklage wegen Leichendiebstahls begünstigt.

14. So ergibt sich für die inhaltliche Struktur der auf *Bekehrung der Juden* angelegten Predigten, daß hier vor allem der Aspekt der Legitimierung des einstigen Tuns und der Botschaft Jesu durch die eschatologische Auferweckungstat Gottes zu betonen war. Eine solche Predigt konnte an Jesu eschatologischen Menschensohn-Worten anknüpfen und deren Dynamik auf die Endoffenbarung des zur Rechten Gottes Erhöhten als "Richter über Lebende und Tote" hin entfalten, wie es in Apg 2,32ff. anklingt und in Apg 10,42 eindrucksvoll geschieht.

Im *internen Gemeindeleben* dagegen konnte das, was Gott am "ersten Tag der Woche" für die Gemeinde so gnadenhaft gefügt hatte, die Auffindung des leeren Grabes und das Ergehen der Botschaft von der Auferweckung Jesu, nicht ohne Dank und Bekenntnis übergangen werden. Die liturgische Anamnese, insbesondere die der Passanacht, bot sich hierfür an, denn sie war der Ort eines ausführlichen Innewerdens des Christusgeschehens, des Lebens, Sterbens und der Auferweckung Jesu im Zuge einer passahaggadischen Deutung. Und ein

---

[50] Zum Verhältnis von Lk 24,12 zur "johanneischen Tradition" siehe unten, IX, a 5.

Konzentrat christlichen Bekenntnisses, wie es in 1 Kor 15,3-5 vorliegt, hatte für diesen Anamnesegehalt immerhin transparent zu sein, wie dies im Hinweis auf die Grablegung Jesu und den "dritten Tag" in 1 Kor 15,4 auch tatsächlich der Fall ist.

Es versteht sich, daß Anamnese und Bekenntnis niemals auf ein "brutum factum" des "leeren Grabes" abzielten. Erstere Bezeichnung ist zu verwerfen, letztere unzureichend.

Die älteste Schicht der Evangelientradition, in der gerade die urkirchliche Anamnese der Passanacht - wie zu zeigen sein wird - Schriftgestalt gewonnen hat, hebt nicht die "Leere des Grabes" hervor, sondern zielt auf die Glaubenserkenntnis der neuen Seinsweise des Auferstandenen ab. Aus dieser folgt, daß "Er nicht hier ist" (Mk 16,6). Grab und Unterwelt konnten ihn, den zur Rechten Gottes Erhöhten, nicht halten, den Gott der Verwesung nicht preisgegeben hatte (Ps 16,10: Apg 2,27).

Es ist angebracht, auf die innere Struktur der betreffenden Evangelientradition hinzuweisen, die weit mehr beinhaltet, als nur einen Grabauffindungsbericht[51]. Es ist jedoch unzulässig, wegen der "kerygmatischen" Struktur der Osterbotschaft das Aussagemoment des "leeren Grabes" für bedeutungsmäßig und überlieferungsgeschichtlich sekundär zu halten oder hinsichtlich der "Historizität" in Frage zu stellen[52]. Es geht um die Manifestation der eschatologischen Heilstat Gottes und letztlich um die Geschichtsmächtigkeit göttlicher Offenbarung, wie W. Pannenberg zu Recht so nachdrücklich betont hat.

---

[51] Vgl. R. PESCH, *Das "leere Grab" und der Glaube an Jesu Auferstehung:* IKZ Communio 11 (1982) 6-20, wo die Osterberichte aller vier Evangelien auf ihre kerygmatische Struktur hin durchleuchtet werden.

[52] Wenn PESCH (ebd. 19) die Bemerkung, daß "die Entdeckung des geöffneten und leeren Grabes Jesu... durch drei galiläische Frauen am ersten Wochentag nach Jesu Kreuzestod und Begräbnis nicht als historisch gesichert gelten kann", aus seinem Mk-Kommentar übernimmt, so gebraucht er den Begriff "historisch" (an Bultmannschem Sprachgebrauch sich orientierend) im Sinne *historischer Verifizierbarkeit*. Diese Koppelung ist *unsachgemäß* und in anderen Sprachen als Abhebung gegenüber dem Begriff "geschichtlich" ohnehin nicht nachzuvollziehen. Die Auffindung des "leeren Grabes" ist ein *historisches* Faktum, auch wenn die Ursache dieses Phänomens im Sinne des christlichen Glaubens *nicht beweisbar* ist. Die "Tatsache des leeren Grabes" (Pannenberg) ist auch für den, der sie so sieht und akzeptiert, erstens *an ein Urteil über die Glaubwürdigkeit der Zeugen gebunden*, zweitens *nur im Licht des Glaubens interpretierbar*.

Als verfehlt muß der Versuch katholischer Exegeten gelten, sich mit Hinweis auf die thomistische Lehre vom seelisch neu konstituierten personalidentischen Verklärungsleib (bei der Auferweckung der Toten am Jüngsten Tag) dem Zeugnis der Evangelientradition zu entziehen. Die Konsequenz aus der Tatsache, daß die Botschaft von der Auferweckung Jesu nach dem jüdischen Denken der Zeit Jesu weder mittelalterlich-anthropologisch, noch erkenntnistheoretisch-idealistisch nachzuvollziehen ist, kann nicht *die* sein, daß man die Kunde vom leeren Grab hinsichtlich der Denkform allein zum Resultat des damaligen jüdischen Menschenbildes erklärt[53]. Vielmehr hat eben Gott selbst sich an Jesus und den von ihm erwählten Zeugen in heilsgeschichtlicher Einzigartigkeit und Einmaligkeit in einer Weise geoffenbart, die auch hinsichtlich ihrer Manifestation und Umschreibung nicht auf abstrakte anthropologische Denkmöglichkeiten zu reduzieren ist.

Auch für *dieses* oft fälschlich als überlieferungsgeschichtlich spät erachtete Element der Evangelientradition konnten die Reflexe schon in der vorpaulinischen Bekenntnistradition von 1 Kor 15,3-5, wie auch im Kerygma Petri von Apg 10,40, aufgezeigt werden. - Als *ursprünglichster* Ort seiner Artikulation und Meditation wird sich im folgenden jedoch die umfassende *Christusanamnese der Passanacht* erweisen, die zugleich auch den Schlüssel bietet für eine *sachgemäße Interpretation* der Evangelientradition, wobei sich neuerlich jene falsche Alternative als unberechtigt und kurzschlüssig erweisen wird, die ein "kerygmatisches" Verständnis dem "historischen Interesse" am Leben und Wirken Jesu entgegenstellt, ohne der grundsätzlichen biblischen Denk- und Erfahrungskategorie gerecht zu werden, die gerade in der Anamnese, d.h. der *bedeutungsmäßigen* Verinnerlichung des aus der *Geschichte* Gottes mit seinem Volk *getreulich Erinnerten* besteht, das zugleich auf die *Zukunft* bezogen wird und auch diese zu erhellen vermag.

---

[53] Daher muß gegen GNILKA (siehe oben, Anm. 47) betont werden, daß die Nichtvereinbarkeit der Auferstehungswirklichkeit mit einer Verwesung des Leichnams Jesu im Grabe (vgl. Ps 16,10: Apg 2,27; Apg 2,31; 13,35.36.37) *nicht Reflex jüdischen Denkens* ist, sondern Moment einer die kontextuelle Geschichte berücksichtigenden *Heilstat Gottes*, und demgemäß auch *apostolisches Kerygma*, und daß andererseits - bei allem grundsätzlichen Bezug zu jüdischen Denkmöglichkeiten - diese durch die Auferweckung Jesu und das "leere Grab" eindeutig *transzendiert* werden. Vgl. P. STUHLMACHER (siehe Anm. 46) 37 (mit Hinweis auf J. JEREMIAS, *Heiligengräber in Jesu Umwelt*, 1958, 126ff.).

c) Die traditionsbildende Kraft der urgemeindlichen Passafeier: 1 Kor 5,7 und die passahaggadische Struktur der ältesten weitläufigen Passions- und Auferweckungsdarstellung

1. Von der "vorpaulinischen" Bekenntnistradition 1 Kor 15,3-5 her, die als Verdichtung kerygmatischer, katechetischer und anamnetischer Traditionsprozesse auch Kerninhalte ältester anamnetischer *Evangelientradition* in den Blick kommen ließ, ergaben sich als deren Kennzeichen in Analogie zur Bekenntnistradition: (1.) eine *Ganzheitlichkeit*, die nie eine Trennung von Passionsgeschichte und Auferweckungsbezeugung zuließ; (2.) eine inhaltliche *Differenziertheit* und ein Umfang, welche von Anfang an über Rudimente und Bruchstücke (auf welche die Formgeschichtler auch die älteste Passionsgeschichte reduzierten) hinausgingen; (3.) eine inhaltliche Transparenz für die Grundzüge des *Kerygmas Petri*, die in den Petrusreden von Apg 1-4 durchaus noch erkennbar ist; (4.) eine *personale* Bezeugungs- und Tradierungsstruktur, die von Petrus und den Zwölf ausgeht und laut 1 Kor 15,5 in der Protophanie des Auferstandenen vor Petrus ihre erste Quelle und Norm besitzt; (5.) eine Transparenz für *alttestamentliche* Denkformen und Vorstellungen vom "erwählten Gottesknecht" und "leidenden Gerechten", von denen die Deutung des Leidens und der Auferweckung Jesu auszugehen hatte, die aber gleichzeitig auf Jesu absolut *einzigartiges* Verhältnis zu Gott zu transzendieren waren.

Die so umrissene Evangelientradition, die von 1 Kor 15,3-5 vorausgesetzt wird und sich somit auch selbst sehr früh in Jerusalem gebildet haben muß, ist nun genauer zu umgrenzen und inhaltlich zu akzentuieren von jenem *zentralen* kirchlichen Anamnesevollzug her, der als *Christusanamnese der Passanacht* in Analogie zur jüdischen Passahaggada zu gestalten war[54].

---

[54] Vgl. zur Bedeutung der urkirchlichen Passafeier für das Gemeindeleben, zur Frage der Struktur und des zeitlichen Ansatzes der Feier, sowie zum Reflex passahaggadischer Deutung des Todes, der Auferstehung und der Wiederkunft des Herrn in neutestamentlichen Briefen: A. STROBEL, *Ursprung und Geschichte des frühchristlichen Osterkalenders,* Berlin 1977 *(künftig zitiert: Strobel*). - Umfang und Differenziertheit der *passahaggadischen christologischen Ausdeutung der Exodusereignisse*, für die Ex 11-14 als (alttestamentliche) Schriftlesung und liturgischer Haggada-Text vorgegeben ist, sind in etwa in Entsprechung zu Weish 11,2-19,22 bzw. zur "Passapredigt" des Meliton von Sardes (siehe unten, Anm. 58) zu denken.

2. Die zentrale Bedeutung der Passafeier für Urgemeinde und Missionskirche geht aus den paulinischen Briefen und anderen neutestamentlichen Schriften sehr deutlich hervor. Ganz klar setzt die Aussage von 1 Kor 5,7 "als unser Osterlamm ist Christus geopfert worden" die christliche Passafeier als "Sitz im Leben" für die hinter diesem Wort stehende Soteriologie voraus. Der Brief ist auf das Passafest hin geschrieben (5,8; vgl. 16,8). Er bringt der Gemeinde zum Bewußtsein, daß sie aus der Feier in den "Tagen der Ungesäuerten Brote", die ganz im Blick auf das Passaopfer Christi geschieht, auch ethische Konsequenzen zu ziehen hat, denn durch Passafeier und Eucharistie (1 Kor 11) steht die Gemeinde unter dem Wirklichkeitsgesetz des Leibes Christi (10,16f.; 12,12ff.). Die Konsequenz, die Paulus im vorgegebenen Fall anmahnt, ist die, daß die Gemeinde nicht solche, die blutschänderischer Unzucht sich hingeben, in ihrer Mitte dulden darf (1 Kor 5,1-5).

Auch in 1 Kor 10,1ff. setzt Paulus bei der Gemeinde voraus, daß sie von der christologischen *Deutung der Exodusereignisse* her einen Rahmen für das Verständnis der speziellen *Tauftypologie* besitzt, in der Moses als Typos Christi erscheint, wiederum auch der wasserspendende Felsen Typos des die Taufe gewährenden Christus ist und schließlich das erquickende Wasser aus dem Felsen als Sinnbild des durch die Taufe geschenkten "geistigen Trankes" (1 Kor 10,4) sich darstellt.

Eine solche Exodus-Typologie, die sich liturgiegeschichtlich als passahaggadische Deutung von Exodusgeschehnissen zu erkennen gibt, insofern diese in Christus zu einer unüberbietbaren Erfüllung gelangt sind, in der eschatologisches Geschehen bereits in die Gegenwart hineinreicht, kann naturgemäß auch die *eschatologische Hochspannung*, die schon von der *jüdischen* Passafeier her den haggadischen Vollzug kennzeichnet, nicht verleugnen[55]. Dies läßt deutlich der Kontext von 1 Kor 5,1-8, wie auch der von 10,1-10 erkennen. Und vor allem bekundet dies die Auferstehungseschatologie, die Paulus im Anschluß an die Bekenntnistradition von 1 Kor 15,3-5 und an die Erscheinungszeugnisse und Verkündigungslegitimationen von 15,5-11 entfaltet. In 1 Kor 5,6 erweist sich der Ausschluß des Unzuchtssünders als eine Vorwegnahme des Gerichts, "damit der Geist gerettet werde am Tag des Herrn". In 1 Kor 10,11 wird die Beherzigung der Exodus-Zeichen angemahnt "für

[55] Vgl. STROBEL 29ff.; 37ff. u.ö.

uns, für die das Ende der Zeiten gekommen ist". Die Auferstehungstheologie von 1 Kor 15,12-28 schließlich zeigt, wie sehr in Christus, "der auferweckt wurde von den Toten als Erstling der Entschlafenen" (15,20), auch schon eingeleitet ist, daß in ihm "alle lebendig gemacht werden" (15,22), bis dann als "letzter Feind der Tod vernichtet" ist (15,26).

Auch die Herrenmahltradition von 1 Kor 11,23ff. erhält durch den Kontext des Briefes, der so vielfältig für die Bedeutung der christlichen Passafeier als Realisierung soteriologischen Geschehens transparent ist, eine besonders aktualisierende Akzentuierung der Hingabeworte Jesu, wie insbesondere auch der eschatologischen Ausrichtung der Mahlfeier (11,26).

3. Explizite Hinweise auf liturgische Elemente der Passafeier, die in besonderer Weise *Haftpunkte* eschatologischer Ausrichtung sind: *Passamahl* und *mitternächtliche Stunde*, finden sich in 1 Kor nicht, wohl aber in anderen neutestamentlichen Schriften, insbesondere in Apk 3,20f.; 19,7ff. und Mt 25,1-13[56].

Die betreffenden Motive erweisen sich hier, obwohl sie in Schriften einer gegenüber der Frühzeit der Urgemeinde wesentlich späteren Abfassung stehen, doch als Nachhall gerade aus der Epoche frühester *judenchristlicher* liturgischer Vorgegebenheiten (die freilich als liturgische Tradition fortlebten).

Der Bezug auf *liturgische Konkretisation* ist gerade in Mt 25,6 unverkennbar. Das bräutlich-hochzeitliche, wie auch das mitternächtliche Motiv, ist eindeutig von jener Hochspannung bestimmt, in der jüdische und urkirchliche Passafeier übereinkommen. In letzterer wird freilich nicht ein schlechthin *künftiger* Messias erwartet, sondern eben der *wiederkommende Christus*. Gerade in Mt 25,6 weist die Herausstellung nicht nur der Nacht als der Zeit eines nicht berechenbaren Kommens des Erwarteten, sondern die Konzentration ganz auf die *mitternächtliche* Stunde, zurück auf eine feste jüdische Tradition in der Begehung der Passanacht. Diese Konzentration auf die Mitternacht als Stunde des erwarteten apokalyptischen Geschehens hat ihren Eckpfeiler in Ex 12,29 und findet ihre deutlichste passahaggadische Verarbeitung (inmitten des einschlägig strukturierten Kontextes von Weish 11,2-19,22) in Weish 18,14: "Als tiefes Schweigen das All umfing und die

---

[56] Vgl. zu diesen Stellen und weiteren Parallelen: STROBEL 37-46.

Nacht bis zur Mitte gelangt war, da sprang dein allmächtiges Wort vom Himmel, vom königlichen Thron herab als harter Krieger mitten in das dem Verderben geweihte Land.' - Kontrapunktisch zu diesem Bild des mitternächtlich hereinbrechenden Logos als Krieger und Richter über die Feinde des Volkes wird der andere Eckpfeiler der erinnerten Exodusereignisse, Ex 19,17ff., in spätjüdischen Texten im Sinn des Braut-Bräutigam-Motivs gestaltet. Die in Mt 25,1-13 vorausgesetzte Situation kulminiert im Hochzeitsmahl (V. 10), - gerade so, wie die Feier der Passanacht im eschatologischen Hochzeitsmahl, oder aber im *eucharistischen* Mahl als dem *Unterpfand* des himmlischen Hochzeitsmahles, kulminiert.

4. Die eschatologisch ausgerichtete Mahlfeier fand in der nächtlichen Begehung jedoch nicht, wie im jüdischen Ablauf der Feier, schon unmittelbar nach Einbruch der Nacht statt. Allzu deutlich stand der Vorabend des *christlichen* Passafestes unter dem Zeichen des Todes Jesu am 14. Nisan. Und so hatte die Deutung der Exodusgeschehnisse auf ihre eschatologische Erfüllung hin den Weg zu nehmen, der durch *Leiden und Kreuz Jesu* zur Auferweckung als der eschatologischen Rechtfertigung und Erhöhung des Menschensohnes führte, auf deren letzte Manifestation und Erfüllung die christliche Passafeier ausgerichtet war. Die demgemäß schon mit dem ausgehenden 14. Nisan begonnene Feier umfaßte zunächst eine anamnetisch gefüllte, unter *Trauer und Bußfasten* bis Mitternacht[57] ausgedehnte Nachtwache, die dann in eschatologischen Jubel umschlug und mit der Feier von Agape und Herrenmahl bis zur Stunde des Hahnenschreis durchgehalten wurde. Die Christusanamnese im ersten Teil dieser Passanacht war inhaltlich von der Erfüllung der Exodusereignisse durch Leiden, Tod und Auferweckung Jesu her, in Analogie zur Weitläufigkeit der jüdischen Passahaggada und ihrer Ausdeutungen, zu strukturieren. Diese weit gespannte Struktur setzt ganzheitliche Evangelientradition voraus und erlaubt von dieser Perspektive her eine Präzisierung dessen, was schon von der Bekenntnistradition (1 Kor 15,3-5) und der Herrenmahltradition (1 Kor 11,23-26) als Kernbereich einer bereits vorhandenen Evangelientradition in den Blick kam.

---

[57] Vgl. STROBEL 29-36.

Rückschlüsse auf die ursprüngliche inhaltliche Spannweite gestattet die an sich sehr viel spätere Passapredigt des Meliton von Sardes[58] wenigstens insofern, als sie zeigt, wie (in strenger Orientierung an Ex 11-14) ein Großteil sowohl der alttestamentlichen Heilsgeschichte, als vor allem auch des *Heilswerkes Christi von der Inkarnation bis zur Himmelfahrt* und der als nah erwarteten Wiederkunft - in dem Maße, wie es sich in der *Evangelientradition* widerspiegelt - es gerade auch aus *passahaggadischer Perspektive* gemäß dem Passalamm- und Gottesknechtsschicksal Jesu zur Darstellung kommen konnte. Bringt man in Abzug, was bei Meliton speziell auf die Inkarnationstheologie und die Darstellungsform des Joh-Ev zurückgeht, so bleibt immerhin das Phänomen einer ganz archaischen, auf den jüdischen Passatermin, wie auch die Schriftlesung von Ex 11-14 bezogenen Form der Feier, die doch gleichzeitig als Christusanamnese weiteste Teile der Passions- und Auferstehungstradition der Evangelien einbezog.

Der erste Ursprung einer solchen passahaggadisch bestimmten Christusanamnese im Umfang einer erweiterten Passions- und Auferstehungsbezeugung der Evangelientradition kann schwerlich durch die *johanneische* Tradition veranlaßt worden sein[59]. Die Perspektive passahaggadischer Deutung des Lebens Jesu mußte vielmehr gerade die Bildung der *ältesten Schicht des Mk-Ev* beeinflussen, ohne daß deshalb in diesem reflektierte Einzeläußerungen in der Art von 1 Kor 5,7 oder Joh 19,36 zu erwarten wären.

5. Es stellt sich also die Frage, ob und inwieweit gerade im ältesten Evangelium, dem Mk-Ev, das man treffend als "Passionsgeschichte mit ausführlicher Einleitung" bezeichnet hat (M. Kähler, 1892), nicht nur eine weitläufig ganzheitliche Evangelientradition strukturell einheitlich in der Passionsgeschichte mit Grablegungs- und Grabauffindungsbericht und Bezeugung der Osterbotschaft, in archaischer Form, erhalten ist, sondern gerade die markinische (bzw. die im Mk-Ev erhaltene "vormarkinische") Fassung sich durch bestimmte (in der späteren Evangelientradition eventuell aufgegebene) Merkmale als soweit *passa-*

---

[58] Deutscher Text: J. BLANK, *Meliton von Sardes. Vom Passa. Die älteste christliche Osterpredigt. Einl., Übers. u. Komm.*, Freiburg 1963 *(künftig zitiert:* BLANK, *Meliton).*

[59] Zur Verankerung des Joh-Ev in der Tradition der quartadecimanischen Passafeier (bzw. zur Begründung und Befestigung dieser Tradition durch den Apostel Johannes) siehe unten, IX, c 1-4.

haggadisch beeinflußt bzw. veranlaßt zu erkennen gibt, daß man die Haggada-Ausdeutung der frühesten christlichen Passafeier als den ursprünglichsten "Sitz im Leben" für die weitläufige Formung der im Mk-Ev fortlebenden Evangelientradition kennzeichnen kann.

Die bejahende Antwort soll zunächst als Arbeitshypothese aufgestellt und in entscheidenden Punkten verifiziert werden, bevor Konsequenzen im Sinne der Thesen von *R. Pesch* und *P. Dschulnigg* für den überlieferungsgeschichtlichen Ort der "vormarkinischen" Passionsgeschichte und des Mk-Ev gezogen werden.

R. Pesch sieht im zweiten Teil des Mk-Ev - wie bereits angedeutet - eine weitläufig unversehrt erhaltene älteste "vormarkinische" Schicht bewahrt, die mit literarkritischer (und hilfsweise auch mit sprachanalytischer) Methodik aus dem "markinischen" Textgut herausgehoben werden kann[60].

P. Dschulnigg dagegen plädiert - ohne die überlieferungsgeschichtliche Sicht von Pesch insgesamt widerlegen zu wollen - aufgrund der Sprachanalyse eher für eine einheitliche Verfasserschaft in allen Teilen des Mk-Ev und hält es für wahrscheinlich, daß die sogenannte "vormarkinische" Schicht zwar eine besonders frühe Tradition Jerusalemer Herkunft wiedergibt, die Markus jedoch als eine ihm eher nur mündlich (und nicht in literarischen Einzelelementen oder breiten literarischen Schichten) zugekommene in sein Evangelium einbezog. So hätte der Verfasser des Mk-Ev (der nach den sprachlichen Indizien des Textes durchaus der Jerusalemer Johannes Markus gewesen sein könnte) auch die "vormarkinische" Passionsgeschichte erstmals mit der ihm eigenen persönlichen Gestaltungskraft verschriftet, laut Dschulnigg vermutlich kurz nach 64[61].

---

60 Laut R. PESCH, *Evangelium* (siehe oben, Anm. 3), setzt diese Schicht mit Mk 8,27 ein und ist (nach zunächst häufiger Unterbrechung durch markinische Einschübe) in Mk 14,1-16,8 durchgängig erhalten. Diese Schicht sei noch während der Amtszeit des Hohenpriesters Kaiphas (bis 37) entstanden. Zu unserer überlieferungsgeschichtlichen Einordnung dieser "vormarkinischen" Passionsgeschichte (im Sinne von Pesch) in Auseinandersetzung mit den Thesen von Pesch und Dschulnigg siehe unten, c 12.

61 P. DSCHULNIGG, *Sprache, Redaktion und Intention des Markus-Evangeliums. Eigentümlichkeiten der Sprache des Markus-Evangeliums und ihre Bedeutung für die Redaktionskritik,* Stuttgart 1984 *(künftig zitiert: Dschulnigg)*, 317-335 (Kritik der Sprachanalyse von Pesch); 274-280 (Rückschlüsse auf die Herkunft des Verfassers und den Abfassungsort des Mk-Ev); 619f. (mögliche Identität mit Johannes Markus).

Beide Konzeptionen weisen für die älteste im Mk-Ev wiedergegebene Tradition nach Jerusalem. Die Frage, ob eine Erstverschriftung der "vormarkinischen" Passionsgeschichte erst nach 64 oder nicht doch sehr viel früher anzunehmen ist (wobei das "markinische" Vollevangelium, in das sie integriert wurde, nicht *zwangsläufig* einen *anderen* Verfasser haben muß), soll nun nach jenen Merkmalen entschieden werden, die aus *liturgiegeschichtlicher* Sicht im Komplex der Passionsgeschichte des Mk-Ev direkt nach einer *gattungsgeschichtlichen* Erklärung im Sinne der Haggada-Ausdeutung der urkirchlichen Passafeier als "Sitz im Leben" rufen.

Von den Voraussetzungen der *Bekenntnistradition* und des *Kerygmas Petri* her, die eine weitläufige Evangelientradition als sprachlich bereits stark geformte annehmen ließen, ist damit zu rechnen, daß die Ausdeutung der Passahaggada als "Sitz im Leben" (obwohl selbst als mündlicher Vortrag zu denken) zu *früher schriftlicher* Gestaltung der "vormarkinischen" Passionsgeschichte Anlaß gab und daß verschiedene Spuren der ältesten passahaggadischen Funktion innerhalb der Jerusalemer Gemeinde sich erhalten haben, die *schwerlich mit einer Schriftwerdung erst in Rom*, sei es aufgrund einer ebenfalls primär haggadischen Funktion, sei es gemäß einer Verschriftungskonzeption im Zuge der Gestaltung des markinischen Vollevangeliums, zu vereinbaren sind.

6. Besonders *drei* solcher Merkmale der "vormarkinischen" Passionsgeschichte mit Auferweckungsbezeugung scheinen nur aus einer ganz ursprünglichen passahaggadischen Funktion in Jerusalem erklärbar zu sein. Am deutlichsten trifft dies für den eigentümlich abrupt endenden Osterbericht zu, dessen Schlußvers 16,8 lautet: "Sie (die Frauen) sagten niemandem etwas, denn sie fürchteten sich". - Wäre damit jegliche Aktualisierung der Perikope beendet, so würde 16,8 ganz der in 16,7 angelegten Dramaturgie widersprechen: "Sagt seinen Jüngern und dem Petrus: Er geht euch voraus nach Galiläa...". - Diese Botschaft kann nicht in der Furcht der Frauen ihr Ende finden. Sie *tendiert* angesichts der Dynamik des Auferstehungsgeschehens, und der für die Lesung vorauszusetzenden Resonanz in der Gemeinde, *unfehlbar auf ein Ziel*, das somit *außerhalb* des Erzählungsrahmens - aber für die hörende Gemeinde von Anfang an mit gewußt - zur Verwirklichung kommen muß. Zwischen der Lesung der Perikope und dem Zielpunkt ihrer in 16,7f. angelegten Dramaturgie muß also eine Schwelle der Aktuali-

sierung liegen, jenseits derer der Hörer erfahren wird, ja, existentiell von dem ergriffen sein wird, worauf die Perikope tendiert.

Diese Peripetie der Handlungsart ist nun genau in der ältesten (quartadecimanischen) Passafeier angelegt. Die "Furcht" der Frauen, die als "Erschauern vor dem Mysterium" der Auferweckung Jesu und als Reaktion auf die Angelophanie zu verstehen ist, wird in dieser Situation zum schauervollen Harren der Gemeinde auf den möglicherweise um Mitternacht in seiner Wiederkunft hereinbrechenden Herrn. Geschieht diese, so *erübrigt* sich die *liturgische* Aktualisierung dessen, daß die Botschaft dann doch zu den "Jüngern und Petrus" kam, diese jedenfalls aufgrund der Erscheinungen des Auferstandenen zur Gewißheit des Osterglaubens gelangten, wodurch Gemeinde gegründet und Gemeindewirklichkeit geschaffen wurde. - Blieb die Wiederkunft in dieser Passanacht aber aus, so würde die Gemeinde ebenfalls - über die *Lesung der Perikope* (bzw. den vorgängig zu deren Schriftfassung vorauszusetzenden *mündlichen* Meditationsvortrag) hinaus - zum dramaturgischen Ziel gelangen. Dieses würde - in Überbietung jeder bloßen *Erinnerung* an eine den Aposteln weitergesagte Engelsbotschaft von der Auferstehung - liturgisch aktualisiert werden in der *Feier des eucharistischen Mahles*, welches, angesichts der Leitung der ältesten Mahlfeier durch Petrus bzw. Jakobus, geradezu als eine Prolongation der einstigen Mahlgemeinschaften des Auferstandenen mit den Aposteln erscheinen mußte und diese anamnetisch lebendig werden ließ[62]. Und es ist kein Zufall, daß der Evangelist, der als erster *nach* Markus sein Evangelium verfaßte, nämlich Lukas, gerade die Mahlgemeinschaft mit dem Auferstandenen besonders betont (eine Strukturlinie, die schon in der umfassenden Sicht des Vermächtnismahles Jesu im Lk-Ev einen ersten Ansatz hat und dann auch die Apg durchzieht).

Bemerkenswert ist überdies in Mk 16,7 die Reihung "die Jünger und Petrus". Im einfachen Erzählstil könnten so Berichte Petri aus den Tagen der Jüngergemeinschaft mit dem irdischen Jesus strukturiert sein. Petrus würde *seine Person* in der Wiedergabe von Jüngererfahrungen bei der Nennung der einzelnen Jünger hintansetzen. Doch scheint Mk

---

62 Ganz in Entsprechung zu diesem liturgiegeschichtlichen Befund weist STAUDINGER (92ff.) darauf hin, daß das Fehlen von Berichten über die Erscheinungen des Auferstandenen im ältesten Mk-Ev und die gerade in diesem Bereich festzustellenden starken Abweichungen der späteren Evangelien am ehesten verständlich werden, wenn man annimmt, daß zunächst nur die der Erscheinungen *Gewürdigten* auch von diesen Erscheinungen *Zeugnis gaben*.

16,7 eher im Sinne einer dramaturgischen Klimax geformt zu sein. Die Spannung ist daraufhin angelegt, wie die Botschaft vor allen anderen Jüngern gerade *Petrus* treffen und wie die vom Engel verheißene Begegnung mit dem Auferstandenen (in Galiläa) gerade ihn in Dienst nehmen wird.

Diese Form der sprachlichen Gestaltung läßt sich besonders gut in einer *von Petrus gegründeten Gemeinde* verstehen. Dies gilt vor allem für Jerusalem. Und die Formulierung wird am besten aus einer liturgischen Tradition der *Gemeinde mit Petrus* zu verstehen sein, die die *schriftliche* Formung in diesem Wortlaut wahrscheinlich in einer Situation erhielt, als das Fehlen Petri (nach seinem in Apg 12,17 bezeugten Fortgang am Passafest 42) nachhaltig empfunden, gerade deshalb aber anamnetisch positiv verarbeitet wurde.

So konnte sich diese Form der passanächtlichen Lesung später auch noch in Rom, und auch noch einige Jahrzehnte nach dem Tode Petri, *unergänzt* halten[63], als die anderen Evangelien bereits zusätzlich die Berichte von den *Erscheinungen* des Auferstandenen integriert hatten.

7. Korrekturen der markinischen Perikope nehmen später nicht nur die anderen Evangelien durch ihr Ausgreifen auf die *Erscheinungen* des Auferstandenen vor, sondern auch die verschiedenen handschriftlich überlieferten Varianten des Mk-Schlusses. Sie betreffen vor allem die befremdliche Aussage über die Frauen (16,8): "Sie sagten niemandem etwas" (trotz des ausdrücklichen Auftrags des Engels). Hätte diese Aussage nur bekunden wollen, daß die Auferstehungsgewißheit Petri und der Elf nicht auf dem Wege des Weitersagens der Botschaft durch die Frauen erreicht wurde, dann hätte für diese Intention - angesichts der ohnehin erst außerhalb des Erzählungsrahmens von Mk 16,1-8 zum Ziel gelangenden Dramaturgie - auch die Aussage über die "Furcht" der Frauen (ihr Erschauern vor dem Mysterium) ausgereicht, *ohne* Festlegung darauf, ob sie den Auftrag ausführten oder nicht.

H. von Campenhausen bemerkt deshalb speziell zu der Schlußaussage Mk 16,8, daß diese ein offensichtliches Interesse daran habe festzustellen, daß die Jünger *nicht* (oder nicht so bald) mit dem befaßt wur-

---

[63] Zur Situation der liturgischen Aktualisierung des Mk-Schlusses *in Rom* siehe unten, VI, Anm. 49.

den, was am Grabe vorgegangen war[64]. Es zeigte sich bereits bei der Erörterung des ältesten Kerygmas Petri und seiner Voraussetzungen für die allerersten Strukturen der Evangelientradition, daß ein Schweigen über das "leere Grab" in Bekehrungspredigten vor Juden (laut Apg 2-4), andererseits die erste Erwähnung des "dritten Tages" (mit ihrer Anspielung auf die Offenbarung der Auferweckung bei der Auffindung des leeren Grabes) erst in einer Predigt vor Heiden, am ehesten von der verbreiteten jüdischen Unterstellung einer Jüngermanipulation her zu erklären sind (keineswegs aber im Sinne eines überlieferungsgeschichtlich späten Aufkommens des "Grabmotivs" als historisierender und veranschaulichender Illustration eines an sich "unanschaulichen" Auferstehungskerygmas). Wie dieses anfängliche Schweigen Petri vor der jüdischen Öffentlichkeit über die Auffindung des leeren Grabes (nicht freilich über die Auferweckungstat Gottes) wäre dann auch die eigentümliche Art von Mk 16,8, das Schweigen der Frauen gegenüber den Jüngern zu betonen, aus der in Mt 27,63ff. signalisierten Unterstellung der Hohenpriester und Pharisäer verständlich[65]. Dieses hätte sowohl in der quellentreuen Wiedergabe der ersten Bekehrungspredigten Petri vor Juden (in Apg 2-4), als auch in der haggadischen Erstformulierung der Auferstehungsbotschaft (in Mk 16,1-8) eine Spur hinterlassen, insofern in letzterer zwar Grabauffindung und Engelsbotschaft artikuliert werden, die Weitergabe der Engelsbotschaft, die im leeren Grab erfolgt war, aber ausdrücklich als verzögert zu den Aposteln gelangt (und indirekt als nicht konstitutiv für deren Verkündigung) gekennzeichent wird[66].

Aus der nur wenige Jahre lang gegebenen (und dann vielleicht nochmals in der Verfolgung des Jakobus und Petrus im Jahre 41/42 akuten) Aktualität des Hinweises von Mk 16,8 über das Schweigen der

[64] VON CAMPENHAUSEN 37: "Die Jünger, so will der Evangelist sagen, hatten mit dem leeren Grab überhaupt nichts zu tun... Sie hatten ihre Hände nicht im Spiel gehabt."

[65] Für Zweifel an der Historizität der in Mt 27 geschilderten Situation gibt es nach H. VON CAMPENHAUSEN (ebd.) keinen Anhaltspunkt. - Auch im Hintergrund von Joh 20,15 steht eine (in späteren Zeugnissen greifbare) jüdische Tradition, nach welcher "der Gärtner" der Grabanlage den Leichnam Jesu sichergestellt hätte (ebd.).

[66] Die diesbezüglich historisch am deutlichsten transparente Nachricht dürfte die von Joh 20,2 sein, daß nur *eine* der Frauen, Maria Magdalena, verstört zu den Jüngern kam und sehr unzusammenhängend berichtete, was geschehen war (vgl. zu Joh 20,3: unten, IX, e).

Frauen, der so eigentümlich gegensätzlich zu Mk 16,7 formuliert ist, dürfte zu folgern sein, daß Mk 16,8 in der vorliegenden Formulierung eine allerälteste aus der ersten Phase der Wirksamkeit Petri in Jerusalem stammende Aussage bewahrt haben muß und daß diese auch nur in einer sehr frühen Verschriftung der Jerusalemer Tradition der Haggada-Ausdeutung eine Chance der Tradierung haben konnte. Das betreffende Element ist zweifellos nicht als ferne Erinnerung eines am Ende der 50er oder in den 60er Jahren in Rom schreibenden Verfassers des Mk-Ev zu verstehen, schon gar nicht im Rahmen einer noch späteren Niederschrift, sondern muß als Moment einer auf die Jerusalemer Gemeindesituation des frühen Wirkens Petri bis zum Jahre 42 (vgl. Apg 12,17) bezogenen und diese unmittelbar widerspiegelnden schriftlichen Fassung der betreffenden "vormarkinischen" Tradition erklärt werden.

8. Im Rahmen der Passionsgeschichte mit Auferstehungsbezeugung in der Passanacht konnte von Anfang an der Bericht vom *Letzten Mahl* nicht fehlen. Die Deutung, die Jesus bei diesem Mahl seinem bevorstehenden Tod gegeben hatte[67], war ja der Schlüssel zur gesamten Deutung des Lebens, Wirkens und Sterbens als Erfüllung des Gottesknechtsschicksals. Die Erfüllung dieser Typologie durch Jesus aber erweist sich aufgrund der Jerusalemer Bekenntnistradition von 1 Kor 15,3ff., der Herrenmahltradition von 1 Kor 11,23ff., der Passionsberichte aller Evangelien, der paulinischen Briefe, der ersten Petruspredigten laut Apg 2-4 und 1 Petr als Urdatum neutestamentlicher Christologie überhaupt.

Jesu Letztes Mahl mußte in passahaggadischer Sicht als *Passamahl* Jesu erscheinen; und es bekundete ja in der Tat den willentlichen Vollzug des Todespassa Jesu. Auch seine Vorbereitungen hinsichtlich der Reservierung des Abendmahlssaales und der Bereitstellung des zum Passamahl Benötigten waren historische Gegebenheiten[68], mit Ausnah-

---

[67] Vgl. zur ursprünglichsten Wiedergabeform dieser Deutung: PESCH, *Abendmahl*; zur Verbindung zwischen Passions- und Herrenmahltradition: oben, Anm. 16f., sowie die folgende Anm. 68.

[68] Vgl. R. PESCH, *Das Evangelium in Jerusalem. Mk 14,12-26 als ältestes Überlieferungsgut der Urgemeinde,* in: P. STUHLMACHER, *Evangelien* 114-155. - So wird es sich bei dem Wasserträger von Mk 14,13 (- das Tragen eines Wasserkruges kommt normalerweise den Frauen zu), der die Jünger zum Abendmahlssaal führt, um ein Moment der Augenzeugenerinnerung handeln. Vielleicht hat ein Mitglied der zölibatären essenischen Gemeinschaft, deren Quartiere bei dem schon von Flavius Josephus (Bell.Jud. V, 145) erwähnten "Essenertor" lagen und jüngst

me der rituellen Durchführung, die nur am begonnenen 15. Nisan und mit einem im Verlauf des sich neigenden 14. Nisan im Tempel geschlachteten Passalamm möglich gewesen wäre. Das Letzte Mahl hatte für Jesus tatsächlich Passamahlbedeutung, aber es würde bei diesem Passa kein anderes Passalamm und keinen anderen Opfervollzug geben als Jesus selbst und seine blutige Hingabe am Kreuz. So konnte sich die Sicht der markinischen (bzw. "vormarkinischen") passahaggadischen Passionsgeschichte in der synoptischen Tradition, - und später in weiten Teilen der Kirche, besonders der abendländischen, durchsetzen, für die, jedenfalls seit dem Azymenstreit des 11. Jahrhunderts, das Abendmahl als Mahl mit dem "Ungesäuerten" galt[69].

In der jüngsten exegetischen Forschung wird jedoch der johanneischen Passionschronologie zunehmend die größere historische Stichhaltigkeit zuerkannt[70]. Damit bedürfen die Ursachen, aus welchen die synoptische Chronologie des Letzten Mahles entstanden ist, der eigenen Klärung, die nur im angebenen Sinne plausibel zu sein scheint.

9. Auch der *chronologische Rahmen* des ganzen *öffentlichen Wirkens* Jesu wird heute zutreffend im Joh-Ev bezeugt gesehen. Jesu Wirk-

---

archäologisch nachgewiesen wurden, die Reservierung eines für das Passamahl geeigneten Saales, wie er jedenfalls von Jesus benötigt wurde, vermittelt (ebd. 142ff.).

[69] Vgl. H.-G. BECK, *Kirche und theologische Literatur im byzantinischen Reich*, München 1959, 318 (mit Literatur).

[70] Laut STROBEL (46-69) darf aus der johanneischen Chronologie historisch zutreffend gefolgert werden: Das Letzte Mahl fand am Vorabend des 14. Nisan (nicht des 15. Nisan, an dem allein das Passalamm gegessen werden konnte) statt. Nur *vor* Anbruch des Festes konnten Jesu Letztes Mahl, seine Hinrichtung und sein Begräbnis (vgl. Joh 19,31.42) geschehen sein. Und erst am Abend danach aßen die Juden ihr Passa (Joh 18,28). - Die zutreffende Chronologie scheint laut STROBEL auch in der Mk 14,2 überlieferten "List" des Hohen Rates durch: "Nur nicht am Festtag, damit kein Aufruhr entstehe!' In Mk 14,12 sei die Bezeichnung des "Tages, an dem die Passalämmer geschlachtet wurden" (14. Nisan) als "erster Tag der Ungesäuerten Brote" unjüdisch, spiegele aber genau die in 1 Kor 5,6f. aufscheinende christliche Feststruktur des quartadecimanischen Passa wider. Diese wird besonders in Apg 12,3 greifbar, wo Petrus während der "Tage der Ungesäuerten Brote" (d.h. hier: *vor* der jüdischen Festwoche) eingekerkert wird, aber schon während der nächtlichen Feier des quartadecimanischen Passa (vgl. Apg 12,12 und die passahaggadische Darstellung der Befreiung Petri) das Wunder eines neuen Exodus an sich erfährt. - Zur Entsprechung der Chronologie von 1 Kor 5,6f. und Joh 19,36 vgl. unten, IX, Anm. 117.

samkeit begann vor dem Passa des Jahres 28 und vollendete sich am "Rüsttag des Passa" im Jahre 30[71].

Um eine passahaggadische Deutung des Lebens Jesu zu ermöglichen und der christlichen Passafeier eine ganzheitliche Anamnese zu gewährleisten, war Jesu Wirken einerseits anamnetisch zu konzentrieren; andererseits mußte vom Leben und öffentlichen Wirken Jesu ein so weitgehender Anteil einbezogen werden, daß der Weg des Wirkens, Leidens und der Vollendung durch Kreuz und Auferstehung als unüberbietbare neue Exoduspilgerschaft bis hin zur definitiven Errettung des von Gott Erwählten aus dem Tode zur Geltung kam.

So werden auch die *Leidens- und Auferweckungsvorhersagen* Jesu im Mk-Ev als wichtige Strukturierung einer Darstellung in passahaggadischer Spannweite erkennbar und sind in diesem Sinn als schon zur ältesten Passionsgeschichte gehörig zu betrachten. Der *Weg nach Jerusalem* zur Vollendung des Gottesknechtsschicksals war als übergreifendes Darstellungsprinzip hierfür hervorragend geeignet.

Wir werden auf diese Weise zur Übereinstimmung mit *R. Pesch* geführt, der, bei seiner Umgrenzung einer einheitlich und unversehrt im Mk-Ev bewahrten "vormarkinischen" Schicht, Mk 8,27 als Ausgangspunkt kennzeichnet. Jesus, in 8,29 durch das Bekenntnis Petri als Messias bezeugt, geht seinen Weg nach Jerusalem. Diesen Weg enthüllt Jesus selbst in der Komposition des Mk-Ev als einen Weg zum Leiden und zum Tod, der aber zur Vollendung in der Auferstehung führt (8,31): ein Weg, der dreimal in eben diesem Sinne charakterisiert wird (8,31; 9,30ff.; 10,32f.).

Es ist begreiflich, daß die spätere kompositorische und redaktionelle Ergänzung der "vormarkinischen" Passionsgeschichte zum Vollevangelium, die ihre Behutsamkeit im Umgang mit dieser ältesten Traditionsschicht immer wieder beweist, erst recht nicht die repräsentative Ganzheitlichkeit dieses ältesten Teils dadurch relativieren wollte, daß sie dessen Schilderung chronologisch nur noch als *Bruchteil* einer Gesamtdarstellung des öffentlichen Wirkens erscheinen ließ. So entstand ein zeitlich geschlossener Rahmen, der immer noch ideell dem Konzept eines Weges nach Jerusalem entsprach[72].

---

[71] Vgl. STROBEL 78-108, sowie ROBINSON, *Priority* 153-157.

[72] Der Weg zum Leiden und das Todesschicksal Jesu spiegeln sich so bereits in Mk 3,6 wider.

Die *synoptische Chronologie* des öffentlichen Wirkens Jesu bliebe auch in ihrer definitiven Ausformung in der Evangelientradition für immer ein Rätsel, wäre sie nicht als eine Folge der passahaggadischen Kontraktion eines bereits ganzheitlich repräsentativen Teils der Leben-Jesu-Darstellung im Rahmen der ältesten Passionsgeschichte zu erklären.

Eine besondere Schlüsselrolle kommt innerhalb der Struktur der Christusanamnese in der Passanacht jener Selbstoffenbarung Jesu zu, die einerseits die Todesursache im Prozeß vor dem Hohen Rat beinhaltet, andererseits gerade auch das Ziel der eschatologischen Ausrichtung der Passafeier bestimmt: der Ankündigung, daß "der Menschensohn kommen wird auf den Wolken des Himmels" (Mk 14,62). Die Formulierung dieses "eschatologischen Menschensohn-Wortes" als Selbstaussage Jesu und protokollarisch erfaßte Prozeßmaterie muß als historisch gelten und läßt auch in der Anklage der "falschen Zeugen" (Mk 14,56) ein tempelbezogenes messianisches Wort Jesu erkennen[73], dessen Sinn freilich mißverstanden war[74].

10. Kernstück der Christusanamnese in der Passanacht ist das Gedenken des *Todes* des Herrn. Die eschatologische Ausrichtung der Passafeier relativiert diesen Gedächtnisinhalt nicht, bringt vielmehr die eschatologische Unüberbietbarkeit zum Ausdruck, in der sich das Geschick des Gottesknechtes und des "leidenden Gerechten" im Kreuzestod erfüllt, um durch das Eingreifen Gottes in der Auferweckung Jesu eine totale Neubewertung zu erfahren. Als eschatologisches Geschehen ist das Kreuz in Mk 15 speziell durch die apokalyptische Finsternis von der 6. bis zur 9. Stunde (Mk 15,33) und das Zerreißen des Tempelvorhangs (15,38) verdeutlicht.

Die Charakterisierung der Hingabegesinnung Jesu am Kreuz durch Worte des 22. Psalms, mit denen sich der Beter in seiner Todesnot ganz Gott anheim gibt und von Gott errettet wird, scheint in der synoptischen

---

[73] So A. STROBEL, *Die Stunde der Wahrheit. Untersuchungen zum Strafverfahren gegen Jesus*, Tübingen 1980. Vgl. auch O. BETZ, *Die Frage nach dem messianischen Bewußtsein Jesu*, in: DERS., *Messias Israels* 140-168; speziell zum doppelten messianischen Bezug der beiden Anklagepunkte (Mk 14,56ff.) und der Logik eines Verständnisses als Gotteslästerung: ebd. 154ff.

[74] Zur historischen Transparenz der Tempelworte Jesu in Mk 13,2 und Joh 2,19 und ihrer messianischen Dimension siehe unten, VI, Anm. 36-38; zur Chronologie von Joh 2,14ff.: IX, d 4.

Tradition (einschließlich der "vormarkinischen" Passionsgeschichte) nicht ganz so deutlich zum Ausdruck zu kommen, wie man es für die älteste apostolische Verkündigung selbst und auch für die ursprüngliche Anamnese der Passanacht annehmen möchte[75]. Einzelelemente des Kreuzigungsgeschehens sind mittels entsprechener Verse von Ps 22 herausgehoben, so die Verspottung und das Kopfschütteln aus Ps 22,8 (Mk 15,29). Und das Tränken mit Essig (15,36) ist offenbar provoziert durch die Rezitation von Ps 22,16. Das erschütternde Bekennntnis der Gottverlassenheit gemäß Ps 22,2 wird in der "vormarkinischen" Passionsgeschichte zum Ausdruck gebracht; doch der andere Pol des spannungsreichen Psalms, der Dank für die eschatologisch transparente Rettung (im Schlußvers 22,32), bleibt in Mk 15,33-37 ohne Echo.

Dies wird schwerlich dem Urmotiv der Heranziehung von Ps 22 entsprechen. Dieser ist zur Gänze oder doch in extenso von Jesus als am Kreuz rezitiert zu denken, womit die Typologie des leidenden Gerechten sich auch durch Jesus als Beter erfüllt. Und dabei konnte die Beachtung des Wortes nicht fehlen: Der Herr "verbirgt sein Gesicht nicht vor dem (Elend des) Armen; er hat auf sein Schreien gehört"; und: "Vom Herrn wird man dem künftigen Geschlecht erzählen, seine Heilstat verkündet man dem kommenden Volk; denn er hat sein Werk getan" (22,32). Diese so bekundete einzigartige Gottergebenheit ist es auch, die in der Urperspektive des Berichts als Bezugspunkt und entscheidender Eindruck zu denken ist, der dem Hauptmann unter dem Kreuz sein Bekenntnis abnötigt. - Der für Jesus so schicksalhafte Ps 22 bot sich mit seiner Einbindung von Empfindungen der Gottverlassenheit, äußerster Gottergebenheit und letztem Dank gegenüber dem *rettenden Gott* als einzigartige Deutung des Todes Jesu gerade auch in der auf Konzentration und Meditation der Heilsereignisse angelegten anamnetischen Vergegenwärtigung in der Passanacht an.

Ob die Herausstellung der *szenischen Momente*, die der ältesten *schriftlich* erhaltenen Darstellung des Todes Jesu in Verbindung mit Texten des 22. Psalms eignet, schon für die älteste *passahaggadische Artikulation* anzunehmen ist, muß offen bleiben. Sie darf jedenfalls *nicht* als *nachträgliche Historisierung* aufgefaßt werden. Jesus, der am Kreuz den 22. Psalm laut rezitierte, wurde anscheinend von Soldaten,

---

[75] Vgl. H. GESE, *Psalm 22 und das Neue Testament. Der älteste Bericht vom Tode Jesu und die Entstehung des Herrenmahles,* in: DERS., *Vom Sinai zum Zion,* München 1974, 180-201.

bzw. von Knechten des Hohen Rates, nachgeäfft, die ihrerseits Worte des Psalms in Szene umsetzten, wie dies bei der Darbietung des Essigtrankes offensichtlich der Fall ist und wie es schon unmittelbar zuvor (Mk 15,16-19) von spottenden Soldaten berichtet wird.

Die Rezitation des 22. Psalms als Ausdruck der äußersten Gottergebenheit und des Bewußtseins der letztlich nicht ausbleibenden endgültigen Rettung durch Gott läßt zurückblicken auf die Haltung, mit der Jesus bereits das *Letzte Mahl* mit seinen Jüngern gefeiert hatte. Der 22. Psalm ist nämlich der herausgehobene unter den Psalmen, die von jüdischen Frommen rezitiert wurden, die sich aus äußerster Not errettet wußten und die nach ihrer Errettung Gott unter Genuß von (gesäuertem) *Opferbrot* und *Wein* in Mahlgemeinschaft ihr *Dankopfer* (Toda-Opfer) darbrachten, so daß mit der Hervorhebung der Rolle des 22. Psalms möglicherweise auch ein Hinweis auf Textgut und rituelle Handlungen Jesu im Sinne des Toda-Opfers beim Letzten Mahl gegeben ist[76].

11. Der passahaggadische Charakter der weitläufigen "vormarkinischen" Passionsgeschichte erwies sich insbesondere an drei Gruppen struktureller Merkmale: 1. dem abrupten Mk-Schluß 16,8, - in eigentümlicher Kontrapunktik zu der für die Aktualisierungsstruktur in der Passanacht bezeichnenden *dramaturgischen Schlüsselaussage* 16,7, die auf ein besonderes Betroffensein Petri durch die Auferstehungsbotschaft und eine zweite Aktualisierungsphase im nachmitternächtlichen Fortgang der Passafeier abzielt; 2. an der Darstellung des Letzten Mahles Jesu als Passageschehen, ohne daß rituelle Kennzeichen eines Passamahles im Zuge der Mahlhandlungen Jesu selbst erwähnt werden; 3. an dem einheitlichen Kompositionskonzept des Weges, den der durch das Messiasbekenntnis Petri gekennzeichnete Jesus nach Jerusalem geht, um dort das Gottesknechtsschicksal des Leidens auf sich zu nehmen, das jedoch nicht im Untergang, sondern in der eschatologischen Befreiungstat Gottes und in der Erhöhung des Menschensohnes sich erfüllt, der "sitzen wird zur Rechten der Kraft" und "kommen wird auf den Wolken des Himmels" (Mk 14,62).

Diese weitläufige Passionsgeschichte entspricht nach Umfang (man vergleiche etwa die passahaggadische Paraphrase von Weish 11,2-19,22) und inhaltlichen Schwerpunkten durchaus der in der Passanacht

[76] Siehe zu den noch deutlicheren Hinweisen *des Joh-Ev* in diese Richtung, unten, IX, e 1, mit Anm. 110f.

fälligen *typologischen Deutung* der Exodusgeschehnisse gemäß ihrer *eschatologischen Erfüllung*.

Manche der inhaltlichen Elemente dieser Schicht, unter ihnen die Aussage über das "Schweigen" der Frauen gegenüber den Jüngern in Mk 16,8 (in Konvergenz mit dem Schweigen Petri über das Auffinden des "leeren Grabes" in seinen frühesten Bezeugungen der Auferweckung Jesu laut Apg 2-4) spiegeln die Ursituation des Geschehens in der Jerusalemer Gemeinde so unmittelbar wider, daß für den innerhalb des Mk-Ev vorliegenden Text eine *allererste* und *sehr frühe* Schriftwerdung in dieser Form anzunehmen ist. Das Alter solcher Elemente ist dann jedoch der ganzen Schicht zuzuschreiben, da diese funktional und inhaltlich nicht zergliedert werden kann. Andererseits ist vorgängig zur *Schriftwerdung* eine bereits starke *sprachliche Vorprägung* der ganzen Schicht anzunehmen, denn der haggadische Vollzug als solcher ist (wie später das Beispiel des Meliton von Sardes veranschaulicht) als *mündlicher* Meditationsvortrag zu denken, der jedoch (wie wiederum das Beispiel des Meliton zeigt) nicht unbedingt lange auf eine Verschriftung zu warten hatte. Die *mündliche* Tradition einer passahaggadisch-christologischen Deutung der Exodusgeschehnisse geht als solche zweifellos auf die ersten Passafeste der christlichen Gemeinde überhaupt zurück.

Die Verschriftung eines solchen Textes kam, sei es zur Zeit des ersten Wirkens Petri in Jerusalem (bis 42), sei es nach dem Weggang Petri von dort "an einen anderen Ort" (Apg 12,17), nur durch ein Mitglied der Jerusalemer Gemeinde in Frage, das in dieser bereits Ansehen genoß und Petrus besonders nahestand. Wie eng gerade die älteste Passafeier der Jerusalemer Gemeinde sich *auf Petrus angewiesen* sah, zeigte Mk 16,7; und wie sehr diese Rolle fortlebte in einer Einbeziehung der Person Petri in ein neues (später wiederum passahaggadisch gedeutetes) *Exoduswunder zugunsten der Kirche*, macht der quellentreue Bericht von Apg 12 offenkundig.

Die Befreiungstat Gottes an Petrus wird (in Übereinstimmung mit der Zeitangabe in Apg 12,3) in der späteren syrischen Überlieferung als ein Eingreifen Gottes *in der Passanacht* gesehen, während die Gemeinde zur Begehung der Passafeier (offenbar unter Leitung des Jakobus: Apg 12,17) versammelt war[77].

---

[77] Vgl. STROBEL 45f.

Der "andere Ort" (12,17), an den sich Petrus begibt, ist demgemäß aufzufassen als ein von der Befreiungsabsicht Gottes zugunsten neuer Gemeindegründung vorgegebener[78].

12. Eine Niederschrift dieser ältesten Schicht des Mk-Ev kommt wohl kaum als eine solche aus *ferner Erinnerung*, etwa erst im Zuge der Abfassung des *Vollevangeliums*, in Frage, nicht einmal unter der zutreffenden Voraussetzung denkbar engster Bindung des Verfassers des Mk-Ev an die kirchliche Tradition. Der in dieser "vormarkinischen" Schicht greifbare "Sitz im Leben" ist vielmehr speziell in der *Frühphase der Jerusalemer Gemeinde* gegeben. Die Nennung der Frauen unter dem Kreuz, bei der Grablegung und bei der Auffindung des Grabes, ist gewiß nicht erst in Rom konzipiert worden. Alexander und Rufus (Mk 15,29) werden kaum zur Abfassungszeit des Mk-Ev der *römischen* Gemeinde bekannt gewesen sein, wohl aber für viele persönlich bekannte Männer der *Jerusalemer Gemeinde*.

Die überlieferungsgeschichtlichen und literarkritischen Argumente von *Pesch* zugunsten einer frühen schriftlichen Entstehung der "vormarkinischen" Passionsgeschichte in der *Jerusalemer* Gemeinde werden aufgrund unserer passahaggadischen Deutung im Ergebnis weitestgehend bestätigt. Es verwundert allerdings nicht, daß sich die "redaktionsgeschichtlich" dominierte Exegese gegenüber der Konzeption von R. Pesch *stark ablehnend* verhielt[79]. Tatsächlich blieb es zunächst auch schwer nachvollziehbar, daß der Verfasser des Mk-Ev die "vormarkinische" Passionsgeschichte in ihrer ganzen Weitläufigkeit *ohne Veränderung* (außer den eingeschobenen Perikopen in Mk 8-13)

---

[78] Entgegen der banalen Deutung im Sinne eines bloßen *Nichtwissens* des Verfassers der Apg, wohin Petrus gegangen sei, oder einer Insinuation, daß Petrus jetzt dem Hauptakteur Paulus "Platz mache", wie G. SCHNEIDER in seinem Kommentar (siehe unten, VIII, Anm. 15; I. Bd., 97, 107) meint, ist der Ausdruck in Wirklichkeit im Sinne der *passahaggadischen Verarbeitung* der Befreiung Petri in Apg 12 zu deuten. - C.P. Thiede sieht dementsprechend in der Wendung "an einen anderen Ort" eine Anspielung auf Ez 12,3 und Ez 12,13, wo Ezechiel von einem "widerspenstigen Volk" fort "an einen anderen Ort" geschickt wird, den Ez 12,13 als "Babylon" enthüllt (welche Stadt Symbol und Deckname für Rom in 1 Petr ist). Vgl. C.P. THIEDE, *Babylon, der andere Ort. Bemerkungen zu 1 Petr 5,12 und Apg 12,17*, in: DERS., Hrsg., *Das Petrusbild in der neueren Forschung*, Wuppertal 1987, 221-229.

[79] Vgl. die von R. PESCH selbst zusammengestellte Bilanz in der oben, Anm. 68, genannten Arbeit.

und *unredigiert* übernommen haben sollte, sofern man zugleich davon ausging, daß der Verfasser des Mk-Ev solches als ein für uns *unbekannter Christ* in Rom (oder an einem sonstigen Ort außerhalb Palästinas) erst zu einer Zeit "nach 70" getan haben sollte, als er sein Vollevangelium in einer sehr viel anderen Situation als jener der frühen Jerusalemer Gemeinde abfaßte. Diesbezüglich hat Pesch im Einleitungsteil seines großen Kommentars die Rezeption der Hauptthese seines Werkes vorweg dadurch erschwert, daß er für *Spätabfassung* (aufgrund des in Mk 13 vorausgesagten Tempeluntergangs) und besonders akzentuiert *gegen die altkirchliche Zuweisungstradition* agumentierte[80].

Inzwischen ist auch das Argument von *P. Dschulnigg* zu gewichten, daß mit Hilfe *stilistischer* Merkmale eine verfasserschaftliche Scheidung von "vormarkinischer" Passionsgeschichte und markinischem Corpus des Evangeliums doch nicht so eindeutig möglich ist, wie es laut Pesch sich darstellt, ja, daß sogar eher von ein und *demselben* Verfasser für beide Schichten auszugehen ist. Dies muß jedoch dann nicht gegen die überlieferungsgeschichtliche Sicht von Pesch sprechen, wenn man mit Dschulnigg im Verfasser des Mk-Ev einen aus Jerusalem (bzw. Palästina) stammenden, zweisprachigen und in Rom definitiv sein Evangelium niederschreibenden Verfasser sehen darf, für dessen Identifizierung durchaus der Johannes Markus der Apg in Frage kommt[81].

Tatsächlich drängt sich vom überlieferungsgeschichtlichen Ort der "vormarkinischen" Passionsgeschichte und ihrer Eingliederung ins Mk-Ev her die Frage auf: Was konnte den Verfasser des letzteren dazu bewegen, die alte Jerusalemer Passionsgeschichte seinem primär missionarisch-kerygmatisch ausgerichteten Vollevangelium weitgehend unversehrt einzufügen?

Als ein so behutsamer Redaktor, wie Pesch den die Passionsgeschichte unversehrt integrierenden Verfasser des Mk-Ev umschreibt, kommt nur ein Christ in Frage, der sich mit dieser ältesten Schicht aufgrund *eigener biographischer Merkmale* und einer einzigartigen *inneren Bindung an Jerusalem* als Ort des geschilderten Jesusgeschehens wie auch der frühesten liturgischen Aktualisierung desselben besonders identifizieren kann.

---

[80] PESCH, *Markus I*, 3ff.; offener gegenüber dieser Tradition: Ebd. 474 (Nachtrag 1984).

[81] DSCHULNIGG 274-280; 619f.

Diese Merkmale müssen zusätzlich konvergieren mit einem starken Gespür für die vielschichtige Bezogenheit des Passions- und Osterberichtes auf die Person *Petri* und mit dem Willen, diese auch in einer *durch Petrus bestimmten Gemeindesituation* zu aktualisieren.

13. Alle diese Merkmale weisen gebieterisch auf die Person des *Johannes Markus*, des Traditionszeugen schon der frühesten Jerusalemer Phase des Wirkens Petri (Apg 12,12), den missionarisch engagierten Mann aus Jerusalem, der dementsprechend dem Hauptteil des Evangeliums einen missionarisch-kerygmatischen Stempel aufdrückt, den Vertrauten und Helfer Petri, dem eine zweite Phase der Wirksamkeit in Verbindung mit Petrus die Gelegenheit gab, auf *die* Tradition zurückzugreifen, die er schon früher als Ausdruck enger Verbundenheit mit Petrus, ja, gleichsam als erstes Jerusalemer Vermächtnis Petri, sprachlich geformt und niedergeschrieben hatte. Nimmt man die Indizien ernst, die *Dschulnigg* für eine *verfasserschaftliche literarische Einheit des Mk-Ev* anführt, dann muß der Verfasser des Mk-Ev auch der Verfasser jener archaisch wirkenden Schicht der Passions- und Auferweckungsbezeugung desselben gewesen sein, die in dieser Formung jedoch *nicht erst in den 50er oder 60er Jahren* und auch inhaltlich und sprachlich *nicht außerhalb Jerusalems* entstanden sein kann.

Alle Indizien konvergieren auf Johannes Markus hin (für den als Verfasser des Vollevangeliums freilich noch die Indizien aus dessen missionsgeschichtlicher Transparenz zu erheben sind). Bestätigen sich diese, so bleibt gegenüber Johannes Markus als Verfasser *beider Schichten* des Vollevangeliums keine Alternative, es sei denn, man wollte einen Verfasser annehmen, der uns unbekannt wäre und auf den zugleich dennoch alle biographischen Merkmale des Johannes Markus zuträfen. Auf die Konstruktion eines solchen Doppelgängers wird man indes zu verzichten haben.

Die These vom "Evangelium der Urgemeinde", wie sie R. Pesch vertritt, ruft zugleich nach der *Verfasserschaftsauthentizität* des Mk-Ev im Sinne der *kirchlichen Zuweisungstraditon*. Deren kleinasiatisch-römische Variante (Papias, Irenäus) weiß um den Jerusalemer Bezug des Johannes Markus, bringt jedoch die *Vorgeschichte* des Mk-Ev nicht eigens ins Spiel. Eine solche Vorgeschichte läßt jedoch die *alexandrinische* Variante (Chronikon des Eusebius und des Hieronymus; Evangeliumssubskriptionen) durchscheinen, die aufgrund eines vorzüglichen Kommunikationsflusses zwischen Rom und Alexandrien in ihren

Grundzügen ernstzunehmen ist. In dieser wird vom Jerusalemer Johannes Markus, dem "Dolmetscher Petri" eine Evangelienverkündigung für das Jahr 43 in Alexandrien ausgesagt. Diese eigenständige Missionarsrolle paßt jedoch schlecht zu dem damals jungen Mann, der uns aus Apg 12,12.24; 13,5.13 entgegentritt. Sie dürfte indes eine zutreffende Erinnerung daran enthalten, daß schon während der *ersten Phase petrinischen Wirkens in Rom* das Evangelium Petri und seiner römischen Helfer auch nach Alexandrien ausstrahlte und daß dieses in einem Zusammenhang mit *Johannes Markus* gesehen wurde. Das vorläufige Scheiden des Petrus aus Jerusalem im Jahre 42 dürfte Johannes Markus veranlaßt haben, das liturgische und kerygmatische Erbe der ersten Jerusalemer Phase Petri aufzuzeichnen und für die Gemeinde unverlierbar zu bewahren. Die unversehrte Integration in das später abgefaßte Vollevangelium wäre dann nur die Konsequenz der in Jerusalem wie auch in Rom gewahrten engen Bindung an Petrus.

d) Die haggadische Struktur von 1 Petr: Bestätigung der "petrinischen" Tradition der "vormarkinischen" Passionsgeschichte

1. Die Erstverschriftung der ältesten Jerusalemer haggadischen Ausdeutung des Lebens, Sterbens und der Auferweckung Jesu gemäß der von Petrus selbst in der ersten Phase seines Jerusalemer Wirkens geprägten Tradition durch denjenigen, der nach den Berichten der Apg vor allem dafür in Frage kam, Johannes Markus, läßt uns die "vormarkinische" Passionsgeschichte nicht nur als früheste markinische Niederschrift, sondern gewissermaßen auch als die *vorrangig* "petrinische" Schicht im Mk-Ev erkennen. Die spätere kompositorisch und dramaturgisch souveräne Darstellungsart des markinischen Vollevangeliums läßt weit eher Zweifel aufkommen, ob Markus so direkt eine Wiedergabe der Unterweisungen Petri angestrebt und niedergeschrieben hat, wie dies von Papias behauptet wird. Aus der "vormarkinischen" Passionsgeschichte spricht jedenfalls ein weit engerer Anschluß an die petrinische Tradition, der es gerechtfertigt erscheinen läßt, von einer "petrinischen" Passionsgeschichte zu sprechen.

Wenn zudem in Apg 12, wo nicht nur eine *Legende* über Petrus erzählt, sondern ein gewichtiges Stück Jerusalemer *Gemeindegeschichte* selbst *passahaggadisch* gedeutet wird, der Name des *Johannes Markus* neben dem des *Jakobus* und dem Hinweis auf den nunmehr *"anderen Ort"* der Wirksamkeit Petri stichwortartig genannt wird (Apg 12,12), mag darin durchaus eine Anspielung des Lukas auf die von uns skizzierte Traditionssicherung durch Johannes Markus intendiert sein. Offenbar wußte Lukas wesentlich mehr, als er in Apg 12 ausformuliert hat.

Angesichts des petrinischen Charakters der "vormarkinischen" Passionsgeschichte und des im vorausgehenden (in V, b) erfolgten Vergleichs von Merkmalen des Kerygmas Petri (laut Apg 1-10) mit solchen der ältesten Evangelientradition, bietet sich eine weitere Bestätigungsprobe für den wirklich petrinischen Charakter beider aus dem zusätzlichen Vergleich mit *1 Petr* an.

1 Petr hat im Zuge des fiktiven hegelianischen Grundgegensatzes zwischen Petrus und Paulus in der neueren Exegese freilich eine Etikettierung als "pseudepigraphisch" und eine Ansiedelung am Ende des 1. Jahrhunderts in möglichst großer Distanz zu den paulinischen Briefen erfahren, während man andererseits die *Theologie* von 1 Petr als Plagiat der paulinischen ausgab. Solche Vor-Urteile finden in einer überlieferungsgeschichtlichen Analyse von 1 Petr (die allerdings zunächst frei zu bleiben hat von einer Festlegung in der Authentizitäts- und Datierungsfrage) keinerlei Bestätigung.

Zur Frage der Authentizität von 1 Petr urteilt *L. Goppelt*: "Die Namen Petrus und Silvanus sind, mißt man sie an der traditionsgeschichtlichen Struktur des Briefes, aller Wahrscheinlichkeit nach kein Postulat pseudonymer Schriftstellerei, das lediglich eine formale Autorität vorweisen wollte."[82]

Doch rechnet Goppelt weder mit *direkter* petrinischer Verfasserschaft (was angesichts des guten griechischen Stils auszuschließen ist), noch mit einem Schreiben im *förmlichen Auftrag Petri*, sondern eher mit einem von Silvanus verfaßten Schreiben und inhaltlich mit einer Art Vermächtnis, das Silvanus kurz nach dem Tode Petri in die Form dieses Schreibens gebracht hätte[83]. Der Hinweis in Petr 5,12 auf Silvanus bezeichnet formell freilich den Überbringer, nicht den stilistischen Verfasser bzw. Redaktor des Briefes.

---

[82] L. GOPPELT, *Der Erste Petrusbrief*, Göttingen 1978 *(künftig zitiert: Goppelt)*, 69.

[83] Ebd. 68ff.

Nicht als Indiz für eine pseudepigraphische Verfasserschaft beurteilt Goppelt die Adressierung an die Gemeinden "in Pontus, Galatien, Kappadokien, Asien und Bithynien"[84], die von der herkömmlichen Bibelkritik (im Sinne der These vom paulinisch-petrinischen Grundgegensatz) als "Übergriff" in paulinische Missionsgebiete betrachtet wurde. Der Einwand verkennt (abgesehen von seiner aprioristisch-hegelianischen Geschichtskonstruktion und seinem historischen Verkennen der Kooperation des Petrus und des Paulus in dem ihnen beiden von Christus aufgetragenen Apostolat) die Tatsache, daß es eine bis Rom ausgreifende missionarische Wirksamkeit Petri wohl schon in den Jahren nach 42 gab (die hinsichtlich ihrer Auswirkung in *kleinasiatischen Gebieten* durch Apg 16,6f. angezeigt zu sein scheint) und daß sich in Rom selbst vielfältige Kontakte mit Missionsgemeinden gerade auch in Kleinasien anknüpfen ließen. - Schon gar nicht bietet die Existenz der in 1 Petr 1,1 genannten christlichen Gemeinden ein Indiz für eine spätere Entstehung als gegen Ende der Lebenszeit Petri oder kurz nach dem Tod Petri.

Über Goppelt hinaus tritt *J.A.T. Robinson* streng im Sinne der kirchlichen Zuweisungstradition für *petrinische Verfasserschaft* (mit stilistischer Redaktionshilfe anderer Hand) und Abfassung *kurz vor dem Tode Petri im Jahre 65* ein[85].

2. Was die inhaltliche Verankerung des Briefes in einer von Jerusalem ausgehenden Tradition betrifft, so ist diese gerade in der haggadischen Schicht des Briefes und speziell bei Ausführungen im Bezug auf Passafeier und Taufe so deutlich zu greifen, daß man den Brief unter allen neutestamentlichen Schriften geradezu als "Epître de la Tradition"[86] bezeichnen konnte. Dagegen sind Parallelen in 1 Petr zu *paulinischen* Schriften wie Röm, Eph, Tit, 1 Tim, oder auch zu Jak, nicht im Sinne

---

[84] Ebd. 30ff.

[85] ROBINSON 160-179. - Nach Robinson wäre 65, das Jahr nach den ersten Massenhinrichtungen von Christen unter Nero, auch das Jahr des *Martyriums Petri*. Auch Pesch argumentiert gegen 64 als Todesjahr Petri und sieht dieses zwischen 65 und 68. Laut Eusebius und Hieronymus war das 14. Regierungsjahr Neros (13.10.67 - 9.6.68) das des Martyriums Petri, laut Hieronymus (De vir. ill. 5) war es zugleich das 37. Jahr nach der Passion des Herrn, so daß an Ende 67 oder Anfang 68 zu denken wäre (PESCH, *Petrus* 113-134; 128ff.).

[86] So C. SPICQ, *Les Epître de Saint Pierre*, Paris 1966, 15.

der *Benutzung* der letzteren durch 1 Petr[87], sondern als beiderseits unabhängiges Fortwirken *alter palästinischer Tradition* zu werten, deren ursprüngliches und unabhängiges Vorkommen in 1 Petr nicht verwundern kann.

In einer bemerkenswerten Nähe zu den im Zusammenhang der "vormarkinischen" Passionsgeschichte besprochenen Traditionen Jerusalemer Herkunft, wie sie in 1 Kor und dem aus Apg 1-10 zu erschließenden Kerygma Petri aufscheinen, steht 1 Petr zunächst hinsichtlich seiner konzentrierten Verwendung von *Jes 53* (1 Petr 2,21ff.) und *passahaggadisch relevanten Stellen aus Jes 43 und Ex 19* (1 Petr 2,9). Ganz spezielle und auffällige Gemeinsamkeiten bestehen überdies zwischen 1 Petr und den in Apg 1 für das früheste Wirken Petri verarbeiteten Nachrichten über die Beziehungen der Urgemeinde zu charakteristischen Lebensformen und Schriftauffassungen der *essenischen* Gemeinde.

Als mit dem Schrifttum von Qumran verwandte Motive von 1 Petr sind anzuführen: 1. der Themenkreis "die Erwählten als die Fremden" (2,11), die unter Drangsalen in dieser Welt leben (1,6 u.ö.), aber berufen sind, "geistige, Gott wohlgefällige Opfer darzubringen" (2,5-10)[88]; 2. die Motive vom "verworfenen Stein", der zum "Eckstein" geworden ist (Ps 118,22: 1 Petr 2,7; vgl. Apg 4,11; Mk 12,10 parr.) und vom "geistlichen Haus" (2,5)[89]; 3. die Themen von der "Wiedergeburt aufgrund des Erbarmens Gottes" (1,3), der "unverfälschten geistlichen Nahrung", wie auch das Bild von der Muttermilch (2,2f.)[90]; sowie 4. als besonders signifikant das Bild vom "Weiden der Herde"[91]. - Doch werden alle diese Motive nicht einfach übernommen, sondern aus genuin christlichem Glaubensansatz weiterentwickelt und zu oft gegensätzlichen Konsequenzen (gegenüber den essenischen) geführt. Denn die christliche Erwählung und Neuschaffung in der Taufe transzendiert jeden Priesteradel der "Söhne Zadoks", alle rituelle und gesetzliche Gerechtigkeit und jedes prädestinatorische Elitebewußtsein und ruft zu ei-

---

[87] Vgl. die systematische Durchprüfung aller in Frage kommenden Stellen: GOPPELT 47-52.

[88] Ebd. 81ff.; 140.

[89] Ebd. 142f. (vgl. 147ff.); 145.

[90] Ebd. 94; 134f.

[91] Ebd. 325f.

nem neuen Ethos und einer neuen Verantwortung vor Gott und den Menschen.

3. In denkbar deutlichster Parallele zur haggadischen Funktion der ältesten Schicht des Mk-Ev steht die Verflechtung der Jerusalemer Tradition von 1 Petr mit der *Passafeier* und der *Taufliturgie*. So wurde verschiedentlich sogar versucht, den ganzen Brief z.B. als eine Aneinanderreihung von Texten zur Taufliturgie oder aber vollständig aus der Perspektive der Passafeier zu deuten[92]. Obgleich dies dem Brief insgesamt nicht gerecht wird, verdient der passahaggadische Zug besondere Beachtung. Die Aussage von Christus als Passalamm, genauer: "vom kostbaren Blut Christi als dem des untadeligen und makellosen Lammes" (1 Petr 1,19), durch das wir losgekauft wurden (1,18), steht in nächster Parallele zu 1 Kor 5,7, (vgl. 1 Kor 6,10) und ebenso zu Röm 3,24, wo, zusammen mit der "apolýtrosis" in Christus, Christus auch als "hilastérion" (Sühnopfer) ausgesagt wird, und also zugleich der Rückgriff auf Jes 53,10 erfolgt. Ein gleichartiger Bezug auf Jes 53,10 ist in Mk 10,45 gegeben. *Exodustypologie* und *Gottesknechtstypologie* stehen in diesen Texten in enger Verbindung zueinander. Das *Sühnemotiv* der letzteren erscheint im jüdischen, wie im christlichen Denken auf das *Passalamm-Motiv* ausgeweitet. Dazu konnte die doppelte Bedeutung des für "Gottesknecht" und "Lamm" gebrauchten hebräischen Wortes Anlaß geben, die sich in der Lamm-Symbolik der Gottesknechtslieder widerspiegelt[93], was wiederum hermeneutisch nur voll gewürdigt werden kann, wenn man die Gottesknechtslieder selbst als typologische Geschichtsdeutung der Wege Israels vom Exodus her, ja, konkret: als prophetisch-dichterische Gestaltung des Mose- und des Passalamm-Motivs für die Gegenwart und Zukunft Israels versteht. Nach der jüdi-

---

[92] So F.L. CROSS, *I Petr. A Paschal Liturgy,* London 1954; sowie - stärker noch von Motiven der Passahaggada ausgehend - : A.R.C. LEANEY, *I Petr and the Passover*: NewTestStud 10 (1963/64) 238-251. - Den Aufbau einer *Taufliturgie* sieht in 1 Petr H. PREISKER, in: H. WINDISCH, *Die katholischen Briefe*, Tübingen [3]1951 (bearbeitet von H. Preisker).

[93] Vgl. zur terminologischen Seite des Verhältnisses: R. SCHNACKENBURG (siehe unten, IX, Anm. 9) 284ff. (zu Joh 1,29); zu den Grundlinien der Exodus-Typologie, einerseits in den Gottesknechtsliedern, andererseits in Joh 1 und 19: H. SAHLIN, *Zur Typologie des Johannesevangeliums*, Uppsala 1950, bes. 74ff.

schen Einschätzung des Todes der Passalämmer beinhaltete dieser eine "Opfersühne, die die Erlösung aus Ägypten ermöglichte"[94].

In der christologisch-passahaggadischen Theologie von 1 Petr, wie auch in der "vormarkinischen" Passionsgeschichte, sind beide Motive aufgenommen und auf Christus hin transzendiert. Die so strukturierte haggadische Theologie in 1 Petr verdichtet sich in besonderer Weise in 1 Petr 3,18-22 im Blick auf die *Taufe* und gewinnt eine *bekenntnismäßig* geprägte Gestalt, die als nahe inhaltliche und überlieferungsgeschichtliche Parallele zu 1 Kor 15,3-5 zu werten ist. Die vielfach in 1 Petr, ebenso wie in 1 Kor 15,3f., zutage tretende Benutzung von Jes 53 hat wiederum auch essenische Parallelen[95].

Ebenso wie 1 Kor 15,3-5 setzt auch 1 Petr 3,18ff. als sprachlich frühe bekenntnishaft geprägte Tradition den weitläufigen überlieferungsgeschichtlichen Kontext von *Evangelientradition* voraus. Gleichzeitig mit der Erstformulierung dieser beiden traditionsträchtigen Textstellen liegt auch diese Evangelientradition schon in einer frühen mündlichen Sprachgestalt vor, die dann in der "vormarkinischen" Passionsgeschichte redigiert und verschriftet wurde.

Auf die Parallelität der uralten Traditionsbildung, die in 1 Petr den Adressaten neu zum Bewußtsein gebracht wird, mit der frühesten Evangelientradition weist L. Goppelt nachdrücklich hin[96].

4. Doch hat 1 Petr (abgesehen von der aufs äußerste aktualisierten paränetischen Auswertung der ältesten Tradition) keine Missionstheologie und keine Ekklesiologie apostolischen Kirchentums entwickelt, wie dies (unbeschadet der Wahrung ältester Bekenntnistradition) für die Theologie von 1 Kor charakteristisch ist. So finden sich z.B. Ansätze zu einer Theologie der missionarischen Auferbauung der Kirchen unter Nutzung der Symbolträchtigkeit des petrinischen Amtsnamens "Kephas" und unter Einbeziehung der Analogien "Grund", "Bauwerk", "Tempel", "Baumeister" in 1 Kor 3,9-23, nicht aber in 1 Petr. Hier ha-

---

94 GOPPELT 123 (mit Hinweis auf BILLERBECK IV,40, und J. JEREMIAS, *Die Abendmahlsworte Jesu*, Göttingen [4]1967, 216f.).

95 Ebd. 265ff.

96 "Die kirchliche Tradition, die den Brief als ganzen trägt, ist auf demselben Weg gewachsen wie die synoptische Jesusüberlieferung. Sie ist gleich ihr von der palästinischen Kirche ausgegangen und in der hellenistischen Kirche angereichert worden. Zu dieser kirchlichen Überlieferung gehört auch eine intensive Verwendung des AT..." (ebd. 54).

ben die Vokabeln "verworfener Stein", "Eckstein", "geistliches Haus" (1 Petr 2,5ff.) nur die *grundsätzlichsten* ekklesiologischen Konsequenzen der christologischen Anwendung im Blick, auf welche die einschlägige Exodustypologie ausgeweitet wird, *ohne* daß an eine *andere Zukunft* der Kirche gedacht wird als die, die im *Kommen Christi* selbst liegt.

Besonders aufschlußreich ist diesbezüglich die Aktualisierung des *Hirtenmotivs* für die kleinasiatischen Presbyter. Die Perspektive ist eine völlig andere, als etwa die der in Apg 20,17-38 berichteten Abschiedsrede Pauli an die Presbyter von Ephesus in Milet. Diese Rede ist zwar lukanische Komposition, doch verfälscht sie keineswegs die paulinische Missionsekklesiologie und die praktisch-missionarische Perspektive des paulinischen Vermächtnisses, die einfühlsam nachgestaltet wird. Ganz anders 1 Petr 5. Nicht die Sorge um eine zukünftige Entfaltung der Gemeinden und nicht eine neuerlich zu weckende Befähigung zur Abwehr falscher Lehrer und Hirten (vgl. Apg 20,28f.) legt Petrus als "Mitpresbyter" (1 Petr 5,1) den Presbytern der Gemeinden Kleinasiens ans Herz. Sie sollen vor allem Christus nachahmen in rechter Hingabegesinnung und darin Vorbild sein für ihre Herden (5,2f.).

Die Autorität des Verfassers will nicht eine solche sein, wie sie Paulus z.B. in Gal als die der apostolischen "Säulen" reflektiert und wie er sie speziell auch als Rollenverteilung zwischen sich selbst und Kephas umreißt. Nur als "Zeuge (mártys) der Leiden Christi" betont Petrus die Besonderheit seiner Rolle gegenüber den Mitpresbytern. Mehr als anderen "Zeugen" ist es ihm aufgegeben, die Notwendigkeit der Leiden, durch die Christus zur Vollendung geführt wurde, zu bezeugen und in sein eigenes Leben umzusetzen. Die martyriumsträchtige Verfolgungssituation (1 Petr 1,6ff.; 4,12ff.) scheint auch hier deutlich durch. Aus dieser Selbstentäußerung des kirchlichen Hirten und Briefschreibers, der nur auf den "obersten Hirten" Christus (5,4) die Mitpresbyter auszurichten will (nicht aber an kirchenamtliche Autorität denkt), spricht unüberhörbar Petrus selbst, der in seinem Apostolat nie die Kephas-Rolle herausstrich und dem dies in der Situation seines bevorstehenden Martyriums am allerwenigsten in den Sinn kommt. Wenn irgendwo in den neutestamentlichen Schriften Petrus *unverfälscht* begegnet, dann hier.

Auch die nachdrücklichsten Propagatoren der Pseudepigraphie von 1 Petr müssen zugeben, daß die Rolle des einfachen "Mitpresbyters" den Interessen eines pseudepigraphischen Verfassers nicht dienlich sein kann. Doch statt daraus Konsequenzen *gegen* die Annahme der Pseudepigraphie zu ziehen, wird gefolgert, daß "der pseudepigraphische Autor bei der Durchführung seiner literarischen Fiktion nicht konsequent war und für einen Augenblick die Maske fallen ließ"[97].

5. Zusammenfassend läßt sich sagen: Die Theologie von 1 Petr ist weithin aus den Reflexionen und christologischen Deutungen alttestamentlichen Textgutes und den haggadischen Traditionsschichten gespeist, wie sie in der ersten Phase der Jerusalemer Wirksamkeit Petri Sprachgestalt annahmen. Die Nutzung essenischer Literatur, die nur im sozialen Verhältnis zwischen den betreffenden Gemeinden in den ersten Jahren der Urkirche begründet sein kann, weist auf Petrus, der den Brief von jenem zeitgeschichtlichen und theologiegeschichtlichen Hintergrund her konzipierte, der für seinen Apostolat seit diesen Jahren prägend geworden war.

1 Petr hat nicht wie 1 Kor und das Mk-Ev dem ältesten Traditionsgut zusätzliche, traditionsgeschichtlich spätere theologische Schichten hinzugefügt, aus denen eine aktuelle Theologie nach Art des Paulus oder der theologischen Verarbeitung der Missionssituation durch das markinische Vollevangelium zu erkennen wäre.

Doch gerade die traditionsgeschichtliche Einschichtigkeit von 1 Petr läßt die Konvergenz der haggadischen Jerusalemer Traditionen in 1 Petr und der "vormarkischen" Passionsgeschichte umso stärker hervortreten. Beide Traditionsgestalten kann man unter das Stichwort "petrinische Tradition der ersten Phase des Wirkens Petri (bis 42)" stellen.

Der Vergleich zwischen 1 Petr und der "vormarkinischen" Passionsgeschichte bestätigt, daß der Verfasser der letzteren, oder besser: derjenige, der dieser Jerusalemer Tradition Schriftgestalt verlieh, im engsten Umkreis Petri zu suchen ist. Gleiches gilt für den Verfasser des Mk-Ev, der diese älteste Traditionsschicht unversehrt, oder doch in allem wesentlichen unverändert, übernahm und dem es zugleich gelang, sie in ein Vollevangelium von aktualisierter missionarisch-kerygmatischer Konzeption zu integrieren, ohne daß kompositorische oder sprachliche Brüche entstanden. - Alle Indizien der *beiden* Verschriftungsprozesse, deren Resultat das Mk-Ev ist, weisen - wie verschiedentlich angedeutet - auf den Jerusalemer Johannes Markus.

---

97 So eigentümlicherweise R. PESCH (*Petrus* 151), der sich hinsichtlich der Pseudepigraphie-Hypothese an *N. Brox* und *R.E. Brown* anschließt.

6. Wenigstens an dieser Stelle muß auch der Hinweis nachgeliefert werden, wie hervorragend das in 1 Petr 5,13 signalisierte Vater-Sohn-Verhältnis zwischen Petrus und Markus mit allen inneren Indizien übereinstimmt, die aus dem Vergleich von 1 Petr und der "vormarkinischen" Passionsgeschichte erhoben wurden.

Die übliche Abwertung von 1 Petr 5,13 und die in diesem Zusammenhang oft gleich mitvollzogene des Papias-Zeugnisses über die Verfasserschaft des Mk-Ev ist ganz unangebracht. Papias habe willkürliche Konklusionen aus eben dieser Stelle gezogen, die selbst nicht stichhaltig sei, so wird oft genug behauptet; doch beide Annahmen sind verfehlt.

Da Papias aus einer johanneischen Tradition der 80er und 90er Jahre schöpft, hätte im Falle, daß für sein Wissen über die Entstehung des Mk-Ev 1 Petr 5,13 konstitutiv war, der Hinweis dieser Stelle auf das Vater-Sohn-Verhältnis zwischen Petrus und Markus schon zu dieser Zeit in der ephesinischen Metropole Traditionswert gehabt. Das Motiv hätte aber ohne weiteres Hintergrundwissen nie die tatsächlichen Mitteilungen des Papias über das Mk-Ev hervorbringen können. Denn die Berufung auf "Johannes den Ältesten" kann, angesichts des "halachischen" Traditionsverständnisses des Papias sachlich nicht reduziert werden auf eine Interpretation isolierter Texte, sondern kennzeichnet die Vorliebe des Papias für das Aufspüren mündlicher Überlieferungsprozesse.

Geht man dagegen von der Pseudepigraphie von 1 Petr aus, dann läßt sich wiederum das Wissen des Papias nicht als Konklusion aus 1 Petr erklären[98]. Denn 1 Petr müßte dann in jener Phase epigonenhafter Schriftstellerei angesiedelt werden, die hoffnungslos abgetrennt ist von der Zeit der Evangelienentstehung und die keine Priorität mehr hat vor eben jener Zeit, in der sich Papias selbst seine Überzeugung von der Entstehung des Mk-Ev bildete. Eine solche Schrift hätte bei Papias, der auf ältere *mündliche* Traditionen zurückgehen will, kaum jenes Ansehen erhalten, das für Papias bei seiner Berufung auf "Johannes den Ältesten" entscheidend ist.

Es ist also widersinnig, die Fiktionen, denen die kirchliche Zuweisungstradition angeblich unterlag, so zu bündeln, daß die pseudepigraphische Schrift 1 Petr schon zur Zeit der Informationssuche des Papias

---

[98] Das betont M. HENGEL, *Markusevangelium I*, 246, Anm. 56, gegen die verschiedentlich vertretene Rückführung der Papias-Nachricht über das Mk-Ev auf 1 Petr 5,13.

vorgelegen hätte, von diesem wiederum aus eigener Phantasie willkürlich ausgestaltet worden wäre und diese Pseudonachricht in Zukunft dann Irenäus und Klemens falsch programmiert hätte. Die Lust an Unterstellung von Abstrusitäten in der frühchristlichen Überlieferungsgeschichte darf nicht soweit gehen, daß zusätzlich vergessen wird, *chronologische* und *geographische* Vorgegebenheiten zu berücksichtigen, innerhalb derer man sich für ein prius und ein posterius der vermeintlichen Fiktionen zu entscheiden hat.

Gegenüber allen solchen Anwendungen der "historisch-kritischen Methode" ist jedoch aufgrund innerer traditionsgeschichtlicher Indizien an der Authentizität von 1 Petr festzuhalten und die aus *inneren Indizien* begründete "petrinische" Herkunft der "vormarkinischen" (in Wirklichkeit: *frühmarkinischen*) Passionsgeschichte *zusätzlich* durch 1 Petr 5,13 *bestätigt* zu sehen. Das Vater-Sohn-Verhältnis zwischen Petrus und Markus erweist sich so - auf mehrfache Weise und fern aller Fiktion - als traditionsgeschichtlich stichhaltig und in einer Jerusalemer, wie auch in einer römischen Phase begründet, deren letztere in 1 Petr 5,13 ihre geradezu vermächtnishafte Bekundung erhielt.

VI. Das Markusevangelium: Christuszeugnis in kerygmatisch-missionarischer Prägung

1. Die Erforschung des Mk-Ev hat, seit der allgemeinen Annahme der Mk-Priorität und der Überwindung der Griesbach-Theorie[1], nach der das Mk-Ev eine verkürzende Kompilation aus Mt und Lk wäre, in der 2. Hälfte des 19. Jahrhunderts eine besondere Vorzugsstellung in der modernen Exegese erlangt. Vor allem am Mk-Ev entwickelten dann die Väter der "klassischen" Formgeschichte K.L. Schmidt, M. Dibelius und R. Bultmann ihre Theorien über die Evangelienform als Sammlung "kleiner Einheiten".

Aber auch die "Redaktionsgeschichte" wurde zuerst am Mk-Ev erprobt. Einer der ersten programmatischen Entwürfe der "redaktionsgeschichtlichen" Methode, der von W. Marxsen[2], machte mit einer Evangelieninterpretation Schule, die das Mk-Ev als Musterbeispiel "kerygmatischer" Theologie und Darstellungskonzeption deutete.

Einen mittleren Weg zwischen einer einseitig "traditionsgeschichtlich"-formgeschichtlichen Konzeption, die die Eigenständigkeit des Verfassers weitgehend negiert und ihn als Sammler vorgegebenen literarischen Gutes sieht, und einer "redaktionsgeschichtlichen" Vereinseitigung, durch welche die Originalität des Verfassers überbetont wird, versucht der repräsentative katholische Kommentar von *J. Gnilka* zu gehen[3]. Doch seine eigentümliche Zuversicht, daß sich eine Scheidung

---

[1] Daß die Griesbach-Theorie rein rechnerisch die logischen Abhängigkeitsmöglichkeiten zwischen den drei synoptischen Evangelien vollständiger, d.h. ohne den ärgerlichen Rest der sogenannten "minor agreements von Mt und Lk gegen Mk", zu lösen vermag, hat unter den neueren Exegeten besonders nachdrücklich H.H. STOLDT (siehe oben, II, Anm. 4) herausgestellt. *Überlieferungsgeschichtlich* ist die Griesbach-Theorie (die nicht nur die patristische Priorität des Mt-Ev, sondern die zeitliche Priorität von Mt *und* Lk voraussetzen mußte, dagegen die petrinische Tradition des Mk-Ev nicht in den Blick bekam) verfehlt. - Doch bedarf auch die herkömmliche *Zwei-Quellen-Theorie* der Modifizierung. Einen überlieferungsgeschichtlich sachgemäßen Weg der Erklärung der "minor agreements" weisen die Forschungen von A. FUCHS (siehe unten, VII, Anm. 16).

[2] Siehe oben, II, Anm. 6.

[3] Siehe oben, V, Anm. 7.

von "Tradition" und "Redaktion" bis in alle Perikopen und Perikopenteile vorantreiben lasse, schätzt am Ende weder die innere Gebundenheit des Verfassers an die kirchliche Überlieferung, noch seine schriftstellerische Freiheit richtig ein[4]. Hier wirkt einerseits der Geburtsfehler der Formgeschichte nach, deren Traditionsbegriff wenig mit apostolischer Überlieferung zu tun hat, viel dagegen mit Traditionsbildung durch "Gemeindebedürfnisse", "Veranschaulichungen" eines an sich unanschaulichen Kerygmas und nachträglich-fiktiven "Historisierungen". Und die "Traditionsbindung" im Sinne der Formgeschichte erweist sich so als eine rein formale gegenüber *literarischen* Vorgaben, die bereits als Einheiten existieren und den Evangelisten als "Sammler, Tradenten, Redaktoren"[5] erscheinen lassen.

Andererseits befriedigt auch die "redaktionsgeschichtliche" Korrektur einer solchen Konzeption nicht, die der nun betonten Eigenständigkeit des Verfassers keinen wirklichen Gestaltungsfundus zubilligt, der *im komplexen kirchlichen Leben* gründen würde, sondern wiederum nur die "Redaktion" nach ihrem (mehr oder weniger freizügigen) Umgang mit postulierten literarischen Vorlagen beurteilt.

Eine Methode, die innerhalb eines solchen verzerrten Koordinatensystems von Traditions- und Redaktionsgeschichte ihren Weg sucht, muß das Ziel einer angemessenen Schriftinterpretation und überlieferungsgeschichtlichen Einordnung verfehlen.

Mit Recht macht *P. Dschulnigg* geltend, daß der Vorgang der Verschriftung der apostolischen Überlieferung durch einen Evangelisten wie Markus nicht in einem *Subtraktionsverfahren* gewonnen werden kann, in welchem der Gestaltungsanteil des Evangelisten als Restbestand wahrnehmbar würde, nachdem die vorausgesetzten literarischen Vorgaben vom Textbestand abgezogen sind. Für die älteste Schicht des Mk-Ev ist (wie sich zeigte) aufgrund vieler Transparenzen für urkirchliche mündliche Lebensvollzüge der Gemeinde eine *Erstverschriftung* apostolischen Zeugnisses, konkret die Wiedergabe passahaggadischer Anamneseartikulation anzunehmen, wie sie zu den Kernvollzügen des inneren Gemeindelebens gehört.

---

[4] Vgl. zur methodologischen Kritik: P. DSCHULNIGG (siehe oben, V, Anm. 61) 284-310 (kritische Bemerkungen zur Scheidung von "Tradition" und "Redaktion" bei Mk); 336-344 (Kritik des Mk-Kommentars von Gnilka).

[5] DIBELIUS 2.

Ob darüber hinaus die Ausgestaltung zum *Vollevangelium* durch Markus auf literarische Vorgaben angewiesen war, ist mehr als fraglich. Nach allem, was sich bereits an Indizien zugunsten einer verfasserschaftlichen Authentizität der *beiden* Schichten des Mk-Ev ergab und noch ergeben wird (so z.B. aus dem Petrusbild des Mk-Ev: siehe unten, VIc) ist solches eher für unwahrscheinlich zu halten.

2. Eine Erstverschriftung von Zeugnissen apostolischer Überlieferung im markinischen Vollevangelium, wiederum speziell der petrinischen, wird sich vor allem dann als plausibel erweisen, wenn die in der Einleitungswissenschaft etablierte Datierung des Mk-Ev "nach 70" oder "um 70" als unbegründet nachgewiesen ist. Diese Datierung resultiert (wie sich grundsätzlich bereits für die synoptischen Evangelien insgesamt zeigte) aus einer Zeit, in der man aufgrund von rationalistischen Unmöglichkeitsurteilen für Wunder und Prophezeiungen die Vorhersagen Jesu über den Untergang Jerusalems in Mk 13 a priori als "ex-eventu-Formulierungen" ausgab und also das Mk-Ev frühestens in die ersten Jahre nach 70 datieren konnte.

Die heutige Einleitungswissenschaft hält an den aprioristischen Unmöglichkeitsurteilen gegen Wunder und Weissagungen nicht fest, schiebt jedoch Ersatzargumente nach, die in sich keine Stringenz besitzen und deren allgemeine Akzeptanz eher in der langzeitlichen Gewöhnung der protestantischen Exegese an ursprünglich rationalistische Positionen begründet ist, welche Zusammenhänge in den letzten 25 Jahren aber im Zuge der katholischen Angleichung an die im Protestantismus herrschende Exegese nicht genügend durchschaut wurden.

Die Begründungen, die z.B. *W.G. Kümmel* für den "ex-eventu-Charakter" der Formulierung eines Strafgerichts gegen Jerusalem *bei Lk* und *bei Mt* gibt, sind relativ leicht als nicht stichhaltig zu erweisen[6]. Für das Mk-Ev selbst rechnet Kümmel seinerseits überhaupt nicht mit einer nachweisbaren ex-eventu-Formulierung[7]. Die neuen repräsentativen katholischen Kommentare von *R. Pesch* und *J. Gnilka*, die sich von dem als bereits allzu konservativ geltenden Kümmel absetzen, sehen solche Gründe jedoch auch für das *Mk-Ev* gegeben, jedoch ohne durchschlagende Gründe, wie sich zeigen wird. Da die Argumente der beiden Kommentare jedoch *gegeneinander im Widerspruch* stehen, sind sie

---

[6] Siehe unten, VII, a 1-3; VIII, a 1-6.

[7] Vgl. KÜMMEL 70.

nicht als *konvergierende* Stimmen zugunsten der Spätdatierung, sondern nur als wechselseitige Bestätigung einer *unzureichenden Argumentation* in dieser Frage zu gewichten.

Datierungen für das Mk-Ev werden innerhalb der historischen und exegetischen Forschung auch vorgeschlagen[8] für das Jahr 69 (M. Hengel), 66 (W. Marxsen), kurz nach 64 (P. Dschulnigg), sowie für die Jahre um 60 (eigene Position) und zwischen 45 und 60 (J.A.T. Robinson).

3. Für ein *vor* oder *kurz nach* dem Tode Petri *am Ort seines Wirkens in Rom* entstandenes Evangelium (Hengel, Dschulnigg, Robinson und viele andere) muß eine umfassendere und lebensnähere Verbindung des Evangelisten mit der kirchlichen Überlieferung angenommen werden, als sie "traditionsgeschichtlich" und "redaktionsgeschichtlich" in einer Schemenwelt literarischer Abhängigkeiten oder verfasserschaftlicher Willkür für gewöhnlich im Rahmen der herrschenden Exegese umschrieben wird.

Dies gilt hinsichtlich der aus den inneren Textkriterien des Vollevangeliums erkennbaren Einbindung des Verfassers in missionarisch-kerygmatische Aktivitäten der Kirche ebenso, wie für die unmittelbare Herkunft der ältesten Schicht des Evangeliums aus dem anamnetischen Leben der Kirche.

"Tradition" und "Redaktion", die bei der ältesten Schicht des Mk-Ev aus der intensivsten Partizipation an der petrinischen Auferbauung der Jerusalemer Gemeinde und für das spätere Vollevangelium aus der Teilnahme am petrinisch-paulinischen Missionswerk erwachsen, werden ins Groteske verzerrt, wenn man z.B. mit Gnilka annimmt, die eschatologische Rede Jesu in Mk 13 stamme großenteils aus einem *anonymen Flugblatt*, das in der Zeit des Jüdischen Krieges im Umlauf war und aus dem "Markus" nach 70 abgeschrieben hätte, ohne hinreichend zu bedenken, daß ein als *unmittelbare Folge des Tempeluntergangs* eintretender *Weltuntergang* nach 70 gedanklich nicht mehr zu realisieren war[9].

Auch wenn literarkritischer Exegese zuzubilligen ist, daß sie es mit einer "*Text*welt" zu tun hat, und nicht auf eigene Rechnung Geschichtstheologie betreiben kann, ist dennoch zu fordern, daß die Texte auch in

---

[8] Siehe unten b 3, mit Anm. 26-32.

[9] Siehe unten, Anm. 38; sowie VII, Anm. 33.

der Kontextualität der umfassenden "Text*welt*" erkannt werden und daß neutestamentlichen Verfassern nicht ein zeit- und kirchengeschichtlich nicht nachvollziehbares Handeln zugeschrieben wird.

Bevor die (aus Mk 13 nicht beweisbare) Spätdatierung des Mk-Ev als verfehlt dargetan und der überlieferungsgeschichtlich einzigartig direkte Zugang des Mk-Ev zu Petrus aus dem *Petrusbild* des markinischen Vollevangeliums - in Analogie zur petrinischen Tradition in der "vormarkinischen" (besser: "frühmarkinischen") Passionsgeschichte - erwiesen wird, ist eine grundsätzliche Einordnung des Mk-Ev in jenes chronologische und geographische Koordinatensystem angezeigt, das von der großen Epoche der *apostolischen Mission* vorgegeben ist.

a) Das Evangelium des Johannes Markus: vom "Evangelium der Urgemeinde" zum missionarischen Vollevangelium

1. Wie sich die früheste Schicht der Evangelientradition im Mk-Ev am deutlichsten von der *vor*paulinischen "Bekenntnistradition" 1 Kor 15,3ff., der Herrenmahltradition von 11,23ff. und der Passatradition von 1 Kor 5,7 her erschloß, so bietet der *paulinische Kontext* auch seinerseits die beste Vergleichsmöglichkeit für Gesetzlichkeiten *theologischer Weiterentwicklung* im Mk-Ev, vor allem für jene zielstrebige kerygmatisch-missionarische Strukturierung der Traditionsstoffe, die für das Mk-Ev charakteristisch ist.

Dagegen kommt 1 Petr, obwohl gegenüber 1 Kor wesentlich später, als Maßstab bzw. angemessener Vergleich für *theologische Weiterentwicklung* (wie bereits dargetan) *nicht* in Frage.

Die kerygmatisch-missionarische Ausrichtung des markinischen Vollevangeliums wurde von der "redaktionsgeschichtlichen" Mk-Interpretation nachdrücklich herausgestellt. Besonders pointiert, aber auch einseitig, zielte *W. Marxsen* in diese Richtung, wenn er erklärte: "Gleichsam als 'Überschrift' wird hier (Mk 1,1) *euaggelion* über das ganze Werk gesetzt... Dies heißt aber von Anfang an: das Werk ist als Verkündigung zu lesen, ist als solches Anrede, nicht aber 'Bericht von Jesus'. Daß hier *auch* Berichtetes auftaucht, ist unter diesem Aspekt fast zufällig."[10] - Obwohl die konstruierte Alternative zwischen "Kerygma" und "geschichtlichem Bericht" bei Marxsen zurückzuweisen ist[11], darf im Sinne einer *Akzentuierung* gesagt werden: Wie die "vormarkinische" Passionsgeschichte auf *anamnetische Aktualisierung* bezogen war, so ist der Hauptteil des markinischen Evangeliums, der vor allem der *katechetischen* Unterweisungstradition der Kirche entstammt, im Sinne einer sich immer wieder aktualisierenden Begegnung Jesu mit Gläubigen und Ungläubigen konzipiert. In dieser sind einstiges Jüngerverhalten einerseits, und die gläubige Reaktion auf kirchliche Predigt und Katechese zur Zeit der Niederschrift des Mk-Ev andererseits, ebenso aufeinander hin transparent, wie die Ablehnung Jesu durch die Schriftgelehrten und Pharisäer auf je neue Herzensverhärtungen im Fortgang der christlichen Mission.

2. Der richtig verstandene *"kerygmatische"* Charakter des Mk-Ev bekundet sich (1.) terminologisch durch die programmatische Setzung der Schlüsselworte "euaggélion" und "verkünden"; (2.) in der entsprechenden Exposition des Evangeliums, die zunächst Johannes, den "Rufer in der Wüste" (Jes 40,3) auftreten[12] und ihn eine Taufe "zur Vergebung der Sünden" verkünden läßt (1,4), um dann Jesus selbst als "Verkündiger des Evangeliums Gottes" einzuführen (1,14); (3) in der wiederum entsprechenden Dramaturgie der von Jesus verkündigten Botschaft und der Manifestation seiner Sendung, wodurch einst und jetzt Menschen in die Entscheidung *der Nachfolge* gerufen werden, - oder sich als Verstockte erweisen.

Vom Schlüsselwort "verkünden" heißt es bei Gnilka: "Es ist Term der Missionssprache, aber von Markus bewußt aufgegriffen".[13] - Insbe-

---

[10] MARXSEN, *Evangelist* 87.

[11] M. HENGEL (*Geschichtsschreibung* 42) bemerkt hierzu: "Hier wird durch die Brille eines massiven Vorverständnisses hindurch die Intention des Evangelisten Markus in völlig verzerrter Weise dargestellt... In Wirklichkeit verkündigen die neutestamentlichen Verfasser gerade, *indem* sie das Handeln Gottes... in der Geschichte, an einem bestimmten Ort und durch wirkliche Menschen als Geschichtsbericht erzählen."

[12] Die Konzeption eines Vollevangeliums in einer der "Freudenbotschaft" laut *Jes 40* gemäßen Exposition empfahl sich für einen Traditionsstoff, für dessen Kern ja gerade ein Anknüpfen an Jes 53 als Deutung des Todes Jesu und in Transzendierung des Gottesknechtsschicksals vorgegeben war.

[13] GNILKA, *Markus I*, 65.

sondere gilt: "Das 'Evangelium' Gottes verkünden entspricht der hellenistischen Missionssprache (1 Thess 2,9; vgl. Gal 2,2)."[14]

Doch bleiben bei Mk die *alttestamentlichen* Voraussetzungen[15] und die christlich-*palästinische Tradition* für die Bedeutung von "euaggélion" durchaus spürbar. So ist für Mk 1,14 mit *P. Stuhlmacher* anzumerken: "Im Summarium des Markus deutet... sich ein interessanter Überlieferungsprozeß an: Die hellenistische Missionstheologie wird zur Rahmung palästinischen Aussagematerials und Jesusgutes herangezogen und scheint solcher Verwendung durchaus offengestanden zu haben."[16] Dies ist nicht in dem Sinne zu verstehen, als ob im Rahmen der hellenistischen Missionstheologie *partikulär* und *nachträglich* auch auf älteres palästinisches Gut zurückgegriffen würde. Vielmehr spiegelt sich die Vorgeschichte heidenmissionarischer Tätigkeit wider, in der die Glaubensausbreitung zunächst innerhalb des Judentums stattfindet, um dann dessen gesetzliche Fesseln zu sprengen und die Verkündigung Jesu und der Urkirche auf Heiden hin neu zu aktualisieren. Die Aktualisierungsstruktur der Botschaft entspricht bezeichnenderweise recht genau jener, die sich in 1 Kor 1,18ff. manifestiert. Es geht letztlich um die "Botschaft vom Kreuz" (1,18). Diese für Paulus charakteristische sachliche und sprachliche *Konzentration* bedeutet dem Wesen nach keine Abkehr von dem in 1 Kor 15,3ff. zitierten, aus Jerusalem überkommenen *ganzheitlichen* Urkerygma, sondern eben dessen konsequenteste Verwirklichung. Diese Verwirklichung geschieht immer wieder angesichts stereotyper Widerstände und Horizontverengungen bei *Juden* und *Heiden*. "Denn die Juden fordern Zeichen und die Hellenen suchen Weisheit" (1,22). Genau diese immer wiederkehrende kerygmatische Situation bestimmt die Dramaturgie des Mk-Ev.

3. Bezeichnend für das Schicksal der Verkündigung Jesu wie seiner Boten ist besonders die Geschehensstruktur von Mk 4. Dem "Geheimnis des Gottesreiches" entspricht es, daß die Widerstände ge-

---

[14] Ebd. 23.

[15] Zur Herleitung aus alttestamentlichem Sprachgebrauch (z.B. Jes 52,7: vom "Freudenboten") vgl. P. BLÄSER, *Artikel Evangelium,* in: Handbuch theol. Grundbegriffe I, München 1962, 355ff.

[16] P. STUHLMACHER, *Das paulinische Evangelium, I. Vorgeschichte,* Göttingen 1968, 237f.; vgl. auch: 47f.; 50ff.

gen die Botschaft weder durch Maximierung von Zeichen, die mißdeutbar sind (Mk 3,22-30), überwunden werden, noch durch eine schlechthin *zwingende* Logik oder Weisheit der Botschaft. Dem "Geheimnis des Gottesreiches" entspricht vielmehr eine Darlegung der Botschaft in *Gleichnissen* (4,10ff.): "In vielen solchen Gleichnissen predigte er ihnen das Wort, so wie sie es fassen konnten. Ohne Gleichnisse redete er nicht zu ihnen" (4,33f.). Den Gleichnissen gegenüber gilt: "Wer Ohren hat zu hören, der höre!" (4,9). Doch an vielen bewahrheitet sich, wie Jesaja (6,9f.) sagt, "daß sie hören und doch nicht verstehen" (4,12). In der grundsätzlichen Mißverstehbarkeit, die den "Geheimnissen des Gottesreiches" eigen ist, welche aber wegen des dem Menschen nicht verfügbaren direkten Begreifens gerade der Darstellung in Gleichnissen bedürfen, ist letztlich auch das "Messiasgeheimnis" im Mk-Ev begründet. Dabei ist die jeweilige Situation eines Schweigegebotes Jesu je eigens zu beachten. Ein solches Gebot erklärt sich streckenweise durchaus historisch transparent von den Versuchen des Volkes her, Jesus im Sinne politischer Messiasvorstellungen zu vereinnahmen.

Eine markinische *Theorie* des Messiasgeheimnisses, wie einst *W. Wrede* sie propagierte, gibt es nicht[17], vor allem nicht den von Wrede postulierten Grund dafür, nämlich die Gemeinde vor der Einsicht zu bewahren, daß Jesus sich selbst *nicht* als Messias sah. Entgegen *Bultmann*, der Wredes Theorie zum Ausgangspunkt seiner Geschichte der synoptischen Tradition machte, und entgegen der bei den Formgeschichtlern vorherrschenden Leugnung jedes messianischen Selbstbewußtseins Jesu[18], sind die *messianischen* "Menschensohn"-Worte

---

[17] Zum Messiasgeheimnis im Kontext der markinischen Dramaturgie vgl. HENGEL, *Markusevangelium I*, 227ff.; zur Widerlegung der Position von Wrede: ebd. 237ff. (im Anschluß an H. RÄISÄNEN, *Das "Messiasgeheimnis" im Markusevangelium*, Helsinki 1976, bes. 159). Als historisch veranlaßt erweist sich das entsprechende Schweigegebot Jesu an die Jünger (8,30; 9,9) von der Notwendigkeit des Leidens her (wie es denn auch im Zusammenhang von Leidensvorhersagen steht). Ab Mk 9,11 gibt es dagegen keine Schweigegebote Jesu an die Jünger mehr.

[18] Vgl. gegen diese Positionen: oben, V, Anm. 21 und 42 (R. PESCH, *Neuer Versuch*) sowie 16 und 73 (O. BETZ; A. STROBEL). - Auch HENGEL (*Markusevangelium I*, 241) zeigt, daß die Messianität Jesu nicht als Rückschluß aus der Auferweckung oder als deren Implikat verstanden werden kann, da alttestamentliche Modellvorstellungen der Errettung des Gerechten bzw. des Propheten *nicht* von messianischen Gedanken geprägt sind. Vielmehr bedurfte es des *historischen Messiasanspruches* Jesu, um (über gängige alttestamentliche Vorstellungen hinaus)

Jesu *Grunddaten* jeder zeitgeschichtlichen Erhellung des Prozesses Jesu und des Aufbaus der Urgemeinde, wie vor allem freilich Grunddaten des christlichen Glaubens selbst.

Deutlicher als in allen späteren Evangelien begegnet im Mk-Ev ein ständiger Wechsel des Berichts vom verkündigenden Jesus zu einer Jünger- oder Volksszene, in der historische Verhaltensreaktionen der Zeit Jesu mit typischen Jünger- und Hörerreaktionen gegenüber der kirchlichen Verkündigung verschmolzen sind. So erscheint das Eingehen Jesu auf diese Verhaltensweisen zugleich als Ausrichtung der Predigt auf die Haltung von Glaube und Unglaube in der Mission der Kirche. Der paulinische Kontrast zwischen denen, die Ärgernis nehmen an der Botschaft, und den Berufenen (1 Kor 1,22ff.) begegnet geradezu als Grundgesetz der Verkündigung Jesu in Gleichnissen, auf die mit fast prädestinatorischer Sicherheit unterschiedlich "die Jünger" und "die draußen" (4,11f.) reagieren.

Im Licht der Missionssituation erscheint im Mk-Ev auch die erste Jüngerberufung (1,16ff.). Das Menschenfischerwort Jesu wertet einen pejorativ verstandenen Topos (bei Jer 16,16 und in der Qumran-Literatur, der eher ein "Umgarnen" von Menschen zum Schaden der Einheit des jüdischen Volkes meint) in ein missionarisches Ideal[19] um, in dem Ausrichtung auf Heidenmission ebenso mit anklingt, wie die Erwähnung des "Meeres von Galiläa", an dessen Küste die erste Jüngererufung erfolgt, auf ein Meer zwischen Juden und Heiden hinweist[20].

4. Freilich waren für Markus paradigmatische Verkündigungssituationen in bezug auf die *Heiden* nur sehr begrenzt in die Darstellung der Tätigkeit Jesu selbst bzw. in seine Worte einzubringen. Denn der irdische Jesus widmete seine Verkündigung den Söhnen seines Volkes[21]. Umso bemerkenswerter ist, wie Markus im Tun und Reden des Herrn Weichenstellungen für die spätere Heidenmission der Kirche herausarbeitet und wie er Heiden, die sich der Botschaft Jesu öffnen, als Sym-

---

im Glauben den Auferweckten als den erweckten und erhöhten *Messias* zu erkennen.

[19] GNILKA, *Markus I*, 73f.

[20] Dies betont nachhaltig PESCH, *Markus I*, 114ff.; vgl. auch: DERS., *Berufung und Sendung, Nachfolge und Mission*: ZKTh 91 (1969) 1-31.

[21] Vgl. das Logion Jesu Mt 15,24, das gegenüber dem Mk-Bericht ursprünglich zu sein scheint.

bolfiguren einer berufenen und gläubig gewordenen Heidenschaft zur Geltung bringt.

In Transparenz auf die Heidenmission ist dementsprechend die Perikope von der *Syrophönizierin* (7,24ff.) gestaltet. Als Interpretationsschlüssel werden schon in 7,1ff. die Worte Jesu eingeführt, die (in dieser Weise akzentuiert nur bei Mk) das gängige jüdische Verständnis der *kultischen Reinheit* (im Zusammenhang mit Mahlzeiten und Tischgemeinschaft) ad absurdum führen. Die Situation von Apg 10,15 ist präsent. Im synoptischen Vergleich der Berichte tritt nur laut Mk 7,24 Jesus in das Haus der Syrophönizierin ein (und scheut sich dabei nicht, unrein zu werden). Mt 15 gibt die nun folgenden Logia Jesu in einer der Situation des historischen Jesus stärker verpflichteten Form wieder: Jesus bekennt, nur zu den verlorenen Kindern des Hauses Israels gesandt zu sein (Mt 15,24) und daß es nicht recht sei, das Brot den Kindern zu nehmen (Mt 15,26). Markus schwächt den Gegensatz zur heidnischen Frau von vorneherein im Sinne der dann tatsächlich erfolgenden Heilstat ab, indem er das erste Logion streicht und den Beginn des zweiten abwandelt: "Laß zuerst die Kinder satt werden..." - Der Sinn der Perikope läßt sich mit Gnilka resümieren: "Markus benutzt die Perikope von der Syrophönizierin an wirksamer Stelle, um eine Reise in das heidnische Gebiet von Tyrus einzubringen. Die Öffnung Jesu zur Heidenwelt, die in der Tradition angelegt war, hat er eindringlich betont. Jesus wird zwar nicht zum Missionar und unternimmt auch keine Missionsreise, aber er stellt in 27a selber fest, daß die Bevorzugung Israels keine absolute, sondern eine zeitlich befristete ist."[22]

Schon die Transparenz der kerygmatisch-missionarisch ausgerichteten Struktur des Mk-Ev für die Zeit der großen apostolischen Mission und speziell für die Überwindung der Vorstellungen von kultischer Unreinheit im Verkehr mit den Heiden läßt die Frage aufkommen: Findet hier die Zeit der apostolischen Mission ein bis "um das Jahr 70" *verzögertes* Echo und das Problem der kultischen Unreinheit als Missionsproblem eine längst nicht mehr aktuelle Wiederaufnahme?

Oder weist die verblüffende strukturelle *Ähnlichkeit* der Dramaturgie des Mk-Ev mit der paulinischen Reflexion der Gesetzmäßigkeiten der Verkündigung und der psychologischen Reaktionen auf diese (gemäß 1 Kor 1,18ff.) auf einen gemeinsamen *Erfahrungshintergrund* und eine äußerst geringe Zeitdifferenz zwischen der Abfassung der großen Pauli-

---

[22] GNILKA, *Markus I*, 294.

nen und dem Mk-Ev? So daß auch die charakteristische *Missionsterminologie* des Mk-Ev nicht eine nur indirekt vermittelte, sondern eine *zeit- und situationsgerecht empfundene* gemäß dem Kairos der paulinischen Mission wäre.

Genauere zeitgeschichtliche Indizien, die möglicherweise eine definitiv bejahende Antwort auf die Frage erlauben, bietet die missionsgeschichtlich transparente Form der *eschatologischen Rede* bei Mk.

b) Die Abfassungszeit des Mk-Ev: Mission "unter Verfolgungen" und angesichts der nahen Wiederkunft

1. Maximale Transparenz für kirchliche Entscheidungssituationen im Zuge der missionarischen Aktualisierung der Botschaft Jesu konnte Markus freilich nicht ohne weiteres mit *historischen Situationen des Lebens Jesu* (wie eben der Begegnung mit der Syrophönizierin) verbinden. Als besonders geeigneter Ort bot sich eine auf *Zukunft* und eschatologische *Erfüllung* ausgerichtete Perikope an. Matthäus und Lukas werden später den angemessenen Ort dafür im Rahmen der Weisungen *des Auferstandenen* sehen (Mt 28,19; Lk 24,47; Apg 1,8). Für das Mk-Ev, dem (von frühesten Gesetzlichkeiten der liturgischen Anamnese der Passanacht her) ein Zeugnis für die Erscheinungen und Weisungen des Auferstandenen fehlt, konnte der entsprechende Ort nur die *eschatologische Rede* des Herrn (Mk 13) sein. Naherwartung der Wiederkunft des Herrn und eschatologische Hochspannung sind der Ausbildung christlicher Ethik und weitgespannter Missionsbereitschaft im Mk-Ev ebensowenig hinderlich wie im Bewußtsein des Paulus gemäß 1 und 2 Thess[23]. Die weltweite Mission kommt in den Weisungen und Voraussagungen Jesu für die Endzeit deutlich in den Blick (Mk 13,9ff.). Besonders auffällig ist die differenzierte Beschreibung der Drangsale (13,9), unter welchen "das Evangelium allen Völkern verkündet wird" (13,10): "Sie werden euch an Synhedrien ausliefern und euch in Synagogen auspeitschen. Ihr werdet um meinetwillen vor Statthalter und

[23] Zur Authentizität und Abfassungszeit von 2 Thess siehe Anm. 40.

Könige gestellt, ihnen zum Zeugnis. Und allen Völkern muß zuerst das Evangelium verkündet werden" (Mk 13,9f.).

2. In diese Formulierungen dürften Erfahrungen der kirchlichen Mission miteingeflossen sein, die mit Drangsalen kämpfen muß, wie sie Paulus am eigenen Leibe vielfach erlitten hat und in 2 Kor 11,23f. beschreibt.

Zwar darf man schon im Munde Jesu selbst Voraussagen erwarten, wie Jüngerschicksal nach dem Vorbild des Meisters von Anfeindungen und Verfolgungen geprägt sein wird. Die *detaillierte* Steigerung: Synagogalstrafen - Prozesse vor Statthaltern - Prozesse vor königlichen bzw. kaiserlichen Tribunalen, liegt jedoch *nicht* in der Perspektive der Jüngerermahnungen Jesu und entspricht ebensowenig dem Stil der prophetischen Worte, die Jesus über die seiner Botschaft sich verschließenden Schriftgelehrten und Pharisäer und über das Schicksal Jerusalems und des Tempels gesprochen hat und die aus den Vorstellungsgehalten *alttestamentlicher* Propheten schöpfen und diese aktualisieren[24].

Die *detailliert* geschilderten Verfolgungen laut Mk 13,9 entsprechen in ihren einzelnen Elementen und ihrer formalen Steigerung genau der Zeit, da die *Heiden*mission für die Ausbreitung der Kirche besonders repräsentativ geworden ist. Sie passen in dieser Form weder in die Frühphase der Mission, noch (was die Synagogalstrafen betrifft) in eine Zeit der von den Synagogen längst nachdrücklich *emanzipierten* Gemeinden. Ja, sie scheinen am einzigartigen Schicksal Pauli abgelesen zu sein, dessen in 2 Kor 11 geschilderte Leiden sich steigern in tödlichen Nachstellungen der Jerusalemer Zeloten (Apg 21,31; 23,12ff.) und Prozessen vor dem Hohen Rat (22,30-23,11), wie auch vor dem Gericht des Statthalters in Cäsarea (Apg 24) und dem Kaiserlichen Gericht in Rom (Apg 25ff.).

Selbst wenn sich nicht erweisen ließe, daß der Verfasser des Mk-Ev jener Johannes Markus ist, der Paulus als Missionshelfer begleitete und ihm in der Gefangenschaft, aus der Kol und Phlm geschrieben wurden[25], zur Seite stand (vgl. Kol 4,10; Phlm 24), so wäre doch von der detaillierten Charakterisierung eines Missionarsschicksals in Mk 13,9 her auf

---

[24] So die Nutzung von Jer 22,5 in dem als jesuanisch geltenden Logion über Jerusalem Mt 23,38 = Lk 13,35. - Zu entsprechenden Vorstellungsgehalten alttestamentlicher Vergeltungsprophetien in Gleichnissen und Reden Jesu in der reichen Evangelientradition siehe oben, IV, Anm. 25.

[25] Zur Begründung der Authentizität von Kol vgl. KÜMMEL 294-306; ROBINSON 70; REICKE (siehe unten, Anm. 33).

einen der kirchlichen Mission eng verbundenen Christen zu schließen, der *Zeitzeuge* der paulinischen Drangsale vor jüdischen und römischen Tribunalen war und, tief beeindruckt von diesen, sie *aus frischer Erinnerung* in die Formulierung der Missionsvoraussage Jesu einbrachte.

3. Für die Datierung des Mk-Ev gibt in der neueren Exegese des öfteren ein einziger Vers den Ausschlag, so vor allem *Mk 13,14* (der auf seine diesbezügliche Eignung hin anschließend zu prüfen sein wird). Von Mk 13,14 und seiner zeitgeschichtlichen Deutung her[26] wird von *G. Zuntz* auf das Jahr 40[27], von *M*. Hengel auf 69[28] und von *R. Pesch* auf "bald nach 70"[29] datiert. Ähnlich datiert *W. Marxsen* von Mk 16,7 her auf das

---

[26] Wenn Mk 13,14 auf *zeitgeschichtliche* Ereignisse, wie die Zerstörung Jerusalems bzw. die Entweihung des Tempels (die als Gottesgericht durch Jesus und die frühchristliche Prophetie vorausgesagt wurden; oder die als Tempelschändungen nach dem Muster der Makkabäerzeit befürchtet wurden) gedeutet wird, dann kann das betreffende Ereignis für den Evangelisten nur in der Zukunft liegen, nicht aber in der Vergangenheit, da sonst die kosmisch-apokalyptischen Ereignisse nicht als "bald" oder "sofort" der Zerstörung oder Entweihung des Tempels folgende (Mk 13,24; Mt 24,29) zur Darstellung hätten kommen können. Dies stellen eindeutig die Beiträge von *J.A.T. Robinson* und den Historikern *H. Staudinger* und *G.A. Lehmann* auf dem Paderborner Symposion von 1982 "Die Datierung der Evangelien" heraus: SYMPOSION 324 (Robinson); 57 (Staudinger); 58f. (Lehmann).

[27] Laut ZUNTZ (47ff.) weist die in Mk 13,14 vorausgesetzte Aktualisierung der Situation von Dan 9,27; 11,31; 12,11 (und 1 Makk 1,45ff.) eindeutig auf das *Vorhaben des Kaisers Caligula* (gegen Ende seiner Herrschaft), sein Standbild im Tempel aufzustellen, was in Jerusalem zum Aufruhr führte. Mit der Ermordung Caligulas am 24.1.41 erlosch die Bedrohung und laut Zuntz auch die aktuelle Motivation zur Formulierung von Mk 13,14. - Einzuwenden bleibt, daß der Schock des Jahres 40 weiter nachwirkte.

[28] HENGEL, *Markusevangelium II*, 43. Ähnlich wie Zuntz sucht Hengel nach einem aktuellen Datum der Hochspannung zwischen Rom und Judäa und sieht die *drohende Bosheitsoffenbarung* gemäß Mk 13,14 in dem (z.B. von den Sibyllinen angesagten) befürchteten Erscheinen des *Nero redivivus* nach dessen Selbstmord am 9.6.68 und während der Wirren des Jahres 69. - Auf die *missionsgeschichtliche Transparenz* von Mk 13,10 und 14,9 weist auch Hengel (ebd. 19) hin, entscheidet sich aber nicht für eine *direkte* Umsetzung der betreffenden missionsgeschichtlichen Erfahrungen in den Text des Mk-Ev.

[29] PESCH, *Markus I*, 14f.; PESCH, *Evangelium* 79. - Die Diskussionsbeiträge von *Pesch* auf dem Paderborner Symposion (SYMPOSION 85 u.ö.) ließen allerdings unter dem Eindruck der (in Anm. 26, letzter Satz) genannten Stellungnahmen das Bewußtsein mangelnder Stringenz der Spätdatierung des Mk-Ev (allein aufgrund von Mk 13,14) und eine entsprechende Offenheit für die Frühdatierung des Mk-Ev *vor* 70 erkennen. - Vgl. auch *Markus I*, 474 (Nachtrag 1984).

Jahr 66[30], *P. Dschulnigg* von Mk 13 her auf kurz nach 64[31]. - Dagegen will *J. Gnilka* gerade für Mk 13,14 eine *zeitgeschichtliche* Deutung ausschließen[32] und sieht statt dessen *Mk 13,2* aufgrund des angeblich bereits geschehenen Untergangs der Stadt Jerusalem formuliert. - Angesichts der so unterschiedlichen (und sich wechselseitig ausschließenden) Begründungen der Datierung des Mk-Ev "nach 70" durch die katholischen Kommentatoren Pesch und Gnilka, wie andererseits in Alternative zu den *kaisergeschichtlich* motivierten auseinanderdriftenden Datierungen von Zuntz und Hengel, scheint es angebracht Mk 13,9 als *missionsgeschichtlich* transparente Stelle auf die Gefangenschaft Pauli in Cäsarea und die Erwartung des römischen Prozesses hin zu deuten (während die *neronische Verfolgung*, die *Dschulnigg* in Mk 13 angedeutet sieht, sich in ihren apokalyptischen Bezügen deutlicher in dieser Rede manifestiert hätte).

Mit eben diesem Hintergrund für die Abfassung des Mk-Ev konvergiert die Erwähnung des Namens Markus in Kol 4,10 und Phlm 24, zwei Briefen, die wahrscheinlich während der Gefangenschaft Pauli *in Cäsarea*[33] geschrieben wurden und Einblick geben in jene Erfahrungen und Motivationen, die die bei Paulus während dessen Gefangenschaft anwesenden (und in den beiden Briefen genannten) Missionshelfer bei ihrer weiteren Tätigkeit bestimmten. Daß unter diesen auch Markus figuriert, weist auf eine Spur, die sich nicht verkennen läßt, weil sie mit den inneren Kriterien des Mk-Ev in unverwechselbarer Weise harmoniert.

Als ein Hauptimpuls für die Komposition und Abfassung des Mk-Ev dürfte sich also die missionsgeschichtliche Erfahrung der Jahre 58-60 bestätigen, gegenüber welcher sich die Fertigstellung des Textes nicht lange verzögert haben wird, da *Lukas* in eben diesen frühen 60er Jahren (wie sich zeigen wird) bereits *das Mk-Ev benutzen* konnte.

---

[30] Siehe unten, c 1, mit Anm. 48.

[31] DSCHULNIGG 620.

[32] GNILKA, *Markus II*, 195ff. - Damit trägt Gnilka den in Anm. 26 angeführten Argumenten Rechnung, doch widersteht er einer Frühdatierung vor 70 in der Annahme, daß Mk 13,2 (vgl. Mk 24,2) "ex eventu" formuliert ist, was ebenfalls zu sachlichen Ungereimtheiten führt (wie zu zeigen sein wird).

[33] Die Entstehung von Kol während der Gefangenschaft Pauli in Cäsarea vertreten z.B. KÜMMEL und ROBINSON (siehe oben, Anm. 25) und besonders B. REICKE, *The Historical Setting of Colossians*: Review and Expositor 70 (1973) 429-438.

Zu den Jahren der Gefangenschaft Pauli in Cäsarea und Rom paßt auch jener zeitgeschichtliche Hintergrund, der sich im Mk-Ev durch die Warnung vor "falschen Messiassen" (Mk 13,22) offenbart, welche "Zeichen und Wunder" tun. Dies weist auf die Eskalation der zelotischen Bewegung hin, die allerdings noch nicht ihren Siedepunkt erreicht hat. Zur Zeit der Gefangenschaft Pauli in Jerusalem und Cäsarea (Apg 21; 23) ist diese Eskalation so weit gediehen, daß der für die Schutzhaft Pauli verantwortliche römische Oberst zunächst Paulus für einen gesuchten Zeloten hält, "der 4000 Sikarier in die Wüste geführt hat" (Apg 21,38), offenbar, um als neuer Mose und Messias Zeichen zu tun. Und Mordanschläge der Zeloten haben einen so starken Rückhalt (im Falle der Verschwörung gegen Paulus: 40 Verschworene laut Apg 23,12ff.21), daß 200 Soldaten, 70 Reiter und 200 Schützen für die Überführung des Paulus zum Statthalter Felix nach Cäsarea aufgeboten werden (23,23).

Die zeitgeschichtliche Transparenz der Drangsale der Missionare hat in Mk 13,9 als durch *Aktualität* inspirierte für die Datierung des *Mk-Ev* natürlich größeres Gewicht, als die Parallele *in Lk 21,12*, die aus Mk stammt und die als *Jesus* zugeschriebene natürlich auch ohne den besonderen Aktualitätsbezug der markinischen Erstformulierung übernommen werden konnte. - In Mt begegnet die Mk 13,9 entsprechende Vorhersage im Zusammenhang der Wahl und Aussendung der Zwölf (10,17) und also hinsichtlich der zeitgeschichtlichen Transparenz verfremdet. Dagegen ist die Warnung vor falschen Propheten und Messiassen bei Mt verdeutlicht und ihr Auftreten "in der Wüste" eigens hervorgehoben (Mt 24,26), was der weiteren Eskalation des Zelotenwesens und der hochgespannten Messiaserwartung zwischen dem Ende der 50er und dem der 60er Jahre entspricht.

Die *missionsgeschichtlich* und *zeitgeschichtlich* (Eskalation des Zelotenwesens) *orientierte Datierung* des Mk-Ev auf die Jahre um 60 ist freilich nur zu erhärten, wenn sich die Datierung auf "nach 70" von Mk 13,2 bzw. Mk 13,14 als Fehlinterpretation der betreffenden Verse erweist.

4. Mit der Datierung "nach 70" aus der angeblichen "ex-eventu"-Formulierung von Mk 13,2 (so *Gnilka*, der dagegen Mk 13,14 eschatologisch deutet), oder aber von 13,14 (so *Pesch*, der dagegen 13,2 für historisch im Munde *Jesu* hält) überbieten die beiden führenden katholischen Kommentare des Mk-Ev nachdrücklich den von W.G. Kümmel

durchaus hochgehaltenen "kritischen" Standard, wonach im Mk-Ev keine eindeutigen "ex-eventu"-Formulierungen hinsichtlich des Untergangs der Stadt Jerusalem bzw. des Tempels nachzuweisen sind[34].

J. Gnilka hingegen deutet (mit anderen Exegeten) Mk 13,2 ex eventu: "Die in Vers 2 enthaltene Profetie läßt sich schwerlich auf Jesus zurückführen. Zu deutlich schildert sie den Zustand, den das Tempelgelände nach dem Römisch-Jüdischen Krieg bot. Auch vermißt man die ausdrückliche Begründung der in ihr ausgesprochenen Drohung."[35] Auf diese Weise wird Mk 13,2 aus der Schicht der historisch transparenten Darstellung des Lebens Jesu im Mk-Ev und aus seinem Bezug zu jesuanischen Logien herausgetrennt und die Entstehung des Verses aus der Empirie der Zeit nach 70 erklärt[36].

Auch die von Gnilka im vorausgehenden markinischen Kontext vermißte Begründung der in Mk 13,2 "ausgesprochenen Drohung" gegen den Tempel tritt schon in Mk 11 in dem unheilschwangeren, richtenden Wort über den Tempel als "Räuberhöhle" (Jer 7,11: Mk 11,17) offen hervor, das zusammen mit diesem Stichwort auch den bedrohlichen *Kontext* von Jer 7,11 aktiviert. Dort ist mit der Anklage gegen Juda, das Haus Gottes sei zur "Räuberhöhle" geworden, auch der Urteilsspruch Gottes verbunden, dieses Haus werde das *Schicksal von Schilo* erleiden (7,12.14). Laut Jer 26,6 bedeutet dieses Schicksal, daß dieses Haus und "diese Stadt zum Fluch wird bei allen Völkern der Erde". Und laut Ps 78,60ff. beinhaltet es überdies: Verlassen und Ver-

---

34 Vgl. KÜMMEL 70.

35 GNILKA, *Markus II*, 184.

36 Laut PESCH, *Evangelium* 157, gehört dagegen das Logion Mk 13,2 zum "Evangelium der Urgemeinde". Entsprechend setzt auch die Anklage der "falschen Zeugen" (Mk 14,56ff.) und die Verspottung des Gekreuzigten (15,29) trotz Entstellung und Mißbrauchs ein historisch gesichertes tempelkritisches Logion Jesu voraus (PESCH, *Markus II*, zu 14,58 und 15,29). - In Konsequenz zu seiner Deutung von Mk 13,2 sieht GNILKA auch in Mk 14,58 nur ein in Konkurrenz zum wahren Anklagegrund (Mk 14,62) von Markus unzutreffend akzentuiertes Sekundärmotiv (*Markus II*, 276ff.). Als unhistorisch wird auch Joh 2,19 bewertet und der Ausgangspunkt der Tradition von der angeblichen Tempelkritik und Zerstörungsvorhersage Jesu in die Situation von Apg 6,14 verlegt (ebd. 276). - Ablehnend gegenüber der ex-eventu-Deutung: HENGEL, *Markusevangelium II*, 21ff., der aufgrund einer langen, zeitgeschichtlich verifizierbaren Tradition von Vorhersagen und Befürchtungen des Tempeluntergangs die Bilanz zieht: "Markus kann diesen Satz (13,2) ohne weiteres im Blick auf die bedrohliche Situation in Judäa seit dem Beginn der 60er Jahre unter Verwendung älterer, jesuanischer Tradition formuliert haben" (ebd. 25).

werfen der einstigen Wohnung Gottes, Überlassen in die Hand der Feinde, Auslieferung des Volkes an Schwert und Feuer.

Für das vorherrschende jüdische Denken in der Zeit des herodianischen Tempels konnte ein solches Schicksal des Hauses Gottes freilich nur als kriegerischer Frevel der gottwidrigen römischen Besatzungsmacht in Frage kommen und wäre dann ein Moment der erwarteten messianischen "Wehen", aus denen die messianische Zeit mit einem durch den Messias selbst errichteten[37], noch herrlicheren Tempel hervorgehen würde.

Auch frühe judenchristliche Apokalyptik konnte sich die Rolle des Tempels als eines heilsgeschichtlichen Indikators zu eigen machen (wie die synoptischen Apokalypsen zeigen), mußte jedoch im Untergang des Tempels zugleich eine Erfüllung von Gerichtsworten Jesu (wie sie speziell auch in der Logienquelle wiedergegeben wurden: Kap. VII, a 3) erblicken, wie auch ein Zeichen und Unterpfand für das baldige Kommen des erhöhten Herrn zum Gericht, womit jeder steinerne Tempel endgültig überflüssig wäre[38].

5. Wer mit Gnilka die Vorhersage des Tempeluntergangs in Mk 13,2 aus dem inhaltlichen und dramaturgischen Zusammenhang mit den historisch transparent geschilderten Auseinandersetzungen Jesu um den Tempel (Mk 11,15ff.) und um die falsche Gesetzesgerechtigkeit der offiziellen Hüter des Tempelkultes (11,27-12,40) heraustrennt und statt dessen die thematische Einführung und Umschreibung der Tempelzerstörung in 13,2 vor allem durch das bereits eingetretene *Faktum* und dessen empirische Zugänglichkeit nach dem Jahre 70 veranlaßt sein läßt, dem muß es freilich ungereimt erscheinen, daß nach der

---

[37] Die apokalyptische Erwartung eines messianischen Tempels steht auch im Hintergrund des Rätselwortes Joh 2,19 und der Anklage der "falschen Zeugen" von Mk 14,56ff., die so jedoch den messianischen Anspruch Jesu und sein Tempelwort mißverstehen. Die betreffende jüdische Tradition basiert auf 2 Sam 7,13. Vgl. BETZ (siehe oben, V, Anm. 73) 144ff.; 154ff.

[38] Die dann geltende Ordnung bringt Apk 21,22 zum Ausdruck: "Einen neuen Tempel sah ich nicht in ihr (der neuen Stadt Jerusalem), denn ihr Tempel ist der Herr." - Und schon in der durch die *Auferweckung Jesu* begründeten Heilszeit ist laut Joh 2,21f. die kultorientierende Funktion des Tempels durch den Auferstandenen selbst ersetzt. Der ursprünglichen Form des in Joh 2,19 wiedergegebenen Rätselwortes Jesu mag ein direkter Bezug zum lebendigen Tempel der Endzeitgemeinde eigen gewesen sein. Eine solche Adaptation von 2 Sam 7,13 ist auch für das Schrifttum von Qumran bezeugt (BETZ, ebd. 145).

(vermuteten) klaren ex-eventu-Beschreibung von Mk 13,2 noch einmal *dasselbe Ereignis* in Mk 13,14 apokalyptisch verhüllt dargestellt und in den engsten zeitlichen Zusammenhang ("in jenen Tagen": Mk 13,24) mit jenen kosmisch-apokalyptischen Zeichen (13,24) gesetzt sein soll, die - offenkundig für einen nach 70 schreibenden Autor und jedermann sonst - gerade nicht dem Untergang des Tempels und der Stadt Jerusalem gefolgt waren.

Deshalb bezieht Gnilka den "Greuel der Verwüstung, der steht, wo er nicht sein darf" in Mk 13,14 - abweichend von der aus Dan 9,27; 11,31; 12,11 übernommenen Typologie und der vorherrschenden exegetischen Interpretation - nicht auf eine *"Greueltat" am Tempel*, sondern auf eine endzeitliche Bosheitsoffenbarung des Antichrist[39], wobei der danielische Typos hinsichtlich des Tempelbezugs freilich *allegorisch verfremdet* wird.

Mit seiner Deutung harmoniert, worauf Gnilka hinweist, daß die grammatische Konstruktion den "stehenden Greuel" *personhaft-maskulinisch* kennzeichnet (bdélygma... estekóta), obwohl das Wort "Greuel" (bdélygma) an sich ein Neutrum ist.

Dies aber erinnert wiederum an die Apokalypse des (heute mehrheitlich für deuteropaulinisch gehaltenen) zweiten Thessalonicherbriefes, in dem der Antichrist als Mensch der Gesetzlosigkeit bezeichnet ist und als der "Widersacher, der 'sich über alles erhebt, was Gott heißt'" (Dan 11,36: 2 Thess 2,4). Und wenn von diesem gesagt wird, daß er "sich in den Tempel Gottes setzt und von sich erklärt, daß er Gott sei" (ebd.), so könnte man geneigt sein, wiederum an einen eher *allegorisch* so bezeichneten Offenbarungsort (bzw. eine Offenbarungsdimension) zu denken.

Doch bietet die Apokalpyse von 2 Thess 2,3ff. als solche keinen hinreichenden Grund, den sonst nach Situation und Inhalt mit 1 Thess engstens verflochtenen Brief dem Apostel Paulus abzusprechen und in

---

[39] GNILKA, *Markus II*, 193ff. - Zur beliebten Deutung gerade von Mk 13,14 als vaticinium ex eventu bemerkt GNILKA (194, Anm. 10): "Der Greuel der Verwüstung wurde vielfach historisch gedeutet und auf die Taten der Zeloten im Tempel während der Belagerung, die Schändung des Tempels durch das Aufstellen römischer Standarten (vgl. JosBell 6,316) oder die bereits erfolgte Tempelzerstörung bezogen. Damit nimmt man aber dem Abschnitt 13,14-23 seine Brisanz und kann den nahtlosen zeitlichen Übergang in V 24 kaum befriedigend erklären." - Zu der von Gnilka vorausgesetzten Möglichkeit einer allegorischen Transposition des konkreten Tempelbezugs vgl. seine Deutung von Mt 24,15 (unten, VII, a 5).

eine wesentlich spätere Zeit als 1 Thess (um 50) zu verlegen[40]. Bezüge auf ein weit verbreitetes zeitgenössisch-apokalyptisches Denken, das offenbar in der Gemeinde von Thessalonike besonders virulent war, sind von Paulus auch in 1 Thess 4,16ff.; 5,2ff. und 1 Kor 15,13ff.52ff. aufgenommen worden und bringen auch an diesen Stellen die Vielschichtigkeit apokalyptischer Symbolbilder nicht immer zu gleichförmiger Deckung. Wenn aber 2 Thess 2,3ff. mit paulinischer Verfasserschaft vereinbart werden kann und die Gründe für eine Abfassung von 2 Thess zur Zeit des noch *stehenden* Tempels noch eindeutiger durchschlagen, dann ist auch die Rede vom "Tempel Gottes" und dem befürchteten "Greuel" darin nicht "endzeitlich" als alternativ zu "zeitgeschichtlich" zu deuten, sondern eben *apokalyptisch* im Sinne einer sich in den *zeitgeschichtlichen* Ereignissen selbst *enthüllenden Eschatologie*, wie sie der Messiaserwartung der Essener, dem offiziellen Judentum der zwischen- und neutestamentlichen Zeit und analog eben auch der Wiederkunftserwartung der Urkirche eigen ist.

6. Die in 2 Thess 2,4 gebotene Umschreibung der Bosheitsoffenbarung im Tempel entspricht genau dem, was im Jahre 40 aufgrund danielischer Typologie und politischer Nachrichten aus Rom als widergöttliche Tat des Kaisers Caligula im herodianischen Tempel erwartet wird: eine Bosheitsoffenbarung, die in zelotischer Sicht den Endkampf und die Rettungstat eines politischen Messias herbeizwingen würde, die in christlicher Sicht jedoch Zeichen der Preisgabe des Tempels durch Gott und Vorzeichen der Wiederkunft des Herrn wäre und die jedenfalls von allen Juden, Judenchristen und "Gottesfürchtigen" als ein apokalyptisches Zeichen der Zeitenwende hätte gedeutet werden müssen.

Die damalige Erregung beweist die Konkretheit der gängigen typologischen Vorstellung vom "Greuel der Verwüstung" gemäß Dan 9,27parr und die darin implizierte Voraussetzung, den Endzeitkalender von Dan 9,24-27 auf zeitgenössische Ereignisse hin neu berechnen und alte Berechnungen demgemäß korrigieren zu können. Die Befürchtun-

---

[40] So plädiert KÜMMEL (231) für eine Abfassungszeit, da der Tempel jedenfalls noch stand, und für die paulinische Authentizität von 2 Thess, näherhin für eine Abfassung *kurz nach 1 Thess*, im Jahre 50 oder bald danach. Auch HENGEL (*Markusevangelium II*, 29, Anm. 115) setzt den Brief (den er allerdings für deuteropaulinisch hält) auf *vor 70* an, als der Tempel noch stand. - Im folgenden orientieren wir uns an der Interpretation von 2 Thess 2,7 (2,3-8) in: O. BETZ, *Der Katechon*, in: *Herr, der Kirche* 276-311.

gen des Jahres 40 fanden eine nur vorübergehende Beruhigung und eskalierten vollends in den Jahren des Jüdischen Krieges. Wiederum ist es eine neue Berechnung der 70. Jahrwoche Daniels (mit ihrer Offenbarung des "Greuels"), deren Ende zelotische Kreise auf den 9. Ab des Jahres 70 ansetzen. Diese Berechnung sollte Geschichte machen, indem sie den selbstmörderischen Endkampf um den Tempel provozierte und dessen Untergang herbeiführte[41].

Die auf eine besondere Bosheitsoffenbarung bezogenen Befürchtungen des Jahres 40 und die als eine nur kurze Zwischenphase empfundene Verhinderung ihrer Realisierung durch den Tod des Caligula stehen eindeutig hinter der Formulierung von 2 Thess 2,4, wie auch der von V 2,7, wobei besonders zur Deutung der letzteren der Endzeitkalender von Dan 9,24-27 heranzuziehen ist.

Die in V 2,4 umschriebene Bosheitsoffenbarung hat fürs erste einen Aufschub gefunden. Ihrer Realisierung steht eine Macht entgegen, die in 2,7 verschlüsselt als "der Aufhaltende" (ho katéchon) umschrieben wird. Doch dieser wird "hinweggeräumt werden" (2,7), so daß die Bosheit sich voll entfalten kann.

Derjenige, der die im Jahre 40 durch *Caligula* schon entfesselte Bosheit "aufhielt", indem er die Nachfolge des ruchlosen Caligula antrat, ist offenbar *Claudius*. Nach dessen von Gott bemessener Zeit und angesichts des nahen Endes muß allerdings mit einem zweiten Caligula, oder besser: mit einem neuen Antiochus (IV.) Epiphanes der Makkabäerzeit gerechnet werden

Aufgrund der Analogie zu 2 Thess 2,3ff. ist also der danielische "Greuel" von Mk 13,14 ein zukünftiger aus der Perspektive der Jahre *vor 70* und ein auf den noch stehenden herodianischen Tempel bezogener. So muß denn auch Gnilka als Ursituation der Formulierung des Verses Mk 13,14 (bzw. der Vorform desselben) die einer in den Jahren des Jüdischen Krieges entstandenen "Vorlage" annehmen, die der Evangelist ausgeschrieben hätte (- ganz nach Dibelius als "Sammler"!),

---

[41] Zum Vorhaben des Caligula, der den jüdischen Zeitgenossen als neuer Antiochos (IV.) Epiphanes (175-164) erschien, vgl. oben, Anm. 27, zu Neuberechnungen der Jahrwochen Daniels in Qumran: O. BETZ, *Offenbarung und Schriftforschung in der Qumransekte,* Tübingen 1960, 81; zur zelotischen Berechnung und ihrer tragischen Folge: BellJud VI, 283-286; sowie HENGEL, *Zeloten* 248f. - Noch unmittelbar vor der Eroberung und Zerstörung des Tempels rief ein fanatischer falscher Prophet das Volk dazu auf, zum Tempel hinaufzusteigen, "um das Zeichen der Erlösung zu empfangen" (BellJud VI, 285f.).

aber doch insoweit auch als "Redaktor" tätig, daß er einen zuvor noch deutlicher erkennbaren Tempelbezug verwischt hätte[42]. Die pervertierte Vorstellung von "Tradition" in der älteren Formgeschichte im Sinne einer literarischen Vorlage ohne angemessene Berücksichtigung des Überlieferungsbezugs zum Leben Jesu und zur apostolischen Verkündigung feiert hier Urständ und tritt an die Stelle der wirklichen Tradition, die im betreffenden Fall diejenige von prophetischen Worten Jesu ist, die Vorstellunsgehalte alttestamentlicher Prophetenworte und die in diesen enthaltene Typologie aufnahmen und aktualisierten. Diese Tradition scheint auch in der Logienquelle auf, von deren mündlicher Vorgeschichte man den Evangelisten Markus nicht isolieren kann.

7. Tatsächlich erscheinen prophetische Tempelworte Jesu geradezu als Schlüsseltexte für das messianische Sendungsbewußtsein Jesu, insofern dieses von den herrschenden jüdischen Messiasvorstellungen abwich. Nach letzteren hat sich der davidische Messias aufgrund der Zusage des bleibenden Königtums und der Beständigkeit des Tempels in 2 Sam 7,13 sowohl gegenüber der Besatzungsmacht als König Israels auszuweisen (wie es auch die Kreuzesinschrift bekundet), als auch die größere Tempelherrlichkeit herbeizuführen. Für Jesus sind beide Bereiche die ureigenen Orte unverwechselbar jesuanischer Neuinterpretation der wirklich gottgewollten messianischen Wirklichkeit. In diesem Sinne sind Joh 2,19, wie auch Mk 13,2 und sogar (trotz entstellter Wiedergabe) auch Mk 14,58, historisch transparent für entsprechende Worte Jesu selbst[43]. Dabei enthält der ursprüngliche Wortlaut des in Joh 2,19 wiedergegebenen Rätselwortes Jesu wohl auch ein Äquivalent für das Epitheton "nicht mit Händen gemacht" (Mk 14,58) und damit eine Dimension des Bezugs auf das wahre Gottesvolk der "im Geiste" Anbe-

---

[42] GNILKA, *Markus II*, 194: "In der Vorlage dürfte der Satz so begonnen haben: Wenn der Greuel der Verwüstung im Tempel steht bzw. aufgestellt wird... ". - Die Annahme einer solchen Redaktion ist freilich ebenso unbeweisbar wie die Annahme der "Vorlage" selbst (in Form eines apokalyptischen Flugblatts aus der Zeit des Jüdischen Krieges). Diese Hypothese wird scharf abgelehnt von M. HENGEL (*Markusevangelium II*, 26, mit Anm. 10), der auch zeigt, daß die Ereignisse des Krieges (z.B. die Flucht in die Berge), die in dem Flugblatt angeblich nach Zeit und Ort zutreffend geschildert worden wären und die Markus übernommen hätte, gerade so nicht stattfanden. Zu der Mk 13,14 entsprechenden und *vor* 70 entstandenen apokalyptischen Literatur vom Antichristen vgl. ebd. 29ff.

[43] Siehe oben, Anm. 36-38. Zur uralten Deutung der geistlichen Wirklichkeit "Tempel" auf die Gemeinde vgl. den in Anm. 38 angeführten Beleg.

tenden (vgl. Joh 4,23). Der Aufbau des wahren Israels im Bild des Tempelbaus gehört jedenfalls schon zum Gedankengut der Essener, wie auch der urchristlichen Tradition von 1 Kor 3 und Petr 2,5.

So verbindet sich denn auch in Mk 13 mit dem Gedanken der Vorläufigkeit und Vergänglichkeit des Tempels der Ausblick auf die Schicksale der wahren Jüngerschaft, die - anders als der Tempel aus Steinen - in ihrem Ausgeliefertsein an tödliche Bedrohungen der eigentlichen Bestimmung, nämlich der unverfälschten Nachfolge Jesu, gerecht wird. Der Charakter des Mk-Ev als Missionsevangelium kommt innerhalb der Kapitel 8-16, deren Grundbestand zum "Evangelium der Urgemeinde" gehört, wie bereits ausgeführt, gerade innerhalb der eschatologischen Rede zur Geltung.

Markus brachte seinen Blick auf die Zeit der Kirche in jenen perspektivischen Rahmen ein, dessen Begrenzungen die Prophetie vom Untergang des herodianischen Tempels (13,2) und die erfüllte Verheißung der Wiederkunft des eschatologischen Menschensohns (13,26) bilden. Er konnte so in das Gefüge des alten Passionsevangeliums eine für das missionarische Vollevangelium entscheidend wichtige Dimension integrieren, ohne den Erzählungsablauf zwischen Mk 11-12 und 14-16 zu zerstören, der vielmehr, trotz des äußerlich retardierenden Moments der eschatologischen Rede, mit 13,14ff. und 13,24ff. zusätzliche Spannungsimpulse erhält.

8. Die Grundstruktur der eschatologischen Rede mit den Kerninhalten Mk 13,14ff. und 13,24ff. geht letztlich freilich nicht auf Markus zurück, sondern stellt altes Traditionsgut palästinischer Herkunft dar. Dieses ist zwar nicht Teil des "Evangeliums der Urgemeinde". Aus diesem ist es vielmehr gemäß den von R. Pesch umschriebenen und im wesentlichen zutreffenden Rekonstruktionskriterien auszugliedern (auch ohne, daß dabei die von Pesch vertretene ex-eventu-Enstehung von 13,14 mit ins Spiel gebracht wird). Andererseits ist dieses Traditionsgut Markus aber auch nicht erst im Zusammenhang der Endabfassung des Vollevangeliums zugekommen. Sein traditionsgeschichtlicher Ort, wie auch seine Zugänglichkeit für Markus, werden am besten getroffen sein, wenn man davon ausgeht, daß es (in mündlicher oder schriftlicher Form) bereits eine der späteren markinischen ganz ähnliche Gestalt angenommen hatte, als Markus das "Evangelium der Urgemeinde' bzw. dessen mündlich längst vorgeprägte passahaggadische Traditionsgestalt verschriftete, also kurz nach dem ersten Weggang Petri aus Jerusalem.

Denn die (vormarkinische) Erstgestaltung des Aussagegehalts von Mk 13,14 erklärt sich am besten aus der zeitgeschichtlichen Situation des von *Caligula* geplanten "Greuels". Dies hat G. Zuntz wohl richtig gesehen, der seine Datierung jedoch vorschnell auf das markinische Vollevangelium überträgt, dessen Abfassung er zu einschichtig und monokausal versteht.

Bei der Abfassung des markinischen Vollevangeliums lag es nahe, das Jerusalemer Traditionsstück der eschatologischen Rede, das redaktionell jedoch freier gestaltet werden konnte als das "Evangelium der Urgemeinde", in missionsgeschichtlich aktualisierter Form (vgl. Mk 13,9) mit dem Erzählablauf des Urevangeliums so zu verbinden, wie es sich von den Fixpunkten des Tempelwortes Jesu (Mk 13,2) und des eschatologischen Messiasbekenntnisses (Mk 14,62) her ergab.

c) Das Petrusbild des Mk-Ev: die Rolle des historischen und noch lebenden Petrus

1. Die missions- und zeitgeschichtliche Einordnung, die sich für das Mk-Ev ergibt, bestätigt jene alexandrinische und letztlich römische Überlieferung, nach der das Mk-Ev im Umkreis des Wirkens Petri und zwar zu Lebenzeiten Petri entstanden ist. - Läßt sich nun die besondere Verankerung des Mk-Ev in der Petrustradition Jerusalems und Roms auch am Petrus*bild*[44] verifizieren, das im Mk-Ev gezeichnet wird? Und läßt sich dieses wiederum speziell auch auf die Situation der *römischen* Gemeinde beziehen[45], in der nach der kirchlichen Überlieferung die Abfassung des markinischen Vollevangeliums geschah?

---

[44] Vgl. die Zusammenstellung der für das Bild Petri einschlägigen Daten des Mk-Ev: R. PESCH (siehe oben, V, Anm. 14), 138-140.

[45] Für die Ansetzung des Mk-Ev aufgrund innerer Kriterien in Rom sowie die Verfasserschaft des in Apg 12f.; Kol 4,10 und Phlm 24 genannten Jerusalemers Johannes Markus, der Mitarbeiter des Petrus war, tritt M. HENGEL (*Markusevangelium II*, 44f.) ein und sieht in Markus einen Gräkopalästiner. Laut Hengel (ebd.) weist auch die Wortbildung "Syrophönizierin" (Mk 7,26) eindeutig auf lateinisches Sprachgebiet (während die bei KÜMMEL 69f. angeführten sonstigen lateinischen Lehnwörter auch im römischen Verwaltungswesen des Ostens gebraucht wurden). - Zur *petrinischen Tradition* des Mk-Ev und zur Person des Markus vgl. auch HENGEL, *Markusevangelium I*, 252ff.; 242ff. Die Bestreitung der Verfasserschaft des Johannes Markus, bzw. der Jerusalemer Herkunft des 2. Evangelisten, wegen

Demjenigen, der beim Namen Petri an die sogenannten Primatsstellen (Mt 16,17ff.; Lk 22,31ff.; Joh 21,15ff.) zu denken gewohnt ist, fällt freilich zunächst das Fehlen strikt vergleichbarer Stellen bei Mk auf. Doch kann dies nicht verwundern, wenn das Mk-Ev im Umkreis des Wirkens Petri selbst entstanden ist. Die genannten "Primatsstellen" heben *vermächtnishaft* die Rolle Petri für die Kirche *späterer* Zeiten hervor. Für Gottesdienst, Predigt und Katechese der frühen *petrinischen Gemeinden selbst* ist ein anderer Reflex seiner einstigen Rolle im Jüngerkreis und seiner gemeindebezogenen Funktion angezeigt. Der Vergleich mit den anderen Evangelien ist aufschlußreich. Für das Mt-Ev ist speziell die Verarbeitung jener zur Abfassung des 1. Evangeliums vorgängigen Tradition bezeichnend, die in das Zeugnis von Mt 16,18f. eingebracht wird. Dessen redaktionelle Formung und die Einschmelzung in den Kontext verraten bereits die Zeit *nach dem Tod des Petrus*[46]. Im Joh-Ev zeigt die kompositionelle Einbindung von Joh 21,15ff. den inzwischen eingetretenen Tod des Petrus sogar direkt an[47]. Die in anderer Weise vermächtnishafte Gestaltung von Lk 22,31 im Rahmen des Letzten Mahles ist zwar auf die Rolle des *lebenden* Petrus in der Urkirche und in der Missionskirche bezogen, jedoch ausdrücklich und reflektiert abgehoben von Unzulänglichkeiten der Nachfolge Petri als Jünger des irdischen Jesus, die erst durch Jesu wirksames Gebet und die Bekehrung Petri behoben werden müssen.

2. Angesichts des "Ausfalls" solcher herausgehobenen Verheißungssituationen für die Kephas-Funktion und das Hirtenamt Petri könnte man, eingedenk des Zeugnisses über die Protophanie des Auferstandenen vor Petrus im uralten Zeugnis von 1 Kor 15,5, gerade auch für das älteste Evangelium eine möglichst nahe Parallele erwarten. Doch eine solche Möglichkeit scheitert am abrupten Mk-Schluß, der das Evangelium *vor* jeder Erscheinung des Auferstandenen überhaupt enden läßt. So gewinnt denn umso größere Bedeutung die letzte (in ihrer dra-

---

Unsicherheiten in der Kenntnis der *Geographie Palästinas* ist laut HENGEL (ebd. 243, Anm. 50f. *gegen K. Niederwimmer*) *verfehlt.* Die Argumente zugunsten der Abfassung des Mk-Ev durch einen aus palästinisch-semitischer Umwelt (am ehesten aus Jerusalem) stammenden Verfasser (für den jedoch Griechisch nur die langfristig gewohnte Zweitsprache war) werden, ebenso wie die für Rom als Abfassungsort, bestätigt durch DSCHULNIGG 274-280; 619f.

[46] Siehe unten, VII, c.

[47] Siehe unten, IX, g.

maturgischen Funktion im Rahmen der Passaanamnese bereits gewürdigte) auffällig auf Petrus bezogene Aussage des Mk-Ev (Mk 16,7): "Sagt seinen Jüngern und dem Petrus: Er geht euch voraus nach Galiläa; dort werdet ihr ihn sehen."

Marxsen und andere Vertreter der redaktionsgeschichtlichen Schule haben den zukunftsweisenden Charakter der Stelle empfunden und ihn auf die Redaktionssituation des Mk-Ev bezogen. Das Evangelium sei in der Situation der Flucht der Gemeinde aus Jerusalem im Jahre 66 nach Pella, die in späterer Legendenbildung ebenfalls auf die Weisung eines Engels zurückgeführt wird, konzipiert und verfaßt[48]. Die Flucht habe als eigentliches Ziel die Begegnung mit dem wiederkehrenden Herrn gehabt. - Eine so einseitig redaktionsgeschichtliche Deutung, die das Evangelium allzu subjektiv-aktualistisch entstanden sieht, geht jedoch fehl. Überdies liegt Pella eben *nicht* in Galiläa; und apokalyptische Gedanken der Frühzeit haben sich mit dem Schicksal des *Tempels* und der Stadt *Jerusalem* verknüpft.

Mk 16,8 als Schluß des "Evangeliums der Urgemeinde" erklärte sich aus der einzigartig aktualisierenden Verkündigungssituation der Jerusalemer Passafeier. Als Abschluß des *Vollevangeliums* mit seiner kerygmatisch-missionarischen Charakteristik könnte sich Mk 16,8 dennoch auch in der späteren petrinischen Gemeinde Roms (und auch dann noch, als die anderen Evangelien bereits Erscheinungsberichte integriert hatten) gerade deshalb gehalten haben, weil man den Namen "Petrus", als Stichwort im Hinblick auf eine zu vollziehende österliche Begegnung mit Christus, auf den Hirten eben dieser Gemeinde beziehen konnte[49], dessen Sorge zu Lebzeiten und noch als letztes Vermächtnis darauf ab-

---

[48] MARXSEN, *Evangelist* 47-77.

[49] An die *römische* Gemeinde nach Abfassung des markinischen Vollevangeliums denkt M. HENGEL (*Markusevangelium I*, 254, Anm. 75), wenn er betont, daß "kein Evangelium so gezielt auf den Ostermorgen" hinführt wie Mk und "der sonderbare, abrupte Schluß 16,8 eine liturgische Antwort im Bekenntnis der Gemeinde" voraussetzt. Hengel rechnet für das Mk-Ev (als ganzes) mit einer über den besonderen Anlaß der Osternachtfeier hinausgehenden von Anfang an gegebenen *gottesdienstlichen* Bestimmung, worauf auch die auf Rezitation angelegte Rhythmik schließen lasse (vgl. die ebd., Anm. 78, angegebene philologische Spezialliteratur zum Mk-Ev). Wenig wahrscheinlich ist dagegen die Auffassung von B. STANDAERT (*L'Evangile selon Marc. Composition et genre litteraire,* Nijmegen 1978, 496-618), der die römische Osternachtfeier sogar als Sitz im Leben für das *ganze* Mk-Ev annehmen möchte, was allerdings mit der für die Osternachtfeier stets festzustellenden Anamnesiskonzentration nicht gut vereinbar wäre.

zielte, seine Herde dem eigentlichen Hirten und "epískopos der Seelen" (1 Petr 2,25) entgegenzuführen.

Wie weit allerdings in den Jahren der Abfassung des markinischen Vollevangeliums (und danach) der Abschluß mit Mk 16,8 noch im Sinne jenes schauervollen Innehaltens nachempfunden wurde, jenseits dessen die Gemeinde, wie in der frühesten quartadecimanischen Passafeier eine qualitativ ganz neue Begegnung mit dem Auferstandenen *in seiner Wiederkunft* erwartet, oder aber in eschatologischer Ausrichtung auf eine als Aktualisierung der einstigen österlichen Mahlgemeinschaft empfundene Eucharistiefeier sich einstellt, läßt sich gerade für Rom schwer sagen, wo in der Mitte des 2. Jahrhunderts das Verständnis für die quartadecimanische Passafeier anscheinend schon weitgehend verloren gegangen ist[50].

3. Bezeichnend für die *Aktualität der Rolle Petri* in der Abfassungssituation des Mk-Ev dürfte die Häufigkeit der Nennung Petri in Relation zum geringen Umfang des Evangeliums[51] (verglichen mit Mt und Lk) sein; weiterhin die frühe Erwähnung des Simon (1,16) in Verbindung mit der Benennung des Andreas, nicht nach dem *Vater*, sondern dem *Bruder*; ebenfalls das zugunsten des Petrus und seiner Familie geschehene erste Heilungswunder (1,29ff.) und besonders auch die an Petrus orientierte Benennung des Jüngerkreises (1,36). Petrus erscheint immer wieder als der *Sprecher* der Jünger oder als der in besonderer Weise von Jesus Angesprochene (wobei allerdings auch die Petrus-Schelte nirgendwo so unverblümt wiedergegeben wird, wie in Mk 8,32, und die eindringliche Namensnennung in 14,37 einen vorwurfsvollen Unterton enthält). Auffallend ist insbesondere auch die mehrmalige Nennung Petri im Zusammenhang der Aufforderung Jesu zu *kompromißloser Nachfolge*. Die auf eine Frage Petri hin den Zwölf verheißene Belohnung aufgrund ihrer Nachfolge (Mt 19,27ff.; Mk 10,28ff.; Lk 18,28)

---

[50] Im Jahre 155 interveniert Polykarp bei Papst Aniket im 1. Osterfeststreit. Zur wahrscheinlichen Dauer eines älteren (nach 70 vielleicht vorübergehend nach dem solar berechneten Frühjahrsmonat Nisan gefeierten) quartadecimanischen Passa in Rom vgl. unten, IX, Anm. 75.

[51] PESCH, *Petrus* 138, weist auf 16 Szenen im Mk-Ev hin, in denen Petrus erwähnt wird, während es im sehr viel längeren Mt-Ev nur 15 Szenen sind (wobei in einzelnen von ihnen allerdings die Rolle Petri forciert herausgehoben wird). Vgl. auch die Sichtung der einschlägigen Stellen durch R. FELDMEIER, in: STUHLMACHER, *Evangelien* 267-271; und die Wertung des Befundes durch M. HENGEL (ebd. 254ff.).

schließt nur in Mk 10,30 auch die Angabe "unter Verfolgungen" als eigens hervorgehobenes Moment der Nachfolge mit ein[52]. Liegt es Markus hier am Herzen zu zeigen, daß Petrus (entgegen seiner anfänglichen Abneigung gegenüber dem Leidensweg Jesu: 8,32) reichlich Gelegenheit erhielt und noch erhalten würde, den Weg der Drangsale zu gehen, wie Jesus es als Jüngerschicksal verheißen hatte (Mk 13,9)? Ähnlich ist nur in Mk 11,20ff. (gegenüber den synoptischen Parallelen) eine Mahnung Jesu zu unbedingtem Glauben als eine speziell durch die Anfrage *Petri* hervorgerufene gekennzeichnet, was Hinweis dafür sein könnte, daß Markus in Petrus den Repräsentanten der rechten Nachfolge und Glaubensrealisation sehr aktuell versteht. Es mag sich aber auch eine Erinnerung Petri selbst an diesen Stellen niederschlagen, die dieser auch in Predigten und Katechesen einfließen ließ, ohne damit seine Person als Vorbild hinzustellen und ohne sein oftmaliges Versagen zu beschönigen. In jedem Fall ist gerade im Petrusbild des Mk-Ev die Nähe des *lebenden* Petrus spürbar[53], die einer Herausstreichung des Petrus*amtes* für die Zukunft der Kirche (oder gar einer Legendenbildung) noch nicht offensteht.

Mit diesem Petrusbild harmoniert, was aus der Apg und Gal 2 über eine relativ große Zurückhaltung des Petrus und seiner Führungsrolle für die Jerusalemer Gemeinde und die apostolische Mission bekannt ist, nachdem er während der Verfolgung des Herodes Agrippa "an einen anderen Ort" (Apg 12,17) gegangen und dann nach dem Tod des Herodes Agrippa (im Jahre 44; vgl. Apg 12,23) zurückgekehrt war. Das Petrusbild von Apg 1-12, von dem noch zu reden sein wird, entspricht dem des Vermächtnisses Jesu laut Lk 22,31ff., nach welchem Petrus berufen ist, in einzigartiger Weise seine Brüder zu stärken. Apg 15,1 und 15,5 und die "Jakobusklausel" von 15,19ff. lassen jedoch (trotz der charaktervollen Petrusrede von 15,7-11) erahnen, was in Gal 2,11ff. überpointiert hervortritt, daß sich nämlich Petrus gegenüber den Männern "um Jakobus" zu dieser Zeit kompromißbereit verhielt. Offensichtlich gab es damals Irritationen in der kirchlichen Entwicklung, deren

---

[52] Diese Stelle im 2. Teil des Mk-Ev sieht Pesch nicht als Teil des "Evangeliums der Urgemeinde". Gerade in der Durchbrechung und Ergänzung der so konsistenten "vormarkinischen" Schicht darf man deshalb eine besonders dringliche Einbringung eines Motivs der markinischen Redaktion vermuten.

[53] Entsprechend zitiert PESCH (*Petrus* 139) R.E. BROWN (Der Petrus der Bibel): "Man kann sagen, Markus bietet uns die Grundzüge des Petrusbildes der Evangelien, wie es den meisten Christen vertraut ist. "

Petrus nicht immer Herr war und die dazu beitrugen, daß auch die Rolle Jerusalems selbst als Mutterkirche ins Zwielicht geraten konnte. Tatsächlich läßt die Dynamik der Kirchenausbreitung nun Antiochien und später Rom zum Vor-Ort der Missionskirche werden, wo nacheinander Petrus "seinen Ort" findet, ohne daß man Antiochien und Rom schon als "Zentrum" der Kirche oder als "Sitz der Kirchenleitung" bezeichnen könnte. Auch am neuen Vor-Ort der Kirchenausbreitung, in Rom, war Petrus noch nicht darauf bedacht, seine Kephas-Funktion im Sinne von Kirchenleitung allgemein zur Geltung zu bringen und damit jene Funktion, die er in der Urgemeinde bis zum ersten Fortgang unzweifelhaft wahrgenommen hatte, auf die höhere Ebene der Missionskirche zu transponieren.

Petrus ist hier der schlichte "Mitpresbyter" (1 Petr 5,1) jener Presbyter in den angeschriebenen Gemeinden, die sich, wie er, nur auf den "obersten Hirten" ausrichten sollen, deren Wiederkunft sie erwarten.

4. Die inneren Kriterien des Petrusbildes im Mk-Ev, nämlich eine große Transparenz für die Rolle Petri im Jüngerkreis des irdischen Jesus (einschließlich seines oftmaligen Versagens), aber mehr noch auch die Widerspiegelung dessen, was der durch den Auferstandenen neu berufene Petrus für die Gemeinde des Mk-Ev bedeutet, lassen zugleich einen Verfasser erkennen, zu dem bestens paßt, was in neutestamentlichen Schriften (Apg 12,12.25; 13,5.13; Kol 4,10; Phlm 24; 1 Petr 5,13; 2 Tim 4,11) über Markus gesagt wird, insofern dieser einer der besonderen *Vertrauten Petri* war und an der von Petrus und Paulus vorangetriebenen großen apostolischen Mission teilhatte. Noch eindeutiger sind die Kriterien im markinischen Vollevangelium für das *missionarische Engagement* des Verfassers und seine Verarbeitung des Missionsproblems gläubiger oder ungläubiger Reaktion auf die Verkündigung der Botschaft auch im Hintergrund seiner Darstellung der Predigt Jesu.

Die kerygmatisch-missionarische Struktur des Mk-Ev, ja, die Vermittlung der "Geheimnisse des Reiches Gottes" an eine immer wieder stereotpyen Mißverständnissen ausgesetzte Hörerschaft, die an die Vorurteile der Juden und Hellenen in 1 Kor 1-2 erinnert, wie auch die eschatologische Perspektive von 1 und 2 Thess, vor allem aber das deutliche Durchscheinen einer Missionssituation, wie sie sich erstmals im Jahre 58 so darstellte (Mk 13,9), setzen einen Verfasser voraus, der nicht nur in das apostolische Missionswerk integriert war, sondern außer zu Petrus auch zu Paulus enge Beziehungen unterhielt, insbesondere auch (wie in Kol 4,10 und Phlm 24 bezeugt) Erfahrungszugang zu den Drangsalen und Prozessen hatte, die Paulus seit dem Jahre 58 erlitt.

5. Die Einwände gegen die Möglichkeiten einer Identifizierung des Verfassers des Mk-Ev aus diesen Nachrichten schlagen nicht durch. Als rein ideologisch, weil von Baurs Postulat des petrinisch-paulinischen Grundgegensatzes bestimmt, ist die Behauptung einzustufen, ein Missionshelfer Pauli könne nicht auch katechetischer Helfer Petri gewesen sein. Von Chronologie und Tätigkeitsorten des Petrus, des Paulus und des Markus her ergeben sich vielmehr eindeutige Konvergenzen.

Wenn Cäsarea der Ort der Abfassung von Phlm und Kol war und beide Briefe einen *Gefangenschaftsbesuch des Markus bei Paulus* ebendort voraussetzen, so paßt dies chronologisch und geographisch gut ins Wirken des Markus, auch wenn dieser bereits ständig Petrus zur Seite stand. Ein solcher Besuch konnte sowohl von Antiochien aus, als auch von Rom aus, im Jahre 58 erfolgen. Als eine Selbstverständlichkeit hat ein Kontakt mit dem in Rom gefangenen Paulus Anfang der 60er Jahre zu gelten, wenn Markus in diesen Jahren mit Petrus zusammen in Rom war. Die Identität des Johannes Markus in der Apg mit dem Markus von Kol und Phlm kann nicht bezweifelt werden. Sie ist jedenfalls nicht vom Urteil in Gal 2,13 über Barnabas, oder der Zurückhaltung Pauli gegenüber Barnabas und Markus laut Apg 15,39, her anzufechten. Gänzlich ungeeignet, einen dauerhaften Bruch zwischen Paulus einerseits und Barnabas und Markus andererseits zu bewirken, bietet die Verstimmung Pauli laut Gal 2,13 jedoch einen biographischen Hinweis dafür, daß Barnabas und Markus nun allerdings vorwiegend an der Seite Petri zu suchen sein werden. Für beide weist der Weg nach Antiochien, wohin sich Petrus bald nach dem antiochenischen Zwischenfall und dem Kompromiß des "Apostelkonzils" begab[54], um bis über die Mitte der 50er Jahre hinaus - unbeschadet möglicher Missionsreisen in dieser Zeit - dort zu bleiben, dann aber (vielleicht erst längere Zeit nach Regierungsantritt des Nero und jedenfalls erst nach der Ab-

---

[54] Andererseits hielt sich *Paulus* in Antiochien wahrscheinlich nur noch auf, um den Beschluß des "Apostelkonzils", der mit seiner "Jakobusklausel" eine Entscheidung zugunsten *Petri* im antiochenischen Konflikt darstellte, zur Kenntnis zu nehmen (welcher Ausgang Gal 2 nicht mehr erwähnt wird) und sogleich zur zweiten Missionsreise aufzubrechen (vgl. PESCH, *Petrus* 105).

fassung des Römerbriefes[55]) nach Rom zu gehen. Hier ist der Verfasser des Mk-Ev gemäß den sprachlichen Spuren, die auf den Westen und am ehesten auf Rom als Zentrum des zivilen Verwaltungswesen und Vor-Ort der Mission weisen, wie auch gemäß der uralten Zuweisungstradition für das Mk-Ev, ebenfalls anwesend.

Und selbst wenn die ältere Funktion und Eigenentstehung des "Evangeliums der Urgemeinde" und die des Vollevangeliums uns nicht von *zwei* Phasen und zwei Entstehungsorten der markinischen Evangelientradition her die Person des Johannes Markus geradezu *anpeilen* ließen, würden die Indizien *der missionarisch-kerygmatischen Vollgestalt* des Evangeliums und des *Petrusbildes*, in Verbindung mit den sprachlichen Indizien für die palästinische Herkunft und die römische Abfassung des Mk-Ev, auch für sich genommen, auf einen Verfasser mit genau jenen Kennzeichen weisen, wie er in der Person des Johannes Markus gegeben ist.

Hinsichtlich der *überlieferungsgeschichtlichen* Rolle des ältesten der 4 Evangelien urteilt *M. Hengel* von dessen Konzeption und Sprachgestalt her: "Hinter diesem Werk steht weder ein bloßer Sammler volkstümlicher amorpher 'Gemeindetradition', die irgendwo in den heidenchristlichen Kirchen 'umlief'... noch ein anonymer, poetisch inspirierter, heidenchristlicher Literat, sondern ein theologischer Lehrer, der selbst ein Meister des Wortes und eine urchristliche Autorität gewesen sein muß. Einem Herrn 'Niemand' hätte man die revolutionäre Neuerung einer Evangelienschrift wohl kaum abgenommen."[56] - Dafür, daß das Mk-Ev eine bahnbrechende Rolle spielen konnte, indem es die Evangelienform schuf und die synoptischen Evangelien insgesamt nach-

---

[55] Laut CULLMANN (*Petrus* 41) und PESCH (*Petrus* 109) gilt: "Zur Zeit der Abfassung des paulinischen Römerbriefs ist Petrus nicht in Rom gewesen" (d.h. noch nicht bzw. noch nicht wieder in Rom), weshalb in Röm kein Gruß an Petrus enthalten sein konnte.
Laut LAKTANZ (*De Mortibus persecutorum* 2,300) hatte "Nero schon die Macht ergriffen, als Petrus nach Rom kam". Die Tradition des *Liber Pontificalis* will von 7 Jahren des Wirkens Petri in Antiochien wissen, bevor Petrus endgültig seinen Sitz in Rom genommen hätte. Nero wurde am 13.10.54 Kaiser; an die erste Möglichkeit einer Seereise nach Rom ist frühesten 55 zu denken, an die tatsächliche Übersiedelung des Petrus vielleicht erst 2 Jahre später.
Zu einer ersten Phase petrinischer Glaubensverkündigung Petri in Rom (nach 42) würde die Tatsache passen, daß Paulus in Rom bereits eine ruhmvolle Phase dortiger Glaubensverkündigung und Konsolidierung des Glaubens voraussetzt.

[56] HENGEL, *Markusevangelium I*, 256f.

haltig bestimmte, sieht Hengel als nächstliegende Erklärung, daß der Verfasser - über die persönliche Leistung, die er vollbrachte, hinaus - "Schüler der größten apostolischen Autorität der frühesten Kirche" war.

Bedeutet schon diese Rolle des Mk-Ev ein gewichtiges Argument zugunsten der altkirchlichen Zuweisungstradition, so bestätigt sich diese vollends vom *Jerusalemer* Pol der Entstehung des Mk-Ev her. Die in diesem Evangelium bewahrte, weit frühere, kaum überarbeitete und doch sprachlich mit dem Gesamtevangelium einheitliche Passionsgeschichte erweist diese selbst als auch das Vollevangelium als authentisches Werk des Jerusalemer Gemeindemitglieds und späteren katechetischen Helfers Petri, Johannes Markus.

6. Die altkirchliche Tradition über die Entstehung des Mk-Ev *zu Lebzeiten Petri*, sowie die von uns aufgezeigte entstehungsgeschichtliche und inhaltliche Verflechtung des Mk-Ev mit dem Leben der Urgemeinde und den Erfahrungen der großen apostolischen Mission haben jüngst auch eine paläographische und archäologische Stützung erhalten, die nicht mehr ignoriert werden kann. Die Entzifferung des Fragments Nr. 5 aus der 7. Höhle von Qumran (7Q5) als Mk 6,52f., die nach der ersten Veröffentlichung durch J. O'Callaghan[57] vorwiegend auf Ablehnung gestoßen war, konnte nach dem unsachgemäßen Verifikationsverfahren von K. Aland[58] und dessen stichhaltiger Anfechtung durch F. Rohrhirsch[59] zunehmend abgesichert werden. Nachdem schon ein (aus methodischen Gründen) restriktiv veranschlagter Grundbestand der *zweifelsfrei identifizierten* Buchstaben des Fragments zwar im Computertest zahlreiche Parallelen aus antiker Literatur, aber keine plausible Alternative zum Vorkommen von Mk 6,52f. in Qumran ergeben hatte[60], konnten die Argumente von C.P. Thiede[61] zugunsten der Identifizierung mit Mk 6,52f. an Boden gewinnen.

Im April 1992 schließlich erbrachte die von C.P. Thiede veranlaßte *kriminaltechnische* Untersuchung des Fragements durch die israelische Polizei *Sicherheit für den (wegen Farbabschürfung) nur noch fragmen-*

---

[57] Biblica 53, 1972, 91-100.

[58] Vgl. K. ALAND, *Neue Neutestamentliche Papyri III*: NewTestStud 20 (1974) 357-381.

[59] F. ROHRHIRSCH, *Das Qumranfragment 7Q5*: NovTest 30 (1988) 97-99.

[60] Vgl. F. ROHRHIRSCH, *Markus in Qumran?*, Wuppertal - Zürich 1990.

[61] C.P. THIEDE, *Die älteste Evangelienhandschrift?*, Wuppertal - Zürich ²1990.

tarisch erhaltenen und am meisten umstrittenen, jedoch von J. O'Callaghan und H. Hunger[62] von Anfang richtig gelesenen Buchstaben "n" der zweiten Zeile des Fragments, dem für die Verifizierung oder Falsifizierung der These von O. Callaghan eine besondere Bedeutung zukam[63].

Im Rahmen des von dem Eichstätter Ordinarius für Neutestamentliche Exegese, B. Mayer, im Oktober 1991 in Eichstätt veranstalteten Symposions klärte sich auch, daß die (vor der Entzifferung durch O'Callaghan) von C.H. Roberts vorgeschlagene papyrologisch-paläographische Ansetzung der Beschriftung des Fragments auf "bis zum Jahre 50" nach den Regeln der Paläographie für einen *terminus ad quem* in den 60er Jahren offen sei, der letztendlich nur durch die Versiegelung der Höhlen im Jahre 68 fixiert werden könne[64].

Unsere Datierung des Mk-Ev "um 60" harmoniert also mit einem paläographischen Befund, der den Gebrauch der für 7Q5 verwendeten Zierschrift nach 50, und erst recht nach 60, für zunehmend weniger wahrscheinlich erklärt, und hält sich innerhalb des *absoluten terminus ad quem*, der für das Fragment - und wegen der allgemein angenommenen Zugehörigkeit der Verse 6,52f. zur "markinischen Redaktion" - auch für das *Vollevangelium* durch das Jahr 68 gesetzt ist.

---

62 Vgl. H. HUNGER, *7Q5: Markus 6,52-53 - oder? Die Meinung des Papyrologen*, in: B. MAYER (Hrsg.), *Christen und Christliches in Qumran?*, Regensburg 1992, 33-39.

63 Vgl. C.P. THIEDE, *Bericht über die kriminaltechnische Untersuchung des Fragements 7Q5 in Jerusalem*, in: B. MAYER (wie Anm. 62), 239-245.

64 Vgl. den in Anm. 62 genannten Beitrag von H. HUNGER.

VII. Das Matthäusevangelium: Kirche und apostolische Autorität nach dem Martyrium Petri

1. Im Unterschied zum *Mk-Ev*, für das die Zuweisungstradition und indirekt auch die inneren Kriterien auf einen engen Mitarbeiter Petri, ja, auf die von Jerusalem *und* Rom dem Wirken Petri besonders verbundene Gestalt des Johannes Markus verwiesen, bleibt beim *Mt-Ev* schon die altkirchliche Zuweisungstradition ziemlich rätselhaft. Das Zeugnis des Papias vom hebräischen "diálektos" der "lógia" des Matthäus läßt sich *eindeutig* weder auf eine Grundschrift in hebräischer Sprache[1], noch auf eine frühe evangeliumsähnliche Schrift von hebräischer Denkart im Sinne der Schriftgelehrsamkeit und der halachischen Schichten des späteren Mt-Ev[2], die als ganze vom Apostel Matthäus stammen könnten[3], beziehen. Vielleicht läßt am ehesten der Hinweis des Klemens von Alexandrien auf die *Genealogie* im "ältesten" Evangelium[4] eine Spur erkennen. Denn es legt sich der Gedanke nahe, daß Papias bei seiner Rede vom hebräischen "diálektos" an diesen für das Mt-Ev charakteristischen Nachweis der Abstammung Jesu aus dem Hause David (Mt 1,1-17) als "hebräische Redeweise" gedacht haben könnte.

Das Interesse an einem solchen Nachweis ist in Jerusalem und in der frühesten Mission unter Juden gewiß anzunehmen[5]. Immerhin weist

---

[1] Ein semitisches Original ist weder für das Mt-Ev als ganzes, noch für eine größere zusammenhängende Schicht, vom definitiven Text her wahrscheinlich zu machen, noch gibt es außer der in ihrem Sinn unklaren Nachricht des *Papias* (und seiner Tradenten) eindeutige Indizien dafür.

[2] Vgl. zur Möglichkeit einer solchen Deutung der Papias-Notiz: oben, I, b 5.

[3] Der *Apostel Matthäus* kommt als Verfasser des Mt-Ev (in seiner erhaltenen Textform) u.a. wegen der Abhängigkeit vom Mk-Ev und der Art, wie die Apostelliste als formelhaftes Traditionselement (Mt 10,2.ff.) stilistisch hart dem Kontext von Mt 10 eingefügt ist, schwerlich in Frage.

[4] Siehe oben, I, Anm. 68. Klemens rechnet allerdings auch das *Lk-Ev* wegen des Stammbaums Jesu in Lk 3,23-38 zu den *beiden* ältesten Evangelien.

[5] Legalistische Nachweise für die davidische Abkunft Jesu, als des Christus, waren z.B. auch für die essenischen Kreise und ihre Priesterschaft, die "Söhne Zadoks", wichtig, die wegen mangelnder Legitimität der nachmakkabäischen Hochpriester

auch Röm 1,3 aufgrund Jerusalemer Tradition[6] die bekenntnisartige Formulierung auf: "hervorgegangen aus Davids Geschlecht dem Fleische nach, eingesetzt als Sohn Gottes in Macht dem Geist der Heiligkeit nach..." - Und die mit Mt 1,1 einsetzende Erfüllungstheologie, die sich in der für das Mt-Ev charakteristischen Reihe alttestamentlicher "Erfüllungszitate"[7] fortsetzt, ist *dem Ansatz nach* (wenngleich nicht der partikulären Anwendung nach) im Zusammenhang jener Rolle zu sehen, die schon im ältesten Kerygma Petri den Themen vom Gottesknecht und vom "leidenden Gerechten" zukommt.

Verwertbare Hinweise auf die Vorgeschichte des Mt-Ev sind möglicherweise auch im Gebrauch der Bezeichnung "lógia"[8] des Papias gegeben. Zwar wird die Vergleichbarkeit mit dem Mk-Ev vorausgesetzt. Doch wie die "lógia" des Papias selbst vor allem auf Worte und Reden Jesu abzielten, so könnte sich hinter der Wortwahl die Kunde von einer *primär* auf *Worte* und *Reden* Jesu ausgerichteten Schrift unter dem Namen des Apostels Matthäus verbergen. In Richtung einer solchen Annahme könnte auch die zeitliche Verbindung weisen, die in der *alexandrinischen Tradition nach Klemens* zwischen dem Mt-Ev und einer Zeit hergestellt wird, die konkret vor allem mit der antiochenischen Mission der Jerusalemer "Hellenisten" konvergiert[9]. Auch unabhängig vom Traditionswert dieser Nachricht wird man die Veranlassung für die älteste schriftliche Fixierung von Teilen der Evangelientradition dort zu suchen haben, wo erstmals, *ohne direkte Gemeinschaft mit Aposteln am Ort und ohne deren direkte Zeugenschaft,* in größerem Maßstab die christliche Botschaft verkündet und Gemeinde aufgebaut werden sollte

---

dem praktizierten Tempelkult kritisch gegenüberstanden. Diese erwarteten allerdings an der Seite des Messias aus dem Hause *David* einen priesterlichen Messias aus *Aaron* (was für *Jesus* in Verbindung mit *Johannes* zutraf). Vgl. auch unten, IX, d 1, mit Anm. 94.

[6] Zu Röm 1,3f. (und 1 Petr 3,18d) als *palästinische Formel* vgl. GOPPELT 244; zu ihrem *Bekenntnischarakter*: LEHMANN 33 u.ö.

[7] Ausdrücklich als erfüllt sind zitierte Stellen des Alten Testaments ausgewiesen in: Mt 1,23; 2,15.18.23; 4,15f.; 8,17; 12,18-21; 13,35; 21,5; 27,9f. - Von diesen ist besonders Mt 2, 15.18.23 als Ausdruck *allegorischer* Schriftinterpretation zu sehen.

[8] Der Begriff selbst weist zunächst nicht auf eine inhaltliche Beschränkung auf *Logien* (im Sinne von *Worten* und *Reden*), könnte aber im gegebenen Fall von Papias trotzdem im Sinne einer solchen *Schwerpunktakzentuierung* gewählt sein.

[9] Dies steht offenbar im Hintergrund der Datierung "acht Jahre nach der Himmelfahrt des Herrn", welche Angabe nach eusebianischer Rechnung in das Jahr 41 führt. Vgl. oben, I, Anm. 78.

und also die *mündliche Bürgschaft der Apostel* gewisssermaßen durch deren schriftlich übermitteltes Wort zu ersetzen war[10]. Dies dürfte bereits in der Situation von Apg 11,19f. der Fall gewesen sein.

Es ist kaum zu bezweifeln, daß den Jerusalemer "Hellenisten"[11], um deren Missionswerk es hier geht, für Predigt und Katechese an schriftlichen Unterlagen von seiten der Altapostel gelegen war. Und im Kreise der Zwölf galt der ehemalige *Zöllner Matthäus* (Mt 9,9; 10,3) gewiß als ein Mann, von dem man eine gewisse Gewandtheit in schriftlichen Angelegenheiten erwarten konnte. So dürfte in der Zuweisungstradition für das Mt-Ev doch ein irgendwie gearteter Beitrag des Apostels Matthäus im Sinne einer Zusammenstellung von Worten und Reden Jesu und einigen anderen katechetisch wichtigen Materialien als historischer Kern enthalten sein, auf den die alexandrinische Tradition der Evangeliumssubskriptionen abzielt, wenn sie die Entstehung des Mt-Ev indirekt der Mission der Jerusalemer "Hellenisten" zuschreibt, indem sie für das Mt-Ev das "Jahr 8 nach der Himmelfahrt des Herrn" angibt.

2. Die heutige Einleitungswissenschaft und Exegese, die der Verankerung einer breitangelegten Evangelientradition im frühesten Christentum meist abhold ist und personalen und geographischen Identifizierungen, wie sie an sich zu den Aufgaben des Historikers gehören, möglichst ausweicht, sieht von den inneren Kriterien des Mt-Ev her immerhin die Verankerung in einer *gemischten Großgemeinde* von Judenchristen und

---

[10] Der Vorbehalt der halachischen Tradition an die *mündliche* Überlieferung konnte auf das Zeugnis der Apostel für die Botschaft Jesu schon deshalb *nicht* angewandt werden, da mit dem Tode (und der Auferweckung) Jesu ein heilsgeschichtlicher Angelpunkt gegeben war, durch den *Augenzeugen* der ersten Generation *einzigartige* und unersetzbare Zeugenautorität erlangten. Diese konnte mit späterer Zeugenschaft nicht verschmolzen oder zum nur numerisch ersten Glied in der Tradentenkette nivelliert werden. Sie war vielmehr zum bleibenden "Fundament" aller späteren Bezeugung gesetzt. - Eine Zusammenstellung der "Logia" bot sich vor allem für *katechetische* Zwecke an, während die wichtigsten Teile des *liturgisch-anamnetischen* Vollzugs der Evangelientradition (Passionsgeschichte mit Auferstehungsbezeugung), wie auch der Bekenntnistradition und der Herrenmahltradition, leichter von den Zuständigen (sofern diese für die Evangelientradition nicht zugleich Augenzeugen waren) gedächtnishaft eingeprägt und wiedergegeben werden konnten.

[11] Auch M. Hengel sieht in der Ursprünglichkeit der Logienquelle und ihrer Zielsetzung einen Hinweis darauf, daß sie auf die Jerusalemer "Hellenisten" zurückgehen könnte und daß Paulus sie "wahrscheinlich schon voraussetzte": HENGEL, *Markusevangelium I*, 235.

Heidenchristen gegeben, als welche besonders *Antiochien* in Frage kommt[12]. In dieser Gemeinde sei Matthäus zumindest kein unbekannter Apostel gewesen, vielleicht sogar der um die Gemeinde besonders verdiente Gründer oder Missionar[13]. Dies sieht der jüngste repräsentative katholische Kommentar von *J. Gnilka* sogar darin angezeigt, daß, im Zuge der Gestaltung des Mt-Ev auf der textlichen Basis des Mk-Ev, der Zöllner "Levi" (von Mk 2,14) in "Matthäus" (Mt 9,9) ausgewechselt worden sei, ohne daß man gewußt hätte, wer Levi war, da die Gemeinde des Mt-Ev für ihren verehrten ehemaligen Missionar auf diese Weise eine eigene Berufungsgeschichte erhalten wollte[14].

Das klingt sehr nach anonymer Produktion von Evangelienstoff gemäß "Gemeindebedürfnissen". - Wer immer der Verfasser des Mt-Ev war, er formte sein Evangelium in hoher Verantwortung als Lehrer der im Brennpunkt der Kommunikation apostolischer Kirchen stehenden antiochenischen Großgemeinde, mit ausgeprägtem, fast legalistischem Traditionsbewußtsein und in besonderer Ergebenheit gegenüber der petrinischen Tradition, in der seine eigene Kirche stand und deren fundamentalen Ausdruck er im Mk-Ev fand, an dessen Darstellung er sich besonders eng anschloß. Darüber hinaus schöpfte er Redegut aus einer Quelle, zu der auch der in besonderer Beziehung zu Antiochien stehende[15] Lukas einen offenbar direkten Zugang hatte. Die Annahme liegt nahe, daß dieses Mt *und* Lk verbindende Gut in enger Beziehung zur Gründung und zum katechetischen Leben der antiochenischen Gemeinde stand.

Wenn man in der in Antiochien entstandenen Zuweisungstradition für das Mt-Ev tatsächlich eine Verehrung für den Apostel Matthäus bekundet sehen will, sollte dies konsequenterweise zugleich damit in Zusammenhang gebracht werden, daß der Apostel Matthäus, wenn er nicht als Missionar hinter der Gründung der antiochenischen Gemeinde steht, er doch hinter jener spezifisch "antiochenischen" Prägung der

---

[12] KÜMMEL 90. Außer *Antiochien* wird auch allgemein *"Syrien"* angegeben. GNILKA, *Matthäus II* (siehe folgende Anm.), 514f. zieht außer Antiochien auch *Damaskus* in Betracht.

[13] So J. GNILKA, *Das Matthäusevangelium,* 2 Bde., Freiburg 1986 und 1988 (*künftig zitiert: Gnilka, Matthäus I bzw. II),* I, zu Mt 9,9; II, 517.

[14] Ebd.

[15] Zur patristischen Tradition von der antiochenischen Herkunft des Lukas siehe unten, VIII, Anm. 8-9.

Evangelientradition, die bei Mt und Lk aufscheint, anzunehmen sein wird.

Ein solcher antiochenischer Strom innerhalb der Evangelientradition, der dann ins Mt-Ev *und* ins Lk-Ev einmündet, ist aber nicht nur in der sogenannten "Logienquelle" Q einigermaßen greifbar (die sich als eigenständige literarische Größe, vorgängig zu Mt und Lk, allerdings nicht umgrenzen läßt), sondern auch in jener *besonderen Redaktionsform markinischen Textgutes*, die anscheinend von den Verfassern des Mk-Ev und des Lk-Ev *gemeinsam benutzt wurde* und deren Gemeinsamkeit weder aus matthäischer oder lukanischer Redaktionstätigkeit, noch aus einer zufälligerweise nicht erhaltenen markinischen Frühform, sondern nur aus einer missionarisch adaptierten und in Antiochien für beide Evangelisten zugänglich gewesenen *Mk-Überarbeitung* (vielleicht von der Hand des Mk selbst?) erklärt werden kann[16].

a) Das Schicksal der "Bösen Winzer" und der verstockten Erstgeladenen beim "Königlichen Gastmahl": beschrieben als unausweichliches Strafgericht

1. Die in der herrschenden Einleitungswissenschaft zementierte Spätdatierung des *Mk-Ev* "um 70" hat für das *Mt-Ev* die pauschalisierte überlieferungsgeschichtliche Einordnung "um 80"[17] oder gar "zwischen

[16] Dieser Schluß ist aus den vielfältigen einschlägigen (hinsichtlich des textvergleichenden Verfahrens durchaus stringenten) Forschungen von *A. Fuchs* zu ziehen. Die aus vielen Einzeluntersuchungen gewonnene Sicht des Traditionsweges von Mk zu Lk und Mt verdeutlicht A. FUCHS zusammenfassend in den beiden Beiträgen: Offene Probleme der Synoptikerforschung (SNTU 15, 1990, 73-100); und: Die "Seesturmperikope" Mk 4,35-41 im Wandel der urkirchlichen Verkündigung (ebd. 101-134; mit Auflistung der einschlägigen Detailuntersuchungen des Autors: ebd. 130ff.). - Eine nähere historische Zuordnung und missionsgeschichtlich-geographische Einordnung der von Fuchs (unter dem Namen "Deutero-Markus") postulierten (bzw. streckenweise rekonstruierten) Mk-Bearbeitung wäre ein dringendes Desiderat.

[17] So GNILKA, *Matthäus II*, 520. Die pauschalisierende Begründung für diese Datierung wird dort im Rahmen der "Einleitungsfragen" auf engstem Raum geboten und gibt die im Kommentar bei den einschlägigen Textstellen differenziert berücksichtigte Datierungsproblematik unzureichend wieder.

80 und 100"[18] zur Folge gehabt. Die dabei von der Formgeschichte vorausgesetzte Anonymität und Diskontinuität der Überlieferung unter "Geringschätzung des Einflusses der Apostel" (wie die Bibel-Instruktion sagt) führte zu der Annahme, daß die Benutzung des Mk-Ev sich am besten erkläre, wenn das Mk-Ev etwa 10 Jahre Zeit gehabt hätte, *auf unbekannten Wegen* zum *unbekannten Verfasser* des Mt-Ev zu gelangen. Diese Annahme degradiert die Kommunikation zwischen den großen apostolischen Ortskirchen zu einem Spiel des Zufalls und widerspricht den Gesetzlichkeiten der apostolischen Mission, die es in Wirklichkeit verstand, Kommunikations- und Reisemöglichkeiten äußerst wirksam zu nutzen. Ein vermächtnishaft empfundener Niederschlag petrinischen Wirkens wie das Mk-Ev brauchte keine 10 Jahre, um in Antiochien bemerkt zu werden und auf die Redaktion der dort ebenfalls bereits ansatzhaft schriftgewordenen apostolischen Überlieferung einzuwirken.

Allerdings verdeckt die Datierung "um 80" mildtätig *die radikalen Dissense der Exegese* in der Deutung der zeitgeschichtlich aufschlußreichen Traditionsstoffe im Mt-Ev und ihres Redaktionsmotivs. Denn einerseits wirkt vieles im Mt-Ev *archaisch judenchristlich* und könnte für sich genommen eine sehr frühe Datierung nahelegen[19], soweit die literarische Abhängigkeit vom Mk-Ev dies erlaubt. Andererseits neigt die redaktionsgeschichtliche Betrachtungsweise dazu, die ambivalente Haltung des Mt-Ev zum jüdischen Gesetzesverständnis und insbesondere die Kultauseinandersetzungen Jesu mit den Pharisäern als einen Reflex entsprechender Erfahrungen der palästinischen Gemeinde mit dem nach 70 erstarkten Pharisäertum[20] zu sehen (Gnilka), oder gar Stellen einer gewissen Distanziertheit gegenüber der Synagoge in Worten Jesu so zu deuten[21], daß sich "die Kirche des Mt dem Judentum *ge-*

---

[18] So KÜMMEL 90.

[19] Die betreffenden Textstücke werden jedoch im Sinne einer "Rejudaisierung" (GNILKA, *Matthäus II*, 513), oder aber eines Mitschleppens unverarbeiteter Traditionselemente (vgl. die bei KÜMMEL 86, Anm. 42, angeführten Autoren) gedeutet, womit einer an das Mk-Ev angenäherten Datierung die Grundlage entzogen ist.

[20] So GNILKA, *Matthäus II*, 533, der die Zeit des definitiven Bruchs mit der Synagoge nahe sieht. - Zur Kompetenzsteigerung des Pharisäertums nach 70 siehe unten, Anm. 46; zur palästinischen Gemeinde nach 70: unten 38.

[21] KÜMMEL (85) versteht im Sinne der Trennung von der Synagoge die Redeweise von "*ihren* Schriftgelehrten", "*ihren* Synagogen", "*euren* Synagogen" (Mt 7,29; 9,35; 23,34), jedoch ohne das Jahr 90 (als das von ihm im Zusammenhang des Joh-Ev für den definitiven Synagogenausschluß in Anspruch genommene) zu erwähnen.

*genüber*stehend weiß und sich nicht mehr im Verband der Synagoge befindet" (Kümmel). Gnilka wie Kümmel vermeiden es bezeichnenderweise jedoch, im Zusammenhang mit Mt jenes in der Joh-Exegese so viel strapazierte Kriterium einzusetzen, das mit dem angeblichen Synagogenausschluß aller Christen um das Jahr 90 die "Wasserscheide" der Beziehungen zwischen Christentum und Synagoge bezeichnen soll[22].

Dieses von der Exegese nach Ausweis der Judaistik falsch und überzogen gedeutete Ereignis wäre für eine palästinische oder syrische Gemeinde (wie man sie für das Mt-Ev gegeben sieht) immerhin weit eher einschlägig, als für die sehr bald heidenchristlich dominierte Gemeinde von Ephesus. Bei *Kümmel*, der das Mt-Ev zwischen "80 und 100" entstanden sein läßt, hätte also das für die Datierung des Joh-Ev als entscheidend gedeutete Jahr 90 als zeitgeschichtlicher Orientierungspunkt wohl kaum verschwiegen werden müssen. Doch werden offenbar die bei *einem* Evangelium gewonnenen vermeintlichen zeitgeschichtlichen Erkenntnisse im Zusammenhang eines *anderen* als nicht existent betrachtet, wenn sie nicht von der positivistisch gedeuteten Textgestalt her in den Blick geraten.

Bei *J. Gnilka* darf man die Datierung "um 80" nicht zuletzt von daher motiviert sehen, daß die von den Joh-Kommentaren für christliche Gemeinden mit judenchristlicher Vorprägung behaupteten Auswirkungen der Jahre um 90 tatsächlich noch nicht eingetreten waren. Dennoch ist die Voraussetzung einer *noch nicht* geschehenen Trennung der "Gemeinde des Mt" von der Synagoge auch für die Zeit "um 80" fragwürdig, da mit den Gemeindegründungen im Sinne des gesetzesfreien Christentums Pauli bereits ein Trennungsprozeß eingeleitet ist, der auch in der Gemeinde von Antiochien trotz der retardierenden Auswirkungen der Jakobusklausel längst zum Abschluß gekommen sein mußte.

Aber auch unabhängig von dieser Frage bietet der Text des Mt-Ev keine hinreichende Grundlage für eine Datierung "um 80"; und erst recht ist die Annahme einer "Zwischenzeit von 10 Jahren" zwischen dem vermeintlich "um 70" entstandenen Mk-Ev und dem Mt-Ev angesichts der frühchristlichen Kommunikationsdichte zwischen den apostolischen Kirchen nicht gerechtfertigt.

---

[22] Vgl. unten, Anm. 38, 2. Absatz, sowie IX, g 8-9.

2. Als sicherstes Indiz für das Jahr 70 als *terminus post quem* des Mt-Ev gilt die für dieses Evangelium charakteristische Form des Gleichnisses vom Königlichen Hochzeitsmahl (22,1-14). Denn in eigentümlicher Weise durchbricht hier Vers 7 die Ebene des Gleichnisses: "Der König aber wurde zornig und schickte seine Heere aus, ließ jene Mörder umbringen und ihre Stadt verbrennen." - W.G. Kümmel bringt das einleitungswissenschaftliche Standardargument auf die Form: "Auch wenn hier ein Topos verwendet ist, der antike Strafexpeditionen kennzeichnet, konnte der Verf. des Mt ihn als Erweiterung in das Gleichnis (er fehlt Lk 14,16ff.) schwerlich einfügen, ohne an die als Strafe Gottes für den Unglauben gedeutete Zerstörung Jerusalems zu denken."[23]

Richtig ist freilich, daß der Verfasser an den Untergang Jerusalems denkt; spürbar wird ebenfalls, daß der Topos sich ihm in stark emotionalisierender Weise aufgedrängt hat. In Frage steht jedoch gerade, ob eine so emotionale und ausfällige Form der Abwandlung des Gleichnisses sich befriedigend im Rahmen einer *Rückschau* aus den Jahren zwischen 80 und 100 erklären läßt.

Nicht die *Rückschau* auf ein *kriegsgeschichtliches* Ereignis ist es, die den Evangelisten so bewegt, sondern das Ausmaß der unbegreiflichen *Verstocktheit* der herrschenden Kreise des jüdischen Volkes, die einer Katastrophe nicht entgehen kann. Die Erregung über eine solche Verstocktheit ist weit eher verständlich in einer Situation, da der Evangelist die Kirche und sich selbst dem tödlichen Haß der unwürdigen Erstgeladenen ausgesetzt sieht, als in der Situation eines größeren zeitlichen Abstandes nach 70, da das schon erfolgte Strafgericht und sein Ausmaß entweder Mitleid oder Genugtuung erregen, kaum aber eine so ausfällig werdende neue Empörung gegen die Bestraften hervorrufen konnte.

Die vorauszusetzende Situation ist also die des gegenüber der christlichen Gemeinde sich steigernden Hasses der für das Gesetz eifernden *Pharisäer*, in der zugleich aber auch die *Sadduzäer* noch ihre politische Macht ausspielen können[24] und die *Zeloten* immer stärker agitatorisch

---

[23] KÜMMEL 90. Mit der Konzession *toposmäßigen* Vorstellungsgehalts in Mt 22,7 (der als solcher kein empirisches Wissen um die Ereignisse des Jahres 70 fordert) bezieht sich Kümmel (ebenso wie an anderer Stelle Gnilka: siehe unten, Anm. 26) auf die bereits oben, IV, Anm. 25, genannten Beiträge von *Rengstorf* und *Pedersen*.

[24] Diese spielten nach 70 keine Rolle mehr. Vgl. zu dem für das Mt-Ev charakterisierten *mehrfachen* Vorkommen der Sadduzäer als Kriterium für die überliefe-

und terroristisch gegen Männer der Kirche vorgehen, wie dies im Jahre 58 schon gegenüber Paulus geschah. Es ist die Situation der sich ankündigenden Machtergreifung der Zeloten, vor deren Folgen sich die Jerusalemer Gemeinde durch Flucht nach Pella zu retten versuchte: die Stunde der zelotischen Provokation auch des Willens Gottes, der genötigt werden sollte, seinem Volk einen kriegführenden Messias zu Hilfe zu senden.

3. Das Standardargument, daß schon Mt 22,7 eine Datierung des Mt-Ev *nach 70*, bzw. geraume Zeit nach 70, völlig sicherstelle, wird denn auch im neuesten repräsentativen Kommentar zum Mt-Ev von J. Gnilka nicht mehr so zuversichtlich vorgetragen[25]. Zurückhaltend formuliert Gnilka zur betreffenden Stelle: "Es ist die Frage, ob V 7 nur einen Gerichtstopos bietet oder ob sich hier bereits die Erfahrung der Zerstörung Jerusalems im Jahre 70 durch Titus ausspricht. Die Beantwortung bietet auch eine Stütze für die Bestimmung der Abfassungszeit des Evangeliums."[26] - Im folgenden Satz wird nur der spezielle Einwand zurückgewiesen, der besagt, ein Bezug auf das Jahr 70 könne deshalb nicht vorliegen, weil sonst die Fortsetzung des Gleichnisses mit der auf die Heidenmission bezogenen Einladung neuer (zunächst für unwürdig gehaltener) Gäste eine erst nach 70 beginnende Heidenmission voraussetzen würde. Dieser Einwand sticht freilich nicht, da er die Logik einer Gleichniserzählung und ihrer Abläufe überfordert. Die Zurückweisung dieses *einen* Einwands bzw. dessen mangelnde Stichhaltigkeit bedeutet aber nicht eo ipso die Richtigkeit der durch den betreffenden Einwand bestrittenen Position, daß Mt 22,7 aus der *Rückschau* nach 70 formuliert sei. Gegenüber Rengstorf, der einen Rückschluß aus Mt 22,7 auf die Zeit nach 70 als erster in der neueren Exegese *ablehnte* und nachwies, daß das Vorstellungsmaterial des Verses sich hinreichend aus herangezogenen *alttestamentlichen Prophetenworten* erkläre, notiert Gnilka (ohne direkte Zurückweisung dieser Position), auch Rengstorf lehne einen Bezug auf das Jahr 70 ab und meine, mit dem Topos auskommen zu können.

---

rungsgeschichtliche Einordnung des Mt-Ev: unten, VII b. - Das Zelotenwesen bricht mit dem Jahre 70 in Jerusalem vorläufig zusammen.

[25] Anders in der *einleitungswissenschaftlichen* Zusammenfassung: GNILKA, *Matthäus II*, 520.

[26] Ebd. 239. - Den Argumenten RENGSTORFS und PEDERSENS (siehe oben, IV, Anm. 25) wird an dieser Stelle nicht direkt widersprochen.

Indirekt und ungewollt liefert der genannte Kommentar jedoch Argumente zur Bestärkung der Position von Rengstorf. Denn es wird exegetisch sichergestellt, daß Voraussagen des Schicksals Jerusalems Ansatzpunkte in gleichgerichteten *jesuanischen Logien* besaßen (so daß Vorstellungsgehalte wie die von Mt 22,7 als Konsequenzen aus Weissagungen Jesu erscheinen konnten). So wird mit Recht von Gnilka sowohl der Grundstock des Gleichnisses vom Königlichen Hochzeitsmahl als auch eine Gerichtsandrohung wie die von Mt 23,34-36 und 37-39 als *jesuanisch* gewertet[27]. Mt 23,36 sieht wegen der Zurückweisung, ja, Tötung der von Gott Gesandten "alles vergossene Blut über dieses Geschlecht kommen". Dem entspricht die Gerichtsweissagung Mt 23,38: "Siehe, euer Haus soll euch öde überlassen werden" (in Anlehnung an Jer 22,5). Damit aber ist zugleich ein *Gericht über Jerusalem und den Tempel* angezeigt, ja, mit der "Öde" des Hauses auch die Verstoßung des Erbes und dessen Preisgabe an die Feinde (Jer 12,7) bezeichnet. Mittels Tob 14,4 verbindet sich dem Hinweis auf die Öde und Verlassenheit Jerusalems sogar die Konnotation des Niederbrennens[28].

Solche Gerichtsprophezeiungen Jesu, an deren ursprüngliche Form wohl Lk 11,49f. und 13,34f. noch näher heranführen, boten also dem Evangelisten mehr als genug Material, um die Strafandrohung gegen die Erstgeladenen des Königlichen Hochzeitsmahles, die sich als "Prophetenmörder" erwiesen hatten (Mt 22,6; 23,34), durch die Vorstellungsmomente eines Strafgerichts auszufüllen, bei dem ein zur Exekution gesandtes Heer die Stadt der Schuldiggewordenen erobern und niederbrennen werde. Die Formulierung auch der Strafexekution geschieht freilich unter Anpassung an das Tempus des übrigen Gleichnisses (vgl. auch Lk 14,16-24); und dies ist auch inhaltlich gerechtfertigt, da die Schuldigen sich ihr Strafgericht schon zugezogen haben (woraus aber nicht auf bereits eingetretene sichtbare Formen der Exekution zurückzuschließen ist) und auch die Zweitgeladenen sich schon ihrer Berufung erfreuen. - Der Evangelist konnte also aus dem an den analogen Stellen vorliegenden Traditionsgut alles entnehmen, um Mt 22,7 genau so zu formulieren, wie er es tat, *ohne* empirisch etwas von den Ereignissen des Jahres 70 zu wissen.

---

[27] A.a.O., 243 und 306f.

[28] A.a.O., 303f.

So wird das jesuanische Gleichnis vom Königlichen Hochzeitsmahl durch V 7 zwar der Form nach gesprengt, jedoch durch einen Vers, der *inhaltlich* auf *jesuanische Logien* zurückgreift und diese mit emotionalisierenden alttestamentlichen Vorstellungsgehalten anreichert. Dies konnte, wie sich zeigte, am ehesten durch die zeitgeschichtlichen Spannungen in den Jahren 66-70 bewirkt werden.

4. Damit wird zugleich auch die theologie- und missionsgeschichtliche Situation und mit ihr eine wesentliche Abfassungsintention des Mt-Ev greifbar, wie sie deutlicher noch im Parallelgleichnis von den Bösen Winzern zutage tritt. Es ist jener Wendepunkt der Missionsgeschichte, da die anfängliche Hoffnung der apostolischen Kirche auf durchschlagende Erfolge unter den Juden und auf ein judenchristliches Element als jeweilige Hauptstütze der christlichen Gemeinden durch zunehmenden pharisäischen und zelotischen Widerstand zerstört ist und das Bild der "Früchte bringenden" Winzer (21,4) und der "neu geladenen" Teilnehmer des Mahles (22,10) mehr und mehr durch Gemeindelemente *heidenchristlicher* Provinienz verwirklicht wird. Auf diese stellt sich das Mt-Ev ein, dessen ältere Traditionsschichten eindeutig im judenchristlichen Milieu und dessen Anhänglichkeit an das Gesetz liegen. Doch hat der Evangelist nicht etwa älteres jüdisches und judenchristliches Traditionsgut *anachronistisch* und unverarbeitet tradiert, das nur noch geeignet wäre, seine angebliche Auffassung von der Verwerfung Israels zu illustrieren, während er selbst sich als Heidenchrist zu erkennen gebe und eine Kirche aus Heiden schlechthin an die Stelle Israels setze[29].

Anders als solche Extrempositionen voraussetzen, erweist sich das Mt-Ev als ein reiches Kompendium von unverfälschter Jesustradition und ihrer katechetischen Darbietung, wobei der Evangelist noch aus judenchristlichem Gemeindeleben schöpft, das für ihn jedoch hinter den Konturen der eigenständigen Kirche aus Juden und Heiden zurücktritt, die den "Sohn Davids und Abrahams" (Mt 1,1) nun als den *"Heiland der Welt"* anbetet und die Vollendung der Welt in seiner Wiederkunft erwartet (28,20). - Bezüglich der Naherwartung stellt W.G. Kümmel fest: Es "trifft die Behauptung nicht zu, daß Mt die Naherwartung auf-

[29] Vgl. zur Widerlegung der betreffenden Positionen: KÜMMEL 86f.: Demnach ist die Kirche nicht das "neue" Israel (das an die Stelle des "alten" tritt), sondern das "wahre" Israel (so mit Berufung auf W. TRILLING, *Das wahre Israel*, ³1964).

gegeben habe, wie die unkorrigierte Übernahme von Texten wie 4,17; 10,23; 16,28; 24,33f. beweist"[30].

Die Wiederkunft des "Menschensohnes auf den Wolken des Himmels" (Mt 24,30) wird unter apokalyptischen Zeichen erwartet, die in der eschatologischen Rede (Mt 24) mit nur geringen Abweichungen gegenüber Mk 13 beschrieben werden. Weil Mt 24,2 (und oft, wie gezeigt, schon Mk 13,2), und ähnlich wiederum Mt 24,15 (vgl. Mk 13,14), als ex-eventu-Aussagen über den Untergang Jerusalems gewertet werden, ist dieses Standardargument einer Datierung für die Jahre "nach 70" unter Berücksichtigung der perspektivischen Veränderungen gegenüber Mk 13 neuerlich zu prüfen.

5. Wie in Mk 13,2 sieht J. Gnilka auch in *Mt 24,2* ("kein Stein wird auf dem anderen bleiben...") den Hauptbeweis für eine Formulierung ex eventu[31]. Dagegen wird Mt 24,15 hinsichtlich des "Greuels der Verwüstung" an "heiliger Stätte" von Gnilka auf eine *apokalyptische Zukunft* aus der Sicht des angeblich lange nach 70 schreibenden Evangelisten bezogen[32]. Da die Ereignisse der Zerstörung Jerusalems weder unmittelbar, noch mit Verzögerung, apokalyptische Folgen zeitigten, wie viele erwarteten, sei es für Matthäus aus der größeren Distanz nach 70 noch dringlicher gewesen, als für Markus, den danielischen "Greuel" und seine Aktualisierung auf den herodianischen Tempel hin nun auf eine *fernere apokalyptische Zukunft* zu beziehen[33]. Dies habe geschehen

---

[30] KÜMMEL 89.

[31] GNILKA, *Matthäus II*, 313: "Die Prophetie von der Schleifung des Tempels (V 2) ist deutlich ex eventu gestaltet. Ihre Entstehung gehört in eine spätere Zeit."

[32] Diese Sicht spiegele sich auch in der (von Mk 13,14 abweichenden) Formulierung von Mt 24,15 wider. Das Fehlen des Attributes bzw. des Demonstrativpronomens bei der Setzung des Ausdrucks "tópos hágios" lasse nämlich "Ausweitungen, Übertragungen zu" (ebd. 322). Als mögliches Beispiel eines ausgeweiteten Bezugs des Ausdrucks auf das "Land Israel" wird jedoch nur 2 Makk 2,18 angeführt. Gerade dort aber geht es um den *durch den Tempel und seinen Kult geheiligten Ort*. - Laut Robinson (32f.) stellt Mt 24,15 gegenüber Mk 13,14 eher eine *Verdeutlichung für den Leser* (bzw. Hörer) dar, ebenso wie dies auch bei der Glättung der grammatischen Konstruktion des "stehenden Greuels" vom Neutrum "bdélygma" her der Fall ist.

[33] Laut GNILKA ist für Matthäus (wie schon für Markus) der Ausgangspunkt der Formulierung eine ältere Vision vom *Beginn* des Jüdischen Krieges, die transponiert und adaptiert wurde (ebd. 322). - Zur "Flugblatt"-Hypothese, die Gnilka auch für Mt 24,15 ins Spiel bringt, sowie zu den Gründen ihrer Ablehnung, vgl. oben, VI, Anm. 42.

können, denn "das Bild vom Greuel als in die Zukunft gerichtete historische Erinnerung" sei interpretationsfähig und "auf andere Situationen übertragbar" gewesen. So habe man auch das Vierte Weltreich von Dan 7 auf das Römerreich und die "Kittäer" von Dan 11 auf die römische Bedrohung bezogen.

Tatsächlich ist jedoch die Aktualisierung der genannten Stellen gerade durch die Konstante der konkreten Gefahr für den Tempel in den betreffenden geschichtlichen Situationen vorgegeben und wurde speziell durch die Vergleichbarkeit eines Caligula mit Antiochus IV. illustriert. Wird aber der Bezug auf den Tempel als Unterpfand der religiösen Besonderheit und Beständigkeit Israels aufgegeben, dann verliert das Bild des danielischen "Greuels" seinen eigentlichen Sinn, das Tempelschicksal als Indikator epochaler heilsgeschichtlicher Umbrüche apokalyptischen Ausmaßes überwältigend zu verdeutlichen.

Wenn in späterer Zeit in Apk 11 das Bild "Tempel" auf das endzeitliche Gottesvolk und seine Bedrängnisse adaptiert wird (11,2) und schon die Qumranschriften die eigene Sekte als Endzeitgemeinde und Tempelpriesterschaft und ihren Kampf als den der "Söhne des Lichts" darstellen, so kann eine solche Allegorie jedoch nicht von einem Ausgangspunkt her und in einer Perspektive entwickelt werden, wie sie in Mt 24,2 mit dem Schicksal des *steinernen* Tempels und in Mt 24,15 mit dem danielischen "Greuel" und seinem konkreten Tempelbezug vorgegeben sind.

So ist Mt 24,15 weder ex eventu zu verstehen, da sonst die kosmisch-apokalyptischen Zeichen nicht "sofort" (24,29) nach der auf den Untergang des Tempels und der Stadt Jerusalem bezogenen "Drangsal jener Tage" eintreten könnten. Noch ist Mt 24,15 endzeitlich-allegorische Adaptation, sondern eben im Sinne der überbordenden Apokalyptik in den Jahrzehnten vor 70 zu verstehen, die *kult- und politikbezogene Zeichen* auf die nahe Wiederkunft des Herrn bzw. das nahe Kommen des Königs-Messias hin deutete und im Tempelschicksal die Wende zum definitiv tempelfreien Kult, oder aber zur größeren messianischen Tempelherrlichkeit, sah.

6. Die Auflösung des konkreten Tempelbezugs würde zudem auch jene weiteren inhaltlichen Beziehungen der Stelle innerhalb des Mt-Ev hinfällig machen, die (über die besprochenen Gleichnisse und Vergeltungsworte in Mt 21-23 hinaus) zu jenen Kultauseinandersetzungen Jesu mit den Pharisäern bestehen, die in einem *aktuell praktizierten*

veräußerlichten Tempelkult (vgl. Mt 12,6; 23,16-22) ihren Grund haben und die als weiterhin *aktuell tempelbezogene* Auseinandersetzungen zugleich die Situation der Gemeinde des Mt-Ev kennzeichnen. Wie hinsichtlich dieser Kultfragen in der Gemeinde des Mt-Ev noch zu klären sein wird, bedingen auch diese eine Perspektive, die so nur zwischen den Jahren des Wirkens Jesu und dem Jahre 70 bestand, so daß auch von daher die Formulierung (bzw. die Integration) der Aussage von Mt 24,15 in dieser Zeit erfolgen mußte.

Gegenüber Mk 13 ist die Katastrophe des Jahres 70 freilich spürbar näher gerückt. Die eschatologische Spannung ist gestiegen. Die Wiederkunft Christi scheint nach den apokalyptischen Zeichen des Untergangs der Stadt und des Tempels "sofort" (Mt 24, 29) folgen zu müssen. - Die Naherwartung wird im Mt-Ev eindeutig vertreten[34]; jedoch war die Naherwartung (entgegen der "konsequenten Eschatologie" und der "klassischen" Formgeschichte) nie eine solche, daß sie Mission und kirchliche Organisation unmöglich gemacht hätte[35].

Die apokalyptischen Zeichen haben sich gemehrt. Falsche Messiasse sind an der Tagesordnung und treten "in der Wüste" in Erscheinung. Es ist die Zeit der äußersten Eskalation des Zelotenwesens. Die Drangsale großer Missionare wie Paulus (vgl. Mk 13,9) sind zum Jüngerschicksal schlechthin geworden (Mt 10,17ff.). Die Schrecken des Jahres 70 zeichnen sich ab; aber sie gehören noch nicht der Vergangenheit an. Die Jahre 66-70 werden sich als die wahrscheinlichste Zeit der Abfassung des Mt-Ev erweisen.

b) Zeitgeschichtliche Charakteristika der Gemeindesituation: die Zahlung der Tempelsteuer und der ungebrochene Einfluß der Sadduzäer.

1. Die Verankerung der eschatologischen Rede in tatsächlichen Kultauseinandersetzungen Jesu mit den offiziellen Repräsentanten des

[34] Vgl. KÜMMEL 89, wo auf Mt 4,17; 10,23; 16,28; 24,33 verwiesen wird.

[35] Vgl. zum ähnlichen Ausdruck einer solchen apokalyptischen Perspektive (die jedoch keineswegs "historisches Interesse an Jesus" und an Kirchenorganisation verhindert) im Zusammenhang der Bekehrungspredigten Petri von Apg 2-4: oben, V, b 3-4.

Judentums ist für das Mt-Ev umso eindeutiger geboten, als in diesem solche Auseinandersetzungen eine breite Darstellungsschicht bilden, die zudem im vorausgehenden Kapitel 23 besonders verdichtet ist. Innerhalb desselben betrachtet immerhin auch die herrschende Exegese (wie angeführt) einzelne der Vergeltungslogien wie Mt 23,34ff.37ff. als jesuanisch. Dennoch wird, wie die (von uns angefochtene) Verlegung der eschatologischen Rede in eine Abfassungs- bzw. Redaktionsphase der Jahre "um 80" (oder noch später) zeigte, diese Konsequenz nicht gezogen. Vielmehr sehen Gnilka und andere Exegeten Mt 24,2 (wie auch Mk 13,2) sehr vordergründig *ex eventu veranlaßt*, wobei man dann für Mt 24,15 die *Allegorisierung* des von Dan 9,27 her vorgegebenen Bezugs auf den noch stehenden Tempel in Kauf nimmt.

Oder es wird bei der anderen Auslegungsvariante, der ex-eventu-Deutung von Mt 24,15, in einer eigentümlichen Kombination von "Form- und Redaktionsgeschichte" Matthäus einerseits zum "Tradenten" von unglaublichen Anachronismen gestempelt, insofern er die nicht eingetretenen kosmisch-apokalpytischen Zeichen (24,29ff.) noch 10-30 Jahre nach der Tempelzerstörung als unmittelbare Folge derselben darstellt. Andererseits erscheint dieser Tradent zugleich als ein "Redaktor", der die zeitgeschichtlich widerlegte Koinzidenz beider Ereignisse noch zusätzlich durch die Präzisierungen "(Greuel) an *heiliger Stätte*" (24,15) und "*sofort* nach den Tagen jener Bedrängnis" (24,29) gegenüber der (markinischen) Tradition verschärft und in dieser Form wiederum Jesus in den Mund legt.

Im Zwie-Licht einer solchen Hermeneutik erscheinen nun auch die archaischen Traditionen *halachischer Denkart* (Mt 5,17ff.; 23,3) im Mt-Ev[36] und gewisse Parallelen zu *essenischem Gedankengut*[37] nicht als relativ aktuelle Tradierung und Verschriftung noch innerhalb jener Phase des Ausgleichs zwischen dem judenchristlichen und heidenchristlichen Gemeindeanteil in Antiochien, wie es der Perspektive von Gal 1-2 und Apg 15 entsprechen würde. Diese Phase aber geht mit der zunehmenden Isolierung der streng judaistisch gesinnten christlichen

---

[36] Vgl. GNILKA, *Matthäus II*, 531.

[37] Ebd. 532. Solches manifestiert sich z.B. im Lobpreis der "Armen des Geistes": Mt 5,3; oder in der Rolle der Zeugen: 18,15f. (jeweils mit Parallelen in der Qumran-Literatur).

Gruppierungen[38] gegenüber Judentum *und* Missionskirche noch vor Ablauf der 60er Jahre zuende.

Die innergemeindliche Ausbalancierung judenchristlicher und heidenchristlicher Sichtweise im Mt-Ev, die auf die angegebene Phase verweist, wird entgegen dieser offenkundigen Transparenz in anachronistischer Verzerrung zum Spiegelbild von Problemen, die einem angeblichen Synagogenausschluß um das Jahr 90 unmittelbar vorausgehen und die überdies in der vermuteten Zeit allenfalls der *palästinischen* Gemeinde zu schaffen machten.

Als Reflex der in dieser Zeit angesiedelten Gemeindeauseinandersetzungen mit dem Judentum werden vor allem auch jene im Mt-Ev dargestellten Kultauseinandersetzungen Jesu mit den Pharisäern gesehen, die angeblich nur auf dem Hintergrund der zunehmenden Erstarkung des Pharisäertums in der Epoche nach 70[39] zu verstehen seien. Historische Begebenheiten des irdischen Lebens Jesu, die in hohem Maße für die Vorgeschichte des Prozesses Jesu aufschlußreich sind, werden so zum Produkt historisierender Tendenzen und erscheinen gattungsgeschichtlich jenen "Streit- und Schulgesprächen" (Bultmann) zugeordnet, deren "Sitz im Leben" man in der Gemeinde der 80er oder 90er Jahre und in den Gemeindeauseinandersetzungen mit dem Pharisäertum ansiedelt.

Der so postulierte Hintergrund der Abfassung des Mt-Ev ist sowohl zeitgeschichtlich als auch geographisch verfehlt. Von der mangelnden Eignung eines um 90 angenommenen Ausschlusses der palästinischen

---

[38] Einer solchen Isolierung verfällt nach 66 besonders die *Jerusalemer* Gemeinde, aus der sich nach 48 ("Apostelkonzil") und definitiv nach 62 (Tod des Herrenbruders Jakobus) die Apostel zurückgezogen hatten und die im Jahre 66 nach Pella, einem nach Kriterien der *Täuferbewegung* gewählten Ort, geflohen war. Nach ihrer Reorganisation auf palästinischer Ebene ist sie weitgehend sektiererisch *judaistisch degeneriert* und rivalisiert mit der Synagoge um die strengere Gesetzesgerechtigkeit (vgl. H.-J. SCHOEPS, *Theologie und Geschichte des Judenchristentums*, Tübingen 1949, 262-277; DERS., *Urgemeinde, Judentum, Gnosis*, Tübingen 1956).
Ihre Verurteilung durch die Synagoge um 90 (wenn denn solches in den Maßnahmen unter Gamaliel II. überhaupt impliziert ist) hatte jedenfalls *keine* Rückwirkungen auf die großen *Missionskirchen*, die sich schon vordem unabhängig von der Synagoge entwickelt hatten. Vgl. zum Phänomen bzw. Phantom des "Synagogenausschlusses" um 90: unten, IX, g 8-9, mit Anm. 154-165.

[39] Vgl. zum beherrschenden Einfluß des Pharisäertums nach 70: C. THOMA, *Auswirkungen des jüdischen Krieges gegen Rom (66-70/73 n.Chr.) auf das rabbinische Judentum:* BiblZs NF 12 (1968; 30-54; 187-210); sowie die unten, IX, Anm. 155-156 genannte Literatur.

Gemeinde als Zeitmesser für die Gesamtentwicklung des jüdisch-christlichen Verhältnisses war bereits mehrfach die Rede. Nachhaltige Folgen für die in dieser Zeit längst weitgehend heidenchristlich geprägte *antiochenische* Gemeinde sind diesem Ereignis nicht beizumessen.

2. Zwei Charakteristika der Darstellung des Mt-Ev, die Perikope von der Tempelsteuer (Mt 17) und die im Mt-Ev eigentümlich hervorgehobene Rolle der Sadduzäer, die beide angeblich erst im Licht der Jahre nach 70 und des Synagogenausschlusses[40] ihr rechtes Profil gewinnen, wirken jedoch gerade in dieser Zeit anachronistisch und sprechen ihrerseits für eine Abfassung in den Jahren des noch bestehenden Tempelkultes vor 70.

Der Bericht, daß Jesus Tempelsteuer zahlte und das gleiches in der judenchristlichen Gemeinde in seinem Sinn geschieht[41], überrascht angesichts des Interesses des Mt-Ev an halachischen Elementen kaum. Bemerkenswert ist die theologische Bearbeitung, die diese Praxis in Mt 17,26 erfährt: "Also sind die Söhne frei. Damit wir ihnen aber nicht Anstoß geben, geh hin... ". Gnilka sieht hier mit Recht einen "Spitzensatz neutestamentlicher Verkündigung": "Die Freiheit basiert auf dem Verhältnis des Sohnes zu den Söhnen und gibt das eschatologische Freiheitsbewußtsein der ältesten Christen wieder."[42] Es ist aber nicht einzusehen, warum ein solcher "Spitzensatz neutestamentlicher Verkündigung" und die umschriebene Praxis, die der von Röm 14,5ff. und Kol 2,16f. sehr genau entspricht[43], bis in die 80er Jahre warten

---

[40] So spricht W. Schmithals geradezu vom vollzogenen "Apo-Synágogos" der Gemeinde des Mt-Ev, der in Mt 17 vorausgesetzt werde, und will die Steuer (die Anlaß zur Rückprojektion durch Mt war) als die nach 70 von den *Römern* eingezogene Ersatzsteuer für den Jupiter Capitolinus verstehen (SYMPOSION 104ff.), eine verzerrte Interpretation, der auf dem Symposion freilich widersprochen wurde (siehe unten, Anm. 41 und 42).

[41] Dies machten auf dem genannten Symposion gegenüber Schmithals und anderen besonders *J.A.T. Robinson* und *G.A. Lehmann* geltend (SYMPOSION 104; 110; vgl. ebd. 332).

[42] GNILKA, *Matthäus II*, 115.

[43] Das Wort von der Freiheit und die Intention, "nicht Anstoß zu geben" (17,27), entsprechen der Situation *vor* 70, daß eine Zahlung hätte verweigert werden können (was bei der *Ersatzsteuer nach 70*, die durch die Römer eingezogen wurde, *nicht* der Fall war). Doch wäre der Respekt der Juden vor Tempelkult und Gesetz verletzt und eine definitive Kluft zwischen Synagoge und Gemeinde vorzeitig aufgerissen worden.

sollte, um in einem Evangelium Gestalt zu gewinnen. So stellt die Auskunft, daß Mt hier eine ältere Tradition übernommen hat, die auch "um 80" noch integriert werden konnte[44], nur einen Notbehelf dar, der akzeptiert werden müßte, wenn sich aus anderen Stellen *zwingend* eine Datierung erst "um 80" ergeben würde (was nicht der Fall ist).

Einen Parallelfall zeitgeschichtlicher Transparenz zur Perikope von der Tempelsteuer stellt die nur im Mt-Ev vorkommende *mehrmalige* Erwähnung der *Sadduzäer* dar, denen nach 70 keine Bedeutung mehr zukam. Nicht nur am klassischen Ort der Auseinandersetzung in der Auferstehungsfrage (Mt 22; Mk 12; Lk 20) führt das Mt-Ev die Sadduzäer als Kontrahenten Jesu an. Schon der Bußpredigt des Täufers stehen sie als unvermeidliche Widersacher (zusammen mit den Pharisäern) entgegen (Mt 3,7); sie verlangen (wiederum zusammen mit den Pharisäern) ein "Zeichen vom Himmel", um Jesus auf die Probe zu stellen (Mt 16,1). Ihr Widerstand gegen die christliche Botschaft kennzeichnet gerade auch die Frühzeit der Kirche (Apg 4,1; 5,17). Wenn also diese Allianz zwischen Pharisäern und Sadduzäern, die in Apg 5,17 als Partei des Hohenpriesters bezeichnet sind, im Mt-Ev und nur in diesem, eine so große Rolle spielt, dann verlangt schon allein dies die Erwägung, ob über eine Kunde aus den Tagen Jesu hinaus vielleicht kirchengeschichtliche Verhältnisse der Zeit vor 70 widergespiegelt werden, die "um 80" zwar noch integrierbar waren, gleichwohl in einem *vor 70* entstandenen Text plausibler sind und deshalb (sofern die Datierung "um 80" oder "zwischen 80 und 100" nicht anderweitig sicher erwiesen ist) für sich genommen ein Indiz für eine *frühere* Entstehung des Mt-Ev darstellen[45].

Die übliche Exegese betrachtet die mehrmalige Nennung der Sadduzäer freilich als ein Traditionsrelikt, dem umso weniger Bedeutung für die Datierung des Mt-Ev zukomme, als hier die Sadduzäer (außer in Mt 22,23ff.) in stereotyper Allianz mit den *Pharisäern* erscheinen. Die überragende Bedeutung der Pharisäer im Mt-Ev aber signalisiere gerade die Zeit jener nach 70 erfolgten Kompetenzerweiterung des Pharisäer-

---

[44] So macht Gnilka (a.a.O., 533f.) geltend, daß Angelegenheiten des Tempels auch noch nach dessen Zerstörung diskutiert wurden.

[45] Vgl. *J.A.T. Robinson*: SYMPOSION 110.

tums[46], - nach dem Abtritt der Hohenpriester und dem Verfall des Einflusses der Sadduzäer.

Nun ist jedoch die Agitation der Pharisäer *gegen Jesus* und der Einfluß, den sie auch gegen die *christliche Gemeinde* geltend machen (vgl. Apg 7,58 und 9,1ff. in Verbindung mit 23,6 und 26,5ff.), Grund genug, ihnen eine führende Rolle unter den Kontrahenten Jesu zuzuschreiben. Vor allem waren die Pharisäer naturgemäß ausschlaggebend in den das Mt-Ev interessierenden *halachischen* Fragen. Dagegen werden als Hauptverantwortliche im Prozeß Jesu korrekt "die Hohenpriester und die Ältesten" (26,3) bzw. "die Hohenpriester und der ganze Hohe Rat" (26,59) genannt.

Die Rolle der Pharisäer im Mt-Ev bedarf also *nicht* des Rückgriffs auf die Steigerung der Rechtskompetenzen, die den Pharisäern nach 70 zukam. Vielmehr ist die Rolle der Pharisäer im Mt-Ev ganz ohne jede Rückprojektion aus der Zeit nach 70 verständlich; und die mehrfachen Hinweise auf eine Allianz mit den Sadduzäern ist zeitgeschichtlich transparent für die Jahre Jesu und die Zeit bis zum Jahre 70.

Weiterhin ist transparent für den *zunehmenden Einfluß der Zeloten* in den 50er und 60er Jahren die nur im Mt-Ev so prägnant durchscheinende öffentliche *Mißachtung der Zöllner*, besonders in Mt 18,17[47], vor deren Hintergrund sich das gegenteilige Verhalten Jesu umso deutlicher abhebt (Mt 9,10ff.; Mk 2,15ff.). Und wiederum weist auf das eskalierte Zelotentum und die zeitgeschichtlichen Verhältnisse vor dem Jahre 70 die *Steuermünzen-Perikope* (Mt 22,15ff. parr.). Denn schon die *Benutzung des Denars* mit dem *Kaiserbild* wurde von den Zeloten als Verstoß gegen das Bilderverbot betrachtet, während, umgekehrt, die *Ablehnung der Steuerzahlung* den *Römern* als Aufruhr galt[48]. Nur dieses Dilemma erklärt die Aussage, daß die Pharisäer Jesus mit ihrer Frage nach der Erlaubtheit der Steuer "fangen" wollten. - Die Perikope wurde, indem Matthäus sie übernahm, von ihm als aktuell auch für *seine* Zeit betrachtet, was am ehesten für die Epoche bis zum Jahre 70 als Abfassungszeit des Mt-Ev plausibel ist.

---

[46] So sieht z.B. W. Schmithals (wie in Mt 17: vgl. oben, Anm. 40) auch in der akzentuierten Rolle der Pharisäer im Mt-Ev die Situation der 80er oder 90er Jahre präsent. Vgl. dagegen: SYMPOSION 104f.; 117.

[47] Vgl. HENGEL, *Zeloten* 144 (mit Anm. 1).

[48] Vgl. ebd. 198ff.

c) Petrus und das Mt-Ev: Petri fortdauernde Autorität am Ort seines ehemaligen Wirkens

1. Aufschlußreich für die überlieferungsgeschichtliche Einordnung des Mt-Ev hinsichtlich seiner Beziehungen zum Wirken der Apostel ist insbesondere auch die charakteristische Weise, in der die Autorität Petri in Mt 16,18f. und, spiegelbildlich dazu, die der Apostel in ihrer *Gesamtheit* in Mt 18,17f., zur Darstellung kommt. - Wie nimmt sich die in Mt 16,18f. aufs äußerste betonte Kephas-Autorität innerhalb der bisher sichtbar gewordenen Konstellationen des Mt-Ev aus und was trägt die Umschreibung dieser Autorität ihrerseits zur Deutung und Einordnung des Mt-Ev bei?

Die kirchenorganisatorisch entwickelte, dabei aber von Spannungen gezeichnete judenchristlich-heidenchristliche Großgemeinde des Mt-Ev bedarf zweifellos einer starken Autorität. Hinsichtlich ihres Entwicklungsstandes, wie auch der betreffenden Spannungen und der Versuche, diese durch Setzen auf eine vermittelnde Autorität auszugleichen, ist diese Gemeinde so zu denken, wie es in Apg 11,19ff.; 13,1 und 15,22ff. für Antiochien geschildert wird. Laut Darstellung von Apg 10-11 ist *Petrus* derjenige, der das *Tor zur Heidenmission* aufstößt[49]. Und die erste Gemeinde, in der Heidenchristen ihren Anteil erhalten, ist die von *Antiochien*, die sich gemäß dieser Perspektive dem *Wirken Petri* verdankt. Wiederum ist es Petrus, der mit seiner Intervention in Apg 15,7ff. versucht, die Ansprüche der gesetzesbeflissenen Judenchristen (einschließlich christlich gewordener Pharisäer: Apg 15,5) und der Heidenmission zum Ausgleich zu bringen, wie auch konkret die Tischgemeinschaft zwischen beiden zu retten, was nach Lage der Dinge nur durch den in Apg 15 bezeichneten Kompromiß möglich ist[50]. Als Ort der besonders dringlichen Verwirklichung des betreffenden Kompromisses erscheint (abgesehen von Jerusalem) in Apg 15,22.23.30.35 gerade *Antochien*. Daß Paulus von grundsätzlichen Erwägungen her den Kompromiß ablehnt (Gal 2,11), ja, Petrus der Heuchelei beschuldigt,

---

[49] Zur historischen Stichhaltigkeit dieser Nachricht vgl. HENGEL, *Geschichtsschreibung* 79-84, sowie unten, VIII, c 4-5.

[50] So auch die Beurteilung des Verhaltens Petri im antiochenischen Konflikt durch PESCH (*Petrus* 92ff.).

kann die real zutreffende Einschätzung der gegebenen Situation durch Petrus nicht verdecken.

Und offensichtlich setzte die antiochenische Gemeinde (einschließlich Barnabas: Gal 2,13) auf das Vermittlungskonzept *Petri*. Die zunehmende Selbstkompromittierung der judaisierenden Kreise in Jerusalem und die Dynamik der Mission lassen nach nicht allzu langer Zeit den Kompromiß allerdings überholt erscheinen. Doch werden sich gerade die Verhältnisse in der antiochenischen Gemeinde nicht so schnell verändert haben, der nun, laut den patristischen Quellen, Petrus selbst durch etliche Jahre seine ständige Wirksamkeit widmet[51], bevor er zwischen Mitte und Ende der 50er Jahre nach Rom geht, wo er zwischen 65 und 67 sein Martyrium erleidet.

2. Die erwähnte Stelle Mt 16,18f. darf, in ihrer unter den Evangelien einzigartigen Betonung der Kephas-Autorität Petri, als Echo aus einer Gemeinde verstanden werden, die sich in ihrer Geschichte stark an Petrus orientiert hat und Petrus viel verdankt: als ein Echo freilich aus einer Zeit, da Petrus längst nicht mehr am Ort ist und seine unmittelbare Leitungsautorität dort nicht mehr einsetzen kann. Die Worte von den "Pforten des Hades", dessen Macht gegen das in Kephas gelegte Fundament und seine die Kirche gegenwärtiger und zukünftiger Zeit stabilisierende Funktion nichts ausrichten kann, stellen die Person Petri ins Licht einer nicht mehr irdischen Wirksamkeit[52], die gerade, weil sie der Wechselhaftigkeit *irdischer* Leistungsfähigkeit enthoben ist, ihre Unanfechtbarkeit durch die Mächte des Hades voll zur Geltung bringen kann. Diese Funktion Petri entstammt einerseits ganz der Setzung Jesu selbst. Die Berufung auf eben diese Einsetzung im Mt-Ev aber aktualisiert zugleich die gesamte apostolische Autorität in der Gemeinde des Mt-Ev (vgl. Mt 18,15-20) und läßt überdies das noch in Erinnerung stehende

---

[51] Siehe oben, VI, Anm. 54 und 55. - R. PESCH nimmt an, daß die in Mt 16,18f. artikulierte Tradition des Kephas-Wortes Jesu in der Zeit des antiochenischen Konflikts in eben dieser Stadt Gestalt gewonnen hat (*Petrus* 96-104) und dann in redigierter Form in den Kontext des Messiasbekenntnisses Petri eingegangen ist, das als historisch zu werten ist, aber hinsichtlich seiner Einordnung im markinischen Rahmen diskutiert werden kann (wozu die chronologisch unterschiedliche Einordnung analoger Bekenntnisworte Petri und entsprechender Verheißungen Jesu an Petrus bei Mt, Lk und Joh Veranlassung gibt).

[52] Auf das inzwischen erfolgte Martyrium Petri könnte auch die Voraussage der *Kreuzigung* für christliche Sendboten (Mt 23,34) anspielen. Vgl. GNILKA, *Matthäus II*, 300, mit Anm. 21. - Zum Jahr des *Todes Petri* siehe oben, V, Anm. 85.

Wirken Petri am Ort selbst so lebendig nachempfinden, daß dessen Fortwirken geradezu einer Prolongation und effektiven Aktualisierung des einstigen gleichkommt, die über bloße Erinnerung an eine (idealisierend gesehene) Vorzeit weit hinausgeht. Die Autorität Petri und der Apostel hat weiterhin auch für die speziellen Probleme und Spannungen der Gemeinde konkrete Bedeutung; und deren Lösung wird weiterhin von eben dieser Autorität erwartet.

Der Vergleich mit dem Petrusbild des *Mk-Ev* bestätigt die Diagnose: in den Petrus-Stellen im *Mk-Ev* kam direkt die Erfahrung des Evangelisten mit Petrus, dem *lebenden* Jünger Jesu, zum Ausdruck, der von seinen Begegnungen mit Jesus *so* berichtete, daß bei allem eigenen Versagen doch das Staunen über die Gnade der einzigartigen Berufung spürbar wurde. Und Markus verdeutlichte Petri Jüngerverhalten als exemplarisches für jede christliche Jüngerschaft im Kreise von Berufenen. In den *Sonderstellen des Mt-Ev*[53] geht es dagegen um die *Fortdauer* einer dem Kephas verliehenen Autorität[54], von der dieser selbst zu Lebzeiten nie *in dieser Form* gesprochen und die er selbst nie so direkt in autoritative Kirchenleitung umgesetzt hatte. Der Kairos dieses Petrusbildes scheint die *zukunfsträchtige* Verarbeitung jener neuen Situation zu sein, die mit dem *Martyrium Petri* eingetreten ist. Die ihres Erstapostels beraubte Kirche ist nicht ohne Autorität des Amtes. Der seinem Meister in den Tod gefolgte Apostel wirkt in seiner Kephas-Funktion weiter. Davon zeugt jene Kirche, die ihre Gründung und langjährige Leitung Petrus verdankt. Das Petrusbild des Mt-Ev ist so profiliert geprägt, daß man sich fragen kann, warum es nicht als "Evangelium nach Petrus" in die Geschichte eingegangen ist[55]. Aber es erweist sich gerade *so* als Zeugnis *über* Petrus, nicht als das Zeugnis *des* Petrus, welch letzteres viel unmittelbarer im *Mk-Ev* greifbar ist.

---

[53] Vgl. PESCH, *Petrus* 140-144.

[54] Über Mk hinaus tritt Petrus als Sprecher der Jünger auf in den Fragen über "Rein und Unrein" (Mt 15,15) und über die Häufigkeit der Vergebung gegenüber dem Bruder (Mt 18,21), was in der gleichen Situation von Lk 17,4 nicht der Fall ist. Exemplarisch für Situationen im Leben der Kirche erscheint auch die Rolle Petri in der Szene des Seewandels (14,28ff.) und bei der Entrichtung der Tempelsteuer (17,24ff.). Bei Mt erhält Simon den Namen Petrus nicht erst bei der Berufung der Zwölf (Mk 3,15); er ist von Anfang an "Simon, der Petrus genannt wird" (Mt 4, 18). - PESCH (*Petrus* 144) resümiert: "Matthäus hat in die Gestalt des Petrus gleichsam die apostolische Norm der Kirche eingezeichnet".

[55] So GNILKA, *Matthäus II*, 516; 519.

3. Die spätere Kirchengeschichte bestätigt die besondere Rolle der antiochenischen Kirche in ihrer außerordentlichen *Verehrung für Petrus*, wie auch in ihrer Fruchtbarkeit und Zukunftsträchtigkeit bei der *Ausbildung der kirchlichen Ämter*. Die schon bemerkenswerten bodenständigen Anfänge signalisieren Mt 18,17 und 23,34, wie auch Apg 13,1. Bei der von Antiochien ausgehenden frühen Mission werden bereits *Presbyter eingesetzt und ordiniert* (Apg 14,23), wie es sie offenbar in Antiochien selbst schon gab[56]. Die Jerusalemer "Hellenisten", die an der Seite der Apostel in der Funktion der "Sieben" bereits starke Eigenverantwortung gegenüber dem von ihnen betreuten Gemeindeanteil wahrgenommen hatten, bestellten, nachdem sie nun Hauptverantwortliche in den von ihnen gegründeten Gemeinden waren, anscheinend sehr bald Männer, denen sie einen ihrem *früheren Status* ähnlichen *Anteil* an ihrer gemeindeleitenden Vollmacht verliehen.

Aus der Jerusalemer Ordnung der "Zwölf" und der "Sieben", erwuchs also im Ausgreifen der Kirche über Jerusalem, Judäa und Samaria hinaus eine neue Ordnung für die Rolle der Apostel *und* Apostolischen Missionare. Andererseits erscheint das frühere bodenständige und weisungsgebundene Amt der "Sieben", nachdem diese zu Apostolischen Missionaren und Gemeindegründern aufgerückt waren, nun bei einem neuen Helferkreis und in jener neuen, aber wiederum von den Aposteln und Apostolischen Missionaren abgeleiteten Gestalt, für die in Jerusalem und im antiochenischen Missionsgebiet der Name "Presbyter" auftaucht.

Wiederum ist später die Kirche von Antiochien diejenige, aus der die ersten eindeutigen Nachrichten über das zukunftsbestimmende *dreistufige Amt* (als die sachgerechte Transposition der apostolischen Ordnung in die veränderte Situation der unmittelbar *nachapostolischen* Zeit hinein) hervorgehen[57].

Die Petrusverehrung der antiochenischen Kirche aber hat eine solche *bodenständige Prägekraft* entwickelt und bewahrt, daß sie die Kirchenspaltung nach dem Konzil von Chalkedon ebenso überlebt hat[58], wie die

---

[56] Vgl. hierzu und zum folgenden: P. GAECHTER, *Petrus und seine Zeit*, Innsbruck 1958, 137ff. (siehe auch unten: VIII, e 3-4).

[57] Die älteste und wichtigste Quelle hierfür sind bekanntlich die Briefe des *Ignatius von Antiochien*.

[58] Mittelalterliche syrische Quellen bezeugen eine petrinisch begründete Primatstheologie für den *Syrisch-Orthodoxen Patriarchen von Antiochien*. In Rom wurde die Erinnerung an die antiochenische Wirksamkeit Petri durch das Fest "Petri

spätere Auflösung der Communio zwischen Byzanz und Rom[59]. Das beiderseitige Bewußtsein von der Begründung des antiochenischen *und* des römischen Sitzes durch Petrus wirkt sich auch in der heutigen multilateralen Ökumene als ein nicht zu unterschätzender Faktor im theologischen Gespräch wie in zwischenkirchlichen Vereinbarungen aus[60].

4. Zieht man aus dem Petrusbild des Mt-Ev die Folgerungen für die Datierung, so wird man als *terminus post quem* für das Mt-Ev das Jahr des *Martyriums Petri (65)* anzunehmen haben, jenseits dessen wegen der noch spürbaren Aktualität der Verarbeitung dieses Problems die Vermutung einer vieljährigen Verzögerung nicht gerechtfertigt wäre. Die zahlreichen Transparenzen für zeitgeschichtliche Phänomene der Zeit *vor 70* empfehlen eine Datierung zwischen 65 und 70.

Falls die Annahme zutreffen würde, daß der Evangelist seine "Traditionsvorgabe" für Mt 23,35 (vgl. Lk 11,51), in der als Opfer eines Mordanschlags der unter König Joasch umgebrachte *Priester Zacharias* (2 Chr 24,24) genannt wird, nun auf den von Zeloten im Jahre 67/68 ermordeten *Bareis-Sohn Zacharias* hin aktualisiert hätte[61], dann wäre mit dem brandaktuell eingebrachten Ereignis nahezu auf das Jahr genau (68-70) das Erscheinungsdatum des Mt-Ev bezeichnet. Das Jahr 70

Stuhlfeier in Antiochien" aufrechterhalten. - Die Namen *Petrus* und *Simon* spielen bei den *westsyrischen*, *ostsyrischen* und *byzantinischen* Patriarchen mit dem Titel "von Antiochien" eine entscheidende Rolle.

[59] Trotz der zu Beginn des 11. Jahrhunderts erfolgten (zunächst stillschweigenden) Einstellung der Communio zwischen Konstantinopel und Rom und unmittelbar vor der definitiven Manifestation des Abbruchs im Jahre 1054 bemühte sich *Petros III. von Antiochien* noch im Jahre 1053 um das Wiederaufleben der Communio (in betonter Eigenständigkeit gegenüber dem Patriarchen Michael Kerullarios von Konstantinopel).

[60] So kam es zwischen dem Syrisch-Orthodoxen Patriarchen von Antiochien und den Päpsten Paul VI. und Johannes Paul II. zur Vereinbarung einer *wechselseitigen Sakramentenspendung* unter besonderen pastoralen Voraussetzungen und damit zu der am weitesten gehenden bilateralen Vereinbarung zwischen Rom und einer Kirche des Ostens. Text: Osservatore Romano vom 24.6.1984; deutsch: Der Christliche Osten 1984, 140ff.

[61] Dieser Annahme neigt GNILKA (*Matthäus II*, 301) zu. Doch führen BILLERBECK I, 940ff. und ROBINSON (35) rabbinische *Verwechselung* bzw. Verschmelzung des tatsächlich ermordeten Priesters Sacharja, Sohn des Priesters Jojada (2 Chron 24,20ff.), mit dem Propheten Sacharja, Sohn des Barachias (Sach 1,1), an, mit dem allein der in Mt 23,35 angegebene Name genau übereinstimmt, der aber keinem Mord zum Opfer fiel, während Sacharja, Sohn des Bareis, kein Priester war und seine Ermordung "zwischen Tempelhaus und Altar" Schwierigkeiten bereitet.

kann jedoch nicht überschritten werden, da danach die Verheißung, daß der Weltuntergang "sofort" (Mt 24,29) nach dem Untergang Jerusalems (auf den die Mehrzahl der Exegeten Mt 24,2 und 24,15 bezieht) eintreten werde, sich als nicht mehr integrierbar erwiesen hätte.

Nur scheinbar kann man dem Gewicht dieses Arguments durch die Hypothese von der Übertragbarkeit der apokalyptischen Zeichen von Mt 24,15 in eine ferne Zukunft entgehen. Doch wird diese Hypothese und die mit ihr verbundene Datierung des Mt-Ev "um 80" weder dem konkreten Tempelbezug der Stellen bei Dan, noch dem Kontext der Diskussion um den Tempel (und seinen Untergang) in der Komposition des Mt-Ev selbst gerecht.

VIII. Der Kairos des lukanischen Doppelwerkes: die in der Mission Pauli exemplarisch erfüllte Zeugenschaft "bis an die Grenzen der Erde"

Die frühchristliche, kontinuierlich bewahrte Zuweisungstradition schreibt das dritte Evangelium und die Apg dem Missionshelfer des hl. Paulus zu, der in Kol 4,14 als "Lukas der geliebte Arzt" figuriert und aus 4,11 als Heidenchrist zu erschließen ist und der auch in Phlm 24 und in 2 Tim 4,11 genannt wird.

Seit der hegelianischen Konstruktion der Geschichte des Urchristentums, die F.Chr. Baur initiierte und die auch Bultmann hinsichtlich des paulinisch-petrinischen Grundgegensatzes vertrat, wurde das "lukanische" Doppelwerk immer häufiger aus der apostolischen Zeit und dem Umkreis der paulinischen Theologie entfernt und zur Zeit der Hochblüte der "existentialen" Theologie als grandioses Mißverständnis Pauli und jedes wahren Glaubens diskreditiert[1]. W. G. Kümmel kommt das Verdienst zu, innerhalb der protestantischen exegetischen Diskussion den schlimmsten Exzessen antilukanischer Polemik ihre Grenzen gesetzt zu haben. Aber auch Kümmel blieb dem Vorurteil einer großen zeitlichen und theologischen Distanz des lukanischen Werkes zu Paulus weiterhin verhaftet, wie er auch Gal und Apg hinsichtlich ihres historischen Zeugnisses für widersprüchlich hält[2].

Ein äußerst schiefes Bild ergibt dementsprechend seine Umschreibung der frühpatristischen Zuweisungstradition: "Die altkirchliche Überlieferung begegnet uns, da ein Zeugnis des Papias fehlt und das hohe Alter des fälschlich als 'antimarkionitisch' bezeichneten Lukasprologs sehr fraglich ist, zuerst im Kanon Muratori... Die jüngere Überlie-

---

[1] Die in den 50er Jahren in der protestantischen Theologie üblich gewordene Herabsetzung der lukanischen Theologie und des ganzen Werkes des Lukas wurde in Insiderkreisen geradezu als die "Haut den-Lukas-Mode" bezeichnet (SYMPOSION 292f.).

[2] Gegen die antilukanische Welle der 60er Jahre richtet sich: KÜMMEL, *Lukas*. - Zum angeblichen Gegensatz zwischen Gal und Apg siehe unten VIII, b.

ferung hat dem (d.h., daß Lukas, der Arzt und Begleiter Pauli, der Verfasser des 3. Evangeliums sei: Anm. d. Vf.) keine weiteren alten Nachrichten hinzufügen können. Denn die Behauptung Lukas stamme aus Antiochia, begegnet sicher zuerst bei Eusebius..."[3]

Damit ist das Werk Adv. haer. des Irenäus nicht nur hinsichtlich seiner Abfassungszeit ganz willkürlich dem Kanon Muratori chronologisch nachgestellt[4]. Vor allem wird der Zeugniswert der Darlegungen des großen Polykarp-Schülers, und speziell der seiner Evangeliennotiz, für die Erhellung von Traditionen des 2. Jahrhunderts ignoriert. Der überlieferungsgeschichtliche Weg von der durch Irenäus bekundeten Tradition in Sachen Evangelien zum Kanon Muratori aber ist bereits sehr auffällig durch jenen Trend zu fortschreitender Legendenbildung gekennzeichnet[5], der dann in den "antimarkionitischen" Evangelienprologen[6], wie auch in den sogenannten monarchianischen Prologen[7], voll zur Auswirkung kommt.

---

[3] KÜMMEL 116.

[4] Gegen die Spätdatierung von Adv. haer. und des Briefwechsels mit Florinus erst in die Jahre des Papstes Victor (189 - 199) vgl. GUTWENGER 394-401.

[5] Legendär ist vor allem die *Joh-Notiz* des Kanon Muratori (Text: ALAND 538) überformt. Sie ist jedoch noch nicht infiziert von jener (durch sekundäre Traditionsausschmückung, bzw. durch Mißverständnis der Ausführungen des Irenäus über die Kraft des 4. Evangeliums, die Häresie des Kerinth zu widerlegen: Adv. haer. III, 11,1ff.) spät entstandenen Auffassung, Johannes habe sein Evangelium erst in den letzten Lebensjahren verfaßt: nach Rückkehr aus der Verbannung in Patmos (so im "monarchianischen" Joh-Prolog: vgl. Anm. 7) bzw. nachdem er zuvor Markion (sic!) ausgeschlossen habe (so im "antimarkionitischen" Prolog: unter Verwechselung des Markion mit Kerinth?). - Der Kanon Muratori setzt dagegen noch voraus, daß zur Zeit der Abfassung des Joh-Ev auch andere Apostel noch am Leben waren.

[6] Text der betreffenden Prologe, unter denen der zum Lk-Ev die zentrale Stellung einnimmt und eine Entsprechung zum Mt-Ev gänzlich fehlt: ALAND 532f. - Vgl. zu den Textversionen der hs. Überlieferung und zum traditionsgeschichtlichen Ort: J. REGUL, *Die antimarcionitischen Evangelienprologe*, Freiburg 1969. Der antimarkionitische Charakter und eine Abfassung schon im 2. Jahrhundert wird von Regul widerlegt.

Der zentrale Lk-Prolog erwähnt auch die Entstehung der *anderen* Evangelien und scheint in seiner Funktion (bzw. der Funktion einer Vorform) nicht auf die eines *Vorsatzstückes* zum Lk-Ev beschränkt gewesen zu sein. Er hat auch eine reichere Geschichte der Textüberlieferung und ist in seinen Angaben nüchterner als der entsprechende Joh-Prolog. - Als *terminus a quo* des Lk-Prologs gibt Regul (202) "um 300" an, als *terminus ad quem* "das ausgehende 4. Jahrhundert". - Für den Joh-Prolog verschiebt sich der *terminus a quo* eher ins 4. Jahrhundert hinein.

[7] Text: ALAND 538f.; REGUL (siehe Anm. 6) 40-48. - Zur Vermeidung der häresiengeschichtlich mißverständlichen Bezeichnung und einer Verwechselung mit den

Angesichts dessen ist es wiederum willkürlich, nach dem angeblichen Eckdatum in Form des Kanon Muratori für die Lk-Tradition sofort zu Eusebius überzugehen, ohne den sekundären Traditionsstrang, der vom Kanon Muratori zu den Prologen führt, als Vehikel der Übermittlung einiger sehr alter und historisch glaubwürdiger Daten in Betracht zu ziehen, zu denen mit großer Wahrscheinlichkeit auch die Nachricht von "Lukas, dem Antiochener"[8] gehört. Auch ist es nicht angebracht, Eusebius, der älteste kleinasiatische und alexandrinische Traditionen wiedergibt, als frühesten Vertreter eines "Wissens" um die antiochenische Herkunft des Lukas erscheinen zu lassen (wie Kümmel dies tut) und die "westliche" Lesart eines "Wir-Berichts" in Apg 11,28[9] aufgrund des Fehlens älterer Codices in ihrer Symptomatik für eine ältere gleichartige Tradition zu unterschätzen.

"antimarkionitischen" Prologen wählt Regul in Anlehnung an das jeweilige "Incipit argumentum" im Prologtext die Bezeichnung "Evangelien-Argumente". Die in ihnen vertretene Reihung der Evangelien: Mt, Joh, Lk, Mk, die im Joh-Argument zusätzlich (gegenüber der dem Verfasser offenbar bekannten Reihung: Mt, Mk, Lk, Joh) in ihren Vorzügen herausgestellt wird, ist in lateinisch-abendländischem Brauchtum des 3. Jahrhunderts verankert. Regul nimmt für die Bekanntheit des Verfassers mit der "östlichen" Reihung jedoch nicht die noch ältere *gemeinsame* Tradition mit dem Osten an, sondern *literarische Kenntnisnahme* von der neuerlichen Durchsetzung der ältesten ("östlichen") Ordnung durch *Hieronymus*, oder aber Ostkontakte infolge der *arianischen Wirren*. - Damit wird der rückbezogen-traditionserhellende Charakter dieser Prologe ungenügend gewürdigt, wenngleich die Datierung der literarischen Endgestalt der einzelnen Evangelienargumente ins 4. Jahrhundert stichhaltig erscheint. - Zu grundsätzlichen Defiziten im Traditionsverständnis bei REGUL vgl. oben I, Anm. 62.

[8] Für ein hohes Alter dieser Nachricht plädiert A. STROBEL, *Lukas der Antiochener*: ZNW 49 (1958) 131-134. - Hinsichtlich der Datierung des "antimarkionitischen" Lk-Prologs ist Strobels Argumentation inzwischen freilich einzuschränken. - Außer der "westlichen" Lesart von Apg 11,28 (vgl. Anm. 9) spielen als Kriterien des Bezugs des Lukas zu Antiochien die antiochenischen Quellen der Apg und die direkte und ausgiebige Nutzung der "antiochenischen" Logien-Quelle im Lk-Ev eine Rolle, während sich aus dem Normaltext der "Wir-Berichte" der Apg kein schlüssiges Argument zugunsten von Antiochien als Wohnsitz des Lukas während der Berichtsphase der Apg selbst ergibt. Vgl. unten, Anm. 48 (vorletzter Satz).

[9] Die "westliche" Lesart von Apg 11,28 lautet: "Es herrschte aber großer Jubel; und als wir uns versammelt hatten, sagte einer von ihnen mit Namen Agabus, durch den Geist verkündend, daß eine große Hungersnot... kommen werde." - Gegen die Rückführung der "Wir-Lesart" in Apg 11,28 auf eine bei *Ephräm dem Syrer* anzutreffende Verwechselung des *Lucius* von Apg 13,1 mit *Lukas*, sowie die Annahme eines so späten Aufkommens der Tradition für diese Lesart, wendet sich A. STROBEL (siehe oben, Anm. 8).

Daß das Lk-Ev auch schon Papias bekannt war, wird von zahlreichen Forschern angenommen und hat eine zusätzliche Stütze in der Verflechtung einer beachtlichen Schicht des Lk-Ev mit der johanneischen Tradition, die auf Beziehungen auch personaler und geographischer Art zum Entstehungsfeld des 4. Evangeliums schließen läßt[10].

Wie dicht und vielgestaltig die Zuweisungstradition für das 3. Evangelium und die Bezeugung der besonderen Nähe seines Verfassers zu Paulus "und den Aposteln insgesamt" ist, zeigte uns das komplexe Zeugnis des Irenäus, in dem die offizielle römische Tradition im zweiten Drittel des 2. Jahrhunderts ebenso erkennbar wurde, wie auch ein zweiter, Irenäus persönlich naheliegender Traditionsstrang, dessen Nachrichten über die Bedeutung des Lk-Ev im Kampf gegen die Häresien sich in ihrer Beziehung zu der bei Klemens ausgesprochenen Tradition über die *zeitliche Priorität* des 3. Evangeliums (unmittelbar nach dem Mt-Ev) zu erkennen gaben.

Insgesamt ist also der Textüberlieferung des Lk-Ev selbst eine nahezu lückenlose und inhaltlich dichte Begleittradition verbunden, die im folgenden mit den *inneren* Kriterien des lukanischen Textes für die Abfassungszeit und die Chancen der verfasserschaftlichen Authentizität zu konfrontieren sein wird.

Auch für die Apg bedeutet die Zuweisung an Lukas, den "von Paulus nicht zu trennenden Mitarbeiter" (inseparabilis cooperator: Adv. haer. III, 14,1), der vom Paulusbegleiter zum "Apostelschüler" überhaupt (ebd. u.ö.) wurde, und die Nachricht über "Lukas, den Antiochener" (Prologe, Eusebius, "westlicher" Wir-Bericht von Apg 11,28) eine erste Anfrage an die Transparenz der Apg für die Rolle des Petrus und der Zwölf in der Urgemeinde und für die Bedeutung Antiochiens in der Frühzeit der apostolischen Mission. Obwohl die Indizien für eine frappante Kenntnis ältester Jerusalemer und antiochenischer Quellen sich mehren und die Quellentreue der Apg[11], ja, auch die *Authentizität* der

---

[10] Vgl. die Nennung derer, die Papias eine Kenntnis des Lk-Ev zuschreiben, bei KÖRTNER (316, Anm. 6). Zu ihnen ist auch R. PESCH zu rechnen (siehe oben I, Anm. 36).- Zur Verflechtung des Lk-Ev mit der johanneischen "Tradition" vgl. unten, IX, a 5. - Ein Wirken bzw. Sterben des Lukas in Kleinasien findet sich als biographisches Datum im (freilich legendär ausgeschmückten) monarchianischen Lk-Argument (siehe oben, Anm. 7).

[11] Vgl. zur zeitgeschichtlichen Transparenz von Apg 1-6: oben IV, Anm. 10, und V, Anm. 28-34. - Die Quellentreue der Apg wird im neuen repräsentativen Kom-

Apg (und des Lk-Ev) in der neueren Forschung wieder beachtliche Vertreter gefunden hat[12], hält immer noch eine erdrückende Mehrheit der Exegeten an dem der Geistesgeschichte des 19. Jahrhunderts verhafteten Urteil der Nicht-Authentizität fest, wobei nun protestantischerseits die an einer (zum dogmatischen "System") zugespitzten Rechtfertigungslehre orientierte These vom Widerspruch der lukanischen Theologie der Apg gegen das paulinische Denken zum entscheidenden Kriterium wird, während es manchen katholischen Autoren offenbar schwerfällt, eine in sich kohärente Einschätzung des Werkes[13] und zudem auch eindeutige Kriterien für die Übernahme oder Ablehnung von Sentenzen zu finden, die offensichtlich (im konfessionalistischen Sinn) "protestantisch" geprägt sind[14].

Nachdem eine Verteidigung der Authentizität des lukanischen Doppelwerkes in der neueren Forschung nicht mehr tabu ist, hoffen wir, im folgenden die Spuren noch deutlicher sichtbar zu machen, die von den inneren Kriterien des Lk-Ev und der Apg her zu einer Entstehung noch im Zeitalter der großen apostolischen Mission als der gemeinsamen Hauptimpulsphase für beide Werke[15], wie auch zum historischen Lukas als Zeitzeugen der Mission und Verfasser des Doppelwerkes, führen.

---

mentar von R. PESCH stark betont (*Apostelgeschichte I,* 42ff., 45ff.; passim), der dennoch an Spätdatierung und Nicht-Authentizität festhält (ebd. 25ff.).

[12] Dazu gehören: M. Hengel (vgl. HENGEL, *Geschichtsschreibung* 60), R. Riesner (vgl. RIESNER 24ff.) und C.-J. THORNTON, *Der Zeuge des Zeugen. Lukas als Historiker der Paulusreisen*, Tübingen 1991 (mit eingehender Untersuchung der "Wir-Berichte" im Kontext antiker Geschichtsschreibung und im speziellen Zusammenhang der Widmung an Theophilus), sowie zahlreiche Forscher im englischen und französischen Sprachgebiet (vgl. z.B. RIESNER 24, mit Anm. 55).

[13] Dies gilt insbesondere auch für G. SCHNEIDER, *Die Apostelgeschichte* 2 Bde., Freiburg 1980 und 1982 *(künftig zitiert: Schneider, Apostelgeschichte I bzw. II)*. Er sieht weder hinter den "Wir-Berichten" missionsgeschichtliche Quellen, noch hinter den *Reden des Petrus und des Paulus* zusammenhängendes kerygmatisches Traditionsgut; und der letzte "Wir-Bericht" (Apg 27.1-28,16) wird gar als ein redaktionell überarbeiteter profaner "Seefahrerbericht" in Analogie zu antiken "Mysterienromanen" (II, 381ff.) gewertet.

[14] So finden sich auch im letztgenannten Kommentar von G. SCHNEIDER zahlreiche Beispiele für Thesen, die unkritisch von W.G. KÜMMEL und E. HAENCHEN (siehe unten, Anm. 83) übernommen wurden (vgl. z.B. die Zitate von Anm. 80 und 83).

[15] Laut R. PESCH (*Apostelgeschichte I*, 24f., 29) liegt zwischen deren Entstehung keine mehrjährige Distanz.

a) Die "Zeit der Heidenvölker" im Lk-Ev: heilsgeschichtliche Reflexion der Epoche der apostolischen Heidenmission

1. Der Haupteinwand gegen die Authentizität des lukanischen Doppelwerkes wird hinsichtlich der Datierung meist vom Lk-Ev her erhoben, in dem man sichere zeit- und theologiegeschichtliche Indizien dafür wahrzunehmen vermeint, daß es erst nach 70 verfaßt sein könne, ja, möglicherweise erst gegen Ende einer Zeitspanne zwischen 70 und 90 entstanden sei. Denn die Formulierungen der jesuanischen Voraussagen über den Untergang Jerusalems im dritten Evangelium gelten wegen ihrer vermeintlichen Konkretheit als deutlich *deskriptiv* und *post eventum* verfaßt[16]. Und die heilsgeschichtliche Konzeption des Lk-Ev und der Apg wird entsprechend der Spätdatierung meist mit einer schon *geschwundenen Naherwartung* bzw. einer angeblich fortgeschrittenen Erfahrung der "Parusieverzögerung" in Verbindung gebracht[17].

Es wird also sachgemäß sein, zunächst jene vermeintlichen Beweise dafür zu überprüfen und zu *widerlegen*, daß Lukas in der Formulierung der Klage Jesu über Jerusalem (19,41-44) und der eschatologischen Rede (Lk 21) deutlich erkennbar *deskriptiv* und also *nach 70* formu-

---

[16] Vgl. KÜMMEL 119: "Lk 21,20.24 erscheint die apokalyptische Weissagung vom Greuel der Verwüstung Mk 13,14ff. umgeformt in eine Drohweissagung über Jerusalem, die ex eventu gestaltet ist: die Ereignisse des Jahres 70... Das gleiche gilt für die Ausmalung 19,43f.". - Hinsichtlich der Datierung gelte (120): "Man wird für die Abfassung des Lk die Zeit zwischen 70 und 90 für wahrscheinlich halten dürfen." - Die Datierung der Apg baut auf dieser Festlegung auf und kommt zu dem Ergebnis: "zwischen 80 und 90", eventuell "zwischen 90 und 100" (ebd. 153). - Auch SCHNEIDER (*Apostelgeschichte I,* 119, mit Anm. 85) nennt als wichtigste Datierungsgrundlage für die Apg die (angebliche) "Tatsache, daß Lk 21,20-24 (vgl. 19,43f.; 23,28-30) auf das Ereignis der Zerstörung Jerusalems im Jahre 70 bereits zurückblickt". - Vorsichtiger beginnt PESCH, *Apostelgeschichte I*, 28 sein Datierungsargument: "Sofern für das Lk-Ev, für welches das Mk-Ev als Vorlage benutzt ist, eine Datierung nach 70 höchstwahrscheinlich ist... ", fährt aber dann - indem er als *terminus ante quem* die kirchliche Sammlung der Paulusbriefe annimmt, die der Verf. der Apg noch nicht zur Verfügung gehabt habe, - fort: "bleibt ein Spielraum bis Ende des 1. Jahrhunderts". Als annähernd erreichter Konsens der Forschung wird wiederum eine Entstehung der Apg um 90 angegeben.

[17] Diese anfechtbare These findet sich stark akzentuiert auch in der Einführung zum Lk-Ev in der Einheitsübersetzung: Lukas "blickt auf den Untergang Jerusalems (70 n.Chr.) zurück (21,20-25) und erwartet die Wiederkunft Christi nicht mehr als unmittelbar bevorstehend 17,20f.; 21,24; Apg 1,8)." - Vgl. dagegen: Anm 46; zum Mißbrauch des Motivs der "Parusieverzögerung": Anm. 26.

liere, wie auch, daß seine zeitliche Abkoppelung der apokalyptischen Ereignisse von der Zerstörung Jerusalems nur die notwendige Reaktion auf die als Problem empfundene Parusieverzögerung darstelle.

2. Die Voraussage Jesu über Jerusalem, daß "kein Stein auf dem anderen bleiben wird", die sich in Lk 21,6 ebenso findet wie in Mk 13,2 und Mt 24,2, wird in der Komposition des Lk-Ev präludiert durch *ebendiese Wendung* im Kontext einer bewegenden *Klage über Jerusalem* (Lk 19,41-44), die auch bereits den *hermeneutischen Schlüssel* dafür bietet, wie dieses Wort zu interpretieren ist.

Lukas hat diese Klage zwischen den Bericht vom Einzug Jesu in Jerusalem (19,28-40) und den von der Tempelreinigung (19,45-48) gestellt. Anfang und Ende der Klage beinhalten, daß Jerusalem nicht erkannt hat, was der Stadt "zum Frieden dient" (19,42) und was ihr als "Kairos der Heilszuwendung" widerfuhr (19,44c). Als Folge davon wird sich bewahrheiten: "Es werden Tage über dich kommen, in der deine Feinde rings um dich einen Wall aufwerfen, dich einschließen und von allen Seiten bedrängen. Sie werden dich und deine Kinder zerschmettern und keinen Stein auf dem anderen lassen; denn du hast die Zeit deiner Heimsuchung nicht erkannt" (19,43.44a).

Dies klingt nicht sehr nach einer empirischen Beschreibung der Vorgänge des Jahres 70, sondern ganz und gar nach einem toposgemäß formulierten Ratschluß Gottes über ein hörunwilliges Volk. Die Wendung über "*Belagerung*", "*Einschließung durch Wälle*" und schmerzhaften Angriff findet sich fast wörtlich in Jes 29,1-3 und Ez 4,2; ähnlich Jer 6,6. Nur der Schutz des Schildes des Herrn könnte vor Angriffen und Wällen, die die Belagerer aufrichten wollen, noch retten (Jes 37,33). Läßt Gott selbst die Stadt angreifen, folgt der Belagerung das "Einreißen der Mauern", das "Zerstören der prächtigen Bauten"; nur "Schutt" bleibt übrig, "nackter Felsen" (Ez 26,12ff.).

Den letzten Rest an Vermutung, es könnte in Lk 19,41-44 trotzdem toposgemäße Prophetie in Verbindung mit empirischem Wissen um die Ereignisse des Jahres 70 wiedergegeben sein, beseitigt 19,44a: "Sie werden deine Kinder in dir zerschmettern." Hier liegt ein alttestamentliches Bild- und Fluchwort gegen Babel aus Ps 137,9 vor, das nicht auf eine konkrete historische Verwirklichung bezogen ist oder sein kann, schon gar nicht auf eine solche des Jahres 70. Von 19,44a her erweist sich auch das in Anlehnung an Ez 26,12 und ähnliche Stellen formulierte Wort 19,44b: "Sie werden keinen Stein auf dem andern lassen" als ebensowenig deskriptiv zu verstehen. Beide Wendungen kennzeichnen die zwangsläufige Verwerfung jener durch Gott, die "den Kairos der Heilszuwendung", d.h. das rettende Heilsangebot in Christus (vgl. Lk 1,68.78; 7,16) zurückweisen.

3. Die *Klage über Jerusalem* gewährt einen Schlüssel zur Interpretation auch der *eschatologischen Rede* (Lk 21). Vergleicht man deren lukanische Form mit der in Mk 13 bzw. Mt 24, so zeigt sich sofort, daß Lukas sie nur *weitläufig umgestaltet* übernehmen konnte, wobei freilich Mk 13,2 (= Lk 21,6) Ausgangspunkt der Kernaussage bleibt. Der Evangelist konnte die Rede nur gemäß seinem heilsgeschichtlichen Konzept integrieren, das in den Gleichnissen vom *Großen Gastmahl* (Lk 14,15-24) und von den *Bösen Winzern* (Lk 20,9-19) eine Stütze fand, zwei Gleichnissen also aus der gemeinsamen Quelle, aus der auch Mt schöpfte, der beide Gleichnisse gebündelt an die letzten Auseinandersetzungen Jesu mit den Pharisäern herangezogen hat. Das Gleichnis vom Großen Gastmahl findet sich bei Lukas in einer reinen Form, ohne die bei Mt *in gespannter Lage zur Zeit der Redaktion* provozierte Einsprengung (Mt 22,7). Umso deutlicher kommt bei Lukas deshalb die Sinnspitze zum Tragen: daß von den Gassen der Stadt "die Armen und Krüppel, die Blinden und Lahmen", ja, auch die "auf den Landstraßen und an den Zäunen" zum Mahle geladen werden.

Im Gleichnis von den Bösen Winzern, das im Kapitel zwischen der Klage über Jerusalem und der Tempelreinigung einerseits (Lk 19) und der eschatologischen Rede (Lk 21) andererseits steht, geht der Blick auf "die anderen", denen nun der Weinberg zur Pacht gegeben wird. Dieser "Kairos des Heilsangebots", den die Erstbegünstigten nicht erkannt haben (vgl. 19,44c) und der nun denen "an den Zäunen" und den "anderen Pächtern" zuteil wird, ist auch in die eschatologische Rede eingetragen. Es geht für Lukas beim Gericht über Jerusalem (21,20-24) letztlich darum, daß die "Zeiten der Heiden" gekommen sind. Die "deuteronomistische Vergeltung" (Dtn 32,35: Lk 21,22) dient nur dazu, die Anbahnung der "Zeiten der Heiden" von langer Hand und unter den unabänderlichen Gesetzen göttlicher Gerechtigkeit zu verdeutlichen.

Die "synoptische Apokalypse" hat also bei Lukas (gegenüber Mk und Mt) die Dimension eines Offenbarwerdens der Geschichte als Geschichte der Heilszuwendung zu Juden *und* Heiden gewonnen. Demgegenüber treten typisch jüdische und judenchristliche Charakteristika der "synoptischen Apokalypse" zurück: die Rolle des Tempels als Angelpunkt und Indikator der apokalyptischen Dramaturgie bei den "messianischen Wehen", wie auch bei der endzeitlichen Enthüllung äußerster Bosheit (Mk 13,14; Mt 24,15) und deren Überwindung durch die Wiederkunft Christi (bzw. des endzeitlichen Messias im jüdischen Denken).

4. Lukas hat die Erwähnung des Tempels bei Mk (und Mt) beseitigt bzw. dessen Schicksal in das der *"Verwüstung" der Stadt* nivelliert (21,20). Dies ist im Zusammenhang mit seiner *heidenchristlichen* Denkart und speziell mit seiner *heilsgeschichtlichen* Konzeption zu sehen, in der der Tempel bzw. sein Schicksal für die Zukunft weder einen Orientierungs- noch einen Wendepunkt darstellt. Gleiches gilt für die Stadt Jerusalem als Ort des Tempels. Der Evangelist hat deshalb auch nicht vermocht, eine *Welt*apokalypse kausal und zeitlich mit der apokalyptischen Schreckensoffenbarung am Tempel oder an der Stadt Jerusalem zu verknüpfen[18].

In Lk 21,25 ist die *innere*, wie auch die *zeitliche* Verbindung beider Ereignisdimensionen gegenüber Mk 13,24 (und Mt 24,29: "sofort nach") merklich gelockert. Dies erklärt sich nicht aus einer verstärkt empfundenen "Parusieverzögerung". Diese Kategorie ist eher für *judenchristliches* Denken charakteristisch und bietet keinen Anhaltspunkt für die Datierung des Lk-Ev bzw. für einen zeitlichen Stand des Rückblicks auf die Ereignisse des Jahres 70.

Ganz im Gegenteil lehrt der Vergleich des lukanischen mit der *kriegsgeschichtlich* rückblickenden Beschreibung des Flavius Josephus[19], daß wichtige Einzelheiten der in Lk 21,20f. und Lk 19,43 aufscheinenden Momente (Belagerung, der man sich noch durch *Flucht in die Berge* entziehen kann: 21,20; Belagerung in Form einer *Umwallung*: 19,43; und schließlich Eroberung und Verwüstung der Stadt) *in direk-*

---

[18] Im typisch lukanischen Sondergut von Lk 17,20 wird sogar jede Verknüpfung des definitiven "Kommens des Gottesreiches" bei der Wiederkunft mit (kultischen und geschichtlichen) Vorgegebenheiten, die einer "paratérêsis" unterliegen, abgelehnt, also etwa eine kalendarische "Ausspähung", wie sie dem Passatermin galt, als ob das Kommen des Messias an einen solchen kairos gebunden sei. Vgl. A. STROBEL, *Die Passa-Erwartung als urchristliches Problem in Lk 17,20*: ZNW 49 (1958) 157-196; 172ff.

[19] Bell.Jud. VI. - Vgl. Text und Deutung des Kernstücks dieses Berichtes: SYMPOSION 335ff. (Arbeitspapier *H. Staudinger*).

tem Widerspruch zur kriegsgeschichtlichen Wirklichkeit des Jahres 70 stehen[20].

Vor allem aber müßte, gemessen an der wirklichen Perspektive nach 70 (wie Flavius Josephus sie bietet) die *Gesamt*charakteristik bei Lukas (sobald man Lk 19,43f. und 21,20f. als *Beschreibung* der Ereignisse des Jahres 70 *mißversteht*) gänzlich verfehlt erscheinen, da sie alle wirklich bezeichnenden Momente, die in der Einschätzung der jüdischen Zeitgenossen und des späteren Judentums als solche galten[21], außer acht läßt und die Diskrepanz zu diesen sogar gegenüber der markinischen Vorlage noch *verschärft*.

Auf dem Paderborner Symposion "Die Datierung der Evangelien" 1982 listete der Althistoriker *G.A. Lehmann* die kriegsgeschichtlichen Charakteristika in sechs Gruppen auf und wies nach, daß die Berührungspunkte mit den Angaben von Lk 19,43f. und 21,20f. *minimal* sind[22]. Vor allem verfehlt die Ersetzung des Tempelschicksals (gemäß Mk 13,14) durch Nivellierung in eine allgemeine "Verwüstung" der Stadt genau den springenden Punkt der Tragödie, die sich im Jahre 70 nicht nur in der Sicht der Juden, sondern auch der heidnischen Beobachter (einschließlich Titus[23] selbst) gerade darin manifestierte, daß der Untergang des Tempels von den *Zeloten* herbeigeführt wurde, die sich so sehr als die Repräsentanten des wahren Israel gerierten.

Zu Recht stellt *R. Riesner* im Blick auf die entsprechende Stelle der Einleitung von W. G. Kümmel fest[24]: "Es kann also keine Rede davon sein, daß die lukanischen Jerusalemweissagungen 'genau den Schilde-

---

[20] Eine solche Flucht war seit 67 nicht mehr möglich. Vgl. REICKE (oben, IV, Anm. 19) 127. Vielmehr handelt es sich auch hier um einen Topos (vgl. 1 Makk 2,28). Vgl. zum Fluchtmotiv auch GNILKA, *Matthäus II*, 79: "Die Flucht ins Gebirge ist ein in weiten Schichten der atl-jüdischen Literatur verbreitetes Motiv, das auf Erfahrungen basiert, die man im Lauf zahlloser Nöte und Bedrängnisse gemacht hat." Vgl. z.B. Gen 19, 17; Ez 7,16; 1 Makk 2,28; 2 Makk 5,27; 10,6. - Auch der Topos "Umwallung" (19,43b) und "Einschließung durch Kriegsheere" (19,43c; 21,20) wurde kriegsgeschichtlich nicht voll realisiert. Vgl. RIESNER 26 (mit Belegen).

[21] So insbesondere die Einäscherung des Tempels. In den "Jüdischen Altertümern" des Flavius Josephus wird mit diesem Ausdruck sogar eine Zeitspanne gekennzeichnet: "Von der Zeit des Herodes bis zu dem Tage, da Titus den Tempel und die Stadt einäscherte... ". Vgl. SYMPOSION 337 (Arbeitspapier *Staudinger*).

[22] SYMPOSION 58f.

[23] So laut Flavius Josephus (vgl. SYMPOSION 336).

[24] RIESNER 26: gegen KÜMMEL 119.

rungen entsprechen, die zeitgenössische Berichte von dem Vorgehen des Titus gegen Jerusalem geben."

5. Lukas gestaltete also die Verse 21,20-24 gerade *nicht* empirisch. Vielmehr gab er markinischen Vorgaben wie 13,2 und gleichgerichteten Vergeltungsworten in der LXX eine *metaphorische* Dimension. So wird das ganze Schicksal Jerusalems zur Widerspiegelung einer *Geschichte der göttlichen Gerechtigkeit* von Anfang an (gemäß Dtn 32,35: Lk 21,22), in der nun, nach der Zurückweisung der Botschaft Jesu durch das offizielle Judentum, die *Heiden* ihr Heilsangebot erhalten. Aus der Fülle adaptierbarer prophetischer Drohworte, wie sie auch in die jesuanischen Logien von Lk 11,49ff. und Lk 13,34f. (vgl. Mt 23,34ff.; 23,37f.) eingeflossen sind, hat Lukas in 19,41ff. und 21,5-24 gerade die *besonders toposhaften* herangezogen (wie obige Auflistung zu 19,43 zeigt) und ihnen, wie beim Zitat des metaphorischen Vergeltungswortes Israels gegen Babylon aus Ps 137,9 (Lk 19,44a), eine geradezu *meta*-historische, oder besser: alle Erfüllung *Gott allein* anheimgebende Dimension verliehen. Dabei zielt die eigentliche Intention auf die Manifestation des neuen "Kairos der Heilszuwendung" an die Heidenvölker. Deshalb ist auch in 21,20ff. die Ausmalung der apokalyptischen Schrecken der Vergeltung so klischeehaft gehalten und einer kriegsgeschichtlichen Deutung der Vorgänge des Jahres 70 ex eventu - wie sich zeigte - nicht zugänglich: Es gab im Jahre 70 keine aus Rache zerschmetterten Kinder, keine Umwallung und keine Belagerung, bei deren Beginn man noch hätte "ins Gebirge flüchten" können.

6. Aus Lk 19 und 21 legt sich also *keine* Datierung des Lk-Ev in die Zeit *nach dem Jahre 70* nahe. Eine solche wird geradezu *ausgeschlossen*. Denn Lukas hätte nach 70 als historisch ambitionierter Schriftsteller nicht Metaphorisches und Historisches untrennbar vermischt, sondern, sofern er Deskriptives über die Vorgänge des Jahres 70 hätte bieten wollen, die jesuanischen Voraussagen und die eingetretenen Folgen des Jahres 70 möglichst charakteristisch gestaltet und vor allem die *Stringenz ihrer Erfüllung* deutlich werden lassen, ähnlich wie dies in der Formulierung von *Mk 13,9* hinsichtlich der wechselseitigen Transparenz von vorausgesagtem Jüngerschicksal und *eingetretener Verfolgung* in der Geschichte der apostolischen Mission (im Schicksal des Paulus) zeitlich *genau bestimmbar* geschieht. In Lk 21,6 ist dagegen Mk 13,2 einfach übernommen und Vers 21,20 in einen *äußerst vage*

formulierten apokalyptischen Zusammenhang mit Kriegsgeschehnissen[25] gestellt, zu denen freilich auch gehört, daß ein übermächtiges feindliches Heer eine nicht widerstandsfähige Stadt zu erobern und zu verwüsten pflegt.

Ebenso wie Lk 21,20 *nicht deskriptiv* und ex eventu zu verstehen ist, kann auch die Abkoppelung der Weltapokalypse von den Ereignissen in Jerusalem *nicht* als lukanische Verarbeitung eines erst durch den *Abstand* von der apostolischen Zeit entstandenen Problems der *Parusieverzögerung* verstanden werden[26]. Diese Abkoppelung liegt vielmehr in der Konsequenz der Konzeption des *Heidenchristen* Lukas, der eine weltbedeutsame Relevanz der tempel- und kultbezogenen apokalyptischen Momente *negiert*, dagegen von jener Heilszeit für die Heiden fasziniert ist, die sich schon in der paulinischen Mission manifestiert hat und die nicht mehr am Tempel oder an Jerusalem oder an irgendwelchen jüdisch-gesetzlichen Vorstellungen zu messen ist. Diese Perspektive war für Lukas zumindest seit dem *Apostelabkommen von Gal 2,7f.*,

---

[25] So stellt C.H. DODD, *The Fall of Jerusalem and the "Abomination of Desolation":* Journal of Roman Studies 37 (1947) 47-54; 52, fest: "Soweit irgendein Ereignis das Bild koloriert hat, dann war dieses nicht die Eroberung Jerusalems durch Titus im Jahre 70 n.Chr., sondern Nebukadnezars Eroberung im Jahre 586 v.Chr. Es gibt nicht eine Spur einer Voraussage, die nicht direkt aus dem Alten Testament dokumentiert werden kann." Vgl. ROBINSON 37.

[26] Eine solche Problemumschreibung verkennt die Wurzeln der "Verzögerungs"-Erfahrung in der jüdischen Apokalyptik und bei den Essenern, sowie ihre Rolle schon im Urchristentum als die eines von Anfang an mit der Naherwartung der Wiederkunft des Herrn dialektisch verbundenen Moments. - Naherwartung und Erfahrung der "Parusieverzögerung" wurden speziell in jeder (quartadecimanischen) Passafeier der Urgemeinde akut. Als ihr einschlägiger prophetischer Bezugspunkt erweist sich insbesondere Hab 2,3f. LXX: ein Topos, der besonders die frühen paulinischen Briefe (1 Thess; Röm) und freilich auch (aber nicht aufgrund einer unbedingt späteren Abfassungszeit) die Apk bestimmt. - Zur urchristlichen Wirkungsgeschichte von Hab 2,3f. LXX vgl.: A. STROBEL, *Untersuchungen zum eschatologischen Verzögerungsproblem aufgrund der spätjüdisch-urchristlichen Geschichte von Habakuk 2,2ff.*, Leiden - Köln 1961. - Zur Naherwartung (und "Parusieverzögerung") in den johanneischen Schriften: siehe unten, IX, Anm. 78. - Keinen wirklichen Aufschluß für die Abfassungszeit und die heilsgeschichtliche Konzeption des Lk-Ev (und der Apg) bietet auch die (gegen vorschnelle Schlußfolgerungen aus dem angeblich akuten Bewußtsein der "Parusieverzögerung" gerichtete) Feststellung von W.G. KÜMMEL *(Lukas 93)*, daß Lukas "insofern" doch "die Erwartung des nahen Endes aufgegeben habe", obwohl er für eine immer noch relative "Nähe der Endereignisse" Stellen wie Lk 10,11; 18,7f. sogar *hinzufügte*, und daß man deshalb sagen könne, er habe "die Naherwartung an den Rand geschoben, ohne sie völlig aufgeben zu wollen" (ebd. 94).

das in Apg 15,3f. seinen Niederschlag gefunden hat, realisierbar[27]. Sie hat historisch nichts zu tun mit dem Jahre 70 oder der "Parusieverzögerung" oder der endgültigen Trennung von palästinischer Gemeinde und Synagoge und schon gar nichts mit einer (theologisch verfehlten) These von der endgültigen Verwerfung des jüdischen Volkes[28].

b) Die Datierung des Lk-Ev und der Apg: Konsequenzen für das Verständnis der Kirche in apostolischer Zeit

1. Die Frage der Datierung steht beim *Lk-Ev* in einem *besonders* komplexen Problemzusammenhang. Sie hat selbstverständliche Auswirkungen auf die *Datierung der Apg* und die zeitliche Zuordnung derselben zur großen apostolischen Mission, damit aber auch Konsequenzen für die Frage der *Authentizität der Apg* und für die Einschätzung der *Zuverlässigkeit* ihrer Berichte über die Urgemeinde, die apostolische Mission und über Ämter und Ordination in apostolischer Zeit.

Zwar muß eine Datierung der Apg in die 80er Jahre nicht *notwendig* die authentische Verfasserschaft des historischen Missionshelfers Lukas ausschließen[29]; aber die Wahrscheinlichkeit einer Autorschaft in hohem

---

27 Vorgängig dazu kann man die grundsätzliche Wende zur Heidenberufung gemäß der Darstellung der Apg auch schon in der Berufung Pauli selbst gemäß den Worten des Auferstandenen laut Apg 9,15 bzw. 22,21 ausgesprochen sehen, oder in der konkreten Entscheidung Pauli in Apg 13,46. - Zur Entsprechung von Gal 2,7 und Apg 15,1-4 siehe unten, VIII, d 3.

28 Von der endgültigen Trennung wird freilich nicht behauptet, sie spiegele sich wider wie in Mt und Joh (da Lk keine judenchristliche Problematik erörtert), doch darf man erst recht nicht vom "endgültigen Selbstausschluß der Juden vom Heil Gottes" (wie KÜMMEL, 132, als Auffassung verschiedener Exegeten referiert) als Endpunkt der Apg reden. Die Juden erscheinen vielmehr am Schluß "zwiespältig" (Apg 28,25.29); und Jes 6,9f. wird ebenso hart schon in Mk 4,12 eingeführt.

29 Dies zeigt sich bei M. HENGEL (*Geschichtsschreibung* 60f.) und C.-J. THORNTON (a.a.O. 196f. u.ö.), die die Authentizitätsannahme mit einer relativ späten Datierung in die frühen 80er Jahre verbinden. Von den für Lukas anzunehmenden Lebensdaten her dürfte dies möglich sein. - Gegenüber Paulus, der in der Situation von Apg 7,58 ein "junger Mann" war und etwa um das Jahre 10 geboren sein dürfte, mag Lukas etliche Jahre jünger gewesen sein. Er hätte dann in den frühen 80er Jahren wohl ein Lebensalter von etwas über 60 erreicht.

Alter schwindet entsprechend der vorauszusetzenden Lebenserwartung. Auch muß eine spät verfaßte Apg zwar nicht *zwangsläufig* weniger zuverlässig in ihrem Bericht sein. Aber die übliche Datierung für die Apg "zwischen 80 und 90" ("ohne Ausschluß einer möglichen Entstehung erst zwischen 90 und 100") ist fast immer auch als Absage an die Authentizität der Verfasserschaft gemeint. Sie geht aufgrund von Zweifeln gegenüber der Historizität des Berichteten davon aus, daß eine *Eigenerfahrung* des Verfassers negiert werden müsse und daß auch Kontakte mit Zeitzeugen nicht anzunehmen seien. So wird beim Autor der Apg meist eher mit dessen *Rekonstruktionsoptimismus*, als mit der Nutzung von Quellen gerechnet, da die Stoffe der Apg (abweichend von denen der Evangelien) nicht von der Art seien, daß man an eine präzise mündliche Überlieferung vorgängig zur schriftlichen Fixierung zu denken hätte[30].

In die tatsächliche exegetische Diskussion über die Apg pflegen zugleich die brisantesten theologischen Probleme eingebracht zu werden. Besonders seit der Glanzzeit der "existentialen" Hermeneutik wurde es üblich, in "Lukas" den späten *nach*apostolischen Autor zu sehen, der die Zeit der Kirche zu einer eigenen Heilszeit hypostasiere, gegenüber der die Botschaft und das Kreuz Jesu zur Vergangenheit geworden seien. Die Lk-Interpretation von *H. Conzelmann* mit dem Titel "Die Mitte der Zeit" schreibt "Lukas" zu, in seinem Evangelium die Zeit der Botschaft und des Wirkens Jesu zu einer mittleren Phase zwischen dem Wirken des Täufers und der Zeit der Kirche nivelliert zu haben[31]. Und

---

Der "antimarkionitische" Lk-Prolog läßt Lukas 84 Jahre alt werden und in Böotien sterben, welche Angaben allerdings Zweifel erwecken. Laut dem (monarchianischen) Lk-Argument stirbt Lukas mit 74 Jahren in Bithynien.

[30] Bezüglich eines mangelnden "Sitzes im Leben" für die Wiedergabe der Reden zitiert KÜMMEL (136) *Evans*: "Man erinnert sich nicht an die Beweisführung der Rede noch nach zwanzig, dreißig oder vierzig Jahren, wenn sie nicht inzwischen ständig wiederholt worden ist. Aber weshalb sollte sie wiederholt werden?" - Dies gilt jedoch für Zeugen des frühesten Kerygmas Petri und apostolisch gesinnte Mitarbeiter *insofern nicht*, als der pfingstliche Durchbruch der Predigt von einem Gekreuzigten (unter Nutzung der Schrift) zugleich die entscheidende Weichenstellung für die ganze apostolische Wirksamkeit war. Die Transparenz der Petrusreden für die Ausgangssituation der christlichen Predigt verrät den Verfasser der Apg als einen Kontaktmann von Altaposteln bzw. Zeitzeugen der ersten Jahre.

[31] Vgl. zur Sinnerhellung des von H. CONZELMANN *(Die Mitte der Zeit,* Tübingen 1954; [3]1960) mißdeuteten Wortes Lk 16,16: W.G. KÜMMEL, *"Das Gesetz und die Propheten gehen bis Johannes"* (in: DERS., *Heilsgeschehen und Geschichte, Bd. II:*

schon *E. Käsemann* hatte im Rundumschlag gegen die Ekklesiologie des lukanischen Werkes dekretiert, Lukas habe zum ersten Male die "frühkatholische Traditions- und Legitimationstheorie propagiert"[32], an die Stelle der Apokalyptik trete bei Lukas die Geschichtstheologie, die "theologia gloriae verdrängt jetzt die theologia crucis". Und laut *Bultmann* hätte "Lukas" gar mit seiner *Tendenz zur historischen Sicherung* "den ursprünglichen kerygmatischen Sinn der Jesusüberlieferung preisgegeben"[33] und den wahren Glauben aufgelöst.

2. Dies alles ist freilich, wie *W.G. Kümmel* aufgrund der exegetischen Prüfung nachweist, so nicht vertretbar. Die Botschaft Jesu hat (entgegen der These Conzelmanns) in der des Täufers ihren Auftakt, gerät also nicht zur Zwischenphase zwischen dem Alten Testament mit Täuferbotschaft einerseits und der Zeit der Kirche andererseits.

Und die Zeit der Kirche erscheint in der Apg stets zugleich als die des *gegenwärtigen Auferstandenen*, der durch seinen Heiligen Geist wirkt, - was nicht nur im Pfingstbericht und bei der Verkündigung Petri und der Zwölf, sondern gerade auch bei der Berufung Pauli und im Wachstum der Gemeinden deutlich wird. Lukas hat zudem die Naherwartung nicht aufgegeben; laut Kümmel sei sie jedoch "an den Rand geschoben"[34]. Auch die Kennzeichen "frühkatholischer" Institutionalisierung, die "Reflexion auf apostolische Sukzession" und die Betonung der "grundlegenden Bedeutung der Sakramente für den Heilsempfang" ist laut Kümmel Lukas noch fremd[35].

Doch sind auch *Kümmels* Gesamtanalyse des lukanischen Doppelwerkes und die überlieferungsgeschichtliche Einordnung für eine *katholische Fundamentaltheologie* und eine sich im Kontext der übrigen theologischen Disziplinen verstehende *katholische Exegese* nicht rezipierbar. Auch für Kümmel steht Lukas zeitlich weit entfernt von der apostolischen Mission, gerade auch der paulinischen, über die sein Werk an den entscheidenden Punkten angeblich ganz fehlerhaft berich-

---

Ges. Aufs. 1965-1977, hrsg. von E. Grässer und O. Merk, Marburg 1978, 75-86); sowie KÜMMEL, *Lukas* 89ff.

32 E. KÄSEMANN, *Amt und Gemeinde im Neuen Testament*, in: DERS., *Exegetische Versuche und Besinnungen I*, Tübingen 1960, 132f. (vgl. KÜMMEL, *Lukas* 83f.).

33 Vgl R. BULTMANN, *Theologie des Neuen Testaments*, Göttingen (1953). ⁵1965, 469.

34 KÜMMEL, *Lukas* 94 und 99; vgl. 97.

35 Ebd. 96f.

tet[36]. Sein Ethos entspreche nicht paulinischem Ethos und seine Erwartung der Wiederkunft nicht der der apostolischen Zeit. Und zusätzlich betont Kümmel, daß ein Interesse, wie es die Apg an der Geschichte der Kirche habe, "erst möglich war, sobald die Naherwartung in den Hintergrund trat", obwohl Lukas "trotz seines Rechnens mit einem unbestimmbaren Termin der Parusie die Naherwartung nicht aufgegeben"[37] hat. Die *historischen Widersprüche* der Apg zu Fakten der paulinischen Mission seien auch in so *zentralen* Fragen festzustellen, daß Lukas als Zeitzeuge und Mitarbeiter Pauli ausscheide[38].

3. Zu den direkten Widersprüchen gegenüber Paulus in Gal 1-2 gehören laut Kümmel: die Zuschreibung der Rolle des Pioniers der Heidenmission an *Petrus* in Apg 10 (gegen Gal 2,2ff.), die Auflage des Aposteldekrets in Apg 15 (gegen Gal 2,6), die Erwähnung und Anordnung von *drei* Besuchen Pauli in Jerusalem in Apg 9,26ff.; 11,30 mit 12,25; 15,12.22 (gegen Gal 1,18; 2,1). Selbst angesichts der Möglichkeit, daß ein Verständnis für das Besondere der paulinischen Theologie auch Mitarbeitern Pauli abgehen konnte, schließe die Art, wie Lukas in der *Areopagrede* die zentrale paulinische Erlösungsbotschaft durch eine Philosophie der Gottesverwandtschaft des Menschen ersetze[39], auch eine nur flüchtige Berührung mit paulinischem Gedakengut aus.

Wiederum sei der Vorenthalt des "Apósteltitels" gegenüber Paulus kaum vereinbar mit einem Wissen darum[40], wie Paulus sein Anrecht gerade auf diesen Titel zu betonen pflegte; und das Fehlen eines Wissens darum verrate die historische Ferne zu Paulus. Vor allem aber sei die für Paulus zentrale Heilsbedeutung Christi (wie auch im Lk-Ev) unzureichend erfaßt und begegne nur zweimal im Munde *Pauli*, so daß "der Verfasser höchstens vom Hörensagen etwas über die Mitte der paulinischen Heilslehre weiß, sie aber nicht durch persönliche Berührung ken-

---

[36] KÜMMEL 147ff.

[37] KÜMMEL, *Lukas* 97 und 99.

[38] KÜMMEL 150; 151.

[39] Ebd. 149f. - Hier spricht sich freilich im Urteil über Lukas die *protestantische Ablehnung der natürlichen Gotteserkenntnis* aus (die in Röm 1,20 durchaus einen Ansatzpunkt hat und vom I. Vaticanum definiert wurde). - Zur historischen Transparenz der *Areopagrede* im Kontext der paulinischen Mission in Griechenland vgl. SYMPOSION 309-311; zum Vergleich mit Reden der antiken Geschichtsschreibung: ebd. 311-313 (Arbeitspapier *G.A. Lehmann*: 305-313).

[40] Ebd. 149.

nengelernt haben kann'[41]. Wenn schon die Kenntnis der zentralen Gedanken Pauli dem Verfasser der Apg so sehr abgeht, so wird man schließen müssen, daß das Kerygma *Petri* und die *Anfänge der Urkirche* in der Apg noch größere Verzerrungen erlitten. Eine Quellenbindung der Apg für die Reden Petri wird denn auch gemäß Dibelius und Wilckens abgelehnt, wenngleich Kümmel konzediert, daß Lukas gewisse Traditionselemente aus Quellen z.B. in die Rede des Stephanus in Apg 7, wie auch in die Rede des Petrus in Apg 3 und 4 (wo der "Gottesknecht"-Titel erscheint), eingebracht habe[42].

4. Entgegen dieser Einschätzung ließen jedoch schon die Kriterien, die sich in der Klage Jesu über Jerusalem (Lk 19) und in der lukanischen Bearbeitung der eschatologischen Rede (Lk 21), wie auch in den beiden genannten einschlägigen Gleichnissen, für eine überlieferungsgeschichtliche Einordnung des Lk-Ev abzeichneten, die Haltlosigkeit der Annahme erkennen, Lukas habe nur aus der Perspektive geschwundener Naherwartung und einer großen zeitlichen Distanz zu den Ereignissen des Jahres 70 diese Stellen (und sein Evangelium insgesamt) so formulieren können. Zwingend ergab sich vielmehr, daß Lukas *nach* 70 die Ereignisse dieses Jahres *so* gerade *nicht* hätte beschreiben können. Als kerygmatisch-missionarisches *Leitmotiv* erwies sich das *Offenbarwerden der Heidenberufung,* die Lukas in den Gleichnissen und im Wirken Jesu angelegt sah. Deren kirchliche Verwirklichung gemäß dem Willen und in der Vollmacht der Auferstandenen ließ offenbar den Verfasser die Doppelschichtigkeit seines Werkes (Lk-Ev *und* Apg) von Anfang an[43] konzipieren und ausführen.

Für Lukas ist die Apg demgemäß nicht das nach Belieben gewählte Thema eines gegen Ende des Jahrhunderts lebenden Autors. Und die Fortsetzung des Lk-Ev in die Apg hinein darf nicht als die illegitime Fortschreibung eines nicht prolongierbaren, weil schlechthin einzigartigen und mit der Auferweckung Jesu endenden Geschehens diskreditiert werden. Vielmehr ist die vom Geist getragene Gemeinschaft der Kirche aus Juden und Heiden für Lukas auch ein Erfahrungsmedium der Begegnung mit dem fortlebenden Auferstandenen, dessen Auferweckung

---

[41] Ebd. 150. - Die zwei Stellen sind 13,27ff.; 20,25.

[42] Ebd. 137. - Zum "Pais-Theoû"-Titel (3,13.26; 4,27.30) siehe oben, V, b 4.

[43] Vgl. zur Einheitlichkeit der Konzeption und wechselseitigen inhaltlichen Verschränkung von Lk-Ev und Apg: PESCH, *Apostelgeschichte I*, 22ff.; 29ff. u.ö.

nicht nur einzigartig war, sondern als die angebrochene, die Zeit der Kirche und alle (wie auch immer bemessene) Zukunft bestimmende Eschatologie erkannt wurde. Diese Begegnung mit dem Auferstandenen und die Erfahrungen seiner Gegenwart in der Kirche werden nach dem Vorbild der Erscheinungen "vor den vorherbestimmten Zeugen" (Apg 10,41) und dem Maß einer Erfüllung in nicht endender Mahlgemeinschaft empfunden[44].

Die so vom Lk-Ev her gewonnene, andeutungsweise skizzierte Spur zur Erfassung des Entstehungsmotivs und der Konzeption der Apg ist nun *an der Apg selbst im einzelnen zu verifizieren*, was in folgenden Schritten geschehen soll:

Entgegen den *Vorurteilen der "konsequenten Eschatologie"* und der älteren Formgeschichte ist (1.) zu zeigen, daß zu Konzeption und Durchführung des Werkes weder das Schwinden der Naherwartung, noch das Feststellen einer "Parusieverzögerung", noch die Abdrängung der Naherwartung "an den Rand" des theologischen Bewußtseins erforderlich war, vielmehr die Apg im *Zeitalter der apostolischen Mission selbst* entstehen konnte und (wie darüber hinaus zu erweisen sein wird) tatsächlich entstand (c 1).

Gegenüber dem Verdikt des *"unpaulinischen" Denkens* des Verfassers der Apg, ja, seines Verkennens selbst der zentralsten Anliegen des Paulus, soll (2.) gezeigt werden, wie die Apg jene kirchlichen Lebensvollzüge reflektiert, die gerade auch für Paulus Voraussetzung und Ausgangspunkt seiner Theologie sind, wobei die Apg natürlich keine Rechtfertigungslehre in der gedanklichen Zuspitzung von Röm und Gal entwickelt und schon gar nicht nach reformatorischer Art eine solche zum Kriterium aller authentischen Theologie erhebt (c 2-3).

Sodann ist (3.) nachzuweisen, daß gewisse *Widersprüche der Apg* zu historischen Mitteilungen, für die Paulus selbst in Gal als Zeuge auftritt, so *vereinzelt* und *geringfügig* sind und so eindeutig auf die Zeit *vor* der gemeinsamen Missionstätigkeit des Lukas mit Paulus zurückgehen, daß aus ihnen kein Argument gegen eine Mitwirkung des Verfas-

[44] Vgl. die gerade im Lk-Ev und der Apg in Form einer *Mahlgemeinschaft "durch 40 Tage hindurch"* geschehenden Begegnungen mit dem Auferstandenen (Lk 24,13ff.; 24,36ff.; Apg 1,3; 10,41). - Das Gleichnis vom *Großen Gastmahl* (Lk 14,15ff.) hat für die besonders stark am *Vermächtnis des Letzten Mahles* orientierte, kirchengeschichtlich auf die *Heidenmission* bezogene (siehe oben) und eschatologisch auf das Passamahl im Reich Gottes ausgerichtete heilsgeschichtliche Konzeption des lukanischen Doppelwerkes eine Art Schlüsselfunktion.

sers der Apg am paulinischen Missionswerk und gegen eine Entstehung der Apg in enger zeitlicher Verbindung mit diesem zu gewinnen ist (d).

Schließlich wird (4.) die Prüfung der polemisch gemeinten These vom *"frühkatholischen" Charakter* der Apg ergeben, daß Lukas in der Apg genau jene Ansätze einer Ämterstruktur bezeugt, die innerhalb der *apostolischen* Zeit entstanden und die in unmittelbar *nach*apostolischer Zeit jener Transposition fähig waren, die bis heute der katholischen und der orthodoxen Kirche als Kennzeichen der *"Apostolizität" und bleibenden Verbindlichkeit ihrer Kirchenstruktur* gelten (e).

c) Die Apg: ihr Verhältnis zur urchristlichen Eschatologie und zum paulinischen Kerygma

1. Den Vorurteilen der "konsequenten Eschatologie" (und des entsprechenden formgeschichtlichen Ansatzes, wie ihn dann M. Dibelius entwickelte) entzog schon *A. v. Harnack* den Boden[45]; und durch die Entdeckung der überreichen gerade in eschatologischer Hochspannung entstandenen *Qumran-Literatur* erscheinen diese Thesen vollends anachronistisch. Entgegen der Behauptung, daß die Haltung der Naherwartung eine Konzeption und Niederschrift der Apg (wie auch größerer Stücke von Evangelientradition) innerhalb der apostolischen Zeit ausschließe, zeigte A. v. Harnack die *genuine Affinität* auf, die zwischen dem paulinischen Missionswerk und dessen Darstellung in der Apg besteht, so daß *beide* als Ausdruck eines *gemeinsamen Ethos* wie auch als Werk *derselben apostolischen Zeit* erscheinen. Beide seien von der Naherwartung nicht verhindert, sondern geradezu herausgefordert worden. Immer wieder stellt er bewundernd fest, wie sehr dem Ethos des paulinischen Missionswerkes und dem tatsächlichen Verlauf angemessen die spirituelle Deutung der Apg sei. Denn die von Lukas formulierte Zeugenschaft "bis an die Grenzen der Erde" erfasse genau den Sinn des von der Vorsehung ermöglichten Vordringens Pauli nach

---

[45] Vgl. zum folgenden: A. VON HARNACK, *Die Mission und Ausbreitung des Christentums in den ersten drei Jahrhunderten,* Berlin [4]1924, 93-101; vgl. 80f. - Die Authentizität verteidigte A. VON HARNACK bereits in: *Lukas der Arzt*, Leipzig 1906; *Die Zeitangaben in der Apg des Lukas*, Berlin 1907; *Die Apostelgeschichte*, Leipzig 1908; *Neue Untersuchung zur Apg...*, Leipzig 1911.

Rom mit der freien Verkündigung der Frohbotschaft in dem überall hin ausstrahlenden Zentrum des Weltreiches.

Und die Anstrengungen des Paulus, bis an die äußersten Grenzen der Oikumene zu gelangen (laut Röm 15,24.28 sogar möglichst bis Spanien), wie auch die dazu antreibenden Weisungen des Geistes (Apg 16,6 und 16, 7), sieht Lukas - laut Harnack darin ganz konform mit Paulus selbst - im Lichte des überaus drängenden Auftrags, noch in "dieser Generation" (Lk 21,32) die Welt zu durchqueren, was deshalb, ohne große Abweichungen nach Norden oder Süden, auf der eigentlichen Achse des Weltreiches: Antiochien - Korinth - Rom (- Spanien) zu geschehen hatte.

Laut Harnack entstand die Apg unmittelbar nach den Ereignissen, die sie als letzte berichtet, also *kurz nach 63*; und der Verfasser hatte in Rom bereits Gelegenheit, für sein Evangelium das zuvor entstandene *Mk-Ev* zu benutzen.

Auch wer dieser Auffassung, die die der kirchlichen Tradition ist und die von Harnack gewiß nicht aus Mangel an historischem Sinn und kritischer Unabhängigkeit übernommen, sondern immer wieder neu erhärtet wurde, nicht zustimmen kann oder sie im Trend katholischer Exegese seit den 60er Jahren aufgegeben hat, muß deshalb nicht in die immer noch gängigen Thesen der "konsequenten Eschatologie" zurückfallen, nach denen die Apg ein Produkt erloschener Naherwartung oder einen Reflex der "verzögerten" Parusie in einer Zeit darstellt, die gelernt hatte, mit längeren kirchlichen Entwicklungen zu rechnen.

Gegen diese, heute auch katholischerseits immer wieder kolportierte Auffassung wendet sich mit Recht der neueste katholische Kommentar von *R. Pesch*, indem er feststellt: "Daß die Erfahrung der Parusieverzögerung nach der anfänglichen urkirchlichen Naherwartung für Lukas ausschlaggebender Faktor für die Konzeption des zweiten Buches und die Redaktion seiner Traditionen gewesen sei, läßt sich auch nicht bestätigen"[46]. Dies gilt auch gegenüber der sehr im *Sog der herrschenden Exegese* formulierten Einführung ins Lk-Ev in der von den deutschsprachigen Bischofskonferenzen herausgegebenen *Einheitsübersetzung*, wo ausgerechnet in Apg 1,8 ein Beweis dafür gesehen wird, daß Lukas "die Wiederkunft Christi nicht mehr als unmittelbar bevorstehend" erwartet. Offenbar wird dies aus der Formulierung "Zeugen bis an die Grenzen der Erde" (Apg 1,8) herausgelesen. Gerade eine solche Zeugenschaft

---

[46] PESCH, *Apostelgeschichte I*, 29.

aber will auch schon Paulus selbst in konsequentester Weise verwirklichen, wenn er seine Absicht kundtut, nach Rom und später auch nach Spanien (Röm 15,24) zu gehen. Entweder muß man also Lukas *und* Paulus vom Verlust der Naherwartung betroffen sehen oder keinen von beiden.

2. Paulinisches Denken und paulinische Existenzerfahrung waren überaus vielschichtig und vital. Sie lassen sich nicht auf einen Nenner bringen, der nur die Lehrartikulation der Briefe und speziell *Röm* und *Gal* berücksichtigt, und schon gar nicht auf das punctum mathematicum der Rechtfertigungslehre im reformatorischen Verständnis. Auch in den paulinischen Briefen selbst spiegelt sich eine große Vielschichtigkeit der Verflechtungen Pauli in kirchliche Traditionen und Lebensvollzüge wider. Es zeigte sich bereits, daß die älteste anamnetische und kerygmatische Funktion der Urgehalte der Evangelientradition gerade durch die von Paulus selbst eingeschärfte "vorpaulinische" Bekenntnistradition von 1 Kor 15,3-5, wie auch durch die Herrenmahltradition von 1 Kor 11,23ff., zugänglich wird. Ebenso erwies sich für Röm 1,3 eine *Jerusalemer* Vorprägung, wie sie ähnlich in 1 Petr erkennbar wurde. In besonderer Weise aktivierten 1 Kor 5,7 und 10,1ff. grundlegende soteriologische Gedanken und Vollzüge kirchlichen Lebens aus bereits vorpaulinischer Zeit. Als Zeuge ursprünglichster Jerusalemer Tradition erwies sich auch Lukas in seiner Wiedergabe der Kerygmas Petri[47].

Und wenn sogar Paulus, der auf seinen nicht von Menschen vermittelten Apostolat pocht, dennoch (oder gerade deshalb) seine Berufung an der des *Kephas* mißt (1 Kor 15,5.8ff.), so konnte auch Lukas der Zeuge petrinischen und paulinischen Kerygmas schwerlich auf die Idee kommen, seinen "Paulinismus" *alternativ* zur "petrinischen" Ausprägung der christlichen Botschaft zu verstehen. Zu Paulus und in den Dienst seines Missionswerkes zieht ihn das kompromißlose Eintreten Pauli für die *Gleichberechtigung der Heiden* in der Kirche, nicht aber das bisweilen grüblerische Ringen des Paulus mit seiner pharisäischen Vergangenheit und die ätzende Zerstörung falschen Selbstvertrauens auf Gesetzesgerechtigkeit. Im Zuge der Gemeindegründungen konnte sich Lukas ein Bild von Paulus machen, das *vielschichtiger* war, als das in Überbetonung der Rolle von Röm und Gal in Professorenstuben gewonnene.

---

[47] Vgl. oben, V, b, sowie IV, Anm. 10.

Auch wer im Verfasser der Apg den historischen Reisebegleiter Lukas von Kol 4,14 und Phlm 24 sieht, hat wenig Mühe, eine Erklärung für das "Defizit" spezieller gedanklicher Ausformungen der paulinischen Rechtfertigungslehre in der Apg zu finden. Lukas konnte schwerlich an jenen unübertragbaren Erfahrungen des Paulus partizipieren, aus denen dieser seine ureigene Theologie formulierte. Auch hat Lukas in den Abfassungssituationen der großen paulinischen Briefe nicht an der Seite des Paulus gestanden[48]. Und Paulus war nicht derjenige, der seine ureigenen, aus dem jeweiligen Kairos einer besonderen Herausforderung artikulierten Gedanken von späteren Mitarbeitern rekapitulieren ließ.

3. Natürlich wußte Lukas, welche zentrale Bedeutung Paulus (und nicht nur Paulus) dem Kreuzestod Christi beimaß. Das konnte aber bei der Komposition der Apg nicht Anlaß sein, jede Bekehrungspredigt Pauli um dieses Thema zu zentrieren (wie es dem tatsächlichen Ablauf wohl eher entsprochen hätte). Mancher Exeget, der bemängelt, daß nur in Apg 13,29.38f. und 20,28 dieses Thema zur Geltung gebracht wird, macht an anderer Stelle darauf aufmerksam, daß Lukas dem Leser verschiedentlich zutraut, manche in seinem Bericht nicht ganzheitlich durchkomponierte Predigt aus den bei analoger Gelegenheit mitgeteilten

---

[48] Die "Wir-Berichte" der Apg, die (neben Kol 4,14 und Phlm 24) den einzigen Hinweis auf Phasen der Anwesenheit des Lukas bei Paulus bieten, beziehen sich explizit nur auf Teile der 2. und der 3. Missionsreise (Apg 16,10-18; 20,6-21,17), sowie auf die Überführung Pauli nach Rom und die Situation nach der Ankunft (27,1-28,16). - Zwar müssen die im "Wir-Stil" formulierten Verse nicht unbedingt auch gleicherweise genau umgrenzbare Zeitabschnitte bezeichnen, außerhalb derer Lukas als *nicht* ins Geschehen involviert zu denken wäre. Doch kann man vom Anteil der "Wir"-Gruppe an der 3. Missionsreise (die in Apg 20,6ff. erst für die Rückfahrt von Philippi aus ins Spiel gebracht und von der wohl aus Korinth mit Paulus aufgebrochenen Begleitergruppe von Apg 20,3ff. unterschieden wird) sagen, daß dieser "Wir-Bericht" nicht an eine Anwesenheit des Lukas bei den langfristigen Aufenthalten des Paulus in Ephesus (Apg 19) und Korinth (Apg 20,3) denken läßt, in welcher Zeit Paulus *seine wichtigsten Briefe schrieb* (vgl. HENGEL, *Geschichtsschreibung* 60, und speziell THORNTON, a.a.O., 261ff.). - Für den *ersten* "Wir-Bericht" von der 2. Missionsreise (Apg 16,10-18) bleibt offen, ob Lukas erst in Troas zu Paulus gestoßen ist (von wo aus?) oder doch schon (anstelle von Barnabas und Markus, zusammen mit Silas: Apg 15,39f.) von Antiochien ab Paulus begleitete.
Vgl. zur strukurellen Bedeutung der "Wir-Berichte" als Hinweis auf die Eigenerfahrung des Verfassers und zu deren Zeugniswert im Kontext antiker Literatur: unten, Anm. 84-91.

Gedankengängen zu ergänzen[49]. Wenn Lukas nicht in jeder Rede die zentralen kerygmatischen Inhalte von neuem in den Mittelpunkt stellen wollte, in berechtigter Voraussicht einer dann schnell zu erwartenden Ermüdung des Lesers, dann hatte er beim jeweiligen Auftreten Pauli stärker die *abwechselnden* und *situationsbedingten* Sekundärthemen herauszustellen. Gerade für die zentralsten Punkte des urchristlichen Kerygmas, die auch im Mittelpunkt jener frühesten *Predigten Petri* standen, die von Lukas mit Recht als paradigmatisch für Predigtpraxis und Gemeindegründung erachtet werden[50], mußte es sich somit ergeben, daß sie in der lukanischen Komposition der *Petrus*predigten eine größere Rolle spielen als in den (erst im Rahmen späterer Kapitel wiedergegebenen) *Paulus*predigten. Auch bei einem Mitarbeiter Pauli wird man es für möglich halten müssen, daß er petrinisches und paulinisches Kerygma nicht so *differenzieren* und *charakterisieren* konnte und wollte, wie es beim heutigen Vergleich der Paulusbriefe mit den Schriften petrinischer Tradition möglich und exegetisch notwendig ist.

Das zentrale Kerygma im Sinne der Jerusalemer Bekenntnistradition, das für Paulus vorgängig zu jeder persönlichen Akzentuierung fundamental war und blieb, wird von Lukas jedenfalls *für Paulus vorausgesetzt*, auch wenn *Petrus* als derjenige erscheint, der es besonders *paradigmatisch* artikuliert[51].

4. Ein Verkennen der entwicklungsgeschichtlichen Grundzüge der apostolischen Mission wird von der Mehrzahl der heutigen Exegeten der Apg auch darin angelastet, daß sie *Petrus* zum Initiator der Heidenmission gemacht habe (Apg 10,1-11,18), während dieser Primat laut Gal

---

[49] Vgl. KÜMMEL 135f.

[50] Siehe oben, IV, Anm. 10; V, b 3-7; sowie VIII, Anm 30, 2. Absatz.

[51] Dies gilt außer für die Petrusreden der Kap. 2-4 und 10 noch einmal für Apg 15,7-11. Petrus ist hier Anwalt der Anliegen Pauli, was seiner Rolle in Apg 10 und seinem (auch in Gal 2,12a bezeugten) Grundanliegen entspricht; verhält sich aber in 15,22 gegenüber Jakobus bzw. gegenüber denen "aus dem Kreis um Jakobus" (wie in Gal 2,12b bemängelt) kompromißbereit bis nachgiebig. - Immerhin kommt Paulus später in Röm 14,5.14f. auch selbst den Intentionen des Aposteldekrets nahe. - Die Petrusrede Apg 15,7ff. ist *lukanische Komposition*. Es ist aber verfehlt, in 15,11 ein "paulinisches Theologumenon" fälschlich im Munde Petri zu sehen (so SCHNEIDER, *Apostelgeschichte I*, 113, Anm. 55); denn 15,11 entspricht genau jenem auch für *Petrus* selbstverständlichen christlichen Kerygma, dessen in 1 Kor 15,3ff. und Röm 1,3, ebenso wie in 1 Petr 1,2 und 3,21, eingeschärfte bekenntnishafte Formulierungen *Jerusalemer Ursprungs* sind.

Paulus zukomme[52]. Auch der die Quellentreue der Apg betonende Kommentar von *R. Pesch*, der in Apg 10,1 - 11,18 die lukanische Bearbeitung eines *vorlukanischen* Berichts sieht, wertet die *zeitliche Einordnung* dieses Berichts über den Durchbruch zur Heidenmission als eine *Fehleinschätzung der historischen Entwicklung* und urteilt: "Historisch ist das Geschehen, das in ihr (der Korneliuserzählung) überliefert war, am ehesten in der Zeit nach dem Apostelkonzil und im Vorfeld des antiochenischen Konflikts anzusiedeln"[53].

Pesch sieht sich zu diesem Urteil veranlaßt einerseits durch die Rolle Petri laut Gal 2,7, die dort freilich allzu pointiert und exklusiv als die des Missionars für die "Beschnittenen" gekennzeichnet ist, während Paulus als Missionar "für die Unbeschnittenen" erscheint, andererseits durch die Wankelmütigkeit Petri laut Gal 2,11 und die Tatsache, daß jenes "Apostelkonzil", von dem in Apg 15,5-21 berichtet wird, noch Schwierigkeiten mit einer bedingungslosen Freistellung der "Unbeschnittenen" von den jüdischen Speisegesetzen hat, wie Paulus sie fordert. Steht dazu im Widerspruch, wie Apg 10 dieses Problem als bereits durch *Petrus* paradigmatisch gelöst darstellt und laut Apg 11,1-18 auch bereits "die Apostel und die Brüder in Judäa" (11,1) zustimmen?

Für die richtige historische Einordnung durch Lukas spricht freilich nicht so sehr die gleich anschließend geschilderte Jerusalemer Zustimmung, wohl aber die Verflechtung mit charakteristischen Vorgängen bei der Gründung der Gemeinde von Antiochien durch die Jerusalemer "Hellenisten" (11,19-21). Diese waren bei ihrer für Juden und Judenchristen Aufsehen erregenden Aufnahme einer großen Zahl von "Hellenen" in die Kirche zweifellos auf Rückendeckung bedacht, die wirkungsvoll allein Petrus gewähren konnte, und haben sich dabei offenbar auf eine bahnbrechende Tat Petri[54] berufen.

In Antiochien lernten dann Barnabas und der erst durch Barnabas nach Antiochien geholte Paulus (11,25) die neue Aufnahmepraxis kennen und wurden zu ihren größten Förderern. Die Taufe des Cornelius durch Petrus gehört also zu den Legitimationsgrundlagen der antiochenischen Kirche hinsichtlich ihrer Gründung und Ausweitung. Und der in

---

52 KÜMMEL 147. - Die These von Kümmel übernimmt: SCHNEIDER, *Apostelgeschichte I*, 113.

53 PESCH, *Apostelgeschichte I*, 335.

54 Vgl. zur Pionierrolle Petri für die Heidenmission: HENGEL, *Geschichtsschreibung* 79-84.

antiochenischen Angelegenheiten auffallend gut orientierte Verfasser der Apg konnte in dieser für Antiochien entscheidend wichtigen Angelegenheit, in der Petrus eine Schlüsselfunktion zukam, schwerlich einer Täuschung unterliegen. Eine solche Selbsttäuschung ist noch viel weniger anzunehmen für den Fall, daß der Verfasser der Apg selbst aus Antiochien stammte bzw. vor der Abfassung seines Werkes dort ansässig geworden war, wofür - außer der patristischen Tradition - vor allem die von Lukas (ebenso wie vom Verfasser des Mt-Ev) vorgenommene ausgiebige Nutzung der ganz ursprünglich auf *Antiochien* verweisenden Logien-Quelle spricht.

5. Auch von Gal 2,2ff. her wird deutlich, daß zumindest das Teilproblem der *Taufe "Unbeschnittener"* sich bei den Verhandlungen Pauli mit den Altaposteln und der Jerusalemer Gemeinde als schon vorgängig zu diesem Treffen gelöst erwies und daß Querelen judaisierender Kräfte (Gal 2,12) keine Chance mehr hatten, das Problem neu aufzurollen.

In Apg 10 hält Petrus mit Cornelius auch *volle Tischgemeinschaft.* Eine Beachtung bestimmter Speisen als Bedingung dafür wird durch den Bericht von Apg 10 geradezu ad absurdum geführt. Zu dieser Situation steht die von Gal 2,11f., aber auch die von Apg 15,20 (Jakobusklausel) natürlich im Kontrast. Aber sowohl in Gal 2 wie auch in Apg 15 wird eindeutig der Grund für die neu entstandenen Schwierigkeiten genannt: "falsche Brüder" (Gal 2,4), das Insistieren "einiger aus dem Kreis um Jakobus" (Gal 2,12), Reklamationen gläubig gewordener "Pharisäer" (Apg 15,5) und Rücksichtnahme auf Gesetzestreue im Verband der Synagoge (Apg 15,20f.). Der gleiche Problemzusammenhang von Apg 10-11 und Apg 15,5-21 zwingt also keineswegs dazu, Apg 10 zeitlich an die Vorgänge von Apg 15 heranzuziehen. Vielmehr hatte in der Jerusalemer Gemeinde nach der Anstachelung des Christenhasses durch Herodes Agrippa (Apg 12,2) und dem ersten Weggang Petri aus Jerusalem eine Welle judaisierender Überfremdung eingesetzt, deren Kräfte auf Jakobus, dem die Gemeindeleitung zugefallen war (12,17), Einfluß gewannen und auch Petrus zu größeren Zugeständnissen zwangen, als ihm selbst lieb sein konnte (Gal 2,12).

Es verwundert, daß Pesch die Corneliusgeschichte gar in die Zeit *nach* dem Apostelkonzil und in das *Vorfeld* des antiochenischen Konflikts verlegen will. Denn die antiochenische Reaktion Pauli ist schwerlich vorstellbar gegen einen Petrus, der in seinem Verhalten nur dem Beschluß des Apostelkonzils (mit der Auflage der Jakobusklausel) entsprochen hätte. Paulus hält sich ja selbst zugute (Gal 2,6), daß die Altapostel ihm nichts Einschränkendes für seine gesetzesfreie Heidenmission auferlegt hatten. Will man nicht auch Apg 15,5-21 von Gal 2,6 her widerlegt sehen (wogegen Pesch selbst beachtliche Gründe vorbringt, in deren Konsequenz er die Situation von Apg 15,5-21 zwei Jahre nach der Situation von Gal 2,6 ansetzt), dann wird man auch die Reaktion Pauli aus einer Situation heraus zu sehen haben, in der er noch meinen konnte, im Sinne des besseren Gewissens auch der *Altapostel* Petrus zurechtweisen zu können, was *nach* dem Apostelkonzil und der Verabschiedung der Jakobusklausel nicht mehr möglich war.

Die Corneliusgeschichte müßte also gemäß der chronologischen Differenzierung von "Apostelabkommen" und "Apostelkonzil" zumindest schon als Motivation für die Haltung der Altapostel beim "Apostelabkommen" im Jahre 46 herangezogen werden, als diese ohne formelle Einschränkung Paulus grünes Licht für seine gesetzesfreie Heidenmission gaben.

Ein Widerspruch zwischen Gal 2,6 (bzw. Gal 2 insgesamt) und Apg 15,5-21 ist vor allem dann gegenstandslos, wenn die einschränkende Jakobusklausel *nach* dem Berichtszeitraum von Gal 2 liegt. Petrus zog sich die Mißbilligung Pauli zu, die dieser dann jedoch in etwa auf das ganze "Apostelkonzil" übertragen mußte. Eine solche Fortsetzung von Gal 2 hat sich Paulus freilich erspart, zumal sie im Kontext von Gal theologisch nichts Neues gebracht hätte, Paulus zusätzlich schmerzlich berührt hätte und die Einschränkung der Jakobusklausel zur Zeit der Abfassung von Gal ohnehin in den jüngeren Missionskirchen nicht mehr aktuell war. Gegen die Einwände von *W.G. Kümmel* und *G. Schneider* bezüglich der *heidenmissionarischen Pionierrolle Petri* (und auch gegenüber den Vorbehalten von Pesch) ist zu betonen, daß sich Paulus in Gal 2 eine *zeitliche* Priorität für die Praxis der Aufnahme von "Hellenen" in die Kirche keineswegs zuschreibt. Die diesbezügliche Pionierrolle der Jerusalemer "Hellenisten" laut Apg 11,20 kann keinem Zweifel unterliegen[55]. Daß sie sich dabei von Petrus gedeckt wußten

---

[55] Die "Hellenisten" legen schon die früheste apostolische Predigt von Botschaft und Wirken Jesu in einem stärker kult- und torakritischen Sinne aus (Apg 7) als der aramäischsprachige Anteil der Jerusalemer Gemeinde. Sie bilden die Gedanken vor, gegen die zunächst besonders heftig Saulus reagiert, der sie dann nach seiner Bekehrung umso konsequenter entfaltet. Vgl. M. HENGEL, *Zwischen Jesus und Paulus. Die "Hellenisten", die "Sieben" und Stephanus:* ZThK 72 (1975) 151-206; DERS., *Geschichtsschreibung* 64-73. - In den vorgängig zu Antiochien gegründeten

und auf hochkarätige Präzedenzfälle hinweisen konnten, ist historisch nur allzu wahrscheinlich. Die Verflechtung der Taufe des Cornelius in Apg 10 mit der Aufnahmepraxis in der frühesten antiochenischen Gemeinde gibt deshalb keinen Anlaß, an Mißverständnisse des Verfassers der Apg zu denken. Schon gar nicht kann von einem so eklatanten Mißverständnis der Missionsentwicklung die Rede sein, daß schon deshalb ein Mitarbeiter Pauli als Verfasser der Apg nicht in Frage käme. Im Gegenteil: die Darstellung von Apg 10-11 weist auf einen Kenner der Vorgänge um die Gründung der antiochenischen Gemeinde hin. Ein solcher war der Verfasser der Apg zweifellos. Und dieses Verfasserprofil konvergiert mit jener altkirchlichen Auffassung, die (in der "westlichen" Lesart) aus Apg 11,28 ein Selbstzeugnis des Lukas macht, von dem man annahm, daß er zum Kern des frühen, aus "Hellenen" gewonnenen Gemeindeanteils von Antiochien gehörte.

d) Die historischen Angaben in Apg und Gal: Widersprüche infolge großer Zeitdistanz?

1. Historische Widersprüche zwischen der Apg und Paulus selbst konstatiert die Mehrzahl der heutigen Exegeten besonders hinsichtlich der Abfolge der Besuche Pauli in Jerusalem und gibt diesen Widersprüchen ein solches Gewicht, daß schon durch sie ein Mitarbeiter Pauli als Verfasser der Apg ausgeschlossen sei[56]. Auch dies trifft nicht zu. Als be-

---

Gemeinden der Hellenisten in Phönizien (Apg 11,19) wird Paulus dementsprechend später besonderen Rückhalt finden (Apg 21,3ff.; 27,3); ähnlich bei Philippus in Cäsarea (21,8ff.). Auch die Rolle,die *Damaskus* für Paulus spielt (Apg 9 u.ö ; vgl. 2 Kor 11,32f.), wird in diesem Zusammenhang zu sehen sein. - PESCH *(Apostelgeschichte I*, 352) läßt in seiner Auslegung von Apg 11,21 offen, ob schon die "Hellenisten" eine *beschneidungsfreie* Heidenmission betrieben (laut Pesch jedenfalls noch keine *gesetzesfreie)*, als deren Initiator in Antiochien er *Barnabas* annehmen möchte (354), während der Initiator der *gesetzesfreien* Heidenmission Paulus, *nicht Petrus*, wäre. - Pesch setzt hier (von Gal und Apg 15 her) ideengeschichtlich rekonstruierte Abläufe an die Stelle der direkten lukanischen Zeugnisse von Apg 10-11.

[56] KÜMMEL 147f. - Das diesbezügliche Urteil Kümmels übernimmt SCHNEIDER (*Apostelgeschichte I*, 113 u.ö.), ähnlich PESCH (*Apostelgeschichte I*, 25), der jedoch Quellen und mündliche Paulus-Überlieferung hinter den einschlägigen (teils angeblich unkorrekt wiedergegeben) Nachrichten der Apg sieht.

sonders gravierend wird von vielen erachtet, daß die *Vereinbarungen Pauli mit den Altaposteln in Jerusalem* nach Gal 2 eine von Bedingungen *freie* Aufnahme von Heiden in die Kirche bezeugen, laut Apg 15 aber die Tischgemeinschaft zwischen Judenchristen und Heidenchristen an die *Bedingungen der Jakobusklausel* geknüpft ist. Im Falle des Widerspruchs hat freilich das Zeugnis des Paulus Vorrang, der unzweifelhaft von eigenen Erfahrungen, noch dazu in Gal unter Beteuerung seiner Glaubwürdigkeit, schreibt und darauf bedacht ist, seinen Gegnern keine Blöße zu geben. Doch ein Widerspruch zwischen Gal 2 und Apg 15,5-21 besteht (wie bereits angedeutet) nicht. Denn in Apg 15,5-21 geht es um die von christlichen "Pharisäern" eingeforderte Beachtung der Speisegesetze, eine Streitfrage, die *nach* den in Gal 2,1-10 umschriebenen Vereinbarungen *neu* hochgespielt wurde (und die allenfalls im Anschluß an Gal 2,21 hätte berichtet werden können).

Freilich ist zuzugeben, daß die Chronologie der Kontakte Pauli mit den Altaposteln im Berichtsablauf von Apg 9-15 nicht sehr transparent gehalten ist, eben weil der Verfasser der Apg die Kontakte *dieser* Zeit *nicht* aus eigener Erfahrung kennt. Auch läßt er Paulus nach der Bekehrung *häufiger* in Jerusalem auftreten, als es die beiden in Gal 1-2 bezeugten Besuche erlauben. Andererseits enthält auch das Zeugnis Pauli in Gal 1-2 Unklarheiten. Vor allem darf man nicht, wie dies vielfach geschieht, diejenigen Beziehungen Pauli zu Jerusalem kappen, die mit den nur zwei Besuchen *zur Abstimmung von Missionsfragen* bei den Altaposteln nichts zu tun haben. Gal 1-2 ist also keine Instanz, um das in Phil 3,5 und Apg 22,3 bezeugte Gesetzesstudium Pauli zu bestreiten, das laut Apg 22,3 in Jerusalem stattfand[57], oder die in Apg 7,58 bekundete Verquickung des Saulus in die Vorgänge um das Martyrium des Stephanus als legendär abzutun[58].

---

57 SCHNEIDER (*Apostelgeschichte II*, 43) folgt G. BORNKAMM (*Paulus*, Stuttgart ²1970), der den Hinweis auf ein Gesetzesstudium in Jerusalem für zumindest zweifelhaft hält (aber Phil 3,5 als Selbstzeugnis Pauli über sein Pharisäertum gelten läßt). - Die Annahme eines geordneten Gesetzesstudiums Pauli (als Hillelit) setzt jedoch ein solches *in Jerusalem* voraus, wie HENGEL (*Geschichtsschreibung* 71f.) nachweist.

58 So SCHNEIDER (ebd.), dessen Liste der angeblichen Fiktionen der Apg sich auch auf fast alles erstreckt, was über die Umstände der Bekehrung Pauli (Vorgeschichte in Jerusalem, zeitliche Einordnung, Zweck seines Besuches in Damaskus, Gegenreaktion der Juden in Damaskus auf die Bekehrung Pauli) in Apg 9 mitgeteilt wird. - Vgl. dagegen HENGEL 70-78.

Auch der in Apg 11,30 (mit 12,25) erwähnte Besuch Pauli in Jerusalem wäre bei restriktiver Interpretation von Gal 1-2 zusätzlich zu den zwei Kontaktaufnahmen mit Altaposteln dann nicht ausgeschlossen, wenn er *nur* der Überbringung der "Hungersnotkollekte" und ihrer Übergabe an Jerusalemer *Presbyter* (Apg 11,30) gedient hätte (eine Interpretation, die jedoch weder von Gal noch von Apg 11,30 sehr wahrscheinlich ist).

2. Laut Berichtsfolge der Apg finden wir im Zeitraum von Gal 1-2 Paulus in Jerusalem: Apg 9,26ff.; 11,30 (mit 12,25); 15,4; 15,12. Dabei entspricht Apg 9,26ff. dem Besuch von Gal 1,18. Die in Gal 1,18 verbürgten "drei[59] Jahre" nach der Bekehrung standen dem Verfasser der Apg nicht formell als eigene Nachricht zur Verfügung. Die Angaben für Tätigkeiten Pauli *vor* dem Besuch von Apg 9,26ff. (also die zeitbezogenen Formulierungen von Apg 9,19-26) sind jedoch so dehnbar gehalten, daß man die "drei Jahre" von Gal 1,18 in diese Zeitspanne eintragen kann und der Apg diesbezüglich keine Fehlinformation zuzuschreiben hat.

Der Umgang mit "den Jüngern" und "den Aposteln" laut Apg 9,26ff. ist allerdings gemäß Gal 1,18f. zu korrigieren. Es ist dem Bericht der Apg kaum zu verübeln, daß er den Umgang mit den Altaposteln *extensiv* umschreibt und nicht wußte, daß Paulus in einer ganz bestimmten Zwangssituation besonderen Wert darauf gelegt hatte, zum Nachweis der *Unabhängigkeit seines Apostolats von menschlicher Vermittlung* einen nur 14tägigen Besuch in Jerusalem und diesen wiederum nur bei Kephas, unter weiterer Kontaktgelegenheit nur mit Jakobus, zu bezeugen.

Apg 11,30 erweist sich ohnehin als *Vorschau* auf den gemäß der chronologischen Situation von 12,25 durchgeführten Besuch. Das in 11,30 prophezeite Ereignis ist aller Wahrscheinlich nach die Hungersnot zur Zeit des Claudius, die von Flavius Josephus für das Jahr 46 bezeugt wird. Die Kollekte und vor allem ihre Überbringung ist Reaktion auf die Hungersnot selbst (und nicht schon auf die früher erfolgte *Prophezeiung* derselben). Die nach dem Tod des Herodes (im Jahre 44) erwähnte

[59] Die übliche Ausdrucksweise kann *zwei* (mehr oder weniger volle) Jahre meinen. Dies ist wichtig, sofern die Fristen in Gal 1,18 und 2,1 als hintereinander liegend zu verstehen sind und der zweite Besuch Pauli laut Gal 2,1 (also nach 2+13 Jahren) ins Jahr 46 oder 47 führen soll.

Vollendung der Reise des Paulus und Barnabas (Apg 12,25) ist dementsprechend als ein Ereignis zu verstehen, das (aus Gründen der paulinischen Chronologie) frühestens 46 stattfand. Eine Zeitdistanz nach dem Jahre 44 ist durch Apg 12,24 immerhin angedeutet.

Im Berichtszeitraum zwischen Hungerkollektenbesuch und dem meist auf das Jahr 48 datierten "Apostelkonzil" liegt die erste Missionsreise Pauli. Nun zeigte sich bereits, daß der Hauptbericht vom "Apostelkonzil" *nicht* den Fragen und Ereignissen der in *Gal 2* mit dem *zweiten Jerusalembesuch verknüpften Vereinbarungen mit den Altaposteln* entspricht, vielmehr die Verabschiedung des "Aposteldekrets" (Jakobusklausel) außerhalb des Berichtszusammenhangs von Gal 2 (und zeitlich nach diesem) steht. Dagegen wird in Apg 15,4 die Freude der Apostel und Presbyter in Jerusalem über den *Missionsbericht Pauli* und die erfolgte Bekehrung vieler aus den Heiden berichtet. Pesch hat gute Gründe dafür vorgebracht[60], daß in Apg 15,1-4 und 15,5-21 von der Lösung genau zu unterscheidender Fragen die Rede ist (Taufe von Unbeschnittenen in Apg 15,1-4; Einhaltung der Speisevorschriften bei der Tischgemeinschaft mit Judenchristen in Apg 15,5-21). Aus Gal 2 ergibt sich, daß die Vereinbarungen darüber bei unterschiedlichen Gelegenheiten erfolgt sind und daß Paulus bei der ersten die treibende Kraft war, während die zweite kaum unter seiner Mitwirkung, oder auch nur in seiner Anwesenheit, denkbar erscheint.

3. Der Verfasser der Apg, der gegenüber seinen Quellen (und Informationen) große Sorgfalt an den Tag legt und lieber Nachrichten unverbunden nebeneinanderstellt, als daß er Gefahr liefe, Nicht-Zusammengehöriges zu *vermengen*, hat möglicherweise selbst Zweifel an der Identität der beiden Zusammenkünfte von Aposteln und Presbytern gemäß Apg 15,1-4 und 15,5-21 gehabt und wollte dem Leser die Möglichkeit geben, das Berichtete als zwei Phasen einer *einzigen* Zusammenkunft oder als *verschiedene* Zusammenkünfte zu interpretieren. Bei einem solchen Verfahren konnte es dann freilich ebenso gut geschehen, daß zwei Quellen, die sich in sehr unterschiedlicher Weise auf Aspekte eines *einzigen* komplexen Ereignisses bezogen, als aus *verschiedenen* Situationen stammend beurteilt und auseinandergerissen wurden und also in der Komposition der Apg als Ereignisse verschiedener Jahre erscheinen. So dürften die Nachrichten über Paulus in Jerusalem in Apg

---

[60] PESCH, *Apostelgeschichte II*, 69-90.

11,30 (mit 12,25) und in Apg 15,1-4 den *gleichen* Besuch betreffen, der zum einen der Überbringung der Hungerkollekte diente (laut 11,30 an die *Presbyter* von Jerusalem vielleicht deshalb, weil diese nun die ehemaligen Aufgaben der "Sieben", aber für die *Gesamtgemeinde*, wahrnahmen), zum anderen die Gelegenheit zu dem in Gal 2,1-10 berichteten Abkommen bot. Laut Pesch sind deshalb "Apostelabkommen" (nicht vor 46) und "Apostelkonzil" (bzw. Aposteldekret) im Jahre 48 sorgfältig zu unterscheiden. Es wäre dann allerdings der missionarische Erfolg Pauli bei der Heidenmission, der dem "Apostelabkommen" *vorausgeht*, nicht jener der ersten Missionsreise von Apg 13f., sondern jener frühere im Raum von Antiochien (Apg 11,26) bzw. (laut Gal 1,21) "in den Gebieten von Syrien und Kilikien". Die Geschehnisse von Apg 13 dagegen wären *nach dem Apostelabkommen* von 46 (Gal 2,1-10; Apg 15,1-4), jedoch *vor dem Apostelkonzil* (Apg 15,5ff.) zu denken.

Der Vergleich der Kontakte und Vereinbarungen Pauli mit den Altaposteln im Zeugnis von Gal 1-2 einerseits, und Apg 9; 11f. und 15 andererseits, zeigt also in den Fragen des Verhältnisses Pauli zu den Altaposteln und der wichtigsten Grundsatzentscheidungen für die Durchführung der apostolischen Mission keineswegs in dem Maße Widersprüche, daß ein Missionshelfer Pauli (der zu Paulus in einer späteren Phase der Mission stieß) niemals "solche Unkenntnis" hätte zeigen dürfen. Vielmehr konnte auch bei intensivem Kontakt mit Paulus, besonders zwischen 58 und 62, ein nach diesen Jahren schreibender Autor unsicher sein darüber, welche Altapostel Paulus beim ersten und welche beim zweiten Besuch in Jerusalem angetroffen hatte und ob beim "Apostelkonzil" im Jahre 48 noch einmal die *beiden* großen Fragen anstanden (Taufe von Unbeschnittenen *und* Enthaltung von "unreinen" Speisen) oder nur die letztere noch einmal zum Problem wurde. Und grundsätzlich waren ja beide schon im Zuge der Konstituierung der Kirche von Antiochien gelöst worden.

Vergegenwärtigt man sich, was heute, rund 25 Jahre nach dem II. Vatikanischen Konzil, von Theologen (trotz der vorhandenen Quellenflut) *fälschlich* als Konzilsentscheidung ausgegeben wird, so kann man Lukas nicht rügen, wenn er in einem zeitlichen Abstand von 15 oder mehr Jahren die Verhandlungsmaterie des Apostelkonzils *umfassender* beschrieb und auch *Paulus* bei der Verabschiedung des Aposteldekrets anwesend sein ließ, obwohl dieser in Wirklichkeit dort wohl kaum zugegen war. - Der Vergleich zwischen Apg und Gal bietet jedenfalls keine Handhabe, die Apg einem Misisonshelfer Pauli und damit dem historischen Lukas abzusprechen und für die Abfassung der Apg eine in die (präsumptive) Lebenszeit eines Paulusbegleiters kaum noch integrierbare zeitliche Distanz von 4-5 Jahrzehnten nach dem "Apostelkonzil" anzunehmen.

e) Das Zeugnis der Apg für kirchliche Ämter und Ordination: die Strukturen der apostolischen Zeit in der Partizipation der Missionskirchen

1. Die Apg ist das in hohem Maße historisch transparente lukanische Glaubenszeugnis über die im Leben und Wirken Jesu, sowie in der Auferstehung und Geistsendung Jesu gründende Ordnung und Geschichte *der apostolischen Kirche* und ihrer Mission. Zwar wurde die Apg, und das lukanische Doppelwerk insgesamt, von *Bultmann* der Zerstörung des wahren Glaubens durch historische Absicherung, von *Käsemann* eines penetranten Frühkatholizismus bezichtigt, von *G. Klein* schließlich der historisierenden Rückprojektion der Funktion der Apostel für schuldig befunden, die im Leben Jesu keine Realität gewesen seien[61]. Und auch katholische Kommentare haben die *Betonung der Augenzeugenschaft*, die Herausarbeitung der besonderen Rolle der Zwölf und die Nachrichten über *frühe Amtseinsetzungen* für typisch lukanische Konstruktionen gehalten oder diese als Rückdatierung aus einer fernen *nachapostolischen* Perspektive und Kirchenordnung erklärt.

Nun zeigte sich jedoch, daß schon gemäß 1 Kor 15,5ff. die Berufungen zum *nachösterlichen* Apostelamt in jenen Erscheinungen des Auferstandenen wurzeln, deren erste den bereits *vorösterlich* Berufenen, nämlich Petrus und den Zwölf zuteil wurden[62]. Wiederum zeigte die Analyse der lukanischen Aussagen über die Augenzeugenschaft der Altapostel, daß zwar in der Beschreibung einer Zeugenschaft von dem, was sich zugetragen hat "angefangen von Galiläa, nach der Taufe, die Johannes predigte" (Apg 10,37) ein besonderes Anliegen des Lukas

---

[61] Vgl. zur Auseinandersetzung mit den Thesen von G. KLEIN (*Die zwölf Apostel. Ursprung und Gehalt einer Idee*, Göttingen 1961): ROLOFF 138-168, wo die Kontinuität des *nachösterlichen* Apostolats mit der *vorösterlichen* Funktion der Zwölf entsprechend der Konzeption der Apg erwiesen wird.

[62] Vgl. ROLOFF 162-165; 84ff.; 90ff.

sich kundtut, das aber auch schon Petrus - gemäß Jerusalemer Quellen und Zeitzeugen - in seiner frühesten ganz eschatologisch ausgerichteten Predigt die zu erwartenden kosmischen Zeichen, die der Wiederkunft vorausgehen, in *einer Linie mit jenen Zeichen* sah, durch die Gott seinen Messias schon zu dessen irdischen Zeiten beglaubigt und in deren Aufgipelung er ihn von den Toten auferweckt hatte. Von eben diesem Geschehenszusammenhang her ist der besondere österliche Beglaubigungsstempel der apostolischen Predigt zu sehen, der sich in der Aussage bekundet: "dessen sind wir alle Zeugen" (Apg 2,32).

Der Vorbehalt des Titels "Apostel" an die Altapostel ist zwar eine lukanische Eigenart. Aber auch Paulus setzt die Zwölf als die Apostel "vor ihm" (Gal 1,1.17) voraus, in deren Reihe er sich einfügt, trotz seiner *einzigartigen* und *unverwechselbaren* Berufung als Apostel für die Heiden. Lukas hat in der Apg das Licht Pauli wahrlich nicht unter den Scheffel gestellt, sondern Paulus als den großen Kirchengründer neben Petrus, ja, Petrus in seinem Missionswerk noch übertreffend, dargestellt. Hinsichtlich der Predigtautorität Pauli nutzt Lukas den Begriff des "Zeugen", um Paulus an die Seite des "Zeugen" Petrus zu stellen[63]. In der äußeren Verwendung des Titels "Apostel" weicht Lukas von Paulus zwar ab, stellt aber der *Sache* nach die Begründung für den Apostolat Pauli, nämlich die Berufung durch den Auferstandenen, gleich *dreimal* und in großer Breite heraus (Apg 9,1-16; 22,4-21; 26,12-18). Und beim Vergleich mit den Initien der paulinischen Briefe (und innerbrieflichen Betonungen seines Apostolats durch Paulus) ist zu bedenken, daß diese sowohl von einer Situation der Auseinandersetzung her (z.B. Gal; 1 und 2 Kor) oder um der besonderen Betonung theologischer Anliegen willen (z.B. Röm), als auch brieftechnisch von der Selbstvorstellung Pauli als Apostel notwendig waren und daß schon deshalb kein sachlicher oder persönlich akzentuierter Widerspruch aus dem Vergleich mit der Apg konstruiert werden kann.

Was die Wertung der Apg als Dokument der frühesten Kirchengeschichte betrifft, so hat sich gezeigt, daß die Apg über die frühen Kirchengründungen quellengetreu und dem historischen Ablauf entsprechend berichtet und daß gelegentliche Unsicherheiten bei der Quellenanordnung (wie z.B. bei den frühen Jerusalembesuchen Pauli und seinen Vereinbarungen mit den Altaposteln) keine gravierenden Anachronis-

---

[63] Zum Sprachgebrauch von "Zeuge", "Zeugnis ablegen" in der Apg siehe SCHNEIDER, *Apostelgeschichte I*, 226f.

men implizieren. Auch haben sich keine ausreichenden Indizien für eine späte Entstehung des Lk-Ev und der Apg ergeben, welche den Verdacht begründen könnten, Angaben über die Frühzeit der Kirche seien weitgehend Rückprojektionen aus kirchlichen Verhältnissen vom Ausgang des Jahrhunderts. Dies ist nun für die *Ämterstruktur* zu überprüfen.

2. Eine Schlüsselstellung im Zuge der frühesten Ausbreitung der Kirche kommt der Bestellung der "*Sieben*" in Apg 6 zu. Wie gezeigt, verdankt sich die Gründung der antiochenischen Kirche so sehr diesen Jerusalemer "Hellenisten" und ist auch der Verfasser der Apg anscheinend so in diese Frühzeit der Kirche von Antiochien miteinbezogen, daß sich hinsichtlich der Institution und der Bedeutung der Sieben innerhalb der Urgemeinde (wie auch hinsichtlich der späteren Rolle dieser Männer in abgewandelter Funktion) Zweifel an der Berichtstreue nicht nahelegen. Die Amtseinsetzung erfolgt nach entsprechender Wahl (Apg 6,3) unter Gebet und Handauflegung der Apostel (6,6). Gerade dieser Vorgang ist angesichts entsprechender Handauflegungs- und Einsetzungsakte im Judentum als historisch zu betrachten[64].

Den "Sieben" kommt in Jerusalem eine Helferfunktion an der Seite der Apostel zu, die nicht auf eine der *späteren* Stufen des kirchlichen Amtes hin zu umgrenzen ist. Ihre Helferfunktion hat Gemeinsamkeiten mit dem Amt der späteren *Diakone* (als deren "erste" die Sieben in der kirchlichen Tradition[65] oft bezeichnet werden), aber auch mit den späteren *Presbytern* hinsichtlich des Anteils an der Lehre und den sakramentalen Funktionen (laut Apg 8,6ff.; 26ff. verkündet Philippus das Evangelium und tauft), ja, auch mit dem späteren *Bischofsamt* hinsichtlich der Eigenverantwortung, die die Sieben gegenüber dem "hellenistischen" Gemeindeanteil wahrnehmen, einschließlich der Zuständigkeit für Verkündigung und Sakramentenspendung.

---

[64] Vgl. PESCH (*Apostelgeschichte I*, 229f.) zu Apg 6,6: "Daß der Bericht kaum den historischen Sachverhalt treffen", sondern "eher die Weise... in der zur Zeit des Lukas Amtsübertragungen erfolgten (so SCHNEIDER, *Apostelgeschichte I*, 429) widerspiegeln solle, ist angesichts der judenchristlichen Herkunft des Ordinationsritus eine von kaum gerechtfertigter Skepsis getragene Annahme." Der Bezug der *Handauflegung* in Apg 6 zu Num 27,18.23 entspricht dem analogen Bezug der *Auswahl*, *Qualifikation* und *Präsentation* der Kandidaten (Apg 6,3-6) zu Num 27,16.18.19 und zeigt die Verankerung des Berichts in einer der lukanischen Theologie und Komposition *vorausliegenden ältesten Tradition*.

[65] So schon bei IRENÄUS (Adv.haer. I,26,3; III,12,10; IV,15,1).

Das Amt der "Sieben" war in dieser Umschreibung jener Phase vorbehalten, in der die Kirche hauptsächlich auf Jerusalem (mit Ausstrahlung nach Judäa und Samaria) beschränkt war.

3. Nachdem die Gemeinde von Antiochien gegründet ist und die Kirche sich in Phönizien und Zypern (wie auch in zusätzlichen Teilen Syriens, Arabiens und Kilikiens) verbreitet hat, tritt in *Jerusalem* das Amt der *Presbyter* in Erscheinung (Apg 11,30). Die Mitteilung des Lukas, daß die Hungersnotkollekte den Presbytern in Jerusalem zu übergeben war, zeigt an, daß die Presbyter diesbezüglich wohl Funktionen der früheren "Sieben" mit übernommen hatten. Freilich sind sie nicht speziell für den hellenistischen Gemeindeanteil verantwortlich. Dies läßt daran denken, daß es auch schon zur Zeit der "Sieben" aus den "Hellenisten" Männer gleicher Funktion für die "Hebräer" gegeben haben wird. Denn es wäre einer Disqualifikation der griechischsprachigen Gemeinde gleichgekommen, hätten die Apostel für diese die Zuständigkeit abgegeben, um sich vorwiegend den "Hebräern" zu widmen. Für die nachgeordneten Funktionen, für welche die Apostel Entlastung wünschten, dürfen deshalb *zwei* Gruppen von apostolischen Mitarbeitern gemäß der Logik des Berichtes über die Einsetzung der Sieben angenommen werden[66]. Die Vertreter dieser Gruppe aus den "Hebräern" wären dann mit den Aposteln nach Vertreibung der "Hellenisten" in Jerusalem verblieben. Und ihre Funktion müßte später von der Erweiterung des Wirkungsradius der Apostel mitbetroffen gewesen sein und demgemäß eine Ausweitung der Kompetenzen erfahren haben.

Die Mitteilung von Apg 11,27-30, die Vorgänge *vor dem Jahr 42* (Apg 12,1), wie auch des Eintretens der prophezeiten Hungernot *im Jahre 46* und der Reaktion auf diese zusammenfaßt, wird mit der Voraussetzung von "Presbytern" in Jerusalem nicht erst bezüglich des Jahres 46 im Recht sein. Daß dieses Amt *auch unter diesem Namen* schon zur Zeit von Apg 6 neben dem der Sieben des hellenistischen Gemeindeanteils und zunächst als dessen Äquivalent existiert hätte, ist jedoch unwahrscheinlich. Zumindest als Amt *dieses Namens* wird es sich erst

---

[66] Diese These vertritt nachdrücklich P. Gaechter (siehe oben, VII, Anm. 56) 133-139. Einen Zusammenhang der Presbyter von 11,30 mit den "Sieben" sahen auch bereits *Th. Zahn, A. Ritschel* u.a. gegeben.

nach der Übernahme der Gemeindeleitung in Jerusalem durch Jakobus herausgebildet haben[67].

4. Das Amt der Presbyter begegnet dann in Apg 14,23 in Verbindung mit der Nachricht, daß Paulus und Barnabas als die von Antiochien ausgesandten Apostolischen Missionare (Apg 13,1ff.) "in jeder Gemeinde Presbyter einsetzten". Die unter heutigen Exegeten übliche These, daß in der Presbyterordnung von Apg 14,23 lukanische Rückprojektion aus einer entsprechenden Ordnung seiner *eigenen* Zeit vorliege, ist noch willkürlicher als die gleichartige Annahme bezüglich Apg 11,30. Denn die Apg verfügt über sichere Nachrichten aus der Frühzeit der antiochenischen Kirche und der von ihr abhängigen Mission. Die Verwendung der "apóstolos"-Bezeichnung für Paulus und Barnabas nur im Zusammenhang *dieser* Mission in Apg 14,4 (entgegen dem üblichen Sprachgebrauch des Lukas, der diesen Titel sonst stets den Altaposteln reserviert), zeigt deutlich den Rückgriff auf Quellen an[68]. Wenn die Einsetzung von "*Presbytern*" gemäß Apg 14,23 durch Paulus und Barnabas als antiochenische Missionare somit als gesichert gelten muß, dann dürften diese zugleich auf eine umfassendere Struktur zurückgegriffen haben, die (außerhalb Jerusalems) vor allem auch schon in *Antiochien* Bedeutung hatte. Denn Paulus und Barnabas haben als Abgesandte der antiochenischen Gemeinde (13,1) gewiß nicht willkürlich oder gänzlich innovatorisch gehandelt, ohne eine wenigstens präsumierte Zustimmung der Verantwortlichen in Antiochien.

Wie fortan Paulus als Gemeindegründer sich die Aufsicht über die von ihm gegründeten Gemeinden vorbehält, die er durch Legaten und Verantwortliche am Ort wahrnimmt, so haben die Gründer der antiochenischen Gemeinde, Männer aus den Jerusalemer "Hellenisten", gewiß die Verantwortlichkeiten in Antiochien auch selbst geregelt, wie auch die Schaffung neuer Verantwortlichkeiten in der zunächst von Antiochien abhängigen Mission vorprogrammiert oder wenigstens konzipiert. Daß in Apg 13,1 als herausgehobene Vertreter der Gemeinde

---

[67] Die meisten derjenigen Kommentatoren, die ein Amt von Presbytern in Jerusalem für die Zeit von Apg 11,30 bzw. 12,25 gegeben sehen (und dieses nicht als bloße lukanische Projektion werten) nehmen dessen Entstehung als eine innerhalb der christlichen Tradition *voraussetzungslose Innovation der Zeit des Jakobus* gegenüber der Leitungsperiode des Petrus (bis 42 laut Apg 12,17) an.

[68] Vgl. ROLOFF 169; zur Möglichkeit einer speziell *syrischen* Tradition der hier verwandten Begrifflichkeit und ihres Fortlebens: ebd. 198, Anm. 96.

"Propheten und Lehrer" genannt werden, besagt nicht, daß "charismatische Fähigkeiten" die Autorität der Gemeindegründer und deren letztlich von Altaposteln stammende Leitungsfunktion, oder weitere Ableitungen vom apostolischen Amt nach der Art der Presbyter, gegenstandslos gemacht hätten. Selbst wenn keiner der Gemeindegründer mehr zur Zeit der Aussendung laut Apg 13,1 in Antiochien geweilt hätte, so wäre die *Kontinuität zur Jerusalemer Ausgangsordnung* mit höchster Leitungsfunktion der *Apostel und* einer *abgeleiteten* Funktion, wie sie zunächst bei den Sieben, dann bei den Presbytern (Apg 11,30) vorliegt, nicht als abgerissen zu denken.

Gab es einst in Jerusalem die Altapostel und die Sieben (bzw. für Hebräer *und* Hellenisten *je* zusätzliche Helfer der Apostel), so stehen seit der Periode der Gemeindegründungen der "Hellenisten" und des Barnabas (in Antiochien) neben den Altaposteln nun *Apostolische Männer* bzw. *Apostolische Missionare*[69], wie Barnabas, die "Hellenisten" selbst und der besonders nach der Rückkehr Petri nach Jerusalem ganz eigenständig neben Petrus als Hauptapostel zu sehende Paulus, während auf *örtlicher* Ebene *zunächst in Jerusalem*, nach dem Jahre 46 auch bereits in *kleineren Missionsgemeinden*, und zwar nicht nur in vorwiegend judenchristlichen (vgl. 14,23), *Presbytergremien* anzutreffen sind.

5. Die Rolle des Jakobus in Jerusalem ist einerseits von 1 Kor 15,7 und von seiner Verwandtschaft mit dem Herrn her als eine besonders herausgehobene zu sehen; sie wird durch den ersten Weggang Petri aus Jerusalem und seine Botschaft an Jakobus (Apg 12,17) zusätzlich zu der eines Statthalters der Apostel in Jerusalem, nimmt dann aber die Züge eines auch den Aposteln gegenüber weitestgehend unabhängigen *Hauptzuständigen* für die Belange der Kirche Jerusalems und eines Sachwalters des gesetzestreuen Judenchristentums überhaupt an, der sich dafür auf eine besonders selbstbewußte *örtliche Presbyterschaft* und auf Kreise gläubig gewordener Pharisäer stützt (Apg 15,5f.; Gal 2,12). Es gelingt ihm auf diese Weise, die Jerusalemer Kirche bis zum

---

[69] Anders als bei Lukas erscheinen bei Paulus auch Männer dieser Gruppierung als "Apostel", so offenbar (zusätzlich zu dem von 1 Kor 15,5-7 umschlossenen Kreis) auch "Silvanus und Timotheus", die in 1 und 2 Thess mit Paulus firmieren, wo sonst Paulus allein als "Apostel" zeichnet. Und auch in 1 und 2 Kor ist der Kreis der "Apostel" nicht scharf umgrenzt (vgl. z.B. 1 Kor 4, 6.9ff.). Zur Anwendung des paulinischen Begriffs: ROLOFF 57ff.

Jahre 62 vor dem Schicksal des Stephanus und der aus Jerusalem vertriebenen "Hellenisten" zu bewahren und insgesamt dem Pharisäertum Respekt vor einem Ethos christlicher Gerechtigkeit abzunötigen, das ihm geradezu den Beinamen "der Gerechte"[70] einbringt.

Seine feste Bindung an eine Ortskirche an der Spitze einer ohnehin bodenständigen Presbyterschaft erscheint, im Vergleich mit dem Wirken verschiedener Altapostel und vor allem des Paulus während der 40er und 50er Jahre, zunächst als Defizit eines missionarisch verstandenen Apostolats, zeichnet andererseits aber eine Ordnung vor, die auch Petrus seit Ende der 50er Jahre *in Rom* und später auch Johannes *in Ephesus* realisiert. Auch für *Antiochien* läßt sich, wie gesagt, keine rein "charismatische" Ordnung im Blick auf Apg 13,1 annehmen. Die Zeugnisse für Presbyter in Jerusalem (Apg 11,30) und im antiochenischen Missionsgebiet (Apg 14,23) bezeichnen eine Kontinuität, die auch Antiochien selbst umfaßt. Antiochien wird missionsgeschichtlich sehr bald auch als der *Heimatboden* des an kirchlichen Strukturen noch stärker als die Apg interessierten und sogar eine Theologie des petrinischen Amtes entfaltenden *Mt-Ev* in Erscheinung treten, und schließlich als inspirierender Ort für die *ignatianischen Briefe* mit ihren ältesten Zeugnissen über das eben dort schon früh fest strukturierte *dreistufige* Amt.

6. Für die Einsetzung der Presbyter laut Apg 14,23 ist Ordination unter *Handauflegung* vorauszusetzen. Zwar läßt sich dies *nicht* vom Verbum *cheirononein*[71] ableiten, das zunächst Allgemeinbezeichnung für eine Einsetzung ist. Die Kontinuität der Entwicklung, in welcher die von Antiochien abhängige Mission als eine Ausweitung des Werkes jener Männer aus den ehemaligen "Sieben" gekennzeichnet ist, und die programmatische Schilderung, die Lukas in *Apg 6* der Ordination hinsicht-

---

[70] Vgl. die ausführliche Darlegung nach *Hegesipp*, *Klemens*, dem *Hebr-Ev,* der *Chronik des Eusebius* und *Epiphanius* bei ZAHN 229ff.; 271ff.; 277ff.; 301ff.; 313ff. (Hegesipp wird wiedergegeben: EUSEBIUS, H.E. II, 23,3-19).

[71] Dieses besagt lexikalisch zunächst nur *Amtseinsetzung*. In der liturgischen Sprache des 3. Jahrhunderts ist "cheirotonia" jedoch die unter *Handauflegung* vollzogene Ordination, während die Amtseinsetzung *ohne* Handauflegung (bei Hippolyt: die des Subdiakons und des Lektors, aber auch die der Witwen im kirchlichen Dienst) "katástasis" genannt wird. Die bereits in den Apostolischen Konstitutionen VIII des 4. Jahrhunderts *auch auf die Einsetzung des Lektors und des Subdiakons ausgedehnte Handauflegung* wird später als *"cheirothesía"* von der (sakramentalen) *"cheirotonía"* unterschieden.

lich aller Einzelheiten in deutlicher Transparenz für die Ordnung von *Num 27* zuteil werden läßt, sind jedoch Interpretationsschlüssel auch für den Vorgang von Apg 14,23. Zudem wird auf vorheriges *Fasten und auf Gebet* als Elemente einer zweifellos *liturgischen* Amtseinsetzung eigens hingewiesen. Auf welchen Akt hin aber sollte ein streng kultisches Fasten vorgenommen werden und was sollte (unter Sinndeutung des *Geschehens* im *Gebet*) zeichenhaft vollzogen werden, wenn nicht die Handauflegung, von der Num 27, Apg 6 und die späteren Pastoralbriefe sprechen und die sogar eine *deutlichere Konstante* für das Amt in der Kirche darstellt als jede einzelne der *speziell* umgrenzten Amtsstufen und jede Theologie *bestimmter* Ämter in der späteren Kirchengeschichte. Eine zeichenlose Amtseinsetzung (nach vorherigem Fasten und unter Gebet) kann nur annehmen, wer die in der Apg gekennzeichneten Vollzüge nicht vom Leben der ebenda bezeugten *kirchlichen Gemeinschaft* her sieht und für die konstanten "Gestalt und Sinngesetze"[72] *der Liturgie* keine Wahrnehmungsfähigkeit besitzt.

7. Als Widerspiegelung der Ämterstruktur ist schließlich die *Abschiedsrede Pauli* vor den Presbytern von Ephesus in Milet (Apg 20,17-38) von Bedeutung. Fälschlicherweise wird hier unter Voraussetzung einer doppelten lukanischen Rückprojektion einerseits eine ins Leben Pauli hineingetragene Anspielung auf den (vom Verfasser gesehen) längst geschehenen *Tod des Paulus*, zum anderen aber auch eine auf strukturelle Entwicklungen bezogene Rückprojektion aus der Ämterstruktur der *nach*apostolischen Zeit gesehen. Doch sorgfältige Exegese kann weder einen Sukzessionsgedanken[73] in der Rede Pauli von Apg 20 erblicken, der einen viel späteren Verfasser zu solcher Projektion motiviert haben könnte, noch findet sie Elemente, die, hinsichtlich Perspektive und Aussageabsicht zugunsten einer speziell gefestigten Kirchenstruktur etwa derjenigen von Mt 16,18f. und 18,17ff. vergleichbar wären. Und die Leidensahnungen, von denen Paulus in seiner Abschiedsrede befallen ist (20,23f.), beziehen sich auf *Jerusalem* und bekunden keinerlei Wissen des Verfassers der Apg um das *in Rom* erfolgte Martyrium Pauli[74].

---

[72] II. VATIKANISCHES KONZIL, *Liturgiekonstitution*, Art. 23.

[73] Gegen die Deutung der Rede als spätes Dokument einer kirchlichen Sukzessionstheorie durch G. KLEIN: vgl. ROLOFF 229, mit Anm. 213; zur Rede insgesamt ebd. 227-231.

[74] Siehe unten, Anm. 81.

Daß Paulus die Presbyter von 20,17 im späteren Verlauf der Abschiedsrede als "epískopoi" bezeichnet (20,28), wird von Roloff und anderen im Sinne eines historischen Verschmelzungsprozesses zweier ursprünglich *verschiedener* Gemeindeverfassungen gedeutet: einer judenchristlichen *Presbyter*verfassung und einer heidenchristlichen *Episkopen*verfassung, welch letztere besonders die der paulinischen Gemeinden in Kleinasien gewesen sei. Ein solcher Prozeß des Ausgleichs stellt sich vor allem in 1 und 2 Tim und in Titus dar[75]. Aber die dort offenkundig spätere Entwicklung[76], im Rahmen welcher aus der Reihe der Presbyter solche, "die gute Vorsteher sind" (1 Tim 5,17), hervortreten und das so profilierte Episkopenamt (das als solches am jeweiligen Ort *nicht* kollegial ist) nun in den Blick kommt (1 Tim 3,1ff.), fehlt in der Gleichsetzung der "presbýteroi" und der "epískopoi" von Apg 20,17.28 noch völlig. Und in der scheinbar *nächsten* Parallele zu Apg 20, nämlich in Titus 1,5ff., wo der Apostolische Legat Titus in Kreta "in den einzelnen Städten *Presbyter* einsetzen soll", deren Qualitäten dann aber in 1,7ff. jeweils als die eines *Bischofs* umschrieben werden, wirkt die Erwähnung der Presbyter wie eine zitathafte Anleihe bei Apg 14,23, die in *diesem neuen* Kontext eher *anachronistisch* erscheint.

8. Der Ausgleich von "Presbytern" und "Episkopen" in Apg 20 zeigt also keine Spuren einer gegenüber dem Wirken Pauli selbst fortgeschrittenen Entwicklung. Er kann zwanglos als sachlich korrekte Harmonisierung der ephesinischen Ämter zur Zeit der dritten Missionsreise in Kleinasien mit solchen, an deren Schaffung Paulus selbst auf der ersten Missionsreise beteiligt war, verstanden werden. Eine solche Harmoni-

---

[75] Vgl. hierzu ROLOFF 265, mit Anm. 111. - Laut ROLOFF 231 ist übrigens die Ältestenverfassung nicht auf *Palästina* und *Syrien* beschränkt geblieben, sondern hat auch die paulinischen Gemeinden *Kleinasiens* bestimmt.

[76] Der deutlich frühere Entwicklungsstand der Ämterordnung von Apg 20 gegenüber 1-2 Tim und Tit erhält umso größere Signifikanz, als man auch die Pastoralbriefe keinesfalls mehr nach Belieben an die Jahrhundertgrenze (oder nach dem Vorbild von Baur gar über diese hinaus) verschieben darf. Das Fragment 7Q4, das in einer vor allem bis zur Jahrhundertmitte gebrauchten Zierschrift geschrieben ist und als Rolle vor 68 in der 7. Höhle deponiert wurde, konnte als 1 Tim 3,16-4,3 entziffert werden, womit an eine Abfassung von 1 Tim in den mittleren 60er Jahren zu denken ist. Vgl. C.P. THIEDE (siehe oben, VI, Anm. 61), 58ff. - Die Widerspiegelung der Ämterordnung in einer Situation der 3. Missionsreise Pauli wäre dann von Lukas in der Abschiedsrede von Apg 20,17-38 mit größter entwicklungsgeschichtlicher Präzision gestaltet worden.

sierung bietet dem Leser, der bereits Presbyter aus Apg 14,23 und Apg 15 kennt, eine Verständnishilfe und hat auch ihren biographisch korrekten Sinn, denn Paulus, der laut Apg 14,23 Vollmachten im antiochenischen Einflußbereich delegierte, tat dies nicht zur Einsetzung einer lupenreinen judenchristlichen Ordnung, noch setzte er später in Ephesus "epískopoi" ohne Rücksicht auf die judenchristlichen Anteile der ephesinischen Gemeinde ein. Worauf es Lukas wie Paulus ankommt, ist dies: Weder sind die Presbytergremien ein bloßer Abklatsch jüdischer Synagogenvorstände, noch die "epískopoi" ein Rückgriff auf Einrichtungen der pagan-hellenistischen Gesellschaft. Vielmehr sind Presbyter wie "epískopoi" im christlichen Sinne durch das charakterisiert, was in Apg 20,28 zum Ausdruck kommt. Letztlich stammt ihre Vollmacht nicht von Paulus oder aus sonstiger Vermittlung, sondern vom Heiligen Geist. Und ihre Aufgabe ist nicht verwaltungstechnischer Art, sondern bezieht sich auf die Tiefen jenes kirchlichen Lebens, für das *Christus selbst* sein Blut vergossen hat. Damit ist die *kirchliche* Einsetzung, in apostolischer Zeit und durch Paulus selbst, für die, die in Apg 20,17.28 bezeichnet sind, sowenig in Zweifel zu ziehen, wie für Apg 14,23. Aber eine solche Einsetzung kann nur eine *werkzeugliche* Vermittlung sein, wie Paulus aus dem Munde des Auferstandenen selbst es gehört hatte, daß er ein "auserwähltes Werkzeug" (Apg 9,15) sein werde.

Das Amtsverständnis von Apg 20,17.28 und seine kompositorische Gestaltung durch Lukas werden also der Abschiedssituation in Milet und dem Entwicklungsstand der Ämter in dieser Zeit durchaus gerecht und stellen keinen Anachronismus dar, der aus einer Amtsstruktur und Einsetzungspraxis nachapostolischer Zeit in die Darstellung der Apg hineingetragen worden wäre. So kann auch diesbezüglich kein Indiz gefunden werden, die Authentizität der Apg zu bestreiten.

Dagegen begibt sich jene Exegese, die die Ämter von Apg 14,23 und 20,17-28 in einen weiten Abstand zur apostolischen Mission versetzt, ihrerseits in mehrfache chronologische Schwierigkeiten. Denn sie läuft Gefahr, entweder den Abstand zu 1 Tim 5,17 (und der Ämterordnung der Past insgesamt) zu wenig zu berücksichtigen; oder sie muß das Zeugnis dieser Briefe und deren Abfassung selbst in eine noch viel größere Distanz vom Wirken Pauli bringen, die aber nun, nach der Entzifferung des Fragments 7Q4 als 1 Tim 3,16-4,3 (aus eben diesem schon vor 68 verbreiteten und in der 7. Höhle von Qumran in Abschrift deponierten Brief?), möglicherweise auf die wenigen Jahre vom Ende der 3. Missionsreise bis zum Tode Pauli zusammenschmilzt.

9. Für die spätere Differenzierung der Ämter in der nachapostolischen Zeit des ausgehenden 1. Jahrhunderts bietet das Zeugnis der Apg, gerade insofern als es auf die apostolische Zeit bezogen ist und ihr gerecht wird, wichtige Beurteilungskriterien. Man blieb in der Perspektive der von der Apg dargestellten Ämterstruktur, als es galt, die Ämterordnung der *apostolischen* Zeit konsequent in die *nachapostolische* umzusetzen. Denn dabei war einerseits die Konstante zu wahren, daß jede Funktion, die "Herde Gottes zu weiden", nur eine spiegelbildliche gegenüber der fortdauernden Tätigkeit des einzigen Guten Hirten Christus sein konnte. Und dies schien am ehesten gewährleistet, wenn die *nach*apostolische Ämterordnung für die *apostolische,* die nun als eine Art Vermächtnis des Herrn für die aus Taufe und Eucharistie auferbaute Gemeinde erscheint, möglichst transparent blieb.

Für die Umsetzung der so komplexen Sicht des in der Apg bezeugten kirchlichen Hirtenamtes in die Ämterordnung der nachapostolischen Zeit bedeutet dies andererseits aber auch, daß nicht einfach die Ämter der Presbyter- und Episkopenverfassung nach dem Tod der Apostel konserviert werden konnten, sondern daß die *Gesamtproportion* der Zuordnung, in der die Presbyter bzw. Episkopen der 40er bis 60er Jahre zu den Aposteln bzw. apostolischen Missionaren (wie Barnabas, Timotheus, Titus usw.) stehen, umgesetzt werden mußte. Was letztere als beglaubigte Verkündiger, Gemeindegründer, Apostolische Missionare und Aufseher über größere Missionsgebiete oder kirchliche Regionen (zuletzt Jakobus in Jerusalem, Petrus in Rom, Johannes in Ephesus) an Funktionen der Kirchenleitung wahrgenommen hatten, mußte als episkopé in einer den Presbytern (bzw. Episkopen der Missionszeit) *übergeordneten* Weise fortleben. Eine ähnliche Umsetzung hatte es schon bei der Ausbreitung der Kirche über Judäa und Samaria hinaus gegeben, als die Doppelebene der Apostel und der Sieben umgesetzt wurde in die der Apostel und Apostolischen Missionare, sowie die der (bodenständigen) Presbyter.

Die Umsetzung in die nachapostolische Zeit hatte hinsichtlich des Gesamtgefüges eine konsequente und zugleich definitive zu sein, da die Apostel in einmaliger Weise konstitutiv für die Kirche waren und auch das Vermächtnis ihrer Kirchenleitungsfunktion nicht willkürlich variabel sein konnte.

10. Die Abschiedsrede Pauli in Milet ist freilich lukanisch verdichtete Komposition, aber sie bringt sehr wohl zum Ausdruck, in welcher Weise Paulus seine Zuwendung zu den Gemeinden, in Nachfolge und abbildhafter Nachahmung des Guten Hirten, selbst verstanden hat und auf dieses Ethos auch die von ihm eingesetzten Presbyter und epískopoi verpflichtete. Die lukanische Darstellung dient noch nicht dem Sukzessionsgedanken und läßt nicht das Martyrium Pauli durchscheinen (als ob Lukas auf dieses bereits hätte zurückblicken können). Aber es ist angesichts dessen, was Paulus sich in Jerusalem erwarten konnte, und angesichts des Wissens des Lukas um die tatsächlich schon erfolgten Leiden Pauli, vermächtnishaft gestaltet.

Deshalb stellt Lukas die Bezüge des paulinischen Apostolats und der Gemeindeämter auf Christus, den Hirten, in Apg 20,17-28 deutlich ins Licht des Vermächtnismahles Jesu, in welchem er als Evangelist so vielfältig die Dimensionen des kirchlichen Lebens vorbezeichnet sieht, daß er die eschatologische Rolle der Zwölf (Lk 22,28ff.)[77] und den besonderen Auftrag Petri, "die Brüder zu stärken" (22,31ff.), im Mahlvermächtnis verankert, wie er dann auch die Erscheinungen des Auferstandenen in Lk 24 und Apg in einer "typisch lukanischen" Weise als Gegenwart des Herrn bei *Mahlfeiern* gestaltet[78], ja, schließlich sogar das Ethos und soziale Engagement der Urgemeinde in engstem Zusammenhang mit dem "Brotbrechen" (Apg 2,42.46) darstellt.

So ordnet Lukas auch in Apg 20 die vermächtnishafte Mahlfeier von Troas (20,7ff.) und die ebenso vermächtnishafte Unterweisung der Presbyter (20,17-36) wie zwei Brennpunkte seiner Darstellung des Weges nach Jerusalem einander zu. Ja, mehr noch: die Hirtenverpflichtung der Presbyter wird bezogen auf jene Tiefendimension im Leben der kirchlichen Gemeinschaft, die dadurch qualifiziert ist, daß "Gott die Gemeinde erworben hat durch das eigene Blut (seines Sohnes)": Apg 20,28. - Die Worte des Mahlvermächtnisses Jesu (Lk 22,20) sind hier präsent.

Bei aller Überformung durch lukanische Theologie und Komposition, bei der Lukas nur eine für den antiken Historiographen selbstverständliche Aufgabe für die Gestaltung historischer Reden wahrnimmt (ohne deshalb *nur* Historiograph sein zu wollen), entspricht die Rede

---

[77] Zu dieser charakteristischen lukanischen Grundlegung des Apostolats vgl. ROLOFF 184ff.

[78] Siehe oben, Anm. 44.

doch jener ganz ursprünglichen Apostolatstheologie, die in 1 Kor 15,5ff. den Apostolat in der vor- *und* nachösterlichen Liebeszuwendung des Herrn verankert, wie auch jenem archaischen Bewußtsein der erlösten Gemeinde, das gleichermaßen paradigmatisch in 1 Kor 5,7 und 1 Petr 1,2.19 artikuliert ist.- Was in Apg 20,28 formuliert ist, wird dem Ethos der Apostel und Gemeindevorsteher apostolischer Zeit voll gerecht. Es ist zugleich zukunftsweisend für jedes spätere Amts- und Gemeindeethos (ohne daß Lukas eigens darauf abzielt).

In nachapostolischer Zeit wird dann auch jene Konstante der *Amtseinsetzung unter Handauflegung und epikletischem Gebet* neuerlich ins Licht treten, die schon von Apg 6,6 (und 14,23) her vorgegeben ist. Sie charakterisiert das jeweilige Amt der "drei Stufen" *nach*apostolischer Zeit als Teilhabe am *apostolischen* Amt und als dessen Fortwirken, wobei jener innere Bezug auf die tiefste Wirklichkeit der durch Christi Blut erlösten Gemeinde selbst, der in Apg 20,28 zum Ausdruck kommt, die *bleibende* Legitimation des kirchlichen Hirtenamtes ausmacht.

f) Die Authentizität des lukanischen Werkes und seine Datierung: die Bilanz der einschlägigen Indizien

1. Alle zeitgeschichtlichen und überlieferungsgeschichtlichen Indizien der Apg konvergieren hin zu einer Zeit, die unmittelbar nach dem Berichtszeitraum der Apg selbst, d.h. nach der zweijährigen römischen Gefangenschaft Pauli in den Jahren 61-62 liegt. Die für die apostolische Kirche charakteristische Erwartung der Wiederkunft ist auch im Lk-Ev und der Apg, wie A. von Harnack richtig feststellte, von der Art, daß bei allem Rechnen mit einer baldigen Wiederkunft doch die gewährte Zeit der Zeugenschaft für den Auferstandenen aufs äußerste auszuschöpfen war. Die lukanische Theologie der Zeugenschaft hat ihre eigene Note, ohne jene Sicht zu verfälschen, die aus den analogen Aussagen des ältesten Kerygmas Petri zu rekonstruieren ist und die auch in der paulinischen und "vorpaulinischen" Rückbeziehung des Apostolats auf Erscheinungen des Auferstandenen zum Ausdruck kommt, deren erste den Apostolat des Augenzeugen und Erstberufenen Petrus besiegelt. Leben und Werk des Lukas sind schicksalhaft geprägt von der beglückenden Erfahrung der Berufung der Heiden in die Kirche. Dies ist

die Erfahrung, die Lukas an die Seite Pauli stellt, ohne daß er deshalb die diesbezüglich von Petrus geschaffenen Voraussetzungen und dessen Anteil an dieser Entwicklung schmälern könnte. Die Ämterstruktur der Kirche, wie sie in Apg 20 in Erscheinung tritt, ist bereits profiliert, aber hat *noch nicht* die Differenzierung jener der *Pastoralbriefe* erreicht.

Zeitgeschichtlich ist bemerkenswert, wie ungetrübt das Vertrauen auf römischen Rechtssinn noch ist[79], das mit einer Verurteilung Pauli in Rom nicht rechnet. Die Situation der *neronischen Verfolgung* ist anscheinend noch nicht eingetreten. Diese klare zeitgeschichtliche Transparenz für die Jahre *vor* dem Martyrium des Petrus und des Paulus kann nicht damit aus der Welt geschafft werden, daß man sagt, Lukas habe sich bei römischen Instanzen anbiedern und zumindest seinem Werk bei Theophilus eine gute Aufnahme sichern wollen[80].

Daß in der Abschiedsrede Pauli in Milet ein Wissen des Autors um den *Tod des Paulus* in Rom durchscheint, trifft nicht zu. Die Befürchtungen des Paulus verbinden sich dort allein mit dem Stichwort *Jerusalem*, wozu aller Anlaß von jener Eskalation des Zelotenwesens her bestand, über die Lukas bestens Bescheid wußte, was wiederum für die Apg als Werk eines *Zeitzeugen* spricht. Die bösen Vorahnungen, die Lukas Paulus bezüglich des Empfangs in Jerusalem zuschreibt, sind genau die des Paulus selbst; und Lukas hat hier kein Wissen um ein römisches Martyrium versteckt. Im Gegenteil! Vorher, in Apg 19,21 läßt Lukas Paulus sagen: "Wenn ich dort (in Jerusalem) gewesen bin, muß ich auch Rom sehen (idein)." Hier hätten sich Lukas andere Worte bei der Erwähnung der Stadt Rom aufgedrängt, hätte er aus einem Wissen

---

[79] Vgl. die Ausführungen von *G.A. Lehmann* und *H. Staudinger* auf dem Paderborner Symposion von 1982 (SYMPOSION 131; 142). - Wir können deshalb die Entstehungszeit des Lk-Ev und der Apg kaum über das Jahr 64 ausdehnen, wobei zwischen dem Romaufenthalt an der Seite des Paulus und der Endabfassung möglicherweise nochmals ähnliche Kontakte mit der Jerusalemer Gemeinde bzw. dem Kreis um den Apostel Johannes (ab 62 in Ephesus?) stattfanden, wie solche erstmals für das Jahr 58 in Jerusalem anzunehmen sind (siehe unten, IX, e 8). Zu tiefgreifend analogen Konzeptionen im Lk-Ev und im Joh-Ev vgl. auch IX, a 5-6).

[80] Laut SCHNEIDER (*Apostelgeschichte II*, 412f.) hätte "ein Prozeß vor dem Kaisergericht, der mit einem Todesurteil endete, die ganze politische Apologetik des Buches mit ihrem dreimaligen Urteil über die Unschuld des Paulus (23,29; 25,25; 26,31) entwerten oder gar ad absurdum führen können" und war deshalb nicht berichtbar. - Das bedeutet die Herabwürdigung der Apg zu einem *Machwerk politischen Zeitgeistes*.

um das römische Martyrium Pauli heraus geschrieben[81]. Das alte Argument von A. von Harnack und der älteren katholischen Exegese gilt weiter: Lukas hat den Bericht über die selbstaufopfernde Missionstätigkeit des Paulus nicht mit dem Bericht über das Martyrium Pauli gekrönt, weil dieses zum Zeitpunkt der Abfassung *noch nicht* eingetreten war[82]. Dieses Argument sticht umso mehr angesichts der Bedeutung, die in Apg 7 dem Martyrium des *Stephanus* zugebilligt wird, und angesichts dessen, daß Lukas Wert darauf legt, den Leidensweg Pauli an den des Meisters anzugleichen, wenn Jesus laut Apg 9,16 dem Hananias die Erkenntnis gibt: "Ich werde ihm (Paulus) zeigen, was er alles um meines Namens willen leiden muß." - Die Abbildhaftigkeit des Weges *Petri* gegenüber dem seines Herrn kommt in *Joh 21* aus der Perspektive des eingetretenen Martyriums in ganz anderer Weise drastisch zum Ausdruck. Das Wissen des Lukas um den Weg des Paulus bezieht sich dagegen bei Abfassung der Apg nicht auf das Martyrium Pauli, sondern auf jene *Leiden*, die der *lebende* Paulus selbst in 2 Kor 11,23ff. zu schildern vermag.

Aus welcher *konfessionalistischen* Ecke die Bestreitung der Tatsache kommt, daß das Martyrium Pauli ein der Bezeugung des Lukas würdiges Thema gewesen wäre, wird aus den Worten Haenchens deutlich: "Daß er (Lukas) ihn (den Martyrertod Pauli) nicht erzählt hat... versteht sich eigentlich von selbst. Er sah es nicht als seine Aufgabe an, die Martyrerfrömmigkeit zu beleben"[83]. Ein solches Urteil richtet sich selbst.

2. Angesichts aller dieser Transparenzen des lukanischen Doppelwerkes für die Jahre kurz nach 62 (in denen auch das Mk-Ev bereits vorlag und genutzt werden konnte) erhält die Würdigung der *"Wir-Berichte"* in der Komposition der Apg besonderes Profil.

Die in der heutigen exegetischen Literatur üblichen Fehlinterpretationen, die in den "Wir-Berichten" kein Indiz der eigenen Beteiligung des Verfassers der Apg am berichteten Geschehen sehen, sondern die "Wir"-Passagen, je nach Sichtweise des exegetischen Autors, als reines

---

[81] Vgl. SYMPOSION 339f. (Arbeitspapier *H. Staudinger*: 334-344).

[82] Vgl. die vom Wesen der Geschichtsschreibung her neugefaßte Form des Arguments: ebd. 340ff.; sowie ROBINSON 100f.

[83] E. HAENCHEN, *Die Apostelgeschichte*, Göttingen (1956) [7]1977, 700.

Stilmittel, als mangelnde Verarbeitung[84] eines Itinerars oder sonstiger Quellen[85], als Rückgriff auf Verschmelzungen der historischen Erzählebene mit Formulierungen im Ich-Stil, wie sie in manchen alttestamentlichen Büchern begegnen[86], oder aber als romanhaft[87], ja, in Apg 27 gar als Übernahme eines schon vorhandenen Seefahrt-Berichts mit nachträglicher Eintragung des Bezugs auf Paulus deuten[88], lassen sich am ehesten widerlegen, wenn man gleichzeitig bedenkt, daß die "Wir-Berichte" gemäß ihrer vorgegebenen strukturellen Einbindung in ein Werk zu interpretieren sind, dessen Darstellung nach eigenem Zeugnis des Autors (Lk 1,1-4) durch *historiographische Prinzipien* bestimmt bzw. mitbestimmt ist, und das zudem einem angesehenen Zeitgenossen, näm-

---

[84] Diese Annahme scheitert schon allein an der nahtlosen sprachlichen Integration der "Wir-Berichte" innerhalb des Gesamtwerkes.

[85] Immerhin wird Lukas eigene (oder innerhalb seiner Reisegruppe angefertigte) Notizen benutzt haben, die er jedoch sprachlich integrierte und bewußt als Erzählung im Ich-Stil beließ oder neu so kennzeichnete. Auf solche Notizen, die Lukas im Zuge der Missionsreisen selbst, an denen er beteiligt war, oder kurz danach aus frischer Erinnerung, verfaßte, läßt die besondere *chronologische und geographische Dichte* gerade der "Wir-Berichte" gegenüber den sonstigen Abschnitten der Reisedarstellung in der Apg schließen. Vgl. hierzu: C.-J. THORNTON, a.a.O. 275-280.

[86] Ein solcher Darstellungsstil (wie er z.B. in Esra und Nehemia begegnet), bei dem eine *historische Persönlichkeit* im Kontext einer Erzählung aus vergangener Zeit dann im *Ich-Stil* die Erzählung fortsetzt (so, wenn der in Esra 7,1 genannte Esra in 7,28 im Ich-Stil betet und ab 8,15 im Ich-Stil weitererzählt), kann nicht zur Deutung der "Wir-Berichte" der Apg herangezogen werden (selbst wenn man von der Widmung und den historiographischen Prinzipien im lukanischen Werk absehen wollte). Denn (1.) hätte Lukas solche alttestamentlichen Texte (falls er sie kannte) als Erzählung der historischen Persönlichkeit selbst verstehen müssen, die im Wechsel von "ich" und "er" berichtet, sie aber nicht als eine Art Verschmelzung der verschiedenen Zeitebenen des Erzählers und des Erzählten erkennen können (da erst die historische Forschung eine unterschiedliche Datierung für das Erzählte und den Erzähler vornehmen konnte). Und (2.) ist in der Erzähl-Logik der betreffenden Beispiele die historische Persönlichkeit (von der erzählt wird) in ihrer Identität mit dem Ich-Erzähler deutlich erkennbar (so, wenn z.B. der *im Ich-Stil betende Esra* in dieser Weise auf einen Brief reagiert, den der *Esra des Er-Berichts* gerade empfangen hat), während die "Wir-Berichte" der Apg keine andere Person als Erzähler erkennen lassen als die des Verfassers. - Zur Unvergleichbarkeit der "Wir-Berichte" mit den alttestamentlichen "Ich-Erzählungen" siehe ebd. 107-117; zur grundsätzlichen "erzähltheoretischen" Analyse der "Wir-Berichte" ebd. 117-145.

[87] Hierbei wird übersehen, daß die Blütezeit des antiken Romans erst ins 2. Jahrhundert fällt. Vgl. ebd. 352.

[88] Vgl. ebd. 313-316, sowie die Darlegung der *historischen Transparenz* von Apg 27 in ihrem paulinischen Bezug: ebd. 326-340 und 351-355.

lich Theophilus, gewidmet wurde[89], der über eigene Kritikfähigkeit verfügte. Dieses Werk wies, entsprechend der Widmung, auch die *Person des Verfassers* (zumindest gegenüber dem Empfänger) aus, wobei schwerlich ein anderer Name figurierte, als der (dann mit dem Kontext der üblichen Evangelientitulatur in die Textüberlieferung eingegangene) Name des Lukas[90].

Nach dem Vorgang von M. Hengel hat jüngst C.-J. Thornton die "Wir-Berichte" der Apg auch unter umfassender Heranziehung der einschlägigen antiken Literatur, und speziell unter "erzähltheoretischem" Aspekt, untersucht und klargestellt, daß dem Verfasser, wie auch dem Leser der Apg kein anderes Verständnis der "Wir-Berichte" möglich war, als ein solches im Sinne der Anteilnahme des Verfassers am berichteten Geschehen, womit sich die Apg hinsichtlich der Glaubwürdigkeit und Verifikation der Kontrolle der Zeit- und Augenzeugen aussetzt.

Die "Wir-Berichte" stehen damit in Analogie zu der in der antiken Historiographie geläufigen Kennzeichnung der "Autopsie". Doch gerade an den markanten Berichtsstellen, wo antike Autoren ihre eigene Rolle am Geschehen (z.B. ihr erstes "Eingreifen" in den berichteten Handlungsablauf) hervorheben, bezeugt Lukas als Diener am Evangelium den göttlichen Heilswillen, der die am Missionswerk Beteiligten umfängt. So geht er zum ersten "Wir" über, nachdem Paulus sich angetrieben sah, in Makedonien zu missionieren (Apg 16,9): "Alsbald suchten wir nach Makedonien zu kommen, überzeugt, daß Gott uns rief, ihnen das Evangelium zu verkündigen" (16,10). - Es geht ihm allein um das Zeugnis des Glaubens, daß die miterlebte Vergangenheit *von Gott geleitete Geschichte ist*[91].

Eben dies ist es, was Lukas und jede heilsgeschichtliche Theologie dem "existentialen" Glaubensverständnis so suspekt machte. Eben dies aber ist zugleich das Kriterium des (im Alten Bund wurzelnden) neutestamentlichen Glaubensverständnisses selbst, daß es Welt und Geschichte und damit auch die wirkliche Existenz des Menschen und sein Erlöst-Sein als vom Willen Gottes gestaltet zu deuten vermag.

---

[89] Die Widmung an Theophilus selbst kann keineswegs Fiktion sein. Eine solche wäre für ein Geschichtswerk mit Widmung in der antiken Literatur beispiellos (ebd. 191); und ein Fälscher hätte zudem einen bekannteren Namen aus eben jener Zeit gewählt, in der die Handlung der Apg spielt: ebd. 196f.

[90] Ebd. 193.

[91] Ebd. 364.

IX. Das Johannesevangelium: Augenzeugenbürgschaft und liturgische Anamnese

Die frühchristliche Zuweisungstradition für das Joh-Ev ist die am deutlichsten bezeugte für ein Evangelium überhaupt. Sie übertrifft auch die für das Mk-Ev noch darin, daß die Nachrichten des Papias und des Irenäus über die Verfasserschaft des Apostels Johannes nicht nur auf die kleinasiatische Tradition des frühen 2. Jahrhunderts zurückgehen, sondern daß sie formell als solche bezeugt werden, die letztlich vom Apostel Johannes selbst stammen[1].

Als ein durch potenzierte Traditionskenntnis qualifizierter Zeuge steht neben Papias und Irenäus insbesondere auch *Polykrates von Ephesus*. Er weiß um die großen apostolischen Zeugen der Provinz Asia und identifiziert ihre Traditionen mit denen des Joh-Ev. Die von ihm um 190 in einem Brief an Papst Victor[2] verteidigte quartadecimanische Pas-

---

[1] Dies gilt für *Papias*, der (um 110) den Zebedäussohn Johannes in auffälliger Weise neben Matthäus stellt und ihn damit als Urheber eines den "lógia" des Matthäus vergleichbaren Werkes kennzeichnet und der anschließend eben diesen "Herrenjünger" und "Ältesten" als den neben Aristion allein für ihn noch zugänglich gewesenen Gewährsmann der apostolischen Generation bezeugt. Und ganz entsprechend verbürgt uns auch *Irenäus* sowohl für *Papias* als auch für *Polykarp* einen Umgang mit dem Apostel Johannes und qualifiziert so - mittels des Traditionswissens des Polykarp - auch seine Kunde vom Evangelium des Johannes, jenes "Jüngers des Herrn, der an der Brust des Herrn ruhte". Diese Nachricht steht überdies im Kontext einer Evangeliennotiz, die Irenäus an frühen *römischen* Quellen verifiziert und in sprachlicher Anlehnung an diese formuliert hat. - Eusebius folgt Irenäus in allen Nachrichten über *Johannes* und über *Polykarp* und meint nur zu Beginn seines *Papias*-Referats und in starker Spannung zu anderen Stellen seines Werkes, daß ein früher Umgang des Papias mit dem *Apostel* Johannes aus dem Proömium des Papias nicht hervorgehe.

[2] POLYKRATES spricht in diesem Brief (Eusebius, H.E. V, 24, 2-8) von "Johannes, der an der Brust des Herrn geruht hat, der Priester war und das (hohepriesterliche) Stirnschild (pétalon) trug, sowohl 'Zeuge' (mártys) war, wie 'Lehrer' (didáskalos)": ebd. 24,3. - Die Bezeugung der "hohenpriesterlichen Würde", die auch für *Jakobus von Jerusalem* in gleichartiger Umschreibung (z.B. bei Epiphanius) begegnet, setzt levitische Abstammung (aufgrund angenommener Verwandtschaft mütterlicherseits mit Jesus: siehe unten, Anm. 115), sowie eine der Stellung des Jakobus in Jerusalem vergleichbare Hirtenfunktion in Ephesus voraus (ZAHN 208-215). Als apostolischer "Zeuge" (gemäß der Rolle des Zeugen im 4. Evangelium) und "Lehrer" (unter dem Beistand des Geistes, "der alles lehren wird": Joh 14,26) bildet Johannes (laut

safeier galt damals in Rom als Absonderlichkeit der kleinasiatischen Kirchen. Wir wissen heute, daß es die Tradition der Jerusalemer Urgemeinde ist, die von Paulus (ebenso wie in Korinth: vgl. 1 Kor 5,7) auch in Ephesus eingepflanzt und die vom Verfasser des Joh-Ev bestärkt wurde; denn sie spiegelt sich nach Chronologie und typologisch geprägter Soteriologie im 4. Evangelium eindeutig wider und wird als von Anfang an *ephesinische* durch Polykrates ausdrücklich bezeugt. Dieser große Traditionszeuge, unter dessen Vorfahren und Verwandten sich sieben Bischöfe befinden und der um das Jahr 190 als ein Mann an Papst Victor schreibt, der - wie er selbst bekennt - vor 65 Jahren getauft wurde (und also um 125 geboren ist), hat selbst noch alle Chancen, auch um die historische Identität der großen apostolischen Gewährsleute dieser Tradition zu wissen[3].

Polykrates nun betont nachdrücklich gegenüber Victor, daß *seine* Tradition der *römischen*, petrinischen (bzw. als petrinisch ausgegebenen), keineswegs nachsteht. Denn sie ist sanktioniert durch Johannes,

---

Polykrates) das Amt des *bischöflichen* "Zeugen" und "Lehrers" vor (vgl. ZAHN 213f.). - Zur Verbindung der quartadecimanischen Passafeier mit dem Joh-Ev hinsichtlich Termin, Soteriologie und sprachlichem Ausdruck: siehe unten, c 1-4.

[3] Ein entscheidender Kristallisationspunkt solcher Traditionsverifikation war der Tod des für das 4. Evangelium in Anspruch genommenen "Jüngers, den Jesus liebte" (vgl. Joh 21,20.24). Dieser "Jünger" und Zeuge, der in jedem Fall der Hauptgewährsmann der johanneisch-ephesinischen Tradition war (so auch *Schnackenburg* und *Hengel*, die ihn nicht mit dem Apostel identifizieren), muß jedenfalls kurz vor 100 gestorben sein. Denn die Bemerkung der Herausgeber, die in Joh 21,24f. firmieren und die um 100 das Joh-Ev in andere Gemeinden versenden, setzt den *Tod des "Jüngers"* als *kurz zuvor* erfolgt voraus. Dieser Tod, der nur gut 25 Jahre vor der Geburt des Polykrates - anscheinend in Ephesus - geschehen ist, muß für Polykrates, angesichts seiner im Zentrum des kirchlichen Lebens stehenden Vorfahren und Verwandten, ein historisch durchaus erkundbares, tatsächlich erkundetes und *hinsichtlich der Identitäten der Haupttraditionsträger untrüglich* beurteiltes Ereignis gewesen sein. Und zweifellos hatte Polykrates auch als Erwachsener Kontakte mit direkten Schülern des damals in hohem Alter verstorbenen "Jüngers" und apostolischen Traditionszeugen, so z.B. mit *Polykarp* im nahen Smyrna, auf den er sich im Brief an Victor - ebenso wie auf *Meliton von Sardes* und andere "Sterne" Kleinasiens - beruft. *Polykarp*, der nach 86 Jahren eines Lebens als Christ im Jahre 156 stirbt, ist spätestens um 70 geboren. Die *ersten drei* Dekaden seines Lebens überschneiden sich fast vollständig mit den letzten drei des *"Jüngers" des 4. Evangeliums* (d.h. des Apostels und Evangelisten Johannes laut Papias und Irenäus), die drei Dekaden seines *Alters* (bis 156) mit den drei des *Jugend- und Mannesalters des Polykrates*, der also reichlich Gelegenheit hatte, Polykarp über die Haupttraditionszeugen Kleinasiens im ausgehenden 1. Jahrhundert zu befragen.

"der an der Brust des Herrn geruht hat". Dieses Zeugnis des Polykrates impliziert eindeutig den apostolischen Anspruch dieser Tradition selbst, wie auch den des 4. Evangeliums, in dem sie verankert ist. Und dieser apostolische Anspruch ist letztlich der des für sein Evangelium und eben die kleinasiatische Passatradition bürgenden "Johannes, der an der Brust des Herrn geruht hat".

Wie erinnerlich, wurde freilich die Zuverlässigkeit der kleinasiatischen Joh-Tradition, und erst recht die der Verfasserschaft des Apostels am 4. Evangelium, von der liberalen protestantischen Kirchengeschichtsforschung bald nach der Jahrhundertwende mit verfeinerten Methoden demontiert, ja, auch das Joh-Ev selbst von der neutestamentlichen Literarkritik dekomponiert[4], - nachdem schon lange zuvor die Tübinger Schule Baurs die Joh-Tradition eher pauschal und aprioristisch abgetan, ihrerseits jedoch das Joh-Ev völlig anachronistisch "um 170" eingeordnet hatte.

Die "Formgeschichte" klammerte zunächst das Joh-Ev aus, weil die Überprüfbarkeit an strikten Parallelüberlieferungen indispensabel schien. Doch wurden später von Bultmann analoge Prinzipien entwickelt, die es erlauben sollten, Quellenschriften, Traditionsstoffe und Redaktionsschichten voneinander zu trennen[5]. In der katholischen Exe-

---

[4] Vgl. zu dieser Phase der Forschungsgeschichte: HENGEL, *Joh. Frage* 226-235. Gegenüber der damals von E. Schwartz begonnenen und später hypertrophisch entwickelten Zerlegung des Evangeliums in divergierende Einzelbestandteile betont Hengel die *relative literarische Einheit* und die *theologische Einheitlichkeit*, die freilich in großer gedanklicher Spannweite zu sehen ist: 236-264.

[5] So versuchte R. BULTMANN, *Das Evangelium des Johannes* (siehe oben, II, Anm. 7) nicht nur die vermeintlich durch äußere Umstände zerstörte und durch einen "kirchlichen Redaktor" unzureichend geordnete Textabfolge besser zu rekonstruieren, sondern nahm schon beim Verfasser selbst Inkonsequenzen bei der Benutzung verschiedener Quellenschriften an, unter welchen er näherhin eine *"Semeia-Quelle"* (mit Wundererzählungen), eine *Quelle von "Offenbarungsreden"* und eine Vorlage für die Passionsgeschichte unterschied.

Die "Offenbarungsreden"-Quelle wird heute allgemein abgelehnt, die Annahme der "Semeia-Quelle" findet weiterhin Anhänger. Vgl. zur jüngeren Forschungsgeschichte auch: U. SCHNELLE, *Antidoketische Christologie im Johannesevangelium. Eine Untersuchung zur Stellung des 4. Evangeliums in der johanneischen Schule*, Göttingen 1986 (*künftig zitiert: Schnelle)* 11-48; 16ff.; sowie die Dissertation von W. J. BITTNER, *Jesu Zeichen im Johannesevangelium. Die Messias-Erkenntnis im Johannesevangelium vor ihrem jüdischen Hintergrund,* Tübingen 1987 (*künftig zitiert: Bittner*) 2-13; 274-279.

Gegen die Handhabung der üblichen Literarkritik, als deren aktuellster Exponent J. BECKER *(Das Evangelium nach Johannes*, 2 Bde., Gütersloh 1979; 1981) gelten

gese war es dann besonders *G. Richter*[6], der aufgrund literarkritischer Indizien und angenommener sekundärer gedanklicher Überlagerungen unterschiedliche Quellen, Verfasserschaften und Redaktionen postulierte, wobei gerade die Spannweite und Kontrapunktik johanneischen Denkens, um deretwillen die Erzählfolge freilich Nahtstellen aufweist, auf der Strecke blieb.

a) Eine Wende in der Forschung zum 4. Evangelium: Zuwendung zu den frühchristlichen Quellen und Wiederentdeckung der literarischen Einheit und des Augenzeugencharakters

1. In jüngster Zeit scheint sich jedoch ein Überdruß an der literarkritischen Dekomposition und den jeweils willkürlich in ein und dasselbe Werke hineinprojizierten Intentionen seiner vermeintlich disparaten Einzelteile und -schichten anzudeuten und ebenso auch an der Überantwortung des Werkes an esoterische Kreise in einem geographischen und kirchengeschichtlichen "Nirwana"[7].

---

darf, wie auch gegenüber allzu eilfertigen Redaktions- und Schichtentheorien gibt U. SCHNELLE (18) zu bedenken: "Weil eine wirkliche Erklärung für die Ursachen der 'Unordnung' nicht gegeben werden kann, wird einem unbekannten Redaktor bzw. mehreren Bearbeitern die Last für all die angeblichen Brüche aufgebürdet, die den Exegeten selbst erst auf die Spur von Vorlagen und Bearbeitungen bringen. Hier dominieren das subjektive Empfinden des Exegeten, seine Rekonstruktions- und Kombinationsfreude, seine theologische Vorstellungskraft, was die zahlreichen, sehr komplizierten und teilweise einander ausschließenden Entstehungstheorien zum JE nachdrücklich belegen. - Eine neue Textanordnung ist deshalb erst dann gerechtfertigt, wenn die Unmöglichkeit der überlieferten Folge sowohl auf literarkritischer als auch theologischer Ebene erwiesen ist. Dieser Nachweis ist für das JE auf beiden Ebenen aber nicht erbracht worden!"

[6] G. RICHTER, *Studien zum Johannesevangelium*, hrsg. v. J. Hainz, Regensburg 1977 (Sammlung einer größeren Zahl von Zeitschriftenbeiträgen des 1975 verstorbenen Autors). - Die von Bultmann abhängigen literarkritischen Aufstellungen Richters sind wie jene zu beurteilen. Seine Annahme traditionsgeschichtlich älterer und jüngerer, theologisch jeweils *eindimensional* konzipierter Schichten läßt es als rätselhaft erscheinen, wie die jeweils neueren Theologien mit den widersprechenden älteren durch redaktionelle Addition hätten verbunden werden können (vgl. SCHNELLE 34ff.; HENGEL, *Joh Frage*, 240, mit Anm. 116; 248f.).

[7] Vgl. HENGEL, *The Johannine Question*, London - Philadelphia 1989, 137, Anm. 3. - Gegenüber dieser englischen Ausgabe wurde die deutsche Fassung (*Joh.*

Der Aufgabe, das Joh-Ev wieder kirchengeschichtlich konkret nach Zeit, Ort und Verfasserschaft zu bestimmen, stellten sich seit Ende der 60er Jahre besonders F. Neugebauer, E. Ruckstuhl, J.A.T. Robinson, M. Hengel und O. Betz. *F. Neugebauer*[8] versuchte die schon von Irenäus behauptete Rolle des Joh-Ev im Kampf gegen den Dualismus und Doketismus des Kerinth an Aufbau und Theologie des 4. Evangeliums zu verifizieren und für die Datierung zu nutzen. - Augenzeugenkenntnis des Wirkens Jesu sieht *E. Ruckstuhl* im 4. Evangelium in der Weise gegeben, daß diese angesichts der *literarischen Einheit*[9] *des Evangeliums* nicht auf verschiedene Verfasser und Tradenten zurückgeführt werden kann, und, angesichts der historischen Transparenz und Zeugnisqualität, auch nicht auf historische Zeugnisse und Traditionen heterogenen Ursprungs, die der Evangelist nur übernommen und kombiniert hätte. Doch möchte Ruckstuhl den Verfasser eher mit einem Priester aus essenischen Kreisen zur Zeit Jesu als mit dem Apostel Johannes identifizieren[10].

Frage) von 1993, auf die wir uns von der 2. Auflage ab beziehen, stark überarbeitet und erweitert.

[8] F. NEUGEBAUER, *Die Entstehung des Johannesevangeliums*, Stuttgart 1968.

[9] Vgl. E. RUCKSTUHL, *Die literarische Einheit des Johannesevangeliums*, Freiburg/Schweiz 1951; [2]1987 (erweitert, und mit einem Vorwort von M. Hengel). - Das Werk gründet auf: E. SCHWEIZER, *Ego Eimi. Die religionsgeschichtliche Herkunft und theologische Bedeutung der johanneischen Bildreden, zugleich ein Beitrag zur Quellenfrage des 4. Evangeliums,* Göttingen 1939; [2]1965). Die bereits durch E. Ruckstuhl weiter ausgebaute philologische Verfasserschaftskriteriologie, die besonders die unbewußten individuellen Stilmerkmale berücksichtigt, wurde inzwischen neuerlich verfeinert und ergänzt: E. RUCKSTUHL - P. DSCHULNIGG, *Stilkritik und Verfasserfrage im Johannesevangelium. Die johanneischen Sprachmerkmale auf dem Hintergrund des Neuen Testaments und des zeitgenössischen hellinistischen Schrifttums,* Freiburg/Schweiz - Göttingen 1991. Seine auf einen *einzigen historischen Verfasser* abzielende Konzeption behielt E. Ruckstuhl auch nach 1965, z.B. auch gegenüber der von R. SCHNACKENBURG *(Das Johannesevangelium, Erster Teil: Einleitung und Kommentar zu Kap. 1-4,* Freiburg ([1]1965) [6]1986, mit Nachträgen 1972 und 1978; *künftig zitiert: Schnackenburg I)* für das Joh-Ev entwickelten Traditionsauffassung (siehe unten, Anm. 41), bei.

[10] Als Grund für seine Abkehr von der Annahme der *Authentizität* des 4. Evangeliums (im Sinne der kirchlichen Tradition) nennt RUCKSTUHL *(Der Jünger, den Jesus liebte*: SNTU 11, 1986, 131-167; 131) den Forschungskonsens und beruft sich (außer auf W.G. Kümmel) speziell auf *R. Schnackenburg*. - Die These Ruckstuhls, ein *essenischer Priester* der Jahre Jesu und *nicht der Apostel* sei der Verfasser des Joh-Ev, hat gewisse, aber gegenüber der Authentizitätsannahme *keineswegs stärkere,* Anhaltspunkte im historischen Hintergrund Johannes des Täufers (dessen Schüler laut Joh 1,35ff. der "Jünger" und "Zeuge" des 4. Evangeliums war) und in

J.A.T. Robinson plädiert, nach Sichtung eines Scherbenhaufens falsifizierter einleitungswissenschaftlicher und exegetischer Hypothesen, für *Augenzeugenbürgschaft* und *Verfasserschaft* des Apostels[11], nachdem sich ihm im Vergleich mit den synoptischen Evangelien nicht nur die "johanneische Tradition" als chronologisch und topographisch genauer, sondern auch das 4. Evangelium in seiner Konkretgestalt als Schlüssel zur Aufklärung vieler scheinbarer und tatsächlicher Ungereimtheiten der synoptischen Darstellung erwiesen hat.

2. Einen eindrucksvollen Versuch, die "johanneische Frage" von einer akribischen Untersuchung der frühpatristischen Zuweisungstradition her einer Lösung näherzubringen, unternimmt *M. Hengel*. Er widerlegt die seit E. Schwartz von Exegeten favorisierte These, erst Irenäus habe mit der Abfassung seines Werkes Adv. haer. die Tradition zugunsten des Apostels Johannes begründet[12] und erweist diese Zuweisung als bereits existent in kirchenoffiziellen und gnostisierenden Kreisen Kleinasiens, Alexandriens und Roms vor der Mitte des 2. Jahrhunderts[13]. Gleichwohl sei die Zuweisungstradition auf dem Weg bis zu dieser Zeit bereits verfälscht worden. Die seither dem *Apostel* zugeschriebene Rolle komme in Wirklichkeit dem "zweiten" Johannes bei Papias zu, der in den 90er Jahren des 1. Jahrhunderts in Kleinasien allgemein als "der Alte" bekannt gewesen sei[14]. Der Zebedäussohn Johannes habe damals schon längst nicht mehr gelebt. - Gestützt auf fragwürdige Quellen[15] sieht

---

den engen Kontakten der Jerusalemer Urgemeinde mit essenischen Kreisen (siehe unten, Anm. 52ff.).

[11] Vgl. ROBINSON 265-296; sowie vor allem: J.A.T. ROBINSON, *The Priority of John*, ed. by J.F. Coakley, London 1985, passim.

[12] M. HENGEL, *Joh. Frage*, 13f., bes. Anm. 10. Dies gilt auch gegenüber KÜMMEL (208).

[13] HENGEL, *Joh Frage* 38f.

[14] Vgl. zu der von HENGEL angenommenen Bedeutungsdifferenzierung des "Ältesten"-Titels im besonderen Fall des ephesinischen "Alten" (die aus Papias *nicht* hervorgeht): oben, I, Anm. 20. - Über die von vielen Forschern (z.B. *Zahn* und *Gutwenger*) vertretene Papias-Interpretation, die bei Papias nur *einen* "Herrenjünger Johannes, den Ältesten" erkennt, nämlich den zur Zeit der Nachforschungen des Papias noch lebenden *Apostel* Johannes (siehe oben, I, b 1-4), geht Hengel allzu eilfertig hinweg, indem er - ohne weitere Argumente - nur G. Maier (siehe oben, I, Anm. 27) nennt: "der allerdings - kaum glaubhaft - im Proömium nur *eine* Johannes-Gestalt erwähnt finden will" (79, Anm. 241).

[15] Zu diesen von HENGEL (88ff.) herangezogenen Quellen gehören vor allem die beiden oben (I, Anm. 30f.) charakterisierten byzantinischen Hss, sowie vereinzelte Martyrologien und Homilien, die den Namen Johannes (meist unklar) in ein Mar-

Hengel das Martyrium des Apostels "möglicherweise in Jerusalem" geschehen, "irgendwann zwischen 50 und 70"[16].

Kommt also der Apostel Johannes ohnehin aus historischen und exegetischen Gründen[17] nicht als Verfasser des Joh-Ev oder der Briefe in Frage, dann liegt es nahe, die Verbindung herzustellen zwischen dem (dann also vom Apostel deutlich zu unterscheidenden) "Herrenjünger und presbýteros Johannes" bei Papias und dem "Alten" (presbýteros) von 2-3 Joh. Für diesen ergibt sich aufgrund innerer Kriterien für eine gemeinsame Autorschaft von 2-3 Joh und 1 Joh, und wiederum von 1 Joh und dem Joh-Ev, sowie aufgrund der exzeptionell frühen und konsistenten Textüberlieferung für das Joh-Ev, einschließlich des Titels[18], und endlich der ebenso konsistenten Tradition der Zuweisung für das Joh-Ev und 1 Joh (an *den* bzw. *einen* apostolischen "Johannes"), der Name *Johannes* als der *historische* auch des "Alten" von Ephesus. Von 2-3 Joh ausgehend, und über 1 Joh zum Joh-Ev fortschreitend, baut Hengel dessen Verfasserprofil auf, das sich als das eines *einzigen* und *überragenden Schulhauptes*[19] und eines apostolischen Lehrers von größtem Format erweist. Er genoß das Ansehen eines "Herrenjüngers" und dürfte tatsächlich noch Zeitzeuge [20] des Lebens Jesu gewesen sein.

---

tyrergedenken einbeziehen. - Zu dem in einzelnen Martyrologien als Märtyrerfest aufscheinenden "Tag der Apostel Johannes und Jakobus" erklärt ZUNTZ, *Papiana* (254): "Die Beweiskraft dieses Umstandes scheint mir gleich null. Die beiden Brüder werden zusammen gefeiert, wie sie im Evangelium zusammen erscheinen...". - Die einschlägigen Homilien weisen stark legendäre Züge auf.

[16] HENGEL, *Joh. Frage* 91, Anm. 295; 317f.

[17] Mehr als aus dem äußeren Aufbau des Werkes, das von *historischen* Quellen ausgeht, ersichtlich, ist HENGEL bei seiner schnellen Zustimmung zum Martyrium des Apostels Johannes, und zwar als Aussage des Papias (aufgrund des oben, I, Anm. 30 genannten Fragments), doch tatsächlich von dem (inzwischen wieder angefochtenen) Konsens in der deutschen Exegese getragen, daß der Apostel Johannes als Verfasser für das Joh-Ev ausscheide und überhaupt nicht in das kleinasiatische Umfeld des Joh-Ev gehöre. Die diesbezüglichen Forschungsbilanzen von *A. Schweitzer* bis *P. Parker* werden als zwingend bewertet (318, Anm. 176)

[18] Zur Textüberlieferung: ebd. 30-33; zum hohen Alter des Titels, der zum definitiven Text der in Joh 21,24f. firmierenden Redaktion gehört: 31f., 100, 204-206.

[19] Zum Begriff der "johanneischen Schule" siehe unten, Anm. 62.

[20] Die Biographie dieses "Alten" gerät nun weitgehend zum Abklatsch der irenäisch-eusebianischen Tradition über den gleichnamigen Apostel. Kein Wunder, da Irenäus bereits einer *Verschmelzung* des Apostels mit dem ephesinischen Johannes (118f. u.ö.) aufgesessen sei. So ging der "Alte" zwischen 62 und 66 nach Ephesus und starb in den ersten Jahren des Trajan. Das Evangelium hinterließ er als ein noch nicht völlig fertiggestelltes Werk. Die Schüler vollendeten es (258ff.),

Eine unverwechselbare Spur zu seiner Identität, die freilich den "Alten" der Herkunft nach weit von den Zwölf entfernt, sieht Hengel in Joh 18,15 gegeben: "ein Jünger, der mit dem Hohenpriester bekannt war". Obwohl diese Stelle nur von "einem", nicht von "dem" Jünger (wie z.B. in 19,27) oder "dem anderen Jünger" (wie in 20,2ff.) spricht, wird dennoch die fast unkenntliche Spur von Joh 18,15 zum deutlichen Steckbrief für einen jugendlichen Anhänger Jesu, der zur priesterlichen Aristokratie gehört[21]. Seine Vorbildung erklärt den jüdisch-alttestamentlichen Traditionshintergrund des Joh-Ev und darüber hinaus die besondere Vertrautheit seines Verfassers mit priesterlichen und weisheitlichen Elementen dieser Tradition.

3. Die Behandlung der "johanneischen Frage" bei Hengel ist getragen von dem Bewußtsein, daß exegetische Forschung ihre Seriosität verliert, wenn sie sich über historische Quellen hinwegsetzt und die profilierte Persönlichkeit speziell des Verfassers des 4. Evangeliums als ein *Bündel von Phantombildern* entwirft, dem nichts an Fakten zugrundeliegt, als höchst anfechtbare und einander widersprechende Hypothesen über Schichten und Redaktionen, die nur die Vorstellungen der Exegeten selbst widerspiegeln[22]. Bei Hengel steht das Joh-Ev (mit 1-3 Joh) wieder in einem historischen und geographischen Koordinatensystem und erweist sich in seiner ihm eigenen historisch gewachsenen Konsistenz. Überbordende Theorien der Quellen- und Redaktionsscheidung, sowie Unterstellungen esoterischer Konventikelhaftigkeit[23], ja, eines der "Großkirche" schismatisch gegenüberstehenden Sektierertums, fin-

---

wobei sie eher parallel verfaßte kleinere Christuszeugnisse und -meditationen des "Alten" *einfügten*, als daß sie den Text des Meisters tiefgreifend verändert hätten.

[21] Zur Herkunft des "Alten": 308; 321-325; zum Traditionshintergrund: 276-284.

[22] Vgl. zur negativen Bilanz der Quellen-, Schichten- und Redaktionentheorien (in Auseinandersetzung mit R.T. FORTNA, J. BECKER und G. RICHTER): ebd. 241-251. - Zu ähnlichen Ergebnissen gelangt auch SCHNELLE (36).

[23] Zur Widerlegung des Doketismus-Vorwurfs, den besonders E. KÄSEMANN, *Jesu letzter Wille nach Joh 17*, Tübingen [4]1980, erhob (der gar die johanneische Inkarnationslehre insgesamt als Verrat an der Kenosis-Theologie des Paulus mißdeutete): ebd. 83f.; 193ff. Eine Grundlage für Esoterik und schismatisch-sektiererische Tendenzen sah Käsemann besonders in der Lehre vom Parakleten. "Der Alte" galt ihm als exkommunizierter Gnostiker, Diotrephes (3 Joh 9) dagegen als "großkirchlicher Bischof" (DERS., *Ketzer und Zeuge*, in: *Exegetische Versuche und Besinnungen I*, Göttingen [6]1970, 168ff.). - In peinliche Mesalliance mit Käsemann begab sich katholischerseits *R.E. Brown* (siehe unten, Anm. 148).

den hier keinen Ansatz mehr und werden erfreulich eindeutig als Irrwege der modernen Joh-Forschung gekennzeichnet.

Doch bei aller stupenden Kenntnis der historischen Quellen beweist der namhafte Tübinger Gelehrte bei deren Bewertung nicht immer eine glückliche Hand. Indem er die fälschlich Papias zugeschriebene Nachricht im Codex Barocci 142 über ein frühes Martyrium des Apostels Johannes als stichhaltig betrachtet und folgert, das Wissen um dieses Martyrium sei zwischen 110 und 150 in der Kirche verdrängt worden, nimmt er zugleich eine der größten historischen Unwahrscheinlichkeiten in Kauf und verstößt gegen ein *Grundgesetz der Hagiographie*, das *G. Zuntz* so formuliert: "Genau die umgekehrte Entwicklung, Martyrium anstelle von friedlichem Lebensende, würde der normalen Tendenz christlicher Legendenbildung entsprechen; Martyrien werden neu erfunden, nicht abgeschafft."[24]

Und wenn Hengel allein jenen *zweiten* Johannes im apostolischen Ephesus bekannt sein läßt (den Eusebius aus Papias herauslas, aber nicht identifizieren konnte), dann besitzt er mit diesem Johannes *der Idee nach* zwar wieder einen Tradenten aus apostolischer Zeit als geeigneten Autor für die imponierende Größe des *Opus Ioanneum*. Aber die eusebianische Spaltung des einen großen "Jüngers des Herrn Johannes des Ältesten" (der bei Papias sowohl Apostel als auch Evangelist ist und den Hengel *gegen Eusebius* nicht als Autor der *Apk*, sondern des *Joh-Ev* vom Apostel trennt) wirkt sich nun als "*Doppelantlitz des Autors*" und als *Zwiespältigkeit der "Jünger"-Stellen* aus, da die Umschreibungen des "Jüngers, den Jesus liebte" und des "anderen Jüngers" (neben Petrus), wie Hengel anerkennt, für den *Zebedäussohn* transparent sind, aber dann von Joh 21,24f. und 21,23 her durch die Gestalt des Autors "überlagert" werden[25]. Die Gestalt des Zeugen im 4. Evangelium (d.h. nun: die sich "überlagernden" Gestalten des *Apostels* Johannes und des *"Alten"* Johannes) und das Zeugnis dieses Evangeliums (der Anteil der einstigen Erfahrung des Werkes Jesu im Jüngerkreis

---

[24] ZUNTZ, *Papiana* (248). Vgl. auch: ebd., Anm. 20, wo Zuntz auf die rege Kommunikation zwischen den Kirchen verweist, die jedes Martyrium des Apostels (auch ein an einem abgelegenen Ort geschehenes) sofort überall bekannt gemacht und eine spätere Verdrängung oder eine Bildung von sekundären Ersatzlegenden verhindert hätte.

[25] Wer darin allein das Werk der Redaktion sieht, sollte bedenken, daß diese die vom "Alten" überkommenen Texte als so *unantastbar* behandelt, daß sie nicht einmal wagt, die Nahstellen von 14,31/15,1 und 20,31/21,1 zu glätten.

und der Anteil einer verfremdenden Wiedergabe im Erfahrungsmedium von Liturgie und Meditation) werden so *historisch* und *theologisch* undurchschaubar und zweideutig. Die am Mysterion Gottes in Jesus Christus orientierte und selbst liturgisch-mystagogisch geprägte Sprache, die sich der Umschreibung des Zeugen in der *dritten Person* und *ohne Namensnennung* bedient, wird zur Mystifikation[26].

Wenn nun aber diese "Jünger"-Stellen und die Augenzeugenstruktur des Joh-Ev keine Scheidung des *Apostels* Johannes und des *"Alten"* Johannes mehr zulassen, was nach dem klaren Zeugnis von Joh 21,24 aus der *Identität beider* resultiert, dann kann man nur *gegen den authentischen Text des Joh-Ev* (zu dem, wie Hengel oftmals betont, Joh 21,24f. unverlierbar gehört) diese Identität bezweifeln. Und schon das Evangelium selbst konfrontiert mit jener "Verschmelzung", die Hengel erst der *frühpatristischen Zeit* (zwischen 110 und 150) zuschreiben wollte. Aber ebenso, wie sich die letztere durch die Hinfälligkeit ihrer Hauptstütze, eines frühen Martyriums des Apostels, als historisch ganz unwahrscheinlich erwies, so kann auch eine manipulierende Umgestaltung des Werkes des "Alten", das dessen Schülern als so unantastbar galt, nicht plausibel gemacht werden. Es bleibt das übereinstimmende Zeugnis des *Evangeliums* und der *frühen Väter* von der *Identität des einen und einzigen Apostels und Evangelisten Johannes*.

Die in diesem verkörperte "johanneische Tradition" lernte der historische Lukas (den gerade Hengel als Verfasser des lukanischen Doppelwerkes wieder in der Exegese salonfähig gemacht hat) seit 58 in Jerusalem und anderswo als die des Apostels Johannes kennen und dies bewirkte, daß sein Evangelium durch eine deutlich "johanneische" Sicht der Berufung des Petrus und des komplexen Vermächtnischarakters des Letzten Mahles gekennzeichnet ist, während in seiner Apg gewissermaßen schon *"der andere Jünger"* des späteren (freilich *nach* dem lukanischen Werk *verfaßten*) Joh-Ev *als Zeuge der Urgemeinde neben Petrus* steht: eine Rolle, die auch aus Gal 2,9 hervorgeht und die auf keinen anderen "Herrenjünger" oder sonstigen "Alten" übertragen werden kann.

---

[26] Hengel spricht von "bewußter Verschleierung der Autorschaft" (319), von "Manipulation mit dem Namen des Autors" (314), sowie hinsichtlich der wechselseitigen Identifizierungsinsinuationen in Joh 21,2 und 21,24 von einem "Vexierspiel" (315). - Vgl. zum liturgisch-anamnetischen Sprachgesetz, gemäß dem die "Jünger"-Stellen formuliert sind: unten, f 3-5.

4. Als Werk eines Augenzeugen erlangte das 4. Evangelium ein wesentlich deutlicheres Profil durch das posthum edierte Werk von *J.A.T. Robinson, "The Priority of John"* (London 1985). Tatsächlich gelingt es dem Autor in vielfacher Weise, die weit bessere Kenntnis der Chronologie und Topographie des Wirkens Jesu auf seiten des 4. Evangelisten, verglichen mit den Synoptikern, herauszustellen und überdies zu zeigen, wie die Synoptiker des öfteren durch offensichtlich *sekundäre* Zusammenfügung ihres Überlieferungsmaterials *indirekt selbst* das Joh-Ev und seinen stringenten chronologischen Aufbau als Bezeugung und Überlieferung *erster Hand* erweisen. Entsprechende Beispiele werden bei der Behandlung der für den Augenzeugencharakter des 4. Evangeliums besonders transparenten Stellen zu würdigen sein.

Auch *O. Betz* erkennt im 4. Evangelium zahlreiche Spuren, die auf den Apostel Johannes, den "Augenzeugen des Lebens des Logos" (Irenäus, Brief an Florinus) hinweisen[27]. Die eigentümlich reflektierten Aussagen über den "Jünger", die eine durch *besondere Gnadenwahl Jesu* ihm zuteil gewordene Rolle unter den Zwölf (Joh 13,23ff.), wie auch seine besondere *"Anhänglichkeit"* (19,26) an Jesus betreffen, erhalten von der alttestamentlichen Verankerung gerade dieses Evangeliums her *theologische wie geschichtliche Deutlichkeit*, wenn man in die eschatologisch bedeutsame Rolle der Zwölf (die laut Lk 22 im Mahlvermächtnis Jesu gründet) für Johannes, den Sohn des Zebedäus und jüngeren Bruder des Jakobus, *biographische Merkmale* aus der synoptischen Tradition hineinnimmt und diese *im Licht der Rolle des Levi unter den Jakobsöhnen interpretiert*, der im Rahmen der Zwölf-Stämme-Typologie laut Dtn 33,8ff. in besonderer Weise zur Bewahrung *"priesterlicher Tradition"* erwählt war und dessen Name *"Anhang"* (Gen 29,34) bedeutet. Die Hinweise des Evangeliums der "Gnadenfülle, aus der wir alle empfangen haben" (Joh 1,16) und der Bezeugung des Vermächtnisses der hingebenden Liebe Jesu (Joh 13) auf den Jünger, dessen Name "Gott ist gnädig" lautet und der eben diese überwältigende Liebe Jesu in der Vermächtnissituation des Letzten Mahles erfahren durfte, werden bei der Erörterung der (als *Unbescheidenheit* oder als nachträgliche Heroisierung *völlig mißdeuteten*[28]) für den apostolischen

---

[27] O. BETZ, *Das Gnadenamt des Apostels Paulus und des Jüngers Johannes*, in: DERS., *Jesus der Herr der Kirche, Aufsätze zur biblischen Theologie II*, Tübingen 1990, 447-465 *(künftig zitiert: Betz, Jünger Johannes)*. -Vgl. auch Anm. 132

[28] Siehe unten, IX, f 3-5.

Zeugen des 4. Evangeliums gewählten Umschreibung: *"der Jünger, den Jesus liebte"*, noch entsprechend zu würdigen sein.

Zunächst ist es angezeigt, die von Bischof Robinson signalisierte literarische Unabhängigkeit des 4. Evangeliums von den Synoptikern, wie auch die im Sinne der *Priorität des 4. Evangeliums* zu deutenden Konvergenzen, wenigstens in ersten Markierungen festzuhalten.

Während der Verfasser des 4. Evangeliums einerseits die synoptische Tradition, und zumindest das Mk-Ev auch in seiner literarischen Konkretgestalt, kennt und solches auch bei seinen Hörern bzw. Lesern voraussetzt, bekundet er gleichzeitig seine *Unabhängigkeit* von den synoptischen Evangelien, ja, seine *Zeugnispriorität*, indem er Angaben des Mk-Ev gelegentlich auch *korrigiert*[29].

5. *Darstellungsanalogien* finden sich vor allem *zwischen dem 3. und dem 4. Evangelium* und sind, wie sich zeigen wird, wieder im Sinne der Priorität der johannischen Tradition zu deuten. Besonders charakteristisch für das Verhältnis zwischen dem 3. und dem 4. Evangelium ist zum einen die besondere Herausstellung des Apostels *Johannes und seiner Nähe zu Petrus* im ganzen lukanischen Doppelwerk, zum anderen das Vorkommen geradezu *"johanneisch" anmutender Szenen im Lk-Ev*.

So wird Johannes abweichend von der übrigen synoptischen Tradition *vor* seinem älteren Bruder in Lk 8,51; 9,28 und Apg 1,13 genannt, während sich in Lk 22,8 und Apg 3-8 eine herausgehobene Stellung unter den Zwölf *direkt neben Petrus* manifestiert. Es hieße, diese Stellen mißzuverstehen, wollte man in ihnen nur einen Reflex der besonderen Rolle des Petrus und Johannes *nach* dem Tod des älteren Zebedäussohnes Jakobus in Jerusalem sehen, wie sie durch Gal 2,9 sichergestellt ist. Wie Paulus die Entsprechung *vor-* und *nach*österlicher Berufung für Petrus und die Zwölf in 1 Kor 15,5ff. bezeugt, so muß auch Lk 22,8 als Beleg für eine vorösterliche Sonderrolle des Johannes zusammen mit Petrus gewertet werden, die in einem Zusammenhang mit dem *Vermächtnismahl Jesu* steht. Eine den Zwölf zuteil werdende eschatologische Verheißung ist in Lk 22,30 direkt ausgesprochen, erscheint aber

---

[29] Zur Unabhängigkeit des 4. Evangeliums von den Synoptikern vgl. auch SCHNACKENBURG I, 19ff. - Als bewußte Korrektur darf man z.B. Joh 3,24 ("Johannes war nämlich noch nicht in das Gefängnis geworfen") gegenüber der Aussage von Mk 1,14 betrachten, daß Jesus die Verkündigung seines Evangeliums begann, *nachdem* der Täufer in Haft war.

zugleich an die Nachahmung der Diakonie Jesu selbst gebunden. Im Rahmen der Erfüllung dieses Vermächtnisses wird Petrus eine besondere Rolle zukommen (Lk 22,32). Die Nennung des Johannes zusammen mit Petrus in Lk 22,8 signalisiert eine Inanspruchnahme beider durch das bevorstehende Mahl, die auch für Johannes nicht als eine bloß äußerliche Vorbereitung für das Mahl gemeint sein wird und also nach einer *auch ihm* im Mahl zuteil gewordenen besonderen Verheißung fragen läßt.

In Lk 22,8 kann durchaus eine im Vergleich mit Mk 14,13 (wo zwei nicht benannte Jünger mit der Mahlvorbereitung beauftragt werden) *genauere Erinnerung* eines der Mahlteilnehmer erhalten sein[30]; vor allem aber wird man die Nennung der beiden Jünger Petrus und Johannes im Dienst einer Traditionsbezeugung zu sehen haben, daß bei diesem Mahl, deutlicher als in anderen Situationen des Lebens und Wirkens Jesu, Petrus und Johannes als die *Werkzeuge besonderer Erwählung*, wie auch besonderer Erfahrung der Zuwendung Jesu, in Erscheinung traten. Diese Deutung von Lk 22,8[31] entspricht ganz der Analogie, die insgesamt zwischen dem lukanischen und dem johanneischen Bericht vom Letzten Mahle als einem umfassenden Vermächtnis Jesu besteht. Beiderseitig kennzeichnend für diese Analogie ist einerseits das Dienst- und Liebesgebot an die Jünger, dem besondere Verheißungen zugeordnet sind, andererseits die *Schlüsselfunktion des Mahlberichts* für die Deutung der Jüngerberufungen, wie auch der Jüngererfahrung der Nähe Jesu sowohl in der Erstberufungssituation als auch besonders in der Situation der nachösterlichen Neuberufung und Mahlgemeinschaft mit dem Auferstandenen. So entspricht der Darstellungsbogen, der sich von Lk 5,1-11 (Berufung Petri) über den Mittelpfeiler des Letzten Mahles (Lk 22) bis hin zu den Erscheinungen des Auferstandenen in Lk 24 (mit mehrfacher Mahlgemeinschaft, sowie der Bezeugung der Ersterscheinung des Auferstandenen vor Petrus in Lk 24,34) spannt, durchaus jenem im 4. Evangelium, wo in 1,35ff. die Ersterfahrung der Berufung durch eben jenen Jünger geschildert wird, dem es beim Letzten Mahle vergönnt ist, an der "Brust Jesu zu liegen" (Joh 13,23.25) und ähnlich

[30] Eine *Historizität* der Angabe, daß die zwei mit der Vorbereitung beauftragten Jünger tatsächlich *Petrus und Johannes* waren, gewinnt angesichts der Tatsache zusätzliche Wahrscheinlichkeit, daß auch "der Träger des Wasserkruges" (ein zölibatär lebender Essener?) in Mk 14,13 und Lk 22,10 anscheinend durch *direkte Erinnerung* gedeckt ist. So R. PESCH (siehe oben, V, Anm. 68).

[31] Vgl. O. BETZ, *Jünger Johannes* 452ff.

Petrus (13,6ff.; 13,36ff.) mit Jesus beim Mahle Zwiesprache zu halten (13,25f.), der wiederum zusammen mit Petrus das leere Grab sieht und in einer ihm eigenen Weise zum Glauben an die Auferstehung gelangt (Joh 20,1ff.) und der schließlich in einem letzten geheimnisvollen Mahl mit dem Auferstandenen Zeuge der definitiven Berufung Petri ist, selbst aber einer Erwählung *eigener Art* versichert wird (Joh 21,15ff.; 21,20ff.).

6. Wird man schon angesichts der Nähe dieser Kompositionslinien eine Berührung der "Traditionen" des 3. und 4. Evangeliums annehmen dürfen, so stellt sich für das Verhältnis von Lk 24,12 zu Joh 20,1-10 (Besuch des Petrus bzw. des Petrus und des Johannes beim leeren Grabe), wie auch von Lk 5,4-8 zu Joh 21,3-11 (wunderbarer Fischfang in der Situation der vorösterlichen bzw. der nachösterlich definitiven Berufung Petri) die Frage nach literarischer Abhängigkeit bzw. nach der Benutzung einer gemeinsamen Quelle oder nach einer besonders dichten Art der Berührung der beiderseitigen Traditionen. Relativ leicht lassen sich diese verschiedenen Möglichkeiten für Lk 24,12 und Joh 20,1-10 durchspielen; und das Ergebnis wird für das Gesamtverhältnis der beiden Evangelien mehr Aufschluß bieten, als zunächst zu vermuten steht.

Die nächstliegende und lange vorherrschende Annahme, Lk 24,12 sei aus dem Textbestand von Joh 20 lange nach Abfassung des 3. Evangeliums interpoliert, kann vom handschriftlichen Befund her nicht mehr als wahrscheinlich gelten[32]; auch wäre eine nachträgliche Ausscheidung des "Jüngers, den Jesus liebte" aus der Szene von Joh 20 bei einem Interpolator des 2. Jahrhunderts, für den der Jünger nur der Apostel Johannes sein konnte, gerade auch angesichts der besonderen Hochschätzung des Johannes im genuinen Lk-Ev nicht zu erklären. Nachträgliche

---

[32] Zu Lk 24,12 vgl. R. SCHNACKENBURG, *Das Johannesevangelium, Dritter Teil: Kommentar zu Kap. 13-21*, Freiburg ([1]1975); [6]1992, mit Nachtrag 1982 *(künftig zitiert: Schnackenburg III)*, 364: Es "mehren sich jetzt Stimmen, die Lk 24,12 und andere 'western non-interpolations' für usprünglich halten." - Laut ROBINSON (*Priority* 289f.) ist sogar der von Westcott-Hort 1881 eingeführte Begriff selbst (der eine bestimmte westliche Lesart als "interpolationsfreie", dagegen die Überhänge der konkurrierenden im Osten vorherrschenden Lesart als Interpolationen betrachtet) inzwischen zweifelhaft geworden. Die führenden neueren Textausgaben und -untersuchungen lesen *Lk 24,12 als genuin* (ebd., Anm. 263). - Zu der für Lk 24,12 maßgebend gewordenen Verwendung des Begriffs "othónia" (Joh 19,40; 20,5-7) vgl. unten, Anm. 126; zur Frage des Grabesbesuches der Jünger: IX, e 6.

Ausgestaltung eines *primär lukanischen* Textes zu dem Bericht von Joh 20 scheidet jedoch aus, was schon die vom übrigen Lk-Ev nicht gedeckten Termini beweisen. So entsprechen z.B. die "othónia" (= Grabtücher) in Lk 24,12 nicht dem lukanischen Grablegungsbericht, jedoch genau dem johanneischen. Es besteht also eine "johanneische" Priorität, die, angesichts der Abfassung des vierten Evangeliums *nach* dem dritten, freilich nur eine solche der *"johanneischen Tradition"* sein kann, die sprachlich und inhaltlich schon geprägt ist und von Lukas genutzt werden konnte, bevor sie im Joh-Ev ihre definitive Textgestalt erhielt.

Daß diese "Tradition" in einer frühen Phase über die Rolle des Jüngers am leeren Grab offenbar schwieg und dafür die des Petrus ganz in den Vordergrund stellte, wird noch im Zusammenhang des johanneischen Grabauffindungsberichts zu erörtern sein. Ein solches Schweigen über den "anderen Jünger" läßt sich umso mehr verstehen, wenn es im Zeugnis jenes Jüngers gründet, der über sich selbst zu reden erst genötigt war, als die kirchliche Situation es erforderte (insbesondere nach dem Martyrium des Erstzeugen Petrus).

Einen weitgehend anerkannten Fall "johanneischer Priorität" stellt die Erzählung vom wunderbaren Fischfang in Joh 21, verglichen mit derjenigen im szenischen Rahmen von Lk 5, dar. Eine auf die nachösterliche Situation bezogene Primärbildung in der "johanneischen Tradition" ist hier die immer noch wahrscheinlichste Annahme[33], der gegenüber der sekundäre Charakter der in mehrfacher Hinsicht aus verschiedenen historischen Situationen kontrahierten lukanischen Komposition als nachgewiesen gilt[34].

---

[33] So wurde die nachösterliche Situation der Erzählung z.B. von H. VON CAMPENHAUSEN (siehe oben, V, Anm. 48, 16f.) und H. GRASS *(Ostergeschehen und Osterberichte,* Göttingen 1962, 80) als die ursprüngliche vertreten, die Lk 5 in die vorösterliche Berufung Petri hineingenommen hätte. Zudem wirkt der Doppelname "Simon Petrus" in Lk 5,8 "johanneisch"; die Aufforderung Jesu "Fürchte dich nicht!" (ebd.) entspricht österlichen Erscheinungssituationen (Mk 16,6 par; 16,8; Mt 28,10; Lk 24,37). - Auch faßt Lk 5,1-10 ohnehin verschiedene Situationen des markinischen Berichts zusammen.

[34] Als quellenmäßig eigenes Element wird die "Fischfangtradition" in Lk 5 aus dem synoptischen Vergleich erwiesen durch R. PESCH, *Der reiche Fischfang Lk 5,1-11/Joh 21,1-14,* Düsseldorf 1969. - Pesch möchte jedoch auch in Joh 21 die "Fischfangerzählung" isolieren und als späte hellenistische Wundergeschichte erweisen, die hier besonders anfechtbar eingefügt wäre. Dabei wird Joh 21 insgesamt auf verschiedene Traditions- und Redaktionsschichten zurückgeführt. Vgl. dagegen zur *ganzheitlichen* Konzeption von Joh 21: unten, IX, g 2.

7. Eine solche Priorität wird man auch der "johanneischen Tradition" vom Letzten Mahle insofern zugestehen müssen, als dieses gemäß Joh 13 der historisch transparente Rahmen für das Dienst- und Liebesgebot Jesu an die Jünger war, verbunden mit einer Bekundung Jesu, daß Petrus sein mehrfach impulsiv gegebenes Nachfolgeversprechen (vgl. Joh 6,68; 13,37; verschlüsselt: 13,9) bis zur letzten Konsequenz einzulösen haben würde, jedoch anders, als er es sich in seinem Selbstvertrauen vorgestellt hatte. Auf das Letzte Mahl als Ursituation eines Bekenntnisses Petri, einer Einforderung seiner Nachfolgebereitschaft und einer Enthüllung der Rolle des Judas, weist ganz deutlich auch Joh 6,67-71 hin[35].

Daß schon in einer frühen mündlichen Artikulation "johanneischer Tradition" auch die spätere Sonderrolle des Apostels Johannes auf die Vermächtnissituation des Letzten Mahles zurückgeführt wurde, kann kaum zweifelhaft sein. O. Betz sieht in Lk 22 eine sehr dezidierte Parallelität zur Verheißung an Petrus (Lk 22,31ff.) auch für eine analoge an Johannes in der eschatologischen Verheißung an die Zwölf (22,28-30) eingeschlossen. Für deren Darstellung greift Lukas eigentümlicherweise auf den Jüngerstreit zurück, zu dem einst Jakobus und Johannes, die "Donnersöhne" (Mk 3,17), Anlaß gegeben hatten (Mk 10,35). So bezeichne Lk 22,28ff. für Johannes zugleich eine aus Jesu besonderer Liebeszuwendung ausgesprochene Annahme jenes einstigen Versprechens, "den Kelch zu trinken" (Mk 10,39), aber ähnlich wie bei Petrus in Umwandlung der Erfüllungsweise jenes zunächst von Selbstvertrauen und Überheblichkeit diktierten Versprechens und in engster Bindung an das Liebes- und Dienstgebot, von dem Johannes erkannte, daß es ihn in einzigartiger Weise in Pflicht nahm und sein Leben verwandelte.

Die Umschreibung des "geliebten Jüngers", die im definitiven Text des Joh-Ev erstmals bei 13,23 einsetzt und das Letzte Mahl als konstitutiv für die besondere Erwählung und geistliche Existenz des "Jüngers" kennzeichnet, kann, wenn man sie (wie angenommen) nicht als rein metahistorisch wertet, sondern als Erinnerung eines Augenzeugen des Lebens und Wirkens Jesu versteht, schon aus dem Vergleich der lukani-

---

[35] O. CULLMANN, *Petrus. Jünger - Apostel - Märtyrer*, München-Hamburg 1967, möchte im Blick auf Lk 22 und Joh 6,68 das Letzte Mahl Jesu sogar als die *Ursituation des Messiasbekenntnisses Petri* und der *Kephas-Beauftragung* sehen (25ff.; 203ff.).

schen und der johanneischen Tradition vom Letzten Mahle *nur auf den Apostel Johannes* selbst als den neben Petrus in besonderer Weise vermächtnishaft in Dienst Genommenen bezogen werden.

Eine *andere* Identifizierung mit einem Jerusalemer Zeitzeugen der Jahre Jesu würde (über das Problem hinaus, daß andere Teilnehmer beim Letzten Mahl außer Jesus und den Zwölf nicht sehr wahrscheinlich sind) aus der zuvor umschriebenen *Analogie der lukanischen und der johanneischen Darstellung* des Letzten Mahles und dessen Schlüsselfunktion für das Verständnis der vorösterlichen und nachösterlichen Berufungsszenen und der Struktur des Zwölferkreises das *Urdatum* einer besonderen Erwählung des Apostels Johannes neben Petrus *herausbrechen*, das in Lk 22,8 und im lukanischen Gesamtwerk deutlich signalisiert ist.

Die These vieler heutiger Exegeten, das Joh-Ev "wisse" nichts von den Zebedäussöhnen (abgesehen vom "Redaktor" des Nachtragskapitels, der sie in 21,2 hinter Thomas und Nathaniel einstufe) ist allzu kühn. In welchem "Nirwana" sollte sich eine solche Tradition, die von Johannes und Jakobus nichts weiß, gebildet haben, während Lukas, dem sich Zugänge zur ältesten Überlieferung in Jerusalem, Antiochien und Rom erschlossen, von einer "johanneischen Tradition" inspiriert wurde, die in genauer Entsprechung zu den urkirchlichen "Säulen" Jakobus, Petrus und Johannes auch eine prägnante vorösterliche Rolle des Petrus und Johannes bezeugte. Mit Recht stellt J.A.T. Robinson fest, daß der "geliebte Jünger" nicht deshalb im Zeugnis des Joh-Ev namenlos bleibt, weil er ein Unbekannter war[36], sondern weil er im Gegenteil *so gut bekannt war*, daß seine Namensnennung sich *erübrigte*[37]. Er war derjenige, den offenbar schon Lukas aus ältester Überlieferung, und nicht zuletzt von der "johanneischen Tradition" her, kannte: der Zebedäussohn Johannes, der selbst die "johanneische Tradition" verkörperte.

8. Nun hat sich unsere Überzeugung von der verfasserschaftlichen Authentizität des Joh-Ev und von der Identität des "geliebten Jüngers" in Joh 13 und 19-21 jedoch nicht nur mit jenen "historisch-kritischen" Exegeten auseinanderzusetzen, die meinen, daß mangels ausreichender

---

[36] So SCHNACKENBURG III, 460: "Die Anonymität des geliebten Jüngers wird sogleich begreiflich, wenn er tatsächlich ein relativ unbekannter Mann im Urchristentum war."
[37] ROBINSON, *Priority* 98.

historischer Erinnerungen in der Evangelientradition überhaupt, und des Grabens zwischen der synoptischen und der johanneischen Tradition im besonderen, historische Verifikationen für Zeugnisse des Joh-Ev von der synoptischen Tradition her unmöglich und methodisch unzulässig sind[38]. Unsere Darstellung hat auch jene Richtung der Exegese zu widerlegen, die bestreitet, daß historische Fragen solcher Art, und speziell auf die Identität des "geliebten Jüngers" bezogene, am *prinzipiell unhistorischen* Charakter des 4. Evangeliums bzw. am symbolistisch fingierten, oder doch darstellungsmäßig primär als Symbolfigur intendierten, "Lieblingsjünger" a priori scheitern müssen[39].

Es wird also zunächst gegen eine solche Richtung der Exegese das Joh-Ev als Augenzeugenevangelium zu charakterisieren und diese Auffassung an den Hauptphasen der Leben-Jesu-Darstellung des Evangeliums zu bewähren sein, bevor die Frage nach dem Augenzeugen *und* Evangelisten und die Identität beider mit dem Apostel Johannes neu aufgenommen und beantwortet wird.

Entgegen den Vor-Urteilen Baurs und Bultmanns weist gerade das 4. Evangelium nicht nur eine große Transparenz für die *Grunddaten* des Lebens und Wirkens Jesu auf, sondern darüber hinaus sogar eine *verblüffende Ergiebigkeit auch für historische Begleitumstände*. Hieraus ergeben sich Indizien für eine Augenzeugenschaft, die eher als eine solche des Evangelisten selbst, denn als ein dem Evangelisten nur aus einer

---

[38] W.G. KÜMMEL (202) nimmt die üblichen Einwände der Formgeschichtler hinsichtlich der Identifizierung des Jüngers auf die skeptische Frage zurück, "ob wir das Joh überhaupt so aus den Synopt. ergänzen dürfen, ob wir also voraussetzen dürfen, daß der Verf. des Joh mit der Bezeichnung 'der Jünger, den Jesus liebte' nur einen der drei vertrautesten Jünger Jesu nach dem Bericht der Synopt. meinen *konnte*". - Freilich wurde im vorausgehenden nicht in solcher Form argumentiert, sondern von den vielschichtigen Konvergenzen der Erwählung des Petrus und des Johannes im Kontext des Mahlvermächtnisses in der lukanischen und in der johanneischen Tradition, die mitsamt ihren Voraussetzungen und Folgen unverständlich werden, wenn man die Petrus-Johannes-Beziehung aus ihrer Schlüsselbezeugung in Joh 13,23ff. herausbricht.

[39] Der "geliebte Jünger" und Augenzeuge des 4. Evangeliums wird vielfach als (fiktive) "Idealgestalt" verstanden, so (laut KÜMMEL 203) u.a. von Jülicher-Fascher, Marxsen, Dibelius, Käsemann und Kragerud. Gegen diese Auffassung führt Kümmel jedoch treffend ins Feld, daß dann *auch Petrus*, der in Joh 13; 20; 21 als enger Partner des "Jüngers" erscheint, eine fiktive Idealgestalt sein müßte (ähnlich Kümmel auch SCHNACKENBURG III, 449). - Zu einer neuen Variante der These von der "Idealgestalt" (die jedoch in diesem Fall als besonders fragwürdig verzweckte Fiktion gesehen wird): siehe unten, Anm. 57.

älteren Augenzeugentradition zugekommenes Erbe zu werten ist. Und dieser nachhaltige Eindruck entspricht genau dem, was als direkte Augenzeugenbürgschaft im Corpus des Evangeliums (so in Joh 19,35; 20,8; 20,30) ausgesprochen und vom Herausgeber des Evangeliums (21,24f.) formell bestätigt wird.

b) Die zeitgeschichtlichen und topographischen Bezüge im Joh-Ev: Indizien für eine Augenzeugenschaft des Evangelisten?

1. Eine heute bereits wieder als "konservativ" geltende katholische Johannesexegese, für die vor allem der große dreibändige Kommentar von *R. Schnackenburg* steht, versucht der Berichtstreue und dem Augenzeugenanspruch des Evangeliums, wie andererseits auch den Thesen der "kritischen" Forschung über eine hellenistische Umwelt des Evangeliums am Ende des 1. Jahrhunderts[40], dadurch gerecht zu werden, daß ein Jerusalemer Zeitzeuge der Jahre Jesu als *Traditionsgarant* angenommen wird, von dem Glaubenszeugnisse und historische Nachrichten zu einem *sehr viel späteren Evangelisten* gelangten, der sie zu der theologisch hochstehenden und sprachlich wie konzeptionell einheitlichen Gesamtkomposition des Joh-Ev gestaltete, während ein *wiederum späterer Redaktor* das Nachtragskapitel 21 anfügte, das Gesamtevangelium ohne einschneidende Eingriffe überarbeitete und für dieses insgesamt die Autorität des Augenzeugen, eben des "geliebten Jüngers", in Anspruch nahm[41].

---

[40] Eine spätere Entstehung, wie sie von der gesamten älteren Evangelienkritik verfochten wurde, ist durch die Entdeckung des Papyrus P 52 und seine Datierung auf das 1. Viertel des 2. Jahrhunderts ausgeschlossen. Eine *wesentlich frühere* ist von *J.A.T. Robinson* vertreten worden und wird besonders für die Konzeption des Nachtragskapitels 21 zu prüfen sein: siehe unten, IX, g 5-7.

[41] Laut SCHNACKENBURG (I, 59f. und III, 454ff.) sind zu unterscheiden und in verschiedenen Generationen anzusiedeln: 1. der "geliebte Jünger" *als Augenzeuge*; 2. der *Evangelist*, ein theologisch hochgebildeter Hellenist; 3. der Verfasser des Nachtragskapitels 21, der sich zugleich als *Redaktor* des Gesamtevangeliums (jedoch sehr zurückhaltend) betätigt. - Bezüglich Joh 21,24f. spricht Schnackenburg (ebd. 454) von einer "gewissen Tendenz", "daß die Redaktion das Ev unter die Autorität jenes Jüngers stellen will" und vergleicht diese Zuweisungsart mit der Zuweisung der Deuteropaulinen an Paulus. - KÜMMEL behauptet direkt eine *Fehl-*

Nur äußerlich harmoniert ein so konzipierter langwieriger Überlieferungsweg vom Augenzeugen zum Evangelisten, und weiter zur Redaktion, mit jener älteren kirchlichen (jedoch auf patristischen Zeugnissen zweiter Wahl[42] beruhenden) Auffassung, der Apostel Johannes habe erst *in seinen letzten Lebensjahren* das Evangelium verfaßt. Irenäus ist jedoch für diese Auffassung nicht heranzuziehen[43]. Jedenfalls besteht ein großer sachlicher Unterschied darin, ob Ereignisse, die lange zurückliegen, von einem Zeugen berichtet werden, der sie in jungen Jahren als in höchstem Maße lebensbestimmend *selbst erfahren* hat, oder ob zur zeitlichen Distanz eine Gebrochenheit der Weitergabe zur zweiten oder dritten Hand hinzukommt. Im letzteren Falle wäre schwer erklärlich, wie historische, topographische und sonstige Begleitumstände so zahlreich ins 4. Evangelium hätten eingehen können.

Gerade die Fülle solcher Begleitumstände im Zeugnis des Joh-Ev über das Leben und Wirken Jesu macht es ganz unwahrscheinlich, daß nur eine Tradition zweiter oder dritter Hand vorliegt. Erst recht scheidet die Möglichkeit aus, daß mit der Jesusüberlieferung erst nachträglich solche Daten als fiktive oder nachempfundene verbunden worden wären. Denn niemals hätte so jene Stichhaltigkeit der Angaben des 4. Evangeliums erzielt werden können, die auch den heutigen Kriterien neutestamentlicher Zeitgeschichte standhält.

Zudem waren manche der Angaben zur *Topographie* des Wirkens Jesu in Jerusalem nach dem Jahre 70 überhaupt nicht mehr anders als von Zeitzeugen der Jahre *vor 70* zu erbringen, von denen sie aber spätere Tradenten der Evangelienüberlieferung kaum eigens erkundet hätten.

---

identifizierung des Evangelisten mit dem "Jünger" durch die Redaktion, die die auf Augenzeugenschaft bezogenen Stellen in Joh 1-20 falsch interpretiere (201).

42 Siehe oben, I, Anm. 63.

43 Das Hauptzeugnis des IRENÄUS (Adv.haer. 3,1,1) spricht nur von einer Abfassung des Joh-Ev *nach* den anderen Evangelien und zwar in Ephesus, was aus dem Kontext für eine Zeit bald nach dem Tod des Petrus und Paulus und nicht lange nach dem wahrscheinlichsten Jahr der Übersiedelung nach Ephesus (62, und in jedem Falle vor 66) verstanden werden kann. - Zur Unmöglichkeit, aus der Rolle der Evangelien im Kampf gegen die *Häresien* (laut IRENÄUS, Adv.haer. 3,11,1-7), die ganz *dogmatisch* skizziert ist, ein Datierungskriterium zu gewinnen, vgl. unten: IX, g 9. Denn gemäß dieser Stelle bei Irenäus widerlegt das Joh-Ev *vielerlei* Häresien (bzw. ist durch Gottes Vorsehung "gegen sie geschrieben") bis hin zu jener der *Valentinianer* (ebd. 11,7), die um 160 ihre Irrlehre verbreiteten.

2. In einer zunehmenden Anzahl von Fällen hat die heutige historische Forschung im Joh-Ev eine unerwartete Präzision in zeitgeschichtlichen, topographischen, kult-, sozial- und rechtsgeschichtlichen Angaben entdeckt[44], welche die der einschlägig belangvollen Angaben der *Synoptiker* in den Schatten stellt. Was z.B. im Rahmen einer Topographie Jerusalems im Joh-Ev über den Teich Bethesda geschrieben steht (Joh 5,2), jedoch nach dem Jahre 70 jeder Anschauung entzogen war, hat der Spaten des modernen Archäologen ans Tageslicht gebracht[45]. Gleiche Bestätigung ist der Angabe widerfahren, daß Jesus mit seinem Kreuz nach Golgotha "hinausgeführt" wurde (Joh 19,17; oder wie es in Hebr 13,12 heißt: "außerhalb des Tores gelitten hat"). Die Darstellung des Wirkens Jesu im Joh-Ev schließt über Jerusalem hinaus die ganze Ausdehnung Palästinas ein[46]; und ihre topographischen Angaben werden zunehmend archäologisch bestätigt, während alle Versuche, diese im einzelnen symbolistisch oder als Reflex christlicher Ansiedelungen um

---

[44] Vgl. zu den einzelnen Aspekten: E. STAUFFER, *Historische Elemente im 4. Evangelium,* in: Bekenntnis zur Kirche. Festschrift E. Sommerlath, Berlin 1960, 33-51 *(künftig zitiert: Stauffer, Historische Elemente)*; DERS., *Neue Wege der Jesusforschung,* in: Gottes ist der Orient. Festschrift O. Eißfeldt, Berlin 1959, 161-186 *(künftig zitiert: Stauffer, Jesusforschung)*; DERS., *Probleme der Priestertradition:* TheolLitZ 1956, 136-150 *(künftig zitiert: Stauffer, Priestertradition).* - Die Bilanz der einschlägigen Forschungen zieht ROBINSON, *Priority.* Vgl. auch ROBINSON 265-302.

[45] Vgl. zu den jüngsten archäologischen Verifizierungsergebnissen nicht nur für die Anlage des Teiches, sondern auch für das Phänomen des "aufwallenden Wassers" (Joh 5,4): ROBINSON, *Priority* 54-58. - Eine Fülle archäologischen Materials zum Nachweis der historischen Stichhaltigkeit des Joh-Ev, wie auch der synoptischen Evangelien, hat zusammengestellt: G. KROLL, *Auf den Spuren Jesu,* Leipzig - Stuttgart [8]1979.

[46] Vgl. R. RIESNER, *Bethany Beyond the Jordan (John 1:28). Topography, Theology and History in the Fourth Gospel*: Tyndale Bulletin 38 (1987) 29-63. - Wenn Riesners Identifizierung "Bethaniens jenseits des Jordan" mit der Landschaft Batanaea (deren griechische Transkription dies zuläßt) zutrifft, und also das ohnehin für verschiedene Stellen des Jordan und seiner Zuflüsse bezeugte Wirken des Täufers im Falle von Joh 1,28 auf den Norden des Ostjordanlandes verweist, dann entfällt umso mehr das vorgängig dazu schon durch die galiläischen Schauplätze des Wirkens Jesu im Joh-Ev (Joh 2,1ff.; 4,43ff.; 6,1-7,9; 21) nicht mehr stichhaltige Argument (z.B. KÜMMEL 210), das 4. Evangelium könne *nicht von einem Galiläer* stammen, da sich die Darstellung des Wirkens Jesu allzusehr auf Jerusalem und den Süden konzentriere.

die Wende des 1. Jahrhunderts zu deuten, als defintiv gescheitert gelten müssen[47].

Das Joh-Ev bietet aber zugleich auch die einzig zutreffende historisch transparente Chronologie des öffentlichen Wirkens Jesu, das einige Zeit vor dem Passa des Jahres 28 begann und sich am Rüsttag vor dem Passa des Jahres 30 am Kreuz vollendete[48]. Und die kontrahierende Darstellung der Synoptiker, die aber keine Ein-Jahr-Chronologie als solche bezeugen will, die sich vielmehr aus dem markinischen Rahmen einer "Passionsgeschichte mit ausführlicher Einleitung" (M. Kähler) ergibt, läßt sich historisch nur unter Zugrundelegung der johanneischen Chronologie richtig deuten.

Weiterhin ist der vierte Evangelist mit den Rechtsverhältnissen und den jüdischen Sitten zur Zeit Jesu eingehender vertraut als die Synoptiker[49]. Und das oft angeführte Argument, schon die distanzierte Redeweise des Joh-Ev von "den Juden"[50] verrate eine große sachliche und *zeitliche Entfernung* von der Zeit und der Umwelt Jesu, scheitert schon daran, daß auch *Paulus* jene herrschenden Kreise des jüdischen Volkes, die die Botschaft Jesu ablehnen, *distanzierend als "die Juden"* bezeichnen kann, wie dies in 2 Kor 11,24 der Fall ist.

---

47 Für die symbolistischen Deutungsversuche stellt dies bereits C.H. DODD, *The Interpretation of the Fourth Gospel*, Cambridge - New York 1953, 452f. fest. - Die zweitgenannte Deutungsart des Bultmannschülers K. KUNDSIN (*Topologische Überlieferungsstoffe im Johannesevangelium,* Göttingen 1925) und Bultmanns selbst ist von der ganzen Abfassungsgeschichte des Joh-Ev her (die von der kleinasiatischen Überlieferung nicht getrennt werden kann) verfehlt. Vgl. zum völligen *Fehlen archäologischer Anhaltspunkte* für die Aufstellungen *Kundsins*: B. SCHWANK (Erbe und Auftrag 57, 1981, 427-442).

48 Siehe unten, Anm. 99 und 98.

49 Vgl. STAUFFER, *Jesusforschung*, sowie A. STROBEL, *Die Stunde der Wahrheit,* Tübingen 1980 (siehe oben, V, Anm. 73).

50 Vgl. zu den durchaus differenzierten Aspekten beim Gebrauch dieser Wendung im Joh-Ev: ROBINSON, *Priority* 84-90. Die Schattierung reicht von der Aussage: "Das Heil kommt aus den Juden" (Joh 4,22) über die Umschreibungen des Heilsangebotes unter Steigerung und Transzendierung der alttestamentlichen Heilsgegebenheiten Tempel, Manna, Wasserspende usw., bis hin zu bestimmten Verhaltensformen der Pharisäer und der im Hohen Rat vertretenen Gruppierungen (mit genauer Unterscheidung der Kompetenzen, z.B. Joh 11,46.47.49). - Ganz *verfehlt* ist die Behauptung von KÜMMEL (210): "...die Schematisierung der Auseinandersetzung Jesu mit 'den Juden' verrät keine Kenntnis der wirklichen Auseinandersetzungen mit den Pharisäern, Sadduzäern, Schriftgelehrten". Vgl. dazu auch STAUFFER, *Jesusforschung* 13.

3. Entgegen allen Behauptungen der großen Distanz vom Judentum und seiner kulturellen Umwelt gilt vielmehr, daß das Joh-Ev nach Denkart und Sprache geradezu in einzigartiger Weise in alttestamentlich-weisheitlicher Denkart und Literatur wurzelt. Besonders die Entdeckung der *Qumran-Literatur* hat ein großes Maß an sprachlichen Parallelen zum Joh-Ev zutage gefördert[51]. Eine auffällige Nähe zu essenischen Denkkategorien und Sprachmustern ist z.B. hinsichtlich des dualistischen Sprechens von Licht und Finsternis, Wahrheit und Lüge, Tod und Leben, festzustellen. Dies darf freilich nicht im Sinne eines ontologischen Dualismus oder überhaupt der Abhängigkeit der christlichen Botschaft des Joh-Ev vom Essenertum gewertet werden, legt aber den Gedanken nahe, der Evangelist könne in seinem Leben frühe Kontakte zu essenischen Kreisen gehabt haben. Die kritische Haltung der Essener zu dem teilweise degenerierten und ihrer Auffassung nach illegitim ausgeführten Tempelkult und ihre gespannte Messiaserwartung ließ anscheinend etliche Mitglieder der Gemeinschaft, trotz der starren Tora-Interpretation innerhalb dieser, schon zu Jesus selbst Kontakte finden und führte dann vor allem zu jenen intensiven Beziehungen zwischen *Essenern* und *Urgemeinde* in Jerusalem, die sich in den ersten Kapiteln der Apg, wie auch in 1 Petr widerspiegeln und deren Nachweis auch durch archäologische Funde gestützt wird[52].

Verbindungen zu essenischen Kreisen und zu Qumran sind vor allem für *Johannes den Täufer* anzunehmen. Mit der Zugehörigkeit zur Priesterklasse des Abija (Lk 1,5) gehört Zacharias, der Vater des Johannes,

---

[51] Vgl. F.-M. BRAUN, *L'arrière fond judaique du quatrième évangile et la Communauté de l'Alliance*: Rev.Bibl. 62 (1955) 5-44; DERS., *Jean le Théologien, II: Le grands traditions d'Israel et l'accord des Escritures selon la Quatrième Evangile*, Paris 1964. - Eine erste Einführung in die Vielschichtigkeit verwandter Vorstellungen in den Qumran-Schriften und im Neuen Testament bieten: J. DANIÉLOU, *Qumran und der Ursprung des Christentums*, Mainz 1958; sowie BETZ, *Messias Israels* 318-332.

[52] Zum topographisch-kulturellen Hintergrund vgl. R. RIESNER, *Essener und Urkirche in Jerusalem*: BiKi 40 (1985) 64-76, sowie insbesondere die durch Riesners Ausgabe nun bestens zugänglichen Berichte über die einschlägigen archäologischen Forschungen von Bargil Pixner (B. PIXNER, *Wege des Messias und Stätten der Urkirche*, hrsg. von R. Riesner, Gießen 1991). - Von essenischen Priestern, die zum Glauben kamen, dürfte Apg 6,7 sprechen (anders jedoch ROBINSON, *Priority* 122, und REICKE, z.St., die Apg 6,7 aufgrund des Kontextes eher als Resultat einer Annäherung von hellenistisch gesinnten Kreisen der *Tempelpriesterschaft* und des *Hohen Rates* sehen möchten). - Vgl. zur vielfältigen Widerspiegelung von Kontakten zwischen Urgemeinde und Essenern: oben, IV, Anm. 10.

einer Nebenlinie jener "Söhne Zadoks" an, die seit den Zeiten der Makkabäer das Rückgrat der essenischen Bewegung bildeten. Laut Lk 1,80 hatte anscheinend schon der heranwachsende Johannes in der Wüste gelebt[53]. Qumran bot damals für die religiöse Erziehung junger Männer eine besonders in Priesterkreisen genutzte Möglichkeit. - Johannes der Täufer ist es dann, durch den Jesu Sendung den auslösenden Impuls erhält und der die ersten Jünger an Jesus vermittelt (Joh 1,35ff.)[54]. Dieser Spur wird sowohl im Zusammenhang des Berichts von der Frühphase des Wirkens Jesu und der ersten Jüngerberufung im 4. Evangelium, als auch im Zusammenhang der priesterlich-weisheitlichen Perspektive der Gesamtkomposition, die eine entsprechende Hermeneutik fordert, noch nachzugehen sein. Als besonders aufschlußreich innerhalb des Fragenkomplexes "Essenische Spiritualität und 4. Evangelium" hat auch die Tatsache zu gelten, daß ähnlich dem "geliebten Jünger" auch der große Lehrer der essenischen Bewegung, der "Lehrer der Gerechtigkeit" im einschlägigen Schrifttum nicht unter seinem Namen figuriert, obwohl er eindeutig eine priesterliche historische Gründerpersönlichkeit ist, womit das Typische der Figur des Priesters und Lehrers betont wird, ohne daß dieser Aspekt gegen die Historizität ausgespielt werden kann[55].

4. Alle diese historischen Transparenzen, wie auch die Verankerung der Denkstrukturen des 4. Evangeliums im zeitgeschichtlichen Hintergrund der Tätigkeit des Täufers und des Wirkens Jesu selbst, sind befriedigend nur zu erklären, wenn der Verfasser des 4. Evangeliums ein Augenzeuge des Lebens und Wirkens Jesu war, in dessen Biographie eine Beheimatung im alttestamentlich-weisheitlichen Denken und Beziehungen zum Täuferkreis und zu essenischen Kreisen Platz haben. Dies trifft besonders für jene Jünger Jesu zu, die zuvor Schüler Johannes des Täufers waren. Und eine Herkunft aus Galiläa ist damit umso eher zu vereinbaren, als die Wirksamkeit des Täufers auch in den Norden des Ostjordanlandes hineinreichte und auch essenische Kreise nachweisbar Einfluß sogar bis hin nach Damaskus ausübten.

---

[53] Vgl. STAUFFER, *Priestertradition* 143; sowie BETZ, *Herr der Kirche* 30f.(mit Anm. 15).

[54] KÜMMEL (199) rechnet den Übergang von Täuferjüngern zu Jesus zu den zweifelsfrei *historischen* Einzelelementen, die ins Joh-Ev integriert wurden. Vgl. auch J. BECKER, *Johannes der Täufer und Jesus von Nazareth*, Neukirchen 1972.

[55] Vgl. J. ROLOFF, *Der johanneische "Lieblingsjünger" und der Lehrer der Gerechtigkeit*: NewTestStud 15 (1968) 129-151.

Diese Folgerungen aus dem Charakter des Joh-Ev konvergieren mit den Aussagen der Augenzeugenbürgschaft im Text selbst.

Nun stellen aber gerade auch Exegeten, denen an historisch zuverlässig berichteten Elementen im 4. Evangelium gelegen ist wie *R. Schnackenburg* und *W.G. Kümmel*, die Relevanz der formellen Augenzeugenbürgschaft in Joh 19,35; 20,8; 20,30 und 21,24f. für Profil und Identität des Evangelisten in Frage[56], während andere, und unter ihnen nunmehr auch *katholische* Exegeten, die einst typischen "kritischen" Positionen protestantischer Exegese zu überbieten trachten, indem sie sich unter Ausklammerung der historischen Transparenzen *radikaldialektischen Auslegungstheorien* verschreiben. Die Palme im Wettstreit solchen Denkens könnte inzwischen der Bamberger Hoffmann-Schüler *J. Kügler* errungen haben, der als Schlüssel der Erklärung des Joh-Ev das Prinzip der *"Nichtfiktivitätsfiktion" (!)* formulierte[57].

5. Ein Zugeständnis, daß das 4. Evangelium der Tradition gemäß von einem Augenzeugen des Lebens und Wirkens Jesu stammen könnte, ist den meisten Vertretern der heutigen Exegese speziell auch durch das Vorurteil verbaut, daß der Evangelist, der Jesus die Offenbarungsreden des 4. Evangeliums in den Mund legt, nicht Worte und Reden Jesu wirklich vernommen haben könne, und dies schon gar nicht als ein

---

[56] R. SCHNACKENBURG (III, 449) betrachtet Joh 19,35 als Einfügung der *Redaktion*, die über die historischen Verhältnisse des vom Evangelisten verschiedenen *Jüngers* ihrerseits nicht mehr im Bilde war (vgl. dagegen unten, Anm. 97; 120 und 119). W.G. KÜMMEL (201) bestreitet ebenfalls die wechselseitige personale Transparenz des Augenzeugen gemäß Joh 19,35 und des Evangelisten gemäß 20,30 (vgl. unten, Anm. 59-61).

[57] Die vom Katholischen Bibelwerk verlegte (!) Bamberger Dissertation von J. KÜGLER, *Der Jünger, den Jesus liebte*, Stuttgart 1988, stellt eine besonders extreme Weiterentwicklung der bereits in Anm. 39 erwähnten Positionen dar. Laut Kügler ist die Gestalt des "Jüngers" die des *erzählten* Garanten alter theologischer Traditionen des johanneischen Christentums und "eine narrativ verdichtete *Personifizierung* des apostolischen Uranfangs desselben" (ebd. 486). Die Zuweisung des 4. Evangeliums an den Apostel Johannes erweist sich als Phänomen einer Pseudepigraphie besonderer Art, die angesichts der fingierten Augenzeugenbürgschaft als die einer "Nichtfiktivitätsfiktion" (487) umschrieben werden kann. - Das Resümé lautet: "Das Joh in seiner redaktionellen Endgestalt ist also ein pseudepigraphisches Werk, und zwar ein Fall jener doppelten Fiktion, wo die Autorität, mit der Einfluß ausgeübt werden soll, selbst erfunden und also manipuliert ist. Eine fiktive Gestalt, die entsprechend den theologischen Notwendigkeiten gestaltet ist, wird als historische Gestalt, als Augenzeuge und Verfasser ausgegeben, eine Täuschung der Adressaten damit mindestens in Kauf genommen" (486).

Mitglied des Zwölferkreises. Der diesbezügliche Konsens wird von W.G. Kümmel dahingehend formuliert, "daß der Verf. kein Augenzeuge gewesen sein kann, wie auf alle Fälle seine Wiedergabe der Jesusreden erweist"[58].

Dieses Argument ist nun freilich ganz kurzschlüssig und verkennt darüber hinaus die besonderen Interpretationskriterien des Joh-Ev. Nach gültigen menschlichen Beurteilungsmaßstäben ist das Zeugnis eines Augenzeugen nicht dadurch als von einem Nicht-Augenzeugen stammend nachgewiesen, daß es Elemente enthält, die als solche nicht formal in der Augenzeugenschaft gründen. Der Augenzeugencharakter ist erwiesen, wenn das Zeugnis überhaupt Berichtselemente enthält, die *nur* aus dem *eigenen* Augenschein, also nicht aus Mitteilungen anderer stammen können. Der genaue Tatbestand ergibt sich freilich erst aus der Analyse. Jede Augenzeugenmitteilung üblicher Art unter Menschen enthält Momente der zusätzlichen Deutung und der Assoziation, eventuell auch der Dramatisierung. Bei der Sicherstellung des Tatbestandes (z.B. vor Gericht) werden die diesbezüglich entscheidenden Momente durch formelle Einforderung einer Augenzeugen*bürgschaft* (Rückfrage nach der genauen Erinnerung bzw. Aussage unter Eid) eruiert und die übrigen Elemente der konkreten Einlassung des Augenzeugen als juristisch unerheblich ausgesondert.

Nun ist beim Joh-Ev auf den ersten Blick zu erkennen, daß seine Worte und Reden Jesu *Elemente der Deutung* enthalten. Dies ist auch bei den Synoptikern, allerdings in geringerem Maße, der Fall und beeinträchtigt nicht die Möglichkeit der Augenzeugenschaft. Das Mk-Ev ist überreich an Augenzeugenmitteilungen von seiten *Petri*. Hätte Petrus selbst ein Evangelium geschrieben, so wäre es (nach dem, was zur petrinischen Tradition im Mk-Ev gesagt werden konnte) in etwa so ausgefallen wie das Mk-Ev. Die Exegeten könnten dann argumentieren, es sei kein Augenzeugenevangelium, z.B. weil Jesus zur Syrophönizierin nicht genau gemäß den Worten des Evangeliums gesprochen haben könne.

Im Falle des Joh-Ev ist also die Augen- und Ohrenzeugenschaft nicht schon deshalb auszuschließen, weil die Offenbarungsreden des "johanneischen Jesus" *gedeutete* Reden sind. Es ist vielmehr nach dem hermeneutischen Schlüssel für diese Reden zu fragen, den uns das Joh-Ev (wie sich zeigen wird) selbst an die Hand gibt, da er sich aus den

---

[58] KÜMMEL 199f.; vgl. 210.

besonderen kirchlichen Lebensvollzügen erkennen läßt, gemäß denen weite Schichten des Joh-Ev gestaltet wurden.

6. Nun wird allerdings auch gegen den Augenzeugen*anspruch* des Evangeliums selbst argumentiert und behauptet, die betreffenden Aussagen seien entweder nicht in diesem Sinn zu verstehen, oder seien nicht solche des *Evangelisten. W G. Kümmel* urteilt: "Die immer wiederholte Behauptung, der Verf. des Joh beanspruche, als Augenzeuge zu schreiben, trifft einfach für Kap. 1-20 nicht zu." Diesbezüglich wird Joh 1,14 mit Recht ausgesondert und zu 19,35 gesagt, der Vers *deute "in keiner Weise an, daß der Verf. mit diesem Zeugen ('der, der es gesehen hat') identisch ist"*[59].

Letzteres ist anzufechten. Der Hauptgewährsmann des ganzen Evangeliums erscheint in einer Umschreibung der dritten Person immer wieder als Augenzeuge und Betroffener der beschriebenen Ereignisse, die als eigene Erfahrungen in die Bemerkung des Evangelisten im Schlußvers 20,30 eingegangen sind, daß nämlich *in diesem Buch* Zeichen niedergeschrieben wurden, "die Jesus *vor den Augen seiner Jünger* tat"[60]. Damit ist nicht die Banalität gemeint, daß es Jünger und andere Zeugen gab, vor deren Augen Zeichen geschahen. Die Besonderheit der Niederschrift besteht vielmehr darin, daß der Evangelist das *vor Augenzeugen* Geschehene in der einer solchen Unmittelbarkeit genau entsprechenden Weise festhalten konnte. Die Wendung "vor ihren Augen" in Joh 20,30 spielt auf das "Sehen" in 19,35 und 20,8 an; und der Evangelist nimmt

[59] KÜMMEL 199. - Soll demnach *Bedingung der Identitätstransparenz* des "Sehenden", Bezeugenden und die Wahrheit Sprechenden für den Evangelisten etwa sein, daß sich der Zeuge in der Situation von 19,35 *auch noch als "der Schreibende"* vorstellt? Joh 19 ist primär Verkündigung und nicht "Schreibe". Doch bezieht sich 20,30 auf 19,35 und Bekundungen exklusiver Erfahrung wie 1,35ff.; 13,23ff.; 19,26ff.; 20,1ff. zurück und verbürgen die Herausgeber und Verbreiter des niedergeschriebenen Evangeliums die Identität des Jüngers und Augenzeugen mit dem Verfasser des Evangeliums ausdrücklich. - Da der "andere Jünger" von Joh 20 anscheinend schon in 1,40 vorausgesetzt ist und die Bezeichnung als "der Jünger, den Jesus liebte" durch die Erfahrung des Letzten Mahles selbst begründet wird, geht die Überlegung von KÜMMEL (202) fehl, es sei "schwerlich verständlich, warum der Lieblingsjünger erst von Joh 13 an eine Rolle spielt, wenn er schon von Anfang an zu den Jüngern Jesu gehörte".

[60] Zur Bedeutung dieses Verses als zusammenfassender Rückblick speziell auch auf die in Joh 1-12 geschilderten "semeia", insofern diese eine durch visuelle Wahrnehmung initiierte Erkenntnis besagen, die in Glaubenserkenntnis aufgenommen, oder durch Unglauben abgeblockt wird, vgl. BITTNER (passim).

dabei wiederum jene Erfahrungsart "des Jüngers" auf und die Wiedergabe dieser Erfahrung so direkt in Anspruch, daß ein Subjektswechsel vom Augenzeugen zum Evangelisten in der Struktur des Textes keinen Anhaltspunkt findet. Ein solcher Subjektswechsel wird überdies in Joh 21,24 direkt ausgeschlossen: der Jünger, "der Zeugnis gibt", ist identisch mit dem, "der dies geschrieben hat".

7. Zwar ist Joh 21,24 "nur" eine Redaktionsbemerkung des "Herausgebers" des Evangeliums, die sich als solche durch den stilistischen Wechsel zur 1. Pers. sing. ("so glaube ich") in V. 25 zu erkennen gibt. Diesem Herausgeber und Redaktor kommt vielleicht auch V. 23 zu, möglicherweise auch die Anfügung des Nachtragskapitels 21 an das Corpus des Evangeliums und dessen Redaktion insgesamt. Aber die *Identifizierung* des Jüngers und Zeugen, "der dies geschrieben hat"[61], die mittels des *Rückgriffs auf die Umschreibung des Augenzeugen und "Jüngers, den Jesus liebte" in Joh 13; 19 und 20* erfolgt, darf keinesfalls als willkürlich gewertet werden. Die behutsame, fast skrupelhafte Art der Redaktion, mit der die Nahtstellen 21,1 gegenüber 20,30 (wie auch 15,1 gegenüber 14,31) unbereinigt belassen und nicht mit dem vorausgehenden Text verschmolzen werden, schließt auf seiten des Herausgebers willkürliche Behauptungen über den Evangelisten, oder eigene verfasserschaftliche bzw. redaktionelle Ambitionen beim Redigieren des überkommenen Textes als gänzlich unwahrscheinlich aus. Damit entfällt auch jeder Anhaltspunkt dafür, daß die Aussagen über den "geliebten Jünger" im Corpus des Evangeliums und die Formulierung der Augenzeugenbürgschaft von 19,35 Werk der *Redaktion* seien und im Dienste einer *unhistorischen Identifizierung* innerhalb der

[61] Daß sich die Wendung "ho grápsas tauta" nicht etwa nur auf Joh 21 bezieht, zeigt der Charakter des Verses als Echo von 20,30 und vor allem der Rückgriff auf den aus dem Corpus des Evangeliums bekannten Jünger und "sein Zeugnis", womit zugleich 20,30 im Sinne der Verfasserschaft des "Jüngers" für Joh 1-20 interpretiert wird. Willkürlich behauptet KÜMMEL (201), 21,24 stehe *im Gegensatz* zu Joh 1-20. - Aber auch SCHNACKENBURG (III,444) mindert die Bedeutung von 21,24, wenn er das Evangelium nur einem allgemeinen Überlieferungszusammenhang nach unter die Zeugnisautorität des "geliebten Jüngers" gestellt sieht und die Wendung "der dies geschrieben hat" nur im Sinne der *Urheberschaft* im Rahmen eines schriftlich vermittelten *Traditionsprozesses* verstehen möchte. - Mit Recht vergleicht J.A.T. ROBINSON (*Priority* 105) die Aussage in Joh 21,24 mit dem "ich habe geschrieben" (égrapsa) des Paulus in Röm 15,15 (wenngleich auch Tertius in Röm 16,22 in seiner Eigenschaft als Sekretär "der Schreibende" genannt wird).

"johanneischen Schule"[62] stehen könnten. Schon gar nicht sind sie Fiktion zugunsten einer Mystifizierung innerhalb der "Schule", die ihrem Traditionszeugen den Vorrang vor Petrus hätte geben wollen, um in den Auseinandersetzungen, die in 2/3 Joh vorausgesetzt werden, siegreich zu bleiben. Solche "Exegesen" entsprechen weder dem beobachteten überaus zurückhaltenden Charakter der "Redaktion", noch der Tatsache, daß sich die hochbedeutenden kleinasiatischen Kirchen des frühen 2. Jahrhunderts als Erbe der im Joh-Ev Gestalt gewordenen johanneischen Überlieferung verstehen, die sie auf den Apostel Johannes selbst zurückführen. Diese Kirchen wiederum zeigen keinerlei Bewußtsein oder Spuren einer mangelnden großkirchlichen Integration, abgesehen von jener Differenz gegenüber der erst nachträglich entstandenen "großkirchlichen" Paschapraxis, an die sich anzupassen die Päpste Aniket und Victor im Osterfeststreit von ihnen verlangen.

Vielmehr erweist sich die These von der *Rivalität* zwischen dem "Jünger" und Petrus im 4. Evangelium, und von dem sich angeblich darin widerspiegelnden Gegensatz zweier konkurrierender kirchlicher Strömungen, als späte Variante jenes "hegelianischen Grundgegensatzes" der Schule Baurs, in dessen Licht Bultmann (laut Bekenntnis auf den ersten Seiten seiner "Geschichte der synoptischen Tradition") meinte, die Entwicklungen im frühen Christentum deuten zu sollen.

Die Stellen vom Augenzeugen und "geliebten Jünger" im 4. Evangelium sind weder das Produkt einer Mystifizierung, noch eines Mißverständnisses der nachapostolischen Generation, noch die Manifestation eines verspäteten "Jüngerstreits" nach Art des einst von den Zebedäussöhnen provozierten, sondern Ausdruck einer gnadenhaft durch Jesus

---

[62] Der Begriff der "Schule" wurde für den "johanneischen Kreis" (O. Cullmann) durch das Werk von R.A. CULPEPPER, *The Johannine School,* Missoula 1975, üblich und aus einem Vergleich der antiken Schulen (des Pythagoras, Platon, Aristoteles, Epikur, sowie der Stoa), aber auch der "Schule" Qumrans, Hillels und Philons vor allem mit der Absicht herausgearbeitet, die Gemeinschaftssprache der johanneischen Schriften (für die mit verschiedenen Verfassern gerechnet wurde) zu kennzeichnen und näherer Untersuchung zugänglich zu machen. Es ergaben sich jedoch keine Nachweise für unterschiedliche Verfasserschaften beim Evangelium und den Briefen oder Kriterien für verschiedene Schichten im 4. Evangelium. - Für das zweite Werk von R.A. CULPEPPER, *The Anatomy of the Fourth Gospel. A Study in Literary Design*, Philadelphia 1983, zieht E. RUCKSTUHL die Bilanz: "Die hier vorliegende Untersuchung Culpeppers führt zu einer Reihe von Aussagen und Ergebnissen, die auf die literarische Einheit des 4. Evangeliums hinauslaufen, auch wenn C. das nicht immer ausspricht" (*Zur Antithese Ideolekt - Soziolekt im johanneischen Schrifttum*: SNTU 12, 1987, 141-181; 154, Anm. 39).

geschenkten Existenz im Jüngerkreis Jesu und einer Zeugnispflicht, die den Jünger in besonderer Weise an die Seite Petri stellt. Sie werden sich näherhin als anamnetische Bekundungen des Augenzeugen selbst inmitten der Gemeinde, speziell in einer Zeit nach dem Tode Petri, erweisen.

8. Der Eindruck des Augenzeugenanspruchs, den das Evangelium beim Leser erweckt, konnte also durch die kritische Analyse der einschlägigen Stellen (besonders 20,30) und die beobachtete Verfahrensweise der äußerst zurückhaltend arbeitenden Redaktion des überkommenen Textes durch den Herausgeber bestätigt werden; und die zeitgeschichtlichen Transparenzen der Darstellung des Evangeliums erwiesen sich als Kette stärkster Indizien zugunsten der Augenzeugenbürgschaft des Verfassers. Die Konvergenz dieser Argumente zugunsten der Augenzeugenbürgschaft des 4. Evangelisten (und die später vorzunehmende endgültige Identifizierung des Evangelisten mit dem Apostel Johannes) ist freilich nur überzeugend, wenn auch direkt von den Offenbarungsreden Jesu im 4. Evangelium her plausibel wird, wie der Evangelist dazu kam, Jesus so sprechen "zu lassen", oder besser: im Zusammenhang mit bestimmten "Zeichen" (Joh 1-12) und zeichenhaften Vermächtnishandlungen (Joh 13-17), die Jesus wirkte, ihn zu sich und zu seiner Gemeinde so sprechen *zu hören*, wie es im Wortlaut des Evangeliums zum Ausdruck kommt.

Bevor nun ein hermeneutischer Ansatz für das Verständnis dieser Offenbarungsreden und der ihnen eigene "Sitz" für ihre sprachliche Gestaltung und für ihr rechtes Hören im frühen Gemeindeleben umrissen werden, soll jedoch zunächst noch kurz auf die Gemeinsamkeiten verschiedener Logien und Reden Jesu im 4. Evangelium mit denen bei den Synoptikern hingewiesen werden. Denn die immerhin breite Bahn dieser Gemeinsamkeiten unterliegt der Gefahr, unter dem falschen Eindruck der vermeintlich völlig *anderen* Sprache des "*johanneischen* Christus" vergessen zu werden.

Auch die Synoptiker geben Worte und Reden Jesu teilweise so wieder, wie sie in der Verkündigung der Apostel Resonanz gefunden haben. Und sie tun solches im Normalfall nicht etwa, um einer vielleicht verblaßten Erinnerung nachzuhelfen, sondern weil ihre Wiedergabe ein an die Hörer gerichtetes "Euaggelion" ist, wie besonders Markus dies erkennen läßt. Gleiches tut auch der Evangelist des 4. Evangeliums. Und der generelle Augenzeugencharakter des 4. Evangeliums sichert die authentische Wiedergabe der *Bedeutung* des vom Herrn Gesagten, nicht aber den akustischen Gleichklang der Worte und Reden. Darauf weist der Evangelist sogar indirekt selbst hin. Denn in seinen Abschiedsreden sagt Jesus den Jüngern, daß erst der *Heilige Geist* sie "alles lehren und an alles erinnern wird", was er selbst gesagt hat (Joh 14,26). Der Heilige Geist erst wird es ermöglichen, daß Jesus "offen vom Vater Kunde gibt" und nicht mehr "in Bildern" wie vordem (16,25). Die Botschaft Jesu im 4. Evangelium ist also die *nachpfingstliche* "Kunde vom Vater" und die Offenbarung der wechselseitigen Erkenntnis von Vater, Sohn und Geist.

Dies bedeutet freilich nicht, daß bei der Wiedergabe der Worte und Reden Jesu die historische Ebene schlechthin übersprungen wird.

9. Wie das 4. Evangelium historisch und topographisch genaue Angaben enthält und die konkreten zeichenhaften Handlungen Jesu historisch transparent bezeugt, so bezeugt es dem Hörer *auch* Logien Jesu in einer für Jesu *ureigene Worte* transparenten Direktheit. Einige dieser Worte bringt das Joh-Ev *in Übereinstimmung mit den Synoptikern*. Doch läßt dies nicht so sehr auf die synoptischen Evangelien als Quelle schließen (da Johannes die Synoptiker kennt, sie jedoch niemals ausschreibt), als vielmehr auf einen *Direktzugang* durch getreuliche Erinnerung.

Solcher Art sind Worte wie z.B. Joh 13,20: "Wer einen, den ich sende, aufnimmt, nimmt mich auf; wer aber mich aufnimmt, nimmt den auf, der mich gesandt hat" (vgl. Mt 10,40ff.; Mt 18,5; Mk 9,37; Lk 9,48; 10,16; Joh 20,21)[63].

Darüber hinaus bringt das Joh-Ev eine große Zahl von Logien und Bilderreden, die in *Analogie* zu solchen der synoptischen Evangelien stehen[64]. Auch hier ist die gemeinsame Erinnerung der Grund für die Ähnlichkeit der Wiedergabe. Darunter finden sich auch johanneische Aussagen der Gottessohnschaft Jesu, die das einzigartige Sohnesbe-

---

[63] Als weitere Beispiele der *Übereinstimmung* mit synoptischen Logien Jesu, die nicht aus synoptischer Quelle übernommen sind, sondern die ipsissima vox und einen aramäischen Wortlaut aus eigener Quelle bzw. Erinnerung erkennen lassen, führt ROBINSON, *Priority* 316 (unter Berufung auf C.H. DODD, *Historical Tradition in the Fourth Gospel,* Cambridge 1963, 335f.) an: *Joh 12,25* (vgl. Mt 10,39; 16,25; Mk 8,35; Lk 9,24; 17,33) und *Joh 16,23f.* (vgl. Mt 7,7; 18,19f.; 21,22; Mk 11,24; Lk 11,19; Joh 14,13f.). - Zur Rolle der getreulichen Erinnerung aufgrund des (auch mnemotechnisch einprägsamen) Lehrvortrags Jesu selbst vgl. die oben, IV, Anm. 28 und 30, sowie 29 angeführten Werke von B. GERHARDSSON und R. RIESNER.

[64] Eine breite Skala solcher Analogien bietet ROBINSON, *Priority* 310.

wußtsein Jesu gegenüber dem himmlischen Vater in der menschlichen Schlichtheit der üblichen synoptischen Wiedergabe zeigen, wie z.B. Joh 5,19: "Der Sohn vermag von sich aus selber nichts zu tun, was er nicht den Vater tun sieht...". - Andererseits finden sich auch typisch "johanneische" Logien in exklusiv synoptischer Bezeugung, so Mt 11,27 bzw. Lk 10,22 im Kontext des Messiasrufes Jesu, die sogar besser in johanneische Kontexte passen, als die den genannten sehr ähnlichen Logien in Joh 3,35 und 17,2.

10. Der bereits angeführte, in Joh 14,26 bekundete Hinweis auf die wahre Erinnerung und das Verständnis, das erst der *Paraklet* gewährt, reicht zur Deutung des besonderen Charakters der johanneischen Offenbarungsreden jedoch nicht aus. Denn das Wirken des Parakleten qualifiziert *jedes* wahre Glaubenszeugnis der apostolischen Kirche und insbesondere auch das der Evangelien insgesamt. Und eine Fixierung auf die Theologie des Parakleten im 4. Evangelium als Erklärungsprinzip der Sprache des "johanneischen Christus" führte viele Exegeten zur Annahme einer erstaunlichen Esoterik des johanneischen Christentums und auf den Irrweg der Spekulation, ob der Paraklet vielleicht sogar als verkappter Eigenanspruch des Hauptes der "johanneischen Schule" zu deuten sei.

Geht man von der Situation des Augenzeugen und der Theologie des 4. Evangeliums vom Heiligen Geist, der die wahre Erinnerung bewirkt, aus, so erschließt sich unmittelbar nur die theologische Transparenz einer *bestimmten Kategorie* von Stellen im 4. Evangelium über Worte Jesu und ihre Interpretation. So bietet z.B. Joh 2,19 ein Rätselwort Jesu; und der Evangelist weist eigens darauf hin, daß sich *nach der Auferstehung* Jesu "die Jünger *erinnerten*" (2,22), "daß er dies gesagt hatte".

Die Deutung der Offenbarungsreden Jesu im 4. Evangelium und der Situation, die ihre Formulierung veranlaßt hat, bedarf jedoch noch eines *zusätzlichen* hermeneutischen Schlüssels. Einen Anhaltspunkt bietet zunächst die Tatsache, daß die "lehrende" und "erinnernde" Wirkung des "Geistes der Wahrheit" im Kontext der Abschiedsreden *beim Letzten Mahl* begegnet und daß die sprachlich eigentümlichen Offenbarungs- und Deutereden Jesu *vorwiegend mit den "Zeichen"* [65] *verknüpft sind*,

---

[65] Zur Bedeutung der "Zeichen" im Joh-Ev vgl. SCHNACKENBURG I, 344-356 (Exkurs 4), zu ihrer im Johannesevangelium vorrangigen Funktion für die Messiaserkenntnis in derem alttestamentlichen Verständniskontext: BITTNER. Zum Inhalt der Zeichen gehören insbesondere die messianischen Heilsgaben in ihrer Erfüllung

die Jesus wirkt, oder aber mit Situationen, die im *Zusammenhang von Taufe* und *Eucharistie* stehen.

Sehr erhellend hat schon *O. Cullmann*[66] auf die Bedeutung von Taufe und Eucharistie für Denken, Sprache und Komposition des 4. Evangeliums hingewiesen, überzog die Ergiebigkeit seines Ansatzes jedoch, wenn er einen Großteil des Joh-Ev geradezu als *Zusammenstellung* von Tauf- und Eucharistiekatechesen wertete.

11. Die Affinität der Offenbarungsreden, die im Lichte jenes Verständnisses konzipiert sind, das der Paraklet gewährt, zu den "Zeichen" Jesu und zu den Sakramenten, ist besonders von *U. Schnelle* für die Deutung des 4. Evangeliums fruchtbar gemacht worden. Doch verschwinden bei Schnelle nun die Konturen der *historischen* Dimension des Wirkens Jesu im 4. Evangelium, bzw. es gestalten sich diese Konturen als *dogmatische*, aber historisch nicht mehr voll transparente. Feste chronologische und topographische Daten werden so als *fiktive* Mittel der Komposition mißdeutet[67].

---

durch Christus (ebd., passim). - Zur kultisch-sakramentalen Dimension verschiedener dieser Zeichen und ihrer Inhalte vgl. BIBLE DE JÉRUSALEM (deutsche Ausgabe, Freiburg ^{8}1968) 1489f.; und: F. MUSSNER, *Kultische Aspekte im johanneischen Christusbild*: LitJb 14 (1964) 185-200; sowie die unten in Anm. 67 gekennzeichneten Kapitel des Werkes von U. SCHNELLE.

[66] O. CULLMANN, *Urchristentum und Gottesdienst*, Zürich ^{4}1962 *(künftig zitiert: Cullmann).*

[67] Die *anamnetisch* transparente Darstellung des Lebens Jesu und der *pneumatologischen Christologie* des Joh-Ev werden von SCHNELLE (siehe oben, Anm. 5) vor allem aufgezeigt in Kap. 3: "Der sichtbare Christus: Wunder und johanneische Christologie" (87-194); sowie in Kap. 4: "Der gegenwärtige Christus: Sakramente und johanneische Christologie" (195-230).- Dagegen wird die Gewichtung der *historischen* Dimension der johanneischen Darstellung bei Schnelle weitgehend vom Koordinatensystem geschichtlich verankerter Zeichenhandlungen Jesu und sakramentaler Veranlassungen der johanneischen Meditation abgelöst, so z.B., wenn die Pilgerbesuche Jesu in Jerusalem nur als (fiktive) *Vehikel für dogmatische Ausführungen* zum jüdischen und zum christlichen Kult gewertet werden (109f.; 131; 191). - Eine solche Fiktivität wird angesichts der historischen Transparenz der johanneischen *Chronologie* kaum zuteffen. Und die Konsequenz der Inkarnation als ein Sich-Ausliefern an die Bedeutung des Historisch-Konkreten wird so generell unterschätzt. Die Herausarbeitung der christologischen Intention des Joh-Ev, die laut Schnelle darin besteht, gegen die Verabsolutierung der Herrschaftschristologie im Doketismus "die Einheit vom präexistenten, gegenwärtigen und verherrlichten Jesus Christus" zu betonen (254), wird so indirekt wieder *verundeutlicht*. Auch bei SCHNELLE entsteht eine "monophysitische" Verzeichnung der Person und des Heilswerkes Christi, wenn die christologische Perspektive des Joh-Ev resümierend

Ganz unverbunden stehen bei *W.G. Kümmel* der Hinweis auf eine unbestreitbar große Zahl historischer Angaben und die Annahme weitläufiger "gnostisierender" Schichten[68].

Es zeigt sich, daß die herrschende Exegese dem Joh-Ev recht hilflos gegenübersteht und sich darin von der kirchlichen Tradition extrem unterscheidet (und dies nicht nur wegen der unterschiedlich gesehenen Verfasserschaft). Offenbar besaßen Kirchen, deren Leben fest in die liturgische Überlieferung eingebettet war, damit zugleich auch einen *kongenialen Zugang* zum Verständnis des 4. Evangeliums in seiner historischen, pneumatischen und liturgischen Dimension. Gerade aufgrund der liturgischen Dimension wird das 4. Evangelium schon von *Polykrates* in der Tradition des *"Priesters" Johannes* gesehen, den die griechische Patristik und die orthodoxe Kirche bis heute, eben als den priesterlich-liturgischen Theologen, *"den Theologen"* schlechthin nennt. - Die liturgisch-anamnetische Perspektive, die gerade in den Offenbarungsreden Jesu im Joh-Ev spürbar wird, läßt uns nach einem neu zu bestimmenden *gattungsgeschichtlichen Ansatz* in der *urkirchlichen Liturgie* und deren inzwischen hinreichend bekannten jüdischen Vorprägungen suchen.

---

so umschrieben wird: "Das Ineinander von vergegenwärtigendem Bezeugen und der Fiktion historischer Augenzeugenschaft ist kein Widerspruch, denn durch den Parakleten verschmelzen die Zeithorizonte zu einer Einheit" (254).

[68] KÜMMEL 203; 210.

c) Der "Sitz im Leben" für die Deutungs- und Offenbarungsreden Jesu im Joh-Ev: anamnetische Vollzüge der Passafeier, der Eucharistie und der Taufliturgie

Die "Formgeschichte" der Evangelien begann mit dem Anspruch, *Gattungsgeschichte* zu betreiben. Dieser Anspruch wurde nicht eingelöst. Schon Dibelius ging bei seiner Verhältnisbestimmung der "kleinen Formen" zur Predigt von der Modellvorstellung protestantischer Predigttexte und ihrer illustrierenden Funktion aus und verfuhr damit gegenüber der tatsächlichen apostolischen Predigt ebenso anachronistisch[69], wie hinsichtlich seiner Voraussetzung der anonymen Produktion "kleiner Einheiten", die vom rousseauistischen Vorurteil einer überholten Volkskunde bestimmt war. Und Bultmann konstruierte seine Gattungen aus dem Synoptikervergleich mittels aprioristischer Kriterien[70], ohne Überprüfung an Erkenntnissen der Liturgiegeschichte.

Nun steht aber gerade die Form der deutenden und offenbarenden Rede, wie sie im Joh-Ev begegnet, in einem offenkundigen "gattungsgeschichtlichen" Bezug, der sich sehr schnell als ein *liturgischer* zu erkennen gibt. *Drei Eckdaten* eines zeitlichen Koordinatensystems lassen sich angeben, die eine überlieferungsgeschichtliche Einordnung mit hinreichender Treffsicherheit ermöglichen.

1. Erstens wird als *vorchristlicher* Traditionszusammenhang ein haggadischer Strang innerhalb der *Weisheitsbücher* erkennbar. Wie sehr das Joh-Ev ohnehin durch die weisheitliche Literatur des Alten Testa-

---

[69] Vgl. bei GÜTTGEMANNS (siehe oben, II, Anm. 36) die Unterkapitel: "Der Begriff der 'Predigt' als ideal-typologischer" (193f., mit Anm. 31), sowie: "Die Illustration des Kerygmas nach Martin Dibelius" (237f.) und: "Die Diastase Paulus - Jesus als formgeschichtlicher Hintergrund der These von der Veranschaulichung des unanschaulichen Kerygmas in der Evangelientradition" (238f.); sowie: "Die Naturpoesie als rousseauistische Fiktion" (129f.).

[70] Nur vordergründig kann R. Bultmann seine Methode als "analytische" der "konstruktiven" von M. Dibelius (als Ergänzung) entgegensetzen. Die von ihm angestrebte Rekonstruktion reiner (vermeintlich gattungsgeschichtlicher) Formen geschieht jedoch gemäß aprioristischer Deduktionen aus der allgemeinen Religionsgeschichte, in die die spezifisch christlichen Entwicklungen hineingepreßt werden. Vgl. die Kritik zum Synoptikervergleich und zur vermeintlichen Rekonstruktion "reiner Formen" bei Bultmann durch BLANK, *Analyse und Kritik* 98ff., 113, 118ff., 174ff., 196ff. u.ö.

ments inspiriert ist, hat *H. Gese* am Joh-Prolog aufgezeigt und zugleich nachgewiesen, wie sehr dieser mit der Struktur des Gesamtevangeliums verflochten ist. Insbesondere greift der Prolog auf Spr 8,22f.30f.35f.; Sir 24,1ff.7ff., wie auch auf Weish 7,21-8,1 und 9,4, zurück[71]. Und schon *G. Ziener* hat darauf aufmerksam gemacht, daß sich in Weish 11,2 - 19,22 ein mit *der Darstellung der "Zeichen" im Joh-Ev vergleichbares Stück* findet[72], das als geschichtsübergreifende Ausdeutung der *Passahaggada* strukturiert ist[73].

In diesem erscheinen die Zeichen und Wundertaten Gottes beim Exodus in eigentümlicher Kontraktion und Systematisierung anamnetisch vergegenwärtigt. Es fällt auf, daß in diesem Stück *týpos-antítypon-Verhältnisse* nicht nur kontrastierend als Plagen und Bewahrung vor den Plagen, als Vernichtung der Erstgeburt und deren Errettung, sowie als Untergang der Streitmacht Pharaos und als unbeschadeter Durchgang durchs Schilfmeer gestaltet sind. Es werden solche Gegenüberstellungen auch gewonnen durch *Transposition in eine Gleichzeitigkeit.* So wird dem blutroten *Nilwasser* vor dem Auszug der *erquickende Quell* aus dem Felsen während der Wüstenwanderung gegenübergestellt. Als Taten einer und derselben unwandelbaren göttlichen Gerechtigkeit erscheinen andererseits die *tödliche Bestrafung* der Ägypter *vor dem Exodus* und die des murrenden Israel durch tödliche Schlangenbisse *auf der Wüstenwanderung* zu *bleibender Erinnerung* und Warnung, wie ausdrücklich gesagt wird (16,6.11), für Israel; letztlich aber doch zu bleibender Freude und Erinnerung (16,11) aufgrund des gewährten "Zeichens" der Rettung (16,6). - Als unvergänglich, stets *Erinnerung fordernd*, aber auch *stets von neuem heilend und erhaltend* erweist sich *Gottes Wort* (16,11.12.26 u.ö.).

Der Höhepunkt in der Dramaturgie der Zeichen und ihrer erinnernden Darstellung ist in Weish 18 erreicht und nimmt Töne festtäglichen Jubels an. So erscheinen in der Nacht des Exodus die der Rettung Gewürdigten beim "Opferfest im Verborgenen" (18,9) schon als eine Gemeinschaft von Jubilierenden, wobei "im voraus die geretteten Söhne die Loblieder der Väter singen" (ebd.). - Die Rettungstat Gottes beim

---

[71]Vgl. GESE, *Prolog* 173ff.

[72]Zu den johanneischen "Zeichen" siehe Anm. 60, 65, 122; zum Vergleich mit Weish 11-19: Anm. 74.

[73] G. ZIENER, *Johannesevangelium und urchristliche Passafeier*: BiblZs NF 2 (1958) 263-274; Ziener (274) beruft sich diesbezüglich auf K. KÖHLER *(The Jewish Enzyclopedia XII,* 1907, 539f.), der das Stück direkt als Passahaggada qualifiziert.

Exodus erweist: "Dieses Volk ist Gottes Sohn" (18,13). Und das Eingreifen Gottes, dessen "allmächtiges Wort vom Himmel, vom Königlichen Thron herabspringt " (18,15), gewinnt kosmische Dimensionen (18,16).

Im Bezug zu jenen Wundertaten und Zeichen sieht Ziener die im Joh-Ev als *"Zeichen"* ausgewiesenen Taten *Jesu,* die sich gerade so wie die Exoduswunder als Machttaten durch Wasserspende und Rettungswasser ("lebendiges Wasser": Joh 4; Rettung und Heilung am Teich Bethesda und am Teich Schiloah: Joh 5; 9; Wasser des Heiles: Joh 7), wie vor allem als Überwindung der Finsternis durch das Licht, und des Todes durch das Leben erweisen[74]. - Steht also auch die Darstellung von Joh 2-12 unter einem passahaggadischen Deutungsprinzip, wie es in Joh 19,36 für das Passionsgeschehen so zentral artikuliert ist und tatsächlich bis auf Joh 1,29.35 zurückwirkt? Ein solches greift im Joh-Ev jedenfalls weit stärker aus als im Mk-Ev, wo sich die passahaggadische Schicht, die mit Mk 8,27 einsetzt, vom übrigen Evangelium abheben läßt, obwohl auch dieses mit seiner Ein-Jahr-Chronologie und seiner frühen Vorankündigung der Passion (Mk 3,6) - trotz der betont missionarischen Zielsetzung - unter dem Gesetz einer passahaggadisch vorgeprägten Anamnesekonzentration steht.

2. Als zweiter und nächstliegender *Orientierungsfaktor für eine anamnesebestimmte Hermeneutik des Joh-Ev* in seiner Gesamtheit, oder doch in einer breit angelegten Schicht desselben, erweist sich (nach dem haggadischen Strang des Weisheitsbuches) die *älteste Schicht des Mk-Ev*, die gemäß dem Gottesknechtschicksal Jesu und dem *im Exodus* vorbezeichneten messianischen Heil (das die Gottesknechtslieder prophetisch nachgestalten) strukturiert ist, insofern Markus die Auferstehungsbezeugung in ihrer Dramaturgie ganz auf den Vollzug in der Passanacht ausrichtet und Jesu Vermächtnismahl als ein *Passamahl* qualifiziert (Mk 14,12). Tatsächlich brachte ja Jesus beim Letzten Mahle in der Darreichung des Brotes und Weines seine Selbsthingabe in den Tod und sein Blußvergießen gemäß Jes 53,10.12bc und Ex 24,8 zum Ausdruck (Mk 14,24), wobei er das Sühnegeschehen von Ex 24,8 typologisch erfüllte, das gemäß jüdischer Schriftdeutung auch den beim

---

[74] Vgl. die tabellarischen Gegenüberstellungen bei G. ZIENER, *Weisheitsbuch und Johannesevangelium:* Biblica 38 (1957) 396-418; 403ff.

Exodus geschehenen (und rituell je neu zu aktualisierenden) Tod der Passalämmer mit bezeichnete.

Gewisse Voraussetzungen, wie sie in der Dramaturgie der *Jerusalemer* Passafeier vorgegeben waren und die älteste Schicht des Mk-Ev prägten, hatten sich jedoch inzwischen gewandelt. Das Passa wurde in Ephesus zwar noch am 14. Nisan lunarquartadecimanischer[75] Rechnung vollzogen. Aber die Hochspannung der jüdischen Messiaserwartung in der Passanacht, die in der *Jerusalemer* Christengemeinde unwillkürlich übernommen und auf eine ebenso vorgestellte *Wiederkunft* des Herrn übertragen wurde, war an einem *anderen* Ort[76] der Passafeier und zumal in einem weitgehend von *Heidenchristen* geprägten Gemeindemilieu[77]

---

[75] Schon die Essener feierten jedoch ein *solar* berechnetes Passa, das den Monat Nisan von der Tag- und Nachtgleiche des Sonnenjahres her bestimmte und für das Passa einen stets gleichen Wochentag erzielte (STROBEL 440f.). Die nach 70 und vor allem nach 135 nicht mehr mögliche Festlegung des lunaren Passatermins (wie sie vor 70 durch den Hohen Rat in einer auch für die Diaspora geltenden Weise geschah), und die nun örtlich verschiedenen jüdischen Bräuche führten bei Juden und Christen in vielen Gebieten zu Angleichungen an die jeweils herrschenden *hellenistischen* Kalenderformen. - Die komplizierte lunare Berechnung des jüdischen Passa (unter Einschaltung eines Zwischenmonats, falls das Passa sonst vor dem Äquinoktium eingetroffen wäre) und die Urheberschaft des Hohen Rates für die Berechnung war in überwiegend heidenchristlichen Gemeinden ohnehin nur als Traditionsprinzip zur Wahrung der von Jesus eingehaltenen (und am Kreuz erlittenen) Ordnung beibehalten worden. Sie *schwand* nach Wegfall des Hohen Rates und seiner kalendarischen Autorität auch in den *syrischen* und *kleinasiatischen* Gemeinden mit judenchristlicher Tradition. - In Gemeinden, die in einer Zeit der bereits fest begründeten Sonntagsfeier entstanden, setzte sich naturgemäß auch für das christliche *Jahrespascha* (wie für das *allwöchentliche* Abbild des Pascha) eine Feier am *Herrentag* durch (und zwar nach dem 14. des Frühjahrsmonats). - Rätsel gibt die Entstehung der *römischen* sonntäglichen Osterfeier auf, die *Irenäus* (aufgrund der ihm in Rom zugänglich gewesenen schriftlichen Quellen) bis auf *Papst Xystus* (119-128) zurückführen kann; sie wird aber, auch wenn sie zumindestens in Teilen der römischen Gemeinde ins 1. Jahrhundert zurückreicht (vgl. STROBEL 376f.), doch eine *noch ältere quartadecimanische* Praxis abgelöst haben.

[76] Trotz des (vor 70) einheitlichen Passatermins auch in der jüdischen Diaspora, fehlten außerhalb Jerusalems die Begehung mit dem im Tempel geschlachteten *Passalamm*, das Fluidum einer Stadt voller Festtagspilger und die besondere Akzentuierung der *messianischen Erwartung*, die mit einer Messiasoffenbarung in Jerusalem und am *Tempel* verknüpft war. - Die Judenchristen übertrugen diese Vorstellungen *insofern* auf die *Wiederkunft des Herrn*, als auch diese in der *Passanacht* geschehen und zuerst in *Jerusalem* offenbar würde.

[77] Hier scheidet zumindest der die eschatologische Hochspannung steigernde topographische Faktor der *in Jerusalem* erwarteten Wiederkunft aus. Seit wann die speziell mit der Feier der *Passanacht* verbundene Erwartung der Wiederkunft (die

nicht mehr in gleicher Weise realisierbar, wenngleich mit der *nahen* Wiederkunft des Herrn auch in der Gemeinde des Evangelisten noch immer gerechnet wird[78].

Auch von daher legte es sich nahe, wenn eine Evangelientradition neu auf die Passafeier hin zu gestalten war, den Übergang von der frühnächtlichen Anamnese der Grablegung, Grabauffindung und der österlichen Offenbarung am leeren Grabe[79] in die eucharistische Mahlfeier als Unterpfand der Gemeinschaft mit dem Auferstandenen weniger spannungsreich auf die mitternächtliche Stunde als Peripetie der Festdramaturgie auszurichten als dies im Mk-Ev geschah. Die *Erscheinungen* des Auferstandenen waren in der Anamnese einer Kirche der paulinischen und petrinischen *Mission* nicht mehr retardierend erst im Geschehenszusammenhang der passanächtlichen Mahlfeier zu aktualisieren wie in der frühen Urgemeinde, - unter einstweiliger Aussparung im Kontext der Passionsgeschichte mit ihrem Bericht von der Grabauffindung und der Auferweckungsbotschaft des Engels am leeren Grabe. Den Erscheinungen war nun in der gesamten Anamnesestruktur eine Schlüsselrolle für die Erfahrung der *Gegenwart des Auferstandenen bei der österlichen Gemeindeversammlung* zuzuweisen. Wenn zudem an der Auffindung des leeren Grabes (vgl. Joh 20, 1ff.) auch einzelne der *Apostel* Anteil gehabt hatten, so legte nichts mehr ein Verschweigen dieser Tatsache nahe, wie zu jener Zeit, da die Apostel noch akuten Verdächtigungen der Manipulation am Grabe ausgesetzt waren.

---

immerhin in den Zeugnissen des Meliton und des Polykrates deutlich anklingt) zu einer eher in der passanächtlichen Liturgie *sakramental erfahrenen* Partizipation am Heilsereignis der Wiederkunft wird, muß in der zeitlichen Relation zur Entstehung des Joh-Ev offen bleiben.

[78] Deutliche Hinweise dafür sind im Joh-Ev: Joh 14,3 (ein Wort, das ROBINSON, *Priority* 341, Anm. 139, der paulinischen Aussage von 1 Thess 4,15 an die Seite stellt: Jesus kommt wieder, um die Seiner Harrenden den für sie bereiteten Platz einnehmen zu lassen), Joh 16,16ff. (vgl. ebd.), aber auch Joh 21,22.23 (wo das "Bleiben" des Jüngers als *Möglichkeit* auch aus der *Perspektive der Abfassung des Kapitels 21* noch fortbesteht: siehe unten, IX, g 4-6). - Vollends zeigt sich die aus passahaggadischen Ansätzen stammende eschatologische Ausrichtung und zugleich deren Fruchtbarkeit für apokalyptische Motive in der dem Verfasser des Joh-Ev (oder doch der "johanneischen Schule") zugeschriebenen Apk, die diesbezüglich, aber auch hinsichtlich des dialektischen Moments der "verzögerten" Parusie, gerade den frühesten paulinischen Briefen besonders nahesteht. Vgl. hierzu die oben (VIII, Anm. 26) genannte Arbeit von A. STROBEL.

[79] Zur *historischen* Transparenz der Grablegungs- und der Grabauffindungstradition von Joh 19,38-20,18: siehe unten, IX, e 5-6.

Im Rahmen der Passionsgeschichte mußte als *Erfüllung des Passa* (gegenüber Mk), mehr als das Geschehen des *Letzten Mahles*, nun direkt der *Tod Jesu am Kreuz* erwiesen werden. Denn der Evangelist wußte (wie sich aus der historischen Transparenz seiner Chronologien und der akribischen Mitteilung exklusiver historischer Details in der Passionsgeschichte ergibt), daß Jesus sein Letztes Mahl zwar auf sein Todespassa hin gedeutet hatte, daß Jesus jedoch erst in der blutigen Realität am Kreuz als das wahre und endgültige Erlösungspassa offenbar geworden war (19,36): zu jener Stunde, als im Tempel die Passalämmer geschlachtet wurden. Da die Einsetzung des Herrenmahles noch im zweiten Teil der Passanacht zur Geltung kommen würde, mußte der Schwerpunkt der Anamnese des Letzten Mahles im Rahmen der Passionsgeschichte auf der Deutung liegen, die Jesus diesem als einem Moment seiner *"Stunde des Hinübergehens* zum Vater" (Joh 13,1) gegeben hatte, das zugleich eng verbunden gewesen war mit dem *Vermächtnis des Dienst- und Liebesgebotes* (13,15f.34ff.) an die Jünger. Diese würden Jesu Diakonie bis in den Tod selbst nachzuahmen und zu aktualisieren haben. In dieser Darstellung des Letzten Mahles ist die Realität des Todes Jesu schon aufs äußerste spürbar, denn der tödliche Verrat ist bereits ins Werk gesetzt (13,27). In der *vollen Annahme* des Todesschicksals aber kann Jesus auch bereits den Durchbruch der ihm beschiedenen *"Verherrlichung"* erfahren (13,31f.). Der Passabezug des Todes Jesu wandelt sich in der freiwilligen Annahme zu einem Passa, das auch schon die eschatologische Dimension erahnen läßt, die in der Auferstehung gegeben ist und die sich in der Wiederkunft enthüllen wird.

Mit seiner Gestaltung der Passion und der Auferstehungsbezeugung unter Hervorhebung der in ihnen enthaltenen *Bezüge auf Jesus als das wahre Passa* tat der Evangelist genau das, was in der apostolischen Zeit eine der dringlichsten Aufgaben war, eine Passafeier gemäß christlicher Deutung zu ermöglichen[80] und zu vollziehen und die Erfüllung der Exodusgeschehnisse als definitiv durch Jesus bewirkte zu erweisen. - Wenn dann von der Darstellung dieser Schicht der Evangelientradition weiter auf die früheren Taten des Herrn auszugreifen war, dann mußte es wiederum konsequent erscheinen, sie als *"Zeichen" der Exoduserfül-*

[80] Vgl. zu den *weltanschaulichen* und *geschichtstheologischen* Aspekten, die diese Frage langfristig zu einer *existentiellen* nach der Identität der christlichen Gemeinde überhaupt werden lassen: STROBEL 353ff.

lung zu verdeutlichen. Eine dieser Darstellung entsprechende Wiedergabe der *Reden Jesu* aber hatte deren Bedeutsamkeit für die liturgische Aktualisierung ins Licht zu setzen, was durch eine *liturgisch-anamnetische* Gestaltung am besten zu erreichen war.

3. Im Vergleich mit dem *dritten* Dokument einer konsequent auf die Passafeier bezogenen Anamnese der Heilsgeschichte und des Lebens Jesu mag vollends deutlich werden, in welcher liturgischen Tradition und gattungsgeschichtlichen Funktion das Joh-Ev hinsichtlich seiner christologischen Offenbarungsreden steht. Dieses dritte Dokument stellt eindeutig eine liturgische *Meditation der Passahaggada* und Deutung der einzelnen Exodusereignisse im Lichte Christi, des wahren Passa, dar, versteht sich zudem als Fortführung einer johanneisch-liturgischen Tradition und gilt als konsequentester Ausdruck der quartadecimanischen Paschapraxis Kleinasiens im 2. Jahrhundert. Es wurde von dem in der Gesamttradition hochgeschätzten Bischof Meliton von Sardes um 170[81] in einer Sprache von höchster Eindringlichkeit gestaltet[82].

Bezeichnend für diese "Paschapredigt" sind die *umfassende Anamnese der alttestamentlichen Heilsgeschichte* von Adam bis zum Kommen Jesu und zwar im Spiegel der Geschehnisse von Ex 12, die Meditation des *Passa* als "altes und neues", "augenblickshaftes und ewiges", "vergängliches und unvergängliches *Mysterium*": im voraus bezeichnet und in Jesus erfüllt; schließlich die Schilderung der Person und des Wirkens Jesu gemäß der Symbolik des *Passalammes*, die offenkundig wird in der Darstellung seiner Passion, seines Todes und seiner Auferstehung.

Ganz deutlich wird hier der liturgische Ort jener Offenbarungsreden Christi erkennbar, die schon im Joh-Ev mit dem hoheitlichen "Ich bin" eingeleitet werden. 19 mal erscheint dieses "Ich bin" bei Meliton im

---

[81] POLYKRATES sagt im Schreiben der kleinasiatischen Kirchen an *Papst Victor* von ihm: "Wen muß man noch nennen... (nach Philippus, dem Apostel Johannes, Polykarp...)?" und führt an: "Meliton, den Eunuchen, der gänzlich im Heiligen Geist wandelte, der in Sardes ruht und auf die Heimholung vom Himmel her harrt, bei der er von den Toten auferstehen wird" (H.E. V,24,5). - Die geradezu *urkirchlich eschatologische* Spannung, in der die quartadecimanische Passapraxis steht, wird aus dem Text des Polykrates ebenso ersichtlich wie aus der *Passapredigt des Meliton selbst* und wirft ein Licht auf die keineswegs "präsentisch vereinnahmte" Eschatologie des Joh-Ev.

[82] Text in deutscher Übersetzung (mit Kommentar): Blank, *Meliton* (siehe oben, V, Anm. 58).

sieghaften Finale der etwa 72 rhythmischen Versteile; und was der Auferstandene und Erhöhte als Rettungstat am Menschen kundtut und was als Sieg über das Reich des Todes, einem Ziel des Wirkens Jesu auch in der eucharistia des Hippolyt[83] und immer wieder in der byzantinischen Osternachtfeier[84] (ja, rudimentär auch im Apostolicum), aufscheint, ist hier vorweggenommen[85].

"Ich habe den Tod vernichtet / und über den Feind triumphiert /
und das Totenreich niedergetreten / und den Satan gefesselt /
und habe den Menschen entrissen / zu den Höhen des Himmels."

Auch das prinzipielle Strukturgesetz der liturgischen Anamnese, nach dem die ganze Predigt aufgebaut ist, wird im Finale noch einmal in Worte Jesu umgesetzt:

"Ich bin eure Vergebung / Ich bin das Passa des Heiles /
Ich bin eure Taufe / Ich bin euer Leben / Ich bin eure Auferstehung."

Die hier zur höchsten Entfaltung geführte Eigenart der Christusanamnese, gemäß der die Gemeinde den Auferstandenen so zu sich *sprechen* hört, wie sie ihn als den zeitüberhobenen Erhöhten und Verherrlichten *bekennt*, prägt bereits im Joh-Ev die Jesusreden in jener breiten liturgiebezogenen Schicht, die das ganze Evangelium durchzieht.

4. Dem Entstehungsgesetz des Joh-Ev und der Profilierung seiner sprachlichen Eigenart in Verbindung mit der christlichen Passafeier entspricht auch die für das Joh-Ev charakteristische durchgängige Darstellung des Weges Jesu unter der *Symbolik des Passalammes*. Sie durchzieht das Joh-Ev von den Hinweis- und Deuteworten des Täufers in Joh 1,29.36 bis hin zum Kreuzestod, in dem sich Jesus definitiv als das neue und wahre Passa erweist, wie es in Joh 19,36 mit deutlichem Verweis

---

[83] Der Text lautet (B. BOTTE, *La Tradition Apostolique de S.Hippolyte,* Münster 1963, 14): "(Qui cumque traderetur voluntariae passioni) ut mortem solvat et vincula diaboli dirumpat, et infernum calcet et iustos inluminet, et terminum figat et resurrectionem manifestet (accipiens panem...)". - Das nach dem Vorbild der Eucharistia des Hippolyt gestaltete II. Hochgebet der erneuerten römischen Liturgie verkürzt die Wendung: "Er hat die Macht des Todes gebrochen und die Auferstehung kundgetan." - Die *kosmische* und *alle* Existenzbereiche des Menschen umspannende Dimension der Auferstehung kommt damit nicht mehr so direkt zum Ausdruck.

[84] "Christus ist auferstanden von den Toten, hat durch den Tod den Tod überwunden (patêsas - niedergetreten) und denen in den Gräbern Leben geschenkt."

[85] Text: BLANK, *Meliton* 129f.

auf Ex 12,46 bekundet wird. Diese Passalamm-Soteriologie bildet zugleich das Rückgrat der Leben-Jesu-Darstellung des Joh-Ev, insofern die drei Passafeste im Wirken Jesu laut Joh 2,13; 6,4 und 13,1 außerordentlich betont sind. Doch darf weder die Passalamm-Symbolik als solche, noch die Darstellungsstruktur mit Hilfe der drei Passafeste des Lebens Jesu, in der Weise mißverstanden werden, als habe das Joh-Ev Geschichte aus theologischen Ideen konstruiert. Dieses Vorurteil, das die Hegelianer Strauß und Baur ebenso kennzeichnet wie Bultmann und seine neuerdings besonders zahlreichen katholischen Nachahmer, ist eine Projektion des deutschen Idealismus (bei Bultmann in der Form des zu seiner Zeit blühenden Marburger Neu-Kantianismus). Im Gegenteil: die Chronologie des dreijährigen Wirkens Jesu gehört mit zu dem, was in der Evangelientradition am leichtesten historisch verifiziert werden kann (wovon noch zu reden sein wird). Und ebenso gehört die Beziehung zwischen dem Täufer und Jesus, in welche die ersten Passalamm-Aussagen (Joh 1,29.36) hineingestellt werden, zu den historisch besonders transparenten Teilen des Joh-Ev.

Insgesamt ist die heilsgeschichtliche und sakramentale Symbolik, die im Joh-Ev begegnet, nicht eine solche, die historische Fakten *fingiert*, sondern eine *Deutung realer Geschichte* in der Vielschichtigkeit ihres Sinngehaltes durch einen *Augenzeugen der sichtbaren Vorgänge im Leben Jesu.* Im Rahmen dieser Typologie und Symbolik gehört die Deutung Jesu als des wahren erlösenden Passa offenbar schon zur Jerusalemer Urtradition. Denn die Aussage von "Christus, dem für uns geopferten Passalamm" in 1 Kor 5,7, und die typologische Deutung der Taufe von den Exodusgeschehnissen her in 1 Kor 10,1ff., erinnern die Adressaten an eine ihnen bekannte Tradition.

Der Jerusalemer Ursprung dieser Typologie läßt sich vor allem in der archaischen Theologie von 1 Petr erkennen, wobei 1 Petr 1,19 für den gleichen überlieferungsgeschichtlichen Urgrund transparent ist, aus dem auch 1 Kor 5,7 erwächst, wie auch 1 Petr 3,18d,e jenen ältesten judenchristlichen Hintergrund besitzt wie Röm 1,3f.[86]. Aber auch die *punktuell* bezogene Anwendung der Passalamm-Typologie in *Joh 19,36* (gemäß Ex 12,46) wird, im Vergleich mit der punktuell allegorisierenden Heranziehung einzelner Exodusereignisse in 1 Kor 10,1ff. (gemäß Ex 14-17) für das Taufbewußtsein der christlichen Gemeinde, schwer-

---

[86] Vgl. zu den genannten Stellen in 1 Petr: GOPPELT 121-124 (wo auch die Geltung des Todes der Passalämmer als Sühnetod belegt wird: 123) ; 244ff.

lich als dieser Stelle gegenüber traditionsgeschichtlich später einzustufen sein und kann somit nicht in einer Spätphase allegorisierender Schriftnutzung innerhalb der apostolischen Zeit angesiedelt werden (wie solches für gewisse Erfüllungszitate z.B. in Mt 2 berechtigt sein dürfte).

5. Zugleich mit der liturgischen Ausrichtung auf die *Passafeier* zeigt das Joh-Ev auch eine (der passahaggadischen Verankerung des Taufbezugs von 1 Kor 5 und 10 vergleichbare) Transparenz für die Bedeutung der *Taufe* und der *Eucharistie* als messianische Heilsgaben und für deren zentrale Rolle im christlichen Gemeindeleben. Zwar wird das eucharistische Vermächtnis des Abschiedsmahles mit der Verwirklichung der Gottesknecht- und Passatypologie in den Hingabehandlungen an Brot und Wein aus jener zentralen Darstellung von Joh 13 ausgeblendet, in der das Vermächtnismahl dennoch ganz auf die Hingabe am Kreuz transparent und als Erweis der "Liebe bis zum äußersten" (13,1) erscheint. Und dies entspricht der johanneischen Passionschronologie, die das Abendmahl nicht als Passamahl sieht und den Kreuzestod selbst als konzentrierteste Erfüllung der Passalamm-Typologie kennzeichnet (19,36). Doch steht das eucharistische Vermächtnis im Hintergrund der Abschiedsreden, vor allem in der katechetischen Bildrede vom Weinstock und den Reben (Joh 15). Und die Erscheinungen des Auferstandenen sind nicht zuletzt auch durch den Zuspruch "des Friedens" und der Vergebungsvollmacht (20,21ff.) in eine Perspektive anamnetisch-sakramentaler Aktualisierung gestellt, wie sie sich dann wiederum in der eucharistischen Färbung des österlichen Mahles von Joh 21,9.12-14 zu erkennen gibt.

Vor allem aber bildet *Joh 6* ein geradezu überwertiges Äquivalent für die synoptischen Einsetzungsberichte, insbesondere auch hinsichtlich der Bezugnahme auf die Exodusgeschehnisse, die durch die Selbsthingabe Jesu, des "wahren Manna vom Vater" (6,32f.48ff.), zur Erfüllung gelangen.

Durch Joh 6,4 wird die christologisch-eucharistische Rede als vom nahen Passa inspiriert angezeigt. Der Exodusbezug des Handelns und Sprechens Jesu in Joh 6 erscheint im Dialog über das Manna (6,30ff.) sorgfältig inszeniert: Die Anwesenden bei der vorausgegangenen Brotvermehrung hatten ganz unzureichend erkannt, daß das Geschehen von Joh 6,5-13 bereits ein "Zeichen" (6,14) der eschatologischen Erfüllung der Wüstenspeisung beim Exodus war. Sie sehen in Jesus nicht den, der *selbst* die entscheidende Heilsgabe, das *eschatologische Manna,* ist, das ihnen vom Vater her zuteil wird. Bestenfalls erkennen sie in Jesus, der sich als Spender irdischen Brotes in Fülle erwiesen hat, "den (endzeitlichen) Propheten" (6,14), der sein wird "wie Mose" (so gemäß dem Bezug auf Dtn 18,15.18), und verlangen in diesem Sinne eine neue zeichenhafte Bestätigung (6,30f.). Doch Jesus lehnt nicht nur für sich die Rolle *"des Propheten"* ab (6,32); er fordert auch ein Transzendieren der Erkenntnis und des Glaubens noch über das hinaus, was zeitgenössisch-jüdische Erwartung dem von Gott gesandten *Messias* zuerkennt[87].

Er offenbart sich als der, der "allein den Vater gesehen" hat und der "vom Vater stammt" (6,46) und - was noch mehr alle gängige Messiaserwartung durchbricht - nicht nur als der, der in seiner menschlichen Gestalt den Vater zur Darstellung bringt (6,40; vgl. 14,9), sondern sich in seinem Fleisch und Blut - fern aller irdisch-königlichen Messiasherrlichkeit - hingeben wird für das Leben der Welt (6,51).

So sind Jesu "Zeichen" der Brotvermehrung (6,14), die Reaktion des Volkes darauf, sowie die Deutung, die Jesus selbst gewährt, transparent für den Erkenntnis- und Glaubenszugang zur wahren Sendung Jesu und stehen zugleich in der Perspektive passahaggadischer Deutung jener erlösenden Selbsthingabe Jesu, die sich in seinem Kreuzestod und dessen zeichenhaft-eucharistischer Verwirklichung vollzieht.

Als Ausgangspunkt solcher Perspektive läßt sich die haggadische Funktion einer weitläufig auf Passion und Auferstehung bezogenen *Evangeliumserzählung* der *frühen* Passanacht und das *eucharistische Mahl* nach der mitternächtlichen *Peripetie* der Passanacht erkennen. - Ob Joh 6 formell als Teil einer besonders weit ausgreifenden Passahaggada-Ausdeutung verfaßt ist, oder zu einer passanächtlich inspirierten eigenen Eucharistiekatechese außerhalb der Passanacht selbst gehört, oder, in einem solchen Licht konzipiert, doch von Anfang an auf das durch soviele exklusive Mitteilungen *zeitgeschichtlich transparente* und zugleich liturgisch bezogene Gesamtevangelium hin verfaßt wurde, als dessen Teil wir die Perikope kennen, muß hier nicht entschieden werden.

Jedenfalls geht es am Sinn der Offenbarungsrede von Joh 6 vorbei, wenn man fragt, ob Jesus je zu den Scharen der Juden und zu den Jüngern in solchem Wortlaut gesprochen habe und ob ein Evangelist, der

---

[87] Vgl. zur betreffenden Fragestellung (die, bezogen auf den Täufer schon in Joh 1,20f. exponiert wird, nämlich ob dieser "der Prophet", oder "Elias" oder "der Messias" sei: siehe unten, Anm. 92-93) als Hintergrund für die Darstellung in Joh 6 und für die johanneischen "Zeichen" insgesamt: BITTNER, bes. 151-169.

solches berichtet, Augenzeuge des Lebens Jesu gewesen sein könne. Weder ist die Rede akustisch wahrnehmbar in dieser Form gehalten worden, noch ist sie eine Fiktion, sondern sie bietet eine liturgisch-anamnetische *Deutung* jener Hingabebereitschaft Jesu, die sich schon in den "Zeichen" Jesu ankündigte und die im Vermächtnis der Eucharistie zur höchsten Intensität zeichenhafter Darstellung gelangte.

Als direkt historisches Element enthält der Bericht von Joh 6, daß Jesus das zweite Passa in der Zeit seines öffentlichen Wirkens nicht in Jerusalem verbrachte. Dies deutet auch Lk 13,1 an, zumal in Lk 13,6ff. das Gleichnis vom *dreijährigen* Bemühen des Herrn des Weinbergs um einen Baum, der keine Früchte bringt, auf das Wirken Jesu auch hinsichtlich seiner Dauer bezogen erscheint. Auch wußte sich Jesus berufen, die endzeitliche Erfüllung der Befreiung Israels, jedoch als eine Befreiung aus der Sklaverei der Sünde (vgl. die Befreiungstypologie von Joh 8,33f.), herbeizuführen[88]. Dies würde die Rolle "des (endzeitlichen) Propheten" und auch die herrschenden Messiasvorstellungen übersteigen, jedoch für ihn die unverwechselbare Sendung sein, die in seinem einzigartigen Verhältnis zum Vater begründet war (6,32); und für diese Sendung würde er sein ganzes Leben einzusetzen haben, obwohl er für sich ein Ende voraussah, das der Radikalität dieser Sendung entsprach.

6. Die in Joh 6 exemplarisch sich bekundende liturgisch-sakramentale Dimension des Joh-Ev wurde besonders von *O. Cullmann* betont, der in der Darstellungsform dieses Evangeliums die Nähe des *fortlebenden erhöhten* Jesus zu seiner Kirche unter dem Aspekt der *Gegenwart* des Herrn in *Taufe* und *Eucharistie* reflektiert sieht.

Auch *U. Schnelle* interpretiert zutreffend das Joh-Ev weitgehend von einer anamnetischen Struktur her. Während Schnelle jedoch gewisse integrierende Momente der geschichtlichen Dimension aus der Anamnese ausgrenzt und so die Deutung des als "antidoketisch" erkannten Evangeliums ungewollt selbst "doketisiert"[89], hält *Cullmann* konsequent an der Unverrückbarkeit der historischen Zeugnisdimension im 4. Evangelium fest. Ihm zufolge beruht die Darstellung des Lebens Jesu im Joh-Ev "weitgehend auf einer Zusammenschau des *historischen* Jesus

---

[88] Vgl. zum messianischen Bewußtsein Jesu: oben, V, Anm. 16f., 21, 42 und 73.

[89] Vgl. die in diese Richtung tendierenden Aussagen von SCHNELLE (siehe oben, Anm. 67).

und des in der Gemeinde *gegenwärtigen* Herrn"[90]; und "Zusammenschau" ist sehr wohl zu unterscheiden vom "Ineinander", das Schnelle diagnostisiert und das an eine Art "monophysitischer Vermischung" denken läßt.

Cullmann hebt an gleicher Stelle hervor, daß "der Evangelist Mahlfeier und Taufe in ihrer Zusammengehörigkeit offenbar als Ausdruck allen gottesdienstlichen Lebens der Urgemeinde betrachtet und demgemäß die Beziehung herstellt zwischen dem besonders in diesen beiden Sakramenten gegenwärtigen Herrn der Gemeinde und dem Leben Jesu".

Dies bedeutet keinen Gegensatz zur "Naherwartung", die gerade in der vom Joh-Ev vorausgesetzten quartadecimanischen Passafeier zu stärkstem Ausdruck kommt, und ist erst recht nicht Resultat einer (zwischenzeitlich) erfahrenen "Parusieverzögerung", die ihrerseits nur im Bezug zu einer gleichzeitig bestehenden Naherwartung verstanden werden kann (nicht aber Datierungskriterien bietet). Überdies ist alle jüdische und christliche Heilserwartung nie nur *eschatologisch-apokalyptisch*, sondern stets auch umfassend *anamnetisch* strukturiert, so daß Zukunftserfahrung auch im anamnetisch-gottesdienstlichen Vollzug geschieht, der selbst zum *Unterpfand* der künftigen Erfahrung wird.

7. Die Bedeutung der Taufe für die Kirche spiegelt sich im Joh-Ev in ganz ähnlicher Weise wider wie die der Eucharistie. Zwei der Reden, die besonders "unhistorisch" wirken, sind Deutungen der Taufe. Die eine wird gar dem Täufer in den Mund gelegt (Joh 3,27ff.), der nun so redet, wie der "johanneische Christus". Auch hier bietet die Kompositionsstruktur den Interpretationsschlüssel. Im ersten Teil von Joh 3 hat Jesus die Taufe so gedeutet, wie es im zweiten Teil Johannes der Täufer tut. Dies entspricht dem týpos-antítypon-Verhältnis zwischen Johannes und Jesus. Johannes ist "Vorläufer" des nach ihm Kommenden (Joh 1,27), der dennoch "vor ihm war", und tauft mit Wasser (1,26); Jesus aber tauft mit dem Heiligen Geist (1,33c), da er selbst im "bleibenden" Besitz des Geistes (1,33b) ist. So erweist sich der Täufer gegenüber Jesus als der, der *abbildhaft tauft* und dessen Deutung der eigentlichen Taufe eine *abbildhafte Deutung* gegenüber deren Deutung durch Jesus ist.

---

[90] CULLMANN 57.

In beiden Deutungen ist die Taufe ein Geschehen "von oben her" (3,3), das sich dem verdankt, der selbst "von oben kommt" (3,12f. 17ff.; 3,31).

Daß eine solche heilsgeschichtlich bezogene *Mystagogie* jedoch die Geschichte nicht der *Mystifizierung* unterwirft, wird in Joh 3,22ff. und 4,1f. drastisch deutlich. An den Aussagen dieser Stellen über eine Nachahmung der Taufpraxis des Johannes durch die Jünger Jesu ist (wie zu zeigen sein wird) unverwechselbar "Historie" angezeigt und gegenüber der anamnetisch ganzheitlichen Deutung des Geschehens abgehoben. Gerade Joh 1,19-4,3 bietet ein exklusives und für die historische Transparenz des Joh-Ev in besonderer Weise charakteristisches Berichtsmaterial, das großenteils auch einer zeitgeschichtlichen Verifizierung offensteht.

So ist nun, nach dem Erweis, daß die Offenbarungs- und Deutungsreden im Joh-Ev die *Augenzeugenschaft* des Gewährsmanns des Evangeliums *und* Evangelisten in keiner Weise präjudizieren, von neuem die Frage nach den direkten Indizien zugunsten der Augenzeugenschaft, und zwar einer solchen des Evangelisten selbst, aufzugreifen.

Diese Frage zielt insbesondere auch auf solche Indizien, die dafür sprechen, daß der verschiedentlich im Joh-Ev *ohne* Namensnennung erwähnte "Jünger" aufgrund dessen, was über ihn gesagt wird und was die Vorgeschichte seiner Jüngerschaft erkennen läßt, geradezu prädestiniert war, seine *ureigene Erfahrung* als *Struktur- und Darstellungsgesetz* eines Evangeliums *so* einzubringen, *wie es im Joh-Ev geschieht*[91].

---

[91] Die darzulegende einzigartige Entsprechung der unverwechselbaren *Erfahrungsstruktur* des Jüngers (früheste Berufung gemäß Joh 1,35ff.; Teilnahme am Letzten Mahle: 13,23ff.; Augenzeugenschaft unter dem Kreuz und am leeren Grabe: 19,26.35; 20,8) und der *Darstellungsstruktur* des Joh-Ev (mit eben diesen *Erfahrungssituationen* als *Schlüsselereignissen der Leben-Jesu-Darstellung* und der fortlebenden Jesuserfahrung der Gemeinde) kann nicht aprioristisch widerlegt werden durch die Annahme eines niedrigen Bildungsstandes der Apostel, von denen keiner fähig gewesen wäre, das Joh-Ev zu schreiben. -Für die *Zebedäussöhne* gilt vielmehr: Sie stammen aus einer Familie, die eine Großfischerei mit Tagelöhnern (Mk 1,20) besitzt, welche der Mutter und den Söhnen ein von Sorge um Broterwerb freies Leben und so die *gemeinsame* Nachfolge Jesu ermöglicht, die zudem Beziehungen zu Jerusalemer Kreisen unterhält und in Jerusalem über Wohnmöglichkeit verfügt (Joh 18,15?; 19,27b) und die vor allem schon vorgängig zur Nachfolge Jesu intensive *Kontakte zur Täuferbewegung* mit entsprechender Aufgeschlossenheit für deren auch literarische Spiritualität hat. - Der Einwand von KÜMMEL (210), Johannes und Petrus seien laut dem Urteil der Schriftgelehrten in

d) Die historische Transparenz des 4. Evangeliums: Augenzeugenschaft vom Beginn des Wirkens Jesu an

1. Das Joh-Ev gibt sich als ein von weisheitlichen haggadischen Traditionsschichten zutiefst geprägtes Evangelium zu erkennen, das sich in weiten Bereichen sogar so eindeutig liturgisch-anamnetisch darstellt, daß die johanneische Tradition Kleinasiens von "Johannes, dem Priester" (und Liturgen) sprach. Wird nun aus dem Joh-Ev selbst eine besondere Beziehung zu priesterlichen Kreisen und eine spirituell liturgische Vorprägung auch biographisch erkennbar?

Von der verwandtschaftlichen Verbindung Johannes des Täufers über seinen Vater aus der Priesterklasse des Abija (Lk 1,5) zu Kreisen der essenischen Bewegung, insbesondere den priesterlichen "Söhnen Zadoks", war bereits die Rede und auch davon, daß Johannes laut Lk 1,80 anscheinend im klösterlichen Internat essenischer Kreise "in der Wüste" erzogen wurde. Die Qumran-Literatur erweist auf Schritt und Tritt die in besonderer Weise spirituellen liturgischen Gebräuche der Bewegung, sowie deren weisheitliche Prägung, zudem auch ein Denken in formal dualistischen Kategorien, wie dies für das Joh-Ev kennzeichnend ist. Die hochgespannte Eschatologie der Bewegung steht im Hintergrund der Taufpraxis des Johannes "jenseits des Jordan"[92] und seiner Gerichtspredigt. Durch den Umstand, daß Johannes "jenseits des Jordan" tauft, vollzieht er Exodus-Symbolik, denn er läßt seine Täuflinge, wie einst die Israeliten nach der Wüstenwanderung, in Richtung auf das zentrale Siedlungsgebiet der Zwölf Stämme in die Wasser des Jordan hineinschreiten.

Dementsprechend zielen auch die Fragen der hochpriesterlichen und pharisäischen Inquisition bei Johannes (1,19.24) genau auf eine Identifizierung mit den eschatologischen Heilsgestalten gemäß den häufigsten Vorstellungen der Bewegung ab[93]: Diese sind der Messias, der wiederkommende Elija und "der Prophet" als "neuer Mose" (laut Dtn 18.15ff.). Daß ein Levit aus der Linie des Abija danach gefragt wird, ob

---

Apg 4,13 "ungebildete Leute" gewesen, sticht nicht, da er nur die von diesen Kreisen überschätzte *Schriftgelehrsamkeit* und *Gesetzeskasuistik* betrifft. - Die *griechische Sprache* war den Zebedäussöhnen mindestens ebenso geläufig wie der Familie des Petrus und des (griechischnamigen!) Andreas.

[92] Vgl. zur *haggadischen* Bedeutung dieser Tatsache: GESE, *Prolog* 198ff.; sowie RIESNER (Anm. 46) 54ff.

[93] Vgl. STAUFFER, *Priestertradition* 143f.

er der Messias sei (1,20), weist auf den springenden Punkt im Selbstverständnis des Täufers hin und zeigt die verblüffende Vertrautheit des Evangelisten mit der Sinnspitze dieser Frage: Die Essener erwarteten in Verbindung mit dem Messias aus dem Hause David auch einen *Messias aus Aaron* [94]. Damit gewinnt die exodus-haggadische Dimension der Täufertätigkeit zusätzliche Konturen. Sie erscheint als Vergegenwärtigung der Taten des Moses, wie auch des Elija, der im Durchschreiten des Jordan (2 Kö 2,8) und in seinen Prophetentaten zum Abbild des Mose, ja, zum Moses redivivus wurde, wie denn auch Johannes später als "wiedergekommener Elija" gelten wird (Mt 11,14; 17,12). Mit dem in Joh 1,25 widergespiegelten Stand theologischen Denkens über einen königlichen, wie auch über einen priesterlichen Messias, sind auch die beiden Jünger des Täufers vertraut, die laut Joh 1,35ff. auf ein Zeichen ihres Meisters hin Jesus nachfolgen.

2. In diesem Zusammenhang begegnet erstmals jener ungenannte "Jünger", dessen Name verhüllt bleibt, für den aber der Hinweis, daß Andreas "der eine" ist (1,40), schon die Umschreibung "des anderen Jüngers" insinuiert[95], die in Joh 20 für jenen "Jünger" wiederkehrt, der mit Petrus zum Grabe eilt. In Joh 20,2 wird "der andere Jünger" zugleich als "der Jünger, den Jesus liebte" bezeichnet. Unter dieser Umschreibung wird er auch in Joh 19,26 unter dem Kreuz und in 13,23 beim Letzten Mahl erwähnt. Joh 21,7 und 21,20 nehmen diese Bezeichnung neuerlich auf; letztere Stelle zeigt an, daß die ungewöhnliche Bezeichnung aus dem Umstand resultiert, daß dieser Jünger "beim Mahl an der Brust Jesu gelegen hat" (13,23).

Die neuere Exegese hat diese Bezeichnungen zu solchen erklärt, die unmöglich der Evangelist als Selbstbezeichnung gewählt haben könne[96], weshalb sie einer *späteren* Generation, die den Augenzeugen und "Jünger" als Gewährsmann der Tradition des Joh-Ev verehrte, zuzu-

[94] Vgl. ebd. 136, Anm. 6 (Belege und Lit.) sowie BETZ, *Messias Israels* 326f. - Die Vorstellung basiert auf Sach 4,14.

[95] Zur Identität des in Joh 1,35ff. berufenen Jüngers mit dem "Jünger" von Joh 13; 19; 20 vgl. z.B.: F. HAHN, *Die Jüngerberufung Joh 1,35-51*, in: Neues Testament und Kirche. Festschrift R. Schnackenburg, hrsg. v. J. Gnilka, Freiburg 1974, 184; ROBINSON, *Priority* 98f. u.ö.

[96] Siehe unten, IX, f 3-6.

schreiben wären[97]. Es wird sich zeigen, daß auch dieser Einwand der liturgischen Sprachstruktur des Joh-Ev nicht gerecht wird, ähnlich wie jener hinsichtlich der Offenbarungsreden, der besagte, ein wirklicher Zeuge des Lebens Jesu hätte Jesus nicht die für den "johanneischen" Jesus charakteristischen Reden in den Mund legen können.

Angesichts dieses Mißverständnisses soll zunächst aufgezeigt werden, wie breit die Bahn des durch eine *einzigartige Augenzeugenschaft* im Joh-Ev *exklusiv* und historisch transparent Mitgeteilten ist. Gerade die Nachrichten von der Frühzeit der Sendung Jesu, die allein das Joh-Ev bietet, verraten zugleich auch eine schicksalsträchtige Vorprägung des Evangelisten im Kreise des Täufers, die ihn dazu prädestinierte, nicht nur *Einzel*nachrichten dieser Zeit einer späteren Generation zu vermitteln, sondern aus eben dieser liturgischen Vorprägung und der entsprechend umgesetzten Augenzeugenschaft heraus ein *ganzheitlich* genau dem entsprechendes Evangelium zu schreiben.

Deutlicher noch als die differenzierte Kenntnis der Messiaserwartungen zur Zeit Johannes des Täufers und ihrer Konsequenzen für die Praxis der Täuferbewegung verrät ein Umstand der frühen Tätigkeit Jesu die Augenzeugenschaft der ersten Stunde, auf die der Evangelist zurückgreifen kann: Es ist die geradezu befremdliche Nachricht, daß Jesu Jünger, von denen einige zuvor Jünger des Täufers waren, in der ersten Zeit des Wirkens Jesu (mit Duldung und Einverständnis Jesu: Joh 4,1f.; oder gar unter seiner direkten Mitwirkung: 3,22) eine *Tauftätigkeit parallel zu der des Johannes* entfalteten. Hier geht es nicht um die christliche Taufe (auf die sich allerdings die den Berichtszusammenhang transzendierenden mystagogischen Deutungen von 3,11ff. und 3,27ff. beziehen), sondern um eine *Nachahmung* der Tätigkeit des Täufers, was durch den *Jüngerstreit* von Joh 3,25f. noch zusätzlich akzentuiert wird.

Angesichts dieser Nachricht werden auch extreme Formgeschichtler zugeben, daß nicht Gemeindebildungen oder Fiktionen des Evangelisten im Spiel sind. Denn die Gemeinde war an der *Unvergleichlichkeit* des Tuns Jesu (und nicht an einer Verwechselbarkeit mit dem des Täufers)

---

[97] Während *Schnackenburg* die *Umschreibungen des Traditionszeugen* und Gewährsmannes des Evangeliums als "geliebter Jünger" in Joh 13; 19; 20 dem (vom Jünger verschiedenen und jüngeren) *Evangelisten* belassen will, sehen viele Exegeten in ihnen einen charakteristischen Eingriff der Redaktion (ohne erklären zu können, warum dann die *Redaktion* nicht wenigstens Nahtstellen wie 14,31/15,1 und 20,30/21,1 bereinigte).

"interessiert"; und sperrig liegt die Nachricht auch zur vorrangigen *christologischen* Intention des *Evangelisten*. Sie kann also nur als ein Stück jener Urerfahrung verstanden werden, die *der* preisgibt, der von Anfang an Augenzeuge war und bereits zu den ersten der Jünger Jesu gehörte, wie Joh 1,35ff. erkennen läßt.

3. Äußerst aufschlußreich für die Frühphase des Wirkens Jesu ist auch der Bericht von der *Tempelreinigung* (Joh 2,13-22). Entgegen der Plazierung im einjährigen Rahmen für das Wirken Jesu, den die synoptischen Evangelien bieten, muß der johanneischen Chronologie der Vorzug gegeben werden. Der *einjährige* Rahmen ist zudem durch kein synoptisches Zeugnis formell beglaubigt[98]. Sein Eindruck entsteht dadurch, daß die Synoptiker mit ihren Berichten nach der Taufe und der Jüngerberufung nur von ersten Eindrücken berichten, die Lehre und Handeln Jesu als "in Vollmacht" geschehende hinterlassen (Mk 1,22), um dann allzu schnell zu jenen Taten überzugehen, die schon den endgültigen Konflikt mit den Pharisäern hervorrufen (wie insbesondere die Heilungen am Sabbat: Mk 2,1ff. und 3,1ff.; mit der Vorandeutung des Todes: Mk 3,6).

Vergleicht man die beiden chronologischen Angaben für das erste Jahr des Wirkens Jesu in Lk 4,16ff., insofern Jesus hier den Anbruch eines Jobeljahres voraussetzt, sowie in Joh 2,20 ("46 Jahre seit Beginn des herodianischen Tempelbaus"), so führen beide in das Jahr 27/28[99].

---

[98] STROBEL (79) spricht diesbezüglich von der "Erfindung einer noch unwissenschaftlichen Interpretation des Markus-Evangeliums, das in Wahrheit eine plausible sachliche Aufreihung der Stoffe, nicht einen einjährigen Ablauf des Wirkens Jesu angestrebt hat".

[99] Vgl. zu Lk 4,19: STROBEL 92-97; zu Joh 2,20: STROBEL 97 und ROBINSON, *Priority* 130f. Dabei kommt laut STROBEL (97) als der in Joh 2,13 signalisierte Passatermin eher das Passa des Jahres 27, aber auch das Passa des Jahres 28 in Frage. ROBINSON (ebd. 154-157) entscheidet sich für das *Passa des Jahres 28*. - Weniger eindeutig gestaltet sich die Berechnung mit Hilfe von Lk 3,1 für das *Auftreten des Täufers* im 15. Jahre des Tiberius (STROBEL 84-92; ROBINSON, *Priority*, 155). Rechnet man vom *kaiserlichen* Regiment des Tiberius, beginnend am 17. September 14, an, dann erhält man den Jahresablauf: September 28- September 29. Auf den Jahresablauf *1. Oktober 27 - 1. Oktober 28* kommt man jedoch bei der (vielfach angenommen: vgl. ROBINSON, *Priority* 155, Anm. 91) Voraussetzung, daß die Tage vom 17. September (oder aber vom Tod des Augustus am 19. August) bis zum 1. Oktober des Jahres 14, dem syrischen Neujahrstag, von Lukas als 1. Jahr des Tiberius gerechnet wurden (was syrischer Brauch gewesen sein dürfte). Das erste Passa Jesu wäre dann das *Passa des Jahres 28*. - STROBEL hält allerdings die

Die Konvergenz kalendarischer Daten für das Todespassa Jesu am Rüsttag eines Sabbats weist auf das Jahr 30[100].

Das öffentliche Wirken Jesu erstreckte sich also über mehr als zwei Jahre und umfaßte auf jeden Fall die drei Passafeste nach den Angaben von Joh 2,13; 6,4 und 13,1. Auch die Beobachtung von Indizien für die jeweilige Jahreszeit in den synoptischen Berichten zeigt, daß der Rahmen eines *einzigen* Jahres für das Wirken Jesu in diesen überschritten wird[101]. Am deutlichsten signalisiert dies Lk 13,1 für ein zwischenzeitliches Passafest. Denn nur durch eine Pilgerfahrt der dort erwähnten Galiläer nach Jerusalem zum Passa ist der Tatbestand gegeben, daß Pilatus "ihr eigenes Blut mit dem ihrer Schlachtopfer vermischen" konnte. Jesus war in diesem Jahre nicht in Jerusalem, wie auch aus Joh 6,4 (und Kontext) hervorgeht.

Da die Synoptiker nur für das *Todespassa* Jesu sein Weilen in Jerusalem bezeugen, ist ihr Bericht von der Tempelreinigung in diesem Zusammenhang keine direkte Gegeninstanz gegen die Tempelreinigung gemäß der Chronologie von Joh 2,13ff.; vielmehr wird die synoptische Darstellung *indirekt* die johanneische Einordnung bestätigen. Entscheidend spricht zunächst zugunsten der johanneischen Chronologie die Verflechtung der Tempelreinigung mit der Phase der frühen Täufertätigkeit der Jünger Jesu und speziell der Zusammenhang zwischen der Vollmachtfrage der Pharisäer an *Johannes* (Joh 1, 19ff.) und einer ähnlichen Frage an *Jesus* (Joh 2,18), wobei auffällt, daß das von Jesus angebotene Zeichen: "Brecht diesen Tempel ab..." (2,19) bei "den Juden" als Rätselwort zwar Befremden, aber noch keinen Haß oder gar die Konstatierung einer Lästerung gegen den Tempel hervorruft. Dies zeigt, daß man bei Jesus eine messianische Selbstoffenbarung am Tempel für

gekennzeichnete Voraussetzung für zweifelhaft, rechnet von der *Mitregentschaft* des Tiberius (und seinem syrischen Provinzregiment) , also dem Jahre 12, ab, und erhält so das Jahr 26-27, muß dann aber das erste Passa des öffentlichen Wirkens Jesu *schon für 27* und folglich *4 Passafeste* des Wirkens Jesu insgesamt annehmen. Dies führt jedoch zu *zusätzlichen* Schwierigkeiten der Bestimmung des chronologischen Verhältnisses der Kapitel 5 und 6 zueinander (sofern 5,1 ein eigenes Passa signalisieren würde) und reißt überdies die Kluft zu den synoptischen Berichten weiter auf.

[100] STROBEL 70ff. ; ROBINSON, *Priority* 153f.

[101] Vgl. die Zusammenstellung der einschlägigen synoptischen Angaben: ROBINSON, ebd. 138ff. - In diesem Sinne muß auch die Klage über Jerusalem (Mt 23,37; Lk 13,34) verstanden werden, bei der Jesus sagt: "Wie oft wollte ich deine Kinder sammeln...".

möglich hielt, wie sie von einem kommenden Messias erwartet wurde. Die Beanspruchung messianischer Vollmacht galt nicht als Frevel, sondern es war nur abzuwarten, wie sie gerechtfertigt wurde.

4. Auch die Synoptiker lassen - entgegen ihrer chronologischen Einordnung der Tempelreinigung - doch durch zwei Berichtselemente in deren Zusammenhang erkennen, daß die Tat des "Zelos" Jesu dem *Beginn* des öffentlichen Wirkens Jesu zugehört[102]. Alle drei Synoptiker berichten nämlich (in unterschiedlichem zeitlichen Anschluß an die Tempelreinigung) von einer Befragung Jesu nach seiner *Vollmacht* durch Mitglieder des Hohen Rates. Gemäß einhelliger Wiedergabe der drei Berichte stellt Jesus die Gegenfrage: "War die Taufe des Johannes vom Himmel oder nur von Menschen?". Die Inquisitoren wagen weder zu sagen "vom Himmel", denn sie fürchten die Gegenfrage: "Warum habt ihr ihm dann nicht geglaubt?". Noch wagen sie die Antwort "von Menschen". "Denn sie fürchteten das Volk zu sehr, da alle Johannes für einen Propheten hielten" (Mk 11,32 parr.).

Diese Wechselrede paßt genau zu der vom Joh-Ev vorgenommenen chronologischen Einordnung der Tempelreinigung. Johannes der Täufer mobilisiert (in der Perspekte dieses Dialogs) mit seiner Taufforderung noch die Scharen des Volkes. Eine Bestreitung seiner prophetischen Vollmacht würde demnach den Zorn des Volkes unmittelbar nach sich ziehen. Dieser Sicht entspricht aber keine Realität mehr, nachdem schon fast zwei Jahre verstrichen sind, daß Johannes eingekerkert wurde. Und zwischen Jesus und dem Hohen Rat hat sich eine solche Fülle halachischen Streitmaterials aufgehäuft, daß die Gegenfrage Jesu nur noch wie ein Ablenkungsmanöver hätte empfunden werden können. Ganz anders zwei Jahre zuvor, als Jesus im Zeichen der Taufe durch Johannes sein öffentliches Wirken gerade begonnen hatte und viele ihn für einen Gefolgsmann des Johannes hielten. Ähnliches gilt von einem weiteren Element im Zusammenhang des synoptischen Berichts von der Tempelreinigung, der *Verfluchung des Feigenbaums* bei Mk und Mt. Das Motiv, das Mk für diesen Vorgang angibt, daß Jesus "Hunger" verspürte (Mk 11,12 par.), befremdet, zumal Mk hinzufügt, es sei "nicht die Zeit für Feigen" gewesen. Überaus wirklichkeitsnah wirkt die Szene

[102] ROBINSON, *Priority* 127-130. - Daß Jesu Tempelwort Joh 2,19 im Prozeß Jesu eine Rolle spielt (Mk 14,58) ist kein Indiz, daß es erst *wenige Tage zuvor* gesprochen sein müßte. Im Gegenteil macht die unterschiedliche Erinnerung der "falschen Zeugen" (Mk 14,59) einen früheren Zeitpunkt wahrscheinlich.

dagegen, wenn man sie vor der Tempelreinigung *gemäß johanneischer Chronologie* geschehen sieht. Im Licht des Ausgangs der Sendung Jesu von der Taufe am Jordan und im Kontext der Gerichtspredigt des Täufers erweist sich die Tat, die einen Feigenbaum, der keine Früchte trägt, verdorren läßt, als typische prophetische Symboltat, die anzeigt, wie es gemäß der Drohrede des Täufers den Unbußfertigen ergehen wird, die "keine Früchte bringen" (Mt 3,7ff.; Lk 3,7ff.).

Aus der *Frühzeit* der Sendung Jesu berichten die Synoptiker dagegen von den *Versuchungen Jesu*, zu denen laut Mt 4,5ff. und Lk 4,9ff. auch die Anstiftung zu einer messianischen Offenbarung "auf der Zinne des Tempels" gehört. Es würde aber einer "Doketisierung" dessen, womit Jesus sich auseinanderzusetzen hatte, gleichkommen, wollte man die Versuchungen nur auf mentale Vorgänge beziehen, ohne ihre Ausrichtung auf reale Taten im Rahmen der Sendung Jesu zu berücksichtigen. Wie die synoptischen Berichte trotz ihrer verfremdenden Abstraktion noch erkennen lassen, ist das Ziel der drei Versuchungen eine spektakulär sich offenbarende Messianität in Anpassung der Sendung Jesu an gängige messianische Vorstellungen von Machterweisen zum Zweck der Solidarisierung des Volkes und der politischen Machtergreifung. - Eine ganz ähnliche Messiasoffenbarung "auf den Zinnen des Tempels" zum Zwecke kriegerischen Eingreifens, kündigten zelotische Propheten im Jahre 70 noch auf dem Höhepunkt des Kampfes um den Tempel und unmittelbar vor dessen Untergang an[103].

5. Auch sonst bestätigen viele synoptische Angaben direkt oder indirekt die johanneische Chronologie des Wirkens Jesu und die geschichtliche Transparenz des Joh-Ev. Oft genug wird der eigentliche Sinn ihrer Mitteilungen erst vor dem Hintergrund der johanneischen Darstellung verständlich, wie die Szene von der Verfluchung des Feigenbaums treffend zeigt.

Insgesamt bietet der zeitgeschichtlich besonders transparente Bericht des Joh-Ev über die frühe Phase der Sendung Jesu eine notwendige Voraussetzung, um die im Mk-Rahmen allzu schnell einsetzende definitive Konfrontation mit den Pharisäern und den Vertretern des Hohen Rates zu verstehen. Zur Vorgeschichte dieser Konfrontation gehört

---

[103] HENGEL, *Zeloten* 248, mit Anm. 6.

auch das frühe Wirken Jesu in *Samaria*[104]. In Joh 4,37ff. ist angesichts der zur Ernte bereiten Felder von einem Säen die Rede, aus dem andere den Nutzen der Ernte ziehen. Hier dürfte ein Reflex des frühen Missionserfolges der Urkirche in Samaria vorliegen, von dem in Apg 8 berichtet wird[105]. Doch ist im Joh-Ev die Geschichte Jesu selbst nicht etwa aus Erfahrungen in kirchlicher Zeit *konstruiert*. Vielmehr bietet die Erinnerung daran, daß schon Jesus die Begegnung mit Samaritern nicht gescheut hat, sondern sich auf Gespräche über den Glauben mit ihnen einließ, die beste Erklärung dafür, daß laut Apg 8,1ff. Philippus und die Jerusalemer Kirche ohne Skrupel um halachische Reinheitsfragen sehr früh in Samaria missionierten und große Erfolge erzielen konnten.

Für die mit Joh 5 einsetzende breitere Bahn gemeinsamer Berichtselemente der johanneischen und der synoptischen Tradition (trotz markanter Abweichungen, ja, Korrekturen, die das Joh-Ev vornimmt und von denen noch zu reden sein wird) kann auf das von J.A.T. Robinson zusammengestellte Material verwiesen werden[106]. Dieses enthält auch zahlreiche Indizien für die im Joh-Ev verarbeitete *Augenzeugenerfahrung*. Mitteilungen solchen Ursprungs sind dem Evangelisten nicht als vereinzelte zugekommen. Und ein Evangelist aus einer späteren Generation, zumal ein nach dem Jahre 70 schreibender, hätte an etlichen dieser Nachrichten sicher kein Interesse mehr gehabt. Dies gilt für Mitteilungen, wie die einer frühen Tauftätigkeit der Jünger Jesu in Nachahmung des Johannes, gewiß aber auch für Einzelheiten, wie die vom Teich Bethesda[107] im Kontext der mittleren Phase des Wirkens Jesu, da

---

[104] Auf einen nicht nur oberflächlichen *Kontakt Jesu mit Samaria* lassen auch das Gleichnis vom *Barmherzigen Samariter* (Lk 10,33ff.) und das Wort vom *Dankbaren Samariter* (Lk 17,16), die Beschimpfung Jesu als *"Samariter"* (Joh 8,45) und das *Sich-Verbergen in Samaria* vor dem letzten Weg nach Bethanien und Jerusalem (Joh 11,54.57) schließen. - Lk 9,52f. ist keine Gegeninstanz, sondern zeigt nur den Ärger der Samariter, daß Jesus sich als Jude und Jerusalem-Pilger bekannte (vgl. Joh 4,22). Das "Samariaverbot" in Mt 10,5 bezeichnet schwerlich ein generelles Verhalten Jesu. Vgl. STAUFFER, *Historische Elemente*, 37 (mit Anm. 109f.). - Eine vorgängige innere Zuwendung Jesu zur *jüdischen Diaspora* bekundet das Logion Jesu Joh 10,16 ("andere Schafe, die nicht aus diesem Gehege sind") und die Reaktion "der Juden" in Joh 7,35. Vgl. ROBINSON, *Priority* 60ff.

[105] Dem entspricht die Erwähnung von "Samaria" in Apg 1,8 als Bezug auf eine *eigene* Missionsphase (und nicht nur auf eine Landschaft im Zuge der Judenmission in der Diaspora oder der Heidenmission).

[106] ROBINSON, *Priority* 123-158; 190-211.

[107] Siehe oben, Anm. 45.

die hier berichteten Besonderheiten nach dem Jahre 70 topographisch nicht mehr zu veranschaulichen waren.

Insbesondere ist von Joh 5 ab auch eine zunehmende Konkretisierung der Pläne des Hohen Rates zu beobachten, deren Schilderung im Joh-Ev historisch ähnlich transparent ist, wie diesbezüglich sonst nur noch die einschlägigen Mitteilungen des Mk-Ev. Beide sind unter torarechtlichen Gesichtspunkten untersucht und in den wesentlichen Zügen bestätigt worden[108].

Keine Gegeninstanz zur Würdigung der historischen Dimension bilden - wie sich zeigte - die von den synoptischen Jesusreden abweichenden Deutungs- und Offenbarungsreden des Joh-Ev, denn auch sie haben stets ihre festen topographischen und chronologischen Haftpunkte in der mehr als zweijährigen öffentlichen Wirksamkeit Jesu und sind aus der Perspektive liturgischer Anamnese bzw. liturgiebezogener Meditation zu verstehen, durch die immer wieder die historische Darstellung theologisch überhöht und spirituell verinnerlicht wird.

e) Die das 4. Evangelium prägenden Erfahrungen: die Teilhabe des "geliebten Jüngers" beim Abendmahl, seine Erinnerung und Deutung des Kreuzesgeschehens und das erste Erwachen seines Osterglaubens am leeren Grab

1. Als wichtig für die Einschätzung der Augenzeugenschaft, die hinter dem 4. Evangelium steht und die sich schließlich als die des Evangelisten selbst erweisen wird, sind auch im Zusammenhang der historischen Transparenz nochmals Elemente des Berichts vom Letzten Mahl und vom Sterben Jesu ins Auge zu fassen, die allzu häufig als symbolistische oder literarische Fiktion mißdeutet werden.

Auch Jesu Rede von seiner schon hereingebrochenen *Verherrlichung* (Joh 13,31) wird meist als bloße Veranschaulichung einer theologischen Intention des Evangelisten mißdeutet, die in einem scharfen Kontrast zu der von den Synoptikern geschilderten Todesangst Jesu vor seiner Gefangennahme am Ölberg stehe. Doch scheint auch dieses Motiv eine historische Dimension zu haben und auf ein Moment des *rituellen* Charakters des Letzten Mahles hinzuweisen, das, wie sich zeigte,

[108] Siehe oben, Anm. 49.

für die Synoptiker eher aufgrund der *Anamnese der Passanacht*, als aufgrund historisch stringenter Erinnerung, ein terminlich eingehaltenes Passamahl war. Der johanneischen Passionschronologie wird inzwischen zunehmender Konsens zuteil; aber die von vielen Exegeten und Liturgiehistorikern daraus gezogene Konsequenz, daß Jesu Letztes Mahl dann nur die allgemeinen liturgischen Kennzeichen eines jüdischen religiösen Mahles mit Segen und Danksagung[109] aufgewiesen habe, trifft nicht zu.

Wie *H. Gese* gezeigt hat, kann der *existentielle Todesbezug*, den Jesus seinem Mahl laut der Herrenmahltradition von 1 Kor 11 und den drei synoptischen Einsetzungsberichten gegeben hat und der *zugleich von einer Danksagung an den Vater umfangen* war, vom rituellen Hintergrund der Mahlgestaltung am ehesten verstanden werden, wenn der Vollzug eines *Toda-Opfers* vorausgesetzt wird[110], wie es von jüdischen Frommen im Falle der *Errettung aus größter Todesbedrängnis* vollzogen wurde. Beim Toda-Opfer (dem Opfer des "Lobes") zur Zeit Jesu wurden vor allem normales (gesäuertes) gesegnetes Brot und Wein dargebracht, welche Gaben den Vorrang vor den ursprünglich ebenfalls geforderten Tieropfern hatten. Der existentielle Charakter dieses Opfers, das als Erstattung des Dankes in Mahlgemeinschaft zu geschehen hatte, kommt in einer Reihe von Psalmen zum Ausdruck, von denen Ps 22 und Ps 69 von den Evangelien in besonderer Weise zur Deutung des Sterbens Jesu am Kreuz herangezogen werden. In Mk 15,34 wird Ps 22,2 zitiert; doch dürfte die Verwendung dieses Psalms im ältesten christlichen Kerygma stärker noch von der *Peripetie* des Psalmes bestimmt gewesen sein. So wird man, wenn in Joh 19,28 der Vers Ps 69,22 mit dem Wort "mich dürstet" anklingt, auch die Verse assoziieren müssen: "Ich aber bin elend und voller Schmerzen; doch deine Hilfe, o Gott, wird mich erretten. Ich will den Namen Gottes rühmen im Lied, in

---

[109] *Mit dem Segen* über das Brot, bei Mt und Mk als *eulogein* bezeichnet, und der betonten Danksagung *(eucharistein)* zum abschließenden Becher hätte Jesus dann die *Verba Testamenti* verbunden.

[110] H. GESE, *Die Herkunft des Herrenmahles,* in: DERS., *Zur biblischen Theologie*, Tübingen 1983, 107-127; DERS., *Psalm 22 und das Neue Testament. Der älteste Bericht vom Tode Jesu und die Entstehung des Herrenmahles*, in: DERS. , *Vom Sinai zum Zion,* Tübingen 1984 , 180-201. - Ähnlich sieht auch X. LÉON-DUFOUR *(Abendmahl und Abschiedsrede im Neuen Testament,* Stuttgart 1983, 62ff., 78, 231) das Dankopfer des Herrenmahles im *Toda-Opfer* verwurzelt, spricht aber allzu unspezifisch vom Charakter des Dankes (der eine viel größere Bandbreite liturgischer Verwirklichungen hat).

meinem Danklied ihn preisen. Das gefällt dem Herrn mehr als ein Opferstier... " (69,30ff.).

Die tödliche Bedrängnis, von der Jesus weiß, daß sie mit dem Verrat des Judas bereits ins Werk gesetzt ist, daß jedoch sein Vater ihn nicht definitiv dem Tode überlassen wird, befähigt ihn beim Letzten Mahl zu einer Haltung des *Dankes für die sich schon abzeichnende Verherrlichung*, gerade so wie es in Joh 13,31 zum Ausdruck kommt. Jesus wendet den Sinn von Ps 69,30ff. auf "seine Stunde" an und deutet von daher gleicherweise das Opfermahl und das unmittelbar bevorstehende blutige Opfer am Kreuz.

Beide Geschehnisse sind vollständig aufeinander transparent, wie dies auch die Einsetzungsworte der synoptischen Berichte und der Herrenmahltradition von 1 Kor 11 bekunden[111].

2. Die johanneische Schilderung des Letzten Mahles, die das *Profil eines jüdischen Toda-Mahles* durchscheinen läßt, sich vor allem jedoch auf das *Dienst- und Liebesgebot, das ganz jesuanisch formuliert ist* (Joh 13,34), konzentriert, gibt damit auch den verklausulierten Hinweisen auf die *Rolle des Petrus* (13,6ff.36) und des *"Jüngers" an der Seite Jesu* (Joh 13,23) eine historische Transparenz. Für die Rolle Petri wird dies im impulsiven Hingabeversprechen (13,37), vor allem aber in der Vorhersage der Verleugnung Petri (13,38) und in der Verheißung: "Du wirst mir später folgen", spürbar, die dann auch im Nachtragskapitel Joh 21 als ausdrückliche Martyriumsvoraussage Jesu mit zwischenzeitlich eingetretener Erfüllung gekennzeichnet ist.

Auch die *Sonderrolle jenes "Jüngers"* im Bericht vom Letzten Mahle, der dann wiederum in Joh 19,26 und 20,2ff. begegnet und laut Joh 21 Petrus überlebt, kann insofern wiederum nur als *reales Gegenstück zur Rolle Petri* verstanden werden und grundsätzlich nicht weni-

[111] Entsprechend den vier Einsetzungsberichten (Synoptiker und 1 Kor 11) und der Transparenz von Joh 6,51.55f. für die Selbsthingabe Jesu als "wahre Speise" und "wahrer Trank" an die Seinen setzen wir für das Letzte Mahl Jesu in der Sicht des 4. Evangeliums auch einen *Einsetzungsvollzug* in Verschmelzung mit dem Toda-Opfermahl bzw. die Anbindung an dieses *so* voraus, wie dies gemäß den Synoptikern für den Zusammenhang mit dem Passamahl gilt. Denn die Worte in Joh 6,51.55f. sprechen so deutlich (analog zu 13,1) von der Hingabe der Existenz bis zum Äußersten, daß man in ihnen vorrangig eine Widerspiegelung des *Letzten Mahles (als eucharistisches Vermächtnismahl)* und *indirekt* eine solche der Eucharistiefeiern der Gemeinde zu sehen hat, wobei sich beide in anamnetischer Zusammenschau miteinander verbinden.

ger geschichtsbezogen sein[112]. Wie bei Petrus ist sie Ausdruck einer *besonderen Gnadenwahl*[113], die das Angebot besonderer Dienstwilligkeit annimmt und vom einstigen Übereifer allzu menschlichen Selbstvertrauens heilt. Damit verbunden wird man jedoch auch natürliche Voraussetzungen auf seiten "des Jüngers" für die in Joh 13,23 bekundete besondere Zuneigung Jesu für historisch wahrscheinlich halten dürfen. Solche wären gegeben, wenn es sich z.B. um den Jüngsten der Jüngerschar handelte oder wenn seine Familie in besonderer Beziehung zu Jesus stand oder wenn er in besonderer Weise Jesus zur Obhut anvertraut war.

Eben dies wird von der synoptischen Tradition, bzw. deren patristischer Interpretation, für den *Apostel Johannes* vorausgesetzt. Denn nach Mt 20,20 erbittet die Mutter der Zebedäussöhne für Jakobus und den jüngeren Johannes den Platz "zur Rechten und Linken" im Reiche Christi, welche Fürsprache am ehesten eine Jesus *besonders nahestehende* Frau wagen konnte und was leichter für Söhne zu verstehen ist, von denen zumindest der jüngere eher ein noch Heranwachsender als ein erwachsener Mann war. Das von Irenäus für Johannes bezeugte und in der Patristik allgemein angenommene Todesjahr (98) läßt für die Jahre des öffentlichen Wirkens Jesu an einen Jünger in sehr jugendlichem Alter denken[114]. Ein *verwandtschaftliches* Verhältnis des Johannes (und seines Bruders Jakobus) zu Jesus wird von verschiedenen Vätern angenommen, die dies vor allem dem Vergleich der Namenslisten für die Frauen unter dem Kreuz bei Mt, Mk und Joh entnehmen (siehe e 3).

3. Der Jünger, der beim Vermächtnismahl als der "Jünger, den Jesus liebte" erscheint (Joh 13,23), stand laut Joh 19,26 in der Nähe des Kreuzes, zusammen mit Frauen, deren Anwesenheit in dieser Situation auch von den synoptischen Berichten bestätigt wird. Gegen die Anwe-

---

[112] SCHNACKENBURG, der ansonsten die Historizität des "geliebten Jüngers" in der Gegenüberstellung zu Petrus betont (siehe oben, Anm. 39), möchte wenigstens die *Möglichkeit* offenhalten, daß Joh 13,23ff. den historischen Kern der Anwesenheit des (uns unbekannten) "geliebten Jüngers" enthält, "obwohl die Darstellung Anlaß zum Zweifel gibt" (III, 461f.; - unter Revision der in EKK-Vorarbeiten, Heft 2, 1970, 97-117, vertretenen Annahme einer "idealen Szene").

[113] Siehe oben, Anm. 27.

[114] Siehe oben, I, zu Anm. 22. - Eine Sonderrolle kommt dem jüngsten Sohn des Hauses beim jüdischen Passamahl zu, was auch für die Situation von Joh 13,23 zu bedenken ist.

senheit von Anhängern Jesu unter dem Kreuz läßt sich nicht einwenden, die Soldaten hätten eine solche niemals geduldet. Denn öffentliche Hinrichtungen erfolgten stets so, daß die Schmach der Verurteilten noch zusätzlich durch Schaulustige und Spötter vergrößert würde. Ganz so war denn auch das Verhalten derjenigen, die - laut den Kreuzigungsberichten - Jesus lästerten und verspotteten; und die Soldaten waren kaum darauf bedacht, die armseligen Reste derer, die noch zu Jesus hielten, vorab aus der schaulustigen Menge auszusondern.

Wiederum ist keine Handhabe gegeben, den Jünger des Berichts von Joh 19,26 als symbolische Fiktion zu verstehen, da die Frauen mit Namen genannt sind, die offenbar historischer Erinnerung verdankt werden[115]. Die Anwesenheit des "Jüngers" unter dem Kreuz ist auch keineswegs das Ergebnis einer nachträglichen Heroisierung, die erfolgt wäre, um ihn von den anderen Jüngern, die geflohen waren, und speziell von Petrus, vorteilhaft abzuheben. Falls er identisch ist mit dem "Jünger", der Simon Petrus in den Hof des Hohenpriesters führte (Joh 18,15), weil er über Kontakte zum Hause des Hohenpriesters verfügte, würde dies eher dafür sprechen, daß er sich leichter bis zum Kreuz vorwagen konnte, als etwa Petrus, der - zumal angesichts des berichteten Einschlagens auf Malchus (Joh 18,10; vgl. Mk 14,47 parr) - das größte Risiko nachträglicher Verhaftung trug.

Der Jünger, der sich unter das Kreuz vorwagte, wußte sich nicht nur Jesus und der Mutter Jesu verbunden, sondern stand offenbar auch in engerer Beziehung zu den anderen Frauen. Zu diesen gehörte laut Mt 27,56 auch "die Mutter der Söhne des Zebedäus". Vertraut man den synoptischen Namensangaben, wozu besonders für die frühmarkinische Passionsgeschichte aller Anlaß besteht, - ohne die johanneischen Angaben willkürlich in Beziehungslosigkeit zur synoptischen Tradition zu versetzen, so ergibt sich für die ohne Namensnennung bezeichnete "Schwester der Mutter Jesu" in Joh 19,25 (die nicht mit der zweitgenannten Maria ebenda identisch ist), die in der Patristik verschiedentlich

[115] Joh 19,25 erwähnt aus den in Mk 15,40 und Mt 27,56 genannten drei Frauen, von denen die erstgenannten zwei auch bei der *Grablegung* anwesend sind und alle drei (so in Mk 16,1), bzw. die erstgenannten zwei (so in Mt 28,1), auch am Ostermorgen *zum Grabe eilen*, unzweifelhaft: *Maria Magdalena* und die *zweitgenannte Maria*, aller Wahrscheinlichkeit nach auch die drittgenannte von Mk 15,40: Salome, die in Mt 27,56 - wohl unter Verdeutlichung *markinischer* Tradition - als "die Mutter der Söhne des Zebedäus" bezeichnet ist.

anzutreffende Gleichsetzung[116] mit der in Mt 27,56 genannten "Mutter der Söhne des Zebedäus", die - sofern das Mt-Ev "markinische" Tradition artikuliert - den in Mk 15,40 genannten Namen "Salome" trug. - Laut Mt 27,55 gehört die Mutter des Jakobus und Johannes zu den Frauen, die Jesus von Galiläa her nachgefolgt sind.

4. Eindeutiger als diese (auch aufgrund der Differenziertheit der synoptischen Traditionen letztlich nicht verifizierbaren Erwägungen) sind jene weiteren exklusiven Angaben des Joh-Ev zur historischen Seite des Geschehens, die gleicherweise die Augenzeugenschaft des "Jüngers" (und Gewährsmannes des Evangeliums) bestätigen und eigene Zugänge auch zur nie auszuschöpfenden *Heilsbedeutsamkeit* des Todes Jesu eröffnen.

Die johanneische Chronologie verdient den Vorzug vor der synoptischen[117]. Historischer Verifikation zugänglich und archäologisch bestätigt sind überdies die Angaben, daß Jesus mit seinem Kreuz "hinausging" (19,17) und daß "der Platz, wo Jesus gekreuzigt wurde, nahe bei der Stadt lag" (19,20). Nur im johanneischen Bericht ist auch das *crurifragium* (das Brechen der Beine) bezeugt (19,32), das durch Skelettfunde aus jüngerer Zeit als historischer Brauch bestätigt wurde. Gleiches gilt von der verschärften Kreuzigungsform der Annagelung, die als die an Jesus vollzogene aus Joh 20,25 hervorgeht[118]. Die Nachricht vom crurifragium an den Mitgekreuzigten leitet über zum Zeugnis von der *Durchbohrung der Seite Jesu* (19,34)[119]. Diese wird als *histo-*

---

[116] Vgl. für die entsprechenden patristischen Zeugnisse: ZAHN 340f.; ROBINSON, *Priority* 119.

[117] Die johanneische Passionschronologie ist auch durch 1 Kor 5,6f. gedeckt, wo deutlich die inhaltliche Struktur der quartadecimanischen Passafeier durchscheint. Denn der Imperativ: "Fegt aus den alten Sauerteig" (1 Kor 7a als Anspielung auf den am 14. Nisan weiterhin vollzogenen liturgischen Brauch) mit der nunmehr gänzlich neuen soteriologischen Deutung: "Ihr seid ja Ungesäuertes; denn unser Passalamm wurde für uns geschlachtet, Christus" (5,7b c) setzt für den liturgisch-ethischen Appell der Feier des 14. Nisan den am gleichen 14. Nisan erfolgten Tod Christi als den heilskonstitutiven Grund für diese liturgisch-ethisch-soteriologische Struktur der Feier voraus. Vgl. hierzu A. STROBEL, *Der erste Brief an die Korinther*, Zürich 1989, 101f. Zur geringeren historischen Transparenz der synoptischen Passionschronologie vgl. oben, V, Anm. 70.

[118] Zur archäologischen Stimmigkeit der Umstände von Joh 19,17.20 und den Skelettfunden vgl. ROBINSON, *Priority* 276-280; sowie G. KROLL (siehe oben, Anm. 45) 476ff.

[119] Den *archäologischen* Belegen zum Brauch des *crurifragium* und der Kreuzigungsform durch *Annagelung* ist in naturwissenschaftlicher Sicht die *gerichtsmedi-*

risch geschehene und zugleich als *überhistorisch bedeutsame* durch die eigene feierliche Verbürgung des Augenzeugen in 19,35 herausgestellt[120], wie ihr auch ein eigenes Erfüllungszitat aus Sach 12,10 zugeordnet ist: "Sie werden auf den schauen, den sie durchbohrt haben (Joh 19,37)[121]. Damit ist als Symbolgehalt der Durchbohrung der Seite Jesu die Offenbarung Jesu als Leidensmessias bekundet, die sich somit der Typologie von Jesus, dem wahren erlösenden Passa in 19,36 (mit Erfüllungszitat aus Ex 12,46), verbindet. Beide, ganz der Innenschau des

---

zinisch unzweifelhaft erwiesene körperliche Einprägung eines gekreuzigten Toten der Antike in das Gewebe des *Turiner Grabtuchs* zur Seite zu stellen (wobei sich der gerichtsmedizinische Befund der personalen Identifizierung des Toten zu enthalten hat). Diese Körperspuren umfassen außer den Wundmalen der Annagelung an Händen und Füßen auch kranzförmig sich um Stirn und Haupt ziehende *kleine Wundmale* und vor allem einen dem Bericht von Joh 19,34 genau entsprechenden Abdruck der *Seitenwunde*. An allen diesen Spuren wurden "Blut und Blutderivat spektroskopisch und mikrochemisch nachgewiesen...", und zwar in genauer Differenzierung, und der Blutgruppe AB zugeordnet. Dabei war der Befund für *Verwesungsspuren negativ*. Der Tote konnte höchstens zwei Tage in diesem Tuch gelegen haben: W. BULST, *Turiner Grabtuch und Exegese heute*: BiblZs 1984, 22-42; 28f.; 40f. - Die antike Herkunft des Tuches aus dem Nahen Osten ist durch Gewebe- und Pollenuntersuchungen nachgewiesen worden: ebd. 26f. - Der jüngst durchgeführte Radiocarbontest dreier Institute, der an vier Gewebeproben verschieden alter Stoffe, darunter einem stark verschmutzten Teilchen des Turiner Grabtuchs, durchgeführt wurde (deren Identität jedoch einem Verwirrspiel der Geheimhaltung unterworfen war, das Verwechselungen und Unterschiebungen begünstigte), hat die Ergebnisse der Gewebe- und Pollenuntersuchungen und die historisch eindeutig nachgewiesene *vormittelalterliche* Identität des Tuches nicht widerlegen können: W. BULST, *Betrug am Turiner Grabtuch. Der manipulierte Carbontest*, Frankfurt 1990 .

[120] Die *formelle Augenzeugenbürgschaft* von Joh 19.35 darf als Aussage des Evangeliums nicht heruntergespielt werden durch Erklärung des Augenzeugen als "Idealgestalt" oder durch die Zuweisung von 19,35 an den *Redaktor*. Sie ist bezogen auf das Geschehen von 19,34 und steht zugleich im Dienst der *sakramental bezogenen Deutung* desselben (siehe Anm. 123).

[121] Die Erfüllung von Sach 13,7 nimmt laut Mk 14,27 und Mt 26,31 Jesus selbst für sich in Anspruch. Die Konzeption des *leidenden Messias* findet sich (über die des *prophetischen* Gottesknechtes hinaus) unter den Propheten nur in (der späten Schicht von) Sach. - Im Spannungsbogen von Sach 9-14 wird sowohl Sach 9,9 auf den *Einzug Jesu in Jerusalem* adaptierbar (Joh 12, 15; Mt 21,5) als auch Sach 12,10 im *Sinne von Joh 19,34*. - Jesus offenbart sich also in den Umständen seines Todes als *Passalamm* (19,36) und *Leidensmessias* (19,37) einer definitiven und universalen Erlösung. - Zum theologie- bzw. überlieferungsgeschichtlichen Ort von Sach 12,10 und 13,7 vgl. H. GESE, *Anfang und Ende der Apokalyptik, dargestellt am Sacharjabuch*, in: DERS., *Vom Sinai zum Zion*, München 1974, 203-230, bes. 225f., 229f.

Geschehens sich öffnenden Deutungen sind zugleich auf *anamnetische Vergegenwärtigung* angelegt. Deshalb verkennt den Sinn der feierlichen Augenzeugenbürgschaft, wer in dieser vor allem eine Herausstellung *der Person des Zeugen* sieht (die dann tatsächlich nur die Handschrift der Redaktion verraten könnte).

Gemäß ihrer Anlage auf anamnetischen Vollzug will die Augenzeugenbürgschaft von Joh 19,35 nicht nur ein *augenblickshaftes "Sehen"* herausstellen, sondern ein anamnetisch sich fortsetzendes "Schauen", das immer wieder sowohl ein sichtbar gewordenes heilsgeschichtliches Geschehen als auch die bildhaft liturgisch-sakramentale Vergegenwärtigung desselben vor Augen hat, beide je neu dem Glauben einprägt und so die Intensität des Glaubens steigert[122].

Analog zu den durchgehenden anamnetischen Schichten mit Passa-, Eucharistie- und Taufbezug im Joh-Ev wird auch in Joh 19,35ff. der Symbolgehalt der Durchbohrung der Seite Jesu und, damit verbunden, die Passa- und die Leidensmessiastypologie auf *Taufe und Eucharistie* hin ausgeweitet[123], welche Sakramente ihre glaubensinitiierende und glaubensintensivierende Funktion verwirklichen, indem sie den gläubig Schauenden vom Vollzug ihrer zeichenhaften Handlung zur Schau und Verinnerlichung ihres wesenhaften Bezugs auf das Passaopfer Jesu am Kreuz emporführen.

---

[122] Das "Sehen" steht im Joh-Ev oftmals im Dienst einer die "Zeichen" deutenden Glaubenswahrnehmung (vgl. oben, Anm. 60), die die "Zeichen" zugleich als *Erfüllung heilsgeschichtlicher Typoi* erkennt und meditiert (gemäß den in 19,36f. genannten Typoi Ex 12,46 und Sach 12,10). - Dem entspricht das "Sehen" des (gemäß Joh 3,14) am Kreuz Erhöhten (vgl. 12,32f.) und das "Schauen" des Durchbohrten (19,37) im Vorgang von Joh 19,34, wie auch das "Sehen" von 20,8, das sich im Glauben an die Auferweckung Jesu erfüllt.

[123] Vgl. zur *tauf-* und *eucharistiebezogenen Deutung* von Joh 19,34 und 1 Joh 5 (für die auch schon die griechische und die lateinische Patristik eintritt): CULLMANN 108ff. - SCHNELLE (229f.) deutet die Stelle mehrschichtig zunächst von der *christologischen* und *soteriologischen* Intention des Evangeliums, fügt aber dann hinzu: "Weil Jesu Tod Voraussetzung für die heilstiftende Wirkung der Sakramente ist, verweisen haima und hydor auch auf Eucharistie und Taufe" (ebd. weitere Belege zu dieser Deutung). Weiter heißt es zu Joh 19,34b.35: "Johannes sieht das Faktum des Todes Jesu und seine in der Gemeinde gegenwärtige Heilsbedeutung als Einheit. Auch das Zeugnismotiv in V. 35 macht diesen Zusammenhang offenkundig, denn die martyría des Augenzeugen dient letztlich der Vergewisserung der sakramentalen Gemeindepraxis" (229f.).

5. Das Motiv des "Sehens" und "Glaubens" als Prinzip ganzheitlicher gläubiger Wirklichkeitserfahrung, die freilich die historische Dimension sowenig ausklammern kann, wie der inkarnierte Logos[124] wieder entleiblicht oder die "Zeichen" Jesu ihrer Wahrnehmbarkeit beraubt werden können, begegnet von neuem im Bericht von der *Auffindung des leeren Grabes* (Joh 20,1-10). Nicht nur erscheinen hier in Abweichung von den synoptischen Berichten Petrus und der "andere Jünger" als Zeugen am leeren Grabe. Wiederum ist der "andere Jünger" in besonderer Weise sensibel für die Deutung der sichtbar-zeichenhaften Wirklichkeitsebene des leeren Grabes (zu der auch die darin zurückgelassenen Grabtücher gehören), so daß er "sah und glaubte" (Joh 20,8). Und wiederum dürfen beide Wirklichkeitsebenen nicht voneinander getrennt werden; vielmehr muß die zeichenhafte Ebene sich der Tiefenschau des Glaubens öffnen.

Was sich bereits bei der frühmarkinischen Passionsgeschichte zeigte, daß die Grabauffindungstradition weit davon entfernt ist, nur der "Veranschaulichung"[125] eines unanschaulichen Kerygmas zu dienen oder nachträgliche *Legendenbildung* zur Primärtradition der in 1 Kor 15,5ff. bezeugten *Erscheinungen* des Auferstandenen zu sein, das kommt im Grablegungs- und Grabauffindungsbericht des Joh-Ev in Form konstatierend historischer Hinweise zum Ausdruck, deren eigentlicher Sinn sich jedoch erst dem Glaubenden eröffnet.

So eignet dem johanneischen Bericht von der *Grablegung* eine historische Transparenz, ähnlich derjenigen, die sich für die exklusiv johanneischen Nachrichten über die Begleitumstände der Kreuzigung erwies, besonders hinsichtlich *zweier Differenzierungen*.

---

124 Die Aussage in Joh 1,14 vom Sarx gewordenen Logos erweist sich als Schlüsselaussage für die Interpretation des Gesamtevangeliums und seiner "sarkischen" (an Ort, Zeit, Ritus und Bräuche gebundenen) Zeichenwirklichkeiten. Dies würde selbst bei der (nicht zutreffenden) Annahme gelten, daß in Joh 1 ein *vorgeformtes* Logoslied adaptiert worden wäre.

125 Laut GNILKA, *Markus II,* 339, soll "der Veranschaulichungscharakter der Perikope" dazu berechtigen, "sie als eine Art Haggada anzusprechen". Demgegenüber ist zu sagen, daß eine Haggada *vergegenwärtigt,* aber nicht im Sinne von Gnilka (gemäß den Denkmustern der "existentialen" Theologie) *"veranschaulicht"* und *"vergeschichtlicht"* und daß gerade, weil die Periope zu einer *christlichen Passahaggada* gehört, sie im strengen Sinne Geschichte voraussetzt (aber nicht bildet). Vgl. oben, V, Anm. 46f. und 53. - Die Untrennbarkeit der Grablegungs- und Grabauffindungstradition wird (gegenüber Gnilka und anderen) gerade auch hinsichtlich ihrer historischen Dimension besonders betont von *P. Stuhlmacher* (siehe oben, V, Anm. 46).

Die erste betrifft die Nennung der *beiden* Ratsmitglieder Joseph von Arimathäa und Nikodemus, von denen - angesichts der im folgenden nachzuweisenden Präzisierungen - auch der zweitgenannte Nikodemus keineswegs auf das Konto einer fiktiv historisierenden Erweiterung gebucht werden kann.

Die zweite Präzisierung liegt vor in der Wahl des Wortes "othónia" für die Grabtücher, die schon in 19,40 im Blick auf die spätere Differenzierung der Tücher in 20,6f. vorgenommen wird, unter Abhebung von der Bezeichnung nur des großen, "sindón" genannten, Grabtuchs in den Berichten der Synoptiker. Auf diese Weise wird zugleich eine Verklammerung des Grablegungs- und des Grabauffindungsberichtes bewirkt, wie sie in der synoptischen Tradition durch die Nennung der Frauen unterstrichen ist, die *sowohl* bei der Grablegung, *als auch* bei der Grabauffindung am Ostermorgen anwesend waren.

Im johanneischen Bericht von der *Grabauffindung* wird dementsprechend die Tatsache ins Licht gestellt, daß Petrus und der "andere Jünger" bei der Entdeckung des leeren Grabes die "othónia" sahen und daß das "soudárion" nicht wie die übrigen "othónia" angetroffen wurde, daß vielmehr dieses Tuch, das "über seinem Kopf war", an einem "besonderen (besser: an seinem *eigenen*) Platz" lag, eben als das "entetyligménon" ("das einwickelnd Gewordene"). Der Begriff "entylíssein" bezeichnet, wie bei dem zum Einwickeln des Leichnam Jesu bestimmten "sindón" der Synoptiker (Mt 27,59; Lk 23,53), auch für das "soudárion" (="Gesichtstuch") eindeutig die diesem zuteil gewordene Funktion, den Kopf Jesu einzuwickeln. Nicht aber ist es selbst Passivobjekt der "Einwickelung" oder der "Zusammenfaltung", wie die üblichen Übersetzungen von Joh 20,7 dies fälschlich vorgeben, indem sie es "zusammengewickelt" oder "zusammengefaltet" an einem "anderen" Ort sein lassen[126].

---

126 Vgl. zur Übersetzung und Deutung von Joh 20,5-7: W. BULST - H. PFEIFFER, *Das Turiner Grabtuch und das Christusbild, Bd. II:* H. PFEIFFER, *Das echte Christusbild. Das Grabtuch, der Schleier von Manopello und ihre Wirkungsgeschichte in der Kunst,* Frankfurt 1991, 78f. - Pfeiffer deutet den Befund so: "Die Tücher lagen flach, und der Blick ging zunächst auf die Tücher, die das ganze Paket außen transversal, d.h. Brust, Bauch und Beine umhüllt hatten. Sie lagen zusammengesunken da. Dann wurde das Schweißtuch wahrgenommen. Es lag nicht flach zusammengesunken da, sondern hatte noch zusammen mit dieser einen Stelle des Grabtuches seine gerundete, dem Grabtuch dort angepaßte Form bewahrt, die es erhalten hatte, als es auf den Kopf Jesu gelegt worden war." Keineswegs empfiehlt sich eine Übersetzung des Wortes "othónia" mit "Binden", wie sie die Einheitsüber-

6. Das eigentlich Charakteristische am johanneischen Grabauffindungsbericht ist freilich die an der synoptischen Tradition von Mk 16,1-8 vorgenommene Ergänzung bzw. Korrektur, daß am Ostermorgen nicht nur Frauen am leeren Grab gewesen waren, vielmehr - veranlaßt durch Maria Magadalena, die verstört vom Grabe zurückgekehrt war - Petrus und der "andere Jünger" eine Untersuchung des leeren Grabes vornahmen. Bis dahin hatte Maria Magdalena anscheinend weder in das leere Grab hineingeschaut, noch war sie einer Botschaft durch den Engel teilhaftig geworden (welche ja erst in 20,12, und dort auch nur im Ansatz, erwähnt wird) und sie hatte offenbar die Abwesenheit des Leichnams Jesu noch nicht im Sinne der synoptischen Engelsverkündigung zu deuten vermocht.

Das auf den Grabesbesuch der Jünger bezogene Verdikt einer späten unzusammenhängend gebildeten (bzw. fingierten) Sekundärüberlieferung, das "historisch-kritische" Exegeten gegen Joh 20 auszusprechen pflegen, wobei sie Joh 20 gegen die synoptischen Grabauffindungsberichte ausspielen, verliert aber seine Durchschlagskraft schon angesichts der Tatsache, daß das "Schweigen" der Frauen in Mk 16,8 (und die Nichterwähnung irgendeiner Rolle der *Jünger* am Grabe bei Mk und Mt, ja, auch in den Petrusreden von Apg 2-4) durch *jene singuläre Situation* der Urgemeinde veranlaßt war, an die Mt 27,62ff. (mit dem Bericht von der Unterstellung einer Jüngermanipulation) und Joh 20,2.15 (mit dem Motiv von der Sicherstellung des Leichnams Jesu durch "den Gärtner") - laut H. von Campenhausen - *historisch zutreffend* erinnern.

Die eindrucksvolle kompositorische Geschlossenheit von Mk 16,1-8 erwies sich als die eines passahaggadisch zugleich retuschierten und kontrahierten Gedenkens, dessen historische Kerndimension freilich gewahrt blieb. Als *Retusche* erwies sich die (aus Mk 16,8 und seiner passahaggadischen Funktion erkennbare) *bewußte Ausblendung aller zu den Jüngern führenden Bezüge* des Grabesbesuches der Frauen, die in Spannung stand zum Auftrag des Engels an die Frauen in Mk 16,7. Als *Kontraktion* aber war in den synoptischen Berichten *die unmittelbare Verbindung* der Auffindung des Grabes mit der Auferstehungsbotschaft des Engels gestaltet.

---

setzung (Joh 19,40; 20,5-7) vornimmt. Denn hierfür steht in Joh 11,44 "keiríai". Vielmehr ist Hauptbestandteil der "othónia" das "sindón", weitere Bestandteile sind das "soudárion" (und zusätzlich allerdings auch die "keiríai").

7. So läßt erst der johanneische Bericht erkennen, daß die Entdeckung des leeren Grabes wohl auch bei den Frauen nicht so unverzüglich zum österlichen Glauben führte und daß die Funktion des "angelus interpres" in den synoptischen Berichten weit davon entfernt ist, auf den theatralischen und plötzlichen Effekt eines *deus ex machina* angelegt zu sein. Der innere Weg von der Entdeckung des leeren Grabes zur Verinnerlichung der aus dem Mund des Engels vernommenen Auferstehungsbotschaft war komplizierter als es die haggadische Berichtskonzentration in Mk 16,1-8 erahnen läßt.

Eine Erstreaktion, wie sie in Joh 20,2 von Maria Magdalena ausgesagt wird, ist in ihrer historischen Plausibilität nicht zu verkennen und wird auch für die beiden anderen, in Mk 16,1 genannten Frauen, Maria, die Mutter des Jakobus und Joses (vgl. Mk 15,40.47), und Salome (die Mutter des Jakobus und Johannes?; vgl. Mt 27,56 par) zutreffen. Bei Maria Magdalena wird das Erwachen österlichen Glaubens (nach inneren Zweifeln und nach einer Erstansprache durch zwei Engel im leeren Grabe) schließlich laut Joh 20,14ff. einer Erscheinung Jesu selbst zugeschrieben.

Auch diese Erscheinung des Auferstandenen *vor einer der Frauen*, die natürlich (angesichts der Aussparung *aller* Erscheinungen in Mk 16,1-8) von der ältesten Schicht des Mk-Ev nicht erwähnt wird, aber auch der Jerusalemer Bekenntnistradition von 1 Kor 15,5ff., und ebenso dem Lk-Ev, fremd ist, hat dennoch nicht als sekundäre "Gemeindebildung" zu gelten, die unabhängig von jeder Erinnerung entstanden wäre. Angesichts des Verdachts des Hohen Rates auf eine Manipulation des Grabes durch die Jünger ist es nur allzu erklärlich, daß die ersten Bekehrungspredigten Petri vor Juden darauf bedacht sein mußten, das österliche Zeugnis der Jünger nicht mit dem *leeren Grab*, sondern nur mit den *Erscheinungen* des Auferstandenen in Verbindung zu bringen. Von daher ist die herrschende exegetische Meinung auch darin in Frage zu stellen, daß Mk 16 und 1 Kor 15,5ff. auf völlig getrennt überlieferte Traditionen vom leeren Grab und von den Erscheinungen hinweisen und daß die Frauen zunächst nur in Verbindung mit dem *leeren Grab*, die Jünger jedoch nur in Verbindung mit den *Erscheinungen* stehen. Wie sich jedoch bereits für 1 Kor 15,4; Apg 10,37ff. und ein situationsgerechtes Verständnis von Mk 10,1-8 (im Blick auf die dramaturgische Funktion der Perikope in der Passanacht) herausstellte, gab es keine zeitliche Phase und keine isolierte Form einer frühesten Überlieferung, die *nur* die Erscheinungen, oder *nur* die Grabauffindung gekannt hätte.

Die Artikulation des Auftrags von Mk 16,7 an die Frauen setzt *indirekt* Wissen um eine Kunde vom leeren Grab voraus, die nach einiger Verzögerung dennoch zu den Jüngern gelangte, 1 Kor 15,4 zugleich auch ein Wissen um die *Grabauffindung am "dritten Tag"*. Und wie sollte man angesichts der Vielzahl der Zeugen von Erscheinungen des Herrn in 1 Kor 15,5ff. annehmen, Frauen seien gänzlich von ihnen ausgeschlossen gewesen. Den Spuren der Erinnerung an solche Erscheinungen ist deshalb nachzugehen; und die angemessene Frage lautet nicht, wie es zu solchen Bildungen kam, sondern wann der Kairos für die Bezeugung der betreffenden Erinnerungen gegeben war.

8. Die gängige Fehleinschätzung, die *je spätere* Abfassung der Evangelien in der Reihenfolge Mt, Lk, Joh (oder Lk, Mt, Joh) bedeute zugleich, daß die Vielschichtigkeit des johanneischen Zeugnisses für einen Grabesbesuch gleich *zweier* Jünger (Petrus und der "andere Jünger") und für eine Erscheinung des Auferstandenen vor (wenigstens *einer* der) *Frauen*, nämlich Maria Magdalena, auch auf einer *späten Sammlung* der betreffenden, nach und nach enstandenen Motive beruhe, wird schon widerlegt durch die Einsicht, daß bezüglich des Jüngerbesuchs am Grabe der Überlieferungsweg nicht etwa vom "Nicht-Wissen", über ein "lukanisches" Motiv vom Besuch *eines* Jüngers, schließlich zum "johanneischen" Motiv *zweier* Jünger verläuft.

Denn sobald man - wie heute üblich - die lange als späte Interpolation betrachtete Stelle Lk 24,12 mit der Nachricht vom österlichen Besuch *Petri* am Grabe als Bestandteil der *lukanischen* Textüberlieferung wertet (zu der ja auch Lk 24,24 in Parallele steht), signalisiert die dortige Verwendung des typisch johanneischen Begriffs "othónia" (bei der Erwähnung der Grabtücher, - im Gegensatz sogar zur Wortwahl im lukanischen Bericht von der *Grablegung*) eben eine Abhängigkeit der *lukanischen Tradition* von der *johanneischen*.

Auch sonst sind beim *Vergleich der Osterberichte des Lk-Ev und des Mt-Ev mit denen des Joh-Ev* die *sekundären Züge der beiden ersteren* gegenüber den johanneischen Berichten, wie insbesondere auch gegenüber Mk 16,7f., auffällig. Allzu groß ist bei ersteren die *Spannung* zur frühmarkinischen Bemerkung vom *Schweigen* der Frauen (Mk 16,8). So begeben sich in Lk 24,9 die Frauen mit allzu großer Eile und vollzählig zu den Jüngern und scheinen viele Worte zu machen, so daß die Jünger alles für "leeres Gerede" (24,11) halten. Ebenso ist es in Mt 28,8: "Da gingen sie eilends, in Furcht und großer Freude, vom Grab weg und liefen, um seinen Jüngern die Kunde zu bringen."

Erst aus Joh 20,2 erklärt sich, wie Markus in 16,7 (Auftrag zur Mitteilung an die Jünger) und Mk 16,8 ("sie sagten niemandem etwas") so scheinbar widersprüchlich formulieren konnte. Tatsächlich verzögerte sich die Meldung von der Entdeckung des leeren Grabes, weil die Frauen zunächst ratlos waren und befürchten mußten, Jesu Leichnam sei geraubt und geschändet worden. Nur Maria Magdalena suchte in ihrer Ratlosigkeit Petrus und den "anderen Jünger" auf, um bei ihnen Hilfe zu finden. Erst durch die Erscheinung des Auferstandenen selbst wird ihr dann die *österliche Deutung* der zunächst nur *erschreckenden* Ereignisse zuteil. Nun freilich wird das Entsetzen in jene von Mk 16,8 charakterisierte "Furcht" verwandelt, die zugleich ein "Erschauern" aufgrund theophanischer Erfahrungen besagt.

Wiederum erweist sich die johanneische Nachricht von der Ersterscheinung des Auferstandenen vor Maria Magdalena als *authentisch* gegenüber einer allzu *generalisierenden* Erscheinung Jesu vor *allen* Frauen[127], sofort auf dem eiligen Weg derselben vom Grab zu den Jüngern (Mt 28,9).

Der johanneische Bericht ist es, der die haggadische Kontraktion von Mk 16,1-8 hinsichtlich ihrer historischen Implikationen aufschlüsselt. Dies geschieht nicht in *Abhängigkeit* von den Mitteilungen des Markus (der selbst jedenfalls *nicht* Augenzeuge war), sondern aus einem Fundus detaillierter Erinnerung (die, wie sich immer deutlicher zeigt, die

---

[127] Zur Tradition der Erscheinungen vor Frauen stellt grundsätzlich R. SCHNACKENBURG (III, 380) klar, daß eine solche nicht im Widerspruch zu 1 Kor 15,5ff. steht, wo von vornherein nur (im rechtlichen Sinne zeugnisfähige) Männer berücksichtigt sind (so auch M. HENGEL, *Maria Magdalena und die Frauen als Zeugen*, in: *Abraham unser Vater*. FS Otto Michel, hrsg. von O. Betz, M. Hengel, P. Schmidt, Leiden - Köln 1963, 243-256; 246). - Auch eine Abhängigkeit des betreffenden johanneischen Berichts von Mt 28,9 wird ausgeschlossen (HENGEL, a.a.O., 255; SCHNACKENBURG ebd.). - Laut Hengel bleibt die vorrangige Nennung der Maria Magdalena in den Frauenkatalogen (siehe oben, Anm. 115; abweichend von dieser Reihenfolge nur Joh 19,25, wo die Aufzählung nach dem Grad der Verwandtschaft zu Jesus geschieht) *ohne hinreichende Erklärung*, wenn man nicht (ähnlich wie für den Vorrang des Petrus aufgrund der Protophanie von 1 Kor 15,5) *eine Ersterscheinung Jesu* voraussetzt. Eine solche wird eindeutig nur in Joh 20,14ff. bezeugt, während Mt 28,9 bereits nivelliert.

Augenzeugenerinnerung des Verfassers des 4. Evangeliums und Apostels Johannes selbst ist).

9. Zusätzlicher Verifikation ist der *Überlieferungsweg von Lk 24,12 zu Joh 20,2ff.* fähig, nachdem sich bereits die weit größere Konsistenz des johanneischen Berichts von der Grablegung und Grabauffindung gezeigt hat. - Wie kam Lukas an die Nachricht von 24,12 und weshalb blieb seine Mitteilung, verglichen mit dem johanneischen Zeugnis vom Grabesbesuch Petri und des "anderen Jüngers", eine *Teilnachricht*?

Aufgrund der Authentizitätsnachweise für das Lk-Ev und die Apg, und speziell der rechten Einschätzung der "Wir-Berichte", läßt sich der Frage ein *biographischer* Bezug zum Evangelisten Lukas und der von ihm in Anspruch genommenen "johanneischen Tradition" geben. Denn der zweite "Wir-Bericht" verweist auf eine Beteiligung des Lukas an der 3. Missionsreise Pauli, die näherhin als Teilnahme an einer ganz auf *Jerusalem* ausgerichteten Reise, von Makedonien ab, ausgewiesen ist[128]. Paulus selbst ist mit Vertretern makedonischer und kleinasiatischer Gemeinden (Apg 20,4) schon von Griechenland, wo er sich drei Monate aufgehalten hatte (20,3), näherhin wohl von Korinth aus, auf dem Wege über Makedonien nach Jerusalem. Die dezidierte Ausrichtung auf Jerusalem, trotz aller in der Abschiedsrede an die Presbyter von Ephesus schon spürbaren Befürchtungen (20,17ff.), hängt zweifellos mit dem in 1 Kor 16,1-4 so nachdrücklich empfohlenen Kollektenwerk für die Urgemeinde zusammen und entspricht den in 1 Kor 16,4-8 geäußerten Reiseplänen.

So ist diese Reise auch für *Lukas* als eine solche ausgewiesen, die nachhaltige Kontakte mit der *Jerusalemer Urgemeinde* bringen soll. Dies bedeutet für Lukas, der damals (*vor* Kenntnisnahme des Mk-Ev) sicher noch keine konkreten Pläne für sein Doppelwerk hegte, aber zweifellos schon historiographisch interessiert war und seine Reisen zumindest zu tagebuchartigen Notizen (Ursprung der "Wir-Berichte"!) nutzte, daß er mit Sicherheit darauf bedacht war, beim Jerusalemaufenthalt dieses Jahres (58) Zeugen der *Jerusalemer Überlieferung* zu kontaktieren. Petrus hatte damals als vorrangigen Ort seines Wirkens schon *Antiochien*, wahrscheinlich sogar schon *Rom* gewählt. Wichtigster Kontaktmann in Sachen Jerusalemer Überlieferung mußte für Lukas der *Apostel Johannes* sein, der später in Apg 3-8 als *Zweitzeuge neben*

[128] Siehe oben, VIII, Anm. 48.

Petrus beim Aufbau der Urgemeinde dargestellt wird. Dies entspricht genau auch der paulinischen Einschätzung der Hauptzeugen der apostolischen Überlieferung, als welche in Gal 2,9 *Jakobus, Petrus und Johannes* genannt werden.

Zu den thematischen Schwerpunkten der Erkundung Jerusalemer Tradition gehörten für Lukas sicher auch Fragen der Abendmahls-, der Kreuzigungs-, Grablegungs- und Grabauffindungsüberlieferung. Die späteren Analogien zwischen der lukanischen und der johanneischen Sicht des Vermächtnischarakters des Letzten Mahles, und wiederum die Einbindung der definitiven Berufung Petri in das Geschehen eines Offenbarungswunders Jesu beim Fischfang, lassen erkennen, daß Lukas anscheinend schon früh auch solche Interpretationsweisen von Überlieferungen verinnerlicht hat, die nicht zu den bekenntnishaft geprägten oder sonstigen stereotyp übermittelten Stoffen der Jerusalemer Jesustradition gehörten und die ganz jene personbezogene johanneische Sehweise[129] verraten, die für das Konzept des späteren Joh-Ev charakteristisch ist.

10. Wenn sich Lukas, der auf authentische Tradition aus war, von einer so persönlichen Sicht entscheidender vermächtnishafter Situationen im Leben Jesu beeindrucken ließ, dann offenbar nicht durch einen Anonymus einer insgesamt anonymen "johanneischen Tradition", sondern doch wohl durch den, der für Lukas im damaligen Jerusalem (nach dem Weggang Petri) der im höchsten Maße authentische Zeuge der Jesustradition war, den Apostel Johannes selbst. Die "johanneische Tradition" bei Lukas erweist sich als die vom Apostel Johannes selbst geprägte Tradition, oder besser: als das *theologisch gedeutete Erinnerungsgut* des neben Petrus besonders herausgehobenen Jüngers Jesu.

Auch jene Exegeten, die die Authentizität des lukanischen Doppelwerkes und des Joh-Ev bestreiten oder von vornherein für unmöglich halten, werden aufgrund der sich wechselseitig erhellenden Analogien in diesen Werken wenigstens den Begriff der "johanneischen Tradition" so ganzheitlich zu konzipieren haben[130], daß der unverwechselbare

---

[129] Unter dem Titel *"Die johanneische Sehweise"* (Freiburg 1964) hat F. MUSSNER mit großem Einfühlungsvermögen Denkart und Darstellungsweise des Joh-Ev umrissen.

[130] Eine solche Ganzheitlichkeit und Kontinuität der "johanneischen Tradition" berücksichtigt R. SCHNACKENBURG sowohl hinsichtlich Lk 24,12 (siehe oben, Anm. 32), als vor allem in seiner Konzeption des Weges vom *Augenzeugen* zum

Entstehungsweg als ein solcher erfaßt wird, der tatsächlich auf die für das Evangelium selbst charakteristische *unauflösliche Verflechtung* des Augenzeugen- und Jüngerschicksals in die Darstellungen von vermächtnishaften Situationen des Lebens Jesu hinführt, die als solche zugleich in einem nur durch konkrete Erinnerung erklärbaren Maße *historisch transparent* gestaltet sind.

Gleicherweise muß ein rechtes Verständnis der "lukanischen Tradition" einen Verständnishorizont dafür öffnen, weshalb die der johanneischen Tradition verdankten Nachrichten und Anregungen so ausdrücklich, aber doch zugleich auch so sprachlich und kompositionell *verschiedenartig,* integriert wurden, wie dies einerseits für die großen analogen Schichten (geheimnisvolle Berufung Petri; Berufungsvermächtnisse beim Letzten Mahle), andererseits für die formelhafte Mitteilung von Lk 24,12 festzustellen ist. - Will man für Lk 24,12 nicht in die Interpolationsthese zurückfallen, wird man annehmen müssen, daß in den späteren lukanischen Text bewußt eine *Formel* aufgenommen wurde, die gerade *so* geeignet erschien, der historiographischen Dimension des Lk-Ev (als Verarbeitung der Kunde von Augenzeugen) Rückhalt zu geben. Und Lk 24,12 läßt, deutlicher als die Vermächtniskonzentration der lukanischen Abendmahlsdarstellung, eine (im Vergleich mit Joh 20,2ff.) *dem Joh-Ev zeitlich eindeutig vorausliegende* Information des Lukas erkennen, die gerade deshalb (als *Information*, nicht als im Zuge der Endabfassung erfolgte *Integration*) mit dem Jerusalemer Besuch des Lukas im Jahre 58 in Verbindung zu bringen sein wird. Die Information stellt dann entweder eine mit 1 Kor 15,5 *formal* (nicht *funktional* und

Evangelisten (oben, Anm. 41). Er betont, daß das Joh-Ev nicht nach Art der synoptischen Evangelien (speziell Mt und Lk) eine Scheidung zwischen "Tradition" und "Redaktion" ermöglicht (DERS., *Das Johannesevangelium*, IV. Teil: Ergänzende Auslegungen und Exkurse, Freiburg ²1990; *künftig zitiert: Schnackenburg IV*; 15; 90f.) - Aufgrund der untrennbaren Verflechtung des "Jüngers" in die Darstellungsstruktur des 4. Evangeliums selbst, erkennt er in der Einbindung des Jüngers und in den Formen seiner Benennung eindeutig die *Handschrift des Evangelisten*, nicht die des Redaktors (siehe oben, Anm. 97). Treffend wird (ebd. 91) festgestellt, daß eine solche Trennung scheitern muß, "da das ganze Joh-Ev trotz der verarbeiteten Traditionen völlig von der johanneischen Theologie überflutet ist". Allerdings sieht *Schnackenburg* beim Evangelisten die Einbeziehung des "geliebten Jüngers" in Schlüsselsituationen des Lebens Jesu *ausgeweitet* und möchte sie als *geschichtlich verankert* eher im Sinne von *Quellennutzung*, denn als Wiedergabe *eigener* stichhaltiger Erinnerung, werten (was freilich der von Schnackenburg angenommenen traditionsgeschichtlichen Entfernung zwischen dem Augenzeugen und dem Evangelisten entspricht).

hinsichtlich der *Frühentstehung*) vergleichbare, in Jerusalem gängige *Tradition von einer Grabauffindung durch Petrus* dar, die für Lukas auch durch den Apostel Johannes gedeckt war, oder - wie der Rückgriff auf das (der frühmarkinischen Grablegungs- und Grabauffindungstradition fremde) Stichwort "othónia" eher annehmen läßt - eine Mitteilung des Apostels Johannes (bzw. aus dem Umkreis des Apostels Johannes), für welche der Apostel darauf bedacht war, den Erstzeugen Petrus ganz in den Vordergrund zu stellen (was auch noch in Joh 20,6 durchscheint) und die für die Jerusalemer Gemeinde und zu Lebzeiten Petri weniger wichtige Rolle des *Zweitzeugen* zu verschweigen.

Vielleicht ist das Bild des neben Petrus schweigenden Zweitzeugen in der Urgemeinde, das Lukas in Apg 3-4 entwirft, nicht ohne eigene Erfahrung des Lukas mit dem (zu Lebzeiten Petri) zurückhaltenden, jedoch von tiefgehender Betroffenheit gekennzeichneten, Apostel entstanden.

Auch als eine in dieser Weise *retuschierte* Information konnte die Mitteilung von Lk 24,12 wie ein Stück *archaischer Überlieferung* in den Text des Lk-Ev - ohne Glättung der terminologischen Spannung zu Lk 23,53 - integriert werden.

f) Der "geliebte Jünger" als Evangelist: die Transparenz der Erfahrungsstruktur und der exklusiven Nachrichten im 4. Evangelium für die Verfasserschaft des apostolischen Zeugen Johannes

Die von der Analogie zwischen dem 3. und 4. Evangelium schon überaus wahrscheinlich gewordene Rückführung der "johanneischen Tradition" auf den Apostel Johannes, ja, auf die Verkörperung dieser Tradition im Zeugnis des Apostels selbst, ist nun von der Gesamtanlage des 4. Evangeliums her mit Hilfe der inneren Kriterien zu erörtern.

1. Schon hinsichtlich der frühesten Phase des Lebens Jesu erwiesen sich die Mitteilungen des Joh-Ev als weitgehend exklusiv gegenüber den Synoptikern und erweckten den Eindruck eigener Augenzeugenerfahrung. *Konvergenzen* mit der synoptischen Tradition für die *mittlere* und die *späte* Phase des Wirkens Jesu aber ließen das 4. Evangelium den-

noch als literarisch unabhängig von den Synoptikern erscheinen. Die Darstellung verriet einen Eigenzugang zur Geschichte Jesu, der, angesichts der zeitgeschichtlichen Transparenzen auf verschiedensten Gebieten, nur als Augenzeugenschaft zu deuten war. Und sie konvergierte darin mit der ausdrücklichen Bekundung der *Augenzeugenschaft* in 19,35, wie auch mit Anspielungen auf *eigene Erfahrungen* in 1,35ff.; 13,23ff. und 20,1ff., deren Echo in der Schlußbemerkung des Evangelisten in 20,30 nur die Folgerung zuließ, daß *der Augenzeuge* des Evangeliums auch selbst *als Evangelist* dieses niederschrieb. Diese Deutung von Joh 1-20 entspricht wiederum genau dem, was im Nachtragskapitel in 21,24f. durch den Herausgeber des Evangeliums feierlich bestätigt wird.

Die Hinweise zur Biographie des Augenzeugen beziehen sich insbesondere auf eine schicksalhafte Begegnung des "Jüngers" mit Jesus schon zu Beginn des öffentlichen Wirkens Jesu, wobei der "Jünger" aus dem Kreis des Täufers zu Jesus hinüberwechselte. Sie setzen eine besondere Liebeszuwendung des Herrn und eine Inpflichtnahme des "Jüngers" beim Letzten Mahle voraus und sprechen vom eigenen Erfahren des Todes Jesu am Kreuz und von der Auffindung des leeren Grabes im Verein mit Petrus.

Das biographische Datum einer frühen Zugehörigkeit zu den Täuferjüngern ist zugleich transparent für den Kontakt zu priesterlichen Kreisen sowohl der Tempelpriesterschaft, zu der der Vater des Täufers gehört, als auch zu essenisch-priesterlichen Kreisen im Hintergrund der Vorbildung und Tätigkeit des Täufers selbst. Und diese zweifache frühe Prägung der Person unseres Zeugen durch priesterlich-liturgisches Denken erklärt bestens die eigene johanneische Sehweise des Evangelisten, die bereits als anamnetische charakterisiert wurde.

2. Die Identität des Zeugen ist in allen genannten Situationen, von der ersten Begegnung mit Jesus an bis zum "Sehen" des leeren Grabes und der Deutung dieses Phänomens im Glauben, als die desselben Jüngers klar erkennbar; und sie geschieht mittels einer Umschreibung in der dritten Person. Im Hinweis von 1,40, daß Andreas "der eine" der beiden ersten Jünger Jesu ist, zu denen auch der Augenzeuge des Evangeliums gehört, kündigt sich dessen spätere Bezeichnung als "der andere Jünger" in Joh 20, nun bezogen auf Petrus, an. In der Situation des Letzten Mahles Jesu erfährt sich dieser Jünger neu als der "Jünger, den Jesus liebt"; und in dieser Umschreibung erscheint er in Joh 19 und 20 (wie

vor allem dann im Nachtragskapitel 21). Die Verwunderung mancher Exegeten, daß diese Umschreibung erst in Joh 13 begegnet, ist absonderlich[131], denn sie wird ja ausdrücklich 13,23 (und später in 21,20) auf die Bekundung einer Liebeszuwendung Jesu zurückgeführt, der diesem Jünger seine besondere Erwählung dadurch anzeigte, daß er ihm beim *Letzten Mahl* den bevorzugten Platz an seiner Seite gab.

Angesichts der historischen Transparenz des 4. Evangeliums und der darin implizierten Konvergenz auch mit den synoptischen Evangelien, und in Anbetracht speziell der lukanischen Darstellungsanalogien zum 4. Evangelium, ist es methodisch nicht verboten, sondern geradezu *geboten* - sofern man nicht die historische Dimension der Evangelien preisgeben will - nach der Identität des "geliebten Jüngers" von Joh 13,23 zu fragen[132], der zugleich auch der Augenzeuge von Joh 19,35 ist und in 20,30 durch Anspielung auf die Zeichen Jesu *vor den Augen der Jünger* als der Verfasser des 4. Evangeliums erkennbar wird.

Wie aus Lk 22,8 im Kontext jener weitschichtigen Kompositionsanalogien, durch die das Lk-Ev, ähnlich dem Joh-Ev, das Vermächtnismahl Jesu zugleich als Deutung der Wege vorösterlicher und nachösterlicher Jüngerschaft erscheinen läßt, hervorgeht, muß die besondere Erwählung des "geliebten Jüngers" in Parallele (wenngleich in eigengearteter Aufgabe und Verwirklichungsform) *mit Petrus* und als eine dem *Zebedäussohn Johannes* zugewiesene gesehen werden. Und diese Rolle des "Zeugen" neben und mit Petrus ist genau diejenige, die Lukas (Apg 3-4) und Paulus (Gal 2,9) für die Urkirche und für die Zeit der großen apostolischen Mission bestätigen, womit wiederum die in 1 Kor 15,5ff. bekundete wechselseitige Entsprechung der *vor-* und *nach*österlichen Berufungen zum Apostolat, wie auch der jeweiligen Binnenstruktur des Zwölferkreises, offenbar wird.

---

[131] Siehe oben, Anm. 60.

[132] So entgegen den üblichen Ausflüchten in der Verfasserschaftsfrage auch O. BETZ, *Jünger Johannes*. Besonders eindeutig wird die Identität mit dem Zebedäussohn Johannes von O. Betz in dem neuen Beitrag "Kontakte zwischen Christen und Essenern" (siehe den oben, IV, Anm. 10, genannten Dokumentationsband, 163) vertreten. - Von der Auslegung der Qumran-Schriften und einem tieferen Verständnis der synoptischen Tradition her sieht auch *H. Riesenfeld* einen neuen Zugang zum Joh-Ev und zu seinem traditionsgeschichtlichen Ort im Sinne der altkirchlichen Überlieferung eröffnet. Vgl. H. RIESENFELD, *Neues Licht auf die Entstehung der Evangelien* (siehe oben, IV, Anm. 10) 177-194; 192.

3. Wenn der Augenzeuge und Jünger des 4. Evangeliums, der aufgrund des aus der Kompositionsstruktur erschlossenen Verfasserprofils und aufgrund der historischen Transparenzen seiner Mitteilungen als ein Mitglied des engsten Jüngerkreises zu erkennen ist, im Evangelium selbst nicht mit Namen genannt, wohl aber in seiner Identität umschrieben wird, läßt dies ebensowenig auf eine geringe Bekanntheit in der Urkirche schließen, wie etwa die Bezeichnung des "Lehrers der Gerechtigkeit" in Qumran Indiz für einen dort "Unbekannten" war. Die eigentümlichen Umschreibungen der Identität des Augenzeugen, Jüngers und Evangelisten werden einerseits zu deuten sein von der besonderen *Situation der Abfassung* des 4. Evangeliums in der *johanneischen Gemeinde*, zum zweiten von jener anamnetischen Struktur des Joh-Ev, die sich bereits als Verständniszugang zum zeit- und augenblickstranszendierenden Klang der Offenbarungsreden Jesu erwies.

Laut dem Urteil der herrschenden Exegese spricht jedoch nicht nur die "Verschleierung der Identität" des "Jüngers" gegen ein Mitglied des Zwölferkreises in dieser Funktion des Zeugen und Evangelisten. Erst recht seien die zu dieser "Verschleierung" gewählten Umschreibungen der Rolle des *"geliebten Jüngers"* als *Selbstumschreibungen eines Jüngers und Evangelisten* undenkbar. Im großen Johannes-Kommentar von R. Schnackenburg wird diesem Argument eine starke Beweiskraft gegen die Authentizität des Joh-Ev, ja, gegen das Evangelium als Werk eines Augenzeugen und Jüngers Jesu überhaupt zugebilligt: "Die Selbsteinführung mit der Wendung 'der Jünger, den Jesus liebte'" - so heißt es in diesem Kommentar - "ist seltsam, jedenfalls kein Zeichen von Bescheidenheit, die man sonst als Grund für die Anonymität anführen könnte."[133] - Und wiederum: "Es ist kaum vorstellbar, daß sich der geliebte Jünger selbst mit dieser anspruchsvollen Bezeichnung eingeführt hat... (es) bleibt nur die Folgerung, daß jene Bezeichnung vom Evangelisten stammt, der damit seine Verehrung für den Jünger, dem er das meiste verdankt, zum Ausdruck bringen wollte. Die Bezeichnung scheint aber allgemein im Schülerkreis jenes Herrenjüngers üblich gewesen zu sein, wie man aus ihrer selbstverständlichen Annahme im redaktionellen Kapitel 21 (besonders V. 7) schließen kann."[134]

---

[133] SCHNACKENBURG I, 83.
[134] SCHNACKENBURG III, 457.

4. Der Hinweis auf den "Schülerkreis" des Jüngers ist für das Verständnis der Umschreibung des Augenzeugen (bzw. der Selbstumschreibung des Evangelisten) allerdings von Bedeutung. Auch wenn der tiefste Ermöglichungsgrund der Aussage über den "Jünger, den Jesus liebte" im Geschehen des Letzten Mahles lag, verweist die stereotype Verwendung (in wessen Mund auch immer sie der Endredaktion des Evangeliums vorausging), parallel zur Typisierung des Wortes "Jünger" selbst, wie auch des Wortes "Zeuge", sowohl auf traditionsgeschichtliche Zusammenhänge, als auch auf Kommunikationsgesetzlichkeiten im "johanneischen Kreis" und der Gemeinde. Diese Stereotypik entspricht durchaus der allerdings leichter durchschaubaren des Wortes "Ältester" in 2/3 Joh und im Zeugnis des Papias.

In beiden Zeugnisgruppen konzentriert sich die Funktion des Traditionsgaranten auf *eine* Person, die aufgrund der traditionsgeschichtlichen Situation nun "der Älteste" schlechthin ist. Wie 2/3 Joh beweist, konnte sich derjenige, der als "der Älteste" galt und so genannt wurde, auch selbst als "der Älteste" bezeichnen; und die "Anonymität" signalisierte in diesem Falle den höchstmöglichen Bekanntheitsgrad überhaupt.

Im Zeugnis des Papias ist eine gleichartige Gesetzlichkeit auch für das Wort "Jünger des Herrn" zu beobachten. Bei Papias tragen, wie im Joh-Ev, die Zwölf und eine große Schar derer, die Christus nachgefolgt sind, die Bezeichnung "Jünger". Aber in der Situation des Papias selbst spielen *zwei* Jünger als Zeugen eine besondere Rolle: Aristion und Johannes, wobei für Papias *Johannes* in schlechthin *einzigartiger* Weise *"Jünger"* und *"Ältester"* ist.

Das Joh-Ev gewinnt in einer Situation seine endgültige Gestalt, als der Augenzeuge und Jünger des Evangeliums zugleich der "Jünger des Herrn" schlechthin ist. Jedenfalls hatten die beiden Jakobus in Jerusalem, und Petrus in Rom, bereits ihr Martyrium erlitten; und es spielten in der johanneischen Gemeinde neben dem Augenzeugen und Jünger des 4. Evangeliums keine anderen Jünger und Traditionszeugen eine vergleichbare Rolle. Allenfalls gab es noch "Jünger" im weitergespannten Sinn des Aristion bei Papias, gegenüber denen der Traditionszeuge des 4. Evangeliums jedoch als der noch *vom Herrn selbst* "erwählte Jünger" unverwechselbar war.

Wie die Bezeichnung "Ältester" in 2/3 Joh[135], so konnte auch eine analoge Umschreibung des vom Herrn "erwählten Jüngers" innerhalb der Binnenkommunikation der Gemeinde durchaus in den Sprachgebrauch des Jüngers selbst eingehen. Im Rückblick auf das Leben Jesu war eine solche Selbstumschreibung freilich nur verwendbar, wenn sie durch die Rolle spezifiziert wurde, die "*dieser* Jünger" im Kreis *aller* Jünger Jesu eingenommen hatte. Diese Rolle mußte gekennzeichnet werden durch eine unverwechselbare Beziehung zu Jesus selbst, aber auch durch eine solche zu Petrus. So mußte sich derjenige, der in der Gemeinde als "der Jünger", "der Zeuge" und "der Älteste" galt, im Rahmen der Handlung des Evangeliums als der "andere Jünger" neben Petrus und der im Vermächtnisgeschehen des Letzten Mahles vom Herrn "geliebte Jünger" zu erkennen geben.

5. Vor allem aber ist hinsichtlich der Umschreibung des "Zeugen" und des "Jüngers, den Jesus liebte" in der *dritten* Person jene Vorgeschichte der Schriftwerdung und der Endabfassung des 4. Evangeliums zu bedenken, die sich in vorausgehenden mündlich gestalteten Formen anamnetischer Vollzüge in der Gemeinde, vor allem im Geschehenskontext von Passafeier, Taufe und Eucharistie, vollzog. Diesbezüglich aber gilt: Wenn der Augenzeuge (und spätere Evangelist) überhaupt seine Teilnahme am Letzten Mahl Jesu und seine Betroffenheit unter dem Kreuz und beim "Sehen" des Leeren Grabes sprachlich einbringen wollte, so konnte er dies in den mündlichen anamnetischen Vollzügen, und auch im späteren Evangelium, *nicht* in der *Ich-Form* tun. Zum einen deshalb nicht, weil die Ich-Form im Zusammenhang mit der Meditation von Jesusreden im Stil der "johanneischen" Offenbarungsreden *Jesus selbst* vorbehalten war. Zum anderen mußte sich als *liturgiegemäßer* Ausdruck für die unverdiente Erwählung durch Jesus und für jene Erfahrung des Letzten Mahles, des Kreuzes und der Auferstehung, die als Mysterium des Heils Zeit, Ort und menschliche Individualität transzendieren und die doch den "Zeugen" in ganz besonderer Weise ergriffen hatten und ihn unwiderruflich in Anspruch nahmen, das *Passivum der Heilserfahrung* nahelegen, als deren Äquivalent eben die Rede vom "Jünger, den Jesus liebte" zu werten ist. Nicht subjektivistische Vereinnahmung der Liebe Jesu ist hier im Spiel, sondern das Bekenntnis, die

[135] Mit diesen Überlegungen soll die Frage nach der Identität des Verfassers des Joh-Ev mit dem von 2/3 Joh jedoch nicht präjudiziert werden.

Offenbarung der Liebe Gottes durch Jesus unverwechselbar in jener schauervollen Stunde des Letzten Mahles erfahren zu haben, da Jesus die Seinen "liebte bis zur Vollendung" (Joh 13,1). Die genannte Umschreibung zeigt einerseits die besondere Erwählung dessen an, der beim Mahle an der Seite Jesu liegen durfte (13,23), gibt zugleich aber einem *jeden* Teilnehmer des eucharistischen Mahles Veranlassung, auch die *ihm* zuteil gewordene Erwählung zu bedenken.

6. Wo die Situation im Rahmen der Darstellung des Evangeliums es erlaubt, wird jedoch die eigene Person ganz zurückgenommen, wie es in der Bezeichnung "der andere Jünger" zum Ausdruck kommt (Joh 20; vgl. 1,35ff.). Eben dies ist auch der Grund, warum (außer im Nachtragskapitel in 21,2) beide Zebedäussöhne namentlich nie erwähnt werden. Denn tatsächlich hat es Johannes, im Gegensatz zur einstigen Veranlassung des Jüngerstreits durch ihn (und Jakobus), spätestens durch die Erfahrung der Liebes- und Hingabebereitschaft Jesu beim Letzten Mahle eingesehen, daß nicht "Fleisch und Blut" und nicht das soziale Ansehen der Familie[136] eine gnadenhafte Erwählung garantieren. Nicht mehr das Durchsetzungsvermögen des Brüderpaares, das in den Apostellisten zwischen Petrus und Andreas figuriert, oder der Stolz der Mutter auf ihre Söhne (Mt 20,21) zählen für das Reich Gottes. Doch Jesus läßt ihnen aufgrund eigener Gnadenwahl eine besondere Berufung zuteil werden[137].

Wo im Evangelium die anspruchsvoller klingende Selbstumschreibung (anstelle der des "anderen Jüngers") gewählt wird, da geht es insbesondere auch darum, der Zeugnispflicht zu genügen (entsprechend jener in Apg 3-4 vom Apostel Johannes ausgesagten). Gegen die Verfasserschaft des Apostels Johannes kann weder das Argument angeführt werden, daß die Namen der Zebedäussöhne in Joh 1-20 fehlen. Noch schlägt das weiterreichende Argument durch, daß auch die wichtigsten Szenen des markinischen Berichts übergangen werden, in denen Jakobus und Johannes genannt werden, was zugleich gegen eine Augenzeugenschaft des Evangelisten überhaupt spreche[138]. Das Joh-Ev will je-

[136] Siehe oben, Anm. 91, 2. Abs.

[137] Zur Charakterisierung der *Erwählung des Apostels Johannes innerhalb des Zwölferkreises* und von den typologischen Voraussetzungen her, die im Verhältnis der Jakobsöhne zueinander und in der Zwölf-Stämme-Typologie liegen, vgl. BETZ, *Jünger Johannes*.

[138] So KÜMMEL 220.

doch gerade *keine* Chronik sein, schon gar nicht ein Loblied auf den Jünger, und auch nicht ein Abklatsch des Mk-Ev. - Nicht besser steht es um das weitere Argument, daß das auffällige Desinteresse an Galiläa einen Mann galiläischer Herkunft als 4. Evangelisten ausschließe[139]. Dies ist erstens zu kleinkariert lokalpatriotisch gedacht und stimmt zweitens hinsichtlich der vorausgesetzten Fakten nicht. Denn Galiläa spielt nicht nur als Schauplatz des öffentlichen Wirkens Jesu in den bereits angeführten Perikopen[140] eine Rolle. Eine große Bedeutung kommt vor allem jener Erscheinung des Auferstandenen *in Galiläa* zu, die mit so schicksalshaften Erfahrungen für die Hauptapostel verbunden ist (Joh 21) und deren Verheißungen (als dem Bericht zufolge bereits erfüllte) das Vertrauen der Kirche in den auch angesichts des Martyriums des Petrus nicht versagenden Beistand des Herrn bestärken[141]. Eine solche nachösterliche Bedeutung Galiläas entfällt bei *Lukas* ganz, wird im Mk-Ev nur angedeutet (16,7) und bleibt im Mt-Ev formelhaft (28,16-20).

7. Dagegen zählt eindeutig zugunsten der verfasserschaftlichen Authentizität des Joh-Ev die Tatsache, daß dieses Evangelium Korrekturen an der synoptischen Tradition, speziell am Mk-Ev, vorzunehmen wagt[142], dessen besonderes Ansehen und dessen Nähe zu Petrus offenbar schon von den Verfassern des Mt-Ev und des Lk-Ev vorausgesetzt wird. Aus solcher Eigenständigkeit des 4. Evangeliums auch gegenüber der "petrinischen" Tradition spricht freilich nicht Rivalität gegenüber Petrus (wie sie so gern als Projektion dialektischer Vorstellungen, ja, angeblich schon in der Urkirche vorhandener schismatischer Entwicklungen, in die apostolische Zeit selbst hineingetragen wird), sondern das Recht und die Pflicht des apostolischen Augenzeugen zur Klarstellung der authentischen Überlieferung.

Die einzigartige Zeugenschaft der Apostel Petrus und Johannes, die nicht nur in der Urgemeinde zur Geltung kommt, die vielmehr darüber hinaus dem Verfasser der Apg in der Zeit seiner Kontakte mit der Jeru-

---

139 Ebd.

140 Siehe oben, Anm. 46.

141 Aufgrund dieser Betonung galiläischer Ereignisse könnte man ähnlich willkürlich dem Joh-Ev eine Vernachlässigung des Südens ankreiden, insofern *Bethlehem* nur in einer *Diskussion* um den Herkunftsort des Messias auftaucht (Joh 7,42), ohne direkt für Jesus bezeugt zu werden, während die Herkunft Jesu aus *Galiläa* (ebd. u.ö.) deutlich bekundet ist.

142 Siehe oben, Anm. 29; sowie e 6-7.

salemer Urgemeinde, und in der Abfassungszeit der Apg selbst, als eine ideale apostolische Zeugenschaft "von der Taufe des Johannes an (Apg 1,21; vgl. Apg 10,37) vorschwebt, scheint in dieser Akzentuierung schon von jener Tradition bestimmt zu sein, deren evangeliumsgemäße Artikulation dann im Joh-Ev (mit der Bezeugung der Taufe Jesu durch Johannes am Jordan und der daraus sich ergebenden ersten Nachfolgeerfahrung von Jüngern Jesu) erfolgt. Diese Tradition war für den Verfasser der Apg - auch unabhängig von unserer Wertung von Lk 24,12 und unserer Authentizitätsannahme für das Lk-Ev und die Apg - offenbar schon eine "johanneische" Tradition, die ihre Widerspiegelung im Lk-Ev in einer "johanneischen" Berufungsgeschichte für Petrus (Lk 5) und der besonderen Heraushebung der Partnerschaft des Petrus und Johannes (Lk 22,8), wie vor allem in der Herausstellung dieser Apostel als Zeugen Christi in der Urgemeinde, fand. Das lukanische Motiv der Jünger, die solche "von Anfang an" waren, tritt als eine ursprüngliche johanneische Tradition in Joh 1,35ff. hervor; es findet zugleich Ausdruck in der Verheißung Jesu an die Jünger, die ihnen im Hinblick auf das Zeugnis des "Geistes der Wahrheit" (Joh 15,26) voraussagt: "Auch ihr werdet Zeugnis geben, die ihr von Anfang an bei mir seid" (15,27).

Angesichts der zeitgeschichtlichen Transparenz von Apg 1-6 für die Kontakte zwischen Essenern und Urgemeinde muß der Verfasser der Apg sehr wohl darüber informiert gewesen sein, welche Bedeutung dem Zeugnis des Petrus und des Johannes sowohl für die Urgemeinde, wie auch für die Zeit der paulinischen Mission (vgl. Gal 2,9), zukam. Er hat "johanneische" Sehweise und "johanneische" Darstellungsstrukturen *als solche* adaptiert und nicht als einfach im Schwange befindliche, so daß man annehmen könnte, die beiden Verfasser des 3. *und* des 4. Evangeliums hätten sie aus anonymen Quellen geschöpft. Er hat sie damit als so profiliert apostolische übernommen, wie es seinem Idealverständnis der apostolischen Urzeugen Petrus und Johannes entsprach. Konkreter noch: Wenn der Verfasser des lukanischen Doppelwerkes gewillt war, sich weitgehend auf die *petrinische* Überlieferung in Gestalt des Mk-Ev zu stützen (wie er sie für den Bereich der Passionsgeschichte schon bei seinen frühen Kontakten mit der Jerusalemer Gemeinde kennenlernen konnte), dann war es für ihn nur konsequent, auch um parallele *johanneische* Traditionen bemüht zu sein, die teilweise schon längst vor der Abfassung des Joh-Ev in jener Charakteristik für ihn greifbar waren, die dann im 4. Evangelium selbst so konsequent zur Geltung kommen sollte.

Gerade auch für das *Petrusbild* konnte sich der Verfasser des lukanischen Doppelwerkes nicht mit der von Petrus selbst ausgehenden (d.h. mit der markinischen) Tradition zufrieden geben, die ihm allzu wenig zukunftsorientiert erscheinen mußte. Es sind offenbar die vom *Zweitzeugen* der Urkirche und *Partner*-Apostel des Petrus ausgehenden Nachrichten über Petrus, die in Lk 22 und Lk 5 verarbeitet wurden. So erklärt sich leicht der "johanneische" Charakter dieser beiden Petrusszenen; und zugleich erweisen sich die späteren Nachrichten über Petrus in Joh 13 und Joh 21 als Entfaltung und Deutung authentischer Erinnerung. Im Lichte der Authentizität des lukanischen Doppelwerkes kommt als Quelle dieser "johanneischen" Züge im Lk-Ev und der Apg nur der in diesem Doppelwerk so herausgehobene Apostel Johannes in Frage, der somit indirekt als der Augenzeuge, Jünger und Verfasser des 4. Evangeliums erkennbar wird.

g) Der Kairos der Abfassung des Nachtragskapitels 21 als Datierungskriterium für das 4. Evangelium: die Jahre nach dem Tode Petri

1. Läßt sich das Urteil über den Augenzeugencharakter und die authentische Verfasserschaft des Apostels Johannes auch auf das Nachtragskapitel 21 ausdehnen?

Der Charakter eines "Nachtrags"[143] besagt an sich weder verschiedene Verfasserschaft[144], noch Anfügung durch andere Hand. Zwar käme für eine Anfügung auch der Herausgeber ("Redaktor") in Frage, der sich in 21,25 dadurch zu erkennen gibt, daß er von der dritten Person der Jüngerumschreibung und dem "wir" der johanneischen Gemeinde (bzw.

---

[143] B. SCHWANK, *Der geheimnisvolle Fischfang: Jo 21,1-14* (Sein und Sendung 29, 1964, 484-498; 484f.) weist mit Recht auf die Mißverständlichkeit der Bezeichnung hin, die allzu sehr von einer technischen Beziehung im Zusammenhang der definitiven Textgestalt des Evangeliums ausgeht, aber nichts über die Art der Verfasserschaft oder Redaktion und vor allem auch nichts über die Ganzheitlichkeit des Inhalts von Joh 21 und die Affinität und Spiegelbildlichkeit der Darstellung zum Gesamt des Evangeliums verrät.

[144] Mit wenigen Ausnahmen sehen die derzeitigen Exegeten das ganze Kapitel 21 als Werk der *"Redaktion"* (vgl. KÜMMEL 201; SCHNACKENBURG III, 444; 450 u.ö.), jedoch ohne durchschlagende Gründe.

"Schule") zum "ich" hinüberwechselt, nachdem er in 21,24 verbürgt hat, daß der "Jünger" und "Zeuge" des Evangeliums auch dessen *Verfasser* ist. Wie bereits festgestellt, bezieht sich die Zuweisung an den "Jünger" auf das *Gesamt*evangelium, *einschließlich des Nachtrags*, wobei der Hinweis, "der dies geschrieben hat" die entsprechende Wendung in 20,30 aufnimmt und den dort bezeichneten Inhalt des Buches mit umfaßt. Der Jünger ist zugleich der, der "Zeugnis gibt" (martyrôn, - im Präsens!): offenbar eben dadurch, daß er "dies geschrieben hat".

Die präsentische Formulierung: "der Zeugnis gibt" - im Gegensatz zum erfolgten und *abgeschlossenen* Akt des Schreibens - weist wohl kaum darauf hin, daß der Jünger noch am Leben ist und als Lebender für sein geschriebenes Zeugnis eintreten kann. Die Herausgeberschaft anderer Hand (die mit "ich" firmiert) hätte sich sonst erübrigt. Sein schriftliches Zeugnis bürgt nun für sich selbst. Der Ausdruck "der dies geschrieben hat" meint demgemäß allerdings mehr als eine nur gedankliche Urheberschaft, nämlich die wirkliche Verfasserschaft für Joh 1-20, wie auch für Joh 21. Und die Behauptung, daß eine solche Zeugenschaft in den Kapiteln 1-20 nicht angelegt sei (so z.B. W.G. Kümmel) erwies sich als nicht zutreffend.

Die durch den Redaktor (21,24f.) bestätigte Bürgschaft des Zeugen schließt Kapitel 21 in seinem Hauptbestand ausdrücklich mit ein, dessen Inhalt selbst nun daraufhin zu befragen ist, welche Indizien für oder gegen eine Verfasserschaft des Evangelisten sprechen. Dabei kann speziell für Joh 21,23 erwogen werden, ob für diesen Vers eine Verfasserschaft des *Herausgebers*, der 21,24f. formuliert hat, in Frage kommt und ob 21,1 und 21,14 die *nachträgliche Überarbeitung* einer zunächst vielleicht eigenständigen Komposition des Verfassers verraten könnten, die im Zuge der Verbindung von Joh 21 mit dem Corpus des Evangeliums erfolgt wäre.

Für Joh 21 in seinem Hauptbestand kann eine Verfasserschaft des *Evangelisten* nicht schon aufgrund der kleineren stilistischen Eigenheiten des Kapitels ausgeschlossen werden[145]. Es überwiegen die Merkmale der *Nähe* zum Corpus des Evangeliums. Diese ließen sich zwar auch als bewußte Anpassung eines Mitglieds der "johanneischen Schule" deuten; aber die Einführung dieses Begriffs, der eine Verhältnis-

---

[145] Vgl. ROBINSON 290 (mit Anm. 125). - KÜMMEL (201) sieht immerhin eine bemerkenswerte "sprachliche Verwandtschaft" gegeben, die er allerdings durch die "starke Abhängigkeit" der Redaktion gegenüber Joh 1-20 erklärt.

bestimmung verschiedener Verfasser "johanneischer Schriften" erleichtern sollte, erwies sich in dieser Hinsicht als vergeblich. Eine Mehrzahl "johanneischer Verfasser" wurde nicht nachgewiesen, noch kann sie (abgesehen allenfalls von Apk) als wahrscheinlich gelten.

2. Nun erweist sich aber der Inhalt des Kapitels 21 theologisch und der Komposition nach in bester Weise als *johanneisch*. Die Argumente, die seit Bultmann Joh 21 als erbärmliches Konglomerat aus verschiedenen Redaktionsschichten erweisen sollten, erwiesen sich tatsächlich als rationalistische Verständnislosigkeit gegenüber einer Theologie und Spiritualität, welche die des Corpus des Evangeliums sehr genau widerspiegelt.

Als besonders stichhaltiges Argument gilt den Formgeschichtlern seit Bultmann die angeblich sekundäre Zusammenfügung zweier Schichten bereits in 21,3-13, die sich durch zahlreiche Ungereimtheiten zu erkennen gebe[146]. So sei es widersprüchlich, daß der zunächst unerkannte Jesus nach "Fischzukost" fragt (21,5), dann aber selbst ein Fischgericht bereitet hat (21,9); daß die Fangaktion damit einer Beschaffung dient, die sich eigentlich als überflüssig erweist; daß erst auf nachträglichen Befehl die gefangenen Fische für das Mahl herbeigebracht werden, bei dem dennoch unklar bleibt, ob sich Jesus ihrer beim Austeilen des Mahles bedient; daß das schwere Netz von den Gefährten Petri mühsam nachgeschleppt wird, das dann von Petrus allein scheinbar mühelos aufs Land gezogen wird usw.

R. Pesch, der seinerzeit in noch allzu großem Vertrauen gegenüber der Bultmann-Schule, seinem Lehrer Vögtle und der Treffsicherheit formgeschichtlicher Methodik, Joh 21,3-13 im Vergleich mit Lk 5 untersuchte, meinte, die Fischfangerzählung als separate "Tradition" einer späten "hellenistischen Wundergeschichte" aus dem Kontext isolieren zu können.

Doch erweist sich Joh 21,3-13 gerade in seiner kontrapunktischen Spannung als typisch johanneisch und zudem als Spiegelbild von Geschehnissen und bedeutungsmäßigen Implikationen des *Vermächtnismahles* Jesu, unbeschadet der *Eigenständigkeit* der nachösterlichen Erscheinungssituation selbst, die nicht als bloße "Projektion" vorösterlicher Erfahrungen oder solcher der Abfassungszeit gedeutet werden

---

[146] Auf Bultmann aufbauend untersuchte R. PESCH die Perikope unter penibler Anwendung traditions- und redaktionsgeschichtlicher Methodik: siehe oben, Anm. 34.

kann (wenngleich solche Erfahrungen die Perspektive des Berichts mitbestimmen).

Daß die Jünger bei ihrer Tätigkeit erst Erfolg haben und diese ihnen zum Heil gereicht, nachdem ihr Vertrauen auf eigene Kraft und berufliche Sachkenntnis gescheitert war und sie nun nur noch *auf Jesus* bauen; daß sie so von Jesus angenommen werden und von ihm geschenkt erhalten, was sie meinten, gerade als ihren selbständigen Beitrag zu leisten; daß sie dennoch vom Ihrigen beisteuern dürfen, aber mehr als Ausdruck der Anteil*habe* am Geschehen denn zusätzlicher Anteil*gabe*[147]; - das alles entspricht der unverlierbaren Erfahrung des Apostels Johannes schon beim Abschiedsmahl Jesu. Wieder erkennen die beiden Jünger Johannes und Petrus ihren je besonderen Auftrag und ihre besondere Gnade. Johannes erkennt den Herrn als erster (21,7), denn er sieht mit der Hellsichtigkeit der durch Jesu Liebe erweckten Liebesfähigkeit; Petrus aber hat den Vorrang in der *Ausführung* des Liebesdienstes. Wieder ist ein *Mahl* das Medium der Erfahrung eines zukunftsträchtigen Handelns Jesu, nun freilich in der österlichen Gewißheit einer vom Tod nicht mehr bedrohten Gegenwart des Herrn.

3. Nicht nur Fischfang- und Erscheinungserzählung sind aus einem Guß, sondern diese bilden ihrerseits eine Einheit mit der *Verleihung des Hirtenamtes an Petrus* und der *Voraussage des Martyriums Petri*. Diese ganze komplexe Inhaltlichkeit des Kapitels 21 spiegelt zunächst die Dichte der Erfahrungen des *Vermächtnismahles* von Joh 13 wider und deutet sie.

Im Bericht von Joh 21,18 spricht Jesus klar aus, was als erste Martyriumsandeutung in Joh 13,36 ("du wirst mir später folgen!") im Zusammenhang des Letzten Mahles aufscheint, und beim Mahl selbst in 13,9f. als der besondere Anteil (méros) Petri gekennzeichnet ist. Das ebenfalls beim Letzten Mahl den Jüngern erteilte Liebes- und Dienstgebot erweist sich in Joh 21 wiederum gerade für Petrus als ein Gebot,

---

[147] Vgl. zur (notwendigerweise spirituellen) Deutung der Perikope: B. Schwank (siehe Anm. 143). - Sehr einfühlsam hat E. DREWERMANN den tiefen Gehalt der Perikope aufgedeckt, wobei ihm zugute kam, daß hier die überzeitliche Gültigkeit des Angewiesenseins der Jünger auf den Herrn und die tröstende, heilende und erhaltende Kraft der Christusbegegnung sehr direkt zur Deutung dieser Erscheinung des Auferstandenen durch den Verfasser von Joh 21 und zur Ausrichtung der Perspektive auf die Zeit der Kirche hinzugehört (*Tiefenspsychologie und Exegese*, 2. Bd., Olten 1985,392-422).

dem er sich "mehr als die anderen" zu stellen haben wird, ja, als ein Gebot, in dessen Konsequenz für Petrus das *Martyrium* steht (21,18). Der Weg des "Jüngers", der hinter Jesus und Petrus hergeht (21,20), ist im Unterschied zu Petrus nicht als Weg ins Martyrium gekennzeichnet; aber es wird ihm auch das "Bleiben" nicht zugesagt. Der Jünger ist vielmehr ganz auf den verschwiegenen Willen des Herrn verwiesen, für dessen Gnadenführung und Entscheidung hinsichtlich seines Lebensendes er sich offenzuhalten hat. Gänzlich verfehlt ist es, in der Eigengesetzlichkeit des Weges, den Jesus diesem Jünger im Unterschied zu Petrus zuweist, eine "Rivalität" des "Jüngers" zu Petrus ausgesagt zu finden, die das besondere Interesse eines großkirchlich wenig integrierten "Konventikels" (Käsemann) manifestieren würde. Es wäre wahrlich ein eigentümlicher "Vorrang", der darin bestünde, daß dem "Jünger" die Verheißung (und Erfüllung) der striktesten Form der Nachfolge, des Martyriums, versagt blieb.

Sowenig wie die Aussage vom "geliebten Jünger" beim Abschiedsmahl Jesu, oder die vom Aufblitzen des Glaubens am leeren Grabe, irgendetwas mit einer Rivalität zwischen dem "Jünger" und Petrus oder mit einer Vorrangigkeit des ersteren zu tun haben (obwohl solches von zahlreichen Exegeten behauptet wird), stellt in Joh 21 das mögliche Überleben des Jüngers nach dem Tode Petri die verkappte Form eines solchen "Vorrangs" dar. Und der Bericht von der Einsetzung des Petrus in das Hirtenamt in diesem Kontext ist kein "ökumenischer" Schachzug, der für die esoterische oder gar sektiererische Gemeinde im Umkreis der "johanneischen Schule" die Gunst der petrinisch geprägten Großkirche gewinnen sollte[148].

4. Die Voraussage des Martyriums an Petrus darf nicht ausschließlich als *vaticinium ex eventu* aufgefaßt werden (obwohl sie aufgrund der

---

[148] Weit überzogene Konsequenzen für kirchengeschichtliche Entwicklungen einer vom großen Unbekannten (dem "Jünger" des 4. Evangeliums) geprägten esoterischen kirchlichen Gemeinschaft, die diese nach Migrationen und internen Schismen zwingen, sich mit der Großkirche zu arrangieren, hat auch R.E. BROWN, der derzeit angesehendste katholische Kommentator des Joh-Ev im englischen Sprachgebiet, aus dem johanneischen Schrifttum herausgelesen (in konzentrierter Form 1979 dargetan in: *The Community of the Beloved Disciple;* deutsch: R.E. BROWN, *Ringen um die Gemeinde. Der Weg der Kirche nach den Johanneischen Schriften,* Salzburg 1982). - Auch hier scheint die unselige, immer wieder neue schismatische Verhältnisse projizierende und multiplizierende Sicht *Käsemanns* (siehe oben, Anm. 23) und der ersten Tübinger Schule *Baurs* nachzuwirken.

eingetretenen Erfüllung literarisch gestaltet ist). Zu sehr schimmert ein ursprüngliches Wissen des Evangelisten (und freilich des Petrus selbst) um einen Weg zum Martyrium durch, das in die verschiedenen Dialoge zwischen Jesus und Petrus beim Letzten Mahl nicht nur aus Zeitdistanz hineinprojiziert ist, sondern *im Ansatz* auf die *Erfahrung* des Vermächtnismahles (Joh 13) und des Mahles der Berufungsbestätigung (Joh 21) zurückgeht. Dieses "Wissen" war freilich für den Evangelisten *vor* dem Tode Petri nicht mitteilbar, weil jede direkte Mitteilung darüber einen Eingriff in die Gnadenführung des Herrn und in das Schicksal eines Mitapostels bedeutet hätte.

Weiterhin ist das Wort über das mögliche "Bleiben" keine bloße Verarbeitung des Phänomens eines späten Todes des Jüngers durch den noch späteren Redaktor. Das "Bleiben" war bekanntlich in apostolischer Zeit gerade nicht eine Spekulation aufgrund des hohen Alters eines Menschen, sondern die Hoffnung eines jeden Gläubigen, wenn nicht zu einem vorzeitigen Tod durch das Martyrium berufen zu sein, dann die innerhalb einer kurzen Zeitspanne für wahrscheinlich gehaltene Wiederkunft des Herrn *als Lebender* zu erfahren. J.A.T. Robinson bezeichnet es als unangemessene Spekulation[149] vieler Exegeten, aus dem Wort vom "Bleiben" in 21,22 (und dem Mißverständnis, jener Jünger werde gewiß nicht sterben: 21,23) die Anspielung des Verfassers auf ein vom Jünger erreichtes *hohes Alter* herauszulesen, nach welchem zwischenzeitlich der Tod des Jüngers erfolgt wäre.

Dem ist entgegenzuhalten: Wie hinter der Martyriumsvoraussage an Petrus in Joh 21,18 eine *Einforderung der Martyriumsbereitschaft* des Petrus durch Jesus steht, die mit dem Vermächtnis des Letzten Mahles und dem Hirtenauftrag an Petrus verbunden war und die in *Erinnerung an entsprechende Worte Jesu* gedeutet wird, aber nicht bloß eine nachträgliche Reminiszenz des *Faktums des Todes* Petri darstellt, so ist auch das Wort Jesu an den "Jünger": "Wenn ich will, daß er bleibe..." in Joh 21,22 zunächst einmal auf die *Erwartungsperspektive des Jüngers selbst* zu beziehen. In diesem Wort spiegelt sich jene eigene unerforschliche Bestimmung wider, die dem Jünger beim Letzten Mahl erfahrbar wurde. Der Gnadenwahl von einst entspricht nun ein besonderer *Ratschluß des Herrn über das "Bleiben",* ohne daß es dem Jünger gegeben wäre, den Ratschluß in bezug auf Zeitpunkt und Art seines Todes zu durchschauen. Petrus würde als der berufene Hirte auch hinsichtlich

---

[149] ROBINSON 293.

des Martyriums ein Abbild des Guten Hirten selbst werden. Der "Jünger" würde ähnlich wie Petrus, aber in unverwechselbarer Erwählung durch Jesus, der "Zeuge" des Auferstandenen sein, möglicherweise über den Tod Petri hinaus. Auch diese vermächtnishafte Erfahrung geschieht in einem geheimnisvollen Mahl, dessen Darstellung nun, aus der Zeit der Abfassung von Joh 21 heraus und entsprechend der Erfahrung der bleibenden unsichtbaren Gegenwart des Herrn in seiner Kirche, eucharistisch gefärbt erscheint.

Die Komposition von Joh 21,1-23 ist von jener staunenswerten Ganzheitlichkeit bestimmt, die alle großen Kompositionen des Joh-Ev kennzeichnet. Sie ist nach allen inneren Kriterien authentisch "johanneisch" im Sinne des Corpus des Evangeliums. Es kann nicht angehen, sie, allein aufgrund der Erkennbarkeit eines "Herausgebers" und "Redaktors" in 21,24f., als ganze der "Redaktion" zuzuschreiben, schon gar nicht einer Redaktion, die so behutsam ist, daß sie nicht einmal Nahtstellen zwischen Kompositionen verschiedener Thematik und Veranlassung im Evangelium glättet. Dagegen hätte eine ambitionierte Redaktion oder Verfasserschaft im Rahmen der sogenannten "johanneischen Schule" (falls es eine solche gab), die darauf bedacht gewesen wäre, den Inhalt von Joh 21 als Komposition des Evangelisten lediglich auszugeben (bzw. unter seine Autorität zu stellen), dieses am ehesten durch eine chronologische Integration des Geschehens von Joh 21 in das Corpus des Evangeliums erreicht und die exponierte Stellung von Joh 21 als "Nachtrag" vermieden.

5. Die tatsächlich erkennbare, behutsame, ja, skrupelhaft vorgehende Redaktion ist deshalb auch umso glaubwürdiger, wenn sie versichert, daß das Gesamtevangelium, einschließlich Joh 21, vom "Jünger" und Evangelisten niedergeschrieben wurde. Doch soll die Möglichkeit nicht völlig ausgeschlossen werden, daß es sich um ein *aus besonderem Anlaß* verfaßtes Stück des *Evangelisten* handelt[150], das erst *vom Herausgeber* dem Corpus des Evangeliums *hinzugefügt* und redaktionell durchsichtig mit diesem verbunden wurde.

In jedem Falle erhebt sich für das Nachtragskapitel zunächst die Frage, wann dieses von den eigenen zeitgeschichtlichen Kriterien her

---

[150] So ist z.B. für Joh 15-17 zwar Abfassung durch den *Evangelisten*, jedoch *nicht* eine *aus dem Kontext erwachsene* Erstgestaltung anzunehmen. Dies dürfte aus der Nahtstelle 15,1 gegenüber 14,31 zu folgern sein. Gleiches gilt aber nicht ohne weiteres für Joh 21.

verfaßt sein kann, und (als später zu beantwortende) die weitere, ob Joh 21 das Gesamtevangelium als so defintiv abgeschlossen voraussetzt, daß schlechthin keine aus noch späterer Veranlassung entstandenen Stücke des Verfassers (etwa christologischen Inhalts) oder etwaige Überarbeitungen solchen Inhalts (wiederum durch die Hand des Verfassers) noch *nachträglich* auch in das *Corpus* des Evangeliums eingegangen sein können.

Innerhalb der Thematik des Kapitels 21 manifestiert sich die *zeitgeschichtliche Transparenz* vor allem in der *Konkretheit der Aussage über das Martyrium Petri.* Auch wenn Petrus selbst eine solche Martyriumsvoraussage vom Herrn empfangen hatte, war sie für einen Dritten als Zeugen nicht mitteilbar; und ihre Konkretheit, die jeden prophetischen Redestil sprengt, setzt die *eingetretene Erfüllung* voraus.

Wenn nun irgendein Anlaß es als notwendig erscheinen lassen konnte, dem Corpus des Evangeliums einen Nachtrag anzufügen, dann kam dafür offenbar kein dringlicherer in Frage als der Anlaß jener Situation, in der Petrus sein Martyrium so erlitten hatte, wie es ihm vom Herrn vorausgesagt worden war. Der "andere Jünger" des Evangeliums, der sich uns als der Apostel Johannes, der zweite Zeuge der Urkirche neben Petrus (Apg 3-4) und die "Säule" neben Jakobus und Petrus (Gal 2,9) erwies, konnte von diesem Martyrium nicht unberührt bleiben. War er es doch gewesen, der einst behauptet hatte, daß er "den Kelch trinken" (Mk 10,39) wolle und könne.

Er blieb nun als der *einzige* der beiden Zeugen, nachdem zuvor schon sein *eigener* Bruder Jakobus und der *Herren*bruder Jakobus dahingegangen waren. Der Herr hatte es unerforschlicherweise bis dahin nicht gewollt, daß der zweite Zeuge auch "Zeuge" als Martyrer werde. Der Apostel Johannes konnte sich den Gemeinden gegenüber, mit denen er in engerer Verbindung stand, nach dem Tod des Petrus unmöglich in Schweigen hüllen. Er mußte es als seine Aufgabe empfinden, die Gemeinden dessen zu vergewissern, daß dieser Tod kein Schicksalsschlag war, der Anlaß gab, am Beistand des Herrn für seine Kirche zu zweifeln, sondern umgekehrt die Einlösung der einst dem Petrus gegebenen Verheißung. Die Kirche würde nun umso inniger darauf vertrauen können, daß die Ausübung des sichtbaren Hirtenamtes in der Kirche unter dem Beistand des Guten Hirten selbst, wie auch die Erfahrung der Gegenwart des Herrn in der Eucharistie, weitergehen. Alle diese wichtigen Momente der Stärkung und des Trostes vermochte Joh 21 in der Situation der Kirche nach dem Tode Petri zu vermitteln; und diesen Trost konnte *so* nur Johannes, der einstige Mitzeuge jener geheimnisvollen Erscheinung des Auferstandenen, bei der Petrus seinen besonderen Auftrag und die Voraussage seines Martyriums erhielt, den Gemeinden spenden.

6. Die Gegenprobe, Joh 21 gemäß herrschender Auffassung der Exegeten als Echo auf den *Tod des "geliebten Jüngers"* entstanden zu denken, offenbart demgegenüber kein wirklich plausibles Motiv für einen solchen Nachtrag, der dann freilich ein solcher der Redaktion wäre. Diese konnte sich selbst keine besondere Autorität dafür zuschreiben und über den "geliebten Jünger" inhaltlich nichts aussagen, was nicht durch das Corpus des Evangeliums selbst schon übertroffen gewesen wäre.

Eine solche Komposition im Umfang von Joh 21, die betonte, daß der Jünger nicht zum Martyrium berufen war, hätte eine schlechte Ehrung aus Anlaß seines Todes bedeutet, während umgekehrt dieser Kontrast zum Martyriumserwähnung Petri gerade dazu geeignet war, daß Ansehen des dem Herrn ins Martyrium nachgefolgten Petrus für die Kirche vermächtnishaft zu profilieren. Das spezielle Motiv in Joh 21, daß der Jünger es war, der beim Fischfang den Herrn als erster erkannte, wäre zwar als eine vom "Jünger" hinterlassene Nachricht für die "Redaktion" mitteilenswert gewesen, nicht aber Anlaß und Befähigung für die Redaktion, die ganzheitliche Komposition von Joh 21 in so unnachahmlicher johanneischer Sehweise zu gestalten. Gemessen an der einzigartigen Mysterienerfahrung des Jüngers, die in Joh 13,23ff.; 19,26ff. und 20,1ff. zum Ausdruck kommt, erreicht dieses Motiv des "Sehens" und "Erkennens" im Rahmen von Joh 21 jedenfalls nicht *das* Eigengewicht, das eine Entstehung der Komposition erst *nach dem Tode des Jüngers* verständlich machen könnte.

Die Auffassung vieler Exegeten, daß in Joh 21,23 eben der inzwischen eingetretene Tod des Jüngers durchscheine und daß sich über den Tod des "Jüngers" Unruhe in der Gemeinde verbreitet hätte, weil man dort eine Zusage des Herrn über das "Bleiben" des Jüngers nun für widerlegt halten mußte[151], setzt mancherlei Ungereimtheit voraus. Das

---

[151] KÜMMEL formuliert sogar: "Wenn (im Anschluß an das Wort Jesu in 21,22) dann 21,23 betont, daß Jesus damit nicht habe sagen wollen, daß der Lieblingsjünger vor der Parusie nicht sterben werde, so hat diese Korrektur nur dann einen Sinn, wenn der Lieblingsjünger inzwischen gestorben ist." - Ähnlich urteilt SCHNACKENBURG (III,443): "Der Verfasser des Kommentars (der Redaktion) hat einen bestimmten Anlaß, eine Fehlauslegung richtigzustellen und dieser kann gemäß

vom Herrn wirklich gesprochene Wort "wenn ich will..." (21,22) hätte allenfalls noch kurz nach dem Tode Petri, also in den 60er Jahren, obwohl auch da nur im Gegensatz zu seiner in 21,22 bezeugten Form, Vorstellungen wecken können, dem Jünger werde zu Lebzeiten die *Begegnung mit dem wiederkommenden Herrn* zuteil werden, kaum aber im hellenistischen Gemeindemilieu des ausgehenden 1. Jahrhunderts, welches von den betreffenden Exegeten vorausgesetzt wird. Vor allem aber konnten zu keiner Zeit der Kirchengeschichte gläubige Christen darauf verfallen, das "Bleiben" bis zur Wiederkunft als die wahrscheinliche Konsequenz eines schon erreichten hohen Lebensalters anzusehen.

Das "Gerede, der Jünger werde nicht sterben" (21,23) kann also sehr gut schon unmittelbar nach der ersten Bezeugung des Herrenwortes vom "Bleiben" (21,22) durch den "Jünger" eingetreten sein, völlig unabhängig davon, wie alt er damals war. Diese Bezeugung aber wird man schon in der *mündlichen* Vorgeschichte von Joh 21,22, in *Parallelität* zum Zeugnis über das dem Petrus vorausgesagte Martyrium (21,18), zu denken haben, das seinerseits nur *nach dem Tode Petri* verlautbart werden konnte, da niemand (außer allenfalls Petrus selbst) das Martyrium Petri zum Gegenstand einer Kundgabe *zu dessen Lebzeiten* machen konnte. So war es wahrscheinlich der "Nachruf" des "Jüngers" auf den kurz zuvor erfolgten Tod des Petrus, der, in Verbindung mit der Verwiesenheit des Jüngers selbst auf den *unerforschlichen* Willen des Herrn (21,22), bereits das Mißverständnis eines dem Jünger vom Herrn fest zugesagten "Bleibens" auslöste.

Um dieses Mißverständnis richtigzustellen, aber bedurfte es nicht des Todes des "Jüngers". Vielmehr erfolgte eine (mündliche) Klarstellung naturgemäß, sobald der "Jünger" wahrgenommen hatte, daß er mißverstanden worden war, und die definitive (schriftliche) ohne große Verzögerung in Form des Hauptbestandes von Kapitel 21 (einschließlich 21,23) wiederum durch den "Jünger" selbst.

Wie hätte denn dem "Jünger" eine so fundamentale Mißdeutung seiner Wiedergabe der Herrenworte (21,15-22) und des Sinnes seines eigenen Angewiesenseins auf den Willen des Herrn verborgen bleiben können; und wie sollte es denkbar sein, daß er die Richtigstellung bis zu

---

der Formulierung 'er stirbt nicht' wohl nur der Tod des Jüngers sein." Im Exkurs (449-463; 454) wird von einer "Richtigstellung" gesprochen, der es bedurft habe, "um die entstandene Beunruhigung zu beseitigen" (da Jesu Wort fälschlich als feste Zusage des "Bleibens" an den Jünger aufgefaßt worden war).

seinem Tode unterlassen hätte, die somit zur Erblast des Redaktors geworden wäre!

Die Spanne zwischen der Entstehung des Mißverständnisses und der (sogar schriftlichen) definitiven Korrektur ist deshalb nicht größer zu bemessen als die zwangsläufige, aber relativ kurze Verzögerung vom ersten "Nachruf" auf Petrus *unmittelbar nach dessen Tod* (welches Ereignis den Nachtrag zu dem in seinem Grundbestand schon existierenden Evangelium überhaupt erst nötig machte) bis hin zu der (aus Anlaß des Todes Petri bereits in Aussicht genommenen) *Verschriftung* dieses "Nachrufes" in Form der Komposition von Joh 21.

So besteht keine Veranlassung, aufgrund der Korrektur in Joh 21,23 das ganze Kapitel, oder auch nur diesen Vers selbst, dem Evangelisten abzusprechen und Joh 21,1-23, als mit Sicherheit vom Redaktor verfaßt, auszugeben. Weder von der vermeintlichen Eignung von Joh 21,1-23 als Rückschau auf den Tod des "Jüngers", noch speziell von der willkürlichen Voraussetzung her, daß das in Joh 21,23 angezeigte Mißverständnis erst durch den Tod des Jüngers hätte korrigiert werden können, ergibt sich eine Stringenz für die Annahme, Joh 21,1-23 müsse durch einen Redaktor abgefaßt sein, der dann seinerseits noch fälschlich (in 21,24f.) den "Jünger" zum Evangelisten gemacht hätte.

7. Auch für das Geschehen von Joh 21 (einschließlich 21,23) hat also der *Apostel Johannes* als Augenzeuge und Evangelist zu gelten. Und die Augenzeugenschaft des Galiläers Johannes wird zusätzlich dadurch bestätigt, daß die Umstände der definitiven Berufung Petri ins Hirtenamt in höchstem Maße transparent dargestellt sind für uralte, in die Zeit Jesu zurückreichende Bräuche galiläischer Stämme am See Gennesaret, die dort bei der Einsetzung von Stammesältesten zu beobachten sind[152].

Joh 21 ist also aus der geistlichen Erfahrung und Bürgschaft des *Apostels Johannes* für den Weg der Kirche unter dem Beistand des Herrn zu lesen. Nur im Falle einer zunächst separaten Entstehung von Joh 21 wäre es denkbar, daß dieses Kapitel nicht das zuletzt abgefaßte des Joh-Ev war. Doch sind einer solchen Annahme enge Grenzen gesetzt, da Joh 21 auf inhaltlich breite Schichten im Corpus des Evangeliums zurückgreift, die ihrerseits der theologischen Konzeption und dem konkreten Inhalt nach sich in wiederum anderen Schichten widerspiegeln bzw. mit diesen direkt literarisch verflochten sind.

---

[152] Freundliche Mitteilung von *Abt Laurentius Klein*, Jerusalem und Trier.

Die wahrscheinlichste Annahme ist also die, daß der Evangelist die Komposition von Joh 21 bereits als Nachtrag konzipierte und verfaßte und sie so seinem Werk anfügte. Weniger wahrscheinlich ist, daß er sie als *separates* Kapitel *in Analogie* zu weiten Schichten seines Evangeliums (insbesondere zu Joh 13-20) gestaltete[153] und so hinterließ, während der Herausgeber diese Komposition in ihrer Eignung als Nachtrag und Vollendung des Evangeliums erkannte und seinerseits die Anfügung an das Corpus des Evangeliums vornahm.

Da die Abfassung von Joh 21 kurz nach 65 erfolgt sein muß und dieses Kapitel die weitaus größte Transparenz für eine Abfassungszeit aufweist und weil wiederum die Wahrscheinlichkeit, daß Joh 21 doch als insgesamt letztes Kapitel entstand, immerhin groß ist, werden die Jahre zwischen 62 und 67 auch als die wahrscheinlichste Abfassungszeit des Evangeliums zu gelten haben.

8. Durchschlagende Argumente gegen diese Abfassungszeit gibt es nicht. Völlig desolat ist das einst als entscheidend betrachtete Argument geworden, im dreimaligen Gebrauch der Wendung "ein aposynágogos werden" (d.h. ein von der Synagoge Abgetrennter bzw. Ausgestoßener werden) in Joh 9,22; 12,42 und 16,2 spiegele sich ein synagogalrechtliches Ausschlußverfahren wider[154], das auf das Rabbinat Gamaliels II. (um 90) und die damalige Einfügung einer formelhaften Ketzerverfluchung in die Gebetsordnung des Schemone Esre zurückgehe.

U. Schnelle bescheinigt dieser Argumentation die mangelnde Stichhaltigkeit ihrer historischen, wie auch ihrer theologischen Begründung, die von der Judaistik längst in Frage gestellt worden sei[155].

Historisch ist am betreffenden Standardargument fast alles zweifelhaft oder direkt widerlegt. Die Erwähnung der "Nazaräer" in der nur

---

[153] Einen Anhaltspunkt hätte eine solche Annahme in der Transparenz, die verschiedene Teile des Joh-Ev für eine primär *liturgische Verwendung* im Gemeindeleben aufweisen, welche sich damit als *Vorstufe* gegenüber der Rolle im *Kontext der Evangelienkomposition* darstellen könnte.

[154] KÜMMEL 197: "... damit wird zweifellos auf die Einfügung der Verfluchung der Judenchristen in das synagogale Achtzehnbittengebet am Ende des 1. Jahrhunderts angespielt."

[155] SCHNELLE 39; mit Hinweis besonders auf: P. SCHÄFER, *Die sogenannte Synode von Jabne*: Judaica 31 (1975) 54-64, 116-125; 56f. (mit Abdruck der entsprechenden Formel ebd. 55); sowie auf den gleichnamigen Beitrag von G. STEMBERGER: Kairos 19 (1977) 14-21. - Vgl. auch das ausführliche Referat zur Frage: ROBINSON, *Priority* 74-81; sowie BITTNER 194f..

interpoliert und bruchstückhaft überkommenen Verfluchungsformel, unter welchem Namen in der Einleitungswissenschaft fälschlich das Judenchristentum des 1. Jahrhunderts verstanden wurde, gehört schwerlich zur ursprünglichen Textform. Der erst Ende des 19. Jahrhunderts in Kairo *aufgefundene* und selbst erst etwa 800 bis 900 Jahre nach der betreffenden Reaktion des Rabbinats gegen die "Ketzer" ("minim") *niedergeschriebene* Text weist schon durch seinen überlieferten Namen "birkat ha-minim" darauf hin, daß die im späteren Text an erster Stelle *vor* "minim" stehende Bezeichnung der "Nazaräer" *sekundär* sein muß, da sie sonst für den Namen der Verfluchungsformel selbst maßgebend geworden wäre.

Mit den von der Verfluchung bedrohten "minim" des ursprünglichen Textes aber sind in der rabbinischen Literatur bis zum Ende des 2. Jahrhunderts niemals Christen, sondern stets *innerjüdische* Häretiker[156] gemeint, erst nach dieser Zeit *außerjüdische* "Andersgläubige", nun meistens Christen. Wahrscheinlich wurde der Begriff der "Nazaräer", der in der tannaitischen Literatur überhaupt nicht begegnet[157], als späterer Einschub, wohl erst zur Zeit des christlichen Imperiums[158], eingeführt.

Die nunmehrige Ausrichtung der Verfluchung auch gegen die "Nazaräer" spiegelt sich auch in Schriften der Kirchenväter des 4. Jahrhunderts wider, die unter diesem Namen bald eine jüdische Bezeichnung für Christen überhaupt, bald eine ebionitische Sekte, verstehen[159].

Aber selbst eine auf innerjüdische Ketzer bezogene Verfluchung ist als planmäßiges Vorgehen in der Spätzeit des 1. Jahrhunderts, insofern es als Ausdruck einer jüdischen "Orthodoxie" aufzufassen wäre, höchst zweifelhaft[160].

Schnelle resümiert: "Somit ist die Formulierung der birkat ha-minim keineswegs als endgültiger Trennungsstrich zwischen Judenchristentum

---

[156] J. MAIER, *Jüdische Auseinandersetzung mit dem Christentum in der Antike*, Darmstadt 1982, 141.

[157] Vgl. R. KIMELMAN, *Birkat Ha-Minim and the Lack of Evidence for an Anti-Christian Jewish Prayer in Late Antiquity*, in: Jewish and Christian Self-Definition II, hrsg. v. E.P. Sanders, A.J. Baumgarten, A. Mendelson, London 1981, 226-244; 233. - Zu zahlreichen mit *Kimelman* übereinstimmenden Autoren vgl. SCHNELLE 40, Anm. 180.

[158] Vgl. J. MAIER (siehe oben, Anm. 156) 138f.

[159] Vgl. SCHNELLE 41f.

[160] Vgl. D.E. AUNE, *Orthodoxy in First Century Judaism*: Journal of the Study of Judaism 7 (1976) 1-10.

und Judentum zu begreifen, sondern als ein primär innerjüdischer Akt. Die eigentlich historisch wirksame Trennung zwischen Judentum und Christentum hatte sich bereits vorher durch das ständig zunehmende Gewicht des Heidenchristentums vollzogen."[161]

9. Die Maßnahme der Synagoge in der Zeit von Jabne bezeichnet somit keinesfalls jene Wasserscheide in den jüdisch-christlichen Beziehungen, zu der sie von der herrschenden Einleitungswissenschaft hochgespielt wurde[162]. Sie blieb von vorneherein ohne Bedeutung für mehrheitlich heidenchristlich geprägte Gemeinden. Für eine Gemeinde wie *Ephesus*, die bereits während des mehr als zweijährigen Aufenthaltes Pauli von der Synagoge getrennt war (Apg 19,9), konnte die Maßnahme Gamaliels II. kaum irgendwelche Konsequenzen haben oder einen Anlaß bieten, aus ihrer Perspektive heraus ein christliches Zeugnis wie das Joh-Ev im Umfeld der genannten Stellen Joh 9,22; 12,42; 16,2 zu gestalten. Aber auch aus der Verwendung des Wortes "aposynágogos" selbst ergibt sich keine Beziehung zur "Ketzerverfluchung" unter Gamaliel II. Das Wort ist eine Eigenbildung[163] des Joh-Ev und taucht nirgendwo sonst in der rechtsgeschichtlich relevanten Literatur der Epoche auf.

Auch sind die Situationen, für die dieser Ausdruck im Joh-Ev verwendet wird, so unterschiedlich in ihrer bezeichneten Auswirkung und ihrem Zeitbezug, daß sie nicht im Lichte der "Ketzerverfluchung" der 90er Jahre konzipiert und gestaltet sein können.

Was die "unter den Führenden", die an die Messianität Jesu glauben (Joh 12,42), von den Pharisäern zu fürchten hatten, war nicht "Synagogenausschluß", sondern *Desavourierung*, wie aus 12,43 deutlich wird.

In Joh 16,2 dagegen stellt Jesus seinen Jüngern das in Aussicht, was dann erstmals bei *Stephanus* eingetreten ist, den man "hinausstieß" und steinigte[164].

---

161 SCHNELLE 42.

162 KIMELMAN (siehe Anm. 157) 244; vgl. auch ROBINSON, *Priority* 76f.

163 ROBINSON, *Priority* 79 (mit Anm. 200 und 201).

164 Ebd. 80. - So auch *H. Staudinger* (SYMPOSION 151 und 154). - Vgl. insbesondere auch SCHNELLE 136: "Die Prophezeiung in Joh 16,2 ist deutlich von urchristlichen Verfolgungssituationen geprägt" (unter Berufung auch auf *C.K. Barrett* und *J. Becker*: ebd., Anm. 256); und: "Hier erscheint die Verfolgung der Glaubenden bis hin zur Tötung als ein überliefertes Motiv." Unter den synoptischen Parallelen (ebd. 136 f.) entspricht das "aphorízein" und "ekbállein (to ónoma)" von Lk 6,22

Doch läßt sich darüber hinaus ein *spezifisch johanneisches* Moment spiritueller Art in der Wortprägung erkennen. In den von Joh 9,22 und 9,34 ("und sie stießen ihn aus") eingerahmten Auseinandersetzungen weisen es "die Juden" aufs schärfste zurück, auf die zeichenhafte Heilstat Jesu hin, der einem Blinden die Augen geöffnet hat (9,25,30,32), auch selbst zum Glauben zu kommen, so daß *sie* es sind, die in Blindheit verharren und sich das Gericht zuziehen (9,39). Die gewählten Ausdrücke der Trennung ("aposynágogos" sein) in 9,22 und "ausgestoßen werden" in 9,34 bringen also jene entscheidende, schon *vorgängige* Trennung zum Ausdruck, die zwischen Glaube und Unglaube, Licht und Finsternis besteht, und entsprechen der dualistischen Redeweise des Joh-Ev, die treffend als *"Entscheidungsdualismus"* charakterisiert wird.

Die Redeweise von Joh 9,22 mit 9,34; sowie 12,42 und 16,2 hat bezeichnenderweise auch Parallelen in der *essenischen* Literatur, während sich jede Annahme einer Beziehung des johanneischen Begriffs "aposynágogos" zur "Ketzerverfluchung" der Periode von Jabne als völlig anachronistisch erweist[165].

10. Auch aus der hochentwickelten Christologie des Joh-Ev läßt sich schwerlich ein Argument für eine Entstehung des Evangeliums erst in den 90er Jahren gewinnen. Die herkömmliche Form eines solchen Arguments ist evolutionistischer Art und meint, die gedankliche Höherentwicklung der johanneischen Christologie in zeitliche Entfernung von den Synoptikern umrechnen zu können. Eine solche Argumentation scheitert jedoch schon daran, daß die gedanklich nächstliegenden Parallelen gerade in den *vor*paulinischen Christushymnen von Phil und Kol gegeben sind[166].

Die von der religionsgeschichtlichen Schule, einschließlich Bultmanns, postulierten Beziehungen zur *pagan-hellenistischen Gnosis* sind durch die Erforschung des vorchristlichen jüdischen Hellenismus und des alttestamentlichen Hintergrunds des 4. Evangeliums *überholt* und

---

dem "ekbállein" von Joh 9,34, womit auch die in 9,22 gemeinte disziplinarische Seite des Vorgangs gekennzeichnet ist.

165 ROBINSON, *Priority* 78, mit Bezug auf die resümierende Stellungnahme von KIMELMAN (siehe oben, Anm. 157).

166 Vgl. SCHNACKENBURG I, 444ff.; DERS., *Paulinische und johanneische Christologie. Ein Vergleich:* SCHNACKENBURG IV, 102-118.

können erst recht nicht für eine Datierung des Joh-Ev herangezogen werden.

Eher bietet das 4. Evangelium Anlaß dafür, bestimmte forcierte Akzente seiner Christologie als Stellungnahme gegen gnostisierende *judaistische* Tendenzen zu deuten. Speziell eine *antidoketische* Tendenz ist im Joh-Ev offensichtlich. Doch läßt auch diese nicht leicht einen Rückschluß auf datierbare Entwicklungen im Judentum zu, zu der sie die genau entsprechende Reaktion wäre.

Zwar hat man gemeint, aus dem Hinweis des *Irenäus*, daß Johannes "durch die Verkündigung seines Evangeliums jenen Irrtum widerlegen wollte, den *Kerinth* unter die Menschen gebracht hat" eine eindeutige Datierung auf das letzte Jahrzehnt des 1. Jahrhunderts gewinnen zu können[167]. Irenäus aber fügt an der gleichen Stelle hinzu, das Joh-Ev habe auch bereits die *Nikolaiten* widerlegt, womit der scheinbar einheitliche Zeitansatz bereits gesprengt ist. Ja, am Ende dieses Abschnitts über die 4 Evangelien und die einzelnen Häresien zeigt Irenäus, wie solche Häresien meinten, bestimmte Evangelien ihrer Lehre gefügig machen zu können, aber stets selbst durch das vermeintlich geistesverwandte Evangelium schlagkräftig widerlegt wurden. So wurde auch das Joh-Ev von den *Valentinianern* mißbraucht, die jedoch gerade durch dieses ihre Widerlegung erfahren. Mit der Betonung dieser Funktion des Joh-Ev gegenüber den Valentinianern wird zugleich aber auch deutlich, daß die Argumentation des Irenäus ganz darauf gerichtet ist zu zeigen, wie die Vorsehung Gottes *jede* Häresie durch die spirituelle Kraft eines *bestimmten* Evangeliums (oder aber durch *das ganze "viergestaltige Evangelium"*) entwaffnet.

Dagegen werden spezielle *entstehungsgeschichtliche* Nachrichten - über das am Beginn des 3. Buches (III,1,1) Gesagte hinaus - *nicht* geboten[168].

Die gleich anschließend an das Häresien-Kapitel entworfene *heilsgeschichtliche* und kosmische Vision der Rolle der 4 Evangelien als der

---

[167] So mit Bezug auf Adv. haer. III,11,1 (und die in III,26,1 gebotene Darstellung der Lehre des *Kerinth*): F. NEUGEBAUER (siehe oben, Anm. 8). Neugebauer will sich für die Datierung jedoch nicht auf die in kirchlichen Kreisen Kleinasiens dem Polykarp zugeschriebene Anekdote stützen (ebd. III,3,4), wonach der Apostel Johannes bei einer ungewollten Begegnung mit Kerinth im Bad von Ephesus jeden Kontakt mit "diesem Feind der Wahrheit" ablehnte.

[168] Siehe oben, I, c 5-10.

vier Grundpfeiler der Wahrheit[169] verbietet es, eine immanent *häresiengeschichtliche* Veranlassung eines Evangeliums als Meinung des Irenäus zu vermuten.

Auch von den inneren Kriterien her läßt sich die Christologie des Joh-Ev *nicht* als konzipiert zur Widerlegung der Häresie des Kerinth, so wie diese von Irenäus (Adv. haer. III,26,1) skizziert wird, verstehen bzw. chronologisch auf das ausgehende 1. Jahrhundert festlegen, sobald man näher die Vorgeschichte und das Nachwirken jener judaistisch-häretischen Spannungen ins Auge faßt, an denen Kerinth partizipiert.

11. Die sehr aufschlußreiche Untersuchung der *antidoketischen* Tendenz des 4. Evangeliums durch *U. Schnelle* weist nach, daß sich die diesbezüglich eindeutige Ausrichtung des Joh-Ev nur sehr vage auf jene Denkschemata des *Kerinth* beziehen läßt, wie sie uns von Irenäus und Epiphanius geschildert werden. Laut Ephiphanius ist für Kerinth ein kosmologischer Dualismus, in dessen Denken Vater-Gott und Demiurg streng geschieden sind, kennzeichnend. Danach wäre die Verbindung des pneumatischen *Christus* mit dem Menschen *Jesus* so punktuell, daß man weder von einem adoptianistischen, noch von einem eigentlich doketistischen Denkmodell sprechen kann[170].

Das System des Kerinth könnte laut Schnelle eher im Hintergrund derjenigen stehen, mit denen sich *1 Joh* auseinandersetzt. Doch bleiben auch hier die Beziehungen vage; und es ist fraglich, wie weit 1 Joh im direkten Rückgriff auf das Evangelium argumentiert.

Andererseits begibt sich Schnelle entwicklungsgeschichtlich auf eine zur Datierung des Joh-Ev *schwerlich* nutzbare Spur, wenn er dessen Antidoketismus im Blick auf jene differenziete Gegenposition herausarbeitet, gegen die sich die *ignatianischen Briefe* wenden. Für Schnelle ist denn auch 1 Joh *vor* dem Joh-Ev entstanden[171]: "Der Brief benennt das Problem, eine theologische Antwort findet sich aber erst im Evangelium" (249). Letzteres spiele gerade insofern eine zentrale Rolle in der Theologiegeschichte des Urchristentums, als in ihm "bedeutsame theologische Ströme des frühen Christentums zusammenfließen" (258).

---

169 Adv. haer. III,11,8; vgl. oben I, c 6.

170 SCHNELLE 82.

171 Ebd. 65ff.; 249ff.- Als Ausgangspunkt der Entwicklung in der "johanneischen Schule" nimmt *Schnelle*, seinem Lehrer *G. Strecker* folgend, 2/3 Joh an, deren Verfasser mit dem *presbýteros* Johannes der Papias-Interpretation des Eusebius identisch wäre (ebd. 58).

In ganz anderer Weise bezieht *J. Blank* das Joh-Ev und die Irrlehre des Kerinth aufeinander. Ihm gilt die Christologie Kerinths als "eine problematisch-häretische Mißdeutung der Schekhina-Christologie, die von der johanneischen Gemeinde mit Recht abgelehnt worden ist". Und parallele, längst vor 90 akute innerjüdische Tendenzen dualistisch verfälschten weisheitlichen Denkens standen möglicherweise auch hinter der frühesten Formulierung der Birkat-ha-minim[172].

Damit dürfte eine richtige Spur insofern gewiesen sein, als der entwicklungsgeschichtliche Zusammenhang zwischen Joh-Ev und urkirchlichen christologischen Auseinandersetzungen um dieses am ehesten als eine *Serie von Dekompositionsversuchen* der ganzheitlichen johanneischen Christologie zu verstehen ist. Die von alttestamentlich-weisheitlichem Denken um den Göttlichen Logos und die Göttliche Sophia her, aber unter Transzendierung dieser Vorgaben, konzipierte johanneische Christologie mußte zwangsläufig gerade im jungen Christentum der jüdischen Diaspora *rejudaisierende Kräfte provozieren*, die bestrebt waren, trotz Zuwendung zur christlichen Gemeinde, den großen vielschichtigen Entwurf der johanneischen Christologie in der einen oder anderen Weise auf *adoptianistische und doketistische Modelle zurückzunehmen*. Im Zuge dieser Tendenz wird Kerinth eher als ein relativ später und möglicherweise nicht einmal besonders typischer Vertreter zu sehen sein. Als häresiengeschichtlicher Hintergrund der Christologie des Joh-Ev ist somit das im Zentrum geistesgeschichtlicher Entwicklungen stehende Ephesus der 60er Jahre gerade so plausibel wie das der 90er Jahre und das der Jahre um das Martyrium des Ignatius.

12. Somit kann es keinen zwingenden Grund geben, aus häresiengeschichtlichen Gründen das Joh-Ev aus jener Epoche zu entfernen, auf die eine weitgehende Konvergenz der zeitgeschichtlichen Transparenzen bereits verwies. Das Joh-Ev ist charakterisiert als Werk eines in priesterlichem Denken beheimateten Schülers Johannes' des Täufers, der Jünger Jesu und Augenzeuge des Wirkens Jesu wurde und als solcher sein Evangelium niederschrieb. Die Aussagen über den "anderen Jünger" und den "Jünger, den Jesus liebte" erwiesen sich als Selbstumschreibungen des "Zeugen" und Evangelisten. Sie wurden als solche

---

[172] Vgl. J. BLANK, *Die Irrlehrer des 1. Joh*: Kairos 26 (1984) 166-193; 176; sowie (zur letzteren Möglichkeit): BITTNER 194f. (unter Berufung auf A. F. SEGAL,*Two Powers in Heaven,* 1977).

plausibel in einer Zeit, da die übrigen großen Zeugen der apostolischen Generation bereits dahingegangen waren, sowie aus einer Gestaltung der Christusanamnese, die sich an Passafeier, Eucharistie und Taufe orientiert. Die historischen Konvergenzen mit den synoptischen Evangelien, speziell mit dem Lk-Ev[173] und der Rolle der beiden "Zeugen" in Apg 3-4, erlauben es, im "anderen Jünger" den Apostel Johannes zu erkennen, der die besondere Erwählung, die ihm durch Jesus beim Vermächtnismahl des Rüsttags vor dem Todespassa Jesu zuteil geworden war, als die definitive Wende seines Lebens erfahren hatte. Die Situation, da der "andere Jünger" zum "Jünger", "Zeugen" und "Ältesten" *schlechthin* wurde, trat ein mit dem *Martyrium Petri*. Dieses wird als *Verheißung* des Auferstandenen im Zusammenhang des Hirtenauftrags an Petrus aus wirklicher Erinnerung bezeugt und geht in ekklesiologischer und sakramententheologischer Synthese als *Vermächtnis* in die Komposition von Joh 21 ein.

Insofern nur dieses Kapitel eine Entstehungssituation für das 4. Evangelium klar erkennen läßt und seine Nachtragsfunktion und sein Rückgriff auf breite Schichten der Darstellung von Joh 1-20 das Corpus des Evangeliums bereits voraussetzen, bietet sich keine andere Datierung an als "kurz nach dem Martyrium des Petrus". - Die zuletzt verfaßten Verse des von der johanneischen Gemeinde in Umlauf gebrachten Joh-Ev (Joh 21,24f.) deuten freilich auf den inzwischen eingetretenen Tod des Apostels und Evangelisten hin, für den die Hauptströme der patristischen Überlieferung das Jahr 98 angeben.

---

[173]Eine *literarische Abhängigkeit* des Joh-Ev vom Lk-Ev nimmt KÜMMEL (211) "als höchstwahrscheinlich" an und sieht dementsprechend in den Jahren der Abfassung des Lk-Ev (80-90) den entscheidenden terminus a quo für das Joh-Ev (während die Jahrhundertwende wegen des Papyrus P 52 als terminus ante quem nicht überschritten werden kann). Demgegenüber erachten wir eine literarische Abhängigkeit des Joh von Lk für *nicht* gegeben; und unsere Datierung des *Lk-Ev in die frühen 60er* Jahre würde die Frage einer Abhängigkeit des 4. vom 3. Evangelium ohnehin für eine Spätdatierung des Joh-Ev *irrelevant* machen.

Rückschau und Ausblick. Das Versagen der katholischen Exegese vor dem Joh-Ev und das Desiderat einer neuen "biblisch-liturgischen" Hermeneutik.

1. Die Abfassung des Joh-Ev geschieht an einem überlieferungsgeschichtlichen Ort, dessen Perspektive die der Kirche in der Situation nach dem Tode Petri ist. Die apostolische Zeit dauert noch an, zumindest im Zeugnis des "Jüngers" und Traditionsbürgen Johannes selbst. Aber gerade dieser spürt den Übergangscharakter der Phase umso deutlicher. Ihm obliegt es, die Kirche auf jene nachapostolische Zeit einzustellen, wenn keiner derer mehr am Leben sein wird, der bezeugen kann, "was von Anfang an war, was wir gehört, was wir mit unseren Augen gesehen haben..." (1 Joh 1,1). Die Verkündigung wird jedoch auch dann weiter geschehen (ebd. 1,3); und auch die Zeugnisgabe dessen, der dieses Evangelium geschrieben hat, wird andauern (vgl. Joh 21,24). Andauern aber wird vor allem die *Belehrung des Geistes*, der in alles einführt, was Jesus gesagt und getan hat (Joh 14ff.). Und andauern wird in der Kirche *die Mahlfeier*, bei der, wie einst beim Mahl mit dem Auferstandenen (21,12f.), alle wissen, "daß es der Herr ist", der den Seinen seine Gegenwart schenkt. Und es wird unter den Jüngern in der Zeit der Kirche stets solche geben, die das Wort des Auferstandenen in besonderer Weise an sich gerichtet wissen, das jene *größere Liebe* abverlangt, die bereit ist, bis in den Tod zu gehen (vgl. Joh 21,15ff. und die Rückbezüge in Joh 21 auf Joh 13), und die je neu durch den Auftrag besiegelt wird: "Weide meine Schafe!".

Im Joh-Ev verdichtet sich, zusammen mit der Augenzeugenbürgschaft vom Leben des irdischen Jesus und der Bezeugung seiner Erhöhung und Verherrlichung, das Bewußtsein von jenem Leben der Kirche in Christus, das sich besonders in den Kernvollzügen der *Passafeier*, der *Taufe* und der *Eucharistie* verwirklicht: im Kontext von Zeichen, in denen der Herr sich offenbart und die sich im sakramentalen Leben der Kirche fortsetzen, so vor allem im Zeichen des Wassers und im Zeichen des Blutes (1 Joh 5,6ff.), deren gnadenhafte Wirklichkeit und deren Deutung je neu *der Geist* selbst gewährt.

Eben dieses Joh-Ev und sein "Entscheidungsdualismus", der sich sogar auf die konkreten Zeichen und Worte Jesu bezieht und jeden Versuch, die Menschwerdung des Logos, sein Wirken und sein Vermächtnis an die Kirche doketisch zu verflüchtigen oder symbolistisch aufzulösen, scheitern läßt, ist notwendigerweise ein Skandal für solche Religionsgemeinschaften, Theologien und pseudotheologischen Ideologien, denen die Rede vom Eingehen Gottes in menschliche Geschichte als anthropomorph und mythisch gilt, und die darüber hinaus auch meinen, eine sich an Zeichen bindende Botschaft als glaubensfremde und magische Vergewisserung verdächtigen zu müssen und denen es abwegig erscheint, in Sakramenten die Heilstaten Gottes in zeichenhafter Verwirklichung wiederzuerkennen und zu verinnerlichen.

Ja, noch weitergehend ist das Joh-Ev ein Skandal für alle, die meinen, christlicher Glaube lasse sich nicht als ein *inhaltlich gefülltes* Ergreifen des Lichtes und der Wahrheit (Joh 1,5) erfahren. Doch der, der sich als das *Licht* und die *Wahrheit* in seinem eigenen Leben bis in den Tod hinein geoffenbart hat, läßt über etwaige Entbehrlichkeiten von Inhalten dieser Wahrheit[1] nicht mit sich feilschen (vgl. Joh 6,64.67).

So unterwirft der Umgang mit dem Joh-Ev den Exegeten einem unfehlbaren Test, ob sich dieser den überlieferungsgeschichtlichen Stand des apostolischen Verfassers zu eigen machen und die aus der *Mitte des Lebens der apostolischen Kirche* geborene Konzeption des Joh-Ev nachvollziehen kann. Scheitert dieser Test, so möge der betreffende Exeget sich nicht als *katholischer* oder als *orthodoxer* Theologe ausgeben, auch wenn er es der Person nach unter kirchenrechtlichem Aspekt sein sollte.

Das Joh-Ev ist als Dokument *apostolischer Kirchlichkeit* zugleich die Verbürgung der *überlieferungsgeschichtlich-apostolischen Kontinuität* und der *heilsgeschichtlich-sakramentalen-zeichenhaften Kohärenz*, die sich im katholischen und orthodoxen Kirchentum verkörpern. Wer diese Kontinuität und Kohärenz durch Diskontinuitäts- und Inkohärenzpostulate auflöst, definiert sich zwangsläufig vom Prinzip des *"Protestantischen"* her als *Widerpart* des *katholischen* und des *orthodoxen* Kirchentums.

---

[1] Zur besonderen Akzentuierung gerade der Glaubens*inhalte* (der fides *quae* über eine formale fides *qua* hinaus) im Joh-Ev vgl. BITTNER 211; 276ff.

2. Das Ergebnis dieses Testes fällt für die seit 1965 erschienene exegetische und einleitungswissenschaftliche Literatur zum Joh-Ev verblüffend aus. Die überlieferungsgeschichtlich und hermeneutisch der katholischen Hochschätzung und Auslegungstradition des Joh-Ev verpflichteten Studien und Kommentarbände zum Joh-Ev von *F. Mußner* (1964)[2] und *B. Schwank* (1966 und 1968)[3] gehen schon bald ihrer verdienten Wertschätzung und beispielhaften Funktion für die Joh-Exegese verlustig, während sich mit den Erstauflagen der Kommentare von *R. Schnackenburg* (1965; 1971; 1975)[4] und *R.E. Brown* (1966 und 1970)[5] - zunächst noch mit Augenmaß hinsichtlich der *äußeren* Grenzen des für den *katholischen* Exegeten Möglichen - eine deutliche Anpassung an *interkonfessionell* als gültig betrachtete "historisch-kritische" Standards vollzieht. Die von der Joh-Exegese *Bultmanns* diktierten Fragestellungen sind nun (trotz ihrer ganz unkatholischen Ansätze in einer auf Synkretismus geeichten Religionsgeschichte und in einem der christlich-jüdischen Überlieferung widersprechenden Glaubensverständnis) allgegenwärtig, wobei die *Einzelpositionen* Bultmanns freilich großenteils abgelehnt, seine geschichtlichen und hermeneutischen *Fehlansätze* aber nicht von den Wurzeln her sichtbar gemacht werden.

Es verwundert, daß *R. Bultmann*, von dem sogar Paulus wegen 1 Kor 15,5ff. so scharf getadelt wird, überhaupt im Joh-Ev weitreichende Affinitäten zum eigenen Glaubensverständnis entdecken konnte. Dies war jedoch nur möglich aufgrund einer literarkritischen *Scheidung* von Quellen und theologischen Schichten und unter Heraustrennung dieses vermeintlich *gnostischen* Dokuments aus seinen konkreten *überlieferungsgeschichtlichen* und vor allem aus seinen *kirchlich-sakramentalen* Bezügen.

R. Schnackenburg bekennt 1965 selbst, wie sehr "die gegenwärtige Joh-Interpretation... noch immer unter dem Eindruck des gewaltigen Werkes von R. Bultmann steht", wobei er seinen eigenen Kommentar keineswegs ausnehmen will[6]. Über die diesbezügliche Faszinationskraft Bultmanns heißt es: "Das Bewegende und Aufregende ist die existenz-

---

[2] Siehe oben, IX, Anm. 129.

[3] B. SCHWANK, *Das Johannesevangelium*, 2 Bde.; I. Teil: 1,1 - 4,54; II. Teil: 5,1 - 12,50; Düsseldorf 1966 bzw. 1968.

[4] Siehe oben, IX, Anm. 9 und 32.

[5] *The Gospel According to John*, 2 Bde.; I: 1-12; II: 13-21; New York 1966 bzw. 1970.

[6] SCHNACKENBURG I, 190.

theologische Auffassung und Deutung des joh. Kerygmas, der konsequente Aufweis des nach Bultmann vom Evangelisten intendierten Anrufs des Offenbarers, der den Menschen unabweisbar hier und jetzt in die Entscheidung stellt. Die vordergründig in die Sprache des Mythus... gekleideten Aussagen, die durch die Aufnahme einer Quelle von 'gnostischen Offenbarungsreden' erklärlich seien, beträfen doch in Wirklichkeit den seit jenem Ereignis immer und letzthin gültigen ('eschatologischen'), in der Verkündigung auf jeden Menschen zukommenden Anspruch, sich in seinem bisherigen Existenzverständnis in Frage stellen zu lassen und ein neues zu gewinnen."[7] - Schnackenburg nimmt seine Hinweise auf die Verflechtung der Joh-Interpretation Bultmanns mit dessen Entmythologisierungsprogramm und dem "existentialen" Glaubensverständnis jedoch nicht zum Anlaß, die starke Abhängigkeit des Bultmannschen Glaubensbegriffs von der *Existentialphilosophie Heideggers*, oder auch den Umstand hervorzuheben, daß *Karl Barth*, auf dessen dialektische Theologie sich Bultmann berief, seinerseits Bultmann einer radikal-anthropologischen *Reduktion des christlichen Glaubens* bezichtigte[8]. Bei allem Dank, der dem verdienten katholischen Exegeten R. Schnackenburg für die stetige Beachtung der vom Lehramt gesteckten Grenzen und vor allem für seine stupende Detailforschung gebührt, vermißt man in seinem Kommentar doch einen *durchgängig* von der Rolle des Joh-Ev im *frühchristlich-kirchlichen Leben* inspirierten *ganzheitlichen hermeneutischen Entwurf* und stellt fest, daß gerade die *sakramentalen* Bezüge des Evangeliums zu einer Gesamthermeneutik wenig genutzt werden, und daß die diesbezügliche tiefe Einsicht *O. Cullmanns* neben der "antisakramentalen" Deutung Bultmanns gerade nur als eine der "beiden extremen Auffassungen" eingestuft wird[9].

3. Die in der katholischen Joh-Interpretation seit den späten 60er Jahren vermißten Ansätze zu einer ganzheitlichen überlieferungsgeschichtlichen Sicht und Hermeneutik mit Bezug auf das kirchliche Leben der apostolischen Zeit, findet man inzwischen - wenngleich auch hier nur sehr sporadisch - im *evangelischen Raum*.

---

[7] Ebd. 190f.
[8] Siehe oben, Einf.. Anm. 14.
[9] SCHNACKENBURG III, 50.

Einen ganz der biblischen Textwelt gemäßen Zugang zum Joh-Ev (ohne jedes Hinken zu synkretistischen Verfremdungen hin) haben *H. Gese* , *O. Betz* und *W.J. Bittner* erschlossen, indem sie vom zwischentestamentlichen Judentum und speziell vom Essenertum und der Bewegung des Täufers her die denk- und zeitgeschichtlichen Voraussetzungen des 4. Evangelisten verstehen lehrten[10]. Dabei gelang besonders O. Betz die feingeistige Ausdeutung jener typologischen Denkart, die das 4. Evangelium mit haggadischen Dimensionen zwischentestamentlich jüdischer Schriftauslegung gemeinsam hat und die geeignet ist, auch die Spiritualität und das Selbstverständnis der einzelnen Mitglieder des Jüngerkreises selbst zu erhellen[11]. - Der einst von *G. Ziener* aufgezeigte passahaggadische Bezug des Joh-Ev[12] konnte so in unserem eigenen Versuch aus der Fixierung auf *rekonstruierbare* Einzelschichten gelöst und für das gesamte Evangelium fruchtbar gemacht werden.

Der *überlieferungsgeschichtlichen* Einordnung des Joh-Ev hat inzwischen *J.A.T. Robinson* neue Bahnen gewiesen[13]. Sein vermächtnishaftes (posthum erschienenes) Werk ist ein großes Geschenk für die gesamte Ökumene; seine Erkenntnisse bedürfen allerdings der hermeneutischen Vertiefung.

Dagegen verirrten sich zahlreiche *katholische* Exegeten, die nun auch von Schnackenburgs Werk abrückten, bei ihrer Joh-Interpretation während der 70er und 80er Jahre gerade in jene Sackgassen, in denen sich bereits Bultmannsche und Käsemannsche Positionen ad absurdum geführt hatten. Dies gilt zunächst für die Forschungen von *G. Richter*. Der Scherbenhaufen, der von dieser Joh-Interpretation übrig blieb, wurde inzwischen, zusammen mit den Trümmern der Bultmannschen Quellenscheidung, von *U. Schnelle* und *W.J. Bittner* weggeräumt[14].

Der Überlassung des Opus Ioanneum, speziell der Joh-Briefe, an esoterische, ja, schismatische Konventikel, wie sie Käsemann vorschwebten, verschrieb sich katholischerseits seitdem auch *R.E. Brown*[15]. Doch für den katholischen Autor ist zu bedenken, was für Käsemann gilt, daß mit einer solchen Exegese - um mit dem namhaften Ökumeniker, Philosophen und Psychologen *Nikos Nissiotis* zu sprechen - nur der

---

[10] Siehe oben, IV, Anm. 10 und 14; IX, c 1, mit Anm. 71ff., und d 1.

[11] Siehe oben, IX, Anm. 27; 31; 132 und 137.

[12] Siehe oben, IX, Anm. 73f.

[13] Siehe oben, IX, Anm. 11; 37; 40; 63f. u.ö.

[14] Siehe oben, IX, Anm. 5 und 6.

[15] Siehe oben, IX, Anm. 148 und 23.

Geist eines eigenen schismatisch konzipierten Kirchentums in alle christlichen Überlieferungsphasen und kirchlichen Lebensbereiche hineingetragen wird[16].

Die radikalste Abkehr von einer überlieferungsgeschichtlich-kirchlichen Interpretation des Joh-Ev vollzog inzwischen die von P. Hoffmann inspirierte und moderierte Bamberger Dissertation von *J. Kügler*, dem sich das 4. Evangelium vom Prinzip der *"Nichtfiktivitätsfiktion"* her als verlogen-zweckgesteuertes Machwerk zur Erreichung kirchenpolitischer Ziele durch esoterische Kreise darstellt[17].

4. Eine inzwischen gängige "katholische" Joh-Interpretation dieser Art wird unsere Anmahnung der Berücksichtigung *genuiner kirchlicher Bezüge* im Joh-Ev freilich schon mit der Bemerkung wegwischen wollen, daß die Neutestamentliche Exegese und Einleitungswissenschaft längst eine sich interkonfessionell verstehende Wissenschaft geworden ist und daß ein Appell an die kirchliche und glaubensmäßige Bindung des Exegeten wissenschaftsfremd sei.

Doch diejenigen, die so argumentieren, sind daran zu erinnern, daß ihre deutschen universitären Institutionen in konfessionell gebundene Theologische Fakultäten integriert sind, die, sofern es sich um Katholisch-Theologische Fakultäten handelt, zugleich auf konkordatärer Grundlage ruhen. Wer also katholischerseits den Nachweis einer nicht mehr konfessionellen Bindung seiner Exegese erbringen will, verläßt nicht nur den spirituellen Raum katholischer Exegese, sondern auch den gesellschaftspolitischen Rahmen der Bestandssicherung der konfessionell doppelt unterhaltenen universitären Einrichtungen, sowie die konkordatären Grundlagen der Ausrichtung seiner Arbeit auf die bibeltheologische Ausbildung künftiger pastoraler Kräfte und konfessionell gebundener Religionslehrer.

Bei den charakterisierten Argumentationsmodellen innerhalb der katholischen Universitätsexegese kann es nicht ausbleiben, daß Rom und die deutschen Bischöfe eine neue Hellhörigkeit entwickeln. - Ganz im Gegensatz zu kirchenrechtlichen "Lösungen" als Konsequenz der angedeuteten Fehlentwicklungen scheint sich uns jedoch ein zukunftsträchtiger Weg eher in den genannten Anzeichen einer Neubesinnung im evangelischen Raum anzubahnen, die in spezifisch katholischer

[16] Siehe oben, Einf., Anm. 33.
[17] Siehe oben, IX, Anm. 57.

Weise ihre Resonanz finden sollten. So würde gerade auch eine Neuformulierung der hermeneutischen Frage, wie sie evangelischerseits besonders *P. Stuhlmacher* zu danken ist, auch katholischerseits analoge Versuche nahelegen.

Es geht hier um die Wiederfindung eines *hermeneutischen Horizonts*, der freilich als genuin *exegetischer* nicht einfach der kirchlichen *Dogmatik* entnommen werden kann. Noch weniger wird man allerdings eine biblische Hermeneutik, unter Ausblendung eines überlieferungsgeschichtlichen, ekklesialen und gemeindebezogenen Verständnishorizontes, weiterhin auf ephemere *Philosophien* (Bultmann) oder eine *radikalskeptische Geschichtsanalyse* (Käsemann) fixieren können. Es geht um die ganzheitliche *"biblische Textwelt"* (Stuhlmacher), die in einem *geschichtlichen Kontinuum* zu sehen ist, in welchem die Kristallisationspunkte jüdischer und christlicher Heilserfahrung in ihrer *anamnetischen* Partizipationsweise als wirksame *Erinnerung* von *gegenwärtiger Bedeutsamkeit* mit *dynamischer Zukunftsträchtigkeit* gemäß ihrer textlichen Bekundung zu erkennen und sachgemäß zu deuten sind. Hier konvergieren - worauf *H. Schürmann* nachdrücklich hingewiesen hat - apostolische *Verkündigungs*strukturen mit urkirchlich-liturgischen *Realisations*strukturen[18].

Eine "biblisch-liturgische" Hermeneutik (zu der es wertvolle Ansätze im Bereich der patristischen Schriftauslegung gibt) sollte als Wesensaufgabe glaubensgebundener und bekenntnistreuer (jedoch keineswegs konfessionalistisch verengter) katholischer Exegese wiederentdeckt und gepflegt werden[19].

5. Auch gewisse wertvolle Ansätze der *tiefenpsychologischen* Schriftauslegung von *E. Drewermann* könnten auf diese Weise eine geschichtswissenschaftlich und exegetisch tragfähige Grundlage erhalten. Drewermann geht zum großen Schaden seines eigentlichen Anliegens von den anachronistischen formgeschichtlichen Vorstellungen eines *M. Dibelius* wie von einem nicht mehr hinterfragbaren Axiom aus und zerstört damit die Brücke der real nachvollziehbaren Erinnerung an Jesus. An die Stelle der heilsgeschichtlichen Verbindung zu Jesus tritt unter den Fesseln des formgeschichtlichen Axioms das bloße Postulat eines Restes von Geschichtlichkeit, der dennoch als heilender Mythos zur

---

[18] Siehe oben, Einf., Anm. 50.

[19] Vgl. die Forderung von W. KASPER: oben, Einf., Anm. 53.

Wirkung kommen soll. Dieser Rest wird sehr schön, aber hinsichtlich der geschichtlichen und theologischen Erkenntnismöglichkeit unzureichend, von Drewermann so umschrieben: "So wird man auch die Offenbarung Gottes in dem Menschen Jesus von Nazareth nicht anders verstehen können, als daß von der Person Jesu eine solche Güte und Wärme ausging, daß all die Bilder des Heils, die in der menschlichen Seele angelegt sind, durch seine Nähe auf den Plan gerufen wurden...".[20] - Dabei wird jedoch die Person Jesu und sein Wirken, wie aus dem Kontext hervorgeht, nicht gemäß der *Einzigartigkeit des Messias und Heilandes*, sondern in symbolisch verdichteter Steigerung nach dem Maß eines tiefenpsychologisch agierenden Therapeuten verstanden.

Eben diese Güte und Wärme Jesu war aber schon von ihrer alttestamentlich vorgegebenen Wirklichkeitsperzeption her *geschichtliche Realität*, und wurde durchaus von den Menschen als in Raum und Geschichte wirkmächtige erfahren. Von denen, die Jesus so begegnet waren, lebten noch viele, als Paulus seinen 1. Korintherbrief schrieb (vgl. 1 Kor 15,6). Und als wenig später die Evangelien nach Markus und Lukas abgefaßt wurden, da war keineswegs die Erinnerung an Jesus nahezu erloschen, wie M. Dibelius hoffnungslos anachronistisch postuliert, sondern, ganz im Gegenteil, sehr lebendig. Und jedes Passafest, jedes Herrenmahl und jede Taufe brachte eine unter symbolischen Vollzügen zu realisierende Begegnung mit dem Auferstandenen und zugleich das Bewußtsein, mit den einst aus der Sintflut und durch den Exodus Befreiten, sowie mit den Augen- und Ohrenzeugen des Lebens Jesu, und mit allen bis zur Wiederkunft lebenden Gläubigen, in einer großen Gemeinschaft der Heilserfahrung mit Christus verbunden zu sein.

Drewermanns Lösung des Problems der Gleichzeitigkeit eines jeden Menschen mittels der tiefenpsychologischen Partizipation des Handelns Jesu ist angesichts des gleichzeitigen Festhaltens an der älteren Formgeschichte, trotz ganzheitlicher Intention, gemessen am Maßstab der Gesamtwirklichkeit der Schöpfung und Heilsordnung, eine durchaus selektive. Gerade, *weil* alle Schöpfung auf Christus hin geschaffen ist (Kol 1,16) und sich in Christus die Fülle der Zeiten konzentriert (vgl. Eph 1,10), *deshalb* ist jeder Mensch fähig, in dem heilsgeschichtlich einzigartig verdichteten Zeugnis der Evangelien vom Handeln Jesu seinem ganz persönlichen Heiland zu begegnen. Dies geschieht - wie

[20] *Tiefenpsychologie und Exegese* (siehe oben, IV, Anm. 20) II, 768.

Drewermann an verschiedenen Interpretationsbeispielen eindrucksvoll zeigt - *vermittels der symbolischen Konkretgestalt der Darstellung der Evangelien*, welche das Handeln Jesu jedoch nicht nur in zerrbildhaft zerfließenden Abbildern der Geschichte Jesu und des Menschen *nachträumen* läßt, sondern *reale Geschichte Jesu* in realsymbolisch-bedeutungsmäßiger Verdichtung an die menschliche Erfahrung wirksam vermittelt.

Und die großen *im liturgischen Vollzug partizipierten Symbole* geben dem Facettenreichtum einer religionsgeschichtlich undifferenziert wahrgenommenen Inflation der Bilder, Symbolsplitter und Vorstellungsphantasien erst den tiefgründigen schöpfungs- und geschichtstheologischen Zusammenhalt und die heilende Harmonie.

6. Eine "liturgische" Hermeneutik wird zugleich der Tatsache gerecht, daß breite Schichten der "biblischen Textwelt" von vorneherein auf liturgischen Vollzug angelegt sind. Dies gilt für die haggadischen Schichten des Alten Testaments und vor allem für die ältesten und zentralsten Schichten der Evangelien, wie insbesondere am Mk-Ev und am Joh-Ev verdeutlicht werden konnte. Galt schon für ein schriftgemäßes jüdisches "Verstehen" und die gemeinschaftsbezogene kultgerechte Partizipation der passahaggadischen Erinnerung der Exodusgeschehnisse, daß sich der Teilnehmer in der Festgemeinschaft wie einer zu sehen hatte, *der selbst aus Ägypten ausgezogen war,* so sind erst recht die haggadischen Schichten der Evangelien, sowie des Neuen Testaments insgesamt, nur biblisch-textkonform zu "verstehen", wenn sie auf *liturgische Anamnese* hin ausgelegt werden und die Auslegung selbst an der *liturgischen Erfahrung* partizipiert.

Dem Primat einer "kritischen" Schriftauslegung (im Sinne von Troeltsch) ist ebenso der Abschied zu erteilen, wie einer solchen "historischen" und "literarkritischen" Methode der Evangelieninterpretation, die in der säuberlichen Scheidung von "Tradition" und "Redaktion" ihr höchstes Ziel sieht. Solche Methoden sind, sofern sie sich geschichtswissenschaftlich verantworten können und nicht literarische Scheinwelten errichten, als *Hilfswissenschaften* zu werten, stellen jedoch keine ganzheitlich sachgemäße Exegese und erst recht keine *biblische Theologie* dar.

Die Evangelieninterpretation der Zukunft hat eine "biblisch-liturgische" bzw. "typologisch-anamnetische" zu sein, die realisiert, daß es eine kohärente "biblische Textwelt" gibt, deren ganzheitliche Realitätsstruktur auch die hermeneutische Struktur bestimmt[21] und daß gerade die Evangelien in diesem innerlich kohärenten Kosmos die heilsgeschichtlich erfüllte Typologie in besonderer Dichte zur Darstellung bringen. Zugleich aber ist die Typologie der Evangelien und der neutestamentlichen Schriften insgesamt als noch weiter gespannt zu sehen: hin auf das Geheimnis "Christus in euch" (Kol 1,27) und auf die liturgische Realisation auch dieser typologischen Wirklichkeit. Dies mitzubedenken ist der "biblisch-liturgischen" Hermeneutik aufgegeben, die allein einem katholischen Schrift- und Kirchenverständnis voll gerecht zu werden vermag.

---

[21] Als beispielhaft für die konkrete Durchführung des Programms einer Hermeneutik, welche der inneren Kohärenz jüdisch-christlicher Geschichts- und Offenbarungsauffassung gerecht wird, sind wiederum die Aufsatzbände von H. GESE und O. BETZ zu nennen.

Abgekürzt angeführte Literatur und sonstige Abkürzungen

Aland:
K. Aland, Synopsis Quattuor Evangeliorum, Stuttgart [13]1988.

Betz, Messias Israels:
O. Betz, Jesus, der Messias Israels. Aufsätze zur biblischen Theologie I, Tübingen 1987.

Betz, Herr der Kirche:
O. Betz, Jesus, der Herr der Kirche. Aufsätze zur biblischen Theologie II, Tübingen 1990.

Betz, Jünger Johannes:
O. Betz, Das Gnadenamt des Apostels Paulus und des Jüngers Johannes, in: Betz, Herr der Kirche, 447-465.

Bittner:
W. J. Bittner, Jesu Zeichen im Johannesevangelium. Die Messias-Erkenntis im Johannesevangelium vor ihrem jüdischen Hintergrund, Tübingen 1987.

Blank, Meliton:
J. Blank, Meliton von Sardes. Vom Passa. Die älteste christliche Osterpredigt. Einleitung, Übersetzung und Kommentar, Freiburg 1963.

Blank:
R. Blank, Analyse und Kritik der formgeschichtlichen Arbeiten von Martin Dibelius und Rudolf Bultmann, Basel 1981.

Blum:
G.G. Blum, Tradition und Sukzession. Studien zum Normbegriff des Apostolischen von Paulus bis Irenäus, Berlin-Hamburg 1963.

Boman:
Th. Boman, Die Jesusüberlieferung im Licht der neueren Volkskunde, Göttingen 1967.

Braun:
F.-M. Braun, Jean le Théologien, I. Bd., Paris 1959.

Bultmann:
R. Bultmann, Die Geschichte der synoptischen Tradition, Göttingen (1921), [8]1970.

von Campenhausen:
H. von Campenhausen, Der Ablauf der Osterereignisse und das leere Grab (Sitzungsberichte der Heidelberger Akademie der Wissenschaften, 1952, 4. Abh.), Heidelberg [3]1966.

Cullmann:
O. Cullmann, Urchristentum und Gottesdienst, Zürich [4]1962.

Dibelius:
M. Dibelius, Die Formgeschichte des Evangeliums, Tübingen (1919), [3]1959.

Dschulnigg:
P. Dschulnigg, Sprache, Redaktion und Intention des Markus-Evangeliums. Eigentümlichkeiten der Sprache des Markus-Evangeliums und ihre Bedeutung für die Redaktionskritik, Stuttgart 1984.

Gerhardsson:
B. Gerhardsson, Die Anfänge der Evangelientradition, Wuppertal 1977.

Gese:
H. Gese, Der Johannesprolog, in: Ders., Zur biblischen Theologie, Tübingen [2]1983, 152-201.

Gnilka, Markus I; II:
J. Gnilka, Das Evangelium nach Markus, Bd. I - II, Zürich-Neukirchen 1978 - 1979.

Gnilka, Matthäus I; II:
J. Gnilka, Das Matthäusevangelium (HThK I, 1-2), I - II, Freiburg 1986 - 1988.

Goppelt:
L. Goppelt, Der Erste Petrusbrief, Göttingen 1978.

Güttgemanns:
E. Güttgemanns, Offene Fragen zur Formgeschichte des Evangeliums. Eine methodologische Skizze der Grundlagenproblematik der Form- und Redaktionsgeschichte, München 1970.

Gutwenger:
E. Gutwenger, Papias. Eine chronologische Studie: ZkTh 60 (1947) 385-416.

Hengel, Zeloten:
M. Hengel, Die Zeloten. Untersuchungen zur jüdischen Freiheitsbewegung in der Zeit von Herodes I bis 70 n. Chr., Leiden-Köln ²1976.

Hengel, Geschichtsschreibung:
M. Hengel, Zur urchristlichen Geschichtsschreibung, Stuttgart 1979.

Hengel, Markusevangelium I:
M. Hengel, Probleme des Markusevangeliums, in: P. Stuhlmacher (Hrsg.), Das Evangelium und die Evangelien, Tübingen 1983, 221-265.

Hengel, Markusevangelium II:
M. Hengel, Entstehungszeit und Situation des Markusevangeliums, in: H. Cancik (Hrsg.), Markus-Philologie. Historische, literarkritische und stilistische Untersuchungen zum zweiten Evangelium, Tübingen 1984, 1-45.

Hengel, Joh. Frage:
M. Hengel, Die johanneische Frage. Ein Lösungsversuch. Mit einem Beitrag zur Apokalypse von Jörg Frey, Tübingen 1993.

Körtner:
U.H.J. Körtner, Papias von Hierapolis. Ein Beitrag zur Geschichte des frühen Christentums, Göttingen 1983.

Kümmel:
W.G. Kümmel, Einleitung in das Neue Testament, Heidelberg ¹⁹1978.

Kümmel, Erforschung:
W.G. Kümmel, Das Neue Testament. Geschichte der Erforschung seiner Probleme, Freiburg - München 1958.

Kümmel, Lukas:
W.G. Kümmel, Lukas in der Anklage der heutigen Theologie: ZNW 63 (1972) 149-165 (= ders., Heilsgeschehen und Geschichte, Bd. II: Gesammelte Aufsätze 1965-1977, hrsg. von E. Grässer und O. Merk, Marburg 1978, 87-100).

Kürzinger:
J. Kürzinger, Papias von Hierapolis und die Evangelien des Neuen Testaments (Eichstätter Materialien, 4), Regensburg 1983.

Lehmann:
K. Lehmann, Auferweckt am dritten Tag nach der Schrift. Früheste Christologie, Bekenntnisbildung und Schriftauslegung im Licht von 1 Kor 15,3-5, Freiburg 1968.

Marxsen, Evangelist:
W. Marxsen, Der Evangelist Markus. Studien zur Redaktionsgeschichte des Evangeliums, Göttingen 1956.

Pesch, Markus I; II:
R. Pesch, Das Markusevangelium (HThK II, 1-2), Teil I Freiburg [1]1976, [5]1989 (mit Nachträgen 1980 und 1989); II. Teil ([1]1977), [4]1991 (mit Nachtrag 1984).

Pesch, Abendmahl:
R. Pesch, Das Abendmahl und Jesu Todesverständnis (QuaestDisp 80), Freiburg 1978.

Pesch, Evangelium:
R. Pesch, Das Evangelium der Urgemeinde. Wiederhergestellt und erläutert, Freiburg 1979.

Pesch, Petrus:
R. Pesch, Simon-Petrus. Geschichte und geschichtliche Bedeutung des ersten Jüngers Jesu Christi, Stuttgart 1980.

Pesch, Apostelgeschichte I bzw. II:
R. Pesch, Die Apostelgeschichte, Bd. I bzw. Bd. II, Zürich-Neukirchen 1986.

Reicke:
B. Reicke, Glaube und Leben der Urgemeinde. Zürich 1957.

Reicke, Verfassung:
B. Reicke, Die Verfassung der Urgemeinde im Licht jüdischer Dokumente: TheolZs (Basel) 10 (1954) 95-112.

Riesner:
R. Riesner, Jesus als Lehrer. Eine Untersuchung zum Ursprung der Evangelien-Überlieferung, Tübingen 1981.

Robinson:
J.A.T. Robinson, Wann entstand das Neue Testament?, Paderborn-Wuppertal 1986.

Robinson, Priority:
J.A.T. Robinson, The Priority of John (Ed. by J.F. Coakley), London 1985.

Roloff:
J. Roloff, Apostolat - Verkündigung - Kirche. Ursprung, Inhalt und Funktion des christlichen Apostelamtes nach Paulus, Lukas und in den Pastoralbriefen, Gütersloh 1965.

Schnackenburg I; II; III:
R. Schnackenburg, Das Johannesevangelium (HThK IV, I-3): I. Teil, Freiburg (^{1}1965) ^{6}1986 (mit Nachträgen 1971 und 1978); II. Teil (^{1}1971) ^{4}1985 (mit Nachtrag 1977), III. Teil (^{1}1975) ^{6}1992 (mit Nachtrag 1982), IV. Teil: Ergänzende Auslegungen und Exkurse (^{1}1984) ^{2}1990.

Schneider, Apostelgeschichte I; II:
G. Schneider, Die Apostelgeschichte (HThK V, 1-2), I - II, Freiburg 1980 - 1982.

Schnelle:
U. Schnelle, Antidoketische Christologie im Johannesevangelium. Eine Untersuchung zur Stellung des vierten Evangeliums in der johanneischen Schule, Göttingen 1986.

Staudinger:
H. Staudinger, Die historische Glaubwürdigkeit der Evangelien, Wuppertal ^{5}1988.

Stauffer, Historische Elemente:
E. Stauffer, Historische Elemente im vierten Evangelium in: Bekenntnis zur Kirche. Festschrift E. Sommerlath, Berlin 1960, 33-51.

Stauffer, Jesusforschung:
E. Stauffer, Neue Wege der Jesusforschung, in: Gottes ist der Orient. Festschrift O. Eißfeldt, Berlin 1959, 161-186.

Stauffer, Priestertradition:
E. Stauffer, Probleme der Priestertradition: TheolLitZ 1956, 136-150.

Stuhlmacher:
P. Stuhlmacher, Vom Verstehen des Neuen Testaments. Eine Hermeneutik, Göttingen ²1986.

Stuhlmacher, Evangelien:
P. Stuhlmacher, Das Evangelium und die Evangelien, Tübingen 1983.

Strobel:
A. Strobel, Ursprung und Geschichte des frühchristlichen Osterkalenders, Berlin 1977.

Symposion:
Die Datierung der Evangelien. Paderborner Symposion 1982. Tonbandnachschrift, hrsg. vom Deutschen Institut für Bildung und Wissen, Busdorfwall 16, 4790 Paderborn, durch R. Wegner.

Zahn:
Th. Zahn, Forschungen zur Geschichte des neutestamentlichen Kanons und der altkirchlichen Literatur, VI. Band, Leipzig 1900.

Zuntz:
G. Zuntz, Wann wurde das Evangelium Marci geschrieben?, in: H. Cancik (Hrsg.), Markus-Philologie. Historische, literarkritische und stilistische Untersuchungen zum zweiten Evangelium, Tübingen 1984, 47-71.

Zuntz, Papiana:
G. Zuntz, Papiana: ZNW 82 (1991) 242-263.

Sonstige Abkürzungen

Für Zeitschriften werden die aus IATG (Siegfried Schwertner, Internationales Akürzungsverzeichnis für Theologie und Grenzgebiete, Berlin - New York 1974) ersichtlichen Abkürzungen verwandt, zur Vermeidung leicht verwechselbarer oder besonders fachspezialisierter Abkürzungen wurden jedoch auch unmittelbar verständliche Abkürzungsformen gewählt (so z.B. - statt NTS - : NewTestStud; für: New Testament Studies, London);

ferner:

IKZ Communio: Internationale Katholische Zeitschrift, Communio-Verlag, Köln.

SNTU: Studien zum Neuen Testament und seiner Umwelt, hrsg. v. Prof. Dr. Dr. Albert Fuchs, Linz.

Autorenregister

Kursive Seitenzahlen: Name des Autors steht auf der betreffenden Seite *in der Anmerkung,* bzw. im Haupttext der Seite *und* in der Anmerkung.
Seitenzahlverbindungen (z. B. 14-15) verweisen (außer auf Nennung des Autors auf den betreffenden Seiten) auf *seitenübergreifenden Bezug des Haupttextes* zum Autor.
Seitenzahlen in Fettdruck verweisen auf die Hauptbelege für die Berücksichtigung eines Autors in wesentlichen Argumentationsgängen des Buches.

QUAESTIONES DISPUTATAE

114 Jürgen Moltmann, Was ist heute Theologie? Zwei Beiträge zu ihrer Vergegenwärtigung 104 Seiten. ISBN 3-451-02114-5

115 Vorsehung und Handeln Gottes
G. Bachl, H. Häring, F. L. Hossfeld, H. Jorissen, Th. Schneider (Hg.), R. Schulte, B. Studer, L. Ullrich (Hg.), J. Wanke, L. Weimer 208 Seiten. ISBN 3-451-02115-3

116 Erzählter Glaube – erzählende Kirche
E. Arens, G. Fuchs, O. Fuchs, K. Müller, B. Sill, H. P. Siller, A. Stock, L. Wachinger, E. Zeller, R. Zerfaß (Hg.) 208 Seiten. ISBN 3-451-02117-X

117 Schriftauslegung im Widerstreit
R. Brown, W. Lazareth, G. Lindbeck, J. Ratzinger (Hg.) 128 Seiten. ISBN 3-451-02117-8

118 Ars moriendi. Erwägungen zur Kunst des Sterbens
H. M. Barth, H. Ebeling, W. Falk, T. Kruse, Th. Maas-Ewerd, J. Manser, H. Rolfes, H. Wagner (Hg.), H. R. Zielinski 200 Seiten. ISBN 3-451-02118-8

119 Gerhard Ludwig Müller, Was heißt: Geboren von der Jungfrau Maria?
Eine theologische Deutung 124 Seiten. ISBN 3-451-02119-6

120 Eheschließung – mehr als ein rechtlich Ding?
H. Becker, T. Berger, A. Jilek, A. Kallis, M. Kunzler, A. Müller, R. Puza, K. Richter (Hg.), F. Schulz, H. J. Vogt, H. Vorgrimler 184 Seiten. ISBN 3-451-02120-X

121 Mann und Frau – Grundproblem theologischer Anthropologie
E. Gössmann, K. Lehmann, D. Mieth, H. Pissarek-Hudelist, I. Riedel-Spangenberger, Th. Schneider (Hg.), H. Schüngel-Straumann 224 Seiten. ISBN 3-451-02121-8

122 Gottesdienst – Weg zur Einheit. Impulse für die Ökumene
W. Bühlmann, B. Bürki, K. Ch. Felmy, A. Hänggi, J. Halkenhäuser, A. Häußling, K. Schlemmer (Hg.), H. Ch. Schmidt-Lauber, E. Ch. Suttner
144 Seiten. ISBN 3-451-02122-6

123 Der Umgang mit den Toten. Tod und Bestattung in der christlichen Gemeinde
M. Ausel, D. Emeis, J. Gaedke, A. Kallis, A.-Th. Khoury, K. Löning, F. Merkel, K. Richter (Hg.), P. Schladoth, W. Schweidtmann, H. Vorgrimler, R. Waltermann, E. Zenger 200 Seiten. ISBN 3-451-02123-4

124 Versöhnung in der jüdischen und christlichen Liturgie
D. Ellenson, H. Hainz (Hg.), K. Kienzler (Hg.), J. Magonet, H. Merklein, J.J. Petuchowski (Hg.), K. Richter, Sh. Safari, M. A. Singer, C. Thoma
232 Seiten. ISBN 3-451-02124-2

125 Kann man Gott aus der Natur erkennen? Evolution als Offenbarung
C. Bresch (Hg.), S. M. Daecke (Hg.), H. Gahmig, V. Mortensen, H. Riedlinger (Hg.), G. Schiwy, B. Weissmahr 2. Auflage. 176 Seiten. ISBN 3-451-02125-0

126 Metaphorik und Mythos im Neuen Testament
U. Busse, O. Fuchs, H. Giesen, K. Kertelge (Hg.), J. Kremer, O. Schwankl, Th. Söding, M. Theobald, P. Trummer 304 Seiten. ISBN 3-451-02126-9

127 Die größere Hoffnung der Christen. Eschatologische Vorstellungen im Wandel
W. Berg, A. Gerhards (Hg.), M. Kehl, H. Kramer, G. Lange, G. B. Langemeyer H. J. Pottmeyer, A. Sand, R. Schaeffler 184 Seiten. ISBN 3-451-02127-7

128 Glauben durch Lesen? Für eine christliche Lesekultur
R. Lettmann, P. Deselaers, F. Furger, A. Kallis, K. Kertelge, A.-Th. Khoury (Hg.), H. Lichtenberger, L. Muth (Hg.), K. Richter, H. Vorgrimler
152 Seiten. ISBN 3-451-02128-5

129 Offenbarungsanspruch und fundamentalistische Versuchung
I. Broer, Joh. Maier, M.Peek-Horn, H. R. Seliger, J. Werbick (Hg.), H. Zirker
248 Seiten. ISBN 3-451-02129-3

130 **Ingolf U. Dalferth, Kombinatorische Theologie**
Probleme theologischer Rationalität 158 Seiten. ISBN 3-451-02130-7

131 **Glaube als Zustimmung.** Zur Interpretation kirchlicher Rezeptionsvorgänge
W. Beinert (Hg.), F. Ochmann, H. J. Pottmeyer, K. Schatz
168 Seiten. ISBN 3-451-02131-5

132 **Gemeinsame Liturgie in getrennten Kirchen?**
A. Hänggi, S. Kraft, Th. Müller, K. Schlemmer (Hg.), u. a.
136 Seiten. ISBN 3-451-02132-3

133 **Wie geschieht Tradition?** Überlieferung im Lebensprozeß der Kirche
D. Wiederkehr (Hg.) 192 Seiten. ISBN 3-451-02133-1

134 **Othmar Keel / Christoph Ühlinger, Göttinnen, Götter und Gottessymbole**
Neue Erkenntnisse zur Religionsgeschichte Kanaans und Israels aufgrund bislang unerschlossener ikonographischer Quellen 528 Seiten. ISBN 3-451-02134-X

135 **Der eine Gott und die Göttin**
Alttestamentliche Gottesvorstellungen im Horizont feministischer Theologie.
G. Braulik, H.-W. Jüngling, S. Schroer, H. Schüngel-Straumann, G. Varoni, M.-T. Wakker (Hg.), E. Zenger (Hg.) 192 Seiten. ISBN 3-451-02135-8

136 **Soziales Denken in einer zerrissenen Welt**
Anstöße der katholischen Soziallehre in Europa
W. Kerber und J. Müller (Hgg.) 240 Seiten. ISBN 3-451-02136-6

137 **Christoph Dohmen / Manfred Oeming, biblischer Kanon – warum und wozu?**
144 Seiten. ISBN 3-451-02137-4

138 **Monotheismus und Christologie**
Die Gottesfrage im hellenistischen Judentum und Urchristentum
J. Gnilka, P. Hofrichter, R. Hoppe, H.-J. Klauck (Hg.), M. Küchler, K. Löning, G. Sellin, M. Theobald 232 Seiten. ISBN 4-451-0218-2

139 **Edmund Arens, Christopraxis.** Grundzüge theologischer Handlungstheorie
176 Seiten. ISBN 3-451-02139-0

140 **Neue Formen der Schriftauslegung?**
Ch. Dohmen, Ch. Jacob, Th. Söding, Th. Sternberg (Hg.)
168 Seiten. ISBN 3-451-02140-4

141 **Karl Gabriel, Christentum zwischen Tradition und Postmoderne.**
224 Seiten. ISBN 451-02141-2

142 **Ingolf U. Dalferth, Jenseits von Mythos und Logos**
Die christologische Transformation der Theologie 318 Seiten. ISBN 451-02142-0

143 **Der einzige Weg zum Heil?**
Die Herausforderung des christlichen Absolutheitsanspruchs durch pluralistische Religionstheologien. M. von Brück, J. Werbick (Hg.) 208 Seiten. ISBN 451-02143-9

144 **Das neue Europa.** Herausforderung für Kirche und Theologie.
P. Hünermann (Hg.) 128 Seiten. ISBN 451-02144-7

145 **Hans-Joachim Schulz, Die apostolische Herkunft der Evangelien**
416 Seiten. ISBN 451-02145-5

146 **Der neue Bund im Alten.** Zur Bundestheologie der beiden Testamente.
E. Zenger (Hg.). 216 Seiten. ISBN 3-451-02146-3

147 **Den Glauben denken.** Neue Wege der Fundamentaltheologie
Heinrich Döring, Armin Kreiner, Perry Schmidt-Leukel
244 Seiten. ISBN 3-451-02147-1

148 **Paul Josef Cordes, Communio. Utopie oder Programm?**
184 Seiten. ISBN 3-451-02148-X

149 **Philipp Schmitz, Wohin treibt die Politik?** Über die Notwendigkeit von Ethik
280 Seiten. ISBN 3-451-02149-8

Herder Freiburg · Basel · Wien